Simone de Beauvoir
Die Zeremonie des Abschieds und Gespräche mit Jean-Paul Sartre

August–September 1974

Deutsch von Uli Aumüller und
Eva Moldenhauer

Rowohlt

Die französische Originalausgabe erschien 1981
unter dem Titel
«La cérémonie des adieux
suivi de Entretiens avec Jean-Paul Sartre
August–September 1974»
bei den Éditions Gallimard, Paris

Uli Aumüller übersetzte die Seiten 11–165 und 297–568,
Eva Moldenhauer die Seiten 169–297

Schutzumschlag- und Einbandentwurf
von Klaus Detjen

1. Auflage Januar 1983
Copyright © 1983 by Rowohlt Verlag GmbH,
Reinbek bei Hamburg
«La cérémonie des adieux
suivi de Entretiens avec Jean-Paul Sartre
August–September 1974»
Copyright © 1981 by Éditions Gallimard, Paris
Alle deutschen Rechte vorbehalten
Gesetzt aus der Baskerville auf der Linotron 404
Gesamtherstellung Clausen & Bosse, Leck
Printed in Germany
ISBN 3 498 00478 6

Für diejenigen,
die Sartre geliebt haben,
die ihn lieben und
lieben werden

Die Zeremonie des Abschieds

Vorwort

Dies ist das erste – und wahrscheinlich das einzige – meiner Bücher, das Sie nicht gelesen haben werden, bevor es gedruckt wird. Es ist gänzlich Ihnen gewidmet und erreicht Sie nicht.

Als wir jung waren und wenn einer von uns am Ende einer hitzigen Diskussion lauthals triumphierte, sagte er zum anderen: «Sie sind in Ihrer kleinen Kiste!» Sie sind in Ihrer kleinen Kiste; Sie werden nicht herauskommen, und ich werde Ihnen nicht dorthin folgen: selbst wenn man mich neben Ihnen beerdigt, wird kein Weg von Ihrer Asche zu meinen sterblichen Überresten führen.

Dieses *Sie*, das ich benutze, ist eine Illusion, ein rhetorischer Kunstgriff. Niemand hört es; ich spreche zu niemandem. In Wirklichkeit sind es die Freunde Sartres, die ich anspreche: jene, die mehr über seine letzten Lebensjahre erfahren möchten. Ich habe sie erzählt, so wie ich sie erlebt habe. Ich habe ein bißchen von mir gesprochen, denn der Chronist ist Teil seiner Chronik, aber so wenig wie möglich. Einmal, weil das nicht mein Thema ist; und zum andern trifft zu, was ich auf die Frage von Freunden, wie ich es aufnähme, als Antwort notierte: «Das kann man nicht sagen, das kann man nicht schreiben, das kann man nicht denken; das lebt man, das ist alles.»

Dieser Bericht basiert im wesentlichen auf dem Tagebuch, das ich in den zehn Jahren geführt habe. Und auch auf zahlreichen Zeugenaussagen, die ich gesammelt habe. Ich danke all denen, die mir in schriftlicher oder mündlicher Form geholfen haben, das Ende Sartres aufzuzeichnen.

1970

Während seiner gesamten Existenz hat Sartre nie aufgehört, sich neu in Frage zu stellen. Ohne das zu verleugnen, was er seine «ideologischen Interessen» nannte, wollte er doch nicht in ihnen entfremdet werden, deshalb hat er oft gewählt, «gegen sich zu denken», indem er mühsame Anstrengungen machte, «Knochen in seinem Kopf zu zerbrechen». Die Ereignisse von '68, in die er verwickelt gewesen ist und die ihn tief berührt haben, waren für ihn Anlaß für eine neuerliche Revision; er fühlte sich als Intellektueller in Frage gestellt, und das veranlaßte ihn in den beiden folgenden Jahren, über die Rolle des Intellektuellen nachzudenken und die Auffassung, die er von ihr hatte, zu modifizieren.

Er hat sich oft darüber geäußert. Bis dahin[1] hatte Sartre den Intellektuellen als «Techniker des praktischen Wissens» aufgefaßt, der zerrissen war vom Widerspruch zwischen der Universalität des Wissens und dem Partikularismus der herrschenden Klasse, deren Produkt er war: er verkörperte so das unglückliche Bewußtsein, wie Hegel es definiert. Seinem Gewissen mit eben diesem schlechten Gewissen Genugtuung leistend, meinte er, es erlaube ihm, sich dem Proletariat zuzuordnen. Jetzt dachte Sartre, man müsse über dieses Stadium hinausgehen: dem *klassischen Intellektuellen* stellte er den *neuen Intellektuellen* entgegen, der in sich das intellektuelle Moment negiert, um so einen neuen Status *im Volk* zu finden; der neue Intellektuelle sucht in der Masse aufzugehen, um der wirklichen Universalität zum Sieg zu verhelfen.

Noch ohne diese Richtlinie klar aufgezeichnet zu haben, hatte Sartre versucht, sie zu befolgen. Im Herbst '68 hatte er die Herausgabe eines Blattes, *Interluttes*, übernommen, das, mal vervielfältigt, mal gedruckt, in den Aktionskomitees zirkulierte. Er war mehrmals mit Geismar zusammengetroffen und hatte sich lebhaft für eine Idee interessiert, die dieser ihm Anfang 1969 unterbreitet hatte: eine Zeitung herauszugeben, in der die Massen zu

---

[1] Insbesondere bei den Vorträgen, die er in Japan gehalten hat.

den Massen sprechen sollten, oder besser, in der das Volk, dort, wo seine Kämpfe es wieder konstituiert hatten, zu den Massen sprechen sollte, um sie in diesen Prozeß einzubeziehen. Nach einem ersten Ansatz fiel das Projekt ins Wasser. Aber es kam zustande, als Geismar sich der *Gauche Prolétarienne* (G. P.) anschloß und Maoisten mit ihm *La Cause du Peuple* gründeten. Die Zeitung hatte keinen Besitzer. Sie wurde direkt oder indirekt von den Arbeitern geschrieben und von Aktivisten verkauft. Ihr Ziel war es, eine Vorstellung von den in Frankreich seit 1970 geführten Kämpfen der Arbeiter zu vermitteln. Sie zeigte sich häufig feindselig gegenüber Intellektuellen und anläßlich des Prozesses von Roland Castro[1] gegenüber Sartre selbst.

Durch Vermittlung Geismars traf Sartre jedoch mit mehreren Mitgliedern der G. P. zusammen. Als der Herausgeber von *La Cause du Peuple*, Le Dantec, dann der Stellvertretende Herausgeber, Le Bris, verhaftet wurden, weil in manchen Artikeln des Blattes heftige Angriffe gegen das Regime vorgebracht worden waren, schlugen Geismar und andere Sartre vor, deren Nachfolger zu werden. Er nahm ohne Zögern an, weil er meinte, das Gewicht seines Namens könnte den Maoisten nützlich sein. «Ich habe zynisch meine Bekanntheit in die Waagschale geworfen», sollte er später während eines Vortrags in Brüssel sagen. Von da an fühlten die Maoisten sich veranlaßt, ihr Urteil und ihre Taktik in bezug auf die Intellektuellen zu revidieren.

In *Alles in allem*[2] habe ich den Prozeß gegen Le Dantec und Le Bris geschildert, der am 27. Mai stattfand und in dem Sartre als

[1] Roland Castro, ein militanter Genosse von *Vive la Révolution* (V. L. R.) hatte mit Clavel, Leiris, Genet und einigen anderen das Büro des C. N. P. F. (*Conseil National du Patronat Français*: Französischer Arbeitgeber-Verband) besetzt, um gegen den Tod von fünf ausländischen Arbeitnehmern zu protestieren, die an Heizgas erstickt waren. Die C. R. S. hatten sie brutal niedergeknüppelt, festgenommen und dann wieder freigelassen, außer Castro, der an einer Ampel bei Rot aus dem Wagen sprang und zu fliehen versuchte. Von den Polizisten wieder gefaßt, wurde er wegen Widerstands gegen die Staatsgewalt angeklagt. Er wurde verurteilt, weil der Richter sich weigerte, den Prozeß im einzig zulässigen Rahmen zu führen, nämlich als politischen Prozeß. Sartre sagte für Castro aus, und *La Cause du Peuple* kommentierte diese Aussage gehässig.
[2] Reinbek 1976. (Anm. d. Übers.)

Zeuge aufgerufen wurde. Am selben Tag gab die Regierung die Auflösung der *Gauche Prolétarienne* bekannt. Kurz zuvor hatte in der Mutualité ein Meeting stattgefunden, bei dem Geismar das Publikum aufgerufen hatte, am 27. Mai auf die Straße zu gehen, um gegen den Prozeß zu protestieren: er sprach nur acht Minuten und wurde trotzdem festgenommen.

Die erste von Sartre herausgegebene Nummer von *La Cause du Peuple* war am 1. Mai 1970 erschienen. Die Staatsgewalt hielt sich nicht an ihn, sondern der Innenminister ließ jede Nummer an ihrer Quelle beschlagnahmen: zum Glück gelang es dem Drukker, die meisten Exemplare vor der Beschlagnahmung herauszuschaffen. Daraufhin griff die Regierung sich die Verkäufer, die wegen Neubildung einer aufgelösten Vereinigung vor ein Sondergericht kamen. Ich habe auch erzählt, wie Sartre, ich und zahlreiche Freunde die Zeitung im Zentrum von Paris verkauft haben, ohne ernstlich behelligt zu werden. Eines Tages wurden die Autoritäten diesen vergeblichen Kampf leid, und *La Cause du Peuple* wurde an den Kiosken vertrieben. Eine Vereinigung der «Freunde von *La Cause du Peuple*» wurde gegründet, deren Vorsitz Michel Leiris und ich übernahmen. Zuerst wurde uns die Eintragung als Verein verweigert; wir mußten das Verwaltungsgericht anrufen, damit wir sie erhielten.

Im Juni beteiligte sich Sartre an der Gründung der Roten Hilfe, deren Hauptstützen Tillon und er waren. Ziel der Organisation war der Kampf gegen die Repression. In einem zum großen Teil von Sartre verfaßten Text erklärte das *Comité d'Initiative Nationale* unter anderem:

«Die Rote Hilfe ist ein eingetragener, unabhängiger demokratischer Verein. Ihr Hauptziel ist die politische und juristische Verteidigung der Opfer der Repression und deren materielle und moralische Unterstützung sowie die Unterstützung ihrer Familien, ohne jedes Veto ...

... Es ist nicht möglich, Gerechtigkeit und Freiheit zu verteidigen, ohne die Solidarität des Volkes zu organisieren. Die Rote Hilfe, aus dem Volk hervorgegangen, wird diesem bei seinem Kampf dienen.»

Die Organisation bestand aus den wichtigsten gauchistischen Gruppen, Témoignage chrétien und verschiedenen Persönlichkeiten. Ihre politische Plattform war sehr breit. Sie wollte sich hauptsächlich der von Marcellin nach der Auflösung der G. P. gestarteten Verhaftungswelle widersetzen. Eine große Zahl von militanten Genossen war in Haft. Informationen über ihren Fall mußten zusammengetragen und Aktionen erdacht werden. Die Rote Hilfe zählte mehrere tausend Mitglieder. Basiskomitees wurden in verschiedenen Pariser Vierteln und in der Provinz gebildet. Unter den Provinzkomitees war das in Lyon am aktivsten. In Paris befaßte sich die Organisation besonders mit den Problemen der Gastarbeiter. Obwohl diese Gruppen im Prinzip politisch sehr eklektisch waren, waren es die Maoisten, die in ihnen die stärkste Aktivität entfalteten und sie mehr oder weniger in die Hand nahmen.

Wenn Sartre seinen politischen Aufgaben auch eifrig nachging, so widmete er doch den größten Teil seiner Zeit seiner literarischen Arbeit. Er beendete den dritten Band seines großen Werkes über Flaubert. 1954 hatte Roger Garaudy ihm vorgeschlagen: «Versuchen wir ein und dieselbe Person zu interpretieren, ich mit der marxistischen Methode, Sie mit der existentialistischen.» Sartre hatte Flaubert gewählt, den er in *Was ist Literatur?*[1] sehr schlecht gemacht hatte, der ihn jedoch betört hatte, als er seine Korrespondenz gelesen hatte: was ihn an Flaubert anzog, war der dem Imaginären eingeräumte Vorrang. Sartre hatte damals ein Dutzend Hefte vollgeschrieben, dann eine Studie von tausend Seiten verfaßt, die er 1955 aufgegeben hatte. 1968 bis 1970 nahm er sie wieder auf und schrieb sie vollständig um. Er gab ihr den Titel *Der Idiot der Familie*[2] und schrieb sie mit großer Energie flüssig herunter. «Es ging darum, eine Methode vorzuführen und einen Menschen.»

Er hat sich mehrfach über seine Absichten geäußert. In seinem Gespräch mit Contat und Rybalka erläuterte er, daß es sich nicht um eine wissenschaftliche Arbeit handle, da er nicht Definitionen benutze, sondern Begriffe, und der Begriff ja ein Denken ist, das Zeit in sich einführt: der Begriff der Passivität zum Beispiel. Er nahm Flaubert gegenüber eine *empathische* Haltung ein. «Das ist

1 S. 94 ff. Reinbek 1981. (Anm. d. Übers.)
2 Reinbek 1977–1980. (Anm. d. Übers.)

mein Ziel: zu beweisen, daß jeder Mensch vollständig erkennbar ist, vorausgesetzt, man benutzt die geeignete Methode und hat die nötigen Dokumente.» Er sagte auch: «Wenn ich zeige, wie Flaubert sich selbst nicht kennt und sich zugleich doch ausgezeichnet versteht, weise ich auf das hin, was ich das Erlebte (*le vécu*) nenne, das heißt, das Leben im Einverständnis mit sich selbst, ohne daß eine Erkenntnis, ein thetisches Bewußtsein angegeben wäre.»

Seine Maoisten-Freunde verurteilten dieses Unternehmen mehr oder weniger: es wäre ihnen lieber gewesen, Sartre hätte irgendeine kämpferische Abhandlung oder einen großen volkstümlichen Roman geschrieben. Doch in der Hinsicht war er nicht bereit, irgendeinem Druck nachzugeben. Er verstand den Standpunkt seiner Genossen, teilte ihn aber nicht: «Wenn ich den Inhalt betrachte», sagte er in bezug auf *Der Idiot der Familie*, «habe ich den Eindruck zu fliehen, wenn ich dagegen die Methode betrachte, habe ich das Gefühl, aktuell zu sein.»

In dem Vortrag, den er später in Brüssel hielt, kam er auf die Frage zurück. «Ich bin seit siebzehn Jahren an eine Arbeit über Flaubert gefesselt, die die Arbeiter nicht interessieren kann, da sie in einem komplizierten und bestimmt bürgerlichen Stil geschrieben ist ... Ich bin daran gebunden, das soll heißen: ich bin siebenundsechzig Jahre alt, ich arbeite daran, seit ich fünfzig bin, und vorher träumte ich davon ... Insofern ich den *Flaubert* schreibe, bin ich ein Enfant terrible der Bourgeoisie, das zurückgewonnen werden muß.»

Sein Grundgedanke war, daß es in jedem beliebigen Moment der Geschichte, wie dessen sozialer und politischer Kontext auch sein mochte, wesentlich bliebe, die Menschen zu verstehen, und daß sein Essay über Flaubert dazu beitragen könnte.

Sartre war also mit seinen verschiedenen Engagements zufrieden, als wir, nach einem glücklichen Aufenthalt in Rom, im September 1970 nach Paris zurückkehrten. Er wohnte in einer nüchternen kleinen Wohnung in der zehnten Etage eines Hauses am Boulevard Raspail, gegenüber vom Friedhof Montparnasse und ganz in meiner Nähe. Er fühlte sich dort wohl. Er führte ein ziemlich von Gewohnheiten geprägtes Leben. Er sah regelmäßig alte Freundinnen: Wanda K., Michèle Vian und seine Adoptivtochter Arlette Elkaïm, bei der er zweimal in der Woche übernachtete. Die anderen Abende verbrachte er bei mir. Wir unterhielten uns, wir hörten Musik: ich hatte mir eine umfassende Schallplattensammlung zugelegt, die ich jeden Monat erweiterte. Sartre interessierte sich sehr für die Wiener Schule – vor allem für Berg und Webern – und für zeitgenössische Komponisten: Stockhausen, Xenakis, Berio, Penderecki und viele andere. Aber er kehrte gern zu den großen Klassikern zurück. Er liebte Monteverdi, Gesualdo, die Opern von Mozart – vor allem *Così fan tutte* – und von Verdi. Während dieser «Kammerkonzerte» aßen wir ein hartgekochtes Ei oder eine Scheibe Schinken und tranken etwas Scotch. Ich wohne in einem «Künstlerstudio mit Loggia», wie die Definition der Immobilienagenturen lautet. Ich lebe tagsüber in einem großen Raum mit hoher Decke. Über eine Innentreppe gelangt man in ein Zimmer, das durch eine Art Balkon mit dem Badezimmer verbunden ist. Sartre schlief oben und kam morgens herunter, um mit mir Tee zu trinken. Manchmal holte ihn eine seiner Freundinnen, Liliane Siegel, ab und ging mit ihm in einem kleinen Bistrot in der Nähe seiner Wohnung einen Kaffee trinken. Häufig besuchte Bost ihn abends bei mir. Ziemlich häufig auch Lanzmann, dem er sich durch viele Gemeinsamkeiten verbunden fühlte, trotz mancher Meinungsverschiedenheiten in der israelisch-palästinensischen Frage. Besonders liebte er die Samstagabende, die Sylvie mit uns verbrachte, und das sonntägliche Mittagessen, das wir zu dritt in der Coupole einnahmen. Ab und zu trafen wir auch verschiedene Freunde.

    Nachmittags arbeitete ich bei Sartre. Ich wartete auf das Erscheinen von *Das Alter* und dachte an einen letzten Band meiner Memoiren. Er revidierte und überprüfte in *Der Idiot der Familie* das Porträt des Doktor Flaubert. Es war ein prächtiger Herbst, blau und golden: das Jahr[1] versprach sehr schön zu werden.

    Im September nahm Sartre an einem großen Meeting teil, das von der Roten Hilfe veranstaltet wurde, um das Massaker von König Hussein von Jordanien an den Palästinensern anzuprangern. Sechstausend Menschen waren gekommen. Sartre traf dort Jean Genet, den er lange nicht gesehen hatte. Genet hatte sich den

---

1 (Wir hatten die Gewohnheit beibehalten, in Schuljahren zu zählen.

Schwarzen Panthern angeschlossen, über die er im *Nouvel Observateur* einen Artikel geschrieben hatte, und war im Begriff, nach Jordanien zu fahren, wo er in ein Palästinenserlager gehen wollte.

Seit langem hatte Sartres Gesundheitszustand mich nicht mehr beunruhigt. Obwohl er täglich zwei Päckchen Boyard rauchte, hatte seine Gefäßerkrankung sich nicht verschlimmert. Sehr plötzlich, Ende September, hat die Angst mich überfallen.

An einem Samstagabend haben wir mit Sylvie bei «Dominique» gegessen, und Sartre hat viel Wodka getrunken. Wieder bei mir zu Haus, war er schläfrig, dann ist er fest eingeschlafen, wobei er seine Zigarette fallen ließ. Wir haben ihm nach oben in sein Zimmer geholfen. Am nächsten Morgen schien er bei bester Gesundheit und ist zu sich nach Hause gegangen. Aber als wir, Sylvie und ich, ihn um zwei Uhr zum Essen abholen wollten, stieß er gegen alle Möbel. Beim Verlassen der Coupole taumelte er, obwohl er sehr wenig getrunken hatte. Wir haben ihn im Taxi zu Wanda, in die Rue du Dragon, gebracht, und beim Aussteigen wäre er fast gestürzt.

Es war schon vorgekommen, daß er Schwindelanfälle hatte: 1968 in Rom, als er an der Piazza Santa Maria in Trastevere aus dem Auto stieg, hatte er so sehr geschwankt, daß Sylvie und ich ihn stützen mußten. Ohne dem große Bedeutung beizumessen, war ich erstaunt gewesen, denn er hatte nichts getrunken! Aber nie zuvor waren diese Störungen so ausgeprägt gewesen, und ich ahnte, wie ernst sie waren. In meinem Tagebuch habe ich notiert: «Dieses Studio, das seit meiner Rückkehr so heiter war, hat die Farbe gewechselt. Der schöne flauschige Teppich ruft Trauer wach. So wird man leben müssen, bestenfalls noch mit Momenten des Glücks und der Freude, aber mit der schwebenden Bedrohung: das Leben in Klammern gesetzt.»

Während ich diese Zeilen übertrage, wundere ich mich: woher kam diese düstere Vorahnung? Ich denke, daß ich trotz meiner scheinbaren Ruhe seit mehr als zwanzig Jahren ständig auf der Hut gewesen war. Das erste Alarmzeichen war 1954, am Ende von Sartres Reise in die UdSSR, sein krankhaft erhöhter Blutdruck gewesen, der im Krankenhaus behandelt werden mußte.

Im Herbst 1958 hatte ich Angst[1] gehabt: nur knapp war Sartre einem Anfall entronnen. Und seitdem bestand die Bedrohung weiter: seine Arterien, seine Schlagäderchen seien zu eng, hatten mir die Ärzte gesagt. Jeden Morgen, wenn ich ihn wecken ging, vergewisserte ich mich schnell, daß er atmete. Ich war nicht wirklich beunruhigt; es war eher eine Wahnvorstellung, die aber etwas bedeutete. Sartres neue Beschwerden haben mich gezwungen, mir in dramatischer Weise eine Hinfälligkeit bewußtzumachen, von der ich im Grunde genau wußte.

Am nächsten Tag hatte Sartre sein Gleichgewicht annähernd wiedergefunden und hat seinen Hausarzt, Doktor Zaidmann, aufgesucht, der Untersuchungen anordnete und Sartre empfahl, sich bis zur Untersuchung durch einen Spezialisten am Sonntag darauf nicht anzustrengen. Dieser Spezialist, Professor Lebeau, hat sich nicht eindeutig äußern wollen: die Gleichgewichtsstörungen konnten durch eine Störung im Innenohr oder im Gehirn verursacht sein. Auf seinen Vorschlag hin wurde ein Enzephalogramm gemacht, das keine Anomalie zeigte.

Sartre war erschöpft: er hatte einen Abszeß am Mund, und eine Grippe war im Anzug. Aber mit unbändiger Freude hat er Gallimard am 8. Oktober das voluminöse Manuskript des *Flaubert* übergeben.

Die Maoisten hatten für ihn eine Reise nach Fos-sur-Mer und in andere Industriezentren organisiert, damit er dort die Arbeits- und Lebensbedingungen der Arbeiter studieren konnte. Am 15. Oktober haben seine Ärzte ihm die Reise untersagt. Außer Zaidmann hatte er Spezialisten aufgesucht, die seine Augen, Ohren, seinen Schädel und sein Gehirn untersucht hatten: nicht weniger als elf Arztbesuche. Sie hatten schwere Durchblutungsstörungen in der linken Gehirnhälfte (dem Sitz der Sprache) und eine Verengung der Blutgefäße festgestellt. Er sollte weniger rauchen und sich eine Reihe stärkender Spritzen geben lassen. In zwei Monaten sollte noch ein Enzephalogramm gemacht werden. Wahrscheinlich wäre er dann geheilt. Aber er durfte sich nicht überanstrengen, vor allem körperlich. Tatsächlich hatte er jetzt, wo der *Flaubert* fertig war, keinen Grund, sich anzustrengen. Er las Ma-

---

[1] Siehe in: *Der Lauf der Dinge*. Reinbek 1966.

nuskripte, Kriminalromane und träumte vage von einem Theaterstück. In diesem Oktober schrieb er auch ein Vorwort für die Ausstellung von Rebeyrolle, der dieser den Titel *Coexistences* gegeben hatte. Wir liebten seine Bilder sehr. Er hatte zwei Tage mit uns in Rom verbracht und unsere größten Sympathien gewonnen. Als wir seine Frau kennenlernten, eine lebhafte und witzige kleine Armenierin, fanden wir auch sie sehr sympathisch. Wir sollten sie in den folgenden Jahren ziemlich häufig wiedersehen. Sie waren mit Franqui befreundet, dem Journalisten, der uns 1960 nach Kuba eingeladen hatte und der inzwischen ins Exil gegangen war, weil er in Opposition zu Castros prosowjetischer Politik stand.

Trotz seiner gesundheitlichen Beschwerden setzte Sartre seine politischen Aktivitäten fort. Zu der Zeit fand bei Simon Blumenthal, dem Drucker von *La Cause du Peuple*, die Aktion statt, über die ich in *Alles in allem* berichtet habe. Durch Geismar hatte Sartre Glucksmann kennengelernt: Sartre hat ihm ein Interview gegeben, in dem er die in *La Cause du Peuple* abgedruckte Analyse der Arbeiterkämpfe in Frankreich wiederaufnahm. (Dieses Gespräch wurde am 22. Oktober vom Hessischen Rundfunk gesendet.)

Am 21. Oktober fand der Prozeß gegen Geismar statt. Bei dem Meeting, an dem er sich beteiligt hatte, um gegen die Verhaftung von Le Dantec und Le Bris zu protestieren, hatten die fünftausend Anwesenden gerufen: «Am 27. alle auf die Straße!» Mehrere Redner waren aufgetreten: einzig Geismar war verhaftet worden, offensichtlich wegen seiner Zugehörigkeit zur G. P. Die Demonstration vom 27. war übrigens unblutig verlaufen: die C. R. S.[1] hatte Tränengas eingesetzt, die Demonstranten hatten ein paar Schraubenbolzen geworfen, niemand war verletzt worden. Nichtsdestoweniger wurde ein drastischer Urteilsspruch erwartet. Sartre war als Zeuge vorgeladen. Aber anstatt vor der bürgerlichen Justiz die konventionelle Rolle zu spielen, die ihm zugewiesen war, zog er es vor, in Billancourt vor Arbeitern zu sprechen. Die Direktion erlaubte ihm nicht, die Fabrik zu betreten.

---

[1] *Compagnie Républicaine de Sûreté*. Spezialeinheit der Polizei. (Anm. d. Übers.)

Auf der anderen Seite hatte die KP um acht Uhr morgens ein Flugblatt verteilen lassen, das die Renault-Arbeiter vor ihm warnte. Er sprach draußen auf einer Tonne stehend durch ein Megaphon vor einem ziemlich kleinen Publikum: *Ihr müßt sagen, ob die Aktion von Geismar gut ist oder nicht. Ich will auf der Straße aussagen, weil ich ein Intellektueller bin und weil ich denke, daß die Verbindung zwischen dem Volk und den Intellektuellen, die im 19. Jahrhundert bestand – nicht immer, die aber zu sehr guten Ergebnissen geführt hat –, heute wiederhergestellt werden sollte. Seit fünfzig Jahren sind das Volk und die Intellektuellen getrennt, sie müssen jetzt wieder eins werden.*»

Sartres Gegner bemühten sich nach Kräften, seinen Auftritt lächerlich zu machen. Die KP hielt ihm entgegen, die Verbindung zwischen dem Volk und den Intellektuellen sei gesichert, da diese sich in großer Zahl in der Partei einschrieben. Indessen wurde Geismar zu achtzehn Monaten Haft verurteilt.

Sartre beteiligte sich an der Konzeption einer neuen Zeitung, *J'accuse*, deren Null-Nummer am 1. November erschien. Er stand dem Team, das sie herausgab, nahe, unter anderen Linhart, Glucksmann, Michèle Manceaux, Fromanger, Godard. Diese Zeitung wurde nicht von militanten Genossen redigiert, sondern veröffentlichte große Reportagen von Intellektuellen. Sartre schrieb einige Artikel für sie. Nur zwei Nummern folgten auf die erste: die eine erschien am 15. Januar 1971, die andere am 15. März. Liliane Siegel war unter ihrem Mädchennamen Sendyk Herausgeberin. Sie blieb es, als *J'accuse* mit *La Cause du Peuple* fusionierte. Sie wurde also zusammen mit Sartre Mitherausgeberin von *La Cause du Peuple – J'accuse*. Und da die Regierung Sartre nicht verhaften wollte, war sie es, die sich zweimal auf der Anklagebank wiederfand, während Sartre zu ihren Gunsten aussagte.

Indessen machte seine Gesundheit mir weiter Sorgen. Wenn er langweilige Momente verbrachte – und er nahm allerhand Lästiges auf sich –, trank er zuviel. Abends und sogar tagsüber war er oft schläfrig. Professor Lebeau, den er am 5. November konsultierte, sagte, diese Schläfrigkeit käme von den Medikamenten, die ihm gegen seine Schwindelanfälle verschrieben worden waren, und verringerte die Dosen. Am 22. November wurde wieder ein Enzephalogramm gemacht, das ganz und gar zufriedenstellend ausfiel, und kurz darauf versicherte Lebeau Sartre, daß er vollständig geheilt sei, daß er nicht mehr als jeder andere von Schwindelanfällen bedroht sei. Er war froh darüber, aber eine Sorge blieb ihm: seine Zähne. Er sollte ein Gebiß bekommen und fürchtete sich davor, aus Angst, nicht mehr in der Öffentlichkeit reden zu können und aus naheliegenden symbolischen Gründen. Tatsächlich aber leistete der Zahnarzt ausgezeichnete Arbeit, und Sartre war wieder beruhigt.

Er hat sich über das Erscheinen des Buches von Contat und Rybalka *Les Écrits de J.-P. Sartre* gefreut. Er korrigierte die Fahnen von *Der Idiot der Familie*. Als er im Dezember dem Prozeß gegen die Grubenleitung vorsaß, ging es ihm bestens.

In *Alles in allem* habe ich über diesen Prozeß berichtet, aber da Sartre ihm viel Bedeutung beimaß, will ich hier darauf zurückkommen. Im Februar 1970 wurden in Hénin-Liétard bei einer Schlagwetterexplosion sechzehn Bergleute getötet und mehrere andere verletzt. Da die Verantwortung der Grubenleitung auf der Hand lag, warfen einige nicht identifizierte junge Leute zur Vergeltung Molotowcocktails in die Direktionsbüros und lösten einen Brand aus. Die Polizei verhaftete ohne die Spur eines Beweises vier Maoisten und zwei Vorbestrafte. Ihr Prozeß sollte am Montag, dem 14. Dezember, stattfinden, und die Rote Hilfe berief für Sonnabend, den 12. Dezember, in Lens ein Volkstribunal ein.

Um diese Sitzung vorzubereiten, fuhr Sartre, begleitet von Liliane Siegel, zu einer Befragung der Bergleute nach Bruay, wo er bei einem ehemaligen Bergmann, einem den Maoisten sehr nahestehenden Genossen namens André wohnte. Dessen Frau Marie hatte zum Abendessen ein Kaninchen zubereitet, ein Gericht, das Sartre verabscheute, das er höflich aufgegessen und das ihm einen zweistündigen Asthmaanfall beschert hat. Am nächsten Tag hat er Joseph getroffen, einen älteren Genossen, der ebenfalls in der Gegend bekannt war, und andere Bergleute. Dann hat er im Außenbezirk von Douai mit July gesprochen, einem wichtigen Mitglied der Ex-G. P., den Sartre gern mochte, wenn ihm dessen Siegesgewißheit auch auf die Nerven ging. Er besuchte auch Eugénie Camphin, eine halbblinde alte Frau, Mutter und Ehefrau von Bergarbeitern, die der Résistance angehört hatten und von den Deutschen erschossen worden waren.

Der Prozeß rollte also am 12. Dezember im Rathaus von Lens ab und brachte mit vernichtender Deutlichkeit die Verantwortung der Grubenleitung ans Licht. Sartre faßte die Verhandlung in einer nachdrücklichen Anklagerede zusammen, die er folgendermaßen schloß: «Ich schlage Ihnen folgende Ergebnisse vor: der Staat als Arbeitgeber ist schuldig an dem Mord vom 4. Februar 1970. Die Direktion und die für Grube 6 verantwortlichen Ingenieure sind seine Vollstrecker. Folglich sind sie ebenfalls des vorsätzlichen Mordes schuldig. Sie entscheiden sich vorsätzlich lieber für die Ausbeute als für die Sicherheit, das heißt, sie stellen die Produktion von Sachen über Menschenleben.» Am darauffolgenden Montag fand der Prozeß der angeblichen Brandstifter statt, und sie wurden freigesprochen.

Kurz zuvor hatte Sartre sich bereiterklärt, außer *La Cause du Peuple* zwei weitere gauchistische Zeitungen herauszugeben: *Tout*, das Organ von *Vive la Révolution*, und *La Parole du Peuple*.

1971

Anfang Januar liefen in der UdSSR und in Spanien zwei Prozesse ab, die viel Aufsehen erregten: der Prozeß von Leningrad und der von Burgos. Am 16. Dezember 1970 erschienen elf Sowjetbürger, ein Ukrainer, ein Russe, neun Juden, vor dem Leningrader Gericht. Sie hatten geplant, ein Flugzeug zu entführen, um ihr Land zu verlassen. Aber sie wurden verraten und in der Nacht vom 15. auf den 16. Juni, noch bevor sie zur Tat geschritten waren, in verschiedenen Städten verhaftet. Zwei von ihnen wurden zum Tode verurteilt: Kusnetzow, der das Komplott organisiert hatte, Dymschitz, ein Linienpilot, der die Bedienung des Flugzeugs übernehmen sollte, nachdem die Besatzung gefesselt und ausgebootet worden war. Sieben Angeklagte bekamen zwischen zehn und vierzehn Jahren Zwangsarbeit, zwei weitere vier und acht Jahre.[1] Am 14. Januar 1971 fand in Paris eine große Sympa-

---

[1] Dymschitz und Kusnetzow wurden nicht hingerichtet, wahrscheinlich auf Grund des Drucks der französischen Regierung. 1973 gelangte Kusnet-

thiekundgebung für sie statt, an der Sartre teilnahm. Auch Laurent Schwarz, Madaule, unser israelischer Freund Eli Ben Gal waren dabei. Alle verurteilten den Antisemitismus der UdSSR.

Im Prozeß von Burgos wurde gegen Basken verhandelt, die der ETA angehörten und von Franco der Verschwörung gegen den Staat beschuldigt wurden. Gisèle Halimi nahm als Beobachterin daran teil und berichtete in einem bei Gallimard veröffentlichten Buch darüber. Sie bat Sartre um ein Vorwort, das er sehr bereitwillig schrieb. Er erklärte die Problematik der Basken, schilderte ihren Kampf und insbesondere die Geschichte der ETA. Er entrüstete sich über die Repression des Franco-Regimes im allgemeinen und im besonderen über die Art und Weise, wie der Prozeß von Burgos abgelaufen war. Bei dieser Gelegenheit entwickelte er an einem bestimmten Beispiel eine Idee, die ihm am Herzen lag: den Widerspruch zwischen einem abstrakten Allgemeinen – auf das die Regierungen sich berufen – und dem einzelnen und konkreten Allgemeinen, so wie es sich in den Völkern, gebildet aus Menschen von Fleisch und Blut, verkörpert. Das letztere ist es, versicherte er, was die Revolten der Kolonisierten – von außen oder von innen – fördern wollen, und das letztere ist gültig, denn es erfaßt die Menschen in ihrer Situation, ihrer Kultur, ihrer Sprache und nicht als leere Definitionen.

Gegen den zentralistischen und abstrakten Sozialismus pries Sartre «einen *anderen* Sozialismus, dezentralistisch und konkret: so ist die einzelne Allgemeinheit der Basken, die die ETA mit Recht dem abstrakten Zentralismus der Unterdrücker entgegensetzt». «Geschaffen werden müßte», sagte er, «der sozialistische Mensch auf der Grundlage seines Bodens, seiner Sprache und sogar seiner wiederbelebten Sitten und Gebräuche. Nur so wird der Mensch allmählich aufhören, das Produkt seines Produkts zu sein, um endlich der Menschensohn zu werden.»

Im gleichen Sinne hat Sartre zwei Jahre später eine Nummer von *Les Temps Modernes* (August–September 1973) den Forderun-

---

zows Manuskript *Tagebuch eines zum Tode Verurteilten* nach Paris, das bei seiner Veröffentlichung ein sehr starkes Echo fand. Im April 1979 wurden Kusnetzow, Dymschitz und drei weitere Verschwörer gegen zwei in den Vereinigten Staaten verhaftete sowjetische Spione ausgetauscht.

gen der Bretonen, der Okzitanier, allen vom Zentralismus unterdrückten Minderheiten gewidmet.

Geismar war in der Santé inhaftiert. Obwohl er einen relativ privilegierten Strafvollzug genoß, solidarisierte er sich mit den anderen politischen Gefangenen, die in einen Hungerstreik getreten waren und für die Strafgefangenen wie für sich selbst erträglichere Haftbedingungen forderten. Einige Gauchisten beschlossen ebenfalls zu hungern, um deren Forderungen zu unterstützen. Sie wurden von einem progressiven Priester in der Saint-Bernard-Kapelle der Gare Montparnasse aufgenommen. Michèle Vian war unter den Hungerstreikenden, die Sartre ziemlich häufig besuchte. Er begleitete sie, als sie nach 21 Tagen ihr Fasten abbrachen und versuchten, eine Unterredung mit Pleven zu bekommen. Zu geschwächt, um einen langen Marsch zu machen, fuhren sie im Auto zur Place de l'Opéra, von wo sie zu Fuß zur Place Vendôme gingen. Sie sprachen im Justizministerium vor, aber Pleven weigerte sich, sie zu empfangen. Später kapitulierte Pleven. Er bewilligte den Häftlingen, die den Hungerstreik gemacht hatten, besondere Haftbedingungen und versprach, die Lage der Strafgefangenen zu verbessern: ein Versprechen, das kaum gehalten worden ist.

Am 13. Februar ließ Sarte sich von seinen maoistischen Genossen überreden, an einem ziemlich dummen Streich teilzunehmen: der Besetzung der Sacré-Cœur. Während einer Demonstration der Roten Hilfe war ein Genosse von *Vive la Révolution* durch eine Tränengasgranate im Gesicht verletzt worden. Um die öffentliche Meinung wachzurütteln, beschloß die G. P., die Basilika zu besetzen. Sie rechneten auf die Zustimmung von Monsignore Charles. Begleitet von Jean-Claude Vernier, Gilbert Castro, Liliane Siegel, betrat Sartre die Kirche, in der sich einige Genossen befanden, und verlangte, Monsignore Charles zu sprechen. Der Priester, an den er sich wandte, sagte ihm, er werde sein Ersuchen übermitteln. Eine Viertelstunde verging, ohne daß er zurückkam. Und dann schlossen sich alle Türen, außer einer, und die Demonstranten, deren Zahl groß geworden war, fühlten sich in der Falle. Castro und Vernier packten Sartre und Liliane und versteckten sie in einer Ecke, während durch die offen gebliebene Tür eingedrungene C. R. S.-Kräfte wahllos auf alle einschlugen. Castro und Vernier gelang es, Sartre und Liliane hinauszuschaffen; sie ließen sie in Lilianes Auto steigen und setzten sie in einem Café ab. Als sie etwas später zurückkamen, erzählten sie, daß die Auseinandersetzung sehr heftig gewesen sei. Einem jungen Mann war der Schenkel von einem Gitterstab durchbohrt worden. Sartre, den ich am Abend mit Sylvie besuchte, fand diese ganze Geschichte verheerend: sie konnte die Genossen, auf die schon ein paar Tage zuvor am Ende einer Demonstration brutal eingeschlagen worden war, nur demoralisieren. Am 15. Februar gab er zusammen mit Jean-Luc Godard zu dieser Affäre eine Pressekonferenz, über die die Zeitungen ausführlich berichtet haben. Am 18. Februar zog er sich von der Roten Hilfe zurück, bei der seiner Ansicht nach die Maoisten zuviel Einfluß gewonnen hatten.[1]

Wenige Tage später wurde die Affäre Guiot bekannt: es handelte sich um einen Gymnasiasten, den man fälschlich beschuldigte, einen Polizisten geschlagen zu haben, und der «in flagranti» verhaftet worden war. Die Gymnasiasten protestierten massiv: zu Tausenden setzten sie sich auf die Fahrbahn des Quartier Latin, wo eine Unmenge Polizeiwagen standen. Guiot wurde schließlich freigesprochen. Aber in den Straßen von Paris blieb die Atmosphäre geladen: überall an den Mauern und Wänden sah man große Fotos des verunstalteten Deshayes. Mitte März kam es zu einer außerordentlich schweren Auseinandersetzung zwischen Gauchisten und dem *Ordre Nouveau*[2]: viele Polizisten wurden verletzt.

Sartre verfolgte diese Unruhe aufmerksam. Seine Gesundheit schien sehr gut. Er korrigierte die Fahnen von *Der Idiot der Familie*. Er wohnte allen Sitzungen der *Temps Modernes* bei, die bei mir stattfanden.

Anfang April sind wir nach Saint-Paul-de-Vence gefahren, Sartre mit Arlette im Zug, ich mit Sylvie im Auto. Das Hotel, in dem wir abgestiegen sind, lag am Rande des Städtchens, das tagsüber von Touristen wimmelte, morgens und abends aber ru-

---

1 Er zog sich aus dem Führungskomitee zurück, beteiligte sich aber noch an vielen von der Roten Hilfe organisierten Aktionen.
2 Rechtsradikale Partei. (Anm. d. Übers.)

hig war, genauso köstlich, wie wir es in Erinnerung hatten. Arlette und Sartre waren in einem Nebengebäude untergebracht. Ich wohnte mit Sylvie in einem Häuschen hinten in einem mit Orangenbäumen bepflanzten Garten. Wir hatten ein großes Zimmer, das auf eine winzig kleine Terrasse hinausging, und einen geräumigen, weißverputzten Salon mit freiliegenden Balken und schönen Bildern von Calder in lebhaften Farben. Möbliert war er mit einem langen Holztisch, einem Sofa, einem Buffet und ging auf den Garten. Hier verbrachte ich die meisten meiner Abende mit Sartre. Wir tranken Scotch und unterhielten uns. Zu abend aßen wir etwas Wurst oder eine Tafel Schokolade. Zum Mittagessen dagegen führte ich ihn in gute Restaurants der Umgebung. Manchmal aßen wir alle vier zusammen.

Am ersten Abend hatten wir uns über helle Festbeleuchtungen auf dem Hügel gegenüber von Saint-Paul gewundert: das waren Treibhäuser, die nachts grell mit elektrischem Licht beleuchtet wurden.

Nachmittags lasen wir oft, jeder in seinem Zimmer. Oder wir machten Ausflüge und besuchten Plätze wieder, die wir geliebt hatten: unter anderm waren wir glücklich, Cagnes wiederzusehen und das reizende Hotel, in dem wir vor vielen Jahren eine wunderbare Zeit verbracht hatten. An einem Nachmittag sind wir in der Maeght-Galerie gewesen, die wir schon kannten. Dort lief eine Char-Ausstellung. Die Bilder, die man um seine Manuskripte und Bücher herum ausgestellt hatte, waren sehr schön: von Klee, Vieira da Silva, Giacometti und viele von Miró, dessen Werke immer stärker wurden, je älter er wurde.

Am letzten Tag hat Sartre im Hotel ein Aïoli bestellt, das wir mangels Sonne in der «Wärmehalle» gegessen haben, einem hübschen großen Raum mit einem breiten Kamin und einer Bibliothek. Abends ist er im Zug mit Arlette abgereist. Sylvie und ich sind am nächsten Morgen mit dem Auto abgefahren. Sartre ist von seinen Ferien entzückt gewesen.

Er hat sich auch sehr gefreut, als er, wieder in Paris, von Gallimard eine riesige Kiste voller Exemplare von *Der Idiot der Familie* bekommen hat: 2000 bedruckte Seiten. Er hat mir gesagt, daß ihm das ebensoviel Freude machte wie das Erscheinen von *Der Ekel*. Es gab gleich sehr begeisterte Rezensionen.

Anfang Mai erfuhren wir von Pouillon vom Tod des Freundes, den ich in meinen Memoiren Pagniez genannt habe. Nach Pouillons Darstellung hatte sich Pagniez nach seiner Pensionierung so sehr gelangweilt, daß er einfach gestorben war: er hatte eine Hepatitis gehabt, die sich zu einer Zirrhose verschlimmerte. Da Madame Lemaire schon vor ein paar Jahren gestorben war, versank mit ihm ein ganzer glücklicher Abschnitt unserer Vergangenheit. Aber Pagniez war uns seit langem gänzlich fremd geworden, und wir haben die Nachricht gleichgültig aufgenommen.

Ebenfalls Anfang Mai rief Goytisolo mit vor Erregung bebender Stimme bei Sartre an, um ihn zu bitten, einen sehr scharfen Brief zur Affäre Padilla an Fidel Castro zu unterzeichnen. Diese Affäre hatte mehrere Etappen: 1. die Verhaftung des in Kuba sehr bekannten Dichters Padilla, unter der Anklage der Päderastie. 2. Ein höflicher Protestbrief, unterzeichnet von Goytisolo, Franqui, Sartre, mir und einigen anderen. 3. Padilla wird freigelassen und übt maßlose Selbstkritik, in der er Dumont und Karol beschuldigt, CIA-Agenten zu sein. Auch seine Frau übte Selbstkritik und erklärte, die Polizei habe sie «zartfühlend» behandelt. Diese Äußerungen riefen zahlreiche Proteste hervor. Unser ehemaliger kubanischer Dolmetscher, Arcocha, der ebenfalls im Exil lebte, schrieb in *Le Monde*, daß man, um solche Geständnisse zu bekommen, Padilla und seine Frau gefoltert haben müßte. Im Hintergrund dieser ganzen Geschichte wütete Lyssendro Otero, der uns 1960 fast während unserer gesamten Reise begleitet hatte: er hatte jetzt die ganze Kultur unter sich. Goytisolo meinte, eine regelrechte Polizisten-Gang habe Kuba unter ihrer Knute. Wir haben erfahren, daß Castro Sartre jetzt als Feind betrachtete: er stehe, sagte er, unter dem unseligen Einfluß von Franqui. In einer zu jener Zeit gehaltenen Rede, griff Castro die meisten französischen Intellektuellen an. Sartre regte sich nicht darüber auf, denn er machte sich seit langem keine Illusionen mehr über Kuba.

Außer seinen Vertrauten und gauchistischen Genossen hat Sartre nach den Ferien mit mir einige Freunde getroffen. Tito Gerassi berichtete uns über die amerikanische Subkultur, Rossana Rossanda schilderte uns die Schwierigkeiten und Möglichkeiten ihrer Zeitung *Manifesto*, die von einem Wochenblatt zu einer

Tageszeitung werden sollte. Robert Gallimard erzählte uns, was hinter den Kulissen der Verlage vorging. Wir haben mit dem ägyptischen Journalisten Ali zu Mittag gegessen, der uns 1967 auf unserer ganzen Ägyptenreise begleitet hatte. Anfang Mai haben wir unsere japanische Freundin Tomiko wieder getroffen: sie hat uns von der langen Reise, die sie gerade durch Asien gemacht hatte, erzählt.

Am 12. Mai nahm Sartre an einer Demonstration vor dem Rathaus von Ivry teil: Behar Behala, ein leicht beschränkter Gastarbeiter, hatte einen Becher Joghurt aus einem Lieferwagen gestohlen; Polizisten hatten auf ihn geschossen und hatten ihn schwer verletzt. Die Rote Hilfe hatte Informationen gesammelt und eine Aktion gegen die Polizei organisiert.

Sartre hielt sich zu dieser Zeit viel bei mir auf, da sein Aufzug kaputt war. Wenn er die zehn Etagen bis zu seiner Wohnung hinaufsteigen mußte, war er völlig erschöpft.

Am Dienstag, dem 18. Mai, ist Sartre wie jeden Dienstag abends zu mir gekommen: Er hatte den Montagabend und die Nacht bei Arlette verbracht. «Wie geht's?» habe ich ihn wie gewohnt gefragt. «Na ja, nicht besonders.» Tatsächlich schwankte und stammelte er, sein Mund war ein bißchen verzerrt. Ich hatte am Vortag nicht gemerkt, daß er müde war, denn wir hatten Platten gehört und kaum gesprochen. Aber abends war er in schlechter Verfassung zu Arlette gekommen. Und morgens war er in dem Zustand, wie ich ihn jetzt sah, aufgewacht: offensichtlich hatte er in der Nacht einen leichten Anfall gehabt. Seit langem befürchtete ich so etwas und hatte mir vorgenommen, nicht die Ruhe zu verlieren. Ich dachte an Freunde, die Ähnliches durchgemacht und es ohne Schaden überstanden hatten. Außerdem mußte Sartre am nächsten Tag sowieso zum Arzt: das beruhigte mich ein wenig, aber eben nur ein wenig. Ich mußte mich sehr anstrengen, um meine Panik nicht zu verraten. Sartre verlangte seine gewohnte Menge Whisky, so daß er um Mitternacht überhaupt nicht mehr artikulieren konnte und sich mit großer Mühe ins Bett schleppte. Die ganze Nacht habe ich gegen die Angst gekämpft.

Am nächsten Morgen fuhr Liliane Siegel ihn zu Dr. Zaidmann. Er hat mich angerufen und gesagt, alles wäre in Ordnung:

er hätte einen Blutdruck von 180 – was bei ihm normal war –, und man würde sofort mit einer ernsthaften Behandlung anfangen. Etwas später rief Liliane an und war weniger optimistisch. Nach Zaidmanns Ansicht war die Krise schwerer als die im Oktober, und das Beunruhigende war, daß die Störungen so schnell wiederaufgetreten waren. Eine der Ursachen war wohl, daß Sartre seit März seine Medikamente nicht mehr einnahm. Es war auch schädlich für ihn, daß er ab und zu zehn Stockwerke hinaufstieg. Aber der Hauptgrund war eine starke Beeinträchtigung der Blutzirkulation in einem bestimmten Bereich des Gehirns, links.

Ich bin am Nachmittag bei Sartre gewesen, und es ging ihm weder besser noch schlechter. Zaidmann hatte ihm strikt verboten herumzulaufen. Zum Glück war sein Aufzug repariert. Abends hat Sylvie uns im Auto zu mir nach Hause gefahren und ist eine Weile bei uns geblieben. Sartre hat nur Fruchtsaft getrunken. Sie war fassungslos über sein Aussehen. Ich vermute, daß der Anfall – vielleicht ohne daß er sich dessen bewußt war – ein empfindlicher Schock für ihn gewesen war: er wirkte sehr niedergeschlagen. Ständig fiel ihm seine Zigarette aus dem Mund. Sylvie hob sie auf, reichte sie ihm, er nahm sie, und sie entglitt seinen Fingern. Dieser Vorgang hat sich an diesem düsteren Abend ich weiß nicht wie oft wiederholt. Da eine Unterhaltung ausgeschlossen war, habe ich Platten aufgelegt, unter anderem das Requiem von Verdi, das Sartre sehr liebte und das wir uns oft anhörten. «Das paßt zu den Umständen», hat er gemurmelt, und Sylvie und mir ist es kalt den Rücken heruntergelaufen. Sie ist wenig später gegangen, und Sartre hat sich kurz darauf zu Bett gelegt. Beim Aufwachen schien es ihm, daß er den rechten Arm kaum bewegen konnte, so schwer und taub war er. Als Liliane gekommen ist, um mit ihm zu frühstücken, hat sie mir zugeraunt: «Ich finde, er sieht schlechter aus als gestern.» Gleich nachdem sie weg waren, habe ich mit Professor Lebeau in der Klinik telefoniert. Er konnte nicht kommen, wollte aber einen anderen Spezialisten schicken. Ich bin zu Sartre in seine Wohnung gegangen, und um halb zwölf ist Dr. Mahoudeau gekommen. Er hat Sartre eine Stunde lang untersucht und hat mich beruhigt. Die Tiefensensibilität war nicht gestört, der Kopf war intakt, das leichte Stammeln kam von der Verzerrung des Mundes. Die rechte

Hand war schwach: Sartre hatte immer noch Mühe, eine Zigarette zu halten. Er hatte einen Blutdruck von 140: das war ein schlimmer Abfall, zurückzuführen auf die Mittel, die er schluckte. Mahoudeau stellte ein neues Rezept aus und empfahl für die nächsten achtundvierzig Stunden größte Schonung. Sartre sollte viel ruhen und nie allein sein. Unter der Bedingung wäre er in zehn oder zwanzig Tagen ganz wiederhergestellt.

Sartre hatte alle Untersuchungen fügsam über sich ergehen lassen, aber er weigerte sich, das Bett zu hüten. Sylvie, die wegen Himmelfahrt schulfrei hatte, fuhr uns zur Coupole, wo wir zu dritt zu Mittag aßen. Sartre ging es deutlich besser. Sein Mund jedoch blieb verzerrt. Am nächsten Tag, als er im selben Lokal mit Arlette aß, hat François Périer ihn gesehen. Er ist an meinen Tisch gekommen und hat gesagt: «Übel, was er da hat, dieser schiefe Mund: das ist sehr schlimm.» Zum Glück wußte ich, daß es *diesmal* nicht sehr schlimm war. Die folgenden Tage sind gut verlaufen, und am Montagvormittag hat Zaidmann mitgeteilt, daß die Behandlung bald beendet sein würde. Aber er hat hinzugefügt, daß die anschließende Rückkehr zum normalen Leben ziemlich lange dauern würde. Zu Arlette hat er sogar gesagt, daß Sartre vielleicht nie mehr ganz gesund werden würde.

Doch als wir am Mittwoch, dem 26. Mai, den Abend mit Bost verbracht haben, konnte er wieder gehen und sprechen und hatte seine gute Laune wiedergefunden. In seinem Beisein habe ich lachend zu Bost gesagt, daß ich mich bestimmt mit Sartre streiten müßte, um seinen Alkohol-, Tee-, Kaffee- und Aufputschmittelkonsum einzuschränken. Sartre ist zum Schlafen nach oben gegangen, und auf dem Balkon über meinem Studio hat er geträllert: «Ich will meinem Castor auch nicht den kleinsten Kummer machen ...» Ich war gerührt. Und ich war auch gerührt, als er mir während eines Mittagessens in der Coupole ein dunkelhaariges junges Mädchen mit blauen Augen und einem etwas runden Gesicht gezeigt und mich gefragt hat: «Wissen Sie, an wen sie mich erinnert?» – «Nein.» – «An Sie, als Sie in ihrem Alter waren.»

Mit einer Sache haperte es: seine rechte Hand blieb schwach. Er hatte Schwierigkeiten, Klavier zu spielen – was er bei Arlette gern tat – und Wörter zu Papier zu bringen. Aber augenblicklich war das nicht besonders wichtig. Solange, bis er seine Arbeit wiederaufnehmen konnte, korrigierte er die Fahnen von *Situations VII* und *IX* und hatte damit genug zu tun.

Im Juni gründete er mit Maurice Clavel die Presseagentur *Libération*. Sie unterzeichneten gemeinsam einen Text, in dem sie die Ziele der Agentur darstellten, die täglich Informationen veröffentlichen sollte:

«Wir wollen alle gemeinsam ein neues Instrument zur Verteidigung der Wahrheit schaffen... Es genügt nicht, die Wahrheit zu kennen, sie muß auch verbreitet werden. Die Agentur *Libération* wird nach strenger Überprüfung aller Fakten regelmäßig die Meldungen verbreiten, die sie erhält... Die Presseagentur *Libération* will eine neue Tribüne für die Journalisten sein, die denen alles sagen wollen, die alles wissen wollen. Sie wird dem Volk das Wort geben.»

Ende Juni bekam Sartre schreckliche Schmerzen an der Zunge. Er konnte weder essen noch sprechen, ohne daß es ihm weh tat. Ich habe zu ihm gesagt: «Das ist wirklich ein scheußliches Jahr: andauernd haben Sie irgendwelche Beschwerden.» – «Ach, das macht nichts», hat er mir geantwortet. «Wenn man alt ist, ist das nicht mehr wichtig.» – «Wieso denn das?» – «Man weiß, daß es nicht mehr lange dauert.» – «Sie meinen, weil man stirbt?» – «Ja. Es ist normal, daß man nach und nach kaputtgeht. Wenn man jung ist, ist das etwas anderes.» Der Ton, in dem er das sagte, hat mich erschüttert: er schien bereits auf der anderen Seite des Lebens. Diese Unbeteiligtheit fiel übrigens allen auf; er wirkte vielen Dingen gegenüber gleichgültig, wahrscheinlich weil er kein Interesse für sein eigenes Schicksal hatte. Oft war er zwar nicht traurig, aber doch abwesend. Nur während unserer Abende mit Sylvie sah ich ihn wirklich fröhlich. Im Juni haben wir Sartres siebzigsten Geburtstag bei ihr gefeiert, und er war strahlender Laune.

Er ist zu seinem Zahnarzt gegangen, und die Schmerzen haben aufgehört. Sofort wurden die Fortschritte deutlich, die er seit Mai gemacht hatte. Zaidmann meinte, daß er völlig wiederhergestellt wäre. Und Sartre hat mehrfach zu mir gesagt, daß er mit dem Jahr sehr zufrieden sei.

Trotzdem hatte ich Angst, mich von ihm zu trennen. Er wollte drei Wochen mit Arlette, drei Wochen mit Wanda verbringen, während ich mit Sylvie verreiste. Ich liebte diese Reisen, aber die Trennung von Sartre war immer ein kleiner Schock für mich. Diesmal habe ich mit ihm in der Coupole zu Mittag gegessen, wo Sylvie mich um vier Uhr abholen sollte. Ich bin drei Minuten vorher aufgestanden. Er hat undefinierbar gelächelt und hat zu mir gesagt: «Jetzt heißt es also Abschied nehmen!» Ich habe seine Schulter berührt, ohne zu antworten. Das Lächeln, der Satz haben mich lange verfolgt. Ich gab dem Wort «Abschied» den letzten Sinn, den es einige Jahre später bekommen sollte: da aber war ich allein, es zu sagen.

Ich bin mit Sylvie nach Italien gefahren. Am nächsten Abend haben wir in Bologna übernachtet. Am Morgen sind wir über die Autobahn in Richtung Ostküste gefahren. Die Landschaft war in milden Nebel getaucht. In meinem ganzen Leben habe ich kein solches Gefühl von Absurdität und Verlassenheit gehabt: was machte ich hier? Warum war ich hier? Meine Liebe zu Italien hat mich schnell wieder eingefangen. Aber jede Nacht vor dem Einschlafen habe ich lange geweint.

Mittlerweile reiste Sartre durch die Schweiz. Ab und zu versicherte er mir in einem Telegramm, daß es ihm gutginge. Aber als ich in Rom ankam, wo er sich mit mir treffen sollte, fand ich einen Brief von Arlette vor. Sartre hatte am 15. Juli einen Rückfall gehabt. Wie beim erstenmal hatte sie es beim Aufwachen bemerkt. Sein Mund war noch verzerrter als im Mai, die Aussprache behindert, der Arm unempfindlich für kalt und warm. Sie hatte ihn zu einem Arzt in Bern gebracht, und Sartre hatte ihr, ganz außer sich, verboten, mich zu benachrichtigen. Drei Tage später war die Krise überstanden. Aber sie hatte mit Zaidmann telefoniert, der ihr gesagt hatte: «Wenn er solche Krämpfe bekommt, müssen seine Arterien sehr erschlafft sein.»

Ich habe ihn an der Stazione Termini abgeholt. Er hat mich angerufen, noch bevor ich ihn sah. Er trug einen hellen Anzug und eine Mütze. Sein Gesicht war durch einen Abszeß am Zahn geschwollen, aber er schien bei guter Gesundheit. Wir haben uns in unserem kleinen Appartement im sechsten Stock des Hotels eingerichtet. Dazu gehörte eine Terrasse, von wo wir einen weiten Blick über den Quirinal, das Dach des Pantheon, Sankt Peter und das Kapitol hatten, dessen Lichter wir jede Nacht um zwölf ausgehen sahen. In diesem Jahr war ein Teil der Terrasse in einen Salon umgebaut worden, den eine Glaswand vom offenen Teil trennte: Hier konnten wir uns zu jeder Tageszeit aufhalten. Der Abszeß ist abgeheilt, und Sartre hat keine Beschwerden mehr gehabt. Er wirkte nie mehr abwesend, war angeregt und lustig. Er blieb bis ein Uhr nachts auf und stand gegen halb acht wieder auf: Wenn ich gegen neun Uhr aus meinem Zimmer kam, fand ich ihn auf der Terrasse sitzend, die Schönheit Roms genießend und lesend. Nachmittags schlief er zwei Stunden, war aber nie mehr schlafrig. In Neapel hatte er mit Wanda lange Märsche gemacht: unter anderem hatte er Pompeji noch einmal besucht. In Rom hatten wir wenig Lust spazierenzugehen: ohne uns wegzubewegen, waren wir überall.

Gegen zwei Uhr aßen wir in der Nähe des Hotels ein Sandwich; abends gingen wir zu Fuß zum Essen zur Piazza Navona oder in ein benachbartes Restaurant. Manchmal fuhr Sylvie uns im Auto nach Trastevere oder zur Via Appia Antica. Sartre setzte brav seine Schirmmütze auf, wenn er durch die Sonne ging. Er nahm vorschriftsmäßig seine Medikamente ein, trank zum Mittagessen ein einziges Glas Weißwein, zum Abendessen Bier und anschließend auf der Terrasse zwei Gläser Whisky. Keinen Kaffee, und Tee nur zum Frühstück (in den anderen Jahren trank er um fünf Uhr wahnsinnig starke Aufgüsse). Er korrigierte den dritten Band von *Der Idiot der Familie* und zerstreute sich, indem er *gialli*, italienische Kriminalromane, las. Ab und zu trafen wir uns mit Rossana Rossanda, und eines Nachmittags besuchte uns unser jugoslawischer Freund Dedijer.

Wer Sartre während dieser römischen Ferien sah, hätte ihm noch zwanzig Lebensjahre vorhergesagt. Er rechnete übrigens selbst damit. Als ich mich eines Tages darüber beklagte, daß man immer auf dieselben *gialli* stieß, sagte er: «Das ist normal. Es gibt nur eine beschränkte Anzahl davon. Wir können nicht hoffen, in den nächsten zwanzig Jahren neue zu lesen.»

Wieder in Paris, ging es Sartre weiterhin sehr gut. Er hatte einen Blutdruck von 170, gute Reflexe. Er ging gegen Mitternacht zu Bett, stand um halb neun auf, schlief tagsüber nicht mehr. Er behielt eine leichte Lähmung im Mund, die ihm das

Kauen erschwerte und ein gelegentliches Lispeln bewirkte. Er beherrschte seine Schreibhand nicht gänzlich. Aber er machte sich deswegen keine Sorgen. Er war Dingen und Menschen gegenüber wieder sehr aufgeschlossen. Die Begeisterung, mit der die beiden ersten Bände von *Der Idiot der Familie* aufgenommen worden waren, hatte ihn sehr berührt. Er übergab Gallimard den dritten Band und nahm den vierten in Angriff, in dem er sich mit Madame Bovary auseinandersetzen wollte. Er las und kritisierte sorgfältig das Manuskript meines nächsten Buches, *Alles in allem*, und gab mir sehr gute Ratschläge. Mitte November notierte ich: «Sartre geht es so gut, daß ich fast ruhig bin.»

Ende November nahm er mit Foucault und Genet an einer Demonstration teil, die im Quartier de la Goutte d'Or stattfand, als Protest gegen den Mord an Djelalli, einem fünfzehnjährigen Algerier. Der Concierge in seinem Haus hatte ihn am 27. Oktober mit einem Karabiner erschossen. Er machte zuviel Krach, erklärte er und behauptete ohne Angst, sich zu widersprechen, er hätte ihn für einen Dieb gehalten.

Sartre ging in der Rue Poissonnière vor Foucault und Claude Mauriac her, die ein Spruchband mit einem Aufruf an die Arbeiter des Viertels trugen. Die Polizisten erkannten ihn und griffen nicht ein. Er sprach durch ein Megaphon und machte die Einrichtung eines Informationsbüros des Komitees Djelalli bekannt, das vom nächsten Tag an im Gemeindesaal der Goutte d'Or geöffnet sein würde, bis sich ein anderer Raum gefunden hätte. Der Marsch ging bis zum Boulevard de la Chapelle. Foucault ergriff mehrfach das Wort. Sartre wollte sich gern an den Büroarbeiten beteiligen, aber Genet, mit dem er ein paar Tage später zu Mittag aß, riet ihm davon ab: er fand ihn zu erschöpft.

Ich weiß nicht, ob Sartre diese Erschöpfung spürte, jedenfalls hat er am Abend des 1. Dezember unvermittelt zu mir gesagt: «Ich habe mein Gesundheitskapital verbraucht. Ich werde nicht älter als siebzig.» Ich habe protestiert. Und er: «Sie haben selbst gesagt, daß man einen dritten Anfall nur schwer übersteht.» Ich erinnerte mich nicht mehr, das gesagt zu haben. Das war zweifellos eine Warnung vor möglichen Exzessen gewesen. «Die Anfälle, die Sie gehabt haben, waren sehr leicht», habe ich ihm geantwortet. Er hat gesagt: «Ich glaube, daß ich den *Flaubert* nicht beenden werde.» – «Tut Ihnen das leid?» – «Ja, das tut mir leid.» Und er hat mit mir über seine Beerdigung gesprochen. Er wünschte eine sehr schlichte Feier und wollte eingeäschert werden. Vor allem wollte er nicht auf dem Friedhof Père-Lachaise zwischen seiner Mutter und seinem Stiefvater liegen. Er wünschte sich, daß viele Maoisten seinen Sarg geleiteten. Er dächte nicht oft daran, hat er mir gesagt, aber er dächte daran.

Zum Glück war seine Stimmung in diesem Punkt unbeständig. Am 12. Januar 1972 hat er vergnügt zu mir gesagt: «Vielleicht werden wir noch lange leben.» Und Ende Februar: «Oh, ich denke doch, daß ich in zehn Jahren noch da bin.» Von Zeit zu Zeit spielte er lachend auf seine «Mini-Lähmung» an, aber er hielt sich keineswegs für gefährdet.

1972

Da Plevens Versprechungen, die Haftbedingungen zu verbessern, nicht eingehalten worden waren, beschloß Sartre, im Justizministerium eine Pressekonferenz zu geben. Am 18. Januar 1972 traf er sich, begleitet von Michèle Vian, im Hôtel Continental mit Mitgliedern der Roten Hilfe und einigen Freunden: Deleuze, Foucault, Claude Mauriac. Zwei Übertragungswagen, von Radio Luxemburg und Europe 1, waren da. Die Delegation begab sich zur Place Vendôme und drang ins Justizministerium ein. Foucault sprach und verlas den Bericht der Häftlinge von Melun. Es wurde geschrien: «Pleven zurücktreten! Pleven an den Pranger! Pleven Mörder!» Die C. R. S. löste die Versammlung auf. Sie ergriffen Jaubert, einen Journalisten, der, als er versucht hatte, bei einem Schlagstockeinsatz gegen einen Gastarbeiter einzugreifen, so wüst verprügelt worden war, daß er ins Krankenhaus eingeliefert werden mußte.[1]

Sartre und Foucault intervenierten, damit er wieder freigelas-

---

[1] Alle Journalisten von Paris hatten sich zusammengeschlossen, um zu protestieren. Sie hatten eine große Demonstration vor dem Innenministerium veranstaltet.

sen würde. Von dort begaben sich die Demonstranten zur Presseagentur *Libération*. Dort waren etwa dreißig Genossen und Journalisten, die nicht auf der Place Vendôme gewesen waren, unter ihnen Alain Geismar, der gerade aus der Haft entlassen worden war. Sartre setzte sich an einen Tisch neben Jean-Pierre Faye. Er gab einen humorvollen Bericht vom Ablauf der Ereignisse: «Die C. R. S. ist nicht besonders brutal gewesen», sagte er, «auch nicht besonders sanft, wie sie eben ist.» Als er zu Ende gesprochen hatte, löste sich die Versammlung auf, und er ging nach Haus.

Ein Unternehmen, zu dem er sich mit großem Vergnügen bereit fand, war der Film, den Contat und Astruc über ihn drehten. Umgeben von seinen Mitarbeitern der *Temps Modernes*[1], die ihm Fragen stellten, redete er, erzählte von sich. Im allgemeinen wurde bei ihm gedreht, manchmal bei mir. Es war vielleicht etwas monoton, ihn immer mit denselben Gesprächspartnern konfrontiert zu sehen, aber dank seiner Vertrautheit mit ihnen hat er sich sehr ungezwungen und ausführlich geäußert. Er war angeregt, lustig, in bester Verfassung. Er hatte *Die Wörter* nicht fortgesetzt, weil er befürchtete, Madame Mancy Kummer zu bereiten und weil andere Arbeiten ihn in Anspruch genommen hatten: jetzt schilderte er die Wiederheirat seiner Mutter, seinen inneren Bruch mit ihr, sein Verhältnis zu seinem Stiefvater, sein Leben in La Rochelle, wo er, als Pariser eingeordnet und von seinen Mitschülern mehr oder weniger isoliert, die Einsamkeit und die Gewalt kennengelernt hatte. Mit elf Jahren hatte er plötzlich gemerkt, daß er nicht mehr an Gott glaubte, und etwa mit fünfzehn war für ihn die irdische Unsterblichkeit an die Stelle der Idee des ewigen Lebens nach dem Tode getreten. Damals hatte ihn das befallen, was er seine «Schreibneurose» nannte, und unter dem Einfluß seiner Lektüre hatte er angefangen, vom Ruhm zu träumen, den er damals mit Todesphantasien verband.

Anschließend beschrieb er seine Freundschaft mit Nizan, ihren Wettstreit, seine Entdeckung von Proust und Valéry. Zu jener Zeit, etwa mit achtzehn, hatte er angefangen, seine Ideen in alphabetischer Reihenfolge in ein Notizbuch einzutragen, ein

---

[1] Außer Lanzmann, der sich zu der Zeit in Israel aufhielt.

Werbegeschenk von *Midy*-Zäpfchen, das er in der Metro gefunden hatte. Die wichtigste Idee war bereits die der Freiheit. Danach schilderte er kurz seine Jahre an der École Normale, die er glücklich verlebt hatte und in denen er mit Kameraden den *tala*[1] harmlose Streiche spielte. Zur Philosophie war er durch die Lektüre von Bergson gelangt, und seither war sie wesentlich für ihn geblieben: «Die Einheit dessen, was ich tue, ist die Philosophie.»

Dann erinnerte er sich an seinen Aufenthalt in Berlin, an den Einfluß, den Husserl auf ihn gehabt hatte, an seinen Beruf als Gymnasiallehrer, an seinen Widerwillen, erwachsen zu werden, und an die Neurose, die durch diese Abneigung und gleichzeitig durch seine Meskalinerfahrungen im Zusammenhang mit seiner Erforschung des Imaginären entstanden war. Er äußerte sich auch dazu, was *Der Ekel* und die Novelle *Die Mauer* für ihn dargestellt hatten.

Die folgenden Interviews befaßten sich mit seinem Aufenthalt im Stalag XII D, der Entstehung und Aufführung von *Bariona*, seiner Rückkehr nach Paris, dem Theaterstück *Die Fliegen*. Dann mit der Existentialismus-Mode, den Angriffen, denen er Ende der vierziger Jahre ausgesetzt war, dem Sinn des literarischen Engagements und seinen politischen Positionen: sein Beitritt zum R. D. R.[2], der anschließende Bruch mit ihm, seine Entscheidung von 1952, sich den Kommunisten anzunähern, einmal wegen der Welle von Antikommunismus, die in Frankreich grassierte, und im besonderen wegen der Affäre Duclos und den Brieftauben. Er erwähnte de Gaulle, diese «unheilvolle Figur in der Geschichte», und zeigte die Niedertracht der gegenwärtigen Gesellschaft auf.

Er stellte die moralischen Probleme dar, die ihn immer beschäftigt haben, und drückte reine Freude darüber aus, die gleiche Sorge in einer anderen Form bei seinen Maoisten-Freunden wiederzufinden, die Moral und Politik miteinander verbanden.

---

[1] tala: abgekürzt aus: Ceux qui von*t à la* messe = Kirchgänger. (Anm. d. Übers.)

[2] *Rassemblement démocratique révolutionnaire*: Revolutionäre Demokratische Sammlung, von Sartre 1948 mitbegründete neutralistische sozialistische Partei. Siehe *Krieg im Frieden*, Reinbek 1982. (Anm. d. Übers.)

Er definierte ausführlich seine Moral: «Für mich lag das Problem im Grunde darin, ob man zwischen Politik und Moral wählte oder ob Politik und Moral eins waren. Und jetzt bin ich zu einem Ausgangspunkt zurückgekommen, der aber, wenn Sie so wollen, dadurch bereichert ist, daß ich die Moral bei der Aktion der Massen sehe. Gegenwärtig stellt sich so ziemlich überall eine moralische Frage, eine moralische Frage, die nichts anderes ist als die politische Frage, und auf dieser Ebene bin ich zum Beispiel mit den Maos vollkommen einig ... Ich habe im Grunde zweimal versucht, eine ‹Moral› zu schreiben, eine zwischen 1945 und 1947, eine völlig mystifizierte ... und dann Notizen etwa um 1965 über eine andere ‹Moral›, mit dem Problem des Realismus und dem der Moral.»

Zum Abschluß ist er auf das Thema zurückgekommen, das ihm am wichtigsten war: der Gegensatz zwischen dem klassischen Intellektuellen und dem neuen Intellektuellen, der zu sein er jetzt gewählt hatte.

Der Film war noch nicht abgedreht, als am 24. Februar ein befreundeter belgischer Rechtsanwalt, Lallemant[1], Sartre im Namen der Vereinigung der jungen Anwälte von Brüssel zu einem Vortrag über die Repression einlud. Wir sind mit Sylvie, die fuhr, gegen ein Uhr mittags über die Autobahn losgefahren. Es war schönes sonniges Wetter, und wir haben auf einem Rastplatz haltgemacht, um Croissants und Schinken zu essen, die sie mitgebracht hatte. Wir sind um halb sechs angekommen und haben sofort das Hotel gefunden, in dem Zimmer für uns reserviert waren. Nachdem wir ausgepackt hatten, sind wir in die Bar gegangen, wo Lallemant und Verstraeten[2] zu uns gestoßen sind, und haben etwas getrunken. Verstraeten hatte immer noch seine schönen blauen Augen, aber er war so mager, daß er Conrad Veidt ähnelte. Wir haben mit ihnen und anderen Freunden im

---

[1] Lallemant hatte sich am Kampf für den .F. L. N. beteiligt: mit Freunden half er manchen Algeriern über die Grenze zu kommen. Er hatte für Sartre in Brüssel ein großes Kolloquium über den Algerienkrieg veranstaltet.

[2] Verstraeten war Professor für Existentialismus. Er hat ein Buch über Sartre geschrieben und gab mit ihm die von Sartre und Merleau-Ponty begründete Philosophie-Reihe heraus, die bei Gallimard unter dem Namen *Bibliothèque de philosophie* erschien.

Cygne an der Grand-Place, die wir aufs neue bewundert haben, zu Abend gegessen. Wir haben einen kleinen Spaziergang durch die benachbarten Gäßchen gemacht und sind zur Kongreßhalle gefahren.

Wir haben mit einem Blick gesehen, daß das Publikum absolut bürgerlich war: die Frauen, in großer Toilette, kamen sichtlich gerade vom Friseur. Sartre, der seit '68 klassische Anzüge und Krawatten aufgegeben hatte, trug an diesem Abend einen schwarzen Pullover, der tadelnde Blicke seitens der Anwesenden erntete. Tatsächlich hatte er mit diesen Leuten nichts zu tun, und wir haben nicht ganz verstanden, wieso Lallemant ihn eingeladen hatte.

Sartre hat ohne großen Schwung seinen Text über Klassenjustiz und Volksjustiz verlesen. «In Frankreich», sagte er, «existieren zwei Arten von Justizen: die eine, bürokratisch, die dazu dient, das Proletariat an seine Situation zu binden, die andere, wild, die das elementare Moment ist, durch das das Proletariat und die Plebs ihre Freiheit gegen die Proletarisierung behaupten. Die Quelle jeder Justiz ist das Volk ... Ich habe die Volksjustiz gewählt, als die elementarste und die einzig wahre.» Er fügte hinzu: «Wenn ein Intellektueller das Volk wählt, muß er wissen, daß die Zeit der Unterschriften unter Manifeste, der ruhigen Protestveranstaltungen oder der in fortschrittlichen Zeitungen veröffentlichten Artikel beendet ist. Seine Aufgabe besteht weniger darin zu reden, als mit den Mitteln, über die er verfügt, zu versuchen, das Volk zu Wort kommen zu lassen.» Dann hat er dargelegt, was *La Cause du Peuple* und seine Rolle bei der Zeitung ist.

Um die Abwege der bürgerlichen Gesetze aufzuzeigen, hat er den Fall Geismar, Roland Castro und die Affäre der «Freunde von *La Cause du Peuple*» zitiert. Er beschrieb die Haftbedingungen in den Gefängnissen, die seit zehn Jahren immer schlechter geworden waren, und prangerte die erheblichen Pressionen an, denen die Richter ausgesetzt waren.

Das alles ist beim Publikum auf taube Ohren gestoßen. Es hat einige sachdienliche Fragen von Linken und eine Menge dumme Fragen gegeben, die Sartre ungezwungen beantwortet hat. Die einzig lustige Episode dieser Veranstaltung war der Anblick von Astruc, der mit seiner Kamera auf dem Boden herumkroch, um

Sartre beim Reden zu filmen: seine Hose war heruntergerutscht, und man sah seinen Hintern. Das Publikum in der ersten Reihe hatte große Mühe, ernst zu bleiben.

Beim Hinausgehen hat eine Dame mit Blick auf Sartre gemurmelt: «Es war nicht der Mühe wert, sich gut anzuziehen», und eine andere: «Wenn man in der Öffentlichkeit spricht, überwindet man sich und zieht sich ordentlich an.» Im Erasmus-Haus, sehr hübsch, sehr schön möbliert, wo der junge Anwaltsstand einen Cocktail angeboten hat, ist das Thema von einer anderen Hörerin, die Sartre direkt angegriffen hat, wiederaufgenommen worden. Sie war aus der Arbeiterklasse ins Bürgertum *aufgestiegen*, und die Hauptsorge von Arbeitern, die einen solchen Aufstieg machen, besteht darin, eine Krawatte zu tragen.

Am nächsten Tag ist Sartre mit Arlette, die kurz vor dem Abendessen eingetroffen war, im Zug zurückgefahren, und ich mit Sylvie im Auto.

In Paris haben wir von der Ermordung Overneys erfahren. Das war der tragische Ausgang einer langen Geschichte. Nach willkürlichen Entlassungen, die in Wirklichkeit politische Gründe hatten, waren zwei der von Renault entlassene Arbeiter – der Tunesier Sadok und der Portugiese José – in einen Hungerstreik getreten, dem sich der Franzose Christian Riss angeschlossen hatte. Sie hatten in einer Kirche in der Rue du Dôme in Boulogne Obdach gefunden. Am späten Nachmittag des 14. Februar war Sartre zu Renault, in die Werkhallen der Île Seguin gegangen, um mit den Arbeitern zu diskutieren. Begleitet von der Sängerin Colette Magny, von Mitgliedern des Komitees Gacem Ali[1] und einigen Journalisten, war er dort mit Hilfe einer Stafette heimlich eingedrungen. Sie hatten Flugblätter verteilt, die gegen die Entlassung von Maoisten protestierten, insbesondere gegen die Entlassung jener, die im Hungerstreik waren. Sie waren von Wächtern brutal vertrieben worden. Sartre kommentierte den Vorfall in einer Pressekonferenz: «Wir sind zu Renault gegangen, um mit den Arbeitern zu sprechen. Da Renault ja verstaatlicht ist, müßte man dort herumspazieren dürfen. Wir haben nicht mit den Ar-

---

[1] Ein Komitee, das sich in Boulogne gebildet hatte, um jeden rassistischen oder repressiven Akt gegen Gastarbeiter anzuprangern.

beitern sprechen können. Das beweist, daß Renault faschistisch ist. Die Wächter sind gewalttätig geworden, als sie gesehen haben, daß keine Arbeiter mehr da waren, die uns verteidigt hätten. Mehrere Personen sind verprügelt worden, und eine Frau wurde die Treppe hinuntergestoßen.»

Seit Ende Januar verteilten maoistische Genossen am Tor Émile-Zola in Billancourt täglich Flugblätter des Kampfkomitees Renault. Am 25. Februar haben sie zu einer Demonstration gegen die Entlassungen, die Arbeitslosigkeit und den Rassismus aufgerufen, die am Abend in Charonne stattfinden sollte. Unter ihnen war Pierre Overney, ein Jahr zuvor von dem Staatsunternehmen entlassen und zum damaligen Zeitpunkt Ausfahrer einer Wäscherei. Die acht uniformierten Wächter, die den Eingang schützten, waren nervös. Es war die Zeit, zu der die Arbeiter die Fabrik zu verlassen begannen, und das Tor war geöffnet. Es kam zu einem Streit zwischen Maoisten und Wächtern, dann zu einem Handgemenge. Von einem Wachhäuschen aus überwachte ein Mann in Zivil die Szene. Als die Maoisten ein paar Schritte ins Innere des Fabrikgeländes vorrückten, schrie er: «Haut ab, oder ich schieße.» Overney, der zwei Schritte von ihm entfernt stand, wich zurück. Tramoni schoß: der Schuß ging nicht los. Er schoß ein zweites Mal, und Overney brach tot zusammen. Dann flüchtete Tramoni in die Fabrik.

Im Anschluß an diesen Mord kam es von seiten der Arbeiter zu Demonstrationen und Krawallen, von seiten der Direktion zu neuen Entlassungen. Sartre hat vor den Renault-Werken Ermittlungen angestellt. «Haben Sie das Bedürfnis, selbst Ermittlungen anzustellen?» fragte ihn ein Journalist. «Haben Sie kein Vertrauen zur offiziellen Justiz?» – «Nein, überhaupt keins.» – «Und was denken Sie über die Haltung der KP?» – «Sie ist absurd. Sie sagen einem: der Beweis, daß sie[1] Komplizen sind, ist, daß sie sich gegenseitig umbringen. Das erscheint mir als Argument sehr wenig triftig. Und es sind eher die Kommunisten, die mit der Regierung gegen die Maoisten sind.»

Am 28. Februar hat Michèle Manceaux uns, Sartre und mich, zu einer großen Demonstration gefahren, die als Protest gegen

---

[1] Mit *sie* meinte die KP die Gauchisten und die Bourgeoisie.

die Ermordung Overneys organisiert worden war. Es war eine ungeheure Menschenansammlung. Wir sind nicht lange geblieben, weil Sartre schlecht laufen konnte. Wegen einer Zusammenkunft von *Choisir*[1] habe ich ihn nicht zur Beerdigung begleiten können. Er ist mit Michèle Vian hingegangen. Wegen seiner Beine hat er nicht bis zum Schluß mitlaufen können, aber er hat diesen riesigen Aufmarsch außerordentlich gefunden. Nie seit dem Mai '68 hatte die revolutionäre neue Linke so viele Menschen in den Straßen von Paris versammelt. Den Zeitungen zufolge waren es mindestens zweihunderttausend. Sie sprachen alle von einer Erneuerung der Linken und hoben deren Bedeutung hervor.

Sartre billigte jedoch nicht die Entführung von Nogrette, zuständig für die Kündigungen bei Renault, der wenige Tage nach dem Mord von der *Nouvelle Résistance Populaire* zur Vergeltung gekidnappt worden war. Sartre fragte sich verärgert, was für eine Erklärung er abgeben sollte, falls eine von ihm verlangt würde. Die Entführer waren ebenfalls in Verlegenheit. Sie haben Nogrette schnell wieder freigelassen, ohne irgendeine Forderung gestellt zu haben.

Die *Nouvelle Résistance Populaire* (N. R. P.) war das militante Organ der *Gauche Prolétarienne*, deren Auflösung sie im Untergrund überlebt hatte. Nach der Entführung von Nogrette stand sie vor einem Scheideweg: sie mußte sich entweder ein für allemal für den Terrorismus entscheiden oder sich auflösen. Dem Terrorismus abgeneigt, wählte sie die zweite Lösung, die wenig später das Verschwinden der Roten Hilfe nach sich zog. Diese Organisation war nämlich in die Hände der Maoisten gefallen, die das Interesse daran verloren, als sie beschlossen, sich aufzulösen.[2]

Um diese Zeit hat Sartre ein Vorwort zum Buch von Michèle Manceaux, *Les Maos en France*, geschrieben, in denen sie Interviews mit einigen führenden Maoisten zusammenstellte. In diesem Vorwort legte er dar, wie er sie sah, und nannte die Gründe für seine Übereinstimmung mit ihnen. «Der Spontaneismus der

---

[1] Eine feministische Gruppe, deren Mitvorsitzende ich war und in der meine Anwesenheit an jenem Tag unerläßlich war.
[2] Sie hat trotzdem noch einige Zeit weiterbestanden.

Maos», erklärte er, «bedeutet einfach, daß das revolutionäre Denken aus dem Volk hervorgeht und daß das Volk allein dieses Denken durch Handeln zu seiner vollen Entfaltung bringt. In Frankreich existiert das Volk noch nicht: aber überall dort, wo die Massen zur Praxis übergehen, sind sie schon das Volk ...» Er legte großen Nachdruck auf die moralische Dimension der maoistischen Haltung: «Die revolutionäre Gewalt ist unmittelbar moralisch, da die Arbeiter die Subjekte ihrer Geschichte werden.» Den Maoisten zufolge, sagte Sartre, ist das, was die Massen wollen, die Freiheit, und das macht ihre Aktionen zu Festen, zum Beispiel das Einsperren der Bosse in den Fabriken. Die Arbeiter versuchen, eine moralische Gesellschaft zu konstituieren, das heißt eine Gesellschaft, «in der der nichtentfremdete Mensch in seinen wahren Beziehungen zur Gruppe sich selbst finden kann».

Gewalt, Spontaneität, Moralität sind die drei unmittelbaren Eigenschaften des revolutionären maoistischen Handelns. Ihre Kämpfe werden immer weniger symbolisch und punktuell, werden immer realistischer. «Die Maoisten mit ihrer antiautoritären Praxis erscheinen als die einzige revolutionäre Kraft, die fähig ist, sich den neuen Formen des Klassenkampfs in der Periode des organisierten Kapitalismus anzupassen.»

Doch obwohl er die Rolle des klassischen Intellektuellen ablehnte, verzichtete Sartre nicht darauf, Manifeste zu unterzeichnen, wenn er darum gebeten wurde. Anfang März verfaßte er mit Foucault, Clavel, Claude Mauriac, Deleuze einen Aufruf zugunsten des Kongo.

Es war Frühling: ein brutaler und strahlender Frühling. Von einem Tag auf den andern war die Sonne sommerlich heiß geworden; die Knospen sprangen auf, die Bäume grünten, in den Anlagen blühten die Blumen auf, und die Vögel sangen, die Straßen rochen nach frischem Gras.

Im großen ganzen verlief unser Leben mit der gleichen angenehmen Routine wie im Vorjahr. Wir sahen dieselben Freunde und manchmal Menschen, die uns nahestanden, aber in weniger vertrauter Weise. Wir haben mit Tito Gerassi, der aus Amerika zurückkam, zu Mittag gegessen. Er hat uns ausführlich die Konflikte zwischen den beiden Führern der Black Panther, Cleaver und Huey, geschildert. Trotz seiner Sympathie für Cleaver, der intelligenter, lebendiger war, schätzte er Hueys Ernsthaftigkeit mehr. Er hätte es gern gesehen, daß Sartre sich für ihn engagierte. Aber da ihm zuverlässige Informationen fehlten, weigerte sich Sartre, Partei zu ergreifen.

Wir haben auch mit Todd gegessen, der nach langer Suche seinen Vater wiedergefunden hatte: das schien sehr wichtig für ihn zu sein. Wir sahen ihn kaum noch, seit er von seiner Frau, Nizans Tochter, die wir sehr gern hatten, getrennt lebte. Da er immer auf der Suche nach einem Vater war, hatte Sartre, dessen tiefe Güte sich oft in ungezwungenen Freundlichkeiten äußerte, ihm folgende Widmung in ein Buch geschrieben: «Meinem rebellischen Sohn». Tatsächlich aber war ihm der Gedanke, einen Sohn zu haben, nie gekommen. Im *Selbstporträt mit siebzig Jahren*[1] hat er zu Contat gesagt: «Ich habe mir nie gewünscht, einen Sohn zu haben, nie, und ich suche in meinen Beziehungen zu jüngeren Männern keinen Ersatz für die Vater-Sohn-Beziehung.»[2]

Anschließend sind wir mit Sylvie und Arlette nach Saint-Paul-de-Vence gefahren und haben dort ungefähr das gleiche Leben geführt wie im Jahr davor. Wir haben gelesen, haben bei herrlich blauem Himmel Ausflüge gemacht und auf unserem Transistorradio *France-Musique* gehört. Wir sind wieder nach Cagnes gefahren in die Maeght-Galerie. Sartre wirkte sehr glücklich.

Nach unserer Rückkehr hat er gleich seine politischen Aktivitäten wiederaufgenommen. Zu jener Zeit gab es im Pariser Raum 165 000 leerstehende Wohnungen. Einwohner des Quartier de la Goutte d'Or – in der großen Mehrheit nordafrikanische Gastarbeiter – hatten am Boulevard de la Chapelle eine davon besetzt. Sie sind nur zwei Tage darin geblieben. Die Polizei hat das Haus eingeschlossen. Die Belagerten hatten sich in die oberste Etage geflüchtet. Die Flics fuhren eine lange Leiter aus und schlugen alle Fensterscheiben ein. Sie zwangen alle Besetzer, das Haus zu räumen. Die Männer wurden an einen unbekannten Ort ge-

---

1 In: *Sartre über Sartre*. S. 180, Reinbek 1977. (Anm. d. Übers.)
2 Sartre betrachtete Todd um so weniger als seinen Sohn, als er keinerlei Sympathie für ihn empfand und – im Gegensatz zu dem, was Todd in seinem Buch zu unterstellen sucht – hatte nur eine sehr oberflächliche Beziehung zu ihm.

bracht, die Frauen und Kinder in einem Obdachlosenasyl untergebracht.

Um dagegen zu protestieren, veranstaltete die Rote Hilfe eine Pressekonferenz unter Leitung von Roland Castro. Anwesend waren Claude Mauriac, Faye, Jaubert. Sartre nahm an dieser Versammlung teil. Er faßte die seit der Affäre Djelalli durchgeführten Aktionen zusammen und schälte den politischen Sinn aus ihnen heraus. Er verwies auf «das, was hier wohl der Feind genannt werden muß», nämlich die Ordnungskräfte, gegen die diese Aktionen geführt worden waren. Erstens, hat er gesagt, sind diese Wohnungen unbewohnbar, man muß wirklich kein Dach über dem Kopf haben, um sich mit ihnen abzufinden, zweitens, die unglücklichen Besetzer zu verjagen, heißt, einen ausgeprägten Rassismus an den Tag legen: die Familie Djelalli zum Beispiel hat keine anständige Wohnung bekommen, und deshalb haben sich diese armen Menschen ohne Heim und Herd in diese elende Baracke geflüchtet. Diese ist von einer Gesellschaft aufgekauft worden, die sie demnächst abreißen lassen wird, um ein Mietshaus zu bauen: es handelt sich hier um eine unmenschliche Operation, gegen die die Einwohnerschaft des Viertels spontan reagiert hat. Einmal mehr geht es hier um Klassenkampf: es ist der Kapitalismus, mit dem wir hier aneinandergeraten. «Wenn die Polizei die Besetzer vertreibt», hat er hinzugefügt, «zerstört sie noch brauchbare Häuser.»

Sartre interessierte sich für sehr verschiedene Dinge, die in seinen Augen aber alle miteinander verbunden waren. Im April schrieb er einen Brief als Vorwort zu einem Buch von den Mitgliedern des Heidelberger Patientenkollektivs über die Geisteskrankheiten. Er beglückwünschte sie dazu, «die einzig mögliche Radikalisierung der Antipsychiatrie in die Praxis umgesetzt zu haben», ausgehend von der Idee, «daß Krankheit die einzig mögliche Lebensform im Kapitalismus ist», da die Entfremdung im marxistischen Sinn sich in der Geisteskrankheit und der Repression, der diese ausgesetzt ist, bewahrheitet.

Wie gewöhnlich war die Begegnung mit Freunden unsere liebste Ablenkung. In diesem Frühling haben wir mit den Cathalas[1]

---

[1] Wir hatten sie jedesmal, wenn wir in Moskau waren, gesehen. «Cathala,

zu Mittag gegessen. Sie haben uns erzählt, die Situation der Intellektuellen in der UdSSR sei schlimmer denn je. Vier Jahre zuvor hatte Cathala in *Le Monde* einen Artikel über den letzten Roman von Tschakowsky veröffentlicht (dem Herausgeber der wichtigsten Moskauer Literaturzeitschrift). Er hatte den Roman selbst übersetzt und hatte anschließend erklärt, daß es nicht nur ein schlechtes Buch sei, sondern stalinistisch. In Moskau hat man ihm keine einzige Übersetzung mehr angeboten. Er hat davon gelebt, für Frankreich ein Werk von Alexis Tolstoi zu übersetzen. Seiner Frau Lucia hat man ein Visum für Frankreich verweigert, es sei denn, sie hätte sich von ihrem Mann distanziert. Deshalb waren sie vier Jahre lang nicht nach Paris gekommen. Schließlich hatte sie ihre Stellung verloren und war jetzt arbeitslos. Dank der französischen Botschaft hatte sie einen Paß bekommen. Solschenizyn war wegen seines jüngsten Romans, der in Frankreich, aber nicht in der Sowjetunion erscheinen würde, schlechter angeschrieben denn je.

Sartre hatte wieder Probleme mit den Zähnen. Der Zahnarzt sagte ihm, im Oktober müsse er ein richtiges Gebiß bekommen, und es würde ihn beim Sprechen in der Öffentlichkeit behindern. Er war darüber tief bekümmert. Wenn er nicht mehr in Versammlungen, nicht einmal bei Zusammenkünften im größeren Kreis sprechen könnte, wäre er gezwungen, in den politischen Ruhestand zu treten. Er klagte auch darüber, daß sein Gedächtnis nachließe, was in bezug auf Kleinigkeiten stimmte. Aber die Angst vor dem Tod war ihm fremd. Bost, dessen älterer Bruder Pierre im Sterben lag, hat ihn gefragt, ob er manchmal Angst hätte: «Ja, manchmal», hat Sartre gesagt. «Samstag nachmittags, wenn ich abends mit dem Castor und Sylvie verabredet bin, denke ich, es wäre dumm, wenn ich einen Unfall hätte.» Mit Unfall meinte er einen Anfall. Am nächsten Tag habe ich ihn gefragt: «Warum am Samstag?» Er hat mir geantwortet, daß das erst zweimal vorgekommen wäre und daß er nicht an den Tod

---

ein Kommilitone Sartres an der École Normale, war während des Kriegs Gaullist gewesen und 1945 Kommunist geworden. Er übersetzte russische Werke ins Französische. Seine Frau war Russin ... und arbeitete bei einer Zeitschrift» (*Alles in allem*, Reinbek 1974).

gedacht hätte, sondern an die Tatsache, um seinen Abend gebracht zu werden.

Er gab Goytisolo ein Interview für *Libre*, eine in Paris herausgegebene spanischsprachige Zeitschrift. Darin analysierte er die politischen Probleme, die sich 1972 stellten und kam auf die Frage zurück, die ihm am Herzen lag: die Rolle des Intellektuellen. Im Mai entwickelte er in *La Cause du Peuple* seine Vorstellungen zur Volksjustiz.

La Cause du Peuple lag in den letzten Zügen, hörte sogar ganz auf zu erscheinen. Sartre nahm jeden Morgen an Sitzungen teil, in denen die für das Blatt Verantwortlichen über Möglichkeiten zu dessen Rettung diskutierten. Er wachte sehr früh auf und strengte sich sehr an. Abends beim Musikhören schlief er ein. Einmal hat er, nachdem er einen einzigen Whisky getrunken hatte, angefangen undeutlich zu sprechen. Als er zum Schlafen hinaufging, schwankte er. Am nächsten Morgen ist er von sich aus um halb neun aufgestanden und schien ganz in Ordnung zu sein. Ich war trotzdem in Sorge, als ich im Flugzeug nach Grenoble saß, wo ich einen Vortrag für *Choisir* halten sollte. Als ich am nächsten Tag nach Paris zurückkam, war ich auf schlechte Nachrichten gefaßt. Und tatsächlich: um halb zwölf Uhr vormittags hat Arlette mich angerufen. Sie war am Donnerstagabend auch nicht in Paris gewesen, und Sartre hatte den Abend allein bei ihr verbracht, um fernzusehen (er selbst hatte keinen Apparat). Puig, der kurz vor Mitternacht in ihre Wohnung kam, hatte Sartre stockbetrunken auf dem Boden liegend gefunden. Er hat eine halbe Stunde gebraucht, um ihn auf die Beine zu bringen. Er hat ihn zu Fuß nach Hause begleitet. Sartre wohnte nicht weit entfernt, aber er ist gefallen, und seine Nase hat geblutet. Morgens hat er mit Arlette telefoniert und schien klar zu sein. Ich habe ihn gegen zwei Uhr besucht. Er hatte eine blutunterlaufene Nase, die Lippen waren etwas angeschwollen, aber der Kopf war klar. Auf meine inständigen Bitten hin, versprach er, am Montag zu Zaidmann zu gehen. Wir haben in der Coupole zu Mittag gegessen, wohin auch Michèle kam, um Kaffee mit ihm zu trinken. Wieder bei ihm zu Hause, habe ich Zaidmann angerufen. Er hat verlangt, daß Sartre nicht bis Montag warten, sondern sofort kommen sollte. Nach einigem Nörgeln ist Sartre mit Michèle zu seinem Arzt gegangen.

Gegen sechs Uhr kam er zurück. Die Reflexe waren gut, alles funktionierte, nur mit dem Blutdruck haperte es: Aber das war die Folge seines nächtlichen Besäufnisses. Zaidmann hat die gleichen Medikamente wie vorher verschrieben und ihm einen Termin für den folgenden Mittwoch gegeben.

Der Samstagabend mit Sylvie ist wunderschön gewesen. Sartre ist erst gegen Mitternacht müde geworden, hat bis halb zehn durchgeschlafen und ist munter aufgewacht. Der Juni ist sehr gut verlaufen. *La Cause du Peuple* ist wieder herausgekommen, und die erste neue Nummer ist ein Erfolg gewesen.

Anfang Juli hat Sartre mit Arlette eine kurze Riese nach Österreich gemacht. Ich bin mit Sylvie in Belgien, Holland und in der Schweiz gewesen. Sartre schickte mir Telegramme, wir telefonierten miteinander, gesundheitlich schien es ihm ausgezeichnet zu gehen. Am 12. August wollte ich ihn in Rom vom Bahnhof abholen, ich habe ihn verpaßt. Wieder im Hotel, habe ich ihn kurz darauf im Taxi ankommen sehen. Er sprach nuschelnd, aber er sagte sofort: «Das ist gleich vorbei.» Er hatte sein Alleinsein ausgenutzt und im Speisewagen zwei kleine Flaschen Wein getrunken. Er hat sich schnell davon erholt, aber ich habe mich gefragt, warum er, sobald er konnte, so übermäßig dem Alkohol zusprach. «Das ist angenehm», sagte er mir, aber diese Antwort genügte mir nicht. Ich nahm an, daß er auf diese Weise vor sich selbst floh, weil er mit seiner Arbeit nicht zufrieden war. Im vierten Band von *Der Idiot der Familie* hatte er sich vorgenommen, *Madame Bovary* zu analysieren, und wollte, immer darauf bedacht, sich zu erneuern, strukturalistische Methoden anwenden. Aber er mochte den Strukturalismus nicht. Er hat sich dazu geäußert: «Die Linguisten wollen die Sprache von außen behandeln, und die von der Linguistik herkommenden Strukturalisten behandeln ebenfalls eine Totalität von außen: sie meinen damit, die Definitionen so weit wie möglich zu treiben. Aber ich kann damit nicht arbeiten, denn ich bewege mich nicht auf einer wissenschaftlichen, sondern auf einer philosophischen Ebene, und deshalb brauche ich nicht zu entäußern, was ist.» Das Projekt, das er entworfen hatte, widerstrebte ihm also bis zu einem gewissen Grad. Vielleicht war ihm auch bewußt, daß die ersten drei Bände von *Der Idiot* die Interpretation von *Madame Bovary* implizit enthielten und daß er, wenn er jetzt versuchte, vom Werk zu dessen Schöpfer zurückzugehen, Gefahr lief, sich zu wiederholen. Er dachte nach, machte sich Notizen, aber er hatte keine Gesamtvorstellung von dem, was er machen wollte. Und er arbeitete wenig, ihm fehlte der Schwung. 1975 hat er zu Michel Contat gesagt: «Dieser vierte Band war für mich gleichzeitig der schwierigste und der, der mich am wenigsten interessierte.»

Wir haben trotzdem, zuerst mit Sylvie, dann allein, herrliche Ferien verbracht. Im Juni war Sartre manchmal etwas zerstreut, etwas abwesend gewesen: in Rom überhaupt nicht mehr. Wir wohnten wieder in diesem Terrassen-Appartement, das uns entzückte. Und wie immer unterhielten wir uns, lasen, hörten Musik. Ich weiß nicht, wieso, in jenem Jahr haben wir angefangen, Dame zu spielen, und das hat uns sofort begeistert.

Bei unserer Rückkehr Ende September ging es Sartre ganz ausgezeichnet. Er ist froh gewesen, wieder bei mir zu Hause zu sein. «Ich bin froh, wieder hier zu sein», hat er zu mir gesagt. «Alles übrige ist mir egal. Aber hier bin ich gern.» Wir haben glückliche Abende verlebt, und ich war fast wieder sorglos.

Nicht lange. Mitte Oktober ist mir der nicht umkehrbare Verfall im Alter erneut zu Bewußtsein gekommen. In Rom war mir aufgefallen, daß Sartre, wenn wir nach dem Mittagessen bei Giolitti Eis essen gingen, zur Toilette eilte. Eines Nachmittags, als wir mit Sylvie am Pantheon entlang zum Hotel zurückgingen und Sartre sehr schnell vor uns herging, ist er stehengeblieben und hat gesagt: «Katzen haben mich angepinkelt. Ich habe mich der Brüstung genähert und habe gemerkt, daß ich naß bin.» Sylvie hat ihm geglaubt und hat Scherze darüber gemacht. Ich habe gewußt, was ich davon halten mußte, aber ich habe nichts gesagt. In Paris, Anfang Oktober bei mir zu Hause, als Sartre aufgestanden ist, um ins Bad hinaufzugehen, ist ein Fleck auf seinem Sessel gewesen. Am nächsten Tag habe ich zu Sylvie gesagt, er hätte Tee verschüttet. «Man könnte meinen, ein Kind hätte sich vergessen», hat sie bemerkt. Am nächsten Abend war unter den gleichen Umständen wieder ein Fleck auf dem Sessel. Daraufhin habe ich mit Sartre gesprochen. «Sie haben unwillkürlichen Harnabfluß. Sie müssen es ihrem Arzt sagen.» Zu meiner großen Verblüffung hat er mir in völlig natürlichem Ton geantwortet: «Ich habe es ihm gesagt. Das geht schon lange so: das liegt an diesen Zellen, die ich verloren habe.» Sartre war immer äußerst puritanisch gewesen, er erwähnte seine natürlichen Funktionen nie und erledigte sie mit peinlichster Diskretion. Deshalb habe ich ihn am nächsten Morgen gefragt, ob diese fehlende Kontrolle ihn nicht störte. Er hat mir lächelnd geantwortet: «Wenn man alt ist, muß man bescheiden sein.» Ich war von seiner Schlichtheit, von dieser bei ihm so neuen Bescheidenheit bewegt. Und gleichzeitig schmerzte mich sein Mangel an Aggressivität, seine Resignation.

Seine Hauptsorge waren zu der Zeit seine Zähne. Er hatte oft Abszesse, unter denen er litt. Er aß nur sehr weiche Kost. Und es ließ sich nicht mehr umgehen, daß er sich ein Gebiß machen ließ. Einen Tag bevor der Zahnarzt ihm die letzten Zähne im Oberkiefer ziehen sollte, hat er mir gesagt: «Ich habe einen traurigen Tag verbracht. Ich war deprimiert. Das Wetter war scheußlich. Und dann, meine Zähne ...» An dem Abend habe ich keine Platten aufgelegt, ich hatte Angst, er könnte ins Sinnieren kommen. Wir haben meine Post durchgesehen und Dame gespielt. Am nächsten Mittag waren alle seine oberen Zähne weg. Er ist zu mir gekommen und hat sich geschämt, auf der Straße zu gehen. In Wirklichkeit war er mit geschlossenem Mund viel weniger entstellt, als wenn er einen Abszeß hatte. Zu Mittag habe ich ihm Püree, Stockfisch, Apfelkompott gemacht. Am nächsten Nachmittag hat der Zahnarzt das Gebiß eingesetzt. Er hat ihm gesagt, daß es ihn eine Woche lang wahrscheinlich etwas stören würde, daß er aber diese dauernden Infektionen los wäre, die ihn vorher quälten. Sartre war erleichtert, daß die Angelegenheit im Gang war, und sichtlich heiterer als am Vortag.

Zwei Tage später, gegen halb sechs, ist er ganz begeistert in seine Wohnung gekommen: seine neuen Zähne behinderten ihn überhaupt nicht, er hatte keinerlei Probleme beim Sprechen und konnte besser kauen als vorher. Als er gegen Mitternacht zu mir gekommen ist, habe ich ihn gefragt, wie er den Abend, den er als langweilig vorhergesehen hatte, verbracht hätte. «Es war öde», hat er gesagt. «Aber ich habe nur an meine Zähne gedacht und war so froh!»

Er war jetzt lebendiger, fröhlicher denn je. Am 26. November wurde uns der Film vorgeführt, der über ihn gedreht worden war.

Und so wie er auf der Leinwand zu sehen war, war er auch im Leben: zeitweilig wirkte er überschäumend jugendlich. (Das Außergewöhnliche und für seine Umgebung Verwirrende an Sartre war, daß er aus den tiefsten Tiefen, in die man ihn für immer versunken glaubte, fröhlich und unbeschadet wiederauftauchte. Ich hatte seinetwegen den ganzen Sommer geweint, und er war wieder ganz er selbst geworden, als wäre er nie «vom Flügel des Schwachsinns» gestreift worden. Diese «Auferstehungen» nach Durchschreiten der Vorhölle erklären, wieso ich im folgenden von einer Seite zur anderen sagen kann: «Es ging ihm sehr schlecht. Es ging ihm sehr gut.» Er hatte ein Kapital an physischer und geistiger Gesundheit, das bis zu seiner letzten Stunde allen Attacken widerstanden hat.)

Er kümmerte sich immer noch um *La Cause du Peuple*. Im Oktober schrieb er mit seinen Freunden von der Zeitung einen Text: «Wir klagen den Präsidenten der Republik an», der auf Plakaten verbreitet und in der Beilage zur Nummer neunundzwanzig der Zeitung abgedruckt wurde. Im Dezember unterzeichnete er mit 136 anderen Intellektuellen einen Aufruf, «Der neue Rassismus», der in *La Cause du Peuple* veröffentlicht und im *Nouvel Observateur* nachgedruckt wurde. In *La Cause du Peuple* erschien am 22. Dezember auch sein Interview mit Aranda. Aranda, technischer Berater des Planungsministers, hatte im *Canard enchaîné* Dokumente veröffentlichen lassen, die die Betrügereien und passiven Bestechungen bewiesen, denen bestimmte Persönlichkeiten des Regimes frönten. Er übergab seine Unterlagen der Justiz und wurde als einziger angeklagt. Seine Persönlichkeit machte Sartre neugierig: er wollte gern ein Gespräch mit ihm führen. Aranda willigte ein, und Sartre versuchte ihn davon zu überzeugen, daß er, indem er die Fehler der Verwaltung anprangerte, den Staat angriff und daß zur Vermeidung solcher Amtsvergehen «eine Regierung errichtet werden müßte, getragen und kontrolliert von einem Volk, das fähig wäre, solches Unrecht nicht zuzulassen». Obwohl Aranda verbittert war, weil Pompidou die Affäre vertuschen wollte, widerstrebte es ihm, den Staat in Frage zu stellen, und er berief sich auf die Schwächen der menschlichen Natur. Sartre blieb dabei, daß Aranda auf seine Weise wohl oder übel «ein Agent der direkten Demokratie» war.

Im November ließ er sich auf ein Unternehmen ein, das ihn sehr reizte: eine Gesprächsreihe mit Pierre Victor und Philippe Gavi, befreundeten Gauchisten. Darin wollte er seinen politischen Werdegang darstellen. Sie wollten versuchen, das linksextreme Denken, so wie es sich nach '68 entwickelt hatte, zu definieren. Das ganze sollte unter dem Titel: *Der Intellektuelle als Revolutionär*[1] veröffentlicht werden.

Seine beiden Gesprächspartner hatte er zwei Jahre zuvor durch Geismar kennengelernt. Pierre Victor – mit richtigem Namen Benni Lévi – war ein junger ägyptischer Jude, der Philosophie studiert hatte und auf der École Normale gewesen war. Er war einer der Hauptverantwortlichen der marxistisch-leninistischen Bewegung gewesen, dann hatte er mit Geismar die G. P. bis zu ihrer Auflösung geleitet. Er hatte schon zahlreiche Gespräche mit Sartre geführt, der ihn sehr schätzte. Sartre war von seiner Jugend und von seinem Radikalismus entzückt. 1977 äußerte er sich dazu in einem Interview mit Victor, das in *Libération* veröffentlicht wurde:

Sartre: Im Frühjahr 1970 habe ich eines Tages mit dir zu Mittag gegessen.

Victor: ... wen, dachtest du, würdest du kennenlernen?

Sartre: Eine merkwürdige Persönlichkeit, die für mich etwas von Milord l'Arsouille an sich hatte ... Ich war an jenem Vormittag ziemlich neugierig, dich zu sehen, nach allem, was man mir erzählt hatte ... Eine mysteriöse Persönlichkeit.

Victor: Du siehst mich ...

Sartre: Ich sehe dich, und was mir sofort gefallen hat, war, daß du mir intelligenter vorgekommen bist als die meisten Politiker, die ich bis dahin gesehen hatte, vor allem die Kommunisten, und viel freier. Wohlgemerkt: du lehntest es nicht ab, weniger politische Themen zu besprechen. Mit dir konnte man die Art von Gespräch – außerhalb des Hauptthemas – führen, wie ich es gern mit Frauen führe: über Vorkommnisse, etwas, was mit Männern selten ist.

Victor: Du hast mich weder unbedingt als Führer gesehen noch unbedingt als Typ.

---

[1] Reinbek 1976. (Anm. d. Übers.)

Sartre: Trotzdem warst du ein Typ, aber einer, der weibliche Qualitäten hatte. In der Hinsicht fand ich dich sympathisch.

Victor: Wann hast du angefangen, an einer theoretischen Grundsatzdiskussion zwischen uns interessiert zu sein?

Sartre: Das ist allmählich gekommen... Mein Verhältnis zu dir hat sich allmählich gewandelt... Zwischen uns gab es wirklich Freiheit: die Freiheit, seine Position aufs Spiel zu setzen.

Gavi war ein junger Journalist, der in *Les Temps Modernes* hochinteressante Artikel geschrieben hatte. Er gehörte der V. L. R. an – einer weniger dogmatischen anarchistischen Bewegung als der Maoismus –, deren Blatt, *Tout*, Sartre eine Zeitlang herausgegeben hatte. Für ihn empfand Sartre ebenfalls viel Sympathie. Und er war sehr glücklich, durch ein Buch sein Verhältnis zu den Maoisten zu konkretisieren, dank derer er sein politisches Denken erneuerte. Eines Abends sagte er Bost und mir freudig, daß seine Freundschaft mit ihnen ihn verjünge. Er bedauerte nur, daß er ein bißchen zu alt war, damit sie richtig fruchtbar wurde. Er hat es im Verlauf eines seiner ersten Gespräche im Dezember 1972 gesagt:

«Für mich kam der Mai '68 etwas spät. Ich hätte ihn lieber mit fünfzig erlebt. Um einem bekannten Intellektuellen wirklich alles abverlangen zu können, dürfte er nicht älter sein als fünfundvierzig bis fünfzig Jahre. Ich kann beispielsweise nicht einmal die Demonstrationen bis zum Schluß mitmachen, weil mein eines Bein nicht mehr will. Bei Overneys Beerdigung konnte ich deshalb nur ein kurzes Stück mitgehen...»

«Die objektiven Gründe für meine Zusammenarbeit mit euch habe ich genannt, und ich werde sie immer wieder nennen. Aber auch einen der subjektiven Gründe will ich hier anführen: die Maoisten verjüngen mich durch ihre Forderungen... Wenn man mit siebzig noch darauf besteht, sich unter die Agierenden zu mischen, muß man sich mit Auto und Klappstuhl an Ort und Stelle bringen lassen – da ist man für alle anderen eine Last, und man selbst fühlt sich wie ein Trottel. Ich sage das ohne Melancholie: ich habe ein erfülltes Leben gehabt, und ich bin zufrieden...»

«Und ich bin froh über euer Verhältnis zu mir. Sicher, ich existiere für euch nur, soweit ich euch nützlich bin. Und das billige ich voll und ganz. Aber bei gemeinsamen Aktionen ist da so etwas wie Freundschaft, etwas, was über die unmittelbare Aktion hinausgeht, eine gegenseitige Beziehung ...»

«Und das ist der tiefere Sinn meines Zusammengehens mit euch: ich habe das Gefühl, wenn ihr mich in Frage stellt und ich mich selbst in Zweifel ziehe, um mit euch zusammenzugehen, dann helfe ich im Maße meiner Mittel, eine Gesellschaft zu schaffen, in der es noch Philosophen gibt, Menschen eines neuen Typs, intellektuell und manuell Tätige, die sich die Frage stellen: ‹Was ist der Mensch?›»

Der einzige Nachteil dieser Zusammenkünfte war, daß Victor und Gavi, um bis zwei Uhr mittags durchzuhalten, Sandwichs aßen und Rotwein tranken. Sartre, der später zu Mittag aß, trank ebenfalls, ohne etwas zu essen. Wahrscheinlich war er deshalb abends oft müde und schläfrig. Im Januar hat Liliane Siegel, die mit Victor und Gavi befreundet war, sie gebeten, ohne daß Sartre es merkte, darauf zu achten, daß er weniger trank. Das haben sie gemacht, und im Januar war Sartre nicht mehr schläfrig.

Er war mit einem Projekt beschäftigt, das Victor und Gavi begeisterte und ihn im höchsten Grade interessierte: die Schaffung einer Zeitung, die *Libération* heißen sollte. Am 5. Dezember fand in der neuen Geschäftsstelle der Presseagentur *Libération* in der Rue de Bretagne 14 eine Vorbereitungssitzung statt, an der Sartre teilnahm. Gavi legte das Programm der Zeitung dar, die im Februar herauskommen sollte. Sartre sprach über die Rolle, die er dabei übernehmen wollte: «Wenn man mich um Artikel bittet, werde ich sie schreiben.» Er kritisierte auch die Schlagzeile der jüngsten Ausgabe von *La Cause du Peuple*: «Her mit der Guillotine, aber für Touvier.»[1] Sicher war es unzulässig, daß Touvier freigelassen worden war. Aber er war zu Gefängnis, nicht zum Tode verurteilt worden, und es gab keinen Grund zu fordern, daß er guillotiniert werde.

---

[1] Touvier, ein ehemaliger Milizsoldat, war schuldig oder mitschuldig an der Ermordung von Widerstandskämpfern und Juden. 1945 und 47 zum Tode verurteilt, danach, 1949, wegen Diebstahls zweimal zu fünf Jahren Gefängnis und zehnjährigem Aufenthaltsverbot verurteilt, war er jetzt von Pompidou begnadigt worden. Die Kriegsverbrechen waren verjährt, aber nicht die zivilrechtlichen Delikte. Man konnte nicht seinen Tod fordern, sondern nur Gefängnis und Aufenthaltsverbot.

1973

Am 4. Januar fand eine weitere Vorbereitungssitzung statt. Und am 7. Februar 1973 erklärte Sartre sich bereit, Jacques Chancel für die Sendereihe *Radioscopie* ein Interview zu geben, um *Libération* vorzustellen. Chancel versuchte ihn dazu zu bringen, über sein Leben, sein Werk zu sprechen, wie es im Rahmen der Sendung üblich war. Sartre wich aus und brachte das einzige Thema, das ihn interessierte, aufs Tapet: *Libération*. Kurz darauf fuhr er, wieder um die Zeitung vorzustellen, zu einer Versammlung nach Lyon, von wo er ganz zufrieden zurückkam. Ich begleitete ihn zu einem anderen Meeting in Lille. Die Versammlung fand in einem großen Saal an der Grand-Place statt. Es waren viele Leute da, vor allem junge. Sartre und zwei weitere Redner stellten dar, was *Libération* sein wollte. Das Publikum beteiligte sich lebhaft an der Diskussion und machte auf verschiedene Skandale aufmerksam, die *Libération* anprangern sollte.

Anfang Februar wurde die Gründung von *Libération* in den Geschäftsräumen der Zeitung in der Nähe der Porte de Pantin gefeiert. Sartre hatte 80 Einladungen verschickt, und ein großes Buffet war angerichtet worden, aber – wir haben nie verstanden, wieso – fast niemand kam. Nur die Mitarbeiter der Zeitung waren da. Gegen sieben kamen Cuny, Blain, Mouloudji kurz vorbei.

Sartre beschäftigte sich mit vielen anderen Dingen. Im Januar 1973 schrieb er im Zusammenhang mit den Gefängnissen eine Botschaft, die *Le Monde* veröffentlichte, über «dieses Regime, das uns alle in einem KZ-ähnlichen Universum hält». Er gab der Brüsseler Zeitschrift *Pro justitia* ein Interview, in dem er über die Affäre Aranda, die Affäre von Bruay-en-Artois, Michel Foucaults Positionen und die Justiz in China sprach. Er schrieb ein Vorwort zu Olivier Todds[1] Buch *Les Paumés*, eine Neuauflage von *Une Demi-campagne*, 1957 bei Julliard erschienen. Er stellte dessen historischen Hintergrund dar: die Situation in Marokko in den Jahren 1955/56.

---

1 So freundlich war er: er verweigerte nie einen Gefallen, selbst wenn er wenig Sympathie für den hatte, der ihn darum bat.

Er gab M.-A. Burnier ein Interview, das im Februar 1973 in *Actuel* erschienen ist: «Sartre spricht über die Maoisten.» Er analysierte sein politisches Handeln seit dem Mai '68, insbesondere sein Engagement für *La Cause du Peuple*: «Ich glaube an die Illegalität», sagte er. Er kümmerte sich immer noch eifrig um *Les Temps Modernes*. Im Januar veröffentlichte er dort einen Artikel: «Wahlen – eine Falle für Idioten.» Darin lehnte er das System der indirekten Demokratie ab, das uns absichtlich ohnmächtig macht: dieses System atomisiert und serialisiert die Wähler. Alle Artikel dieser Nummer hatten die gleiche Tendenz und zeugten von der politischen Einigkeit des Teams: die Ausgabe hatte großen Erfolg bei den Lesern, und Sartre war sehr zufrieden darüber. In einem Interview mit dem *Spiegel* nahm er im Februar seine Analyse der französischen Politik wieder auf.

Im gleichen Monat machte er mit Journalisten von *Libération* eine Untersuchung über den großen Komplex von Villeneuve-la-Garenne. Er fand diese Untersuchung nicht sehr fruchtbar. Sie war Anlaß zu einer im Juni in *Libération* veröffentlichten Diskussion mit jungen Leuten, bei der Sartre anwesend war, aber nicht das Wort ergriffen hat.

Ende Februar hatte er eine Bronchitis, von der er sich schnell erholte, die ihn aber ziemlich schwächte. Sonntag, den 4. März, fand der erste Wahlgang zu den Parlamentswahlen statt. *Libération* hatte ihn um eine Stellungnahme zu dieser Frage gebeten, und abends haben Michèle Vian und ich ihn zur Zeitung begleitet. In der Redaktion war viel Betrieb, und die Ergebnisse wurden inmitten von lautem Getöse verfolgt: Radiolärm und Diskussionen. Sartre verfaßte auf einer Tischdecke einen guten Beitrag für die Nullnummer. Er war stolz, trotz des Tohuwabohus so schnell und wirkungsvoll geschrieben zu haben. Ich war unruhig. Der Abend war sehr strapaziös für ihn gewesen. Am nächsten Tag aß er mit Michèle, die ihn immer zuviel trinken ließ, in der Coupole zu Mittag, und ging mit ihr noch einmal zu einem Interview in die *Libération*-Redaktion. Die Straßen waren verstopft: das Taxi brauchte für die Hinfahrt eine dreiviertel Stunde und genauso lange zurück. Als ich ihn abends gegen sieben Uhr kurz gesehen habe, sagte er, es wäre sehr anstrengend gewesen. Gegen acht ging er zu Arlette, um sich im Fernsehen einen Film anzusehen. Sie erzählte mir später, daß er, als er ankam, nicht in Ordnung zu sein schien. Am nächsten Tag um die Mittagszeit rief sie mich an: «Sartre geht es nicht gut.» Er hatte am Vorabend gegen zehn Uhr einen Anfall gehabt: sein Gesicht war verzerrt, die Zigarette war ihm aus der Hand gefallen, und vor dem Fernsehapparat sitzend hatte er gefragt: «Wo ist der Fernseher?» Er sah aus wie ein Greis von neunzig Jahren, senil. Dreimal war sein Arm gelähmt gewesen. Der herbeigerufene Zaidmann hatte sofortige Pervinkamin-Spritzen verordnet. Die erste Spritze hatte er schon bekommen. Er konnte seinen Arm wieder bewegen, und sein Gesicht war nicht mehr deformiert, aber der Kopf war nicht richtig in Ordnung. Ich habe Professor Lebeau in der Salpêtrière angerufen, und er hat mir gesagt, daß er sich Sartre am übernächsten Tag ansehen würde.

Am gleichen Abend hat Bost uns besucht. Sartre ist vor ihm gekommen. Ich habe ihn auf seinen Anfall angesprochen; er erinnerte sich beinahe an nichts. Mit Bost haben wir über die Wahlen diskutiert. Sartre hat darauf bestanden, zwei Scotch zu trinken, und gegen elf Uhr ist er zusammengesunken. Ich habe ihn ins Bett geschickt. Bost ist gegen Mitternacht gegangen, und ich habe mich vollständig bekleidet aufs Sofa gelegt.

Gegen neun Uhr ist Sartre auf dem Balkon über meinem Studio erschienen. Ich habe ihn gefragt: «Wie geht es Ihnen?» Er hat seinen Mund berührt: «Besser. Der Zahn tut nicht mehr weh.» – «Sie hatten doch gar keine Zahnschmerzen.» – «Doch, das wissen Sie genau. Den ganzen Abend mit Aron.» Er ist ins Badezimmer verschwunden. Als er heruntergekommen ist, um einen Fruchtsaft zu trinken, habe ich ihm gesagt: «Das war nicht Aron, der gestern abend hier war, das war Bost.» – «Ach ja! Das meinte ich ja.» – «Erinnern Sie sich? Zuerst war der Abend schön. Und dann, nachdem Sie einen Scotch getrunken haben, sind Sie müde geworden.» – «Das war nicht der Scotch: ich hatte vergessen, mein Oropax aus den Ohren zu nehmen.»

Ich war tief erschrocken. Liliane hat ihn abgeholt, um einen Kaffee mit ihm zu trinken, und rief gegen zehn an: es stand sehr schlecht um ihn. Sartre hatte zu ihr gesagt: «Ich habe einen schönen Abend mit Georges Michel[1] verbracht. Ich bin froh, daß wir wieder versöhnt sind, es war blöd, daß wir verkracht waren. Sie sind sehr nett gewesen: sie haben mich um elf ins Bett gehen lassen.» (Sartre war keineswegs mit Georges Michel verkracht.) Er hatte weiter wirr geredet.

Ich habe Professor Lebeau angerufen und habe ihn gebeten, Sartre noch am gleichen Tag zu untersuchen. Er hat mir geantwortet, daß es eigentlich nicht seine Sache wäre, daß er einen Termin bei einem Neurologen, Dr. B., arrangieren werde. Der Termin wurde für sechs Uhr abends verabredet.

Um halb sechs habe ich Sartre mit Sylvie bei Arlette abgeholt. Er sah normal aus. Ich habe ihn im Taxi zu Dr. B. gebracht, dem ich die Fakten geschildert habe. Er hat Sartre untersucht, hat ihm ein Rezept und die Adresse einer Ärztin gegeben, bei der er sofort ein Enzephalogramm machen lassen sollte. Sylvie, die in einem Café auf uns gewartet hatte, hat uns begleitet. Wir haben Sartre bis ins Vestibül eines großen modernen Wohnhauses gebracht und haben uns in ein trostloses, rot beleuchtetes Café gesetzt, wo ein Vogel pausenlos «Bonjour Napoléon!» pfiff und krächzte. Nach einer Stunde sind wir zu der Ärztin hinaufgegangen und haben in einem konfortablen und ruhigen Zimmer gewartet. Gegen acht ist Sartre zu uns herausgekommen. Das EEG zeigte keinerlei ernsthafte Anomalie. Wir sind im Taxi zu mir nach Hause gefahren, nachdem wir Sylvie abgesetzt hatten. Sartre sagte, die Ärztin wäre sehr nett gewesen, sie hätte ihn auf ihren Balkon geführt, um ihm den Ausblick zu zeigen, und hätte ihm einen Whisky angeboten: das stimmte natürlich nicht. Dr. B. hatte Medikamente verschrieben, hatte Sartre empfohlen, sehr wenig Alkohol zu trinken, und ihm das Rauchen verboten. Aber Sartre hatte beschlossen, sich nicht danach zu richten. Abends haben wir Dame gespielt und sind früh zu Bett gegangen.

Am nächsten Tag schien es Sartre gutzugehen. Aber gegen elf hat Liliane mir telefonisch mitgeteilt, daß er, als er mit ihr frühstückte, angefangen hat, wirr zu reden. Er erkannte sie nicht, er hielt sie mal für Arlette, mal für mich. Sie hatte ihm gesagt, daß

---

1 Schriftsteller, Theaterautor, dessen Stücke Sartre sehr mochte. Ein enger Freund von Liliane.

sie Liliane Siegel wäre. «Liliane Siegel kenne ich», hatte er geantwortet. «Sie wohnt nebenan und ist Yogalehrerin.» Das stimmte, aber er weigerte sich, Liliane mit dieser Yogalehrerin zu identifizieren. Er hat noch gefragt: «Wer war denn das junge Mädchen, das gestern bei Castor und mir war?» – «Das war bestimmt Sylvie.» – «Nein, nicht Sylvie, das warst du.»

Ich habe mit ihm zu Mittag gegessen. Er hat wieder von dem Glas Whisky gesprochen, das die Ärztin ihm angeboten hat. Ich habe ihm gesagt, daß er sich bestimmt falsch erinnerte. Er hat es zugegeben. Ich habe den Nachmittag bei ihm verbracht. Er las. Ich auch.

Am nächsten Morgen hatte er um halb neun einen Termin bei Dr. B. in der Salpêtrière. Als ich um acht Uhr vor Sartres Tür angekommen bin, klingelte Arlette, die mit uns kommen sollte, ohne eine Antwort zu bekommen. Ich habe die Tür mit meinem Schlüssel aufgeschlossen: Sartre schlief wie ein Murmeltier. Er hat sich schnell angezogen, und wir sind mit dem Taxi ins Krankenhaus gefahren, wo ein Krankenpfleger sich Sartres angenommen hat. Als Arlette und ich ein Taxi suchten, hat sie angeregt, Sartre sollte, um sich richtig zu erholen, mit ihr ein paar Tage nach Junas fahren. Ich habe vorgeschlagen, daß er mich anschließend in Avignon treffen könnte. Aber würde er einverstanden sein? Sie hat mich darauf hingewiesen, daß er oft nein sagte und ja meinte und daß er nicht böse wäre, wenn man ihn zu etwas zwang. Mittags habe ich in der Salpêtrière mit Dr. B. gesprochen. Er hat mir erklärt, daß Sartre eine Anoxie, das heißt einen Sauerstoffmangel im Gehirn, gehabt hätte, die teilweise durch das Rauchen, hauptsächlich aber durch den Zustand der größeren und kleinsten Arterien verursacht worden war. Den Plan eines Landaufenthalts, dem Sartre ohne Widerstand zustimmte, hat er gutgeheißen. B. hat Sartre aufgefordert, seinen Namen und seine Adresse zu schreiben, was er mühelos tat. Daraufhin hat B. zuversichtlich gesagt: «Wir machen Sie wieder gesund.»

Ich habe Sartre am Nachmittag wiedergesehen, und er hat den Abend bei Wanda verbracht, wo Liliane Siegels Sohn ihn abgeholt hat, um ihn zu mir zu fahren. Später hat sie mir gesagt, daß er wirr geredet hätte: er hatte ihr lang und breit von einer Negerin erzählt, die sich auf seine Knie setzte.

Der folgende Samstagabend mit Sylvie ist nicht sehr angenehm gewesen: Sartre bestand eigensinnig darauf, zu trinken und zu rauchen, und wir waren ganz entsetzt. Am nächsten Tag beim Mittagessen haben wir ihm deshalb Vorwürfe gemacht, und er hat die Fassung verloren. Sein Aufzug war wieder kaputt, aber er hat darauf bestanden, die zehn Stockwerke hinaufzugehen, um bei sich zu Hause zu arbeiten. Was er zu dem Zeitpunkt arbeiten nannte, war die Vorbereitung eines Artikels über den griechischen Widerstand, um den er gebeten worden war. Er las immer wieder in einem ausgezeichneten Buch, *Les Kapetanios*, aber ich glaube, er behielt nichts. Abends bei mir haben wir Dame gespielt. Es ging ihm deutlich besser, aber sein Erinnerungsvermögen war noch unscharf.

Montagabend ist er, nachdem er wieder den ganzen Tag in *Les Kapetanios* gelesen hatte, nach Junas abgereist. Arlette hat mich am nächsten Tag angerufen. Das Wetter war schön, Sartre war froh, wieder im Midi zu sein, er las Kriminalromane. Aber er hatte noch Störungen. Er hatte gefragt: «Weshalb bin ich eigentlich hier? Ach so, wegen meiner Erschöpfung. Und außerdem erwarten wir Hercule Poirot.» Sie meinte, die Kriminalromane würden ihn zum Phantasieren anregen, und sie ging so oft wie möglich mit ihm spazieren. Am Freitag sagte sie mir, er wäre sehr guter Laune und würde in den Steinbrüchen in der Heide begeistert auf den Felsen herumklettern. Aber als sein Sekretär, Puig, der sie zwei Tage besucht hatte, wieder abgereist war, hat Sartre Arlette vorsichtig ausgefragt: «War Dedijer hier?» (Dedijer hatte keinerlei Ähnlichkeit mit Puig, aber er war ebenfalls ein enger Freund von Arlette.) Am Sonnabend hat sie mir bestätigt, daß es ihm gutginge. Merkwürdigerweise hat er Donnerstag und Freitag vor dem Schlafengehen vergessen, seinen gewohnten Whisky zu verlangen. Ich habe dann erfahren, daß er ihn auch am Samstagabend vergessen hat. Als ich Sartre darauf angesprochen habe, hat er ärgerlich geantwortet: «Ich war eben senil.»

Am Sonntagmorgen, im Zug nach Avignon, war ich ängstlich: ich wußte nicht, welchen Sartre ich vorfinden würde. Als ich südlich von Valence die blühenden Bäume, die Zypressen wiedergesehen habe, ist es mir vorgekommen, als würde die Welt für immer umkippen, in den Tod kippen.

Sartre ist vor dem Hôtel de l'Europe, wo ich auf ihn wartete, aus einem Taxi gestiegen: schlecht rasiert, die Haare zu lang, wirkte er sehr gealtert. Ich habe ihn in sein Zimmer gebracht, habe ihm Bücher gegeben (eine Raymond Roussel-Biographie, den Briefwechsel von Joyce). Ich habe kurz mit ihm gesprochen und habe ihn sich ausruhen lassen.

Bei Einbruch der Dunkelheit sind wir zur nahe gelegenen Place de l'Horloge gegangen. «Wir müssen links abbiegen», hat er zu mir gesagt, das war richtig. Auf ein Hotel zeigend hat er hinzugefügt: «Heute morgen habe ich vor diesem Hotel auf Sie gewartet, während Sie in ein Geschäft gegangen sind.» Ich habe ihm geantwortet, daß wir noch nicht in Avignon herumgelaufen seien. «Dann war es Arlette.» Aber Arlette hatte das Taxi nicht verlassen. Sartre gelang es nicht, diese falsche Erinnerung einzuordnen, aber er blieb dabei. Wir haben ausgezeichnet zu Abend gegessen und Châteauneuf-du-Pape dazu getrunken. In seinem Zimmer habe ich ihm einen Scotch mit viel Eis gegeben, und wir haben ein bißchen Dame gespielt: aber es fiel ihm schwer, sich zu konzentrieren.

Am nächsten Morgen, als wir in seinem Zimmer gefrühstückt haben, war er sehr munter. Ein Taxi hat uns nach Villeneuve-lès-Avignon gebracht. Ich hatte einige Jahre zuvor drei Wochen in dem Hotel gewohnt, in dem wir zu Mittag gegessen haben, und die junge Wirtin hat mich wiedererkannt. Sie hat zu Sartre gesagt, ihr siebenjähriger Sohn hätte sich gefreut, ihn zu sehen, weil er in der Schule Gedichte von ihm lernte. Wir waren erstaunt darüber. Als wir aufgestanden sind, um zu gehen, hat sie Sartre das Gästebuch hingehalten: «Ihre Unterschrift, bitte, Monsieur Prévert.» – «Ich bin nicht Monsieur Prévert», hat Sartre gesagt, und sie war ganz entgeistert. Wir haben das Fort Saint-André wieder besichtigt. Ein starker Wind wehte, der Sartres Haare zerzauste: wie zerbrechlich er wirkte! Wir haben uns eine Weile ins Gras, dann am Tor des Forts auf eine Bank gesetzt, von wo aus man die Rhône und Avignon sah. Der Frühling war herrlich: blühende Bäume in Hülle und Fülle. Es war mild. Das war beinahe so etwas wie Glück.

Vom Platz in Villeneuve sind wir im Taxi ins Hotel zurückgefahren. Der Portier hat uns zu Nonnen begleitet, die Sartre jeden

Tag eine Spritze geben sollten. Das war zwanzig Meter vom Hotel entfernt, und ich habe ihn dort zurückgelassen; er ist ohne Schwierigkeiten allein zurückgekommen. Nachdem wir an der Place de l'Horloge zu Abend gegessen haben, haben wir Dame gespielt, und Sartre war geistig ganz auf der Höhe.

Am nächsten Morgen haben wir ein Auto mit Chauffeur gemietet, um Les Baux wiederzusehen. Die Ankunft war grandios: eine Steinwüste bei strahlendem Wetter. Sartre lächelte vor Freude und sagte glücklich zu mir: «Wenn wir beide diesen Sommer verreisen...» Ich habe ihn verbessert: «Sie meinen: wenn wir in Rom sind.» – «Ja», hat er gesagt. Aber er hat mehrmals wiederholt: «Wenn wir beide diesen Sommer verreisen...» Wir haben im Oustau de Baumanière, wo wir zu Mittag gegessen haben, draußen in der Sonne etwas getrunken. Wir sind durch die tote Stadt spaziert. Wir sind über Saint-Rémy und durch eine schöne, blühende Landschaft zurückgefahren. Sartre sah auf die Uhr. Ich habe im Scherz zu ihm gesagt: «Haben Sie ein Rendezvous?» – «Ja, Sie wissen doch, mit dieser Frau, die wir heute morgen in einer Brasserie getroffen haben.» Ich habe gesagt, daß wir in keiner Brasserie gewesen wären. «Doch, als wir abfuhren, an der Landstraße.» Er hat gezögert: «Oder das war gestern.» Ich habe ihn davon überzeugt, daß wir keine Verabredung hatten. Später hat er mir gesagt, daß das ein unbestimmter Eindruck war, daß er aber, auch sich selbst überlassen, auf direktem Weg ins Hotel zurückgekehrt wäre. Danach haben wir Seite an Seite in seinem Zimmer gelesen. Er las sehr langsam. Er hat zwei Tage gebraucht, um den *Nouvel Observateur* durchzulesen. Doch er war geistig wieder ganz wach. Im Verlauf des Abends hat er zu mir gesagt: «Sie müssen trotzdem wieder anfangen zu schreiben.» – «Einverstanden», habe ich gesagt, «wenn Sie wieder ganz gesund sind.»

Der folgende Tag, der 21. März, war wieder strahlend. «Der Frühling ist da!» hat Sartre fröhlich gesagt. Wir sind im Auto zum Pont du Gard gefahren. Als wir auf der sonnigen Terrasse der Auberge du Vieux Moulin einen Whisky tranken, hat er mich gefragt: «Ist das eine Brücke aus dem 19. Jahrhundert?» Ich habe es mit beklommenem Herzen richtiggestellt. Nach dem Essen sind wir ein bißchen durch die Alleen gegangen, die hinter der

Brücke verlaufen. Sartre setzte sich auf alle Bänke: das Essen hätte ihn schwerfällig gemacht, sagte er. Als er bei der Rückkehr nach Avignon wieder auf die Uhr sah, habe ich gesagt: «Wir haben keine Verabredung.» – «Doch», hat er geantwortet, «mit diesem jungen Mädchen ...» Aber er hat nicht darauf beharrt. Am Vortag, als er sich seine Spritze geben lassen ging, war er einem Lehrerehepaar begegnet, das einem Komitee von *Libération* angehörte; auf dem Rückweg hatte die junge Frau an der Straßenecke auf ihn gewartet, und er hatte mit ihr gesprochen. Der Gedanke einer Verabredung hing mit dieser Episode zusammen. Abends habe ich Sartre seinen Tagesablauf rekapitulieren lassen, und er erinnerte sich sehr genau. Wir haben Dame gespielt und haben uns unterhalten.

Am nächsten Tag ist er um zehn Uhr aufgewacht, gerade als unser Frühstück gebracht wurde. «Wir haben gestern einen schönen Abend verbracht», habe ich zu ihm gesagt. Er hat gezögert: «Ja. Aber gestern abend habe ich geglaubt, ich wäre unsichtbar.» – «Sie haben mir nichts davon gesagt.» – «Das ist seit meiner Ankunft so. Ich habe mich in bezug auf die Menschen in Gefahr gefühlt. Da habe ich mich für unsichtbar gehalten.» Als ich in ihn drang, hat er mir gesagt, daß er vor niemandem im besonderen Angst hätte, sondern daß er den Eindruck habe, ein Objekt ohne Beziehung zu den Menschen zu sein. «Aber Sie haben doch Beziehungen zu ihnen.» – «Wenn ich sie existieren lasse.» Er hat behauptet, daß, außer dem Wein, immer ich das Essen bestellen würde, was nicht stimmte. Ich habe daraus geschlossen, daß er vollständig verwirrt war, daß er nicht begriff, was ihm geschah. Er bagatellisierte seine Gedächtnislücken und seine kleinen Verwirrungszustände. Er sagte von sich, er wäre «erschöpft» oder sogar krank. Während dieser Reise wiederholte er zweimal niedergeschlagen: «Ich werde bald achtundsechzig!» Einmal, in Paris, kurz vor seinem Anfall, hatte er zu mir gesagt: «Zuletzt wird man mir die Beine amputieren.» Und als ich protestierte, hatte er hinzugefügt: «Ach, die Beine! Darauf kann ich verzichten.» Offensichtlich litt er unter einer diffusen Unruhe in bezug auf seinen Körper, sein Alter, auf den Tod.

An jenem Tag sind wir in Arles gewesen. Nach dem Mittagessen im Jules César haben wir Saint-Trophime, das Theater, die

Arena wiedergesehen. Sartre wirkte abgespannt. In der Arena hat er mich gefragt: «Haben wir das wiedergefunden, was wir verloren haben?» – «Was denn?» – «Das, was wir brauchten, um die Arena zu besichtigen. Heute morgen haben wir es verloren.» Er verlor den Faden und brachte alles durcheinander. In Saint-Trophime hatten wir eine nur für die Kirche gültige Eintrittskarte gekauft, dann im Theater eine für alles gültige Karte: ging ihm das durch den Kopf? Auf jeden Fall war er verwirrt. Wir sind über Tarascon, wo wir das Schloß wiederbesichtigt haben, zurückgefahren. Als wir ankamen, hat Sartre zum Fahrer gesagt: «Also, wir bezahlen Sie wie vereinbart morgen.» – «Aber nein», habe ich gesagt, «morgen reisen wir ab, wir sehen uns nicht mehr.» Sartre hat bezahlt und ein riesiges Trinkgeld gegeben. Die Nonne, die ihm die Spritzen gab, hatte ihm gesagt, daß er alle zusammen am letzten Tag bezahlen sollte. Wahrschenlich hatte er es damit verwechselt.

Am nächsten Morgen hat er gesagt, er wäre von seinem Aufenthalt in Avignon entzückt, aber nach Paris zurückzukehren, käme ihm «normal» vor. Er hatte Michèle Vian keine Adresse hinterlassen, und ich habe ihn gefragt, ob sie deshalb nicht böse sein würde: «Aber nein», hat er gesagt, «sie weiß ja, daß Sie wegen dieses Mannes, der Sie belästigt hat, abreisen mußten, ohne eine Adresse anzugeben.» – «Der mich belästigt hat?» – «Ja. Weil er Informationen über meine Krankheit haben wollte.» Ich habe das verneint, und Sartre hat erstaunt gesagt: «Das habe ich immer geglaubt.» Seine Fehlerinnerungen, die sich auf die ersten Tage des Anfalls bezogen, beunruhigten mich nicht allzusehr.

Am gleichen Vormittag haben Journalisten angerufen, und Sartre hat sich geweigert, sie zu empfangen. Wir haben auf der Place de l'Horloge in der Sonne etwas getrunken und haben im ersten Stock eines Restaurants gegessen: Sartre machte es Spaß, die Leute zu beobachten, die auf der Straße vorbeigingen. Wir haben einen langen Weg durch die Stadt gemacht, ohne daß er Anzeichen von Müdigkeit zeigte. Um sechs Uhr haben wir uns in den Zug gesetzt und haben dort zu Abend gegessen. Liliane Siegel und ihr Sohn haben uns um halb zwölf am Bahnhof erwartet und haben uns zu mir nach Hause gefahren.

Am nächsten Tag ließ Sartre sich die Haare schneiden, wodurch er viel jünger aussah, und aß mit Arlette zu Mittag. Er sagte mir, sie wäre nicht zufrieden mit ihm gewesen, aber ohne zu erklären, warum. Sie hat mich am Telefon aufgeklärt. Sartre hatte ihr erzählt, seine Zigarettenpäckchen wären im Rinnstein verbrannt, und als sie ihn daraufhin mit zweifelnder Miene ansah, hatte er hinzugefügt: «Du hältst mich für senil, aber es stimmt trotzdem.» Er behauptete auch, er hätte einem Engländer ein Interview gegeben.

Am Nachmittag habe ich ihm seinen Koffer gebracht. Er hat seine Post durchgesehen und Bücher angeschaut, die er geschickt bekommen hatte. Abends bei mir mit Sylvie war er unfähig, ein Gespräch zu führen. Er ist gegen halb zwölf hinauf ins Bett gegangen.

Nach dem Aufwachen erinnerte er sich genau an den vorangegangenen Tag. Er freute sich darauf, mittags eine junge Griechin zu sehen, die eine Studie über ihn geschrieben hatte und die er gern mochte. Er wirkte ganz munter, aber ich fragte mich, wann er wieder in der Lage sein würde zu arbeiten.

Abends bei mir hat er nicht gemerkt, daß Sylvie Wasser in die Whiskyflasche gefüllt hatte. Dieser kleine Verrat war mir unangenehm: aber ich sah keinen anderen Weg mehr, seine Alkoholration zu reduzieren. Im Laufe des Abends hat er wiederholt zu mir gesagt: «Ich werde achtundsechzig!» Ich habe ihn gefragt, warum ihn das so sehr träfe: «Weil ich geglaubt habe, ich würde erst siebenundsechzig.»

Am nächsten Tag waren wir wieder bei Dr. B. Ich habe ihm in Sartres Gegenwart von dessen Verwirrungszuständen berichtet. Sartre hörte gleichgültig zu. Dann hat B. ihn mit in sein Labor genommen, um ihn zu untersuchen. Er hat nicht gefunden, daß es ihm schlechtginge. Seine Schrift war viel besser als beim letztenmal. Er hat ihm gesagt, daß Alkohol und Nikotin seine ärgsten Feinde wären, daß er ihm aber, wenn er wählen müßte, lieber den Alkohol verbieten würde, der sein Gehirn zu zerstören drohte. Er erlaubte ihm nur ein Glas Wein nach dem Mittagessen. Er hat Medikamente verschrieben. Beim Hinausgehen war Sartre ziemlich niedergeschlagen, daß er auf den Alkohol verzichten mußte. «Damit sage ich sechzig Jahren meines Lebens Lebewohl.» Etwas später habe ich in seiner Abwesenheit mit

Dr. B. telefoniert. Er hat mir gesagt, er wäre nicht sicher, ob man ihn bei einem neuerlichen Anfall wieder auf die Beine bringen könnte. «Ist er in Gefahr?» habe ich gefragt. «Ja», hat er geantwortet. Ich wußte es, aber ich war trotzdem wie vor den Kopf geschlagen. Sartre fühlte sich selbst mehr oder weniger deutlich bedroht, denn am Abend hat er zu mir gesagt: «Irgendwann geht es eben zu Ende. Schließlich habe ich getan, was ich konnte. Ich habe getan, was ich tun mußte.»

Beim Aufwachen war er noch etwas verwirrt. Er hat mit mir über ein Vorwort gesprochen, das er für Griechen schreiben sollte, was stimmte, aber auch über ein anderes, für einen jungen Mann, der Selbstmord hatte begehen wollen, weil seine Eltern ihn gefangenhielten. Sein Name fiel ihm nicht mehr ein, aber es war ein Freund von Horst und Lanzmann. In Wirklichkeit war nie von einem solchen jungen Mann die Rede gewesen. Am Abend dagegen schien er in ausgezeichneter Verfassung. Er hatte sich anscheinend ganz damit abgefunden, nicht mehr zu trinken, und hat mich beim Damespielen geschlagen.

Kurze Atempause. Zwei Tage später hat Arlette mir morgens am Telefon mitgeteilt, daß Sartre Schwindelanfälle hätte, er konnte sich rechts nicht geradehalten und fiel hin. Dr. B., telefonisch befragt, hatte geraten, die Dosen der Medikamente herabzusetzen: wenn die Störungen trotzdem anhielten, müßte Sartre zur Beobachtung in die Salpêtrière kommen. Am späten Nachmittag bei mir taumelte er.

Am nächsten Tag war sein Gleichgewicht besser. Aber als er morgens mit Liliane Kaffee trank, hatte er wieder Unsinn geredet: er sprach von einer Verabredung, die er angeblich mit Arbeitern gehabt hatte. Der Abend mit Sylvie dagegen verlief sehr gut. Er hat uns fröhlich erklärt: «Wenn ich siebzig bin, trinke ich wieder Whisky.» Das hat mich getröstet, denn es schien zu bedeuten, daß er sich zwei Jahre lang des Alkohols enthalten wollte.

Während dieser ersten Apriltage ging es ihm, trotz einer gewissen Schwäche in den Beinen und nebelhafter Zustände im Kopf, recht gut. Er las ein Büchlein mit einer kritischen Analyse von *Die Mauer*, das ihn interessierte. Er fing an zu bedauern, daß er nicht arbeitete. Er schrieb einen Brief, der von der *New York Review of Books* veröffentlicht wurde, in dem er eine Amnestie für die Amerikaner verlangte, die während des Vietnamkrieges desertiert waren.

Er verbrachte einige Tage mit Arlette in Junas: Sylvie und ich haben sie im Auto abgeholt, um sie nach Saint-Paul-de-Vence mitzunehmen. Als wir vor dem Haus vorfuhren, ist Sartre vom Balkon heruntergekommen, wo er sich sonnte. Wie jedesmal, wenn ich ihn nach einer Trennung wiedersah, hat er einen schlechten Eindruck auf mich gemacht: das Gesicht war verquollen, in seinen Bewegungen war etwas Steifes und Unbeholfenes. Zu viert sind wir durch die schönen Landschaften des Languedoc gefahren: Heideländer und Weinberge, blühende Obstbäume, blaue Hügel in der Ferne. Wir sind durch La Crau gefahren, haben die Camargue gestreift und Arles kurz wiedergesehen. Zum Mittagessen haben wir in einem netten Hotel am Stadtrand von Aix haltgemacht. Sylvie ist im Auto geblieben und hat geschlafen. Wir sind durch das Aixer Land, das ich so sehr liebe, nach Brignoles weitergefahren. Irgendwann hat Sartre gesagt: «Was ist denn aus dem jungen Mann geworden, den wir mitgenommen hatten? Haben wir ihn vergessen?» Er hat nicht weitergefragt. Später hat er mir erklärt, daß Sylvies Abwesenheit beim Mittagessen ihn durcheinandergebracht hätte.

Während des Aufenthalts in Saint-Paul-de-Vence hat er keine geistige Verwirrung mehr gezeigt, aber ihm fehlte jegliche Spannkraft. Es war herrlich sonnig, die Landschaft leuchtete. Es machte ihm Freude, im Auto spazierenzufahren, Nizza, Cagnes, Cannes, Mougins wiederzusehen. Aber in seinem Zimmer schlug er sich endlos mit *Les Kapetanios* herum. Er schaffte es kaum, Kriminalromane zu lesen. «So kann es mit ihm nicht weitergehen!» hat Arlette erschrocken gesagt. Er war sich seines Zustands bewußt. Eines Morgens, als er seine erste Zigarette ansteckte, hat er zu mir gesagt: «Ich kann nicht mehr arbeiten ... Ich bin eben senil ...» Doch er behielt die Lust am Leben. Als ich mit ihm über Picasso sprach, der mit einundneunzig Jahren gestorben war, habe ich gesagt: «Das ist ein schönes Alter: dann hätten Sie noch vierundzwanzig Lebensjahre.» – «Vierundzwanzig Jahre, das ist nicht viel», hat er mir geantwortet.

Er ist mit Arlette zurückgefahren, ich mit Sylvie. Als ich am Tag meiner Rückkehr mit ihm zu Mittag gegessen habe, war er lebhaft und munter. Er hat sich die Schilderung meiner Rückreise von Saint-Paul-de-Vence amüsiert angehört. Nachmittags in seiner Wohnung hat es ihm Spaß gemacht, seine Post zu öffnen und die eingetroffenen Bücher durchzublättern. An anderen Tagen wieder wirkte er in sich gekehrt, stumpf, schläfrig auf mich. Dieser Wechsel von Hoffnung und Bangigkeit zehrte an mir.

Wir sind wieder zu Dr. B. gegangen. Als er Sartres Reflexe in dem Raum neben seinem Sprechzimmer prüfte, habe ich ihn sagen hören: «Gut ... sehr gut ...» Alles war gut, außer dem Blutdruck: 200 zu 120. Als sie ins Sprechzimmer zurückgekommen sind, hat Sartre über seinen geistigen Dämmerzustand geklagt. Mit einer Art reizender Naivität hat er erklärt: «Ich bin nicht blöde. Aber ich bin leer.» B. hat ein Anregungsmittel verschrieben und die übrigen Medikamente reduziert. Dann hat er Sartre geraten, es mit der Poesie zu versuchen, da er ja kein ernsthaftes Werk mehr schreiben könnte. Auf dem Rückweg hat Sartre, der allmählich seine Aggressivität wiederfand, ausgerufen: «Er hat nichts für mich getan, dieses Arschloch!» Ich habe protestiert, und er hat mir geantwortet: «Zaidmann hätte das ebensogut gekonnt.» In Wirklichkeit meinte er, er wäre auch von selbst gesund geworden, was überhaupt nicht stimmte.

Es ging weiter auf und ab. Nachmittags schlief er etwas und redete beim Aufwachen oft wirr. Eines Tages, als Arlette ihm erzählte, daß sie eine Privatvorführung von Lanzmanns Film *Pourquoi Israël?* gesehen hatte, hat er zu ihr gesagt: «Du bist nicht die einzige. Arlette ist auch dagewesen.» – «Arlette?» – «Ja, das interessiert sie, weil sie eine algerische Jüdin ist.» Daraufhin hat sie gefragt: «Und ich? Wer bin ich?» Sartre hat sich verbessert: «Ach, ich wollte sagen, daß du eine Freundin mitgenommen hast.» Sie erzählte Sartre, daß es zu Beginn der Vorstellung Bombenalarm gegeben hatte und daß der Saal durchsucht worden war. Mir berichtete er nur, daß die Vorführung mit Verspätung angefangen hatte: er hatte vergessen, warum. Die Dinge glitten von ihm ab, und er war – wie alle seine Freunde bemerkten – weit weg, ein wenig schläfrig, fast stumpf, mit einem erstarrten Lächeln allumfassender Freundlichkeit auf den Lippen (einem Lächeln, das auf eine leichte Lähmung der Gesichtsmuskeln zurückzuführen war).

Dennoch verbrachte ich oft gute Abende mit ihm. Er trank mit Vergnügen Fruchtsäfte. Die Sonntagsessen mit Sylvie waren sehr angeregt. Tito Gerassi, der eine politische Biographie von Sartre schreiben wollte, aß mit ihm und mir in der Coupole und sprach anschließend unter vier Augen mit ihm: er fand, daß er in ausgezeichneter Verfassung war. Am 21. Mai nahm Sartre seine Gespräche mit Pierre Victor und Gavi wieder auf, die zu Liliane Siegel sagten: «Er war außerordentlich gescheit, genau wie früher.» Ende Mai nahm er an einer Sitzung der *Temps Modernes* teil: Horst und Lanzmann, auf den er bei seiner Rückkehr aus dem Midi einen höchst unerfreulichen Eindruck gemacht hatte, fanden ihn genauso rege, genauso gescheit wie früher. Sein Gedächtnis ließ ihn bei den Eigennamen noch etwas im Stich, er erinnerte sich sehr schlecht an die Momente seiner Krankheit, insbesondere seine Schwindelanfälle. Manchmal spielte er auf seine «Minilähmung» an, und eines Tages sagte er zu mir: «Für Sie war das bestimmt nicht sehr lustig.» – «Nein», habe ich geantwortet, «aber für Sie noch weniger.» – «Ach, ich! Ich habe es nicht gemerkt.»

Er war sehr froh darüber, daß er seine Gespräche mit Victor und Gavi wiederaufgenommen hatte. An unseren Abenden mit Sylvie war er fröhlich und sogar komisch. Am 17. Juni führte er mit Francis Jeanson ein Gespräch über seine Jugend. Er erläuterte sein Verhältnis zur Gewalt.

Der einzige wunde Punkt waren seine Augen. Er hatte wie jedes Jahr einen Augenarzt aufgesucht: dieser hatte festgestellt, daß er vier Zehntel seiner Sehkraft verloren hatte. Fast die Hälfte. Und er hatte nur ein gesundes Auge. Er sollte sich zwei Wochen schonen, und wenn das nichts brachte, mußte er sich auf eine kleine Operation einstellen.

Vierzehn Tage später ist der Augenarzt mit seiner Diagnose auch nicht viel weitergekommen. Tatsache ist, daß Sartre schlecht sah und sich deswegen Sorgen machte. Ich sehe ihn vor mir, über eine dicke Lupe gebeugt, die unsere japanische Freundin ihm geschenkt hatte, ängstlich bemüht, Zeitungsartikel zu lesen. Selbst durch die Lupe gelang es ihm nicht, alles zu lesen. Er hat diesen Versuch mehrmals wiederholt und immer ohne Erfolg.

Wenige Tage danach hat Arlette mich angerufen: Sartre hatte wieder Schwindelanfälle, er war beim Aufstehen gefallen. Am gleichen Nachmittag hat er einen sehr bekannten Spezialisten aufgesucht. Als er mir abends von der Untersuchung berichtete, war er sehr niedergeschlagen: der Augenarzt hatte eine Thrombose einer Vene der Temporalseite und eine dreifache Blutung im Augenhintergrund festgestellt. Dr. B. dagegen, mit dem ich einen Termin verabredet hatte, hat sich ermutigend geäußert. Die Schwindelanfälle hatten aufgehört, sein Gang wurde wieder normal. Der Blutdruck war immer noch erhöht – 200 zu 120 –, aber vom neurologischen Standpunkt aus war alles in Ordnung. B. hat mir einen Brief für den Augenarzt mitgegeben, in dem er deutlich machte, daß Sartre an einer «Arteriopathie des Gehirns mit wechselnder Intensität» litt, daß er hypertonisch und prädiabetisch war. Im Grunde wußte ich das alles, aber es schriftlich zu sehen, hat mich erschüttert. Lanzmann, der mir meine Verwirrung ansah, telefonierte mit einem befreundeten Arzt, Dr. Cournot. Dieser erklärte, daß es mindestens ein Jahr dauern würde, bis Sartre ganz wiederhergestellt sein würde. Aber wenn er erst einmal gesund wäre, würde er neunzig Jahre alt werden können. Es wäre unmöglich vorherzusagen, ob ein neuer Anfall harmlos oder tragisch ausgehen würde.

Bei einer neuerlichen Konsultation sagte der Augenarzt, zwei von drei Blutungen seien abgeheilt und zwei Zehntel der Sehkraft wiederhergestellt. Es würde noch zwei bis drei Wochen dauern, um sie ganz zurückzubekommen. Sartre blieb unruhig. Bei einem Mittagessen mit Freunden, die er gern hatte – Robert Gallimard und Jeannine, die Witwe von Michel –, hat er den Mund nicht aufgetan. Anschließend hat er mich etwas ängstlich gefragt: «Hat das nicht merkwürdig gewirkt?» Aber insgesamt nahm er seine Krankheit geduldig hin. In seinen Gesprächen mit Victor und Gavi redete er nicht viel, verfolgte die Diskussionen aber aufmerksam und griff mit sachdienlichen Beiträgen ein. Er beteiligte sich an einem Gespräch mit den jungen Arbeitern von Villeneuve-la-Garenne, wo er Ermittlungen angestellt hatte, das Mitte Juni in *Libération* erschien. Er unterzeichnete einen Aufruf für das Verbot einer Versammlung des *Ordre Nouveau*. Nachdem die Versammlung am 21. Juni stattgefunden hatte, griff er in

Libération Marcelins Entscheidung an. Bei der Sitzung der *Temps Modernes* vom 27. Juni war er sehr aufgeräumt und blieb es auch an den folgenden Tagen. Dr. B. war mit seinem Gesundheitszustand sehr zufrieden, und Sartre schien es, als verbesserte sich seine Sehkraft.

Wie gewöhnlich verbrachte er drei Wochen mit Arlette. Ich machte mit Sylvie eine Reise durch den Midi, und Arlette hielt mich über seinen Zustand, der gut war, auf dem laufenden. Nur vom Gehen wurde er schnell müde, und das Lesen fiel ihm schwer. Am 29. Juli haben wir ihn in Junas abgeholt, um ihn nach Venedig zu bringen, wo er sich mit Wanda treffen wollte. Auch diesmal war das Wiedersehen mit Sartre für mich ein mit Traurigkeit vermischtes Glück. Auf Grund seiner verzerrten Lippe und seines schlechten Sehvermögens hatte sein Gesicht einen starren Ausdruck, er wirkte gealtert und abgespannt.

Doch die vier Tage dauernde Reise von Junas nach Venedig ist angenehm gewesen. Sartre war etwas verwirrt, etwas abwesend, aber sehr fröhlich. Trotz seiner schlechten Augen erkannte er die Landschaften, und das Fahren machte ihm Spaß. Wir sind durch Nîmes gefahren und – wegen der Verkehrsstauungen unter Umgehung von Arles und Aix – entlang der Durance. Im Schloß von Mayrargues haben wir ausgezeichnet zu Mittag gegessen, und Sartre hat ein Glas alten Châteauneuf getrunken. Ich hatte in der Bastide du Tourtour, wohin wir über wunderschöne Sträßchen gelangt sind, Zimmer reserviert. Der Blick von unseren Balkonen war hinreißend: Pinienwälder und in der Ferne blaue Berge.

Am nächsten Morgen, als ich zu Sartre kam, saß er schon länger als eine Stunde mit Blick auf die herrliche Provence-Landschaft auf seiner Terrasse. Hatte er sich nicht gelangweilt? Nein. Er sehe sich gern die Welt an, ohne etwas zu tun. In Junas setzte er sich auf den Balkon und blickte lange auf das Dorf. Ich war froh, daß die Untätigkeit ihn nicht belastete, aber das Herz war mir etwas schwer, denn um Gefallen daran zu finden, mußte er wirklich «leer» sein, wie er dem Arzt gesagt hatte.

Bost hatte uns empfohlen, in Menton bei Francine eine Fischsuppe und Aïoli essen zu gehen: Sartre hatte große Lust darauf. Wir haben uns auf die Terrasse des kleinen Restaurants gesetzt, die Suppe wurde gebracht, und gleich danach hat er seinen Teller umgeworfen und sich die Suppe auf die Füße geschüttet. Es ist nicht so schlimm gewesen. Wir haben seine Schuhe gesäubert, und die Bedienung hat einen neuen Teller gebracht. Er war immer ungeschickt gewesen, aber jetzt, mit seinen schlechten Augen, schien er gänzlich desorientiert. Er hat den Zwischenfall mit unnormalem Gleichmut aufgenommen, als fühlte er sich für seine Bewegungen nicht mehr verantwortlich und als beträfe das, was ihm zustieß, ihn nicht mehr.

Über eine mit Lastwagen überfüllte Autobahn sind wir nach Genua gelangt, und die Fahrt in die Stadt ist langwierig und anstrengend gewesen: anstatt ungeduldig zu werden, war Sartre reizender Laune. Wir sind in einem Hotel in der Nähe des Bahnhofs abgestiegen und haben am Platz etwas Leichtes zu Abend gegessen.

Morgens gegen neun Uhr habe ich Sartre wieder an seinem Fenster sitzend vorgefunden. Er war um halb acht aufgestanden und beobachtete zum Zeitvertreib den Verkehr auf dem Bahnhofsplatz. Er fühlte, daß er in Italien war, und das entzückte ihn. In Verona haben wir einen köstlichen Schinken im Schlafrock gegessen und sind in einem Hotel mit etwas überladenen, sehr hübschen Zimmern abgestiegen, in dem ich mit Sartre zehn Jahre zuvor übernachtet hatte. Während er seinen Nachmittagsschlaf hielt, bin ich mit Sylvie spazierengegangen. Danach sind wir zu dritt in einem der zahlreichen Cafés an der Grand-Place neben der Arena etwas trinken gegangen. Da Sylvie müde war, habe ich mit Sartre in einem kleinen Restaurant in der Nähe des Hotels allein zu Abend gegessen. Er ging mit kleinen Schritten, aber ohne allzu große Mühe, und wirkte sehr glücklich.

In Venedig hat Sylvie das Auto in der riesigen Tiefgarage an der Piazza Roma abgestellt, und wir sind in eine Gondel gestiegen. Nachdem wir Sartre in seinem Hotel am Canal Grande abgesetzt hatten, sind wir im Cavaletto hinter der Piazza San Marco eingezogen. Dann haben wir Sartre abgeholt. Wir haben ihm das Transistorradio gegeben, damit er morgens, wenn Wanda in einem Nebenzimmer noch schlief, Musik hören konnte. Er hat uns zum Mittagessen nach La Fenice ausgeführt, wobei er sich kaum im Weg geirrt hat. Um sich vor der Sonne zu schützen, die gefährlich für ihn war, trug er einen Strohhut, den er verabscheute: «Ich schäme mich mit diesem Hut», hat er mir später in Rom gesagt. Nachdem wir an der Piazza San Marco Cocktails getrunken hatten, sind wir in Sartres Hotel zurückgegangen, von wo er mit einem Motorboot zum Flughafen gefahren ist, um Wanda abzuholen. Im Boot stehend hat er uns freundlich lächelnd zugewunken, mit diesem beinah zu freundlichen Lächeln, das selten von seinen Lippen verschwand. Ich hatte ohne bestimmten Grund Angst um ihn: er erschien mir so gebrechlich!

Zwei Tage später, am 3. August, habe ich ihn um neun Uhr morgens in einem Café an der Piazza San Marco wiedergesehen. Und an den drei folgenden Tagen ebenfalls. Manchmal kam er vor mir an. Er ist zweimal um vier Uhr morgens aufgestanden, weil er die Uhrzeit auf seiner Armbanduhr nicht erkennen konnte, und hat sich angezogen. Erst da hat er gemerkt, daß es dunkel war und hat sich wieder hingelegt. Wanda gab ihm gewissenhaft seine Medikamente. Er ging viel mit ihr spazieren, manchmal fast eine Stunde lang. Er war gern in Venedig.

Und dann, eines Morgens, bin ich abgereist. Ich wollte Sylvie nicht zwingen, in Venedig, das sie allmählich in- und auswendig kannte, hängenzubleiben. Und selbst wenn Sartre diese morgendlichen Begegnungen gefielen («Ich werde Sie vermissen», hat er zu mir gesagt), so störten sie ihn doch ein wenig. Ich habe Wanda Adressen dagelassen und bin nach Florenz gefahren.

Am 15. August bin ich in Rom angekommen, und am Nachmittag des 16. August bin ich mit Sylvie nach Fiumicino gefahren, um Sartre abzuholen. Durch die Scheibe haben wir ihn sofort erkannt: an seinem Hut, an seiner Größe und vor allem an seinem Gang. In einer Hand hielt er seine kleine Reisetasche, in der anderen den Transistor. Im Hotel hat er sich sehr gefreut, unsere Terrasse wiederzusehen. Es ging ihm sehr gut, aber er war noch etwas desorientiert. Sylvie hat den Transistor auf den Tisch gestellt. Er hat gefragt: «Wollen Sie ihn nicht behalten?» – «Aber nein, er ist für Sie.» – «Ach, ich brauche ihn nicht.» Dabei hörte er in der folgenden Zeit stundenlang Musik und gab zu, daß es hart für ihn gewesen wäre, das Gerät nicht zu haben.

An den folgenden Tagen, wenn ich morgens gegen halb neun aufstand, saß Sartre bereits auf der Terrasse, oft beim Frühstükken und unbestimmt in die Gegend blickend. Er sah viel schlechter als Anfang August, er konnte weder lesen noch schreiben. Ich habe Michèle bei seinem Augenarzt anrufen lassen: er hat gesagt, Sartre hätte wahrscheinlich eine neuerliche Blutung, und hat geraten, an Ort und Stelle einen Spezialisten zu konsultieren. Im Hotel wurde mir einer genannt, der den Ruf hatte, der beste von Rom zu sein: er hatte Carlo Levi von einer Netzhautablösung geheilt. Er hat mir einen Termin für den nächsten Nachmittag gegeben. Er wohnte im Prati-Viertel, einer lustigen und heiteren Wohngegend am anderen Tiberufer. Er war jung und sympathisch. Er hat eine Blutung in der Augenmitte festgestellt: man konnte nichts daran machen, nur abwarten. Sartre hatte auch ein beginnendes Glaukom, und der Augendruck war zu stark. Er hat Pilocarpin-Tropfen und Diamox verschrieben. Bei der folgenden Visite war der Druck gesunken, aber ich hatte Sartre noch am Morgen Diamox gegeben. Als er wieder hingegangen ist, ohne etwas eingenommen zu haben, war der Druck höher, aber nicht übermäßig. Der Augenarzt hoffte, daß das Pilocarpin ausreichen würde, um das Glaukom zurückzubilden. Beim letzten Besuch hat er sich geweigert, von Sartre ein Honorar anzunehmen. Er hat nur um ein Buch mit Widmung gebeten. Sartre hat ihm drei gebracht, in die er blind einige Worte geschrieben hatte. Er mochte diesen ermutigenden und freundschaftlichen Arzt sehr.

Die Gleichförmigkeit unserer Tage gefiel uns. Morgens las ich Sartre vor (in dem Jahr waren es Studien über Flaubert, eine Nummer der *Temps Modernes* über Chile, das neueste Buch von Horst[1], das von Le Roy Ladurie, zwei spannende dicke Bände über Japan, *La Vie chère sous la terreur* von Mathiez). Nach einem schnellen Imbiß schlief er ungefähr zwei Stunden. Ich ging mit Sylvie spazieren, oder wir saßen lesend im überdachten Teil der Terrasse. Es war trotz Klimaanlage heiß, aber ich liebte diese Hitze, das Halbdunkel, den Geruch des Kunstleders. War Sartre aufgewacht, las ich ihm aus französischen und italienischen Zeitungen vor. Abends aßen wir mit Sylvie.

Während der Mahlzeiten machte Sartre mir am meisten Kum-

---

[1] Horsts Werke erschienen unter dem Pseudonym André Gorz, und diesen Namen benutzte er auch im Redaktionskomitee der *Temps Modernes*. Aber ich nenne ihn in diesem Bericht überall bei seinem richtigen Namen.

mer. Er hatte keinen unwillkürlichen Harnabfluß mehr, Alkohol, Kaffee, Tee trank er nur, soweit es ihm erlaubt war. Aber es betrübte mich zutiefst mitanzusehen, wie viele Nudelgerichte und vor allem Portionen Eis er verschlang, wo er doch prädiabetisch war. Und wegen seiner Zahnprothese, der annähernden Empfindungslosigkeit seiner Lippen, wegen seiner Halbblindheit aß er außerdem unsauber: um seinen Mund herum waren Essensreste, und ich hatte Angst, ihn zu verärgern, wenn ich ihm gesagt hätte, er sollte ihn abwischen. Er kämpfte mit den Spaghetti, schob riesige Bissen in den Mund und ließ sie wieder fallen. Er akzeptierte nur widerwillig, daß ich ihm half, sein Fleisch zu schneiden.

Intellektuell war er oft vollkommen rege; sein Gedächtnis funktionierte gut. Aber von Zeit zu Zeit war er abwesend. Manchmal reizte mich das. Dann wieder hatte ich vor Mitgefühl beinahe Tränen in den Augen, zum Beispiel als er zu mir sagte: «Ich schäme mich mit diesem Hut», und als er beim Verlassen eines Restaurants murmelte: «Die Leute sehen mich an!», in einem Ton, der ausdrückte: «Sie finden mich schäbig.» Aber ich war auch verblüfft über seine gute Laune, seine Geduld, sein Bemühen, nicht belastend zu sein: nie beklagte er sich, daß er nicht mehr klar sah.

Ich habe Sartre die Nummer der Zeitschrift *Aut Aut* übersetzt, die ihm gewidmet war. Darin fanden sich der Text seines Beitrags zu «Subjektivität und Marxismus», den er 1961 im Gramsci-Institut vorgetragen hatte, sowie Artikel über ihn. Ab und zu trafen wir Lelio Basso, Rossana Rossanda. Am 5. September, dem Tag nach Sylvies Abreise, die im Auto nach Paris zurückfuhr, bekamen wir Besuch von Alice Schwarzer, einer deutschen Journalistin, die ich bei Versammlungen des M. L. F.[1] kennengelernt hatte und für die ich eine Sympathie empfand, die Sartre teilte. Sie hat für das deutsche Fernsehen einen kleinen Film über mich gedreht und hat uns beide gegen Abend auf unserer Terrasse aufgenommen. Wir haben mit ihr ein heiteres Abendessen erlebt. Unsere Freunde, die Bosts, sind ebenfalls auf ein paar Tage nach Rom gekommen.

---

1 M. L. F. – *Mouvement de Libération des Femmes*. Französische Frauenbewegung. (Anm. d. Übers.)

Bei der Abreise war ich beklommen: «Werden wir jemals wieder hierherkommen?» fragte ich mich, als ich einen letzten Blick auf die Stadt warf. «Die römischen Ferien und ihre traurige Süße sind nun zu Ende», schrieb ich bei meiner Rückkehr nach Paris. Der Herbst war wunderschön, aber ich fürchtete die Anstrengungen von Paris.

Er zog in eine andere Wohnung um, da die am Boulevard Raspail zu klein war. Arlette und Liliane hatten ein viel größeres Appartement für ihn gefunden, ebenfalls im zehnten Stock, aber mit zwei Aufzügen. Es hatte einen großen Arbeitsraum, der auf die Rue du Départ ging, mit dem neuen hohen Montparnasse-Turm im Vordergrund und dem Eiffelturm in der Ferne. Sartre bewohnte eines der beiden Zimmer, aus deren Fenstern man in einen Innengarten blickte; jemand konnte in dem anderen schlafen, so daß er nachts nicht mehr allein war. Er besichtigte diese noch nicht möblierte neue Wohnung, die ihm gefiel.

Er war bester Laune. Er sähe etwas besser, sagte er. Lesen war ausgeschlossen, aber er war in der Lage, Dame zu spielen. Er sprach mit einer gewissen Selbstgefälligkeit von dem, was er «meine Krankheit» nannte. «Ich bin zu dick», sagte er zu mir. «Das kommt von meiner Krankheit.» Auf der Straße, als wir zum Mittagessen gingen: «Gehen Sie nicht so schnell, ich komme nicht mit, wegen meiner Krankheit.» Ich habe zu ihm gesagt: «Sie sind doch gar nicht mehr krank.» Und er: «Was bin ich denn? Behindert?» Dieses Wort hat mich tief getroffen. «Aber nein», habe ich geantwortet. «Ihre Beine sind nur etwas schwach.» Aber ich wußte nicht so recht, was er über seinen Zustand dachte.

Doch wenige Tage danach hat er sich erschöpft gefühlt: «Ich bin mit zu vielen Leuten zusammengekommen. In Rom kam kein Mensch.» Wie würde er die Anspannungen des Prozesses ertragen, der am 8. Oktober stattfinden sollte? Das war eine alte Geschichte. Im Mai 1971 forderte *Minute* Sartres Inhaftierung. Wegen bestimmter Artikel in *La Cause du Peuple* und *Tout* beschuldigten ihn der Justizminister und der Innenminister im Juni der Verleumdung. Als Angeschuldigter auf freiem Fuß verbrachte er seine Ferien in Italien. Die Untersuchung fand im Oktober statt und war schnell beendet. Im Februar 1972 wußte man noch nicht, wann das Urteil gefällt würde. Jetzt war das Datum festgesetzt.

Am 8. Oktober sollte Sartre – vorgeladen von acht *Minute*-Redakteuren, die achthunderttausend Francs Entschädigung plus Zinsen wegen Verleumdung, Beleidigung und Todesdrohungen von ihm verlangten – vor der Strafkammer von Paris erscheinen. Es muß gesagt werden, daß *La Cause du Peuple* nicht gerade sanft mit ihnen umgegangen war. Sie bezeichnete sie als «unbelehrbares Gesindel von Ewiggestrigen, Pensionäre der O. A. S. und berufsmäßige Anstifter zum Mord». Die Verantwortlichen von *La Cause du Peuple* hatten die Vorladungen, die sie erhalten hatten, in den Papierkorb geworfen, und Sartre wurde wegen Fristversäumnis ausgeschlossen. Als Gegenangriff mußte er Zeugen vorladen, die bestätigten, daß er das Recht hatte, in gutem Glauben zu meinen, was seine Zeitung gedruckt hatte. Ende September haben wir angefangen, das Dossier von *Minute* zu studieren, das Sartres Anwältin, Gisèle Halimi, uns hatte zukommen lassen, und haben in großen Zügen die Erklärung ausgearbeitet, die er vor Gericht abgeben wollte.

Aber es ging ihm nicht gut. Sein Aufzug war wieder außer Betrieb, er war zu Fuß in seine Wohnung hinaufgestiegen und hatte Schmerzen im Nacken. Er hat Dr. B. aufgesucht, der seinen Zustand weder gut noch schlecht gefunden und eine Generaluntersuchung verlangt hat. Am folgenden Tag beim Aufwachen wirkte er etwas verwirrt, was lange Zeit nicht mehr vorgekommen war. Ich habe zu ihm gesagt: «Heute gehen Sie zum Augenarzt.» – «Nein, nicht zum Augenarzt.» – «Doch.» – «Nein, ich gehe zu dem Arzt, der sich nach Dr. B. um mich kümmert.» – «Das ist der Augenarzt.» – «Ach ja?» Er hat gefragt, ob es B. wäre, der ihm Pilocarpin verschrieb. Es widerstrebte ihm, wegen seiner Augen zum Arzt zu gehen, an seine Augen zu denken. Arlette und Liliane begleiteten ihn zum Augenarzt, und bei seiner Rückkehr hat er mir gesagt, daß er nie wieder richtig würde sehen können, daß er lange nicht würde lesen können. Er nahm diese Vorstellung mit einer Art stumpfer Apathie auf. Von Zaidmann habe ich erfahren, daß er eine Thrombose hatte, die unausweichlich zu Blutungen führte.

Während seines Umzugs, den Arlette und Liliane übernahmen, war er viel bei mir. Am 26. September unterzeichnete er einen Aufruf des Schriftstellerverbands gegen die Repression in Chile und einen anderen gegen das Stillschweigen über dieses Land in den offiziellen Nachrichten. Wir machten seine Erklärung über *Minute* fertig, und er lernte sie auswendig.

Abgesehen vom Anfang gelang es ihm nicht, sie im Kopf zu behalten, und ich fragte mich, wie er zurechtkommen würde. Unsere Abende waren angenehm, aber nachmittags schlief er bleiern.

Am 8. Oktober holten Gisèle Halimi und eine ihrer jungen Mitarbeiterinnen uns im Auto ab und aßen mit uns an der Place Dauphine zu Mittag. Sie hätten ein bißchen Lampenfieber, sagten sie. Sartre nicht. Er war abwesend, wie so oft jetzt. Wir sind in die siebzehnte Kammer gegangen und haben eine Stunde lang Schnellurteilen über kleinere Vergehen beigewohnt. Um zwei Uhr wurde die Sache Sartre aufgerufen. Keiner der Mitarbeiter von *Minute* war anwesend. Sie hatten außer ihrem gewohnten Anwalt noch Biaggi hinzugezogen. Es begann mit Verfahrensfragen, dann wurden die Zeugen hinausgeschickt, und Sartre sprach. So wie es verabredet worden war, ging er mit *Minute* ins Gericht und zwar mit ziemlichem Nachdruck. Aber er machte den Fehler, auf die Entführung von Nogrette anzuspielen, und daraufhin brachte der Vorsitzende ihn in Verlegenheit. Danach wurden die Zeugen angehört. Daniel Mayer war bei seinem Wortwechsel mit Biaggi sehr komisch. Dieser hatte zu sagen gewagt, er griffe Sartre wegen seines Stückes *Die Fliegen* an. Debû-Bridel antwortete, daß zahlreiche Widerstandskämpfer, darunter Paulhan, der Meinung waren, daß man sich unter der Besatzung öffentlich ausdrücken konnte, wenn es wirksam war, was auf *Die Fliegen* zutraf. Claude Mauriac ließ sich etwas aus der Fassung bringen: er war aus Freundschaft zu Sartre gekommen, aber nicht ohne Widerwillen. Anschließend gab es noch Verfahrensfragen. *Minute* hatte darauf verzichtet, Sartre wegen Beleidigung und Verleumdung zu belangen, und hielt nur die Drohungen aufrecht. Ihr junger Anwalt ließ ein vehementes und hohles Plädoyer über uns ergehen: der Vorsitzende bat ihn schroff, nicht dauernd auf den Tisch zu hauen, weil er sonst die Lautsprecheranlage kaputtmache. Dann erging sich Biaggi in Beleidigungen;

offensichtlich kannte er die Akte nicht, sonst hätte er *La Cause du Peuple* vieles ankreiden können, anstatt sich auf Schmähungen und literarische Zitate zu beschränken. Gisèle Halimi sprach länger als eine Stunde: sie erhob unbarmherzige Anklage gegen *Minute*: Beziehungen zur O. A. S., Aufrufe zum Mord, Rassismus. Der Vorsitzende erinnerte sie hin und wieder daran, daß es um etwas anderes ginge, aber er ließ sie sprechen. Bevor er die Sitzung schloß, gab er zu verstehen, daß das Verfahren – um *Minute* nicht einmal mehr zu verurteilen – eingestellt würde, weil die Vorladung, die Beleidigungen und Verleumdung verquickte, nicht statthaft wäre.[1] Froh, daß es vorbei war, sind wir gegangen.

Abends hat Gisèle Halimi mir am Telefon erzählt, daß sie von Journalisten des *France-Soir* angesprochen worden war, die sie gierig wie Kannibalen gefragt hatten: «Was ist denn mit Sartre? Er sieht nicht gesund aus.» – «Er ist auf dem Weg der Besserung», hat sie ihnen geantwortet. Und die Journalisten, ohne die geringste Scham: «Sagen Sie uns Bescheid, wenn ihm etwas zustößt?» Tatsächlich machte Sartre mit seinem schleppenden Gang, seiner Korpulenz, seinem verschwommenen Blick einen jämmerlichen Eindruck. Simone Signoret, der wir auf der Place Dauphine begegnet waren, schien von seinem Anblick erschüttert. Er ahnte es ein wenig. Eines Tages in der Rue Delambre, als wir mit kleinen Schritten zum Mittagessen in den Dôme gingen, hat er mich gefragt: «Sehe ich nicht zu sehr nach einem Behinderten aus?» Ich habe ihn verlogen beruhigt.

Am Tag des Prozesses ging er am späten Nachmittag mit Arlette zum Augenarzt, der ihm klipp und klar sagte, daß die Netzhaut angegriffen war – zur Mitte hin teilweise angegriffen – und daß keine Hoffnung auf Heilung bestand. Ein Optiker sollte ihm ein Spezialgerät herstellen, das es ihm, bei lateralem Sehen, ermöglichen würde, vielleicht eine Stunde am Tag zu lesen. Am nächsten Morgen wirkte Sartre wie vor den Kopf geschlagen. Ich habe zu ihm gesagt: «Der Prozeß hat Sie erschöpft.» – «Nein, nicht der Prozeß: der Besuch beim Arzt.» An sich war der Besuch nicht ermüdend, aber der Augenarzt hatte ihm einen furchtbaren

---

[1] Tatsächlich wurde Sartre letzten Endes zu einem Franc Entschädigung plus Zinsen und zu 400 Francs Geldstrafe verurteilt.

Schlag versetzt. Abends, als Bost gekommen ist und ich ihm den Prozeß geschildert habe, hat Sartre kein Wort gesagt und ist genau um zwölf Uhr zu Bett gegangen.

Am 12. Oktober hat er sich in der Salpêtrière einer allgemeinen Untersuchung unterzogen. Arlette hat ihn hingebracht, und ich habe ihn mittags abgeholt. Dr. B. hat mir gesagt, daß er erst in mehreren Monaten würde arbeiten können. Das war offensichtlich. Drei Stunden am Tag war er wirklich gesund; sonst schlief er oder war abwesend. Von den Untersuchungen kommend wirkte er niedergeschlagen.

Am Dienstag, dem 16. Oktober, habe ich ihn zum Optiker begleitet. Auch dieser ließ ihm kaum Hoffnung. Vielleicht würde Sartre mit dem Spezialgerät, das wir für ihn bestellen wollten, unter wenig bequemen Bedingungen eine Stunde am Tag lesen können. Abends haben wir zum erstenmal ein wenig über seine Halbblindheit gesprochen, und er schien aufrichtig, als er mir sagte, daß er nicht allzusehr darunter litte. (Aber ausgenommen bei manchen Zahnschmerzen hatte er nie zugegeben, daß er litt, selbst als er sich bei Nierenkoliken vor Schmerzen wand.) Das Untersuchungsergebnis der Salpêtrière, das ich am nächsten Tag bekam, war nicht gut. Sartre hatte Diabetes, und sein Enzephalogramm hatte sich verschlechtert. Die Verschlechterung hing wahrscheinlich mit dem Diabetes zusammen, hat Dr. B. mir später am Telefon gesagt. Vielleicht sei er dann rückgängig zu machen, habe ich hoffnungsvoll gedacht. In seinem Gehirn waren langsame Wellen festgestellt worden, die seine Schläfrigkeit erklären mochten. (Ich bin aber noch heute überzeugt, daß sie eine Abwehr gegen die Angst um seine Augen war.)

Der Optiker hat Sartre das Gerät geliehen, über das er mit uns gesprochen hatte: aber es war für ihn unbrauchbar. Die Wörter zogen so langsam an seinem Auge vorbei, daß er sich lieber laut vorlesen ließ und daß es ihm unmöglich gewesen wäre, auf diese Weise seine eigenen Texte durchzusehen und zu korrigieren. Er ist nicht enttäuscht gewesen, weil er sich keine Illusionen gemacht hatte. Wir haben das Gerät zurückgeschickt.

Sartre nahm seine Gespräche mit Victor und Gavi wieder auf. Er hörte ihnen zu, kritisierte ein wenig, aber insgesamt griff er kaum ein. An einem Sonntagvormittag empfing er das Team der

Temps Modernes, um mit ihnen über einen Leitartikel zu einer Frage zu diskutieren, die ihm wichtig war und über die wir häufig sprachen: den israelisch-arabischen Konflikt. Er hat kein Wort von sich gegeben und hat am nächsten Tag zu Arlette gesagt, daß er glaube, geschlafen zu haben. Lanzmann und Pouillon waren konsterniert. Er schlief oft ein, wenn ich ihm vorlas, sogar aus *Libération*, die ihn doch interessierte. Er war sich seines Zustands nicht bewußt. Zu einer seiner alten Freundinnen, Claude Day, hat er gesagt: «Die Augen machen nicht mit, aber das Gehirn ist ganz in Ordnung.»

Während der Abende mit Sylvie war er fröhlich, und es kam sogar vor – was augenblicklich sehr selten war –, daß er lachte. Aber als wir einmal mit ihr und unserer Freundin Léna, die aus Moskau kam und auf die er sich freute, sonntags zu Mittag gegessen haben, war er schweigsam, erloschen. Sie war düster, ich müde. Nur Sylvie hat nicht ohne Mühe für etwas Anregung gesorgt. Zum Glück haben wir anschließend einen entspannten Abend mit Léna verbracht.

Ende Oktober ging es mit Sartre aufwärts. Er interessierte sich für unsere Gespräche. Eines Morgens, als eine neue Mieterin über meinem Kopf einzog, gab es einen solchen Lärm, daß er beim Weggehen zu mir sagte: «Das ist wirklich das erste Mal, daß ich froh bin, von Ihnen wegzugehen!»

Unsere Diskussionen befaßten sich vor allem mit dem Jom-Kippur-Krieg, und diesmal hatten wir genau die gleichen Positionen. Er hat sich in einem seiner Gespräche mit Victor und Gavi dazu geäußert: «Ich bin nicht für Israel in seiner gegenwärtigen Form. Aber ich lehne die Idee seiner Zerstörung ab ... Wir müssen dafür kämpfen, daß diese drei Millionen Menschen nicht einfach vertrieben oder zu Sklaven gemacht werden ... Man kann nicht pro-arabisch sein, ohne auch ein bißchen pro-jüdisch zu sein, wie Victor es übrigens ist. Und man kann nicht – wie ich – pro-jüdisch sein, ohne pro-arabisch zu sein. Da gerät man in eine komische Position ...»

Am 26. Oktober gab er Eli Ben Gal ein Telefoninterview.[1] Nach Beendigung des Jom-Kippur-Krieges erklärte er unter an-

---

1 Veröffentlicht am 26. Oktober in *Al Hamishmar* und am 5. November auf

derem: «Ich wünschte, die Israelis würden sich darüber klar, daß das Palästinenserproblem der Motor ist, der den arabischen Kriegsgeist anheizt.» Er diktierte mir eine Erklärung für *Libération*, die die Zeitung am 29. Oktober abdruckte, aber ohne sie sich im geringsten zu eigen zu machen. «Dieser Krieg kann der Entwicklung des Mittleren Ostens zum Sozialismus hin nur entgegenwirken», sagte er. Und er analysierte die Verantwortlichkeiten der beiden Lager. Am 7. November stellten Sartre, Clavel und Debû-Bridel Strafantrag gegen Unbekannt wegen Telefonabhörens und Verletzung des Briefgeheimnisses in der Presseagentur *Libération*. (Dieser Strafantrag hatte selbstverständlich keine Folgen.)

Dadurch, daß es ihm besser ging, fing die Krankheit an, ihn zu belasten. Er ertrug es schlecht, daß er morgens und abends Spritzen bekam: «Wird man mich mein ganzes Leben lang weiter so pflegen?» hat er mich gereizt gefragt. Ich habe ihn zu einem Facharzt für Diabetes begleitet, der etwas Blutzucker diagnostizierte. Er verschrieb Sartre Tabletten und eine zuckerfreie Diät. Er verbot ihm die Fruchtsäfte, die er abends trank. Dr. B. fand, daß er auf dem Wege der Besserung war, und hat bestimmte Medikamente weggelassen. Als wir seine Praxis verließen, hat Sartre unzufrieden bemerkt: «Er interessiert sich nicht für mich!» Und tatsächlich befaßte sich Dr. B. gewissenhaft mit Sartres Krankheit, aber er kümmerte sich wenig um Sartre, den Schriftsteller, da er ihm ja vorgeschlagen hatte, Gedichte zu schreiben.

An den folgenden Tagen mit Arlette, mit mir, Sylvie und Léna hat er frisch und lebhaft gewirkt. Er ging nie mehr ins Theater. Doch eines Abends haben wir uns mit Michèle Vian in einem kleinen Theater in der Rue Mouffetard ein sehr gutes Stück über die Affäre Thévenin angesehen: *Ich habe Vertrauen in die Justiz meines Landes.*[1] Sartre klatschte begeistert Beifall. Am nächsten Tag

---

französisch im *Bulletin du Mapam*. Auszüge daraus erschienen in *Le Monde* und in den *Cahiers Bernard Lazare*.

1 Von einem jungen Strafgefangenen namens Thévenin wurde behauptet, er hätte sich umgebracht, während man ihn ganz offensichtlich «selbstgemordet» hatte. Seine Eltern hatten vergebens versucht, seinen Tod aufzuklären.

während der Sitzung der *Temps Modernes*, die bei ihm stattfand, hörte er aufmerksam dem Leitartikel von Pouillon zum israelisch-arabischen Konflikt zu. Er kommentierte und diskutierte ihn. Abends mit Bost war er ebenfalls sehr angeregt.

Aber am nächsten Vormittag hatte er mit July, dem Herausgeber von *Libération*, im Zusammenhang mit der Vergewaltigung einer vietnamesischen Studentin durch einen ihrer Kameraden, einen eingewanderten Farbigen, eine Diskussion, die ihn sehr anstrengte. Als ich ihn um fünf Uhr besucht habe, habe ich ihn schlafen geschickt. Auch am nächsten Nachmittag, während ich ihm auf seine Bitte die zwei Fassungen eines Kapitels aus *Madame Bovary* vorlas, hat er geschlafen. Abends, mit Sylvie, war er ganz wach und hat sich über den schönen pelzgefütterten Mantel gefreut, den wir ihm geschenkt haben. Als Ersatz für die verbotenen Fruchtsäfte hatte sie kalten Gewürztee zubereitet, der ihm ausgezeichnet geschmeckt hat. Am nächsten Vormittag hat er erfreut seine junge griechische Freundin wiedergesehen, die sich für einige Zeit in Paris aufhielt und an der Sorbonne Philosophievorlesungen hörte. Aber am Nachmittag hat er wieder bleiern geschlafen.

Am nächsten Morgen sollte er mit July ihr Gespräch über die Vergewaltigung durchlesen. Ich bin um halb zehn in das Café gekommen, wo er gewöhnlich mit Liliane frühstückte. Sie war da, July auch, aber kein Sartre. Ich habe den von July mitgebrachten Text durchgesehen, der weder Hand noch Fuß hatte. Und Sartre war immer noch nicht da. Um zehn Uhr hat Liliane ihn angerufen: er war gerade erst aufgewacht. Endlich ist er gekommen, und nachdem er einen Kaffee getrunken und etwas gegessen hatte, habe ich ihn zu mir mitgenommen. In zweieinhalb Stunden haben wir einen brauchbaren Text verfaßt, der am 15. November in *Libération* erschienen ist. Sartre reflektierte darin die moralischen und politischen Implikationen der Vergewaltigung der Vietnamesin. Abends habe ich ihm einen sehr guten Artikel von Oreste Puciani[1] über seine, Sartres, Ästhetik vorgelesen, der ihn lebhaft interessiert hat. Anschließend haben wir versucht,

---

1 Ein amerikanischer Freund, den ich durch Lise kennengelernt hatte. Er war Professor an einer Universität in Kalifornien und Sartre-Spezialist.

Dame zu spielen, aber er sah nicht mehr genug, und wir mußten es aufgeben. Was mich in dem Moment am meisten ängstigte, war, daß er glaubte, glauben wollte, daß seine Augen in drei Monaten wieder gesund sein würden.

Die neue Wohnung war fertig, sogar das Telefon war schon angeschlossen. Es hat ihm Spaß gemacht, dort einzuziehen. Von da an bin ich abends bei ihm geblieben und habe fünf Nächte in der Woche in dem Zimmer neben seinem geschlafen. Die beiden übrigen Nächte schlief Arlette dort.

Nachmittags schlief er weiterhin bleiern, und sogar nach langen Nächten ungestörten Schlafs kam es vor, daß er morgens, wenn ich ihm vorlas, schlief. Er war vielen Dingen gegenüber entschieden gleichgültig geworden. Eines Morgens, beim Aufwachen, als ich ein wenig Speichel von seinem Hemd abwischte, hat er gesagt: «Ja, ich sabbere. Seit vierzehn Tagen sabbere ich.» Ich hatte ihn, aus Angst, ihn in Verlegenheit zu bringen, nicht darauf aufmerksam gemacht, aber er nahm es nicht wichtig. Was ihn ein bißchen störte, war seine Schläfrigkeit: «Blöd, so zu schlafen!» Er hat auch traurig zu mir gesagt: «Ich mache keine Fortschritte.» An einem Samstagabend waren er, Sylvie und ich bei Gisèle Halimi zum Kuskus-Essen eingeladen: er hat den Mund nicht aufgemacht. Auch als wir mit Léna in einem Restaurant gegessen haben, hat er kaum geredet.

Ich habe beschlossen, Professor Lapresle, den Dr. Cournot mir wärmstens empfohlen hatte, um einen Termin zu bitten. Wir haben ihn am 23. November in Bicêtre aufgesucht. Er war erstaunt über den Gegensatz zwischen Sartres Gefäßkrankheitsgeschichte und seinen eigenen Ergebnissen, die sehr gut waren. Seiner Meinung nach zeigte das Enzephalogramm keine krankhafte Veränderung. Die Schläfrigkeit konnte er sich nicht erklären. Er war für eine Gamma-Enzephalogramm genannte Hirnuntersuchung. Er bestand nachdrücklich darauf, daß Sartre nicht mehr rauchte: Ihr Augenlicht und Ihre Intelligenz stehen auf dem Spiel, hat er ihm gesagt.

Beim Hinausgehen hat Sartre mir erklärt, er würde weiter rauchen. Aber er hat am nächsten Tag immerhin weniger geraucht, und Sylvie und ich haben zu unserer Überraschung einen wunderschönen Abend wie schon lange nicht mehr mit ihm verlebt.

Sartre hat über Flaubert gesprochen, über die Probleme der Passivität, und hat uns angekündigt: «In vierzehn Tagen höre ich radikal auf zu rauchen.» In der Folge hat er sich das Recht auf drei Zigaretten pro Tag vorbehalten. An den folgenden Tagen hat er acht, dann sieben, dann sechs geraucht und ist bei drei angekommen. Er hing also am Leben und war bereit zu kämpfen.¹

Und wirklich schien er wieder Lust am Leben zu gewinnen. Er war oft mit seiner jungen griechischen Freundin zusammen, die Fröhlichkeit in seine Tage brachte. Einmal aß er mit Tomiko, Sylvie und mir sehr vergnügt in der Cloche d'Or zu Abend. Und wir verbrachten glückliche Momente zu zweit. Ich habe ihm eine Sammlung von Artikeln vorgelesen, die sich mit ihm befaßten und die er scharfsinnig gefunden hat.

Er kündigte mir an, daß er Pierre Victor als Sekretär engagieren würde: Puig sollte sein üblicher Sekretär bleiben, Victor würde ihm vorlesen und mit ihm arbeiten. Liliane hat mich angerufen, um mir zu sagen, daß sie von dieser Entscheidung begeistert sei, und Arlette, daß sie wütend darüber sei: sie dachte an das Verhältnis von Schœnmann² zu Russell und befürchtete, daß Victor Sartres Schœnmann werden würde. Aber Sartre freute sich darauf, mit Victor zu arbeiten. Und mir war es recht, daß ich ihm nicht jeden Morgen vorlesen mußte und wieder etwas freie Zeit für mich hatte.

Anfang Dezember ging es ihm nicht schlechter, aber auch nicht besser: er schlief. Er schlief sogar vormittags, wenn Victor ihm vorlas. Das war eine Flucht, dessen bin ich sicher: er konnte es nicht verkraften, daß er halb blind war. Viele andere Anzeichen sprachen für diese Abwehr. So, wenn ich ihn fragte: «Was haben Sie heute morgen gemacht?» – «Ich habe gelesen, habe gearbeitet.» Ich habe nachgehakt: «Warum sagen Sie, Sie hätten

---

1 Kurz darauf hat er wieder angefangen, viel zu rauchen.
2 Siehe: *Alles in allem* über das Russell-Tribunal. Schœnmann war einer der maßgeblichen Sekretäre der Russell-Foundation. Beim Tribunal, dessen Generalsekretär er war, behauptete er, Russell zu vertreten und alles dirigieren zu dürfen. Wenn er seinen Willen durchsetzen wollte, erklärte er: «Lord Russell verlangt, daß ...»

gelesen?» – «Na ja, ich habe wieder an Madame Bovary, an Charles gedacht. Ich erinnere mich an vieles ...»

An einem Donnerstag habe ich ihn zu Dr. Ciolek, einem sehr sympathischen jungen Augenarzt, begleitet. Er hat keinerlei Hoffnung gelassen: die Blutung vernarbte, aber die Mitte der Netzhaut behielt bleibende Spuren zurück, sie war abgestorben. Auf dem Rückweg hat Sartre mich gefragt: «Werde ich nicht mehr lesen können?» Im Taxi ist er in sich zusammengesunken und hat angefangen zu dösen. An den folgenden Tagen ist er nicht trauriger als vorher gewesen. Er hatte dieses Urteil schon gehört und kannte es, ohne es wahrhaben zu wollen. Jetzt, wo er die Wahrheit wußte, verdrängte er sie weiter. «Nein, bringen Sie die *Libération* nicht mit, ich sehe sie mir morgen früh an», sagte er beispielsweise zu mir. Eines Tages hatte ich die Lampe von seinem Sessel weggeschoben; er bat mich, sie wieder heranzurücken. «Sie sagen doch, daß das Licht sie stört.» – «Aber ich brauche es, wenn ich lese.» Er hat sich verbessert: «Jedenfalls wenn ich in einem Buch blättere.» In Wirklichkeit konnte er ein Buch genausowenig durchblättern wie lesen. Obwohl er die neuen Bücher, die ich mitbrachte, immer eine Weile in der Hand halten wollte. Er war geistig zu stumpf, um unter seiner Behinderung sehr zu leiden. Würde dieses Gleichgewicht andauern? Und war es wünschenswert?

Seinem Gamma-Enzephalogramm zufolge war in seinem Gehirn keine Anomalie. Doch manchmal entschlüpften ihm komische Worte. Eines Morgens, als ich ihm seine Medikamente gab, hat er zu mir gesagt: «Sie sind eine gute Ehefrau.» Am Mittwoch, dem 12. Dezember, bei der Sitzung der *Temps Modernes* schlief er. Abends, als ich ihm aus *Le Monde* eine Besprechung verschiedener Bücher über ihn vorgelesen habe, hat er allerdings aufmerksam zugehört.

Als ich am 15. Dezember, einem Sonnabend, bei ihm ankam, habe ich ihn an seinem Arbeitstisch sitzend vorgefunden, und er hat tiefbetrübt zu mir gesagt: «Ich habe keine Idee!» Er sollte einen Aufruf zugunsten von *Libération* verfassen, die sehr schlecht ging. Ich habe ihm geraten, etwas zu schlafen; und dann haben wir zusammen gearbeitet. Es fiel ihm schwer, sich zu konzentrieren, aber er hat mir immerhin die nötigen Angaben gemacht.

Gavi hat den Text abgeholt und hat ihn gebilligt. Etwas später habe ich Sartre den Schluß des ausgezeichneten Büchleins von Geneviève Idt über *Die Wörter* vorgelesen, das ihm sehr gut gefallen hat. Aber wieder einmal hat er mir das Herz schwer gemacht. Er hat sein Arbeitszimmer angesehen: «Komisch zu denken, daß das *meine* Wohnung ist.» – «Sie ist sehr schön.» – «Ich mag sie nicht mehr.» – «Wie? Sie hat Ihnen doch so gut gefallen.» – «Man wird der Dinge überdrüssig.» – «Sie werden schnell überdrüssig: ich wohne seit achtzehn Jahren in meiner Wohnung und fühle mich dort immer noch wohl.» – «*Ja, aber diese hier, das ist der Ort, wo ich nicht mehr arbeite.*» Einige Tage später, als ich einen Abschnitt in Baudelaires Briefwechsel las, habe ich ihm gesagt, er müßte eine Arbeit über Louise Colet lesen. «Das mache ich, sobald ich wieder in Paris bin», hat er mir geantwortet. Dann hat er sich verbessert: «Sobald ich mich eingerichtet habe.» Diese neue Wohnung, seine neue Lebensweise, das alles bewirkte, daß er sich nicht mehr in seiner richtigen Haut fühlte.

Er, der immer so hellsichtig hatte sein wollen, leugnete, was sein Sehen anging, weiter das Offensichtliche. Als ich auf eine seiner diesbezüglichen Fragen behutsam antwortete, daß er nie wieder ganz richtig sehen würde, hat er mir gesagt: «Ich will es nicht denken. Übrigens scheint mir, daß ich etwas besser sehe.» Bei einem Mittagessen mit Sartre hat Contat ihn gefragt, wie er die Situation aufnähme. Er hat geantwortet: «Natürlich ist sie nur erträglich, wenn man sie für vorübergehend hält.»

Die meiste Zeit brachte er es fertig, sich diesen Kummer nicht anmerken zu lassen. Er, Sylvie und ich haben bei uns zu Haus sehr fröhlich Silvester gefeiert. Ende Dezember ging es ihm besser, er war weniger schläfrig, und hin und wieder war er für mich ganz der Sartre von einst: zum Beispiel bei der Sitzung der *Temps Modernes* am 2. Januar 1974. Dann wieder wurde er apathisch. Am 8. Januar, als er gegen halb acht bei sich zu Hause ankam, hatte er ein so trübes, so starres Gesicht, daß Lanzmann, der ihn kurz besuchen gekommen war, vollkommen erschüttert davon war. Beim Weggehen hat er Sartre geküßt, und Sartre hat zu ihm gesagt: «Ich weiß nicht, ob Sie *ein Stück Grab* oder einen lebenden Menschen küssen.» Wir waren wie versteinert. Er hat ein bißchen geschlafen und dann *France-Musique* gehört. Vor dem Schlafengehen habe ich ihn gefragt, was er damit gemeint hätte. «Ach, nichts. Das war ein Scherz.» Ich ließ nicht locker. Er fühlte sich leer, er hatte zur Zeit keine Lust zu arbeiten. Und dann hat er mich ängstlich und beinah verschämt angesehen: «Werde ich nie wieder sehen können?» – «Ich fürchte, nein», habe ich geantwortet. Das war so herzzerreißend, daß ich die lange Nacht geweint habe.

1974

Ein paar Tage später hat Professor Lapresle mir am Telefon wiederholt, daß es Sartre sehr gutginge, daß er ihn erst in drei Monaten wieder untersuchen müßte. Es sei normal, daß er, um sich einer allzu quälenden Wahrheit nicht stellen zu müssen, in den Schlaf flüchte. Ich habe Sartre berichtet, daß sein Gesundheitszustand nach Lapresles Ansicht ausgezeichnet wäre. «Und meine Augen, was hat er zu meinen Augen gesagt?» In seiner Frage lag eine ergreifende Mischung aus Angst und Hoffnung. «Die Augen sind nicht seine Sache», habe ich gesagt. «Aber alles hängt doch zusammen», hat Sartre gesagt. Und er ist eingeschlafen. Ich war zutiefst verzweifelt. Es ist schrecklich, dem Todeskampf einer Hoffnung beizuwohnen.

An den folgenden Tagen hat er, während ich ihm Baudelaires Briefwechsel, dann *Der Sohn der Dienstmagd* von Strindberg vorlas, weiter geschlafen. Bei einem Mittagessen mit Sylvie war er so still, daß ich ihn gefragt habe: «Woran denken Sie?» – «An nichts. Ich bin nicht da.» – «Wo sind Sie denn?» – «Nirgendwo. Ich bin leer.» Diese Absencen waren häufig. Ende Januar habe ich vormittags mit ihm eines seiner Gespräche mit Victor und Gavi durchgesehen: er ist eingeschlafen. Er wurde immer pessimistischer, was seine Augen betraf. Der Nebel verdichtet sich, hat er mir gesagt. Und während eines Mittagessens in der Coupole: «Ich habe den Eindruck, daß meine Augen nicht wieder gesund werden.» Er hat hinzugefügt: «Sonst geht es mir gut.» Und schüchtern: «Bin ich genauso intelligent wie vorher?» Ich habe ja, natürlich, gesagt. Und habe hinzugesetzt: «Mein armer Kleiner, Sie sind nicht froh!» – «Dazu besteht kein Anlaß.»

Er hatte fast ganz aufgehört zu rauchen, und eines Tages habe ich ihn gefragt: «Macht Ihnen das nicht zuviel aus?» – «Es macht mich traurig.» Ein andermal hat er zu mir gesagt: «Bost hat mit seinem Freund Cournot gesprochen. Er sagt, daß es bei dem, was ich gehabt habe, eineinhalb Jahre dauert, bis man sich wieder ganz erholt hat.» – «Ach, mir hat er gesagt ein Jahr!» Darauf Sartre, etwas schroff: «Sie glauben doch wohl nicht, daß ich in zwei Monaten wieder sehen kann.»[1] Er verwechselte das Sehen mit dem Gesamtzustand.

Ich hatte mit Dr. Ciolek ein Treffen vereinbart. Er hatte mir gesagt, daß Sartre nicht blind werden, aber nie seine volle Sehschärfe wiedererlangen würde. Ich habe ihn gebeten, ihm die Wahrheit nicht zu brutal beizubringen. Als wir ihn Ende Januar aufgesucht haben, hat er Sartre gesagt, seine Augen hätten sich nicht verschlechtert. Aber als Sartre ihn gefragt hat, ob er wieder würde lesen können, hat Ciolek ausweichend geantwortet. Draußen im Gang hat Sartre zu mir gesagt: «Er scheint nicht zu denken, daß ich wieder werde lesen und schreiben können.» Er hat eine Pause gemacht, als hätten ihn seine eigenen Worte erschreckt, und hat hinzugefügt: «Nicht so bald.»

Am nächsten Tag besprachen wir, wie er bis dahin versuchen könnte zu arbeiten. Und plötzlich, als er gerade schlafen gehen wollte, hat er in hartem Ton hervorgestoßen: «Meine Augen sind hin ... nach dem, was alle mir sagen.» Am nächsten Tag in seiner Wohnung hat er einen herumliegenden Krimi genommen und hat ihn unter seine helle Lampe gehalten: «Ich will den Titel sehen.» Er hat ihn korrekt entziffert, dabei konnte er sonst oft nicht einmal die Schlagzeilen der Zeitungen lesen: leider bewies das nicht viel. Er hatte einen gewissen, aber sehr eingeschränkten Sehbereich. Am nächsten Tag habe ich ihn gefragt, ob er wollte, daß wir zu arbeiten versuchten. «Nein, noch nicht, nicht gleich.» Er, der gewöhnlich so wenig reizbar war, wurde, wenn es um seine Augen ging, aufgebracht. Als wir den überdachten Gang an der großen Grünfläche im Innenhof seines Wohnhauses entlanggingen, habe ich in einer Glastür unser Spiegelbild erblickt: «Das sind ja wir!» habe ich gedankenlos ausgerufen. «Also bitte, erzäh-

---

[1] Der Anfall hatte zehn Monate zuvor stattgefunden.

len Sie mir nichts von optischen Wundern!» hat er verstimmt gesagt.

Die Medikamente, mit denen die Ärzte ihn vollstopften, hatten seinen unwillkürlichen Harnabfluß wieder angeregt und hatten ihm die Kontrolle über seine Eingeweide genommen. Eines Nachmittags, als er nach Hause kam, hat er sich besudelt. Ich habe ihm geholfen, die Katastrophe zu beheben, aber ich hatte Angst, daß diese Probleme schlimmer würden und er darunter litte. Zaidmann hat gesagt, das sei eine normale Nebenwirkung bestimmter Medikamente, Sartres Blutdruck sei ausgezeichnet, seine Reflexe tadellos.

Eines wunderte mich: er, der früher nie zum Arzt gehen wollte, warf Ciolek, Lapresle vor, sie kümmerten sich nicht genügend um ihn. Er wollte in Rom wieder zu dem Augenarzt gehen, der ihn im vergangenen Sommer behandelt hatte: ihn mochte er gern, weil er ihn in seinen Hoffnungen bestärkt hatte.

Geistig ging es im Februar allmählich mit ihm aufwärts. Da er die Leute nicht *sah*, wenn sie zahlreich waren, zog er sich in sich selbst zurück. Doch bei der Konferenz der *Temps Modernes* im Februar hat er alle durch seine Präsenz, seine Klugheit in Erstaunen versetzt. Er hat viele gute Vorschläge für Artikel und Untersuchungen gemacht.

Mitten in der Sitzung hat Vidal-Naquet angerufen, um gegen zwei Artikel in *Libération* zu protestieren, die am 20. und 21. Februar unter dem Titel «Eine Stellungnahme zu den syrischen Gefangenen in Israel» erschienen waren. Er brachte Sartre und mich ins Spiel, weil wir einen Aufruf zur «Befreiung der israelischen Gefangenen in Syrien» unterzeichnet hatten, der in *Le Monde* erschienen und auch von Frédéric Dupont, Max Lejeune, Ceccaldi-Raynaud unterzeichnet worden war. Wir hatten sofort eine Richtigstellung geschickt, in der wir jede Solidarität mit diesen Mitunterzeichnern von uns wiesen. *Libération* griff uns deshalb nicht weniger an. Sartre hat den Autoren der Artikel, gleichfalls in *Libération*, sofort geantwortet und sie der Unaufrichtigkeit bezichtigt.

Zur gleichen Zeit übernahm er zusammen mit Le Dantec und Le Bris – beide wie er ehemalige Herausgeber von *La Cause du Peuple* – die Herausgabe einer Buchreihe «La France sauvage», die zuerst bei Gallimard, anschließend bei *Les Presses d'aujourd'hui* erschien. Sie verfaßten gemeinsam einen Einführungstext.

«‹La France sauvage›. Das wilde Frankreich. In gewisser Weise das ‹reale› Land gegenüber dem ‹legalen›. Oder: wild, wie man von einem Streik sagt, er sei wild. Was weder archaisch noch notwendigerweise gewalttätig heißen muß: im Grunde geht es um einen Gärungsprozeß an einem Punkt der sozialen Oberfläche, der eine soziale Gruppe veranlaßt, sich zu erheben, sich im Aufruhr als freie Gemeinschaft außerhalb jedes einengenden institutionellen Rahmens zu behaupten ...

Wir wählen die Hoffnung. Wir wagen es, auf einen möglichen Bruch zu setzen, auf eine umfassende Bewegung der Menschheit hin zur Freiheit – die nur denkbar ist, wenn die Wildheit des Volkes zusammenströmt ...

Das heißt, daß das Vorhaben dieser Reihe zugleich bescheiden und ehrgeizig ist. Bescheiden, weil wir uns vornehmen, von den Tatsachen auszugehen und ständig auf sie zurückzukommen. Ehrgeizig, weil uns das einen Weg zu einem möglichen Denken der Freiheit zu eröffnen scheint.»

Der erste Band der Reihe war eine Arbeit von Le Bris über Okzitanien, den ich Sartre vorlas und der uns beide begeisterte. In «La France sauvage» sind später die Gespräche Sartres mit Victor und Gavi erschienen, deren letzte im März stattgefunden haben. Sie zogen die Bilanz ihrer Diskussionen. Sartres Gewinn daraus war, daß er die Theorie der Freiheit «wiedergelernt» hatte. Er fand «die Möglichkeit wieder, sich einen auf die Freiheit ausgerichteten politischen Kampf vorzustellen». Für ihn ist «der Dialog von Anfang bis Ende das immer präziser, immer progressiver werdende Freilegen der Freiheitsidee gewesen».

Das psychische Gleichgewicht Sartres blieb jedoch labil. Von Zeit zu Zeit versuchte er zu arbeiten: das bestand dann darin, unlesbare Zeichen aufs Papier zu kritzeln. Ende Februar haben wir bei den Rebeyrolles zu Mittag gegessen. Sie hatten in einer Sackgasse, die in die Rue Falguière mündete, ein riesiges Atelier, von dem ein Teil sehr gemütlich zum Wohnen eingerichtet war. Im anderen Teil arbeitete Rebeyrolle. Vor dem Essen hat er uns seine neuesten Bilder gezeigt, und Sartre hat traurig gesagt: «Ich kann sie nicht sehen.» Und er hat hinzugefügt: «Ich hoffe, daß ich sie in ein paar Monaten sehen kann.» Er wußte jetzt, daß das nicht stimmte, aber er *wollte* glauben, daß die Zeit für ihn arbeitete.

Am 17. März haben wir mit Sylvie im Esturgeon gegessen, einem Restaurant in Poissy, das wir in unserer Jugend wegen seiner über der Seine liegenden Veranda und wegen eines großen Baumes geliebt hatten. Sartre war beglückt, dort zu sein. Er fand, was selten war, das Essen ausgezeichnet. Doch wie so häufig war er abwesend. Abends ist er mit Arlette nach Junas gefahren, die mich an den folgenden Tagen angerufen hat: es ging ihm gut, und er schlief viel.

«Jetzt fangen meine richtigen Ferien an», sagte er einige Tage später, als wir uns in Avignon wiedergesehen haben. Wir wollten mit Sylvie nach Venedig fahren. Ein Zug brachte uns nach Mailand, wo wir wie üblich im Hotel der Scala abstiegen: dort haben wir 1946 gewohnt, als wir überglücklich waren, wieder in Italien zu sein. Im Zug fuhren wir weiter nach Venedig. Eine Gondel brachte uns ins Hotel Monaco am Canal Grande in der Nähe des Landungsstegs der Piazza San Marco. Wir haben Zimmer bezogen, die auf den Kanal hinausgingen. Morgens frühstückte ich mit Sartre in seinem Zimmer und las ihm vor. Gegen ein Uhr aßen wir je nach Wetterlage auf dem Quai in der prallen Sonne oder drinnen im Florian ein Sandwich: das Wetter war unbeständig, mal sehr schön, mal bedeckt; oft war die Piazza San Marco abends in dichten Nebel gehüllt. Während Sartre seinen Nachmittagsschlaf hielt, ging ich mit Sylvie spazieren, und gegen fünf gingen wir drei zusammen aus. Ich habe Sartre das ehemalige Getto gezeigt, wir haben das Rialto-Viertel wieder besucht und sind auf dem Lido gewesen: alle Hotels waren geschlossen, nur mit Mühe fanden wir an einem Strand ein kleines Restaurant, wo wir in lauwarmen Nebel gehüllt ein einfaches Mittagessen eingenommen haben. Abends aßen wir zu dritt in einem unserer Lieblingslokale und tranken in der Hotelbar einen Whisky.

In Venedig fühlte Sartre sich immer wohl. Aber von Zeit zu Zeit wurde er unruhig. Eines Morgens, als wir in seinem Zimmer lasen, war so schönes Wetter, daß wir beschlossen, hinunter auf die Terrasse am Wasser zu gehen. Ich wollte das Buch mitnehmen: «Warum denn?» hat er gesagt und hat hinzugefügt: «Früher, als ich intelligenter war, haben wir nicht gelesen, wir haben uns unterhalten.» Ich habe versichert, daß ich ihm nur wegen seiner Augen vorlas, und wir haben auf der Terrasse in der Sonne geplaudert. In Wirklichkeit hatte er seine Intelligenz bewahrt, er gab Kommentare zu unserer Lektüre ab, diskutierte darüber. Aber er gab die Gespräche ziemlich schnell auf, er stellte keine Fragen, warf keine Ideen ein. Er war nicht sehr interessiert, auf keinem Gebiet. Zum Ausgleich klammerte er sich an Routinen, an Gewohnheiten, an denen er aus Prinzip festhielt, und ersetzte wirkliche Neigungen durch starrsinniges Festhalten.

Eine Zeitung veröffentlichte ein Foto von uns und gab den Namen unseres Hotels an. Ein paar Zudringliche versuchten an uns heranzukommen. Aber wir haben auch die Freude gehabt, einen Telefonanruf von Mondadori[1] zu bekommen, der in der Hotelbar etwas mit uns getrunken hat. Er trug einen Bart, war gealtert und stotterte stark. Er hatte sich von seiner Frau, der schönen Virginia, getrennt. Bei ihm war ein Freund, ein Dirigent, der an der Fenice die letzte Oper von Donizetti, *Maria di Rohan*, aufführte. Am nächsten Tag, einem Sonntag, sollte nachmittags die letzte Vorstellung sein. Das Theater war ausverkauft, aber sie besorgten uns trotzdem drei Plätze in der königlichen Loge. Wir waren vom herrlichen Belcanto und von den großartigen Interpreten hingerissen. Aber für Sartre blieb die Bühne ein schwarzes Loch, das stimmte ihn traurig. Insgesamt ängstigte er sich mehr denn je um seine Augen, vielleicht weil er mehr Lust hatte zu *sehen*. Als ich ihn bei der Abreise gefragt habe, ob der Aufenthalt ihm gefallen habe, hat er enthusiastisch geantwortet: «O ja!» und hat hinzugefügt: «Außer der Sache mit meinen Augen.»

Am Dienstag, dem 2. April, haben wir abends zwei ineinanderübergehende Schlafwagenabteile belegt, haben Croissants mit Schinken gegessen und dazu Merlot getrunken. Die italienischen Eisenbahner streiken, und wir sind mit einer Stunde Verspätung abgefahren. Morgens hat der Steward uns Frühstück mit Tee gebracht und hat uns von Pompidous Tod in Kenntnis

---

[1] Der Sohn unseres Verlegers, mit dem wir 1946 durch Italien gereist waren und den wir danach oft wiedergesehen hatten (siehe: *Der Lauf der Dinge*. Reinbek 1966).

gesetzt. Manche französischen Reisenden waren außer sich vor Schrecken: sie sahen schon die Anarchie ausbrechen. Von ihrer Erregung überwältigt, jammerte eine Dame: «Es gibt einen Börsenkrach!»

Um nicht gleich seine Pariser Gewohnheiten wiederaufzunehmen, hat Sartre ein paar Tage bei mir gewohnt. Am Samstagvormittag bin ich mit ihm zu Ciolek gegangen: der Augendruck war gut, er hatte keine Blutung mehr; es war normal, daß er im Theater, in der Dunkelheit sitzend, von der Bühnenbeleuchtung zu sehr geblendet worden war, als daß er etwas hätte sehen können. Nach dem Arztbesuch war Sartre recht zufrieden: «Insgesamt geht es mir gut, alles ist in Ordnung», hat er zu mir gesagt. Ohne Niedergeschlagenheit hat er hinzugefügt: «Anscheinend meint er, daß ich nie mehr richtig sehen werde.» – «Nein, Sie werden nicht alles sehen», habe ich geantwortet, wobei ich offenließ, was er sehen und was er nicht sehen würde. Zum erstenmal sprach Sartre ohne Antipathie von Ciolek. Ich denke, daß er in Venedig Angst gehabt hatte, gänzlich zu erblinden, und daß er erleichtert war zu erfahren, daß seine Augen sich stabilisiert hatten. Und doch, nachdem er den Diabetesspezialisten und Professor Lapresle aufgesucht hatte, die beide mit seinem Gesundheitszustand sehr zufrieden waren und ihm weniger verschreiben mußten, hat er wieder mit tiefbetrübter Stimme zu mir gesagt: «Meine Augen? Sie werden nicht mehr besser!»

Trotz des frühlingshaften, sogar sommerlichen Wetters war er ziemlich düster: «Ich habe den Eindruck, immer wieder denselben Tag zu erleben: ich sehe Sie, ich sehe Arlette, die Ärzte ... und es geht wieder von vorn los!» Er hat hinzugefügt: «Sogar was die Wahlen angeht ... man sucht mich auf, man läßt mich etwas dazu sagen, aber es ist ganz anders als im Algerienkrieg.» Ich habe ihm gesagt, daß es mir mit den Feministinnen ähnlich erginge. «Das ist das Alter», hat er abschließend ohne allzuviel Melancholie gesagt.

Am 13. und 14. April gab Sartre *Libération* ein Interview über die Wahlen. Er war für die Kandidatur von Charles Piaget (dem Initiator des Kampfes bei Lip, dessen Verlauf er aufmerksam verfolgte); er erklärte, daß er nicht für Mitterand stimmen wolle. «Ich halte die Linksunion für einen Witz.» In einem Gespräch mit Gavi und Victor hat er gegen die klassische Linke Stellung bezogen: «Ich sehe nicht, daß die linken Regierungen unsere Art zu denken tolerieren können. Ich sehe nicht ein, wieso wir für Leute stimmen sollten, die nur einen Wunsch haben, nämlich uns in die Pfanne zu hauen.» Er hat gesagt, daß er Piaget mit Vergnügen wählen würde, weil er sicher sei, daß dieser nicht gewählt würde. «Ich weiß nicht, ob ich Piaget wählen würde, wenn Piaget gewählt werden sollte», hat er lachend geschlossen.

Am 28. April stellte er mit Gavi und Victor in Bruay *Der Intellektuelle als Revolutionär* vor, das – noch unveröffentlichte – Buch, das sie gerade abgeschlossen hatten. In Bruay gab es ein Komitee *Justice et Liberté*, das sie eingeladen hatte. Er sah frühere Genossen wieder, aber die Begegnung war nicht sehr gewinnbringend. Das Buch ist in den ersten Maitagen in der Reihe «La France sauvage» erschienen. *Le Monde* hat gleich zweimal sehr positiv darüber berichtet. Sartre hat mit Victor, Gavi und Marcuse, dem er zum erstenmal begegnete, darüber diskutiert. Seine griechische Freundin nahm an dem Gespräch teil und hat für *Libération* einen Bericht darüber geschrieben. Am 24. Mai schickte er der Zeitung eine Mitteilung, in der er seine Aufgaben als Herausgeber niederlegte. Aus gesundheitlichen Gründen gab er alle Ämter auf, die er in der gauchistischen Presse ausgeübt hatte.

Seit Anfang '74 hatte er mehrere Texte unterzeichnet: Im Januar in *Libération* einen vom G. I. A. (*Groupe d'informations asiles*) verfaßten Text zur Affäre Jérôme Duran – ein Antillianer, der in Amiens unschuldig interniert worden war. Am 27. März in der gleichen Zeitung gemeinsam mit Alain Moreau ein Kommuniqué als Reaktion auf eine Anzeige von Alexandre Sanguinetti gegen ein Interview von Alain Moreau vom 9. Januar in *Libération*.

Anfang Juni ging es Sartre wirklich gut. Ich fand ihn sogar «verwandelt». Er war nicht mehr schläfrig, er dachte über ein Buch nach, das er über sich selbst schreiben wollte. Wir unterhielten uns, wie früher. Mit Sylvie verbrachten wir sehr anregte Abende, und einmal haben wir mit Alice Schwarzer vergnügt zu Abend gegessen. Eines Tages habe ich vorgeschlagen, in den Ferien Gespräche über ihn aufzunehmen. «Das wird *dem* abhelfen», hat er, mit einer erschütternden Geste auf sein Auge zeigend, zu mir gesagt.

Sylvie hat uns eines Abends in die Oper zu einer Aufführung der *Sizilianischen Hochzeit* mitgenommen. Sartre trug ein weißes Hemd und eine speziell für diesen Anlaß gekaufte Krawatte: das war für ihn eine Verkleidung, die ihn amüsierte. Er hat die Aufführung genossen. Es gab Schwächen in der Besetzung, aber sehr schöne Arien und großartige Chöre. Die Inszenierung, das Bühnenbild, die Kostüme waren ausgezeichnet. Leider entging deren Schönheit Sartre weitgehend, obwohl er besser gesehen hat als in Venedig. Er war trotzdem sehr munter, als wir anschließend in der Cloche d'Or gegessen haben.

Am Wahlabend ist Sartre zuerst zu mir gekommen und hat Sylvie eine Schallplattenaufnahme der Verdi-Oper geschenkt. Dann sind wir zu Lanzmann gegangen, um die Ergebnisse im Fernsehen zu verfolgen. Sie haben uns allerdings nicht besonders berührt. Daß Pompidous katastrophales Erbe an Giscard fiel, war kein Unglück.

Während dieser letzten Junitage ging es Sartre weiter sehr gut. Er schien sich mit seiner Halbblindheit fast abgefunden zu haben. Wir haben mit Sylvie seinen neunundsechzigsten Geburtstag gefeiert. und er hat sich das köstliche Abendessen, das sie gekocht hat, gut schmecken lassen. Wir haben nach Herzenslust angestoßen.

Eine einzige Sache bekümmerte ihn: seine griechische Freundin schien ihm nicht nur exaltiert, sondern im wahrsten Sinne des Wortes im Begriff, verrückt zu werden. Sie hatte auf einer Straße in Auteuil öffentliches Ärgernis erregt und war nach Sainte-Anne und von da in die Universitätsklinik eingewiesen worden. Der Psychiater hat uns gesagt, daß es sich vielleicht nur um einen «Anfall von Wahnsinn» handelte, aber als ich Sartre am Vormittag des 5. Juli zum Boulevard Jourdan begleitet habe, wirkte sie sehr mitgenommen. Ich habe in einem kleinen Raum gewartet, während er sie in ihrem Zimmer besuchte. Nach einer Stunde sind sie zu mir herausgekommen. Im langen weißen Nachthemd, mit fliegendem Haar und ausgemergeltem Gesicht bot sie das klassische Bild der Verrückten, wie man es im Film sieht. Sie hat mich mit ihrer gewohnten Höflichkeit begrüßt. Sartre und ich haben ein Taxi gerufen und sind zu Balzar essen gegangen. Er war von seiner Unterredung mit Melina ziemlich erschüttert. Sie hatte sich ihm gegenüber feindselig gezeigt. Sie beschuldigte ihn, ihre Einweisung bewirkt zu haben und verlangte, daß er sie heraushole. Er hatte protestiert. «Du hast ja auch Althusser einsperren lassen», hatte sie erwidert. (Sie hatte an der Sorbonne Vorlesungen von Althusser gehört, der gerade wegen nervöser Depressionen eingeliefert worden war.) Ihr Vater war nach Paris gerufen worden und sollte sie in wenigen Tagen nach Griechenland zurückbringen. «Ich glaube, ich werde sie nie wiedersehen», hat Sartre bedauernd gesagt. Es tat mir sehr leid, mich unter solchen Umständen von ihm zu trennen. Sylvie hat uns abgeholt. Wir haben Sartre vor Arlettes Haus abgesetzt, mit der er am Abend nach Junas fahren wollte. Er hielt eine Plastiktüte in der Hand, in die ich seine Toilettensachen gesteckt hatte. Durch einen Regenvorhang und durch den Nebel vor seinen Augen hat er uns nachgeblickt.

Ich bin mit Sylvie in Spanien herumgereist. Telegramme aus Junas, Paris und Florenz, wo er sich mit Wanda aufhielt, beruhigten mich über Sartres Gesundheitszustand. Die Reise fand ein trauriges Ende. Auf dem Rückweg von Spanien unterwegs nach Italien hat Sylvie in Montpellier erfahren, daß ihr Vater an einem Herzanfall gestorben war. Nachdem sie mich in Avignon abgesetzt hatte, ist sie in die Bretagne gefahren, und ich bin mit der Bahn nach Florenz gereist.

Als ich Sartre vormittags in der Halle seines Hotels wiedersah, habe ich ihn wegen seiner Mütze und des dichten weißen Flaumes auf seinem Kinn kaum wiedererkannt: er schaffte es nicht, sich selbst zu rasieren und wollte sich um nichts in der Welt einem Friseur anvertrauen. Im Zug nach Rom hat er gedöst. Aber als wir am nächsten Morgen wieder in unserem Terrassenappartement waren, habe ich glücklich festgestellt, daß es ihm sehr gut ging. Der Hotelfriseur hat sein Vertrauen gewonnen: er hat sich von ihm rasieren lassen und sah viel jünger aus. Anschließend hat er sich mit einem Rasierapparat, den Sylvie ihm gekauft hat, als sie einige Tage später nachkam, sehr ordentlich selbst rasiert.

Sie hat mir beigebracht, ein Tonbandgerät zu bedienen, und ich habe mit Sartre die Gesprächsreihe[1] begonnen, über die wir

---

1 «Gespräche mit Jean-Paul Sartre», S. 167–568. (Anm. d. Übers.)

in Paris gesprochen hatten. Er machte begeistert mit, außer an manchen Tagen, an denen er etwas müde war und wir nicht von der Stelle kamen.

Von dieser Neuerung abgesehen, hatte unser Leben ungefähr den gleichen Rhythmus wie in den Vorjahren: kurze Spaziergänge, Musikhören, Lektüre von Zeitungen und einigen Büchern. Unter anderem habe ich Sartre den *Archipel Gulag* von Solschenizyn und den *Hitler* von Fest vorgelesen. Abends aßen wir auf der Terrasse unseres Lieblingsrestaurants.

Eines Nachts, als wir zu Fuß durch dunkle Gäßchen nach Hause gingen, wurde aus einem entgegenkommenden Auto eine Hand gestreckt, die meine Tasche packte. Ich habe sie festhalten wollen, sie wurde mir trotzdem entrissen, und ich bin der Länge nach hingefallen. Sartre und Sylvie haben mir ins nahe Hotel zurückgeholfen. Ein sofort herbeigerufener Arzt hat festgestellt, daß mein linker Arm ausgerenkt war. Er hat ihn mir bandagiert, und am nächsten Tag habe ich ihn in Gips legen lassen. Solche Überfälle waren in dem Jahr sehr häufig, und wir sind abends nie mehr zu Fuß ausgegangen.

Sylvie hat das Auto nach Paris zurückgefahren. Die Bosts haben uns kurz besucht. Wieder allein, haben wir zahlreiche Gespräche aufgenommen. Wir sind wenig ausgegangen, denn Mitte September hat starker Regen mit Gewittern eingesetzt.

Am 22. September sind wir nach Paris zurückgekehrt, und Sartre ist lustlos wieder in diese Wohnung eingezogen, in der er «nicht mehr arbeitete». Als Sylvie eines Abends bei ihm vorbeischaute, hat er zu ihr gesagt: «Kommen Sie das Haus des Toten besuchen?» Und als ich ihn etwas später befragte, hat er geantwortet: «Es ist doch so, ich bin ein lebender Toter!» Das war, bevor er seine Aktivitäten wiederaufgenommen hatte. Danach war er wieder viel eher lebendig als tot. Wir haben unsere Gespräche fortgesetzt, und er sagte von sich, er wäre vollkommen *glücklich*. Sogar mit seiner Halbblindheit hatte er sich jetzt abgefunden und war stolz, daß er sich so gut angepaßt hatte. Einer seiner ersten Schritte war ein Brief an Giscard d'Estaing, in dem er bat, Benni Lévi (Pierre Victor) so schnell wie möglich die französische Staatsangehörigkeit zu geben. Giscard hat ihm am 30. September mit einem handschriftlichen Brief geantwortet, in dem er, unter Vermeidung der Anrede «Maître», versprach, die gewünschte Naturalisierung sehr schnell zu erreichen, und schloß: «Ihrem Brief zufolge ist alles dazu angetan, uns zu trennen. Ich bin dessen weniger sicher als Sie. Ich habe nie gedacht, daß die Menschen sich nur durch ihre Schlußfolgerungen unterscheiden. Es gibt auch ihr Suchen, und das wissen Sie gut.» Die Naturalisierung ist sehr schnell erfolgt, und Sartre hat einen kurzen Dankesbrief geschrieben.[1] Victor hat das Ereignis mit einem Fest feiern wollen, zu dem er alle seine engsten Freunde eingeladen hat, und da Sartre und ich dabeisein wollten, hat Liliane Siegel ihre Wohnung zur Verfügung gestellt, um uns die Sache zu erleichtern.

Er hat wieder angefangen, an den Sitzungen der *Temps Modernes* teilzunehmen. Am 2. Oktober haben alle Anwesenden – Etcherelli, Pouillon, Horst – ihn verwandelt gefunden. Er traf sich wieder mit den *Libération*-Mitarbeitern. Am 15. Oktober ist in *Le Monde* ein Aufruf von Sartre und July erschienen, den dieser verfaßt hatte: «Rettet *Libération*». Die tief in Schulden steckende Zeitung hatte ihr Erscheinen einstellen müssen. Sartre und July appellierten deshalb an die Öffentlichkeit, um die zu ihrer Rettung notwendigen 77 Millionen Alten Francs zusammenzubringen. Er setzte seine Diskussionen mit Victor fort; er hatte zahlreiche Verabredungen. Ich las ihm nachmittags und an manchen Abenden Bücher vor, die er gerne kennenlernen wollte (Gramscis politische Schriften, eine Reportage über Chile, die letzten Nummern der *Temps Modernes*, eine Studie über den Surrealismus und die Träume, *Das Leben von Virginia Woolf* von Quentin Bell). Er war nicht mehr schläfrig. Beim Essen, Rauchen, Herumgehen war seine motorische Anpassung beinahe perfekt. «Es geht, glauben Sie mir», sagte er freundlich zu mir. «Sie lesen mir vor, wir arbeiten, ich sehe genug, um mich zurechtzufinden. Es geht.» Ich bewunderte diese wiedergewonnene Heiterkeit. (Was war das eigentlich für eine Heiterkeit? War es die stolze Einsicht des Klugen? Die Gleichgültigkeit eines alten Mannes? Der Wille, andere

---

[1] Darauf beschränkt sich der Briefwechsel zwischen Sartre und Giscard, von dem manche Zeitungen nach Sartres Tod viel Aufhebens gemacht haben.

nicht zu belasten? Wie kann man das entscheiden? Ich weiß aus Erfahrung, daß solche Gemütszustände nicht definierbar sind. Stolz, Klugheit und Rücksicht auf seine Umgebung verboten es Sartre zu klagen, sogar in seinem tiefsten Inneren. Aber was empfand er wirklich? Niemand hätte das beantworten können, nicht einmal er selbst.)

Am 16. November unterzeichnete Sartre eine Erklärung, in der mit der UNESCO gebrochen wurde, die sich weigerte, Israel in eine bestimmte Zone der Welt einzuordnen. Zum gleichen Zeitpunkt hat Clavel ihm den Vorschlag übermittelt, im Fernsehen eine Interviewserie über ihn, Sartre, zu machen. Zuerst hat er nein gesagt: bis dahin hatte er, von ein oder zwei Ausnahmen abgesehen, jede persönliche Mitwirkung am Fernsehen abgelehnt, um nicht eine staatliche Einrichtung[1] zu unterstützen. Aber in den Diskussionen mit Victor und Gavi kam ihm der Gedanke, Sendungen über die Geschichte dieses Jahrhunderts zu produzieren, so wie er sie seit seiner Geburt erlebt oder verfolgt hatte. Ich war einverstanden. Er hoffte auf das Publikum einzuwirken, indem er die Sicht unserer jüngsten Geschichte vollkommen erneuerte. Marcel Jullian, der Intendant von *Antenne 2*, schien dieses Projekt positiv zu sehen: auf diese Weise würde das Giscardsche Fernsehen beweisen können, daß es liberaler wurde. Am 19. November hat Sartre *Libération* ein Interview zu diesem Thema gegeben. «Wir werden sehen, wie weit wir gehen können», hat er erklärt.

Augenblicklich hatte er andere Interessenschwerpunkte. In *Libération* vom 21. November veröffentlichte er einen Protestbrief an die deutschen Behörden, die sich weigerten, ihm eine Begegnung mit Andreas Baader zu erlauben. Das war eine Sache, für die er sich engagiert hatte. In einem Interview mit dem *Spiegel* vom Februar 1973 hatte er die Aktionen der RAF bis zu einem gewissen Grad gerechtfertigt. Im März 1974 war in *Les Temps Modernes* ein Artikel von Sjef Teuns über «die Folter durch sensorische Deprivation» erschienen, der Baader und seine Genossen ausgesetzt waren; in derselben Nummer standen ein anonymer

---

[1] Diesen Beschluß hatte er aus Anlaß der Streiks beim Fernsehen und beim Rundfunk gefaßt.

Artikel über «die wissenschaftlichen Foltermethoden» und ein weiterer von Baaders Anwalt, Klaus Croissant: «Die Isolationsfolter». Im Anschluß hatte Klaus Croissant ihn ersucht, sich persönlich von den Haftbedingungen Baaders ein Bild zu machen, und er hatte beschlossen, dies zu tun. Am 4. November hatte er beantragt, Baader im Gefängnis zu besuchen, mit Daniel Cohn-Bendit als Dolmetscher. Sein Entschluß wurde bestärkt durch die Nachricht vom Tod von Holger Meins, der an den Folgen eines Hungerstreiks im Gefängnis gestorben war. In seinem Brief in *Libération* bezeichnete Sartre die Weigerung der Deutschen als «rein aufschiebend». Kurz nach dessen Veröffentlichung bat Alice Schwarzer ihn um ein Interview für den *Spiegel*, das am 2. Dezember erschienen ist. Sartre hatte endlich die Erlaubnis bekommen, mit Baader zu sprechen, und hat die Gründe für seine Einmischung dargelegt: er mißbilligte die gewalttätigen Aktionen der RAF unter den herrschenden deutschen Umständen, ihm lag aber daran, seine Solidarität mit einem inhaftierten Revolutionär zu bekunden und gegen die Behandlung, der er ausgesetzt war, zu protestieren.

Am 4. Dezember fuhr er also nach Stuttgart. In Begleitung von Pierre Victor, Klaus Croissant und Cohn-Bendit sprach er etwa eine halbe Stunde mit Baader. Das Auto, das ihn zum Stammheimer Gefängnis brachte, wurde von Bommi Baumann gefahren, einem reumütigen Terroristen, der seine Erfahrungen in einem Buch der Reihe «La France sauvage»[1] geschildert hat. Am gleichen Tag gab Sartre eine Pressekonferenz (die in Auszügen in *Libération* und *Le Monde* erschienen ist). Mit Heinrich Böll rief er im Fernsehen zur Bildung eines internationalen Komitees zum Schutz politischer Gefangener auf. Seine Intervention entfesselte in der BRD eine heftige Kampagne gegen ihn. Zusammen mit Klaus Croissant und Alain Geismar hielt er am 10. Dezember in Paris eine weitere Pressekonferenz ab. Später befaßte er sich in einem Interview der Fernsehsendung *Satellite* vom 22. Mai 1975

---

[1] Einige Jahre später hat er diesen Bericht unter dem Namen Klein in erweiterter Form wiederveröffentlicht: der Titel dieses neuen Buches ist *La Mort Mercenaire* (deutsch: *Wie alles anfing*). Beide Ausgaben haben ein Vorwort von Cohn-Bendit.

mit Baader. Er machte sich keine Illusionen über die Auswirkung seines Besuchs in Stammheim: «Ich denke, der Besuch ist ein Mißerfolg gewesen», hat er gesagt. «Die öffentliche Meinung der Deutschen hat sich dadurch nicht geändert. Das scheint sie sogar eher gegen die Sache aufgebracht zu haben, für die ich mich einsetzen wollte. Ich konnte noch so oft sagen, daß es nicht um die Straftaten ginge, die Baader zur Last gelegt wurden, sondern nur um seine Haftbedingungen: die Journalisten waren der Ansicht, daß ich Baaders politisches Handeln guthieße. Ich glaube, es ist ein Mißerfolg gewesen, aber ich würde es trotzdem wieder tun.»[1] An anderer Stelle hat er gesagt: «Was mich interessiert, sind die Handlungsmotive der Gruppe, ihre Hoffnungen, ihre Aktivitäten und – ganz allgemein – ihre politische Idee.»

Vor der Abreise nach Deutschland am 2. Dezember hatten Sartre, Victor und Gavi *Der Intellektuelle als Revolutionär* im Verlauf einer Diskussion in der Cour des Miracles vorgestellt. Das war ein Kommunikations-Zentrum, finanziert von einem Freund von Georges Michel, der diesem die künstlerische Leitung übertragen hatte. Georges Michel hatte die Räumlichkeiten entdeckt und hatte sie mit Hilfe einiger befreundeter Architekten ausgebaut. Es gab ein Kino, einen Theatersaal, Handwerkerateliers, eine sehr billige Cafeteria. Zu diesem Anlaß – und später zu vielen anderen – hat Georges Michel Sartre den Theatersaal zur Verfügung gestellt.

Zu der Zeit war er viel beschäftigt. Am 17. Dezember sprach er in der Maison du Japon mit Studenten, die die Zusammenhänge zwischen seiner Philosophie und seiner Politik verstehen lernen wollten. Der von Michel Contat zusammengestellte Text erschien 1975 in einer japanischen Zeitschrift. Er unterzeichnete einen Aufruf zur Freilassung von Soldaten, die eingesperrt worden waren, weil sie demokratische Rechte innerhalb der Armee verlangt hatten. Am 28. Dezember nach einem Grubenunglück in Liévin, das dreiundvierzig Todesopfer forderte, wiederholte Sartre in *Libération* die Anklagerede, die er in Lens gegen die Minengesellschaft gehalten hatte. Hinzu kam ein kurzer Text, mit

---

[1] Aus seinem Gespräch mit Michel Contat: *Selbstporträt mit siebzig Jahren*, a. a. O.

dem er das Dokument dem Untersuchungsrichter Pascal übersandte. Zusammen mit Foucault hielt er zu diesem Thema eine Pressekonferenz ab.

Seine wesentliche Beschäftigung waren die Diskussionen, die er dreimal wöchentlich mit Victor, Gavi und mir hatte – über die Sendungen, die wir für das Fernsehen zusammenstellen wollten. Wir hatten unsere Dialoge unterbrochen, die eine Sekretärin – wegen unserer schnellen Sprechweise und des dazwischentönenden dröhnenden Geläuts der Glocken von Rom – mit viel Mühe vom Tonband abschrieb. Das Fernsehprojekt nahm uns völlig in Anspruch. Auch außerhalb unserer Arbeitssitzungen sprachen Sartre und ich viel darüber. Mit seiner beinahe unleserlichen Schrift notierte er sich Überlegungen, Vorschläge. Victor brachte zwischen unseren Treffen Ideen zu Papier und stellte Kontakte her. Wir hatten die Absicht, zehn Sendungen zur Geschichte des Jahrhunderts zu bringen. Jede sollte fünfundsiebzig Minuten dauern, mit einem fünfzehnminütigen Anhang, der sich mit den aktuellen Bezügen des Hauptthemas beschäftigte. Wir haben es geschafft, in weniger als zwei Monaten sechs Exposés zu erarbeiten, deren Ausführung die Mitarbeit von Historikern erfordern würde. Wir haben uns an junge Wissenschaftler gewandt; viele von ihnen waren Freunde von Victor und Gavi.

1975

Die erste Frage, die sich stellte, war die nach dem Regisseur. Sartre hätte gern mit Truffaut gearbeitet. Am 31. Dezember hat Truffaut zusammen mit Liliane Siegel, die ihn gut kannte, Sartre zu Hause aufgesucht. Er hatte keine Zeit. Er hat Sartre geraten, sich an Roger Louis zu wenden, der über beträchtliche Mittel verfügte. Roger Louis, ein bedeutender Fernsehreporter und -regisseur, hatte 1968 gekündigt. In einem sehr lebendigen Büchlein, *O. R. T. F., mon combat*, hatte er sich dazu geäußert. Er hatte damals eine unabhängige Produktionsgenossenschaft gegründet, die *Scopcolor*, die in Belleville weiträumige Studios besaß. Er war bereit, uns bei unserem Unternehmen zu helfen, das auf diese

Weise der Bevormundung durch das offizielle Fernsehen entzogen war. Wir haben mit Édeline unsere Ablehnung seines Technikerteams ausgehandelt und haben unsere Selbständigkeit erreicht. Jetzt mußten wir noch Regisseure aussuchen. Ich habe an Luntz gedacht, dessen Film *Les Cœurs verts* ich sehr beachtlich gefunden hatte. Er veranstaltete für uns eine Vorführung seines jüngsten Films: er schilderte den Tagesablauf von Loulou, einem Helden aus *Les Cœurs verts*, der nach fünf Jahren Haft aus dem Gefängnis kam. Sartre, der etwas sah, wenn er ganz nah an der Leinwand saß und zusätzlich den Ton hörte, hat der Film gut gefallen und mir auch. Gavi und Victor fanden ihn nicht politisch genug, aber sie haben nicht opponiert. Roger Louis hat Claude de Givray vorgeschlagen, und nachdem wir einige seiner Sendungen für das Fernsehen gesehen hatten, waren wir einverstanden. Obwohl wir von unserer Seite keinerlei Garantie geben konnten, haben beide eingewilligt mitzuwirken.

Ende Dezember hatte Jullian in Sartres Arbeitszimmer einen Sechs-Minuten-Film drehen lassen, in dem Sartre, Victor, Gavi und ich unser Projekt ankündigten. Dazu haben wir einen ganzen Vormittag gebraucht, und wir waren mit dem Ergebnis zufrieden, als er uns ein paar Tage später vorgeführt wurde. Der Film sollte am 6. Januar im Rahmen einer Sendung laufen, in der Jullian mit Pomp sein Jahresprogramm vorstellen wollte: er ist nicht gelaufen. Einen Monat zuvor hatte Gavi einen Schnitzer gemacht, den weder Sartre noch ich uns je haben erklären können: er hatte in *Libération* geschrieben, daß Sartre nur deshalb einwilligte, für das Fernsehen zu arbeiten, um es ins Lächerliche zu ziehen. Jullian hat Sartre gesagt, daß er Gavi so kurze Zeit nach diesem Artikel nicht auf dem Bildschirm zeigen könnte. Wir waren so standhaft in unserer Solidarität mit Gavi, daß Jullian darauf verzichtet hat, dessen Auftritt zu unterbinden. Schließlich wurde unsere Einführung am 20. Januar gesendet, aber in zensierter Form.

Inzwischen hatte am 5. Januar eine Sitzung der Historiker stattgefunden, von denen viele aus der Provinz kamen. In Sartres Abwesenheit hatte Victor den Vorsitz geführt. Am 7. Januar haben wir bei Liliane Jullian und Wolfromm, seine rechte Hand, getroffen, um bestimmte Punkte zu klären. Unter anderem Geldfragen: Victor und Annie Chénieux waren Produktionsassistenten und hatten noch kein Geld bekommen. Sartre mußte sie aus seiner eigenen Tasche bezahlen. Die ersten sechs Exposés waren am 20. Januar an Jullian abgeschickt worden, und am 22. zahlte er immerhin eine «Pauschalvergütung von 13 500 Francs» aus, eine Abschlagszahlung für die Überlassung der Rechte, deren Bedingungen noch auszuhandeln waren. Fünfzehn Telefonanrufe waren nötig gewesen, um diesen Vorschuß zu erlangen.

Außer den Treffen der «Viererbande» dreimal in der Woche bei Sartre, fanden viele andere Besprechungen statt. Am 28. Januar führte Sartre ein Gespräch mit Luntz und Givray; er sah sie am 18. Februar wieder. Am 1. Februar hatten sich die Historiker zusammengesetzt und trafen sich in der Folge einmal monatlich in den Räumen von *Scopcolor* zu Plenarsitzungen. Sie hatten sich in mehrere Gruppen aufgeteilt, die getrennt die verschiedenen Themen bearbeiteten, die wir ihnen vorgeschlagen hatten. Im Lauf dieser Vollversammlungen legten sie die Ergebnisse dar. Es gab insbesondere eine Frauengruppe, die die Rolle der Frau in diesen fünfundsiebzig Jahren beleuchten wollte, eine sehr wichtige Rolle, die aber mehr oder weniger im dunkeln gehalten worden war. Da wir wußten, daß das äußerst reichhaltige Material, das dabei herauskam, nicht in vollem Umfang genutzt werden könnte, planten wir, es in Begleitbüchern zu den Sendungen zu veröffentlichen. Mit *Pathé* wurde vereinbart, daß wir alle Dokumente, die wir brauchten, kostenlos bekamen.

Um alle administrativen und ökonomischen Fragen zu regeln, brauchten wir einen Rechtsanwalt. Wir haben Maître Kiejman genommen, den wir gut kannten und dem Sartre und Victor am 20. Februar unsere Probleme unterbreitet haben. Er riet ihnen, so bald wie möglich eine Vertragsunterzeichnung zu verlangen. Am 6. März traf sich Sartre bei Liliane mit Jullian und Wolfromm, aber er erreichte keinen Vertragsabschluß; er rang ihnen nur einen zweiten Scheck ab, der unter den Historikergruppen aufgeteilt wurde. Kiejman half diesen Gruppen, eine «bürgerliche Gesellschaft» zu gründen, die als fünfter Autor der Sendung gelten sollte.

Ich habe bereits erwähnt, daß Sartre, dadurch behindert, daß er seine Gesprächspartner nicht *sehen* konnte, sich kaum äußerte, wenn diese zahlreich waren. In den Vollversammlungen ergriff hauptsächlich Victor das Wort, und zwar mit einer Autorität, die manche einschüchterte und andere aufbrachte. Am 13. April jedoch mischte sich Sartre lange ein. Es war eine ziemlich stürmische Sitzung. Vereinbart war, daß die Sendungen Sartre als Mittelpunkt haben sollten und daß er bei Meinungsverschiedenheiten als letzte Instanz entschied. Doch die Historiker stellten ihr Verhältnis zur «Viererbande» in Frage. Sie wollten sich nicht damit begnügen, Dokumente zusammenzutragen, aus denen andere theoretische Schlußfolgerungen ziehen würden. Sartre versuchte sie davon zu überzeugen, daß das anvisierte Ziel ein «ästhetisch-ideologisches» Werk sei, das eine Synthese erforderte, die nur von einer sehr eingegrenzten Gruppe erstellt werden könnte. Die Historiker verstanden diesen Standpunkt teilweise, aber insgesamt fühlten sie sich frustriert. *Scopcolor* hatte an diesem Tag mittags ein üppiges Buffet vorbereitet, das die Atmosphäre etwas entspannte. Essend und trinkend konnten die Teilnehmer in kleinen Gruppen oder unter vier Augen plaudern. Die Diskussionen am Nachmittag verliefen viel freundschaftlicher.

Die Vollversammlung am 10. Mai dagegen war nicht sehr lebhaft. Am nächsten Tag haben wir alle zusammen bei *Scopcolor* an kleinen Tischen zu Mittag gegessen, aber ohne weiterzudiskutieren. Niemand hatte mehr die rechte Begeisterung, denn der Vertrag war immer noch nicht unterschrieben, und wir bezweifelten ein wenig, daß diese Arbeit zu Ende geführt werden könnte. Eines Morgens jedoch ist die Historikerinnengruppe zu Sartre gekommen, um sich mit der «Viererbande» zu treffen: sie haben sich sehr kooperativ gezeigt und waren sehr interessant.

Das Geldproblem wurde immer akuter. Am Montag, dem zwölften, haben wir vier uns bei Sartre mit Jullian zusammengesetzt, den wir nacheinander heftig angegriffen haben: es fehlte ihm zu offensichtlich an gutem Willen. Die ganze Sache drehte sich – scheinbar – um die Klassifizierung der Sendung. War sie dramatisch, dann würde das Budget, das wir benötigten, bewilligt werden. War sie dokumentarisch, hätten wir nur Anspruch auf ein Drittel der Summe. Jullian sollte Alain Decaux, den Präsidenten der Fernsehautoren und -komponistengesellschaft, überreden, sie als dramatische Sendung zu klassifizieren. Wir haben uns für den darauffolgenden Mittwoch mit ihm verabredet, und Sartre hat seine Position in einem Brief an Jullian erläutert:

Jean-Paul Sartre Paris, den 15. Mai 1975

Herrn Marcel Jullian
Intendant von Antenne 2
158, Rue de l'Université, Paris 7^e

Es war zwischen uns vereinbart, daß ich ein Werk für das Fernsehen erstelle; ein Werk, das heißt, ein unter einer zusammenfassenden Idee stehendes Ganzes aus Bildern, Dialogen, Kommentaren, die von Akteuren der Geschichte dieser fünfundsiebzig Jahre (zu denen ich gehöre) gesprochen werden, oder von Schauspielern, die eine historische Rolle spielen.

Es muß klar sein, daß wir nicht beabsichtigen, allen Ereignissen dieser Geschichte Rechnung zu tragen; wir streben nicht die Objektivität des Dokumentarfilms an. Wir treffen eine Auswahl aus dem historischen Material, und dieses wird in Hinblick auf eine einzigartige, subjektive Geschichte – meine Geschichte – bearbeitet.

Genaugenommen machen wir einen Bericht und erwarten, daß der Fernsehzuschauer von seiner eigenen Geschichte ausgehend Wahrheiten und Lügen unterscheidet. Wir beabsichtigen, dem Werk einen epischen Charakter zu geben, der es zu einer Art Saga des Jahrhunderts macht.

Zu diesem Zweck wenden wir ästhetische Methoden an:
- Symbolisches «zum Beispiel eine Sequenz mit dem Thema von *Der Ekel* in der dritten Sendung),
- Lyrisches (zum Beispiel die Beschwörung Spaniens in der dritten Sendung),
- nachgestellte Szenen (zum Beispiel ein Kriegsgericht im Jahr 1917 in der ersten Sendung),
- Szenen (Sartre in seiner Rolle, Schauspieler in ihrer Rolle),
- Materialverfremdungen (zum Beispiel in der zweiten Sendung wird russisches Material über Kronstadt seiner ursprünglichen Bestimmung gegenüber verfremdet).

Diese genannten Verfahren sind beispielhaft und nicht erschöpfend.

Für mich kann dieses Werk folglich nur als dramatisch, keinesfalls als dokumentarisch angesehen werden.

Decaux ist am 22. Mai zu Sartre gekommen. Er war äußerst liebenswürdig und sehr verständnisvoll. Er klassifizierte die Sendung als dramatisch, was ihre baldige Realisierung erhoffen ließ. Victor teilte den Historikern die gute Nachricht in einem Brief mit.

Unterdessen gingen die Besprechungen mit *Antenne 2* weiter. Am 11. Juni fand bei Wolfromm eine Konferenz statt, an der mindestens vierzehn Personen teilnahmen, unter anderen Jullian, Édeline, ein Vertreter von *Pathé*, Roger Louis, Pierre Emmanuel, der Direktor des *Institut Audiovisuel*. Wir stießen auf ein peinliches Problem: wenn der von Contat und Astruc gedrehte Film *Sartre* im Fernsehen oder im Kino lief, bestand die Gefahr, daß er die Sendungen von *Antenne 2* entwertete. Die Schwierigkeit wurde durch einen Brief von Seligmann, dem Produzenten des Films, an Jullian behoben, in dem er sich verpflichtete, ihn nicht herauszubringen, bevor die zehn Sendungen, die Sartre für *Antenne 2* produzieren würde, gelaufen waren. Außerdem traf sich unser Anwalt, Maître Kiejman, am 18. Juni mit Maître Bredin, dem Rechtsanwalt von *Antenne 2*, und sie setzten den Entwurf eines Vertragsprotokolls auf, das Sartre und Jullian unterschreiben sollten. Die Regisseure und die Historiker waren daher optimistisch, als sie Ende Juni ihre letzten Versammlungen abhielten. Sartre war es weniger, als er am 5. Juli von Paris abfuhr: er hatte am 30. Juni einen Brief an Jullian geschrieben und ihn um eine Verabredung gebeten; Jullian hatte nicht geantwortet.

Obwohl Sartre mit diesem Projekt sehr beschäftigt war, hatte er sich bis zu den Ferien vielen anderen Aktivitäten gewidmet. Ich las ihm weiter aus Büchern vor, die im allgemeinen die Geschichte der letzten fünfundsiebzig Jahre behandelten. Er hörte zu, nahm auf. Seine Intelligenz war unversehrt, sein Gedächtnis für alles, was ihn interessierte, ausgezeichnet. Aber er verlor oft die Orientierung für Zeit und Raum und die Aufmerksamkeit für das alltägliche Einerlei des Lebens, das ihn früher genauso fesselte wie mich.

Für eine Nummer von *L'Arc* über «Simone de Beauvoir und der Kampf der Frauen» habe ich ihn über sein Verhältnis zum Feminismus befragt. Er hat mir sehr bereitwillig, aber ziemlich oberflächlich geantwortet.

Vom 23. März bis zum 16. April sind wir nach Portugal gefahren, wo ein Jahr zuvor, am 25. April 1974, die sogenannte «Revolution der Nelken» stattgefunden hatte. Nach fünfzig Jahren Faschismus hatten Offiziere – zum Teil aus Ekel vor dem Angolakrieg – sich erhoben. Aber es war nicht nur ein militärischer Staatsstreich: das ganze Volk war erwacht und unterstützte den MFA (Bewegung der Streitkräfte). Sartre hatte den Wunsch, dieses einzigartige Ereignis näher kennenzulernen. Bei der Abreise fragte er besorgt: «Werde ich Lissabon *sehen*?» Aber er hat diese Sorge gleich vergessen. Wir wohnten in einem sehr lauten Hotel im Zentrum in der Nähe eines großen Marktes. Das Wetter war schön, aber sehr windig, und wir konnten uns nicht auf den großen Balkons vor unseren Zimmern aufhalten. Wir gingen durch die Straßen, in denen eine fröhliche Menge herumschlenderte, wir setzten uns auf die Terrassen des Rossio. Für Sartre war es hauptsächlich eine Informationsreise. In Begleitung von Pierre Victor und manchmal von Serge July führte er zahlreiche Gespräche mit Mitgliedern des MFA. Er aß in der «roten Kaserne», die putschende Offiziere kurz zuvor zu stürmen versucht hatten. Er hielt einen Vortrag vor Studenten, die ihn durch ihre mangelnden Reaktionen auf seine Fragen enttäuschten. Ihm schien, daß sie die Revolution mehr über sich ergehen ließen, als daß sie sie machten. Zu den Arbeitern einer selbstverwalteten Fabrik in der Nähe von Porto dagegen bekam er sehr guten Kontakt. Er nahm an einer Versammlung von Schriftstellern teil, die sich verwirrt fragten, welche Rolle sie von nun an zu spielen hätten.

Nach seiner Rückkehr machte Sartre eine gute Rundfunksendung über Portugal, und in *Libération* erschien vom 22. bis 26. April eine von July redigierte Reihe von Gesprächen zwischen Sartre, Victor, Gavi und mir: 1. «Die Revolution und die Militärs», 2. «Die Frauen und die Studenten», 3. «Das Volk und die Selbstverwaltung», 4. «Die Widersprüche», 5. «Die drei Gewalten». Am Schluß drückte Sartre seine kritische Unterstützung für den MFA aus.

Im Mai schickte der tschechische Philosoph Karel Kosik ihm einen offenen Brief, um die Repression anzuprangern, unter der die Intellektuellen seines Landes litten. Er schilderte die Verfolgungen, denen er persönlich ausgesetzt war, unter anderem die Beschlagnahmung seiner Manuskripte. Sartre versicherte ihn in einem ebenfalls offenen Brief seiner Unterstützung: «Die von Ihrer Regierung aufrechterhaltenen Thesen, die nie vom Denken eines freien Mannes hervorgebracht oder überprüft worden sind, sondern aus in Sowjetrußland aufgelesenen Worten bestehen und über die Aktivitäten geworfen werden, um sie zu verschleiern und nicht um deren Sinn zu enthüllen – diese Thesen nenne ich Pseudo-Denken.» Am 10. Mai veröffentlichte er in *Le Monde* eine Erklärung über die Tätigkeit des Russell-Tribunals: man hatte ihn anläßlich der Beendigung des Vietnamkrieges darum gebeten. Er gab Tito Gerassi ein Interview, das in einer Chicagoer Zeitschrift erschien. Er sagte unter anderem: «Jede meiner Wahlen hat meine Welt erweitert, so daß ich ihre Implikationen nicht mehr als auf Frankreich begrenzt betrachte. Die Kämpfe, mit denen ich mich identifiziere, sind weltweite Kämpfe.» Er unterzeichnete mehrere Texte. Einen Aufruf zur Einhaltung der Pariser Abkommen über Vietnam (*Le Monde*, 26.–27. Januar). Eine Warnung vor Jean-Edern Hallier, der zu Recht oder zu Unrecht beschuldigt wurde, Geldmittel für die Verteidigung chilenischer Gefangener unterschlagen zu haben. Einen Aufruf zugunsten der baskischen Nationalisten (*Le Monde*, 17. Juni 1975).

Unsere Abende mit Sylvie waren nach wie vor sehr schön. An einem Abend haben wir bei Maheu gegessen, mit dem wir seit einigen Jahren in großen zeitlichen Abständen, aber regelmäßig und in angenehmer Weise wieder verkehrten. Seine Gefährtin Nadine und ihr Sohn François waren uns sympathisch. Sie machte diese Abendessen zu regelrechten Festen. Aber zu jenem Zeitpunkt war Maheu ernsthaft erkrankt: eine Art Leukämie. Und er wußte, daß der Tod nahe war. Wir hatten ihn in der Klinik besucht, wohin er nach einer sehr schweren Krise gebracht worden war: in einen prunkvollen Morgenrock gehüllt war er nur noch Haut und Knochen. An jenem Abend in seiner schönen

Wohnung, die mit kostbaren Reiseandenken geschmückt war, erschien er uns noch magerer und sehr gealtert. Im Gegensatz dazu war ich von Sartres Jugendlichkeit überrascht, der wieder schlank und munter geworden war. Es war tatsächlich das letzte Mal, daß wir Maheu sahen: kurz darauf ist er gestorben.

Sartre fühlte sich im Juni voller Vitalität. Studenten suchten ihn auf. Manche brachten ihm Diplomarbeiten, Dissertationen, Bücher, die ihn behandelten. Die Presse sprach viel von ihm: «Man könnte meinen, ich werde wieder berühmt!» hat er fröhlich zu mir gesagt. Als Contat im März drei Tage bei ihm in Junas gewesen war, hatte er ihm ein langes und ergreifendes Interview gegeben, das der *Nouvel Observateur* aus Anlaß seines siebzigsten Geburtstages in Auszügen abdruckte und das ihm herzliche Glückwünsche einbrachte: Telefonanrufe, Telegramme, Briefe. In diesem Gespräch[1] mit dem Titel: «Selbstporträt mit siebzig Jahren» ging Sartre sein ganzes Leben auf beinahe allen Ebenen durch und beschrieb das zweideutige Gefühl, das er gegenwärtig von sich und von seinem Verhältnis zur Welt hatte. «Wie geht es Ihnen?» fragte Contat, und Sartre: «Ich kann nicht behaupten, daß es mir gutgeht, aber auch nicht, daß es mir schlechtgeht... Mit meinem Beruf als Schriftsteller ist es vorbei... In gewissem Sinne nimmt mir das jede Daseinsberechtigung: ich bin gewesen und bin nicht mehr, wenn Sie so wollen. Ich müßte sehr niedergeschlagen sein, aber aus einem mir unbekannten Grund fühle ich mich ganz gut: ich empfinde nie Trauer, noch habe ich schwermütige Momente, wenn ich daran denke, was ich verloren habe... So ist es eben, und ich kann nichts tun, als mich mit dem, was ich bin, abzufinden... Was mir von nun an verwehrt ist, ist der Stil... oder sagen wir, die literarische Form, einen Gedanken oder eine Wirklichkeit auszudrücken.»

An anderer Stelle spricht er über sein Verhältnis zum Tod: «Nicht, daß ich an ihn denke, ich denke nie an den Tod, aber ich weiß, daß er kommen wird.» Er dachte, daß er nicht eher als in zehn Jahren kommen würde. Als Ergebnis obskurer Berechnungen, die auf der Langlebigkeit seiner Vorfahren basierten, sagte er eines Tages, er rechnete damit, einundachtzig Jahre alt zu wer-

---

[1] Deutsch in: *Sartre über Sartre*; Seite 180, Reinbek 1977. (Anm. d. Übers.)

den. Im Gespräch mit Contat wiederholte er, daß er mit seinem Leben zufrieden sei: «Gut, ich habe getan, was ich zu tun hatte... Ich habe geschrieben, ich habe gelebt, es gibt nichts zu bedauern.» Er sagte auch: «Ich habe kein Gefühl für das Alter.» Er sagte, er sei nicht gleichgültig, gab aber zu: «Es gibt nicht mehr viel, was mich aufregt. Ich stehe ein wenig über den Dingen.» Aus allem ging hervor, daß er mit seiner Vergangenheit zufrieden genug war, um die Gegenwart heiter zu akzeptieren.

Liliane Siegel hat am 21. Juni ihm zu Ehren ein Fest gegeben, unter anderem mit Victor, Gavi, Geismar, Georges Michel und mir. Wir waren alle sehr ausgelassen, und Sartre lachte aus vollem Halse. Am 25. Juni haben wir vormittags mit zahlreichen Freunden eine Privatvorstellung des Films *Sartre* gesehen. Und wieder saß er – trotz seines weitgehenden Sehverlustes – genauso neben mir, wie er auf der Leinwand zu sehen war.

Unsere Abreise in die Ferien stand bevor. In diesem Jahr machten wir etwas Neues: wir verzichteten auf Italien und fuhren nach Griechenland, worauf Sartre sich sehr freute. Der Vertrag mit Jullian war nicht unterschrieben, wir waren verärgert darüber, gaben die Hoffnung aber nicht auf; und wir waren mit der von unseren Mitarbeitern und von uns vor den Ferien geleisteten Arbeit zufrieden. Sartre hatte mit Victor in großen Zügen eine Arbeit entworfen, die *Pouvoir et Liberté* heißen sollte und über die er im Sommer nachdenken wollte.

Er ist zuerst zu Arlette gefahren, dann mit Wanda nach Rom. Im August, nach einer Reise durch Griechenland, haben Sylvie und ich ihn am Athener Flughafen abgeholt. Er schien in ausgezeichneter Verfassung. Er konnte nicht gut laufen, aber er ist an den nächsten Tagen immerhin den Musenhügel hinuntergegangen und durch die Gäßchen des sogenannten Flohmarkts geschlendert. Er sah seine griechische Freundin wieder, die vollständig geheilt war und an der Athener Universität als Assistentin arbeitete. Durch die Medikamente, die sie einnahm, hatte sie zehn Kilo zugenommen und war so schweigsam, wie sie vor ihrer Krise geschwätzig gewesen war. Aber sie war immer noch schön, und Sartre war gern mit ihr zusammen. Wenn sie etwas zusammen unternahmen, machte ich mit Sylvie Spaziergänge durch Athen.

Sehr bald sind wir mit dem Schiff nach Kreta gefahren. Das Auto haben wir mitgenommen. Ich hatte komfortable Kabinen reserviert, und die Überfahrt war wunderschön. Es war poetisch, dann um sieben Uhr morgens bei Sonnenaufgang auf einer unbekannten Straße am Meer entlangzufahren. Das Hotel Elounda Beach mit seinen weiß getünchten Bungalows, die am Wasser und etwas zurückversetzt zwischen duftenden Pflanzen und grellbunten Blumen verstreut lagen, ist mir wie ein wahres Paradies vorgekommen. Der Bungalow, den ich mit Sylvie bewohnte, ging direkt aufs Meer, der von Sartre lag etwa zwanzig Meter weiter hinten. Innen war er bequem und gemütlich, durch eine Klimaanlage angenehm gekühlt. Gewöhnlich ging Sylvie vormittags baden. Sartre und ich hörten Musik: wir hatten ein Tonbandgerät und Kassetten mitgebracht. Oder wir lasen: ich erinnere mich an ein dickes Buch über Thorez und *Die Denkwürdigkeiten eines Nervenkranken* des Senatspräsidenten Schreber. Zu Mittag gegessen wurde unter einem Sonnendach im Freien: jeder bediente sich nach Lust und Laune an einem großen warmen und kalten Buffet. Wir haben einige Ausflüge mit dem Auto gemacht: einen sehr schönen an die Ostspitze der Insel. Einen nach Heraklion und Knossos. Eine andere Fahrt, die etwas lang und anstrengend war, ging bis nach Chania. Gewöhnlich blieben wir nachmittags bei unseren Büchern und Kassetten zu Hause. Es gab keine nette Bar, aber wir hatten Kühlschränke, und Sylvie mixte uns abends einen köstlichen Whisky sour.[1] Wir aßen in unserem Zimmer eine winzige Kleinigkeit zu Abend, oder, selten, in einer rustikalen und angenehmen Taverne neben dem Hotel. Sartre war von allem sehr angetan. Es ging ihm ausgezeichnet, und er war von ungetrübter Fröhlichkeit.

Nach vierzehn Tagen sind wir nach Athen zurückgefahren. Die Überfahrt war sehr unangenehm. Wir hatten zwei Kabinen reserviert, aber man weigerte sich, uns die Schlüssel zu geben. Sylvie und ich haben uns im ohrenbetäubenden Lärm und Getöse und in einer infernalischen Hitze vergebens an der Rezeption herumgeschlagen, um sie zu bekommen. Schließlich hat man uns alle drei in einer ziemlich unbequemen Kabine mit vier Betten

---

[1] Professor Lapresle hatte Sartre erlaubt, etwas Alkohol zu trinken.

untergebracht. Wir schliefen, als mitten in der Nacht ein Offizier die Tür geöffnet hat: «Sie sind Monsieur Sartre, das wußten wir nicht: Ihre Kabinen stehen für Sie bereit.» Wir haben uns geweigert umzuziehen.

Wir sind voll Freude in die Stille unseres Athener Hotels zurückgekehrt. Mittags gegen zwei Uhr tranken wir in der klimatisierten Bar einen Cocktail und aßen Toast-Sandwich. Nach einem Spaziergang oder einer Spazierfahrt tranken wir oft im sechsten Stock des Hilton einen weiteren Cocktail: von dort hatte man einen weiten Blick auf Athen und das Meer in der Ferne. Abends aßen wir hier oder da, häufig in einem Restaurant im Freien am Fuß der Akropolis.

Am 28. August habe ich Sylvie zum Schiff gebracht, mit dem sie nach Marseille und von dort im Auto nach Paris fahren wollte.

Zwei Tage später sind Sartre und ich nach Rhodos geflogen. Ein Katzensprung. Ich traute meinen Augen nicht, als wir hinuntergingen. Wir hatten im sechsten Stock eines Hotels am Meer, weniger als zwei Kilometer von der Altstadt entfernt, zwei ineinander übergehende Zimmer mit großen Balkons. Die Bar, das Restaurant, wo wir jeden Tag zu Mittag aßen, waren auf einer Terrasse, die aufs Meer ging. Bei Einbruch der Dunkelheit brachte uns ein Taxi zu den Toren des antiken Rhodos. Wir gingen durch die schönen und belebten alten Straßen, und es war für mich eine vergessene Freude, mit Sartre neue Plätze zu entdecken. Wir rasteten in einem dieser kleinen Cafés im Freien, die in den griechischen Dörfern von herrlichen Bäumen beschattet werden. Manchmal aßen wir eine Kleinigkeit in einem netten Restaurant am Wall. Wir fuhren im Taxi ins Hotel zurück, und ich las Sartre eine oder zwei Stunden auf meinem Balkon vor. Das Wetter war strahlend, das Meer glänzte, der riesige Strand unter uns erinnerte mich ein bißchen an Copacabana.

Wir haben zwei Ausflüge im Taxi gemacht. Einen nach Lindos, einem kleinen Dorf mit weißgetünchten Gassen, wunderschön über dem Meer gelegen. Der Ort ist vor allem berühmt für seine Akropolis, aber um hinaufzugelangen, hätten wir auf Eseln reiten müssen, und dazu hatten wir nicht den Mut. Die andere Fahrt ging nach Kamiros, eine große, recht gut erhaltene antike

Stadt. Unterwegs haben wir ein wunderschönes, in den Berg gebautes Kloster gesehen.

Wir flogen zurück nach Athen und blieben noch zehn Tage dort. Es war beinahe kühl, und das Laufen war angenehm. Sartre war noch in der Lage zu gehen: er ist sogar zur Akropolis hinaufgestiegen. Manchmal aß er mit Melina zu Abend, die tagsüber keine Zeit hatte. Sie nahm ihn mit in ein Café, in dem sich die Athener Intellektuellen trafen. Wenn er gegen elf nach Hause kam, trank er mit mir in meinem Zimmer einen Whisky.

Während dieses Aufenthalts gab er zwei Interviews: einer linken Tageszeitung und einem Anarchisten-Blatt.

Im Laufe des Sommers hatte Jullian Sartre einen Brief geschickt, in dem er ihm vorschlug, eine «Pilotsendung» zu machen, was beleidigend und absurd war, da die Sendereihe ein Ganzes bildete, das nicht nach einem Einzelstück beurteilt werden konnte.

Einige Tage nach unserer Rückkehr nach Paris, am 23. September, sind Sartre, Victor und ich – Gavi war in den USA – bei Liliane Siegel mit Jullian zusammengetroffen. Sartre hat ihn heftig angegriffen. Er wäre nicht mehr in dem Alter, in dem man Prüfungen ablegt, hat er gesagt. Die Pilotsendung, die man ihm vorschlug, war nun wirklich eine Prüfung, die benotet werden sollte: mangelhaft, befriedigend oder gut. Und der einzig annehmbare Schiedsrichter wäre das Publikum gewesen, aber ihm hätte die Sendung nicht vorgeführt werden sollen, sondern «Spezialisten». Das bedeutete, daß es sich dabei um eine Zensur handelte. Die Geldfrage, die Jullian in den Vordergrund schob, war nicht das eigentliche Problem, da ein Budget von einer Million Francs für eine neunzigminütige dramatische Sendung normal war: dafür gäbe es zahllose Belege. Die Wahrheit war, daß André Nivien, Abgeordneter und Referent für die O. R. T. F., die Exposés, die Jullian ihm übergeben hatte, auf den Schreibtisch des Premierministers Chirac gelegt hatte. Seit Januar hatten Vivien und Chirac sich unserem Projekt radikal widersetzt, und Jullian, respektvoll und subaltern, hatte uns nur an der Nase herumgeführt. Als wir auseinandergingen, war der Bruch perfekt.

Am 25. September hat Sartre zusammen mit Victor und mir in der Cour des Miracles eine Pressekonferenz abgehalten. Am 24., sobald er davon erfahren hatte, rief Jullian Sartre an und gab seine Zustimmung für vierhundert Millionen Alte Francs. Sechs Monate früher wäre noch Zeit genug gewesen, die Drehbücher so umzuschreiben, daß die Kosten[1] verringert würden; jetzt war es zu spät, und Jullian wußte das: er versuchte nur zu verhindern, daß die Sache an die Öffentlichkeit gebracht wurde. Sie wurde. Es herrschte großer Andrang in der Cour des Miracles. Sartre hat in bester Verfassung die ganze Geschichte in ihrer vollen Wahrheit und äußerst überzeugend dargestellt. Er hatte der Pressekonferenz den Untertitel: «Ein Fall von Fernsehzensur» gegeben. Er führte aus: «Es ist gesagt worden: Sartre gibt auf. Nein. Man hat mich zum Aufgeben gebracht, dies ist ein Fall von formeller und indirekter Zensur.» Er hat darauf hingewiesen, daß Jullian ihm absolute Meinungsfreiheit versprochen hatte. Als wir ihm die ersten Kostenvoranschläge vorlegten, hatte er erklärt: «Auch wenn es über achthundert Millionen Alte Francs hinausgeht, machen wir das.» Und dann hatte er deswegen Schwierigkeiten mit der Regierung bekommen, als unsere Exposés auf unerklärliche Weise in Chiracs Hände geraten waren, der sie ablehnte. Daraufhin hatte Jullian versucht, uns mürbe zu machen, und hatte sich schließlich in den unannehmbaren Vorschlag einer Pilotsendung geflüchtet. Die Journalisten haben sich diese Ausführung mit der größten Aufmerksamkeit angehört, und am Schluß haben manche gefragt: «Warum arbeiten Sie nicht für ausländische Fernsehsender?» Sartre hat geantwortet: «Es ist die Geschichte der Franzosen, und die Franzosen wollte ich ansprechen.» Auf eine weitere Frage: «Warum wenden Sie sich nicht an einen Filmverleih?» hat er erwidert: «Zehn Stunden, das ist lang. Außerdem sollte diese Serie zum erstenmal eine Dynamik im Fernsehen herstellen. Ich habe geahnt, daß es nicht möglich ist, mit diesem Fernsehen zusammenzuarbeiten. Marcel Jullian hat mich in dieser Meinung unsicher gemacht. Jetzt ist es aus. Ich werde nie mehr im Fernsehen auftreten. Weder in Frankreich noch anderswo.» Anschließend hat Sartre den Hinweis gegeben:

---

[1] Ich weise darauf hin, daß für jede Sendung ein Budget von einhundert Millionen Alte Francs vorgesehen war. Die zehn Sendungen hätten demnach eine Milliarde Alte Francs gekostet. Jullian bot weniger als die Hälfte an.

«Michel Droit dagegen hat für seine Chronik von 1946 bis 1970 völlig freie Hand gehabt.»

Insgesamt hat die Presse die Sitzung wahrheitsgemäß wiedergegeben, und Jullian hat eine Verleumdungskampagne gegen Sartre entfacht. Zunächst hat er zugegeben: «Monsieur Sartre geht es nicht ums Geld, aber er wollte über ein Maximum an Mitteln verfügen können, um seinen Traum zu verwirklichen.» Trotzdem hat er angedeutet, daß Sartre ungeheure Summen für die Autorenrechte haben wollte, was nicht stimmte, da diese Rechte im wesentlichen unter den zahlreichen Historikergruppen aufgeteilt werden sollten. Er hat sich auch beschwert, daß Sartre das Unternehmen seinen jungen Mitarbeitern überließe, was ebenfalls eine Lüge war, denn Sartre war innerhalb der «Viererbande» sehr aktiv und nahm an allen Vollversammlungen teil. Schließlich hat das Fernsehen ein Gerücht lanciert, das bis nach Stockholm gedrungen ist, von wo ein Telegramm an die *Agence-France-Presse* übermittelt worden ist: Sartre hätte den Geldbetrag für den Literaturnobelpreis verlangt, den er 1964 abgelehnt hatte. Er hat den Zeitungen ein energisches Dementi übermittelt.

Radio Luxemburg schlug ihm vor, mit Victor und mir das *Journal inattendu* für den 5. Oktober 1975 zu gestalten. Er sagte zu, und wir haben unsere Beiträge vorbereitet. Aber diese ganze Sache verstimmte ihn. Während der Woche hat Arlette mich angerufen und hat gesagt, daß sie ihn sehr erschöpft fände, und eines Abends bei mir hatte er große Mühe beim Sprechen: der Mundwinkel und die Zungenspitze waren halb gelähmt. Nach einer Viertelstunde war es vorbei, aber er hat mir gesagt, daß das häufig vorkäme, und ich blieb beunruhigt.

Als wir in das Studio von Radio Luxemburg gingen, war er kraftlos und stieß gegen die Treppenstufen. Der Journalist, der uns empfing, war sichtlich böswillig, und ich fühlte mich verkrampft. Sartre wirkte übermüdet, er sprach langsam und fast ohne Betonung. Ich hatte schreckliche Angst, daß er im Verlauf der Sendung eine Blutleere im Gehirn bekommen würde. Deshalb habe ich oft das Wort ergriffen, sogar auf Kosten unseres Gesprächspartners, um mich über Jullian auszulassen. Und Cohn-Bendit hat in sehr sachdienlicher Weise über eine Nebenschaltung aus der Schweiz gesprochen, so daß das *Journal inattendu* insgesamt ein Erfolg war.

Von dort sind wir zu Liliane Siegel gefahren, die ein kleines Buffet vorbereitet hatte. Bei ihr haben wir einige Historiker getroffen, die von dem Bruch mit *Antenne 2* sehr enttäuscht waren. Gegen fünf Uhr habe ich Sartre nach Hause gebracht, und er hat ein wenig geschlafen. Er gab zu, erschöpft zu sein: «Wir haben länger als fünf Stunden gearbeitet», hat er ermattet gesagt. Er verbrachte den Abend bei Wanda, und am nächsten Morgen, am Sonntag, dem 5. Oktober, hat Arlette mich angerufen. «Es war nicht sehr schlimm», sagte sie. «Aber immerhin ...» Bei Wanda war Sartre beinahe gefallen. Sie hatte ihn in ein Taxi gesetzt. Vor dem Dôme erwartete ihn Michèle, um ihn nach Hause zu bringen. Dort hatte er wieder mehrmals das Gleichgewicht verloren. Am Morgen hatte sie ihn zu Arlette gefahren, und er war wieder gestürzt. Der herbeigerufene Zaidmann hatte Sartre Spritzen gegeben und lange Bettruhe verordnet. Ich habe mit Sartre telefoniert: seine Stimme war klar, aber matt. Er blieb zum Mittagessen bei Arlette, die ihn im Wagen eines Freundes nach Hause brachte. Sie haben ihn fast in seine Wohnung getragen, wo sie ihn ins Bett gebracht haben. Ich habe den Nachmittag bei ihm verbracht, und abends ist Zaidmann gekommen. Sartres Blutdruck war von 140 auf 200 angestiegen. Er mußte gestützt werden, wenn er die vier Schritte ging, die sein Zimmer von der Toilette trennten. Ich habe bei offenen Türen im Nebenzimmer geschlafen.

Montag und Dienstag blieb er im Bett. Dienstagabend ist Professor Lapresle mit Zaidmann gekommen. Sartre hatte einen Blutdruck von 215. Sie haben lange beratschlagt. Außer den üblichen Medikamenten haben sie ihm ein starkes blutdrucksenkendes Mittel verschrieben und Valium, das ihm dabei helfen sollte, weniger zu rauchen. Sie haben ihm geraten, aufzustehen und sich in einen Sessel zu setzen, aber nachmittags zu schlafen.

Und sein Leben wurde dementsprechend eingerichtet. Sartre aß zu Hause. Am Sonntag brachte Sylvie das Mittagessen, am Donnerstag Liliane, montags und freitags Michèle, an den anderen Tagen Arlette. Für das Abendessen kaufte ich an den Tagen, an denen ich bei ihm blieb, ein paar Kleinigkeiten.

Zaidmann ist am Mittwoch den 15. morgens wiedergekommen. Der Blutdruck war auf 160 gefallen. Er hat die Medikamente reduziert und hat Sartre gesagt, er sollte ein wenig hinausgehen, was er gemacht hat. Es schien ihm fast genauso gutzugehen wie vor seiner Krise. Aber durch die Medikamente kam es vor, daß er wieder den Urin nicht halten konnte und sogar, daß er nachts seinen Schlafanzug besudelte. Er nahm diese Vorfälle mit einer Gleichgültigkeit hin, die ich schlecht ertrug.

Trotz allem sagte er eigensinnig, daß er wieder anfangen würde zu rauchen. Ich habe energisch protestiert: wenn er senil würde, werde er selbst es nicht bemerken, und ich hätte darunter zu leiden. Habe ich ihn überzeugt? Oder hat ihn ein Artikel betroffen gemacht, den Michèle ihm vorgelesen hat, in dem stand, daß Tabakgenuß bei Arterienentzündung zur Beinamputation führen konnte? Er hat beinahe aufgehört. Er rauchte nur noch vier Zigaretten am Tag, und es kam vor, daß er die vierte vergaß.

Manchmal schien er unter seiner Situation zu leiden. An einem Sonntagabend stellten wir fest, daß es nicht wünschenswert war, einhundert Jahre alt zu werden. «Ich bin sowieso nur noch ein Statist», hat er gesagt. Als ich ihn am nächsten Tag an diesen Satz erinnerte, hat er sich näher dazu geäußert: er hatte sich geärgert, weil Gavi ihm ein Interview über Spanien für *Libération* abgenötigt hatte.

Dieses Interview ist am 28. Oktober 1975 erschienen, während Franco in der Agonie lag. Sartre sprach von seiner «abscheulichen Visage eines romanischen Schweinehundes». Der Ausdruck hat viele Leser empört. Sartre hat ihn kommentiert: «Das war ein Mißgriff – im Eifer des Gesprächs gemachte Äußerungen nehmen einen anderen Sinn an, wenn sie genauso niedergeschrieben werden –, aber das ist ein Mißgriff, zu dem ich voll und ganz stehe. Franco hatte die Visage, die er verdiente, er war unzweifelhaft ein Schweinehund, und niemand wird bestreiten, daß er Romane war.»

Tatsächlich besserte sich sein Gesundheitszustand nicht, und er war sich dessen bewußt.

«Körperlich geht es mir nicht sehr gut», hat er eines Morgens zu Liliane gesagt, während er in einem benachbarten Café, dem Liberté, mit ihr frühstückte. Er klagte darüber, daß sein Mund

und vor allem der Rachen morgens halb gelähmt wären, was seine starken Schluckbeschwerden erklärte: er brauchte mindestens eine Stunde, um eine Tasse Tee und ein Glas Orangensaft auszutrinken. Sein Blutzuckergehalt war in Ordnung. Aber er konnte immer schlechter laufen. Am Donnerstag, dem 19. November, hatte er größte Mühe, in das einhundert Meter von seiner Wohnung entfernte Liberté zu gelangen und gegen zwei Uhr in das brasilianische Restaurant unten am Montparnasse-Turm zu gehen, wo wir oft zu Mittag aßen. Zaidmann hat ihn am nächsten Tag untersucht und war über diesen Abbau sichtlich beunruhigt. Professor Lapresle, der am späten Nachmittag kam, hat Sartres Zustand besser als bei seinen letzten Visiten und alles in allem sogar gut gefunden. Aber in bezug auf seine Motorik (Gehen, Schlucken) hat er mir gesagt, daß «Sartre einen Rückschritt gemacht hat, den er nie wieder aufholen wird». Ich dachte daran zurück, wie er zwei Monate zuvor zur Akropolis hinaufgestiegen war, und fragte mich, ob ein Tag kommen würde, an dem er überhaupt nicht mehr würde laufen können. Und da er seine Reflexe schlecht unter Kontrolle hatte, gab es wieder ein Malheur mit seiner Verdauung. Schrecklich, dieser Körper, der einen im Stich läßt, während der Kopf noch funktioniert.

Intellektuell hatte sich Sartre nämlich völlig gefangen. «Wichtig ist, daß man arbeitet», sagte er. «Zum Glück ist der Kopf in Ordnung.» Er hat auch zu mir gesagt: «Ich bin intelligenter als seit langem.» Das stimmte. Mit Victor arbeitete er eifrig an ihrem gemeinsamen Buchprojekt *Pouvoir et Liberté*. Er interessierte sich für die Bücher, die ich ihm vorlas, und für alles, was in der Welt vorging: insbesondere für die Affäre Goldman[1], die er bis ins kleinste Detail kannte. Mitte November dachten wir, daß Goldmans Berufung abgewiesen werden würde, und Sartre hat mit Victors Hilfe einen Text zu diesem Thema verfaßt, den er *Le*

---

[1] Pierre Goldman, polnischer Jude, Ex-Guerillero, 1974 wegen bewaffneter Raubüberfälle und Doppelmord zu lebenslänglicher Freiheitsstrafe verurteilt, studiert in der Haft Philosophie und schreibt ein Buch, um seine Unschuld zu beweisen (deutsch: *Dunkle Erinnerungen eines in Frankreich geborenen polnischen Juden*. Frankfurt 1980). Sartre und viele andere Intellektuelle setzen sich daraufhin für eine Wiederaufnahme des Verfahrens ein. (Anm. d. Übers.)

Monde übergeben wollte. Der Text brauchte nicht zu erscheinen, weil das Urteil gegen Goldman zur großen Freude aller seiner Freunde aufgehoben worden ist.

Dank seiner Tätigkeiten hatte Sartre wieder Freude am Leben. Liliane hat ihn eines Morgens gefragt: «Von anderen Leuten abhängig zu sein, stört dich das nicht?» Er hat gelächelt: «Nein. Das hat sogar ein bißchen eine angenehme Seite.» – «Verhätschelt zu werden?» – «Ja.» – «Weil du fühlst, daß du geliebt wirst?» – «Oh, das wußte ich schon vorher. Aber es ist angenehm.» Am 10. November brachte die europäische Ausgabe von *Newsweek* ein Interview von Jane Friedman mit Sartre. Sie fragte ihn: «Was ist in Ihrem jetzigen Leben am wichtigsten?» Er hat geantwortet: «Ich weiß nicht. Alles. Leben. Rauchen.» Er empfand die Schönheit dieses blauen und goldenen Herbstes und freute sich daran.

Er wurde oft gebeten, Manifeste, Aufrufe zu unterschreiben, und im allgemeinen willigte er ein. Zusammen mit Malraux, Mendès France, Aragon und François Jacob unterzeichnete er einen Aufruf, der die Hinrichtung von elf in Spanien zum Tode Verurteilten[1] verhindern sollte. Nachdem diese hingerichtet worden waren, unterzeichnete er einen Protest und einen Aufruf zu einem Marsch nach Spanien. Er protestierte zusammen mit Mitterand, Mendès France und Malraux gegen die Resolution der UNO, die Zionismus mit Rassismus gleichsetzte (*Le Nouvel Observateur* vom 17. November). Er unterschrieb einen Aufruf zugunsten von inhaftierten Soldaten, der am 15. Dezember in der Mutualité vorgelesen wurde.

Er hatte eine neue Abwechslung. Arlette hatte ein Fernsehgerät für ihn gemietet, und wenn es einen guten Western oder irgendeinen unterhaltsamen Film gab, sahen wir ihn uns an. Wenn Sartre sich ganz nah vor den Bildschirm setzte, konnte er die Bilder ungefähr erkennen. An einem Montagvormittag habe ich mit ihm zusammen in einem Kino einen hervorragenden griechischen Film gesehen: *O Tiassos*. Der Leiter des Kinos hatte uns den Saal zur Verfügung gestellt. Nur einige Freunde waren dabei, so

---

1 Dieser Aufruf, den der *Nouvel Observateur* am 29. September veröffentlichte, wurde von Foucault, Régis Debray, Claude Mauriac, Yves Montand direkt nach Madrid gebracht.

daß ich Sartre die Untertitel vorlesen konnte, ohne jemanden zu stören.

Am 1. Dezember erhielt Sartre einen mit G. I. N. unterzeichneten Drohbrief. Gisèle Halimi versicherte, er müßte ernstgenommen werden, da der G. I. N. eine rechtsextreme Gruppe war, die sich rühmte, *Photo-Libération* in die Luft gejagt zu haben. Sie verständigte das benachbarte Kommissariat, und ich ließ eine gepanzerte Tür einbauen. Ich war wirklich unruhig, aber Sartre hat die Sache nicht ernstgenommen. Seine heitere Gelassenheit war unerschütterlich. «Ich habe ein ausgezeichnetes Trimester hinter mir», hat er Ende Dezember strahlend zu mir gesagt. Und als er zu Beginn des neuen Jahres gefragt wurde, was man ihm wünschen sollte, hat er voller Schwung geantwortet: «Ein langes Leben.»

Zusammen mit Sylvie haben wir eine kurze Reise nach Genf gemacht, die Sartre trotz Kälte und Schnee sehr genossen hat. Wir sind zu Fuß durch die Altstadt spaziert, haben Coppet und Lausanne besichtigt. Nach unserer Rückkehr hat Sartre mit Victor weitergearbeitet. Er hat sogar wieder angefangen zu schreiben: ein unleserliches Gekritzel, das Victor aber recht und schlecht entziffern konnte. Er schrieb über die Grenzen seines Festhaltens an seinen eigenen Werten: «Ich glaube nicht an das, was ich geschrieben habe», sagte er mir. Aber er hat gemerkt, daß er sich auf der Grundlage von *Das Sein und das Nichts* und der *Kritik* kritisierte, was bewies, daß er doch daran glaubte.

1976

Anfang März diktierte er mir einen Artikel über Pasolini. Er war ihm in Rom begegnet, er mochte manche seiner Filme – besonders den ersten Teil von *Medea*, in dem er eine außergewöhnliche Beschwörung des Heiligen sah. In seinem Artikel dachte er über die Umstände von Pasolinis Tod nach. Er hat ihn zuerst in seiner unleserlichen Schrift aufgeschrieben, dann hat er ihn mir auswendig hergesagt. Es war ein guter Artikel, der am 14. März 1976 im *Corriere della Sera* erschienen ist. Er war befriedigt, daß er ihn in weniger als drei Stunden zustande gebracht hatte.

Victor fand wie ich, daß Sartre seit langem nicht in so guter intellektueller Verfassung gewesen war. Zwar wirkte er manchmal *erloschen*, aber nur in Gegenwart von zu vielen oder langweiligen Leuten. Es kam vor, daß er ganz lebendig und geistesgegenwärtig war: zum Beispiel an dem Abend, den wir mit Alice Schwarzer verbracht haben. Allerdings war er, wenn er auch zuhören, antworten, diskutieren konnte, nicht mehr erfinderisch. In ihm war eine Art Leere, und deshalb bekamen Essen und Trinken eine sehr viel größere Bedeutung für ihn als früher. Er paßte sich Neuerungen schwer an. Er ertrug es sehr schlecht, wenn man ihm widersprach, was ich fast nie tat, obwohl er sich in vergangenen Ereignissen gewaltig irrte.

Am 20. März sind wir mit Sylvie nach Venedig gefahren, das keiner von uns dreien leid wurde. Sartre hat mit ganz kleinen Schritten ziemlich lange Spaziergänge mit mir gemacht. «Ist es Ihnen nicht lästig, einen kleinen Gefährten zu haben, der so langsam geht?» hat er mich einmal gefragt. Ich habe das aufrichtig verneint. Ich war froh, daß er überhaupt laufen konnte. Es kam noch vor, daß er melancholisch sagte: «Ich werde nie wieder richtig sehen können!» Und er wurde düster, wenn beim Halten des Vaporetto ein Passagier ihn beim Arm faßte, um ihm beim Aussteigen zu helfen. «Mache ich denn wirklich den Eindruck eines Behinderten?» fragte er mich. «Sie machen den Eindruck, daß Sie schlecht sehen, das ist doch keine Schande!» sagte ich zu ihm. Aber diese Wolken verflogen schnell. Als ich an einer Art Nervenentzündung im rechten Arm litt, habe ich zu ihm gesagt: «So ist das eben! Das ist das Altwerden. Man hat immer das eine oder andere Zipperlein.» – «Ich nicht», hat er im Brustton der Überzeugung gesagt. «Ich habe nichts.» Darüber habe ich gelacht, und nach kurzer Überlegung hat er ebenfalls gelacht. Aber spontan fühlte er sich heil und gesund. Er kam viel besser mit seinem Zustand zurecht als im vorangegangenen Jahr.

Wieder in Paris, setzte er seine Arbeit mit Victor fort. Es war ein schöner Frühling: Sonne, Grün, Blumen in seinem Garten, in dem die Vögel sangen. Lesen, Musik, Filme füllten unsere Nachmittage und Abende aus. Anfang des Jahres war *Situations X* erschienen, das vier politische Essays enthielt, ein Gespräch über

Der Idiot der Familie[1], das Gespräch mit mir über den Feminismus[2] und das lange Interview, das er Contat gegeben hatte: *Selbstporträt mit siebzig Jahren*[3]. Gallimard brachte eine Neuausgabe von *Das Sein und das Nichts* in der Reihe «Tel» und *Situations I* in der Reihe «Idées» heraus. Die *Kritik der dialektischen Vernunft* wurde in London übersetzt (in Deutschland war sie 1967 in einer Übersetzung erschienen). Interviews, die Sartre dem australischen Rundfunk gegeben hatte – über den Marxismus, über Laing, über die Rolle des Intellektuellen –, wurden in ein Buch übernommen, das in New York erschien. Am 1. Mai gab er ein Interview für das Buch zum Film *Sartre*. Darin sprach er über seine Auseinandersetzungen mit dem französischen Fernsehen. Im Juni veröffentlichte er in *Libération* einen Brief zum Thema Larzac: er bedauerte, daß er an den Veranstaltungen zum Thema Larzac, die Pfingsten stattgefunden hatten, nicht hatte teilnehmen können. Im selben Monat ließ er im *Nouvel Observateur* einen kurzen Text zur Sicherheit der Arbeit in den Betrieben abdrucken.

Er unterzeichnete auch eine Solidaritätserklärung für die Gruppe Marge, die am 20. Januar eine Nebenstelle der russischen Botschaft besetzt hatte. In *Libération* vom 28. Januar unterschrieb er einen Appell an den Präsidenten der Republik zugunsten von Jean Papinski: der an eine Realschule versetzte Grundschullehrer war 1966 während einer Englischstunde von einem Schulrat überprüft worden, der diese Sprache nicht konnte, der jedoch eine ungünstige Beurteilung über ihn abgegeben und seine Rückversetzung in die Grundschule bewirkt hatte. Papinski hatte sich dagegen gewehrt und nichts erreicht. 1974 veröffentlichte er ein Pamphlet, *Boui-Boui*, in dem er über die Schulaufsicht, die Prüfungskommissionen, die Bevorzugungen und Benachteiligungen herzog. Er wurde auf Lebenszeit aus dem Schuldienst ausgeschlossen und trat in einen Hungerstreik (der neunzig Tage dauern sollte).

In *Libération* vom 17. Februar und in *Le Monde* vom 18. unterzeichneten Sartre und ich zusammen mit fünfzig Nobelpreisträ-

---

[1] In: *Was kann Literatur?* S. 150, Reinbek 1979.
[2] *Machismus und Ebenbürtigkeit*. In: *Sartre über Sartre*, S. 167, Reinbek 1977.
[3] Ebd. S. 180. (Anm. d. Übers.)

gern einen Aufruf zur Freilassung von Dr. Michael Stern. Wir sind gemeinsam für ihn eingetreten und haben unser Ziel erreicht. Am 12. Mai unterschrieb Sartre mit anderen Intellektuellen ein Kommuniqué, in dem sie ihr Entsetzen über das Ende von Ulrike Meinhof in einem deutschen Gefängnis ausdrückten.

Nach einem Monat der Trennung, den Sartre mit Arlette in Junas, dann in Venedig mit Wanda verbrachte, während ich mit Sylvie wieder Spanien bereiste, sind wir, Sylvie, Sartre und ich, nach Capri gefahren. Wir haben im Hotel Quisisana fast drei glückliche Wochen verlebt: Capri war ein Ort, den Sartre besonders liebte. Jeden Tag am frühen Nachmittag haben wir in Salotto etwas getrunken. Sartre hat sogar zwei lange Spaziergänge in diesem Teil der Insel gemacht, der für Autos verboten ist: er ruhte sich hin und wieder aus, aber seine Beine taten ihm nicht weh. Zum Mittagessen setzte er sich gern in einem Restaurant im Freien in die Sonne. Von seinem Fenster aus verspürte er die Schönheit der Landschaft, die sanft bis zum Blau des Meeres abfiel.

Wir sind im Auto, das wir in einer Garage in Neapel stehengelassen hatten, nach Rom zurückgefahren und haben wieder unser gewohntes Terrassen-Appartement bezogen. Sylvie ist gleich am nächsten Tag abgereist, und ich bin zwei Wochen mit Sartre allein geblieben. Es war die gleiche angenehme Routine wie in den anderen Jahren. Ein Teil des Platzes am Pantheon und der umliegenden Straßen war Fußgängerzone geworden, und wir sind dort häufig spazierengegangen. Wir haben mit Basso und seiner Frau an der Piazza Navona zu Mittag gegessen. Josée Dayan und Malka Ribowska, denen wir zufällig in Venedig begegnet waren und die ich danach wiedergesehen hatte, kamen vorbei, um mit mir über die Fernsehadaption von *Eine gebrochene Frau*[1] zu sprechen. Sartre fand sie sympathisch, und wir haben zusammen zu Abend gegessen. Am Ende unseres Rom-Aufenthalts kamen die Bosts zu Besuch; sie haben uns zum Flughafen gebracht, von wo wir nach Griechenland abgeflogen sind.

Sartre hatte Melina nämlich versprochen, sie in Athen zu besuchen. Wir sind eine Woche dort geblieben. Er verbrachte die Tage mit mir, die Abende mit ihr. Wir haben in dem Hotel, das wir

---

[1] Reinbek 1969. (Anm. d. Übers.)

liebten, keine Zimmer bekommen und haben gleich nebenan in düsteren Zimmern gewohnt. Während draußen strahlender Sonnenschein herrschte, mußten wir von morgens bis abends Licht anmachen. Zum Glück hatte ich Arbeit: ich habe die Fernsehfassung von *Eine gebrochene Frau* überarbeitet und die Dialoge geschrieben.

Nach unserer Rückkehr Mitte September ist das Leben, bis auf eine geringfügig andere Zeiteinteilung, ungefähr so weitergegangen wie im Vorjahr. Bis Mitte Oktober war herrliches Wetter, was uns optimistisch stimmte. Sartre ging es überdies ausgezeichnet, und die Dinge liefen gut für ihn. Er hatte es aufgegeben, an den Konferenzen von *Les Temps Modernes* teilzunehmen, aber er arbeitete intensiv mit Victor, und man wandte sich weiter von allen Seiten an ihn. Im Oktober schloß er sich einer Vereinigung zugunsten der politischen Gefangenen in der Sowjetunion an und forderte die Freilassung von Kusnetzow. Zusammen mit Le Bris und Le Dantec unterschrieb er ein Vorwort zu dem Buch von Bommi Baumann[1] *Wie alles anfing*, das in der Reihe «La France sauvage» erschien.[2] Diese Autobiographie eines ehemaligen deutschen Terroristen war im November 1975 von der Polizei seines Landes beschlagnahmt worden. Sartre hatte zusammen mit Heinrich Böll gefordert, daß sie wieder veröffentlicht würde. Und jetzt erschien sie in einer französischen Ausgabe. «Bommi Baumanns Thesen sind nicht notwendigerweise die unseren», hat Sartre geschrieben, «aber sie sind ein direkter Aufruf an das wilde Frankreich.»

Im September wurden *Die schmutzigen Hände* im Théâtre des Mathurins aufgeführt. Es gab einhundertfünfzig Vorstellungen und eine anschließende Tournee durch die Provinz. Die Kritiken – außer der von Marcabru – waren fabelhaft. Der Film *Sartre* lief Ende Oktober an. Auch da feierte die Kritik Sartre enthusiastisch, und es herrschte großer Publikumsandrang. *Le Magazine littéraire* veröffentlichte ein langes und sehr interessantes Gespräch zwischen Sartre und Michel Sicard[3] zu *Der Idiot*

---

1 Ich erwähnte, daß Baumann Sartre anläßlich seines Besuches bei Baader chauffiert hatte.
2 Unter dem Titel *Tupamaros Berlin-Ouest*. (Anm. d. Übers.)
3 Ein junger Philosophieprofessor und sehr guter Sartre-Kenner.

*der Familie*¹. Zwei Nummern von *Politique-Hebdo* beschäftigten sich mit ihm, unter anderem mit Beiträgen von Chatelet, Horst, Victor.

«Was für ein schönes Comeback!» habe ich zu ihm gesagt. «Ein Grabes-Comeback», hat er, allerdings lachend, geantwortet. In Wirklichkeit hat er sich sehr darüber gefreut. Sartre war viel zu stolz, um je der Eitelkeit zu verfallen. Wie jeder Schriftsteller, lag ihm am Erfolg seiner Arbeiten und an ihrem Einfluß. Aber für ihn war die Vergangenheit sofort überholt: die Zukunft – sein nächstes Buch, sein nächstes Stück – war es, worauf er setzte. Jetzt erwartete er nicht mehr viel von der Zukunft. Er beugte sich nicht ängstlich über seine Vergangenheit. Er hat es mehrfach wiederholt: er hatte getan, was er tun mußte, und er war damit zufrieden. Doch er hätte nicht gern das Gefühl gehabt – nicht einmal für eine Zeitlang –, zum alten Eisen zu gehören, vergessen zu sein. Da er nicht mehr in der Lage war, sich mit dem Schwung von früher bei neuen Projekten zu engagieren, deckte er sich jetzt mit dem, was er schon verwirklicht hatte. Er betrachtete sein Werk als abgeschlossen: in ihm konnte er erkannt, anerkannt werden, wie er es sich wünschte.

Am Sonntag, dem 7. November, nahm er in der israelischen Botschaft die Urkunde zum Doktor honoris causa der Universität von Jerusalem entgegen. In seiner sorgfältig vorbereiteten und auswendiggelernten Ansprache erklärte er, daß er die Urkunde annehme, um den israelisch-palästinensischen Dialog zu fördern. «Ich bin seit langem ein Freund Israels. Wenn ich mich hier mit Israel beschäftige, beschäftige ich mich auch mit dem palästinensischen Volk, das viel erlitten hat.» Der Text erschien in den *Cahiers Bernard Lazare*. Kurz darauf gab Sartre Édith Sorel² ein Interview, das Ende November in *La Tribune juive* abgedruckt wurde. Er sagte, daß er heutzutage die *Réflexions sur la question juive*³ nicht ganz genauso schreiben würde. Er erinnerte an seine Reise nach Ägypten und Israel im Jahr 1967 und erklär-

---

1 In: *Was kann Literatur?* S. 180, Reinbek 1979. (Anm. d. Übers.)
2 Exfrau von René Depestre, die wir in Kuba kennengelernt hatten.
3 Deutsche Ausgabe: *Betrachtungen zur Judenfrage*, Zürich 1948. Neuausgabe bei Rowohlt in Vorbereitung. (Anm. d. Übers.)

te, daß er eine Ehrendoktorwürde der Universität von Kairo annähme, wenn sie ihm angetragen würde.

Im November begann die *New Left Review* mit dem Abdruck eines langen Fragments von Band II der *Kritik der dialektischen Vernunft*. Darin stellte Sartre Betrachtungen über die sowjetische Gesellschaft an, über «den Sozialismus in einem einzigen Land». Diese Seiten waren mehr philosophisch als historisch und führten also den ersten Band fort, während der zweite Band eigentlich in das Gebiet der konkreten Geschichte vorstoßen sollte.

Am 12. November veröffentlichte er in *Libération* einen Brief zur Unterstützung von fünf korsischen Inhaftierten in Lyon. Am 13. Dezember prangerte er in einem Interview in *Politique-Hebdo* die Gefahr an, die die deutsch-amerikanische Hegemonie in Europa darstellte. Er beteiligte sich an Aktivitäten des Aktionskomitees gegen das deutsch-amerikanische Europa, das unter anderem von J.-P. Vigier ins Leben gerufen worden war.

Melina kam für eine Woche nach Paris, und er hat sie oft getroffen. Er war viel weniger gern mit ihr zusammen als in Athen, er fand sie «leer», aber er empfand immer noch Zuneigung zu ihr.

Die Redaktion der *Temps Modernes* war sehr geschrumpft. Bost, der schlecht hörte, kam nicht mehr. Lanzmanns gesamte Zeit wurde von dem Film, den er über den Holocaust drehte, in Anspruch genommen. Wir sahen ein, daß wir neue Mitglieder aufnehmen mußten. Unsere Wahl fiel auf Pierre Victor, dem zu verdanken ist, daß Sartre wieder an den Sitzungen teilgenommen hat, auf François George, der oft für die Zeitschrift geschrieben hatte, auf Rigoulot, einen jungen Philosophieprofessor, der in *Les Temps Modernes* veröffentlicht worden war und von dem ein Brief uns sehr gerührt hatte, und Pierre Goldman, vor dem wir alle die größte Hochachtung hatten. Er ist eines Abends mit Lanzmann zu Sartre gekommen, und ich habe eine Welle der Sympathie für ihn empfunden. Sartre ebenfalls, aber wie so oft gegenüber Unbekannten, hat er kein Wort gesagt. Wieder allein mit mir, hat er sich deswegen Gedanken gemacht. Ich habe ihn so gut ich konnte beruhigt. An dem Abend dagegen, als Horst und seine Frau auf ein Glas vorbeigekommen sind, war er sehr munter, da sie ihm vertraut waren.

1977

Alles in allem ging es ihm bemerkenswert gut. Keine ernsthafte gesundheitliche Störung mehr. Er hatte Schwierigkeiten beim Gehen, er rauchte viel zuviel, als daß in der Hinsicht eine Besserung erwartet werden konnte. Auch das Schlucken fiel ihm schwer. Aber er war in hervorragender Stimmung. «Im Augenblick bin ich sehr zufrieden», sagte er mir. Obwohl er von seinem «Grabes-Comeback» sprach, machten ihm die Artikel, die über ihn erschienen, große Freude. Seine Intelligenz war unvermindert: hätte er lesen, sich selbst wiederlesen können, dann hätte er neue Ideen entwickelt, dessen bin ich sicher. Zu der Zeit arbeitete er mit Victor an einem Dialog über den Sinn und die Gründe ihrer Zusammenarbeit, der am 6. Januar 1977 in *Libération* erschien.

Er erläuterte, daß die neue Form seines zukünftigen Buches *Pouvoir et Liberté* nicht nur seinen Gebrechen zuzuschreiben sei, sondern daß er den innigen Wunsch habe, daß sich darin ein «Wir» manifestiere. Dieses Buch war für ihn «die Moral und die Politik, die ich am Ende meines Lebens abgeschlossen haben möchte». Er zögerte angesichts der Perspektive, daß es sich hierbei um ein gemeinsames Denken handelte, während er noch glaubte, daß man nur *allein* denken könne. Aber er hoffte, zu einem Denken des *Wir* zu gelangen: «Erreicht werden müßte ein Denken, das wirklich gleichzeitig von dir und mir, im Akt des Denkens gebildet wird, mit den Modifikationen, die das Denken des anderen bei jedem von uns bewirkt, und wir müßten zu einem Denken gelangen, das das unsere wäre, das heißt, in dem du dich wiedererkennst, aber gleichzeitig mich wiedererkennst, und ich mich wiedererkenne und zugleich dich wiedererkenne...»

«Meine Situation ist schon merkwürdig: im großen und ganzen habe ich meine literarische Karriere beendet. Das Buch, das wir zur Zeit machen, ist ein Buch jenseits der geschriebenen Sachen. Es ist nicht ganz und gar ein Lebender, ein älterer Lebender, der mit dir spricht; ich stehe ein bißchen über meinen Werken... Ich will mit dir... ein Werk machen, das jenseits meines eigentlichen Werkes ist.»

«... Ich bin nicht tot, schließlich esse ich, trinke ich. Aber ich bin insofern tot, als mein Werk abgeschlossen ist ... Mein Verhältnis zu allem, was ich bisher geschrieben habe, ist nicht mehr dasselbe: ich arbeite mit dir, du hast Ideen, die nicht die meinen sind und die mich in bestimmte Richtungen gehen lassen, in die ich nicht ging, ich mache also etwas Neues. Ich mache es wie ein letztes Werk und gleichzeitig wie ein besonderes Werk, das nicht zum Ganzen gehört, obwohl es natürlich Gemeinsamkeiten hat: das Erfassen der Freiheit zum Beispiel.»

Die Zweideutigkeit der Situation störte Sartre sichtlich, aber er versuchte, sich daran anzupassen, das heißt, es gelang ihm, sich davon zu überzeugen, daß sie positive Seiten für ihn hatte.

Inzwischen war er fast nicht mehr imstande zu gehen. Er hatte Schmerzen im linken Bein: in der Wade, im Schenkel, im Knöchel. Und er taumelte. Professor Lapresle hat uns versichert, daß es nicht eine Verschlimmerung der Durchblutungsstörungen sei, sondern nur Ischias. Sartre hat vierzehn Tage im Haus verbracht, und danach ging es ihm nicht besser. Nachts tat ihm das Bein weh, und tagsüber hatte er Schmerzen im Fuß. Um in das nahe gelegene brasilianische Restaurant zu gehen, wohin er bis Dezember ohne Probleme gelangt war, mußte er im Januar dreimal stehenbleiben: wenn er ankam, war er außer Atem und hatte Schmerzen.

Wenn wir den Abend bei Sartre verbrachten, schliefen sowohl Arlette als auch ich bei ihm. Aber sonnabends war er bis elf mit Wanda zusammen, und es paßte weder Arlette noch mir, so spät zu ihm zu gehen. Michèle bot sich an, zu ihm zu kommen, wenn Wanda gegangen war, und im Nebenzimmer zu schlafen. Dieses Arrangement paßte allen und ist lange Zeit eingehalten worden.

Doch eines Sonntags, als Sartre mit Sylvie und mir in der Palette zu Mittag aß, ist er uns sonderbar vorgekommen: ganz verschlafen. Am Abend gegen neun Uhr fühlte er sich so schlecht, daß ich einen Notarzt gerufen habe: ein Blutdruck von 250. Nach einer Spritze ist er auf 140 gesunken. Am nächsten Tag war Sartre von diesem starken Abfall erschöpft. Dr. Cournot ist gekommen und hat Liliane, die gerade da war, beiseite genommen und gefragt: «Hatte er getrunken?» Sie hat es bejaht: sie hatte nicht gewagt, es mir zu sagen, aber Sartre hatte ihr anvertraut, daß er am Samstagabend mit Michèle eine halbe Flasche Whisky getrunken hatte. Mir hat er es auch gestanden. Ich habe Michèle angerufen und habe ihr erklärt, weshalb sie samstags nicht mehr zu Sartre kommen sollte. Einige Tage später hat sie zu ihm gesagt: «Ich wollte dir helfen, heiter zu sterben. Ich habe geglaubt, das entspräche deinen Wünschen!» Aber er wünschte keineswegs zu sterben. Von nun an stellte ich ihm Samstag abends, wenn ich wegging, ein Quantum Whisky hin und versteckte die Flasche. Nachdem Wanda gegangen war, trank und rauchte er eine Weile und ging friedlich zu Bett.

Anfang Januar haben wir bei Sylvie ein fröhliches Festessen gemacht. Der Text zum Film *Sartre* erschien mit großem Erfolg bei Gallimard. Er gab Catherine Chaine ein Interview über sein Verhältnis zu den Frauen, das am 31. Januar vom *Nouvel Observateur* veröffentlicht wurde. Er nahm an den Sitzungen der *Temps Modernes* teil, die jetzt zweimal im Monat am Mittwochvormittag bei ihm stattfanden, und beteiligte sich an den Diskussionen. Von seiner Gewohnheit, immer ja zu sagen, hingerissen, willigte er ein, einen Artikel zu unterzeichnen, der am 10. Februar 1977 in *Le Monde* erschien und den, allerdings nach einer Diskussion mit Sartre, Vigier geschrieben hatte. Nach der Feststellung, daß «die deutsche Sozialdemokratie seit ihrer Neubildung im Jahr 1945 eines der Hauptinstrumente des amerikanischen Imperialismus in Europa» wäre, forderte er die sozialistischen Genossen auf, «die deutsch-amerikanische Hegemonie zu bekämpfen», indem sie sich einem bestimmten Aufbau von Europa widersetzten. Der Stil entsprach überhaupt nicht dem Sartres, und ein Aufruf an die Sozialisten von seiner Seite verwunderte. Lanzmann, Pouillon, Victor und andere haben ihm ihre Mißbilligung nicht verhehlt.

Er hatte Melina versprochen, Mitte Februar an der Universität von Athen, wo sie arbeitete, einen Vortrag zu halten. Am Mittwoch, dem 16. Februar, ist er mit Pierre Victor abgeflogen. Er blieb eine Woche dort, aß mittags mit Victor, abends mit Melina und bereitete im Kopf seinen Vortrag vor. Er hielt ihn am Dienstag, dem 22., über das Thema: «Was ist Philosophie?» In dem Saal, der eigentlich achthundert Personen faßte, waren fünfzehnhundert. Er sprach etwa eine Stunde und bekam tosenden

Beifall. Victor fand den Vortrag etwas «oberflächlich», aber da die meisten Studenten sehr schlecht Französisch verstanden, räumte er ein, daß es nutzlos gewesen wäre, ein schwieriges Niveau zu bringen. Ich habe sie am nächsten Tag am Flughafen Orly abgeholt. Die Passagiere sind an mir vorbeigezogen, und einer von ihnen hat beruhigend zu mir gesagt: «Sie kommen.» Und tatsächlich haben sie sich als allerletzte eingefunden, Sartre etwas ermüdet von dem langen Weg vom Flugzeug, aber mit seiner Reise zufrieden.

Am 9. März kam Melina nach Paris. Am nächsten Morgen rief sie mich ganz aufgelöst an. Sartre hatte sie zum Abendessen in das brasilianische Restaurant ausgeführt: auf dem Rückweg hatten seine Beine unter ihm nachgegeben, und er wäre zweimal fast gestürzt. Nachbarn hatten ihn mehr oder weniger bis zum Aufzug getragen, er war leichenblaß, schweißgebadet und außer Atem. Ich habe Zaidmann[1] angerufen und bin zu Sartre geeilt. Er hatte einen Blutdruck von 220. Er hatte nicht zuviel getrunken, hat Melina mir versichert, und ich wußte, daß sie ihn in dieser Hinsicht immer streng beaufsichtigte. Im übrigen war sein Kopf sehr klar. Ich habe den Nachmittag bei ihm verbracht. Dr. Cournot, der abends kam, hat von Krämpfen in seinem Bein gesprochen. Am nächsten Tag hat Arlette mir am Telefon erzählt, daß Sartre mehrmals gefallen sei, vor allem als er zu Bett ging.

Dr. Cournot ist wiedergekommen. Obwohl Sartres Blutdruck stark gefallen war, hat er ihn aufgefordert, zu einem Check-up ins Broussais-Krankenhaus zu gehen. Ich habe wie jeden Dienstag bei ihm übernachtet, und morgens um halb neun hat Liliane uns abgeholt. Wir haben Sartre geholfen, den Garten zu durchqueren und im Aufzug bis zum Auto hinunterzufahren: er konnte kaum laufen. Im Krankenhaus hat ein Pfleger ihn im Rollstuhl weggefahren. Die Ärzte beschlossen, ihn bis zum nächsten Nachmittag dazubehalten. Ich bin in seinem Zimmer geblieben, habe die Aufnahmeformalitäten erledigt, während er vielfältige Untersuchungen über sich ergehen ließ. Man hat ihm eine Mittagsmahlzeit gebracht, die er so ziemlich aufgegessen hat. Sein Blut-

---

[1] Dr. Zaidmann wird in diesem Bericht nicht mehr auftreten: er ist plötzlich in der Rue Delambre einem Herzanfall erlegen.

druck rechts war gut, links weniger gut: eine sehr deutliche Asymmetrie. Ich habe bis halb vier lesend neben dem schlafenden Sartre gesessen. Dann ist Arlette gekommen.

Am nächsten Morgen bin ich wieder ins Krankenhaus gegangen. Sartre hatte zu Abend gegessen, etwas ferngesehen und gut geschlafen. Er wurde gerade gründlich geröntgt: Thorax, Beine, Hände etc. Er wurde wieder in sein Bett gebracht, und Professor Housset ist gekommen. Er hat energisch gesprochen: Sartre werde seine Beine nur retten, wenn er das Rauchen aufgebe. Wenn er nicht mehr rauche, könne sich sein Zustand sehr verbessern und er könne mit einem ruhigen Alter und einem normalen Tod rechnen. Andernfalls müßten ihm zuerst die Zehen, dann die Füße und schließlich die Beine amputiert werden. Sartre wirkte beeindruckt. Ich habe ihn ohne große Mühe mit Liliane nach Hause gebracht. Was das Rauchen anging, so hat er gesagt, daß er es sich überlegen wolle. Melina und Arlette haben ihn besucht, und am nächsten Tag Pierre und Michèle. Als ich am späten Nachmittag gekommen bin, konnte er etwas besser laufen. Aber am Tag darauf hat er mir gesagt, daß sein Bein ihm jede Nacht ungefähr eine Stunde lang weh tue.

Am Sonntag haben Sylvie, er und ich unsere Freundin Tomiko in ihrem schönen Haus in Versailles besucht. Wir haben gefüllte Ente gegessen und einen ausgezeichneten Wein getrunken. Auf der Rückfahrt hat Sylvie, die einen Schwips hatte, Sartre gefühlvolle Erklärungen gemacht, der ganz entzückt davon war. (Sie war nicht immer liebenswürdig zu ihm. Da sie nicht wahrhaben wollte, daß er krank war, reizten sie manche seiner Verhaltensweisen, und er warf ihr dann ihre «schlechte Laune» vor. Das beinträchtigte ihr Verhältnis übrigens keineswegs.)

Wir haben den Abend lesend und plaudernd verbracht. Er hatte beschlossen, am nächsten Tag, einem Montag, aufzuhören zu rauchen. Ich habe ihn gefragt: «Macht Sie das nicht traurig zu denken, daß Sie Ihre letzte Zigarette rauchen?» – «Nein. Ehrlich gesagt sind sie mir jetzt ein bißchen zuwider, die Zigaretten.» Wahrscheinlich verband er sie mit der Vorstellung, Stück für Stück amputiert zu werden. Am nächsten Tag hat er mir seine Zigaretten und seine Feuerzeuge übergeben, damit ich sie Sylvie schenkte. Und abends hat er zu mir gesagt, daß er erstaunlich guter Laune wäre, *weil* er aufgehört hatte zu rauchen. Dieses Aufhören war endgültig und schien ihn nie zu belasten. Selbst wenn Freunde in seiner Gegenwart rauchten, machte es ihm nichts aus, und er ermunterte sie sogar dazu.

Am folgenden Donnerstag haben Liliane und ich ihn in die Privatsprechstunde von Professor Housset gebracht, der einen umfangreichen Krankheitsbericht über ihn durchgesehen hat. Er hat ihn dazu beglückwünscht, daß er nicht mehr rauchte, und hat ihm eine Reihe von intravenösen Spritzen verschrieben. Sartre sollte beim geringsten Krampf stehenbleiben, sonst riskierte er eine Herzattacke oder eine Störung im Gehirn. Er hat ihm von der kleinen Reise nach Junas, die er vorhatte, ausdrücklich abgeraten. Er hat mir einen dicken Umschlag übergeben, den ich an Dr. Cournot weitergeben sollte. Wir haben Sartre nach Hause gebracht, und als wir bei mir waren, haben Liliane und ich Houssets Brief über Wasserdampf geöffnet. Es war ein minutiöser Bericht, von dem wir nicht viel verstanden haben. Liliane hat ihn mitgenommen, um ihn einer Freundin zu zeigen, die Ärztin war.

Am nächsten Tag hat sie mich angerufen. Die Freundin fand den Bericht sehr beunruhigend: die Beine waren nur zu dreißig Prozent durchblutet. «Wenn er sich schont, kann er noch ein paar Jahre leben», hatte sie abschließend gesagt. *Ein paar* Jahre: die Worte haben für mich einen tragischen Sinn bekommen. Ich wußte zwar, daß Sartre nicht mehr sehr lange leben würde. Aber die Frist, die mich von seinem Ende trennte, war so ungenau, daß sie mir lang erschien. Plötzlich wurde sie kurz: fünf Jahre? Sieben Jahre? Auf jeden Fall eine begrenzte, festgelegte Zeit. Unausweichlich war der Tod schon da, Sartre gehörte ihm. Meine unbestimmte Angst ist einer völligen Hoffnungslosigkeit gewichen.

Ich habe versucht, dem ins Auge zu sehen. Ich habe den Brief, wieder verschlossen, zu Sartre zurückgebracht. Dr. Cournot hat ihn dann übrigens geöffnet auf dem Tisch liegenlassen. Er hat Sartre empfohlen, in den kommenden vierzehn Tagen sehr wenig zu laufen. Wir wollten nach Venedig abreisen, und ich habe Sartre überredet, am Flughafen einen Rollstuhl zu bestellen.

In Venedig hatten wir dieselben Zimmer wie in den Vorjahren, und Sartre war überglücklich, wieder dort zu sein. Aber er hat das Hotel selten verlassen. In die Restaurants zu gehen, die er liebte, war jedesmal eine qualvolle Expedition. Selbst der Weg bis zur Piazza San Marco fiel ihm schwer. Da das Wetter feucht und etwas regnerisch war, konnte er sich kaum draußen vor die Cafés setzen. Doch wenn es schön war, aßen wir mittags auf der Hotelterrasse, die auf den Canal Grande hinausging. Andernfalls überquerten wir die Straße und setzten uns an einen Tisch in Harry's Bar. Abends aßen wir in der Hotelbar ein Sandwich. Er verbrachte die meiste Zeit in seinem Zimmer. Ich las ihm vor. Wenn er nachmittags schlief oder im Radio Musik hörte, ging ich mit Sylvie aus. Bei der Abreise hat er trotzdem zu mir gesagt, daß er mit seinem Aufenthalt sehr zufrieden sei.

Nach unserer Rückkehr hat Sartre sich während einiger Tage häufig mit Melina getroffen. Er war wieder gern mit ihr zusammen. «Wenn ich bei ihr bin, kommt es mir vor, als wäre ich fünfunddreißig», hat er zu mir gesagt. Liliane, die sie mehrmals zusammen gesehen hatte, hat mir gesagt, daß er in ihrer Gesellschaft tatsächlich jünger würde. Um so besser: es gab so wenig Heiteres mehr in seinem Leben! Seine Beine taten ihm wieder sehr weh. Eines Morgens beim Aufstehen tat ihm sein rechter Fuß so weh, daß er zu mir gesagt hat: «Ich verstehe, daß Füße amputiert werden.» Das Aspirin linderte seine Schmerzen ein wenig. Nach neuerlichen Spritzen sind sie ganz weggegangen. Aber er hatte immer noch große Probleme beim Gehen. Mit mir allein, war er offen, lebhaft. Aber in Gegenwart von Menschen war er oft abwesend, verschlossen. Sogar an einem Abend mit Bost hat er den Mund nicht aufgemacht. Bost hat niedergeschmettert zu mir gesagt: «Wie kann man es nur hinnehmen, daß *ihm das* passiert?»

Gerade ihm mußte *das* passieren, dachte ich. Er hat in bezug auf sich selbst immer eine Vollbeschäftigungspolitik betrieben. Keine Pausen: gegen Müdigkeit, Unschlüssigkeit, Schläfrigkeit stopfte er sich mit Corydran voll. Eine konstitutionelle Verengung der Arterien disponierte ihn für die Krankheit, die ihn traf: aber das mindeste, was man sagen kann, ist, daß er nichts getan hat, um sie abzuwenden. Er hat mit seinem «Gesundheitskapital» Raubbau getrieben. Er wußte es, denn er hat, dem Sinn nach, gesagt: «Es ist mir lieber, etwas früher zu sterben und die *Kritik der dialektischen Vernunft* geschrieben zu haben.» Ich habe mich unter dem Einfluß der Bücher von Groddeck sogar gefragt, ob er seinen Zustand, mehr oder weniger bewußt, nicht selbst gewählt hat. Den letzten Band des *Flaubert wollte* er nicht wirklich schreiben, aber da er in dem Augenblick kein anderes Projekt hatte, war er auch nicht bereit, darauf zu verzichten. Was tun? *Ich bin in der Lage, Ferien zu machen, ohne daß das Leben seinen Sinn verliert. Sartre nicht.* Er liebte das Leben, sogar heiß, aber unter der Bedingung, daß er arbeiten konnte. Man hat es in diesem Bericht gesehen: er war vom Arbeiten besessen. Angesichts seiner Unfähigkeit, die angefangene Arbeit zu Ende zu führen, hat er sich mit Hilfe von Aufputschmitteln buchstäblich verausgabt, hat er immer mehr gearbeitet und seine Kräfte überfordert, so daß eine Krise unvermeidlich wurde. Eine der Konsequenzen, die er nicht vorhersah und die ihn entsetzt hat, ist seine Halbblindheit gewesen. Aber er hatte sich eine Ruhepause gewünscht, und die Krankheit war für ihn der einzige Ausweg.

Heute glaube ich nicht mehr ganz an diese Hypothese, die in gewissem Sinn zu optimistisch war, da sie Sartre zum Herrn über sein Schicksal machte. Sicher ist, daß das Drama seiner letzten Jahre die Folge seines ganzen Lebens ist. Auf ihn kann man das Rilke-Wort anwenden: «Jeder trägt seinen Tod in sich, wie die Frucht ihren Kern.» Sartres Verfall und sein Tod waren die Quittung für sein Leben. Und vielleicht hat er sie deshalb so ruhig hingenommen.

Ich mache mir keine Illusionen: diese heitere Gelassenheit hatte ihre Schattenseiten. Er hatte immer häufiger das Bedürfnis nach einem Glas Alkohol. Vor den Ferien habe ich Victor gefragt, wie er ihn fände: «Er verfällt immer mehr», hat er mir geantwortet. Am Ende jedes Gesprächs verlangte Sartre wütend einen Whisky.

Doch am 21. Juni 1977, dem Tag seines zweiundsiebzigsten Geburtstags, strahlte er. Zusammen mit zahlreichen Intellektuellen begrüßte er im Théâtre Récamier, zum selben Zeitpunkt, als Giscard Breschnew im Élysée empfing, die Dissidenten aus dem Osten. Er setzte sich neben Dr. Michael Stern, zu dessen Freilassung er und ich beigetragen hatten und der ihm herzlich dankte. Er führte mit vielen anderen Teilnehmern kurze Gespräche.

In dem Jahr hat er wie in den anderen Jahren viele Texte unterzeichnet, die alle in *Le Monde* erschienen sind: am 9. Januar einen Aufruf zugunsten der Zeitschrift *Politique-Hebdo*, die in Schwierigkeiten war. Am 23. Januar einen Appell gegen die Repression in Marokko. Am 22. März einen Brief an den Vorsitzenden Richter von Laval zur Unterstützung von Yvan Pineau, der unter Anklage stand, weil er seinen Wehrpaß zurückgeschickt hatte. Am 26. März einen Protest gegen die Verhaftung eines Sängers in Nigeria. Am 27. März einen Aufruf zur Bewahrung der Freiheit in Argentinien. Am 29. Juni eine Eingabe an die Belgrader Konferenz gegen die Repression in Italien. Am 1. Juli einen Protest gegen die Verschlechterung der politischen Lage in Brasilien.

Außerdem erschien am 28. Juli ein Gespräch Sartres mit dem Musikwissenschaftler Lucien Malson. Er sprach über seine musikalischen Vorlieben und beklagte die neue Richtung von *France-Musique*. Der Intendant dieses Senders hat in der Ausgabe vom 7./8. August auf seine Kritik geantwortet.

Anfang Juli ist Sartre mit Arlette, Puig und einer Freundin Puigs, die er sehr gern mochte, im Auto nach Junas gefahren. Über die üblichen Stationen[1] ist er mit Wanda nach Venedig gereist, wo er vierzehn Tage geblieben ist. Ich habe ihn häufig angerufen, und es schien ihm gutzugehen. Aber ich war weiterhin verstört durch das Urteil, das Lilianes Freundin gefällt hatte: *er hat noch ein paar Jahre zu leben.* Meine Reise durch Österreich mit Sylvie, ihre Gegenwart, mein Interesse für die Landschaften, die Städte, die Museen, halfen mir, meine Verwirrung zu überwinden. Trotz meines Bemühens, eine gute Figur zu machen, brach ich abends zusammen. Ich hatte aus Sartres Wohnung ein Röhrchen Valium mitgenommen: ich schluckte in der vergeblichen Hoffnung, mich aufzuheitern, Tabletten und trank übertrieben viel Whisky. Das Ergebnis war, daß meine Knie weich wurden und ich taumelte. Einmal wäre ich beinahe in einen See gefallen. An einem anderen Abend, als ich in die Hotelhalle kam, habe ich mich in einen Sessel fallen lassen, und die Wirtin hat mich ko-

---

[1] Seit er nicht mehr sah, holte Liliane ihn in Nîmes vom Flugzeug ab. Am nächsten Tag holte Bost ihn bei ihr ab und brachte ihn mit Wanda zum Flughafen, von wo er nach Italien flog.

misch angesehen. Zum Glück war ich am Morgen wieder obenauf, und wir verbrachten schöne Tage.

Wir sind nach Venedig gefahren, und Sylvie hat auf der Piazza Roma im Auto auf mich gewartet, während ich im Motorboot zu Sartres Hotel fuhr. Wie gewöhnlich hat es mir einen Schock versetzt, als ich ihn in der Halle traf: seine dunkle Brille, sein beschwerlicher Gang. Wir sind mit Sylvie unter einem prachtvollen Himmel losgefahren. Wir haben in Florenz haltgemacht und haben im Excelsior übernachtet, in dem ich Zimmer mit Terrassen reserviert hatte, von denen aus man die ganze Stadt überblickte. Wie früher so oft strahlte Sartre vor Freude, während wir in der Bar Cocktails tranken.

Am nächsten Tag gegen zwei sind wir im ausgestorbenen Rom angekommen. Leider hatten wir unser Terrassen-Appartement nicht mehr, das für ein Jahr an einen Amerikaner vermietet worden war. Aber unsere neue Unterkunft hat mir ganz gut gefallen: zwei Zimmer, getrennt durch einen winzigen Salon, in dem ein Kühlschrank brummte. Sie lagen ebenfalls im fünften Stock, und wir hatten einen herrlichen Blick auf Sankt Peter, mit phantastischen Sonnenuntergängen.

Während der fünfunddreißig Tage, die wir, zuerst mit Sylvie, dann allein, zusammen verlebt haben, ist es Sartre sehr gutgegangen (außer was seine Beine betraf: er konnte kaum laufen). Er diskutierte mit viel Sachverstand über die Bücher, die ich ihm vorlas (hauptsächlich Werke von sowjetischen Dissidenten). Als Bost uns mit Olga besucht hat, war er, obwohl er in bezug auf Sartre zum Pessimismus neigte, erstaunt über dessen Vitalität. Am Tag nach Sylvies Abreise hat zehn Meter von unserem Hotel in einer ehemaligen Autowerkstatt ein kleines Café aufgemacht. Wir aßen jeden Mittag auf seiner Terrasse ein Sandwich oder ein Omelette. Abends, wenn wir im Taxi vom Restaurant zurückkamen, tranken wir dort manchmal einen Whisky, bevor wir in unsere Zimmer hinaufgingen. Dort hatten wir die meisten unserer Verabredungen.

In jenem Sommer brodelte es in Rom: in Bologna, das einen kommunistischen Bürgermeister hatte, war ein Student getötet worden. Vom 23. bis 25. September sollte dort eine riesige Demonstration von Linken stattfinden. Sartre hatte wie gesagt ein Manifest gegen die Repression in Italien unterschrieben: damit hatte er einen Sturm in der italienischen Presse, vor allem in der kommunistischen, entfesselt. *Lotta Continua*, ein linksextremistisches Blatt, zu dem *Les Temps Modernes* ausgezeichnete Beziehungen hatte, hat Sartre um ein Interview zu dieser Frage gebeten. M.-A. Macciocchi bedrängte ihn, die Versammlungen in Bologna zu unterstützen. Rossana Rossanda bat ihn, sie nicht zu unterstützen: sie sah Katastrophen vorher. Am 19. September traf Sartre in dem kleinen Café, von dem ich sprach, mit mehreren Verantwortlichen von *Lotta Continua* zusammen. Sie veröffentlichten das Gespräch auf vier Seiten ihrer Nummer vom 15. September unter dem Titel «Libertà e potere non vanno in coppia». Sartre erläuterte seine Gedanken zur KPI, zum historischen Kompromiß, zur Baader-Meinhof-Gruppe, zu den östlichen Dissidenten, zur Rolle der Intellektuellen gegenüber dem Staat und den Parteien, zu den Neuen Philosophen, zum Marxismus. Er erklärte: «Jedesmal wenn die Staatspolizei auf einen jungen Militanten schießt, bin ich auf seiten des jungen Militanten.» Er bekräftigte seine Solidarität mit den Jungen, wünschte aber, daß es in Bologna zu keinen Gewalttaten kommen würde. Seine Äußerungen haben alle Welt zufriedengestellt, Rossana Rossanda eingeschlossen.

Sartre hatte wirklich sehr gut gesprochen. Und in unseren Unterhaltungen war er ganz so wie früher. Wir redeten über unser Leben, unser Alter, über alles und nichts. Natürlich, er war gealtert, aber er war wirklich er selbst.

Sein Herz war launenhaft. Er wollte nicht mehr, daß Melina ihn in Rom besuchte, noch daß wir, wie besprochen, nach Athen fuhren. Er sagte, er würde ihr Geld geben, damit sie das nächste Halbjahr in Paris leben könnte, weil er es ihr versprochen hätte, aber er würde sie nicht mehr treffen: «Sie hat zu eigennützige Interessen, sie ist nicht interessant. Sie bedeutet mir nichts mehr.»

Sie kam kurz nach unserer Rückkehr in Paris an. «Ich habe immer noch viel Zuneigung zu dir», sagte Sartre zu ihr, «aber ich liebe dich nicht mehr.» Sie weinte ein bißchen. Von Zeit zu Zeit sah er sie noch.

Es waren viele Frauen um ihn: seine alten Freundinnen, neu dazugekommene. Er sagte freudig zu mir: «Nie bin ich so von Frauen umgeben gewesen!» Er wirkte überhaupt nicht unglücklich. «Ja», hat er zu mir gesagt, als ich ihn danach fragte, «es gibt jetzt ein solches Ausmaß von Unglück in der Welt, aber ich bin nicht unglücklich.» Er bedauerte, daß er so schlecht sah, vor allem, daß er die Gesichter nicht sah. Aber er fühlte sich ganz lebendig. Seine Lektüren mit Victor interessierten ihn, das Fernsehen machte ihm Spaß. In den Sitzungen der *Temps Modernes* beteiligte er sich sehr viel mehr an den Diskussionen als in den vergangenen Jahren.

Auch die politischen Ereignisse verfolgte er mit großer Aufmerksamkeit, insbesondere die Affäre Klaus Croissant, dem Anwalt Baaders. Am 1. Juli hatte er einen Aufruf gegen dessen Auslieferung unterschrieben; am 11. Oktober unterzeichnete er mit dem Komitee gegen ein deutsch-amerikanisches Europa einen weiteren Protest. Am 18. November veröffentlichte dasselbe Komitee ein Kommuniqué zur Affäre Schleyer. Am 28. Oktober unterzeichnete er mit P. Halbwachs, Daniel Guérin und mir eine Warnung vor Gewaltanwendung gegen den Polisario. Am 30. Oktober schickte er ein Solidaritätstelegramm an iranische Intellektuelle und Regimegegner. Und am 10. Dezember unterschrieb er einen Aufruf gegen die Ausweisung des Malers Antonio Saura.

Ende November diktierte er mir in einer Stunde ein sehr gelungenes kurzes Vorwort zur amerikanischen Ausgabe seiner Theaterstücke.

Das Théâtre de l'Est Parisien hatte die Absicht, seinen *Nekrassov* wiederaufzuführen, der seit seiner Entstehung im Jahre 1955 nicht mehr in Paris gespielt worden war. Im Oktober hatte Sartre mit Georges Werler, André Aquart und Maurice Delarue ein Gespräch über das Stück, und im Dezember gab er eine Erklärung dazu ab. Er betonte, daß seine eigentliche Absicht gewesen wäre, die Methoden der Sensationspresse anzuprangern. «Wahrscheinlich würde ich heute einen anderen Aufhänger wählen, aber wie gestern würde ich es gern mit einem bestimmten Journalismus aufnehmen, der das Vertrauen seiner Leser bedenkenlos mißbraucht, indem er vollständig erfundene Skandale aufbauscht.» Da manche ihm vorwarfen, daß er dieser Wiederaufführung zugestimmt hatte, antwortete er, daß alle seine Stücke – unter anderem *Die schmutzigen Hände* – von nun an zum Repertoire gehörten und daß er keinen Grund mehr sähe, ihre Aufführung zu verhindern.

In diesem Zusammenhang möchte ich den haarsträubenden

Unsinn[1] aus der Welt schaffen, wonach Sartre empfohlen hätte: «Billancourt darf nicht entmutigt werden.» Im Verständnis seiner Gegner bedeutete das, daß er aus Treue zur KPF – der er nicht angehörte – beschlossen hatte, bestimmte unangenehme Wahrheiten zu verschweigen: das hat er nie getan. Er ist, zusammen mit Merleau-Ponty, der erste gewesen, der in *Les Temps Modernes* auf die Existenz der sowjetischen Lager hingewiesen hat. Und in der Folge hat er diese Ehrlichkeit beibehalten. Das kann man im Stück nachlesen: Valéra, ein Betrüger, der sich für Nekrassov ausgibt, einen sowjetischen Minister, der «die Freiheit gewählt» hat, wird von der Rechtspresse dafür bezahlt, daß er Enthüllungen über die UdSSR macht, von der er nichts weiß. Véronique, eine engagierte junge Linke, erklärt ihm, daß er im Glauben, die Reichen hereinzulegen, in Wirklichkeit deren Spiel mitmacht und daß er «die Armen entmutigen» wird, insbesondere die in Billancourt. Apolitisch, skrupellos und geldgierig ruft Valéra höhnisch aus: «Entmutigen wir Billancourt!» Keiner von beiden ist das Sprachrohr Sartres.

Die erste Vorstellung fand im Februar 1978 statt. Maurice Delarue, ein Schüler Dullins und ein guter Freund von Olga, holte Sartre in seiner Wohnung ab, wo Olga, Bost und ich waren. Er fuhr uns ins Theater. Sartre lobte die Inszenierung und das Spiel der Schauspieler. Als der Vorhang fiel, sind wir ins Foyer hinuntergegangen, wo er Werler und seinen Darstellern herzlich gratuliert hat.

Seit seinen Reisen nach Ägypten und Israel im Jahr 1967 interessierte sich Sartre besonders für die Probleme des Nahen Ostens. Der Besuch Sadats in Israel hat ihn tief bewegt. Er hat einen kurzen und eindrucksvollen Text geschrieben, um zu den Verhandlungen zwischen Ägypten und Israel zu ermutigen, der am 4./5. Dezember in *Le Monde* erschienen ist.

Sylvie, er und ich haben das Jahr mit einem Puten-Essen bei Dominique fröhlich beendet. Sartre war mit seiner Arbeit und mit seinem Leben zufrieden: «Alles in allem haben wir seit dem Ferienende eine gute Zeit gehabt», hat er zu mir gesagt.

---

[1] Ein Unsinn, der von Jean Dutourd und einigen anderen Journalisten hartnäckig aufrechterhalten wird.

1978

Er verkehrte immer noch mit vielen jungen Frauen: mit Melina und mehreren anderen. Als er eines Tages klagte, daß er zu wenig mit Victor arbeitete, habe ich lachend gesagt: «Zu viele junge Personen!» – «Aber das nützt mir», hat er geantwortet. Und ich denke, daß er die Lust am Leben tatsächlich zu einem guten Teil ihnen verdankte. Er hat mir mit naiver Selbstgefälligkeit erklärt: «Nie habe ich den Frauen mehr gefallen.»

Andere Dinge bestärkten ihn in seinem Optimismus. Liliane Siegel stellte ein bei Gallimard veröffentlichtes Album mit zahlreichen Fotografien von ihm zusammen, zu denen ich kurze Kommentare schrieb. Michel Sicard bereitete eine ansehnliche Sondernummer der Zeitschrift *Obliques* vor, und sie diskutierten oft darüber. Jeannette Colombel und viele junge Leute suchten ihn auf, um mit ihm über ihre Arbeiten zu seiner Philosophie zu sprechen. Gallimard bereitete das Erscheinen seines erzählerischen Gesamtwerks in der *Bibliothèque de la Pléiade* vor, herausgegeben von Michel Contat. Das «Comeback» ging weiter, und er war sehr empfänglich dafür.

Eines jedoch machte ihm ernsthafte Sorgen: das Geld. Sein verschwenderischer Umgang mit Geld hatte, seit ich ihn kannte, nicht nachgelassen, er hatte im Lauf seines Lebens alles, was er verdiente, diesen und jenen geschenkt. Gegenwärtig bezahlte er verschiedenen Personen regelmäßig jeden Monat ziemlich große Summen: die Pension, die er von Gallimard erhielt, war sofort aufgezehrt. Ihm blieb fast nichts übrig, um seine eigenen Bedürfnisse zu befriedigen. Wenn ich ihm vorschlug, sich ein Paar Schuhe zu kaufen, antwortete er: «Ich weiß nicht, wovon.» Er war nur ungern bereit, sie sich schenken zu lassen. Und er hatte bei seinem Verleger Schulden, die er für beträchtlich hielt. Diese Situation beängstigte ihn regelrecht, nicht seinetwegen, sondern der Menschen wegen, die von ihm abhängig waren.

Neugierig, die Auswirkungen von Sadats Besuch aus der Nähe zu sehen, fuhr er im Februar mit Victor und Arlette, die sich angefreundet hatten, nach Jerusalem. Ich fürchtete, daß diese Reise, obwohl sehr kurz, ihn überanstrengen könnte, aber es war nicht so. In Orly wurde er im Rollstuhl bis zum Flugzeug befördert. Bei der Ankunft hat Eli Ben Gal sie mit dem Auto abgeholt. Sie haben alle vier im komfortablen Gästehaus gegenüber dem alten Jerusalem gewohnt und haben eine Nacht in einem schönen Hotel am Toten Meer übernachtet. Fünf Tage lang haben Sartre und Victor mit Israelis und Palästinensern gesprochen. Es war fünfundzwanzig Grad Celsius, und der Himmel war herrlich blau. Sartre war entzückt. Er liebte es, herumzufahren, sich zu informieren und, soweit seine Augen es erlaubten, etwas vom Land zu sehen. Wenn das Alter, wie manche sagen, der Verlust der Neugierde ist, dann war er überhaupt nicht alt.

Von sich aus hätte Sartre nach einem so schnellen Überblick nie eine Reportage geschrieben. Victor hatte weniger Skrupel. «Ihr Maoisten seid immer zu schnell», hatte Sartre ihm in einem ihrer ersten Gespräche gesagt. Doch er ließ sich unter Druck setzen, und sie schickten dem *Nouvel Observateur* einen von ihnen beiden unterzeichneten Beitrag. Bost rief mich ganz bestürzt an: «Es ist furchtbar schlecht. Wir alle hier bei der Zeitung sind fassungslos. Überreden Sie Sartre, daß er den Text zurückzieht!» Nachdem ich den Text gelesen hatte, der tatsächlich sehr schwach war, habe ich Sartre Bosts Bitte übermittelt. «Einverstanden», hat Sartre sorglos gesagt. Aber als ich mit Victor sprach, wurde er wütend: noch nie hatte man ihn so vor den Kopf gestoßen. Er warf mir vor, daß ich ihn nicht informiert hatte. Ich hatte angenommen, Sartre würde das übernehmen: er hatte es nicht getan, wahrscheinlich aus Gleichgültigkeit. Ich sprach mich mit Victor aus, und eine Zeitlang behielten wir, zumindest dem Anschein nach, ein gutes Verhältnis. Aber bald darauf, während einer Sitzung der *Temps Modernes*, die ohne Sartre bei mir stattfand, kam es wegen des Artikels zu einer heftigen Auseinandersetzung zwischen Victor, Pouillon und Horst, den diese abscheulich fanden. Victor beschimpfte sie, erklärte anschließend, wir wären alle Tote, und nahm nie wieder an den Sitzungen teil.

Ich war von seiner Reaktion verblüfft. Sartre und ich hatten in unserer Jugend so manche Abfuhr hinnehmen müssen, und nie hatten wir uns deswegen vor den Kopf gestoßen gefühlt. Als Ex-

Wortführer der G. P. hatte Victor eine «Führermentalität» behalten, alles mußte vor ihm in die Knie gehen. Er ging leichtfertig von einer Überzeugung zu einer anderen über, aber immer mit der gleichen Sturheit. Aus der unkontrollierten Intensität seiner jeweiligen Begeisterung schöpfte er Gewißheiten, die er nicht in Frage stellen ließ. Das verlieh seinen Reden eine Kraft, die manche mitreißend fanden. Aber das Schreiben erfordert eine kritische Haltung, die ihm fremd war; er fühlte sich beleidigt, wenn jemand bei einem Text von ihm diese Haltung einnahm. Von da an sprachen wir nicht mehr miteinander: bei Sartre vermied ich es, ihm zu begegnen. Das war eine unerfreuliche Situation. Bis dahin waren die wirklichen Freunde Sartres auch immer die meinen gewesen. Victor war die einzige Ausnahme. Ich zweifelte nicht an seiner Zuneigung zu Sartre noch an der Sartres zu ihm. In seinem Gespräch mit Contat hat er sich dazu geäußert: «Alles, was ich mir wünsche, ist, daß meine Arbeit von anderen weitergeführt wird. Ich wünsche zum Beispiel, daß Pierre Victor diese zugleich intellektuelle und politische Arbeit schafft, die er sich vorgenommen hat. Er ist von allen Leuten, die ich kennengelernt habe, der einzige, der mich in dieser Hinsicht voll befriedigt.» Er schätzte an ihm die Radikalität seines Wollens, die Tatsache, daß er, wie Sartre selbst, alles wollte. «Natürlich erreicht man nicht alles, aber man muß alles wollen.» Vielleicht täuschte sich Sartre, aber wie auch immer: *so* sah er Victor. Ab und zu wurde er von Victor zum Abendessen in seine «Wohngemeinschaft», wie er es nannte, eingeladen: ein Vororthaus, das Victor und seine Frau mit einem befreundeten Paar teilten. Sartre gefielen diese Abende. Ich hätte nicht dabeisein wollen, aber es tat mir leid, daß ein Teil von Sartres Leben mir von nun an verschlossen war.

Wir waren Venedig ein bißchen leid. Für unseren Osterurlaub suchte ich ein reizvolles Städtchen aus, Sirmione am Gardasee. Die Stadt war von einem Festungswall umgeben, und Autos durften nicht hineinfahren, außer wenn man dort wohnte, was auf uns zutraf. Wir wohnten in einem Hotel am Seeufer. Wie gewohnt las ich Sartre in seinem Zimmer vor, und da er gern in den schmalen und – außer sonntags – menschenleeren Gassen spazierenging, setzten wir uns oft auf einen ganz nahen Platz in ein Straßencafé. Wir nahmen unsere Mahlzeiten in kleinen benachbarten Restaurants ein. Sylvie machte einige große Ausflüge im Auto mit uns. Wir sind um den See herumgefahren, haben Verona und an einem anderen Tag Brescia wiedergesehen. Auf der Rückfahrt nach Paris haben wir in Talloires in der Auberge du Père Bise haltgemacht. Sartre, der sich gewöhnlich sehr einfach und eintönig ernährte, schätzte bei Gelegenheit ein gutes Essen.

In den Monaten vor den großen Ferien gab er wenige politische Stellungnahmen ab. Anfang des Jahres war in Sizilien ein gefälschtes politisches Testament Sartres aufgetaucht. Der Verfasser verteidigte darin alte anarchistische Thesen und schrieb sie ihm zu. Sartre veröffentlichte ein Dementi. Im Juni veröffentlichte er in *Le Monde* einen Text, in dem er die Aufhebung des Einreiseverbots von Cohn-Bendit zehn Jahre nach den 68er Ereignissen forderte. Im selben Monat unterzeichnete er eine Stellungnahme zur Affäre Heide Kempe-Böltcher, einer jungen Deutschen, die am 21. Mai in Paris im Lauf einer polizeilichen Vernehmung schwere Verbrennungen erlitt.

Aber die Tätigkeit, die ihn wirklich interessierte, war die Fortsetzung des Buches *Pouvoir et Liberté*, das er mit Victor schrieb: ihre Dialoge wurden auf Tonband aufgezeichnet. In einem Text, der in *Obliques* erschienen ist, erklärte er Michel Sicard, wie er diese Arbeit auffaßte: «Wenn wir das Buch zu Ende bringen, wird es eine neue Form darstellen... eine echte Diskussion zwischen zwei existierenden Personen, die die Ideen haben, die sie in ihrem Schreiben entwickeln. Und wenn wir gegeneinander sind, wird das keine Fiktion sein, das wird die Wahrheit sein ... es wird in diesem Buch Momente der Auseinandersetzung und Momente der Eintracht geben, und beide sind wichtig... Dieses Buch mit zwei Autoren ist wesentlich für mich, weil der Widerspruch, das Leben, *in* dem Buch sein wird. Die Leute, die es lesen ... werden unterschiedliche Standpunkte einnehmen. Das ist es, was mich begeistert.»

Dann kam der Sommer. Wie in den anderen Jahren habe ich Sartre nach einer Reise durch Schweden mit Sylvie in Rom wiedergetroffen, und wir haben dort sechs überglückliche Wochen verbracht.

Nach unserer Rückkehr schien sich seine Gesundheit stabilisiert zu haben. Er diskutierte mit Victor, ich las ihm vor. Er hatte immer noch Freude an seinen zahlreichen Frauenfreundschaften. Melina war nach Athen zurückgefahren, aber sie wurde durch andere ersetzt. Im Anschluß an den «Liebesbrief an J.-P. Sartre», den Françoise Sagan in der Presse veröffentlicht hatte, traf er sich von Zeit zu Zeit mit ihr zum Essen. Er mochte sie gern. Er beteiligte sich an dem Film, den Josée Dayan und Malka Ribowska über mich drehten. Die Sondernummer von *Obliques*, die ihm gewidmet war, erschien.

Am 28. Oktober empfing er eine Delegation von Bauern aus dem Larzac. Mehrere Artikel in *Les Temps Modernes* hatten sich mit ihren Kämpfen beschäftigt. Sartre interessierte sich aus mehreren Gründen dafür: ihre Auseinandersetzung mit dem Staat, ihr Kampf gegen das Wachstum der Armee, die Erfindung neuer Widerstandstechniken, ihre aktive Gewaltlosigkeit, die die etablierte Ordnung verwirrte. Über diese Themen hätte er bei der Versammlung Pfingsten 1976 gern mit ihnen diskutiert, aber sein Gesundheitszustand hatte ihm die Teilnahme unmöglich gemacht.

Im Oktober 1978 traten mehrere von ihnen in der Saint-Séverin-Kirche in einen Hungerstreik. Einige haben Sartre aufgesucht und gebeten, bei der Pressekonferenz dabeizusein, die sie am nächsten Tag abhalten wollten. Sartre war zu angegriffen, um einzuwilligen. Aber er verfaßte eine Erklärung, die den Journalisten während der Konferenz vorgelesen wurde: «Ihr glaubt an die Notwendigkeit einer Verteidigung Frankreichs, aber ihr findet es nicht gut, daß die Armee sich mitten im Land und fern der Grenzen niederläßt, um auf Tausenden von Hektar eine Vernichtungszone mit neuen Waffen zu errichten. Ihr haltet es auch nicht für richtig, daß die Regierung dieses bewohnte Terrain an Armeen anderer Länder verpachtet, damit sie sich dort ausbilden können. Ihr habt recht: nur die Dummheit und der Zynismus unserer politischen Führer kann darauf verfallen, mitten im Frieden aus dem Larzac den befremdlichen Ort eines präventiven Weltkriegs zu machen.»

Um die gleiche Zeit diskutierte er mit einem Lyoner Schauspieler, Guillaumat, ein Projekt, das dieser ihm unterbreitet hatte: die Aufführung einer Montage mit dem Titel *Mise en Théâtre*, die Jeannette Colombel aus Texten Sartres mit historischem und politischem Inhalt zusammengestellt hatte. Die Aufführung hatte großen Erfolg, zuerst in den beiden wichtigsten Theatern von Lyon, anschließend zwei Jahre lang in ganz Frankreich.

1979

Sartre maß dem israelisch-palästinensischen Kolloquium, das im März 1979 unter der Schirmherrschaft von *Les Temps Modernes* stattfand, große Bedeutung bei. Victor liebäugelte seit seiner Reise mit Eli Ben Gal mit dieser Idee; sie telefonierten oft miteinander. Einer unserer alten israelischen Freunde, Flapan, hatte den *Temps Modernes* das Protokoll eines israelisch-palästinensischen Kolloquiums angeboten, bei dem er den Vorsitz gehabt hatte. Für die Überlassung verlangte er eine ziemlich hohe Summe, und der Text brachte nichts Neues. Victor hielt es für angebrachter, eine ähnliche Begegnung in Paris zu veranstalten, deren Ergebnisse in *Les Temps Modernes* veröffentlicht werden sollten. Die Unkosten würden sicher hoch sein, aber Gallimard versprach, sie zu übernehmen. Eli und Victor stellten telefonisch eine Liste der gewünschten Teilnehmer auf und übermittelten diesen die Einladung: die meisten von ihnen lebten in Israel.

Ein Haufen praktischer Probleme stellte sich: zuerst der Tagungsort, da das Büro der *Temps Modernes* so groß wie eine Besenkammer war. Michel Foucault stellte freundlicherweise seine sehr helle, große, nüchtern und elegant eingerichtete Wohnung zur Verfügung. Victor reservierte für einige Tage Zimmer in einem kleinen Hotel auf dem linken Seine-Ufer und einen Raum in einem benachbarten Restaurant. In Foucaults Wohnzimmer wurden Tische, Stühle, ein Tonbandgerät aufgestellt. Trotz einiger technischer Schwierigkeiten konnte die erste Zusammenkunft am 14. März stattfinden. Sartre eröffnete die Sitzung mit einer kleinen Rede, die er mit Victor abgestimmt hatte. Außer ihm, Claire Etcherelli und mir (am nächsten Tag bin ich nicht mehr hingegangen) war kein Mitglied des Teams von *Les Temps*

Modernes anwesend: alle – ich eingeschlossen – betrachteten Victors Initiative mit Mißtrauen.

Die Teilnehmer haben sich bekannt gemacht. Ibrahim Dahkak, ein in Jerusalem wohnender Palästinenser, erklärte, daß dieser Dialog keinen Sinn hätte. Ob Sartre nicht wüßte, daß Palästinenser und Israelis sich in Israel täglich begegneten und miteinander sprachen? Da weder ein Ägypter noch ein Nordafrikaner eingeladen worden war, wäre es einfacher und weniger kostspielig gewesen, dieses Kolloquium in Jerusalem abzuhalten. Eli Ben Gal und Victor wandten ein, daß manche der anwesenden Palästinenser nicht nach Israel hinein gekonnt hätten. Dahkak antwortete, daß manche Palästinenser nicht nach Paris hätten kommen können. Und er zog sich vom Kolloquium zurück. Die anderen Delegierten kamen tatsächlich aus Israel, außer dem Palästinenser Edward Saïd, der Professor in den USA, an der Columbia University war, und Shalim Sharaf, einem palästinensischen Professor in Österreich. Fast alle sprachen englisch, einer oder zwei deutsch: es waren freiwillige Übersetzerinnen da. Wenn ein Israeli hebräisch sprechen wollte, übersetzte Eli Ben Gal. Die Gespräche wurden auf Tonband aufgezeichnet, und Arlette schrieb sie ab. Während der Sitzungen servierten Claire Etcherelli und Catherine von Bülow ohne Begeisterung Kaffee und Fruchtsaft. Außerhalb der offiziellen Zusammenkünfte aßen Palästinenser und Israelis in dem von Victor ausgesuchten Restaurant gemeinsam zu Mittag. Dann unterhielten sie sich entspannt. Sie wunderten sich ein wenig über die Bescheidenheit ihres Hotels, über Sartres weitgehendes Schweigen und die von Victor – der ihnen gänzlich unbekannt war – eingenommene wichtige Rolle. Ein kleiner blonder Rabbi verlangte koscher zu essen: ein Freund von *Les Temps Modernes*, Schmuel Trigano, führte ihn in das jüdische Restaurant in der Rue Médicis.

Die Beiträge waren mehr oder weniger interessant, mehr oder weniger aufregend, aber im großen und ganzen war es immer das gleiche Lied: die Palästinenser verlangten ein Territorium, die Israelis – lauter Linke – waren einverstanden, forderten aber Sicherheitsgarantien. Auf jeden Fall waren es Intellektuelle, die keinerlei Macht hatten. Victor jubilierte nichtsdestoweniger: «Das wird ein internationaler Knüller», hat er zu Sartre gesagt.

Er hat zurückstecken müssen. Aus verschiedenen Gründen ist die Nummer mit dem Titel «La Paix maintenant» – nach dem Namen einer pazifistischen israelischen Bewegung, die keine große politische Rolle gespielt hat – erst im Oktober erschienen und war ein völliger Reinfall. Im Sommer 1980 hat Edward Saïd – in Victors Augen der Teilnehmer am Kolloquium mit dem größten Prestige – gemeinsamen Freunden gesagt, daß er nicht verstünde, weshalb man ihn aus Amerika hätte kommen lassen: das Kolloquium sei ihm gleich erbärmlich vorgekommen und noch erbärmlicher, als er das Protokoll gelesen hätte. Im März 1979 jedoch teilte Sartre Victors Optimismus, und ich habe ihm meine Zweifel nicht mitgeteilt.

Zu Beginn der Osterferien sind wir mit Sylvie im Auto in den Midi gefahren. Wir haben in Vienne übernachtet, wo das Restaurant Point uns enttäuscht hat. Die Ankunft in Aix dagegen war bezaubernd. Das Hotel, einen Kilometer von der Stadt entfernt, hatte einen großen Garten, der nach Sonne und Kiefern duftete: in der Ferne sah man den weißen Grat des Sainte-Victoire-Berges, der sich von einem reinen blauen Himmel abhob. Es war noch zu kühl, um draußen zu sitzen: wir lasen in Sartres Zimmer, aber häufig machten wir zu dritt Ausflüge im Auto und fuhren zum Essen in einen schönen Ort der Umgebung.

Kurz nach unserer Rückkehr nach Paris ist Sartre von Gérard de Clèves, einem Halbirren, leicht verletzt worden. Clèves war Belgier, Dichter, ein Protegé unserer Freunde Lallemant und Verstraeten. Zwischen seinen Aufenthalten in der psychiatrischen Anstalt kam er ab und zu nach Paris, und dort bat er Sartre Tag für Tag um Geld. Während dieses letzten Urlaubs von der Anstalt gab Sartre ihm mehrfach kleine Beträge und erklärte ihm schließlich, daß er ihn nicht hereinlassen werde. Doch Clèves kam zurück. Sartre, der mit Arlette in seiner Wohnung war, weigerte sich, ihm die Tür aufzumachen, öffnete sie jedoch einen Spalt, mit verschlossener Sicherheitskette. Nach kurzem Verhandeln zog Clèves ein Messer aus der Tasche und stach damit über die Kette hinweg nach Sartes Hand. Dann fing er an so fest gegen die wieder verschlossene Tür zu schlagen, daß sie trotz der Panzerung anfing nachzugeben. Arlette rief bei der Polizei an, und nach einer langen Verfolgungsjagd durch die Gänge des Hauses wurde Clèves festgenommen. Sartre blutete stark: der Daumen war verletzt, aber zum Glück nicht die Sehne. In den folgenden Wochen trug er einen Verband.

Am 20. Juni nahm er an einer Pressekonferenz des Komitees «Ein Schiff für Vietnam» teil. Dieses Komitee hatte den Anfang für sein Unternehmen schon geschafft: ein Schiff, die Île-de-Lumière, lag vor Pulo-Bidong und nahm Flüchtlinge in großer Zahl auf. Jetzt wollte man eine Luftbrücke zwischen den Lagern in Malaisia und Thailand und Durchgangslagern in den westlichen Ländern einrichten. Dazu mußte die Presse mobilisiert werden. Die Konferenz fand in den Salons des Hôtel Lutetia statt. Glucksmann begleitete Sartre, der zum erstenmal seit langer Zeit Raymond Aron die Hand drückte. Foucault sprach, dann Dr. Kouchner, der auf der Île-de-Lumière arbeitete, dann Sartre, der kurz vor Arons Auftritt wegging. Am 26. Juni begaben sie sich zusammen in den Élysée-Palast, um Giscard zu einer verstärkten Unterstützung der *boat people* aufzufordern. Sie erhielten Versprechungen, die nur leere Worte waren. Sartre maß der Begegnung mit Aron, auf der manche Journalisten[1] lange herumgeritten sind, keinerlei Bedeutung bei.

Die Sommerferien waren auch in diesem Jahr wieder eine dem Alltag enthobene Zeit. Aix hatte uns im Frühjahr so gut gefallen, daß wir im August dorthin zurückgekehrt sind. Diesmal hatten wir Zimmer im ersten Stock, die einen gemeinsamen Balkon über dem Garten hatten. Dort hielten wir uns gewöhnlich auf, um zu lesen und zu plaudern. Manchmal fuhr ich mit Sartre – der kaum noch gehen konnte – im Taxi zum Mittagessen zum Cours Mirabeau, den er immer sehr geliebt hatte. Oder wir aßen im Garten des Hotels. Oder Sylvie fuhr uns an einen unserer Lieblingsplätze. Von Zeit zu Zeit sah man in der Ferne Rauch: ein Waldbrand. Sartre war von diesem Aufenthalt sehr beglückt. Und er war auch glücklich, als Sylvie, die nach Paris zurückfuhr, uns zum

---

[1] Sie behaupteten, darin eine politische Versöhnung zu sehen, und unterstellten, Sartre näherte sich jetzt Positionen der Rechten an. Das war vollkommen falsch.

Flughafen Martigues gebracht hat, von wo wir nach Rom geflogen sind. Wir waren wieder in unseren Zimmern mit Blick auf das strahlende oder gespenstische Weiß von Sankt Peter und nahmen unsere friedlichen Gewohnheiten wieder auf. Sartre traf sich ab und zu mit einer jungen Amerikanerin, die in Rom wohnte und die er kürzlich kennengelernt hatte. Mit ihm zusammen habe ich Alice Schwarzer getroffen und Claude Courchay, der sich mit einer Freundin, Catherine Rihoit, in der Stadt aufhielt. Courchay war über Sartres gute Laune, über seine Heiterkeit verblüfft: er kannte ihn ein wenig, aber er stellte ihn sich von seiner Krankheit, seiner Blindheit mehr oder weniger gebrochen vor. Und vor ihm stand ein lebensfroher Mensch. Wenn Sartre an öffentlichen Veranstaltungen teilnahm, hinterließ er gewöhnlich einen erschütternden Eindruck. «Ich habe geglaubt, einen Toten zu sehen», hat Aron dem Sinn nach im Anschluß an ihre Begegnung im Hotel Lutetia an Claude Mauriac[1] geschrieben. Aber privat waren seine Gesprächspartner von seiner unbezwingbaren Vitalität beeindruckt.

Er erklärte sich bereit, M.-A. Macciocchi ein Interview zu geben, das sie in *L'Europeo* veröffentlichte und mit dem er nicht zufrieden war.

Kurz vor unserer Abreise haben wir einen Anruf aus Paris erhalten: Liliane Siegel hat uns von der Ermordung Goldmans[2] benachrichtigt. Ich war erschüttert. Goldman kam eifrig zu den Sitzungen der *Temps Modernes*, und meine Sympathie für ihn hatte sich in tiefe Zuneigung gewandelt. Mir gefiel seine intelligente Ironie, seine Fröhlichkeit, seine Wärme. Er war lebhaft, überraschend, oft witzig, treu in seinen Freundschaften und Feindschaften. Daß er kaltblütig abgeknallt worden war, machte seinen Tod noch entsetzlicher. Auch Sartre war bewegt, aber er nahm jetzt alle Ereignisse gelassen hin.

Trotzdem wollte er gleich nach unserer Rückkehr an Gold-

---

[1] *Le Temps immobile* von Claude Mauriac, Band VI.
[2] Pierre Goldman wurde von Rechtsradikalen in Paris auf offener Straße erschossen. Eine Gruppe, die sich *Ehre der Polizei* nannte, übernahm die Verantwortung für das Attentat: «Pierre Goldman hat für seine Verbrechen bezahlt.» (Anm. d. Übers.)

mans Beerdigung teilnehmen. Claire Etcherelli hat uns in ihrem kleinen Auto zur Morgue gefahren, in die wir nicht hineingingen und von wo aus wir dem Leichenwagen bis zum Friedhofstor gefolgt sind. Dort war eine solche Menschenmenge versammelt, daß wir große Mühe hatten durchzukommen, obwohl die Leute, wenn sie Sartre erkannten, sehr freundlich Platz gemacht haben. Von einem bestimmten Punkt an durften keine Autos mehr fahren. Etcherelli ist am Steuer sitzengeblieben, Sartre und ich haben uns mühsam einen Weg durch das Gedränge gebahnt. Nach einem kurzen Stück war er müde. Ich wollte, daß er sich auf ein Grab setzte, aber jemand hat einen Stuhl gebracht. Sartre hat sich gesetzt, und wir sind, von Unbekannten umgeben, die uns mit den Augen verschlangen, eine Weile dort geblieben. Zum Glück hat Renée Saurel uns entdeckt. Ihr Auto war direkt neben uns abgestellt. Wir sind eingestiegen, nachdem wir Claire Etcherelli von unserer Abfahrt in Kenntnis gesetzt hatten.

Sartre nahm seine Arbeit mit Victor wieder auf. Ich machte mir einige Sorgen deswegen. Als ich ihn an drei aufeinander folgenden Tagen fragte: «Haben Sie gut gearbeitet?» antwortete er mir am ersten Tag: «Nein. Wir haben uns den ganzen Vormittag wegen...» (diesem oder jenem Punkt) «gestritten.» Am nächsten Tag antwortete er mir: «Nein. Wir sind uns nicht einig.» Am dritten Tag sagte er: «Wir haben uns geeinigt.» Ich hatte Angst, daß er viele Zugeständnisse machte. Ich hätte mich gern über diese Gespräche auf dem laufenden gehalten, aber sie waren auf Tonband aufgezeichnet, und Arlette, die den Auftrag hatte, sie abzuhören und abzutippen, arbeitete langsam. Es sei noch nichts fertig, sagte mir Sartre.

Im November gab er Catherine Clément ein Interview für *Le Matin* und aß mit dem Zeitungsteam zu Mittag. Im Dezember legte er Bernard Dort seine Vorstellungen zum Theater dar. Das Gespräch erschien in der Zeitschrift *Travail théâtral*.

Darin sprach er über die Dramatiker, die er liebte: Pirandello, Brecht, Beckett, und erzählte die Geschichte seiner eigenen Stücke. Im Januar 1980 protestierte er gegen den Hausarrest von Andrej Sacharow und unterstützte den Boykott der Olympischen Spiele von Moskau. Am 28. Februar wurde er von *Le Gai Pied*, einer Homosexuellen-Monatszeitschrift, interviewt. Und er führte ein Gespräch mit Catherine Clément und Bernard Pingaud für eine der nächsten Nummern von *L'Arc*.

1980

Nach den Ergebnissen eines neuerlichen Check-up vom 4. Februar im Broussais-Krankenhaus ging es ihm weder besser noch schlechter. Seine Tätigkeiten interessierten ihn, seine Beziehungen zu jungen Frauen brachten ihm Abwechslung. Trotz allem freute er sich am Leben. Ich erinnere mich an einen Morgen, als eine strahlende Sonne in sein Arbeitszimmer flutete und sein Gesicht beschien: «Oh, die Sonne!» rief er verzückt aus. Wir planten, die Osterferien mit Sylvie auf Belle-Île zu verbringen, und er sprach oft voller Vorfreude davon. Er war zu sehr um seine Gesundheit besorgt, als daß er nicht weiterhin auf das Rauchen verzichtete. Und meines Wissens trank er nur kleine Mengen Alkohol. Die halbe Flasche Chablis, die er bei unseren gemeinsamen Mittagessen bestellte, trank er so langsam, daß die Hälfte übrigblieb.

Und doch hat Arlette ihn an einem Sonntagmorgen Anfang März fürchterlich betrunken in seinem Zimmer auf dem Teppich liegend vorgefunden. Wir haben erfahren, daß er sich von seinen verschiedenen Freundinnen, die nichts von seiner Gefährdung ahnten, ganze Flaschen Whisky und Wodka mitbringen ließ. Er versteckte sie in einer Truhe oder hinter Büchern. Am Samstagabend – die einzige Nacht, die er, nachdem Wanda gegangen war, allein verbrachte – hatte er sich betrunken. Arlette und ich haben die Verstecke geleert, ich habe die Freundinnen angerufen, habe sie gebeten, keinen Alkohol mehr mitzubringen, und habe Sartre heftige Vorwürfe gemacht. Da diese Ausschweifung keine unmittelbaren Folgen zeigte, hatte sie seiner Gesundheit offensichtlich nicht geschadet. Aber ich war für die Zukunft etwas beunruhigt. Und vor allem konnte ich mir diesen Rückfall in die Sucht nach Alkohol nicht erklären: das paßte nicht zu seiner scheinbaren psychischen Ausgeglichenheit. Er hat meine Fragen lachend beiseite geschoben: «Sie trinken doch auch gern», hat er zu mir gesagt. Vielleicht ertrug er seine Verfassung weniger gut als vorher: es stimmt nicht, daß man «sich mit der Zeit daran gewöhnt»[1]: die Zeit heilt die Wunden nicht nur nicht, sondern kann sie im Gegenteil noch verschlimmern. Später habe ich gedacht, daß er wohl, ohne es sich richtig einzugestehen, nicht sehr zufrieden mit dem Gespräch mit Victor war, das in Kürze im *Nouvel Observateur* erscheinen sollte.

Dieses von Sartre und Benni Lévi – Victors richtiger Name – signierte Gespräch habe ich schließlich etwa acht Tage vor seinem vorgesehenen Erscheinungstermin einsehen können. Ich war bestürzt: dies war keineswegs das «pluralistische Denken», von dem Sartre in *Obliques* geschwärmt hatte. Victor selbst drückte keine seiner Meinungen direkt aus: er halste sie Sartre auf, indem er, im Namen irgendeiner geoffenbarten Wahrheit, die Rolle des Staatsanwalts spielte. Sein Ton, seine arrogante Überlegenheit, die er Sartre gegenüber zeigte, haben alle Freunde, die von dem Text vor seinem Erscheinen Kenntnis hatten, aufgebracht. Und sie waren wie ich vom Inhalt der Sartre abgepreßten Geständnisse niedergeschmettert. Tatsächlich hatte Victor sich sehr verändert, seit Sartre ihn kennengelernt hatte. Wie viele ehemalige Maoisten hatte er sich Gott zugewandt: dem Gott Israels, denn er war Jude. Seine Weltanschauung war spiritualistisch und sogar religiös geworden. Gegen diese neue Orientierung sträubte sich Sartre. Ich erinnere mich an einen Abend, als er im Gespräch mit Sylvie und mir seiner Unzufriedenheit Luft gemacht hat: «Victor will unbedingt, daß jeglicher Ursprung der Moral in der Thora ist! Aber ich denke überhaupt nicht so!» Und wie ich schon erwähnte, hat er tagelang gegen Victor angekämpft, bis er, der Kämpfe überdrüssig, nachgab. Statt ihm zu helfen, sein eigenes Denken zu bereichern, hat Victor Druck auf ihn ausgeübt, es zu verleugnen. Wie wagte er zu behaupten, daß die Angst für Sartre nur eine Mode gewesen war, da doch Sartre sich nie um Moden gekümmert hatte? Wie konnte er den Begriff der Brüderlichkeit, in der *Kritik der dialektischen Vernunft* so stark und so hart,

---

[1] *Bei geschlossenen Türen*: «Ich nehme an, daß man sich mit der Zeit daran gewöhnt.» (Garcin)

dermaßen verwässern? Ich habe Sartre das Ausmaß meiner Enttäuschung nicht verhehlt. Er ist darüber erstaunt gewesen: er war auf einige Kritik gefaßt, aber nicht auf diese radikale Ablehnung. Ich habe ihm gesagt, daß das ganze Team von *Les Temps Modernes* mich unterstützte. Aber er hat das sofortige Erscheinen des Interviews um so eigensinniger betrieben.

Wie soll man dieses «Umdrehen eines Greises», wie Olivier Todd es genannt hat, erklären (der seinerseits nicht vor dem Umdrehen eines Toten zurückgeschreckt ist)?

Sartre hatte immer gewählt, gegen sich selbst zu denken; aber nie um in Leichtfertigkeit abzusacken. Diese vage und windelweiche Philosophie, die Victor ihm zuschrieb, entsprach ihm überhaupt nicht.[1] Warum hat er sich dem angeschlossen? Er, der sich nie irgendeinem Einfluß ausgesetzt hatte, stand unter dem Einfluß Victors: er hat darauf hingewiesen, warum. Aber das ist ein Punkt, der vertieft werden muß. Sartre hatte immer auf die Zukunft gerichtet gelebt: anders konnte er nicht leben. Allein auf die Gegenwart angewiesen, betrachtete er sich als tot.[2] Alt, mit einem gefährdeten Körper, halb erblindet, war die Zukunft für ihn versperrt. Er behalf sich mit einem Ersatz: militanter Linker und Philosoph. Victor würde den «neuen Intellektuellen» verwirklichen, von dem Sartre träumte und zu dessen Entstehen er mit beigetragen hätte. An Victor zu zweifeln, hieße, auf diese lebende Verlängerung seiner selbst zu verzichten, die ihm wichtiger war als das Urteil der Nachwelt. Daher hatte er sich entschieden, trotz all seiner Widerstände, an ihn zu glauben. Er hatte Ideen, er dachte, aber langsam. Und Victor war zungenfertig, er überschüttete ihn mit Worten, ohne ihm die Zeit zu lassen, die er benötigt hätte, um sich eine Meinung zu bilden. Außerdem konnte Sartre – und das ist, glaube ich, sehr wichtig gewesen – nicht mehr lesen, sein eigenes Geschriebenes nicht noch einmal nachlesen. Ich bin unfähig, einen Text zu beurteilen, den ich nicht mit eigenen Augen gelesen habe. Sartre ging es ebenso. Die-

---

[1] Genau das hat Raymond Aron bei einer Gegenüberstellung mit Victor im Fernsehen nach Sartres Tod sehr gut gesagt.
[2] Wie erwähnt hat er sich in seinen depressiven Momenten als «lebenden Toten» bezeichnet.

sen hat er nur mit dem Gehör kontrolliert. In seinem Gespräch mit Contat[1] hat er gesagt: «Das Problem ist, daß das Element kritischen Reflektierens, das ständig da ist, wenn man einen Text mit eigenen Augen liest, beim Vorlesen zurücktritt.» Außerdem wurde Victor von Arlette unterstützt, die Sartres philosophische Werke nicht kannte und mit Victors neuen Tendenzen sympathisierte: sie lernten zusammen Hebräisch. Angesichts dieser Eintracht fehlte Sartre der Abstand, den ihm einzig überlegtes und unabhängiges Lesen hätte vermitteln können: also beugte er sich. Als das Interview dann erschien, war er überrascht und bekümmert zu erfahren, daß alle Sartre-Spezialisten und sogar ganz allgemein alle seine Freunde meine Fassungslosigkeit teilten.

Am Mittwoch, dem 19. März, haben wir mit Bost einen schönen Abend verbracht, ohne auf die Frage zurückzukommen. Kurz bevor er schlafen ging, hat Sartre mich gefragt: «Ist heute morgen bei der Sitzung der *Temps Modernes* über das Interview gesprochen worden?», und ich habe mit nein geantwortet, was der Wahrheit entsprach. Er schien ein bißchen enttäuscht: er hätte so gern Verbündete gefunden! Am nächsten Morgen wollte ich ihn um neun Uhr wecken. Gewöhnlich schlief er noch, wenn ich in sein Zimmer kam. An diesem Tag saß er auf der Bettkante, nach Luft ringend, fast unfähig zu sprechen. Schon einmal hatte er in Arlettes Beisein so eine «Luftschlucker-Krise», wie er es nannte, gehabt, aber sie war ziemlich kurz gewesen. Diese hielt bereits seit fünf Uhr morgens an, ohne daß er die Kraft gehabt hätte, sich bis zu meiner Tür zu schleppen und zu klopfen. Ich habe Angst bekommen, ich wollte telefonieren, aber das Telefon war abgestellt, da Puig die Rechnung nicht bezahlt hatte. Ich habe mich hastig angezogen und bin zum Concierge gegangen, um von dort aus einen Arzt anzurufen, der gleich nebenan wohnte und sofort gekommen ist. Sobald er Sartre gesehen hat, hat er bei einem anderen Hausbewohner den ärztlichen Notdienst angerufen, der innerhalb von fünf Minuten eingetroffen ist. Fast eine Stunde lang hat man Sartre Blut abgenommen, ihm Spritzen gegeben, ihn behandelt. Danach wurde er auf eine Art rollende Bahre gelegt, die durch einen langen Korridor gefahren wurde. Er atmete Sauer-

---

1 *Selbstporträt mit siebzig Jahren*, a. a. O.

stoff ein, den ein Arzt in einer Flasche über seinem Kopf hielt. Er wurde im Aufzug bis zu einem Rettungswagen gebracht, der vor einem der Eingänge wartete. Man wußte noch nicht, in welches Krankenhaus man ihn einliefern würde, man würde es dem Concierge telefonisch mitteilen. Ich bin wieder in Sartres Wohnung hinaufgegangen, um meine Toilette zu machen. Jetzt, da er in guten Händen war, glaubte ich, daß die Krise schnell vorbei sein würde. Ich habe Den und Jean Pouillon nicht abgesagt, mit denen ich zum Mittagessen verabredet war. Als ich die Wohnungstür schloß, um mich mit ihnen zu treffen, dachte ich nicht im entferntesten daran, daß sie sich nie wieder vor mir öffnen würde.

Trotzdem, als ich nach dem Essen mit dem Taxi ins Broussais-Krankenhaus fahren wollte – in dem Sartre, wie ich jetzt wußte, lag –, habe ich Pouillon gebeten, mich zu begleiten und auf mich zu warten. «Ich habe ein bißchen Angst», habe ich zu ihm gesagt. Ich habe Sartre gesehen, der auf der Intensivstation lag. Er atmete normal. Er hat mir gesagt, er fühle sich gut. Ich bin nicht lange geblieben: er war schläfrig, und ich wollte Pouillon nicht warten lassen.

Die Ärzte haben mir am nächsten Nachmittag mitgeteilt, daß er ein Lungenödem hätte, von dem er fieberte, das sich aber schnell resorbieren würde. Er lag in einem großen hellen Zimmer und glaubte, er wäre in einem Vorort. Vom Fieber phantasierte er. Am Morgen hatte er zu Arlette gesagt: «Du bist auch tot, Kleines. Wie war das für dich, eingeäschert zu werden? Nun, jetzt sind wir beide tot.»[1] Mir hat er erzählt, daß er gerade in der Umgebung von Paris zum Mittagessen bei seinem Sekretär (welchem?) gewesen wäre. Er bezeichnete weder Victor noch Puig je als seinen Sekretär, er nannte sie beim Namen. Als ich mich zu wundern schien, hat er mir erklärt, daß der Arzt ihm für die Hin- und Rückfahrt freundlicherweise ein Auto zur Verfügung gestellt hätte. Er war durch sehr merkwürdige und sehr hübsche Vororte gefahren. Ob er das nicht geträumt hätte? habe ich gefragt. Das

---

[1] Arlette war Jüdin, und Lanzmann sprach oft mit uns über seinen Film über die Judenvernichtung, das heißt von den Verbrennungsöfen. Wir sprachen auch über die Thesen von Faurisson, der ihre Existenz leugnete. Andererseits wünschte Sartre, eingeäschert zu werden.

hat er ärgerlich verneint, und ich habe nicht weiter darauf beharrt.

In den folgenden Tagen ist das Fieber gesunken, er hat aufgehört zu delirieren. Die Ärzte haben mir gesagt, daß die Krise durch eine mangelnde Durchblutung der Lungen verursacht worden war, da die Arterien schlecht arbeiteten. Aber jetzt war der Lungenkreislauf wiederhergestellt. Wir gedachten bald nach Belle-Île zu fahren, und Sartre freute sich darauf: «Ja, das wird uns guttun, dort zu sein: dann denken wir nicht mehr an all das.» (All das, das war das Interview und der ganze Staub, den es aufgewirbelt hatte.) Da er immer nur von einer Person besucht werden durfte, ging Arlette am Vormittag hin und ich nachmittags. Gegen zehn rief ich an, um zu erfahren, wie er die Nacht verbracht hatte, und man antwortete mir immer: «Sehr gut.» Er hatte einen ausgezeichneten Schlaf. Auch nach dem Mittagessen schlief er ein wenig. Wir plauderten über Kleinigkeiten. Zum Essen und wenn ich ihn besuchte, setzte er sich in einen Sessel. Sonst lag er meistens. Er hatte abgenommen, er wirkte schwach, aber seine Stimmung war sehr gut. Er wollte aus dem Krankenhaus heraus, aber er war so erschöpft, daß er die Situation freundlich hinnahm. Arlette kam gegen sechs Uhr noch einmal, um ihm beim Abendessen zu helfen, und manchmal überließ sie Victor für eine Weile ihren Platz.

Bald fragte ich Professor Housset, wann er entlassen werden könne. Er hat mir zögernd geantwortet: «Ich kann es nicht sagen ... er ist schwach, sehr schwach.» Und zwei oder drei Tage später hat er mir gesagt, daß Sartre wieder auf die Intensivstation verlegt werden müsse, weil er nur dort rund um die Uhr beobachtet und so jedes Risiko ausgeschaltet werden könne. Sartre fühlte sich dort nicht wohl. Als Sylvie zu Besuch gekommen ist, hat er zu ihr gesagt, als handelte es sich um ein Hotel, in dem er Ferien machte: «Hier ist es nicht schön. Zum Glück fahren wir bald weg. Mir gefällt die Vorstellung, auf eine kleine Insel zu fahren.»

Tatsächlich kam es nicht mehr in Frage, nach Belle-Île zu fahren: ich habe die reservierten Zimmer abbestellt. Der Arzt wollte Sartre für den Fall einer neuerlichen Krise unter Kontrolle behalten. Aber er wurde wieder in ein Zimmer verlegt, noch größer und heller als das erste: «Das ist gut», hat er zu mir gesagt, «weil ich jetzt ganz in der Nähe meiner Wohnung bin.» Er glaubte immer noch vage, zuerst in der Umgebung von Paris im Krankenhaus gelegen zu haben. Er wirkte immer erschöpfter. Er bekam allmählich Schorf vom Liegen, und seine Blase funktionierte schlecht: man mußte ihm einen Katheter machen, und wenn er aufstand – was jetzt sehr selten vorkam –, zog er einen kleinen Plastikbeutel voll Urin hinter sich her. Ab und zu ging ich aus seinem Zimmer, um einen Besucher einzulassen: Bost oder Lanzmann. Ich setzte mich dann solange in einen Warteraum. Dort habe ich gehört, wie Professor Housset und ein anderer Arzt miteinander sprachen und dabei das Wort «Urämie» fallenließen. Ich habe begriffen, daß Sartre verloren war, und ich wußte, daß Urämie oft zu gräßlichen Schmerzen führt. Ich habe angefangen zu schluchzen und habe mich Housset in die Arme geworfen: «Versprechen Sie mir, daß er nichts von seinem Sterben merkt, daß er keine Angst hat, daß er nicht leiden muß!» – «Ich verspreche es Ihnen, Madame», hat er ernst gesagt. Etwas später, als ich wieder in Sartres Zimmer war, hat er mich herausgerufen. Auf dem Flur hat er mir gesagt: «Ich möchte, daß Sie wissen, daß ich Ihnen kein leeres Versprechen gemacht habe: ich werde es halten.»

Die Ärzte haben mir dann erklärt, daß die Nieren nicht mehr durchblutet würden und dadurch nicht mehr funktionierten. Sartre urinierte noch, aber ohne den Harnstoff auszuscheiden. Um eine Niere zu retten, wäre eine Operation nötig gewesen, die er nicht überstanden hätte. Und dann wäre das Gehirn nicht mehr richtig mit Blut versorgt worden, was zu Senilität geführt hätte. Es gab keine andere Lösung, als ihn friedlich sterben zu lassen.

Während der Tage, die nun kamen, hat er nicht gelitten: «Es gibt nur einen etwas unangenehmen Moment, morgens, wenn mein Schorf behandelt wird», hat er mir gesagt. «Aber das ist alles.» Dieser «Schorf» war ein erschreckender Anblick (aber glücklicherweise konnte er es nicht sehen): große violett und rot unterlaufene Flecken. Die Mangeldurchblutung hatte nämlich zu Gangrän geführt.

Er schlief viel, aber wenn er mit mir sprach, war er klar. Zeitweise konnte man glauben, daß er hoffte, wieder gesund zu werden. Als Pouillon ihn an einem der letzten Tage besuchte, hat er ihn um ein Glas Wasser gebeten und heiter zu ihm gesagt: «Das nächste Mal, wenn wir zusammen etwas trinken, das wird bei mir zu Hause sein, und zwar Whisky.»[1] Aber am nächsten Tag hat er mich gefragt: «Wie machen wir das nur mit den Begräbniskosten?» Ich habe natürlich protestiert und habe auf die Krankenhauskosten abgelenkt, indem ich ihm versicherte, daß die Krankenkasse sie bezahlen würde. Aber ich habe begriffen, daß er wußte, daß er verloren war und daß es ihn nicht erschütterte. Er kam nur auf eine Sorge zurück, die ihn in den letzten Jahren gequält hatte: den Geldmangel. Zu seiner Gesundheit hat er sich nicht weiter geäußert, hat er mir keine Fragen gestellt. Am nächsten Tag hat er mein Handgelenk genommen und hat gesagt: «Ich liebe Sie sehr, mein kleiner Castor.» Als ich am 14. April zu ihm kam, schlief er. Er ist aufgewacht und hat, ohne die Augen zu öffnen, ein paar Worte gesagt, dann hat er mir den Mund hingehalten. Ich habe seinen Mund geküßt, seine Wange. Er ist wieder eingeschlafen. Diese Worte, diese Geste, ungewöhnlich für ihn, wiesen auf seinen nahen Tod hin.

Einige Monate später hat Professor Housset, den ich zu treffen gewünscht hatte, mir erzählt, daß Sartre ihm manchmal Fragen stellte: «Wohin wird das alles führen? Was wird aus mir werden?» Aber es war nicht der Tod, der ihn beunruhigte, es war sein Gehirn. Den Tod hat er sicher vorausgeahnt, aber ohne Angst. Er war «resigniert», hat Housset gesagt, oder vielmehr «vertrauensvoll», hat er sich verbessert. Ohne Zweifel haben die Beruhigungsmittel, die er bekommen hat, zu diesem friedlichen Zustand beigetragen. Aber vor allem hatte er – außer in der ersten Zeit seiner Erblindung – das, was mit ihm geschah, immer voller Bescheidenheit ertragen. Er wollte die anderen mit seinen Problemen nicht belasten. Und das Aufbegehren gegen ein Schicksal, an dem er nichts ändern konnte, erschien ihm müßig. Zu Contat[2] hatte er gesagt: «So ist es eben, und ich kann nichts tun, also habe ich auch keinen Grund zu klagen.» Er liebte das Leben

---

[1] Georges Michel, dessen Bericht insgesamt zutreffend ist, irrte sich in der Annahme, das wären Sartres letzte Worte gewesen.
[2] *Selbstporträt mit siebzig Jahren*, a. a. O.

noch glühend, aber der Gedanke an den Tod war ihm vertraut, wenn er dessen Eintreten auch gern bis zu seinem achtzigsten Lebensjahr hinausgezögert hätte.

Er hat ihn ohne weiteres angenommen, dankbar für die Freundschaft und die Zuneigung, die ihn umgaben, und mit seiner Vergangenheit zufrieden: «Ich habe getan, was ich zu tun hatte.»

Housset hat mir auch versichert, daß der Ärger, den er erlebt hatte, seinen Zustand in keiner Weise verschlimmert hätte. Eine heftige emotionale Krise hätte wahrscheinlich auf der Stelle verheerende Auswirkungen gehabt, aber über einen längeren Zeitraum verteilt, hätten Sorgen und Ärgernisse das, was auf dem Spiel stand, nämlich das Gefäßsystem, nicht verschlechtert. Er hat hinzugefügt, daß dieses sich in der nahen Zukunft in unvermeidlicher Weise verschlechtert hätte: in maximal zwei Jahren hätte es sich auf das Gehirn ausgewirkt, und Sartre wäre nicht mehr er selbst gewesen.

Als ich mich am Morgen des 15. April, einem Dienstag, wie gewöhnlich erkundigte, ob Sartre gut geschlafen habe, hat die Krankenschwester mir geantwortet: «Ja. Aber...» Ich bin sofort hingegangen. Er schlief und atmete ziemlich schwer: offensichtlich lag er im Koma. So lag er schon seit dem Vorabend. Ich bin viele Stunden bei ihm geblieben und habe ihn angesehen. Gegen sechs Uhr habe ich Arlette den Platz überlassen und habe sie gebeten, mich anzurufen, wenn etwas geschehe. Um neun Uhr hat das Telefon geklingelt. Sie hat mir gesagt: «Es ist zu Ende.» Ich bin mit Sylvie hingegangen. Er sah aus wie immer, aber er atmete nicht mehr.

Sylvie hat Lanzmann, Bost, Pouillon, Horst benachrichtigt, die herbeigeeilt sind. Uns wurde erlaubt, bis fünf Uhr morgens im Zimmer zu bleiben. Ich habe Sylvie gebeten, Whisky zu holen, wir haben ihn getrunken und haben über Sartres letzte Tage, über vergangene Tage und über die notwendigen Maßnahmen gesprochen. Sartre hatte mir mehrmals gesagt, daß er nicht auf dem Père-Lachaise-Friedhof zwischen seiner Mutter und seinem Stiefvater beerdigt werden wollte. Er wünschte, eingeäschert zu werden. Es wurde beschlossen, ihn vorübergehend auf dem Friedhof Montparnasse zu bestatten, von wo er zur Einäscherung auf den Père-Lachaise überführt werden sollte. Seine Asche sollte in einem endgültigen Grab auf dem Friedhof Montparnasse beigesetzt werden. Während wir Totenwache bei ihm hielten, belagerten Journalisten das Gebäude. Bost und Lanzmann haben sie aufgefordert wegzugehen. Sie haben sich versteckt. Aber es ist ihnen nicht gelungen hineinzugelangen. Als Sartre eingeliefert wurde, hatten sie auch versucht, Fotos zu machen. Zwei von ihnen hatten versucht, sich als Pfleger verkleidet ins Zimmer zu schmuggeln, aber sie wurden vertrieben. Die Krankenschwestern waren darauf bedacht, die Rollos herunterzuziehen und Gardinen an die Türen zu machen, um uns abzuschirmen. Trotzdem ist ein Foto, wahrscheinlich von einem benachbarten Dach aus aufgenommen, das den schlafenden Sartre zeigte, in *Paris-Match* erschienen.

Irgendwann habe ich gebeten, man möge mich mit Sartre allein lassen, und habe mich neben ihn unter die Decke legen wollen. Eine Krankenschwester hat mich zurückgehalten: «Nein. Vorsicht ... die Gangrän.» Erst da habe ich begriffen, was sein «Schorf» wirklich war. Ich habe mich auf die Decke gelegt und habe ein wenig geschlafen. Um fünf Uhr sind Pfleger gekommen. Sie haben ein Tuch und eine Art Hülle über Sartres Leichnam gebreitet, und sie haben ihn fortgebracht.

Ich bin für den Rest der Nacht zu Lanzmann gegangen, wo ich auch die Nacht zum Donnerstag verbracht habe. Die folgenden Tage habe ich bei Sylvie gewohnt, wo ich besser vor den Anrufen und den Journalisten geschützt war als bei mir zu Hause. Tagsüber traf ich meine Schwester, die aus dem Elsaß gekommen war, und Freunde. Ich sah die Zeitungen und auch die Telegramme durch, die sofort in Unmengen eintrafen. Lanzmann, Bost, Sylvie erledigten alle Formalitäten. Die Beerdigung ist zuerst auf Freitag, dann auf Sonnabend festgesetzt worden, damit mehr Menschen daran teilnehmen könnten. Giscard d'Estaing hat mitteilen lassen, er wüßte, daß Sartre kein Staatsbegräbnis gewünscht hätte, machte aber den Vorschlag, die Beerdigung zu bezahlen. Wir haben abgelehnt. Er hat es sich nicht nehmen lassen, einen Moment der Besinnung vor Sartres sterblichen Überresten zu verbringen.

Am Freitag habe ich mit Bost zu Mittag gegessen. Ich wollte

Sartre vor der Beerdigung noch einmal sehen. Wir sind in den Hörsaal des Krankenhauses gegangen. Man hat Sartre in seinem Sarg hereingebracht, in der Bekleidung, die Sylvie ihm für den Opernbesuch gekauft hatte: es war die einzige, die in meiner Wohnung war. Sie hatte nicht zu ihm gehen wollen, um etwas anderes zu holen. Er war ruhig wie alle Toten und, wie die meisten, ausdruckslos.

Am Samstagmorgen haben wir uns im Hörsaal versammelt, wo Sartre aufgebahrt lag, das Gesicht entblößt, streng und starr in seinem schönen Anzug. Auf meine Bitte hin hat Pingaud ein paar Aufnahmen von ihm gemacht. Nach einer Weile haben Männer Sartres Gesicht wieder mit dem Tuch bedeckt, den Sarg verschlossen und weggetragen.

Ich bin mit Sylvie, meiner Schwester, Arlette in den Leichenwagen gestiegen. Vor uns fuhr ein mit prunkvollen Blumengebinden und Kränzen beladener Wagen. In einem Kleinbus saßen bejahrte Freunde oder solche, die nicht so weit gehen konnten. Eine unübersehbare Menschenmenge folgte: etwa fünfzigtausend Personen, vor allem junge Leute. Etliche klopften an die Scheiben unseres Wagens: das waren hauptsächlich Fotografen, die ihre Objektive gegen die Fenster drückten, um ein Bild von mir zu erwischen. Freunde von *Les Temps Modernes* haben hinter dem Wagen eine Sperre gebildet, und um den ganzen Wagen herum haben Unbekannte spontan eine Kette gebildet, indem sie sich an den Händen faßten. Insgesamt ist die Menschenmenge auf dem ganzen Weg diszipliniert und teilnahmsvoll gewesen. «Das ist die letzte Demo von '68», hat Lanzmann gesagt. Ich nahm nichts wahr. Ich war mehr oder weniger betäubt von Valium und gestrafft in dem Willen, nicht zusammenzubrechen. Ich sagte mir, daß die Beerdigung genau so war, wie Sartre sie wünschte, und daß er es nicht erfahren würde. Als ich aus dem Wagen gestiegen bin, war der Sarg bereits im Grab. Ich hatte um einen Stuhl gebeten und bin mit leerem Kopf am Rand der Grube sitzen geblieben. Ich habe Menschen auf Mauern, auf Gräbern sitzen sehen, ein wirres Gewühl. Ich bin aufgestanden, um zum Auto zurückzugehen: es stand nur zehn Meter entfernt, aber das Gedränge war so groß, daß ich glaubte, erdrückt zu werden. Ich bin irgendwie in Lanzmanns

Wohnung gelangt, zusammen mit Freunden, die einer nach dem anderen vom Friedhof zurückgekommen sind. Ich habe mich eine Weile ausgeruht, und da wir uns nicht trennen wollten, haben wir zusammen bei Zeyer in einem Nebenraum zu Abend gegessen: ich erinnere mich an nichts. Anscheinend habe ich so viel getrunken, daß ich die Treppe hinunter fast getragen werden mußte. Georges Michel hat mich nach Hause gebracht.

Die folgenden drei Tage habe ich bei Sylvie verbracht. Am Mittwochmorgen fand die Einäscherung auf dem Père-Lachaise statt, und ich war zu erschöpft, um hinzugehen. Ich habe geschlafen und bin – ich weiß nicht wie – aus dem Bett gefallen und auf dem Teppich sitzen geblieben. Als Sylvie und Lanzmann von der Einäscherung zurückkamen, haben sie mich delirierend vorgefunden. Sie haben mich ins Krankenhaus einliefern lassen. Ich hatte eine leichte Lungenentzündung, die nach zwei Wochen überstanden war.

Sartres Asche ist auf den Friedhof Montparnasse zurückgebracht worden. Jeden Tag legen unbekannte Hände frische Blumensträußchen auf sein Grab.

Es gibt eine Frage, die ich mir in Wahrheit nicht gestellt habe. Vielleicht wird der Leser sie sich stellen: Hätte ich Sartre nicht über seinen bevorstehenden Tod aufklären müssen? Als er im Krankenhaus lag, geschwächt, kraftlos, war ich nur darauf bedacht, ihm den Ernst seines Zustands zu verheimlichen. Und vorher? Er hatte mir immer gesagt, daß er bei Krebs oder einer anderen unheilbaren Krankheit *Bescheid wissen* wolle. Aber sein Fall war nicht eindeutig. Er war «in Gefahr», aber würde er es nun noch zehn Jahre durchstehen, wie er es wünschte, oder wäre in einem oder in zwei Jahren alles zu Ende? Das wußte kein Mensch. Er hätte keine Vorkehrung treffen, hätte sich nicht mehr schonen können. Und er liebte das Leben. Es war ihm schon schwer genug gewesen, seine Blindheit, seine Gebrechen hinzunehmen. Hätte er die Bedrohung, in der er schwebte, genauer gekannt, so hätte sie seine letzten Lebensjahre nur unnötig verdunkelt. Auf jeden Fall schwankte ich wie er zwischen Angst und Hoffnung. Mein Schweigen hat uns nicht getrennt.

Sein Tod trennt uns. Mein Tod wird uns nicht wiedervereinen. So ist es nun einmal. Schön ist, daß unsere Leben so lange harmonisch vereint sein konnten.

Gespräche
mit Jean-Paul Sartre
August–September 1974

Vorwort
zu den Gesprächen

Diese Gespräche haben im Sommer 1974 in Rom, dann im Frühherbst in Paris stattgefunden. Manchmal war Sartre müde und ging nicht richtig auf meine Fragen ein; oder ich war nicht sehr inspiriert und stellte überflüssige Fragen: die Gespräche, die mir uninteressant erschienen, habe ich weggelassen. Die übrigen habe ich nach Themen zusammengestellt, wobei ich ungefähr dem chronologischen Ablauf folgte. Ich habe versucht, ihnen eine lesbare Form zu geben; wie man weiß, besteht ein großer Unterschied zwischen Äußerungen, die auf Tonband aufgenommen wurden und einem korrekt redigierten Text. Aber ich habe nicht versucht, sie im literarischen Sinn umzuschreiben: ich wollte ihre Spontaneität bewahren. Es finden sich also unzusammenhängende Abschnitte, Leerlauf, Wiederholungen und sogar Widersprüche darin, weil ich fürchtete, Sartres Worte zu entstellen oder Nuancen zu opfern. Sie bringen keine unerwartete Enthüllung über ihn; aber sie ermöglichen es, den Mäandern seines Denkens zu folgen und seine lebende Stimme zu hören.

Simone de Beauvoir: Sie haben viel über Politik gesprochen, sowohl mit Gerassi als auch mit anderen. Wir werden über die literarische und philosophische Seite Ihres Werks sprechen.

Jean-Paul Sartre: Wenn Sie wollen.

S. de B.: Haben Sie denn den Eindruck, daß es darüber etwas zu sagen gibt, interessiert es Sie?

J.-P. S.: Ja. Es interessiert mich nicht wirklich; heute interessiert mich nichts. Aber da es mich viele Jahre sehr interessiert hat, möchte ich darüber sprechen.

S. de B.: Warum interessiert Sie heute nichts?

J.-P. S.: Ich weiß es nicht. Es ist vorbei, das alles. Ich versuche, etwas darüber zu sagen. Und ich finde nichts mehr; aber ich werde schon etwas finden.

S. de B.: Es gibt da eine Frage, die ich Ihnen stellen möchte, die viele Leute sich stellen, weil Sie sie nicht beantwortet haben: in *Die Wörter* haben Sie sehr gut erklärt, was Lesen, Schreiben für Sie bedeutete, und daß Sie schon mit elf Jahren so etwas wie eine Berufung zum Schriftsteller fühlten. Sie waren für die Literatur bestimmt. Das erklärt, warum Sie schreiben wollten, aber es erklärt überhaupt nicht, warum sie geschrieben haben, *was* Sie geschrieben haben. Darüber möchte ich gern etwas von Ihnen hören: was ist zwischen ihrem elften und Ihrem zwanzigsten Lebensjahr geschehen, zu einer Zeit, da Sie bereits erwachsen waren? Wie sehen Sie das Verhältnis zwischen Ihren literarischen Werken und ihrem philosophischen Werk? Als ich Sie kennenlernte, sagten Sie mir, daß Sie Spinoza und Stendhal zugleich sein wollten. Ein ganz schönes Programm. Beginnen wir mit den Dingen, die Sie schrieben, als ich Sie kennenlernte. Warum schrieben Sie gerade das, wie kam es dazu?

J.-P. S.: Eines der heroischen Werke, die ich mit elf, zwölf Jahren geschrieben hatte, hieß «Götz von Berlichingen» und ist folglich eine Ankündigung von *Der Teufel und der liebe Gott*. Götz war ein bemerkenswerter Held; er prügelte die Leute, er verbreitete Schrecken, aber gleichzeitig wollte er das Gute. Und dann habe ich in *Lectures pour tous* einen Schluß gefunden. Es ging um einen Mann des deutschen Mittelalters, ich weiß nicht, ob es Götz war. Jedenfalls wollte man ihn hinrichten, man ließ ihn in die Uhr des Glockenturms steigen, und man schnitt ein Loch in die Uhr, an

Stelle der Zwölf, ein Loch, das nach außen ging. Man steckte seinen Kopf durch dieses Loch, und zwischen halb zwölf und halb eins schlugen ihm die Zeiger den Kopf ab ...

S. de B.: Das klingt ein bißchen nach Edgar Poe.

J.-P. S.: Es war eine Enthauptung mit Verzögerung. Es hat mich sehr beeindruckt. Wie Sie sehen, tat ich noch immer, was ich seit langem tat: ich kopierte.

S. de B.: Wie lange haben Sie kopiert, und wann haben Sie begonnen, die Literatur zu Ihrer eigenen Ausdrucksform zu machen?

J.-P. S.: Sehr spät. Bis zum Alter von vierzehn, fünfzehn Jahren habe ich alte Geschichten aus Heftchen, Abenteuergeschichten kopiert oder umgemodelt. Erst als ich nach Paris kam, änderte sich meine Haltung. Ich glaube, in La Rochelle, in der Quarta, habe ich noch einen letzten Roman geschrieben, eben diesen «Götz». Und dann, in der Tertia, in der Sekunda, habe ich nicht viel geschrieben. Erst in der Prima, als ich nach Paris kam, da fing ich an, ernsthaftere Dinge zu schreiben.

S. de B.: Bei diesen Geschichten, die Sie mehr oder weniger kopierten, hat es jedoch eine Auswahl gegeben. Sie kopierten keine beliebige Geschichte. Wie Pardaillan[1] liebten Sie immer Abenteuergeschichten, heroische Geschichten, bis zum Alter von vierzehn Jahren ...

J.-P. S.: Ja. Den Heldenmut eines Mannes, der stärker ist als die anderen, gleichsam größer, ein wenig das Gegenteil dessen, was ich war, und der mit einem Degenhieb die Bösen tötete, Königreiche befreite oder junge Mädchen rettete.

S. de B.: Man kann sagen, daß das bis zu Ihrem vierzehnten Lebensjahr der Prozeß war, den Sie in *Die Wörter* beschrieben: Schreiben als Spiel, ohne wirklich zu schreiben. Und warum hat der Umzug nach Paris Ihr Verhältnis zum Schreiben verändert?

J.-P. S.: Nun, das hing mit der Literatur anderer zusammen. In La Rochelle las ich noch Mantel-und-Degen-Romane, be-

[1] «Vor allem aber las ich jeden Morgen im *Matin* die Romanfortsetzung von Michael Zévaco. Dieser geniale Autor hatte unter Victor Hugos Einfluß den republikanischen Mantel-und-Degen-Roman erfunden ... Der größte unter Zévacos Helden, Pardaillan, war mein Meister.» *Die Wörter*, Reinbek 1965, S. 76. (Anm. d. Übers.)

rühmte Romane wie *Rocambole* und *Fantomas*¹, Abenteuerromane, und die ganze Literatur des Kleinbürgertums. Zum Beispiel Claude Farrère; Schriftsteller, die Reiseberichte, Schiffsgeschichten schrieben, und da gab es Gefühle, Liebesaffären, Gewalttätigkeiten, kleine Gewalttätigkeiten, die sie übrigens mißbilligten; und außerdem zeigten sie den Zerfall der Kolonien.

S. de B.: Als Sie nach Paris kamen, haben Sie andere Dinge gelesen?

J.-P. S.: Ja.

S. de B.: Warum? Unter welchem Einfluß?

J.-P. S.: Unter dem Einfluß der Jungen, die dort lebten, einiger Jungen: Nizan, der Bruder des Malers Gruber, die beide in meiner Klasse waren. Ich habe nie erfahren, was aus ihm geworden ist, er war ein sehr intelligenter Junge, der viel gute Literatur las.

S. de B.: Was haben Sie zu dieser Zeit angefangen zu lesen?

J.-P. S.: Zu dieser Zeit haben wir angefangen, ernste Dinge zu lesen; Gruber zum Beispiel las Proust, und ich habe Proust in der Prima kennengelernt, mit Entzücken.

S. de B.: Ah! Sie haben sofort angebissen.

J.-P. S.: Ja, sofort. Das war etwas anderes, denn gleichzeitig interessierte ich mich für die klassische Literatur, die unser Lehrer, ein sehr guter, sehr netter, sehr intelligenter Lehrer, Monsieur Georgin, uns beibrachte. Er sagte uns: seht zu, wie ihr mit diesem Problem, dieser Frage zurechtkommt; also lasen wir. Ich ging in die Bibliothek Sainte-Geneviève, und ich las alles über die Frage, was ich konnte. Ich war sehr stolz darauf. In jener Zeit glaubte ich, in die literarische Welt einzutreten, nicht als Schriftsteller, sondern als Literat.

S. de B.: Sie haben durch Mitschüler und Lehrer Zugang zur Kultur bekommen. Für welche Schriftsteller außer Proust interessierten Sie sich damals?

J.-P. S.: Nun, zum Beispiel für Conrad, in der Prima und in der Philosophieklasse.

S. de B.: Haben Sie Gide gelesen?

---

1 Rocambole: Titelfigur der Romanserie *Exploits de Rocambole* von Ponson du Terrail; Fantomas: Titelfigur einer Romanserie von Marcel Allain und Émile Souvestre. (Anm. d. Übers.)

J.-P. S.: Ein bißchen, aber ohne großes Interesse. Wir lasen *Uns nährt die Erde*; ich fand es etwas langweilig.

S. de B.: Lasen Sie Giraudoux?

J.-P. S.: Ja, sogar sehr viel. Nizan bewunderte ihn. Er hat sogar eine Novelle im reinsten Giraudouxstil geschrieben, und auch ich habe eine Novelle verfaßt, die von ihm inspiriert war.

S. de B.: Ist sie in der *Revue sans titre* erschienen?

J.-P. S.: Nein, die nicht. Die, die in der *Revue sans titre* erschien, war *Jésus la Chouette*.

S. de B.: Ja, und Sie haben auch *Der Engel des Morbiden* geschrieben. Aber das war später.

J.-P. S.: Ja, in der *hypo-khâgne*[1], das heißt etwa mit siebzehn.

S. de B.: Und in der Prima und in der Philosophieklasse, was haben Sie da geschrieben?

J.-P. S.: Nichts Besonderes, nichts, was ich aufgehoben hätte; ich erinnere mich zum Beispiel an eine komische Sache: da war ein Mann, der im fünften Stock wohnte; meine Großeltern wohnten nicht im fünften Stock, sondern im dritten, aber der fünfte faszinierte mich, weil es der oberste Stock des Gebäudes war. Sie wohnten jetzt im dritten, aber sie hatten früher einmal im fünften gewohnt. Es war also eine Erinnerung an die Zeit, als ich in der Rue Le Goff im fünften Stock wohnte, mit einer kleinen Nachbarin, die ich gern hatte.

S. de B.: Und das hängt damit zusammen, daß Sie die Dinge schon immer gern von oben betrachteten ... wie Sie in *Die Wörter* sagten. Und was geschah mit diesem Mann?

J.-P. S.: Nun, es stellte sich heraus, daß er ein Pharao war. Warum? Da bin ich überfragt.

S. de B.: War er eine Reinkarnation?

J.-P. S.: Er war ein Pharao. Er war da, er sprach mit einer jungen Frau und erzählte ihr Dinge, die die Philosophie betrafen: Ideen von mir. Das war in der Prima oder zu Beginn der Philosophieklasse.

S. de B.: Es gab also schon so etwas wie einen philosophischen Inhalt bei dem, was Sie machen wollten?

---

[1] Erstes Vorbereitungsjahr zur École Normale Supérieure. (Anm. d. Übers.)

J.-P.S.: Ja, ich weiß nicht warum. Wir werden später darauf zurückkommen. Sehen Sie, es war ein wenig wie zu Ende des 19. Jahrhunderts; man legt Philosophie hinein, sogar bei Bourget gibt es Philosophie in einer Erzählung, die dieses oder jenes beweisen soll. So ähnlich war es.

S. de B.: Also Thesenliteratur.

J.-P. S.: Die These wurde *ad hoc* erfunden.

S. de B.: Aber was Sie auszudrücken versuchten, waren doch eher Ihre Ideen als Ihre Lebenserfahrung, Ihr Eindruck von der Welt?

J.-P.S.: Es waren meine Ideen, die sicherlich auch eine Lebenserfahrung enthielten, aber nicht die meine. Eine fingierte, fiktive Erfahrung. Wenig später schrieb ich die Geschichte eines jungen Helden und seiner Schwester, die zu den Göttern aufstiegen, mit der Erfahrung von Kleinbürgern, alles in allem. Zwar ging es um eine Erfahrung, die meiner Erfahrung gleichkam, aber in Wirklichkeit hatte sie nichts damit zu tun, denn es waren griechische Kinder.

S. de B.: Kam in *Er l'Arménien* ein junges Mädchen vor?

J.-P. S.: Ja, aber es wurde kaum von ihr gesprochen. Sie gab dem jungen Helden das Stichwort.

S. de B. – Worum ging es in dieser Geschichte genau? War es nicht eine Geschichte von Seelenwiegern? War nicht gerade der Armenier ein Seelenwieger?

J.-P.S.: Nein, der Armenier wurde gewogen. Und es gab eine große Schlacht mit den Riesen, die große Schlacht von Oeta mit den Riesen, den Titanen.

S. de B.: Aber das kam erst nach *Jésus la Chouette* und *Der Engel des Morbiden*.

J.-P. S.: Ach ja. *Jésus la Chouette* liegt vor *Der Engel des Morbiden*; es muß in der Prima oder in der Philosophieklasse geschrieben worden sein.

S. de B.: Können Sie mir sagen, warum Sie es geschrieben haben? Was bedeutete es für Sie? In *Jésus la Chouette* ging es um das Leben eines kleinen Provinzlehrers, nicht wahr?

J.-P. S.: Ja. Aber aus der Sicht eines Schülers; der Held war ein wirklicher Lehrer am Gymnasium von La Rochelle; ich war bei ihm zu Gast gewesen. Ich stellte mir seine Beerdigung vor, denn er war während des Schuljahrs gestorben. Die Schüler sind nicht zur Beerdigung gegangen, aber in meiner Erzählung waren sie dort, und ich stellte mir die Beerdigung vor, weil ich vielleicht doch dabei gewesen bin; aber es ist nichts Außergewöhnliches vorgefallen. In meiner Erzählung trieben die Schüler Unfug während der Beerdigung.

S. de B.: Aber was hatte Sie dazu gebracht, diese Geschichte zu schreiben? Weil Sie in diesem Lehrer, obwohl Sie ihn verulkten, die Vorwegnahme Ihres eigenen Schicksals sahen? Oder hat er Sie einfach aus irgendeinem Grund interessiert?

J.-P. S.: Zu untersuchen ist vor allem, wie ich vom Mantel-und-Degen-Roman zu einem realistischen Roman gekommen bin: der Held ist ein armseliger Mensch. Trotzdem war ich meiner alten Tradition des positiven Helden treu geblieben, indem ich ihn in dem Kind verkörperte, das nichts Außergewöhnliches tat, aber in der Geschichte als kritischer, sehr intelligenter und aktiver Zeuge vorgestellt wird.

S. de B.: Ein interessanter Punkt. Wie sind Sie vom Plagiat heroischer Geschichten zur Erfindung realistischer Geschichten gekommen?

J.-P. S.: Es war keine Erfindung, denn im Grunde hat sich die Geschichte genauso abgespielt. Ich habe nur Details erfunden.

S. de B.: Aber Sie haben sie nicht aus einem Buch abgeschrieben. Wie kam es zu diesem Übergang?

J.-P. S.: Ich glaube, daß ich trotz allem, was ich in die Abenteuerliteratur investierte, wußte, daß das nur ein erstes Stadium war, daß es eine andere Literatur gab. Ich wußte es, denn ich las auch andere Bücher bei meinem Großvater; in *Die Elenden* von Victor Hugo gab es eine heroische Seite, aber trotzdem war das nicht die Hauptsache; ich hatte die Romane von Anatole France gelesen, ich hatte *Madame Bovary* von Flaubert gelesen. Ich wußte also, daß die Literatur nicht immer diese abenteuerliche Seite enthielt, daß man zum Realismus kommen mußte. Vom Mantel-und-Degen-Roman zum Realismus übergehen hieß von den Leuten reden, so wie ich sie sah. Aber trotzdem mußte etwas Spannendes dabeisein. Bestimmte Bücher der damaligen Zeit, in denen nichts passierte, hätte ich nicht begriffen. Es bedurfte eines Ereignisses, das die Bedeutung eines heroischen Ereignisses besaß, und in der Erzählung hat mich dieser Tod beeindruckt. Letzten Endes ist es so gewesen. Er ist mitten im Schuljahr gestorben, und ein neuer Lehrer ist ernannt worden, der ganz anders war: ein junger Mann, der aus dem Krieg zurückkam und gar nicht übel war. Nach der Quarta...

S. de B.: *Jésus la Chouette* haben Sie in der Quarta kennengelernt. Aber den Roman haben Sie sehr viel später geschrieben. Hatten Sie schon Proust gelesen, als Sie diesen Roman schrieben?

J.-P. S.: Ich fing damit an.

S. de B.: Ich meine: hat Proust Sie angeregt, alltägliche Geschichten zu schreiben?

J.-P. S.: Nein. Ich denke, das kam daher, daß ich einen ausgezeichneten Lehrer hatte, und dann gab es die vielen Romane, die vom Alltäglichen handelten, und es erschien mir normal. Ich wußte, daß es das gab.

S. de B.: Aha. Sie haben eine sehr viel realistischere und gültigere Literatur gelesen, die Sie vorher nicht kannten, und das hat sie angeregt, ebenfalls...

J.-P. S.: Sie gehörte zu den Dingen, die ich kannte. Ich kannte zum Beispiel *Madame Bovary*, die aus meiner Sicht nur als realistisch angesehen werden konnte. Ich hatte *Madame Bovary* in meiner frühen Jugend gelesen, ich hatte sehr wohl erkannt, daß das kein Mantel-und-Degen-Roman war, ich wußte also, daß man andere Bücher schrieb als solche, von denen ich träumte, und daß ich dahin kommen würde. So habe ich in der Prima angefangen, *Jésus la Chouette* zu schreiben, und ich dachte, das sei Realismus, da ich im Grunde, abgesehen von kleinen Veränderungen, die Geschichte einer meiner Lehrer erzählte.

S. de B.: Und vielleicht hatten Sie die Mantel-und-Degen-Romane etwas satt. Es war doch etwas Kindisches.

J.-P. S.: Oh, ich habe sie immer sehr gemocht.

S. de B.: Und *Der Engel des Morbiden* kam danach?

J.-P. S.: *Der Engel des Morbiden* kam danach. Ja, weil wir, Nizan und ich, zu dieser Zeit einen komischen Kauz kennenlernten, der Fraval hieß. Das war in der *hypo-khâgne*. Er wollte Schriftsteller werden, aber er sah vor allem das Materielle. Insbesondere wollte er eine Zeitschrift gründen.

S. de B.: War er es, der die *Revue sans titre* gemacht hat?

J.-P. S.: Ja. Und daher erschienen wir in der *Revue sans titre*.

S. de B.: Man hat *Jésus la Chouette* in der *Revue sans titre* abgedruckt.

J.-P. S.: Ja. *Jésus la Chouette*, aber nicht nur das. Auch *Der Engel des Morbiden*.

S. de B.: Was bedeutete das für Sie?

J.-P. S.: Den Realismus; die Geschichte spielte in einem Ort im Elsaß, den ich kannte. Es gab ein Sanatorium in der Nähe, in den Bergen, ich hatte es im Vorbeifahren gesehen. Da war ein Abhang mit Fichten, und gegenüber sah man Häuser, ziemlich weit entfernt. Das war das Sanatorium. In diesem Sanatorium siedelte ich eine Person an, einen jungen Lehrer, glaube ich, der krank wurde; und seine Beschreibung war völlig verrückt, reine Erfindung. Ich legte eine gewisse Ironie hinein, und außerdem Dinge von mir, ohne es zu wissen.

S. de B.: Was zum Beispiel? Die Geschichte war doch, daß er eine Schwindsüchtige küßt, oder? Damit auch er die Krankheit bekommt?

J.-P. S.: Er schlief mit ihr, denke ich. Nein. Er war krank. Aber sie hatte einen Anfall, sie war viel kränker als er. Es spielte im Sanatorium, und sie ging zurück in ihr Zimmer, nachdem sie eine recht angenehme Nacht mit ihm verbracht hatte. Sie hatten nicht miteinander geschlafen, weil sie zu stark gehustet hatte. Die Schlußfolgerung, ich sehe sie nicht recht ...

S. de B.: Warum diese Idee des Morbiden? Ich weiß nicht, ob er ihre Auswürfe schluckte, aber jedenfalls ging es sehr weit. Er wollte sich krank machen.

J.-P. S.: Er war krank.

S. de B.: Ja. Aber warum das Morbide? Was trieb Sie damals dazu, morbide Geschichten zu erzählen?

J.-P. S.: Morbid war es, weil es sich um Schwindsüchtige handelte, die miteinander schliefen. Ich selbst war kerngesund. Folglich verstand ich nichts von dieser schwindsüchtigen Seite, und auch von der sexuellen Seite verstand ich nichts. Ich spielte wirklich nur mit Begriffen. Ich hätte sehr gern furchterregende Erzählungen geschrieben, glaube ich, aber das war keine furchterregende Erzählung, sondern die Person war in Furcht. Ich weiß nicht mehr, warum: hatte er nachts Träume?

S. de B.: Man müßte den Text noch einmal lesen.

J.-P. S.: Im Grunde beschrieb ich in gewisser Weise auch darin nur mein Milieu. Es handelte sich nicht um ein wunderliches Milieu.

S. de B.: Und die anderen Erzählungen, die in der *Revue sans titre* erschienen, war das auch Realismus?

J.-P. S.: Ja. Und mein erster Roman, der nicht veröffentlicht wurde, *Une Défaite*, war ebenfalls Realismus. Aber ein sehr merkwürdiger Realismus; es war die Geschichte von Nietzsche und Wagner, ich in der Rolle von Nietzsche und eine ziemlich fade Figur, die Wagner darstellte. Und Cosima Wagner.

S. de B.: Man kann wirklich nicht sagen, daß das Realismus ist!

J.-P. S.: Nein, und doch ist es Realismus. Weil Wagner Lehrer war, ein genialer Schriftsteller in Paris. Und ich war an der École Normale. Also war es Realismus.

S. de B.: Ja, Sie nahmen ein romantisches Schema und behandelten es in realistischer Manier. Haben Sie *Frédéric* vor *Er l'Arménien* geschrieben oder danach?

J.-P. S.: Davor. Ich habe ihn übrigens nicht zu Ende geschrieben. Nizan hatte das Ding zu Gallimard gebracht, und der hat es abgelehnt.

S. de B.: War das zu der Zeit, als Sie Camille kennenlernten? War Cosima Wagner stark von Camille inspiriert?

J.-P. S.: Ja. Ich habe Camille in dem Jahr kennengelernt, als ich in die École Normale eintrat. Das heißt, in diesem Jahr starb die Tochter meiner Tante. Ich war auf der Beerdigung, und dort habe ich Camille kennengelernt.

S. de B.: Es gab also Sie selbst, dann einen von Wagner inspirierten Schriftsteller und Cosima, die von Ihrer Lektüre über Cosima Wagner und Ihrer persönlichen Bekanntschaft mit Camille inspiriert war.

J.-P. S.: Ja, damals las ich das Buch von Andler über Nietzsche.

S. de B.: Es war also ein Versuch, den Realismus mit einer abenteuerlichen Geschichte in Einklang zu bringen ...

J.-P. S.: Ja, mit einer abenteuerlichen Geschichte. Der Held verliebte sich in Cosima, Cosima war in Wagner verliebt, und er selbst war mit Wagner befreundet ... Das war es, was vom Mantel-und-Degen-Roman übrigblieb und in einen realistischen Roman einging.

S. de B.: Dann kam *Er L'Arménien*, und auch *Legende der Wahrheit*¹ ging ein wenig in diese Richtung. Es gab einen Übergang zur griechischen Mythologie mit einem ziemlich geschraubten Stil. Wie kam es zu diesem Übergang? Hat Sie der Einfluß Ihrer griechischen und lateinischen Studien stark geprägt?

J.-P. S.: Sicher. Das hat mich geprägt. Ich glaube, ich hielt die Antike für ein Mythenreservoir.

S. de B.: Waren Sie *sehr* begeistert von den Griechen, den Römern?

J.-P. S.: Ja, schon seit der Sexta. Ägypten, Griechenland und Rom. Ich glaube, damals nahm man die Antike in der Sexta und Quinta durch. Also las ich Bücher; besonders die römische Geschichte von Duruy, voller Anekdoten.

S. de B.: Sie hatte eine heroische Seite ... Das knüpfte ein bißchen an den Mantel-und-Degen-Roman an. Aber wie kommt es, daß Sie, als Nizan bereits einen Stil hatte, sogar schon in der *Revue sans titre*, einen sehr modernen, von Giraudoux beeinflußten Stil, daß Sie dagegen – bis zu *Der Ekel* – in einem sehr klassischen, sogar geschraubten Stil schrieben? Sie sagen, daß Sie Proust liebten und Giraudoux, aber die sind in dem, was Sie damals schrieben, überhaupt nicht zu spüren.

J.-P. S.: Nein, aber das lag daran, daß ich aus der Provinz kam, wo ich die ganze bürgerliche Literatur des 19. Jahrhunderts kennengelernt hatte, zum Beispiel Claude Farrère: es waren geschraubte, klassische, törichte Autoren. Und Nizan war in Paris. Ein Gymnasium in Paris war sehr viel fortschrittlicher als das Gymnasium von La Rochelle. Wir lebten nicht im selben Milieu. Ich lebte im 19. Jahrhundert, und Nizan lebte im 20. Jahrhundert, auch wenn er sich nicht gut darin auskannte.

S. de B.: Aber als Sie in Paris waren, lasen Sie doch dieselben Bücher wie Nizan, Sie waren mit Nizan befreundet; blieb das oberflächlich, hat es Sie nicht beeinflußt?

J.-P. S.: Doch. Es kam im Gegenteil zu einer Krise, einer inneren Krise. Nicht sehr schlimm, aber immerhin ...

1 In: *Die Transzendenz des Ego*, Reinbek 1964. (Anm. d. Übers.)

S. de B.: Es war trotzdem wichtig.

J.-P. S.: Ja. Für jemanden, der Claude Farrère las, war es zum Beispiel kompliziert, Proust zu lesen. Ich mußte meine Perspektiven ändern, meine Beziehungen zu den Menschen ändern.

S. de B.: Zu den Menschen oder zu den Wörtern?

J.-P. S.: Zu den Wörtern und den Menschen; ich mußte erkennen, daß die Beziehungen zu den Menschen mehr oder weniger distanziert waren, daß wir uns ihnen gegenüber manchmal aktiv, manchmal passiv verhielten. Das ist wichtig gewesen; ich versuchte mir darüber klarzuwerden, was ein wahres Milieu ist, mit wahren Beziehungen der Menschen untereinander, das heißt, reagierend oder erleidend: das kannte ich nicht.

S. de B.: Erklären Sie das etwas genauer: wahre Beziehungen zu Menschen erleidend, handelnd ...

J.-P. S.: So sind die Menschen eben, sie handeln und sie erleiden. Aber es gibt solche, die erleiden, und solche, die handeln.

S. de B.: Aber wieso hat gerade Paris Ihnen das gezeigt?

J.-P. S.: Weil ich zu dieser Zeit im Internat war, das hat viel ausgemacht. Auch Nizan war im Internat. Also hatten wir Beziehungen zu Menschen, Beziehungen zu Schülern, zu Internatsschülern. Ganz schön aufreibend, die Beziehungen unter Internatsschülern ...

S. de B.: Warum?

J.-P. S.: Weil es den Schlafsaal gibt, der eine Welt für sich ist. Erinnern Sie sich, als Flaubert im Schlafsaal war und nur an die romantische Literatur dachte? Dort las er sie. Eine ganze Welt, der Schlafsaal.

S. de B.: Ich verstehe nicht genau, denn als Sie in La Rochelle waren, wußten Sie doch auch schon, daß die Menschen handelten, litten, oder nicht? Und die Beziehungen zu Ihren Mitschülern? Erklären Sie den Übergang von La Rochelle nach Paris etwas genauer.

J.-P. S.: Nun, ich wußte nicht, was es heißt, Internatsschüler zu sein. Man hatte mir viel Schlimmes über das Internat erzählt. Sogar mein Großvater und meine Eltern: Nein, du wirst nicht ins Internat kommen, weil du dann weit weg bist von der Familie, du könntest von einem Lehrer, vom Direktor verfolgt werden. Aber ich konnte ja nicht immer bei meinem Großvater übernachten;

dort schlief ich einmal in der Woche, am Sonntag, und in der übrigen Zeit mußte man mich irgendwo unterbringen, also war ich im Internat, das war normal. Ich war im Internat des Lycée Henri IV; mein Großvater hatte dafür gesorgt, daß ich dort aufgenommen wurde. Und dort haben sich meine Beziehungen zu Menschen verändert. Denken Sie nur, ich ging sonntags in die Messe, um zu singen.

S. de B.: So? Das wußte ich nicht. Warum gingen Sie zum Singen in die Messe?

J.-P. S.: Weil es mir Spaß machte zu singen, und weil man Leute gesucht hatte für einen Chor. Wir spielten Orgel in der Kapelle des Henri IV.

S. de B.: Sehr komisch. Aber inwiefern erklärt die Tatsache, daß Sie in der Messe sangen und im Schlafsaal schliefen, die Veränderung in Ihrer Literatur?

J.-P. S.: Ich habe nicht gesagt, daß es dadurch erklärt wird. Ich sage nur, daß ich mich in einem anderen Milieu befand; an sechs Tagen schlief ich im Gymnasium. Ich war ständig dort, ohne herauszukommen, an all den Abenden, mit all den komischen Beziehungen, die man als Internatsschüler hat. Und sonntags ging ich zu meinen Großeltern, das war eine ganz andere Welt als die meiner Eltern, da mein Großvater Lehrer war. Und ich erkundete seine Bibliothek wieder. Ich lebte in einer anderen Welt, in einer Akademikerwelt übrigens, da ich mich ja auf die École Normale und auf die Agrégation vorbereitete.

S. de B.: Welche Mitschüler spielten damals eine Rolle für Sie? Vor allem Nizan, und dieser Gruber, von dem Sie sprachen...

J.-P. S.: Gruber hat keine Rolle gespielt, wir hatten nur höfliche Beziehungen. Da war Chadel, Nizans Freund, der auch mein Freund geworden war. Wir verachteten ihn, aber er sprach immer von unserer Dreierbeziehung, den drei Musketieren, das waren Mythen, und wir ließen sie ihm, teilten sie aber nicht. Und da gab es noch einen Typen, der später Geburtshelfer geworden ist, ein sehr netter, sehr sympathischer Typ.

S. de B.: Arbeiteten Sie gut in jener Zeit?

J.-P. S.: Ich bekam den ersten Preis in der Prima und vielleicht auch in der Philosophieklasse, ich erinnere mich nicht mehr genau.

S. de B.: Und warum haben Sie schließlich die Philosophie gewählt? Wo Sie doch auch die Literatur sehr liebten?

J.-P. S.: Weil mir die Philosophie, als ich sie bei Cucuphilo hörte, meinem Lehrer – er hieß Chabrier, aber wir nannten ihn Cucuphilo –, weil sie mir da als die Erkenntnis der Welt vorkam. Es gab all die Wissenschaften, die zur Philosophie gehörten; in Methodologie lernten wir, wie sich eine Wissenschaft konstituiert. Und von dem Moment an, wo man wußte, wie die Mathematik oder die Naturwissenschaften gemacht werden, hieß das für mich, daß man alle Naturwissenschaften und die Mathematik kannte. Also dachte ich, daß ich, wenn ich mich auf Philosophie spezialisierte, die ganze Welt kennenlernen würde, von der ich in der Literatur sprechen sollte. Das lieferte mir das Material, wenn Sie so wollen.

S. de B.: Weil Sie die Literatur in jener Zeit in einer bestimmten Weise sahen, in welcher? Sie sagen, die ganze Welt, von der ich sprechen sollte. Meinten Sie, daß der Schriftsteller Zeugnis ablegen muß von der Welt?

J.-P. S.: Ich meine, daß mich die Gespräche mit den Kameraden auf diese Ideen brachten. Vielleicht hat Nizan es als erster gedacht, ich weiß nicht. Jedenfalls meinte ich, der Roman müsse Zeugnis ablegen von der Welt, wie sie ist, sowohl die literarische und literaturkritische Welt als auch die Welt der lebendigen Menschen. Ich mochte Alphonse Daudet zwar nicht besonders, aber er verblüffte mich, weil er einen Roman über die Mitglieder der Akademie geschrieben hatte, er hatte also einen Beruf genommen, wenn man das einen Beruf nennen kann, und einen ganzen Roman daraus gemacht; er nannte die Namen der Akademiemitglieder.

S. de B.: Aber Sie meinten nicht, daß die Literatur darin bestehen sollte, über sich selbst zu sprechen?

J.-P. S.: Oh, überhaupt nicht. Überhaupt nicht. Ich sage Ihnen doch, ich war von den Mantel-und-Degen-Romanen ausgegangen. Ich dachte zwar nicht mehr daran, aber etwas blieb zurück. Sogar in *Die Wege der Freiheit* steckt noch etwas vom Mantel-und-Degen-Roman.

S. de B.: Ja. Aber überhaupt nicht in *Der Ekel*.

J.-P. S.: Überhaupt nicht in *Der Ekel*.

S. de B.: Auch nicht in *Die Wand*. Sie haben also Philosophie gemacht, weil es die Disziplin war, die es Ihnen erlaubte, alles zu wissen und zu glauben, daß man alles wußte, daß man alle Wissenschaften beherrschte.

J.-P. S.: Ja. Ein Schriftsteller mußte Philosoph sein. Sobald ich erfahren hatte, was die Philosophie ist, erschien es mir normal, sie von einem Schriftsteller zu verlangen.

S. de B.: Ja, aber warum mußte man unbedingt schreiben?

J.-P. S.: Ich gehörte einer Zeit an, in der die persönliche Literatur nicht geschätzt war, zumindest nicht von den bürgerlichen und kleinbürgerlichen Lesern, zu denen mein Großvater und die Leute meiner Umgebung gehörten. Damals schrieb man nicht über persönliche Dinge.

S. de B.: Aber als Sie anfingen Proust zu lieben – das, was er erzählt, waren doch sehr persönliche Dinge: wie er schläft, wie er nicht schläft. Natürlich ist auch die Welt darin enthalten, aber ...

J.-P. S.: Ja, am Anfang habe ich bei Proust vor allem die Welt geschätzt. Es kam ganz allmählich. Später dachte ich, daß die Literatur auch für persönliche Dinge da sei. Aber man darf nicht vergessen, daß ich zu der Zeit, als ich Philosophie studierte und als ich schrieb, meinte, das Ergebnis der Literatur bestehe darin, ein Buch zu schreiben, das dem Leser Dinge enthüllte, an die er nie gedacht hatte. Das war sehr lange meine Idee: daß es mir gelingen würde, die Welt zu zeigen, nicht, was jeder von ihr sehen kann, sondern Dinge, die ich sehen würde – die ich noch nicht kannte – und die die Welt entschleiern würden.

S. de B.: Und warum fühlten Sie sich fähig, den Leuten die Welt zu entschleiern? Wie fühlten Sie sich innerlich? Fühlten Sie sich sehr intelligent, sehr begabt, vorherbestimmt?

J.-P. S.: Sehr intelligent, ja, natürlich. Obwohl ich Schwierigkeiten hatte; zum Beispiel recht unerfreuliche Ergebnisse in Mathematik und in Naturwissenschaften, glaube ich. Aber ich hielt mich für sehr intelligent. Besondere Qualitäten glaubte ich nicht zu besitzen. Ich dachte, daß der Stil und das, was man zu sagen hat, einem intelligenten Menschen, der die Welt betrachtet, zufiele. Anders gesagt, es gab eine ganze Theorie in mir – auf die wir zurückkommen werden –, nach der ich ein Genie war, der aber meine Art, wie ich schrieb und das Schreiben verstand, vollständig widersprach. In gewisser Weise dachte ich, ich sei ein beliebiger Mensch, der Bücher machte, und daß er, wenn er sie so gut machte, wie er konnte, etwas erreichen würde. Er wäre ein guter Schriftsteller, und vor allem würde er die Wahrheit der Welt entdecken.

S. de B.: Interessant diese Idee, die Wahrheit der Welt zu entdecken. Aber das kam daher, daß Sie Ideen, Theorien hatten, wie man es nennt. Schon als Sie noch sehr jung waren, hatten Sie Ihre eigenen Ansichten über die Dinge.

J.-P. S.: Ja, ich hatte eigene Ansichten, die soviel taugten, wie sie taugten. Aber ich hatte sie seit meinem sechzehnten Lebensjahr. Die Prima und die Philosophieklasse, das waren Jahre, in denen ich eine Menge Ideen hatte.

S. de B.: Ja, und diese Ideen mußten in literarischer Form vermittelt werden; es galt, einen schönen Gegenstand zu schaffen, ein Buch, das aber gleichzeitig diese Ideen enthüllte, die in Ihnen waren: kurz, die Wahrheit der Welt.

J.-P. S.: Diese Wahrheit kannte ich noch nicht vollständig, weit davon entfernt. Ich kannte sie ganz und gar nicht. Aber ich würde sie allmählich lernen; weniger dadurch, daß ich die Welt betrachtete, als dadurch, daß ich Wörter kombinierte. Indem ich Wörter kombinierte, würde ich reale Dinge erhalten.

S. de B.: Wie das? Es ist wichtig.

J.-P. S.: Eben das wußte ich nicht. Ich wußte nicht wie. Ich wußte nur, daß das Kombinieren von Wörtern Ergebnisse brachte. Man kombinierte sie, und dann gab es Gruppen von Wörtern, die eine Wahrheit ergaben.

S. de B.: Das verstehe ich nicht recht.

J.-P. S.: Die Literatur besteht darin, Wörter zu gruppieren: Ich befaßte mich noch nicht mit Grammatik und so weiter. Man kombinierte durch Einbildungskraft, es ist die Einbildungskraft, die Wörter schafft wie «die gegen den Strahl gestreichelte Sonne». Und unter diesen Wortgruppen waren manche wahr.

S. de B.: Das klingt fast wie Surrealismus. Man gruppiert Wörter, und plötzlich, durch irgendeine Magie, enthüllen diese Wörter die Welt?

J.-P. S.: Ja, so war es. In der Tat, durch irgendeine Magie, denn ich wußte nicht, welche. Es war ein Vertrauen in die Sprache.

S. de B.: Aber Sie schrieben schließlich nicht aufs Geratewohl, sie warfen doch die Wörter nicht irgendwie zusammen?

J.-P. S.: Gewiß nicht.

S. de B.: Im Gegenteil, es war sehr konstruiert, sehr ausgefeilt. Also müßte man sich das Verhältnis dieser Literatur zur Philosophie ansehen.

J.-P. S.: Besonders wenn diese Literatur etwas Philosophisches hat. Zum Beispiel habe ich in der Prima oder in der *hypo-khâgne* oder in der Philosophieklasse die Surrealisten entdeckt.

S. de B.: Das interessierte Sie?

J.-P. S.: Ja, ein bißchen. Es war komisch, ich hatte eine sehr klassische Bildung erhalten, und nun stieß ich darauf. Außerdem wollte ich mich dafür interessieren, weil Nizan sich dafür interessierte, und allmählich interessierte ich mich immer mehr dafür. An der École Normale war es die herrschende Tendenz. Aber die Leute, die diese Tendenz ins Leben riefen, waren nicht viel älter als ich. Ich war achtzehn, als ich in die École Normale eintrat. Und die Surrealisten waren fünfundzwanzig. Es bestand kein großer Altersunterschied. Man las *L'immaculée conception*, Éluard, Breton; das war sehr wichtig für mich, ich erinnere mich, denn ich habe sogar surrealistische Stilübungen gemacht. Übrigens versuchte ich, die Gedichte von *L'immaculée conception* zu imitieren. Ich hatte sogar angefangen, über die Verrückten nachzudenken, zu jener Zeit. Als wären sie Surrealisten, wenn Sie so wollen.

S. de B.: Trotzdem möchte ich die Verbindung Philosophie-Literatur besser verstehen. In *Er l'Arménien* gab es einen philosophischen Inhalt. Eine Botschaft, die Sie vermitteln wollten.

J.-P. S.: Ja, aber ich faßte es nicht als eine Botschaft auf. Ich enthüllte den Lesern die Wahrheit über die Welt. Eines der Dinge, für die ich keinen Pfifferling gab, war die Schönheit, als innere Qualität eines Werks. Ich kümmerte mich nicht darum. Es ging mir in erster Linie darum, daß es so viele neue Erkenntnisse wie möglich brachte.

S. de B.: Woher nahmen Sie diese Gewißheit, Wahrheiten zu besitzen, die sich anderen mitteilen ließen?

J.-P. S.: Ich besaß sie nicht, ich mußte sie finden. Ich mußte sie in der Welt finden, aber ich war sicher, daß ich sie finden würde.

S. de B.: Und woher kam die erste Ihrer wichtigen Ideen – die in dieser oder jener Form immer geblieben ist –, die Idee der Kontingenz?

J.-P. S.: Nun, die erste Anspielung auf diese Idee finde ich im Notizbuch der *Midy*-Suppositorien.

S. de B.: Erzählen Sie etwas über dieses Notizbuch.

J.-P. S.: Ich habe es in der Metro gefunden. Ich war in der *khâgne*[1], es war mein erstes Philosophieheft, und ich hatte es an mich genommen, um alles aufzuschreiben, was ich dachte.

S. de B.: War es leer, als Sie es gefunden haben?

J.-P. S.: Ja, ich war in der Metro. Und dann habe ich mich einem Gegenstand genähert, der auf einem Sitz lag, es war ein Notizbuch, völlig leer. Ein Notizbuch, ein Geschenk der pharmazeutischen Firma *Midy* an einen Arzt, ein Register. Wenn ich einen Gedanken hatte, der mit A anfing, notierte ich ihn. Und das Komische ist der Anfang des Gedankens über die Kontingenz. Ich dachte über die Kontingenz auf Grund eines Films nach. Ich sah Filme, in denen es keine Kontingenz gab, und wenn ich ins Freie trat, fand ich die Kontingenz. Die Notwendigkeit in den Filmen ließ mich also spüren, daß es draußen auf der Straße keine Notwendigkeit gab. Die Leute kamen und gingen, sie waren beliebig ...

S. de B.: Aber weshalb hat dieser Vergleich diese große Bedeutung für Sie gewonnen? Warum hat die Tatsache der Kontingenz Sie so berührt, daß Sie daraus wirklich ... ich erinnere mich, als wir uns begegnet sind, sagten Sie mir, daß Sie daraus etwas machen wollten, was dem Fatum der Griechen gleichkäme. Sie sollte eine der wesentlichen Dimensionen der Welt sein.

J.-P. S.: Ja, weil ich fand, daß man sie vernachlässigte. Übrigens finde ich das immer noch. Wenn man zum Beispiel die marxistischen Gedanken zu Ende denkt, dann gibt es eine notwendige Welt, es gibt keine Kontingenz, nur Determinismen, Dialektiken; es gibt keine kontingenten Tatsachen.

S. de B.: Berührte Sie die Kontingenz affektiv?

---

[1] Zweites Vorbereitungsjahr zur École Normale Supérieure. (Anm. d. Übers.)

J.-P. S.: Ja. Ich meine, daß ich sie gerade deshalb durch die Filme und draußen im Freien entdeckt habe, weil ich dazu geschaffen war, sie zu entdecken.

S. de B.: In *Die Wörter* gibt es übrigens eine Erfahrung der Existenz, die heute vielleicht ein wenig von Ihnen rekonstruiert wird, die sich damals jedoch durch einen philosophischen Begriff ausdrückte.

J.-P. S.: Gewiß.

S. de B.: Und was schrieben Sie in das Notizbuch der *Midy*-Suppositorien über die Kontingenz?

J.-P. S.: Daß die Kontingenz existiert, so wie man es am Gegensatz zwischen dem Kino, in dem es keine Kontingenz gibt, und draußen auf der Straße sehen kann, wo es im Gegenteil nur sie gibt.

S. de B.: Sie haben einen Gesang der Kontingenz geschrieben.

J.-P. S.: Ich habe einen Gesang der Kontingenz geschrieben.

S. de B.: In welchem Alter?

J.-P. S.: Im dritten Jahr der École Normale. «Ich bringe das Vergessen und ich bringe den Überdruß», das waren die ersten Worte ...

S. de B.: Ja. Das war die öde, langweilige Seite der Existenz, wie Sie später in *Der Ekel* sagten. Und sprachen Sie zum Beispiel mit Nizan oder mit anderen Mitschülern über Ihre Theorie der Kontingenz?

J.-P. S.: Die war ihnen schnuppe.

S. de B.: Warum?

J.-P. S.: Es interessierte sie nicht.

S. de B.: Weil Sie ihr noch keine packende Form gegeben hatten?

J.-P. S.: Vielleicht. Ich weiß nicht. Wissen Sie, die Meinungen der anderen sind einem ein bißchen schnuppe, wenn man an der École Normale ist. Man sucht seine eigenen, man versucht sich durchzuwursteln. Nizan ist sehr schnell von den Faschisten zu den Kommunisten übergegangen. Damals hatte er keine Zeit, an die Kontingenz zu denken.

S. de B.: Ja, gewiß. Und wann haben Sie Guille[1] kennengelernt? Ich frage das wegen der intellektuellen Einflüsse.

J.-P. S.: Im ersten Jahr der École Normale. Aber wir kannten

---

[1] In meinen Memoiren habe ich Guille den Namen Pagniez gegeben.

uns vorher schon gut. Er war mit mir in der *khâgne*, im Lycée Louis-le-Grand.

S.de B.: Und welcher Unterschied bestand zwischen Ihrer Freundschaft zu ihm und der zu Nizan? Hat Guille zu jener Zeit Einfluß auf Sie gehabt? Warum sind Sie sein Freund geworden?

J.-P.S.: Warum Guille, Maheu und ich eine Gruppe gebildet haben? Die im übrigen von der Gruppe Nizan und ich sehr verschieden war: das kann ich Ihnen nicht sagen.

S.de B.: Maheu, das ist verständlicher, weil auch er Philosoph war. Aber Guille war kein Philosoph. Zogen Sie damals die Literatur der Philosophie vor?

J.-P.S.: Er sprach nicht viel über Literatur.

S.de B.: Sprachen Sie über Proust?

J.-P.S.: Wir sprachen über Proust, sicher, aber auch über andere Dinge des Lebens. Was am Morgen passiert war, was sein Vater zu ihm gesagt hatte. Über seine Weibergeschichten und so weiter; und viel über das Essen.

S.de B.: Schon damals?

J.-P.S.: Vergessen Sie nicht, daß wir zu Pierre gingen!

S.de B.: Sie gingen zu Pierre, als Sie an der École Normale waren? Hatten Sie denn genug Moneten dafür?

J.-P.S.: Im vierten Jahr bekam ich meine kleine Erbschaft.

S.de B.: Ach ja! Stimmt. Und zeigten Sie Guille manches von dem, was Sie schrieben?

J.-P.S.: Ja. Besonders seit wir Madame Morel[1] kannten, zeigten wir ihr manches. Ich erinnere mich, daß ich bei ihm und dieser Dame schallendes Gelächter geerntet habe wegen ... «die gegen den Strahl gestreichelte Sonne».

S.de B.: Das war später, denn da kannten Sie mich schon. Sie hatten auch ein Gedicht geschrieben: «Gemildert vom Opfer eines Veilchens / hinterläßt der große eherne Spiegel einen malvenfarbenen Nachgeschmack in den Augen.» Das sollte heißen, daß der Himmel malvenfarben war, und die beiden haben sich furchtbar über Sie lustig gemacht. Aber auch für *Der Ekel* haben sie sich nicht sehr erwärmt, damals ...

J.-P.S.: Oh! Sie waren strenge Kritiker: es versteht sich, daß

---

[1] In meinen Memoiren nenne ich sie Madame Lemaire.

alles, was ich tat, mittelmäßig sein mußte. Sie wollten ja gern, daß ich später schriebe ...

S. de B.: Jedenfalls nehme ich an, daß diese Dame über *Une Défaite* Tränen gelacht hat?

J.-P. S.: O ja! Tränen.

S. de B.: Sie sprach immer vom jämmerlichen Frédéric. Schön. Kehren wir zur Kontingenz zurück. Es gab die Kontingenz. Es gab einen philosophischen Inhalt in *Er l'Arménien*; und was haben Sie danach geschrieben? War das gleich *Legende der Wahrheit*?

J.-P. S.: *Legende der Wahrheit* wurde geschrieben, als ich schon Sie kannte.

S. de B.: Erzählen Sie mir mehr über dieses Verhältnis zwischen Philosophie und Literatur. Ich weiß, daß es mich beeindruckte. Sie sagten mir: ich will Spinoza und Stendhal sein. Aber wie sahen Sie das Verhältnis? Sie sahen doch nicht zwei Reihen von Werken, die eine philosophisch und die andere ...

J.-P. S.: Nein, damals wollte ich keine philosophischen Bücher schreiben. Ich wollte nicht so etwas wie *Kritik der dialektischen Vernunft* oder *Das Sein und das Nichts* schreiben. Nein, ich wollte, daß die Philosophie, an die ich glaubte, die Wahrheiten, zu denen ich gelangen würde, in meinem Roman zum Ausdruck kommen.

S. de B.: Das heißt, im Grunde wollten Sie *Der Ekel* schreiben?

J.-P. S.: Im Grunde wollte ich *Der Ekel* schreiben.

S. de B.: Und es ist Ihnen gelungen. Aber es kam nicht sofort, und zunächst nahm es noch einmal die Form eines Mythos an; es gab *Legende der Wahrheit*, und es gab den Mythos des einsamen Menschen.

J.-P. S.: Ja, der Mythos des einsamen Menschen hat lange gedauert. Es gibt ihn noch in *Der Ekel*.

S. de B.: Ja, aber nicht in mythischer Form. *Legende der Wahrheit* ist in einer sehr geschraubten Sprache geschrieben, sehr feierlich, sehr wenig modern.

J.-P. S.: Es war ein professoraler Stil. So schreibt ein Literatur- oder Philosophieprofessor. Damit habe ich mich von den professoralen Werken gelöst.

S. de B.: Sie hatten zu vielen Dingen Ideen, Ideen, die präzise und gut ausgedrückt waren: in welchem Jahr haben Sie sich, zum Beispiel, zu der Umfrage über die Jugend geäußert?

J.-P. S.: Ich war noch an der École Normale. Es war im letzten Jahr, vielmehr im vorletzten. Denn im letzten hatte ich zuviel zu arbeiten. Man braucht ja nur das Datum nachzusehen.

S. de B.: Sie hatten bereits eine ganze Lebensanschauung. In Ihrer Korrespondenz mit Camille gibt es einen Brief von Ihnen mit neunzehn Jahren, der ganz erstaunlich ist, weil man darin schon die Vorform einer großen Theorie findet, die Sie später über das Glück, über das Schreiben, über die Ablehnung eines bestimmten Glücks entwickelten, und die Bestätigung Ihres Werts als Schriftsteller, auch wenn dieser im Augenblick keineswegs erwiesen war. Wie empfanden Sie diesen Wert genau?

J.-P. S.: Er war absolut. Ich glaubte daran, wie ein Christ an die Heilige Jungfrau glaubt, aber ich hatte keinerlei Beweis. Und dennoch hatte ich den Eindruck, daß das, was ich schrieb, das heißt diesen kleinen Dreck, die Mantel-und-Degen-Romane, die ersten realistischen Novellen, der Beweis dafür war, daß ich Genie hätte. Und ich konnte es nicht durch ihren Inhalt beweisen, ich war mir durchaus im klaren, daß das noch nicht das Richtige war; aber allein die Tatsache, daß ich schrieb, bewies, daß ich Genie hatte. Sie bewies es, weil der Akt des Schreibens, wenn er vollkommen ist, einen Autor verlangt, der Genie hat. Die Tatsache, vollkommene Dinge zu schreiben, war der Beweis, daß man Genie besaß. Und letztlich hieß Schreiben vollkommene Dinge schreiben. Man kann nur schreiben wollen, um vollkommene Dinge zu schreiben. Die allerdings gleichzeitig auch wieder nicht ganz vollkommen sind, sie überschreiten ein wenig die Grenzen des Vollkommenen, um weiterzugehen. Aber die Idee: «Schreiben heißt vollkommene Dinge schreiben», ist die klassische Idee. Ich hatte also keinerlei Beweis, aber ich sagte mir, da ich schreiben wollte, vollkommene Dinge schreiben wollte, mußte man annehmen, daß ich es tun würde; folglich war ich jemand, der vollkommene Dinge schreiben würde. Ich war ein Genie. Das alles ist sehr verständlich.

S. de B.: Aber weshalb dachten Sie, Sie seien sehr intelligent?

J.-P. S.: Weil man es mir gesagt hatte.

S. de B.: Sie waren nicht immer der Klassenbeste; als Sie in La Rochelle waren, hatten Sie keine sehr großen Erfolge in der Schule.

J.-P. S.: Ich hatte einen Ruf, ich weiß nicht recht, warum: sicher nicht wegen meines Stiefvaters.

S. de B.: War es eine Reaktion gegen Ihren Stiefvater?

J.-P. S.: Wahrscheinlich. Ich meinte, daß meine Ideen wahr seien. Und die seinen einfach auf die Wissenschaft begrenzt.

S. de B.: Davon haben Sie nie gesprochen. Und es ist eines der wichtigen Dinge: welchen Einfluß hatte Ihr Verhältnis zu Ihrem Stiefvater etwa zwischen Ihrem elften und neunzehnten Lebensjahr? Da war dieser Stiefvater, der Naturwissenschaftler ist und den Sie natürlich nicht mögen, aus vielerlei affektiven Gründen, weil er Ihnen Ihre Mutter stiehlt. Aber nicht das bringt Sie gegen die Wissenschaften auf: immerhin hatten Sie eine Kindheit, die eher von der Literatur bestimmt war. Können Sie das etwas näher erklären?

J.-P. S.: Es würde lange dauern, meine Beziehungen zu meinem Stiefvater zu erklären.

S. de B.: Es war die Beziehung eines Kindes, eines Heranwachsenden.

J.-P. S.: Ja. Wir wollen jetzt nicht davon sprechen. Vor allem, weil es ohne Bedeutung für das Schreiben gewesen ist. Bis zum Alter von vierzehn Jahren zeigte ich meiner Mutter, was ich geschrieben hatte, und sie sagte: «Es ist hübsch, es ist gut erfunden.» Sie zeigte es meinem Stiefvater nicht, es ließ ihn kalt. Er wußte, daß ich schrieb, aber es ließ ihn kalt. Im übrigen verdienten diese Papiere nichts anderes, als daß sie einen kaltließen. Aber ich, ich wußte, daß mein Stiefvater sich nicht darum scherte. So daß er ständig derjenige war, gegen den ich schrieb. Mein ganzes Leben lang; sogar die Tatsache, daß ich schrieb, war gegen ihn gerichtet. Er tadelte mich nicht, weil ich zu jung war, es stand mir frei, es zu tun, statt Ball zu spielen, aber in Wirklichkeit war er gegen mich.

S. de B.: Aber warum eigentlich? Fand er, daß die Literatur wertlos ist?

J.-P. S.: Er fand, daß man mit vierzehn Jahren nicht beschließen kann, Literatur zu machen. Das verband sich für ihn mit gar nichts. Für ihn war ein Schriftsteller ein Mann, der mit dreißig oder vierzig Jahren eine bestimmte Anzahl Bücher vorgelegt hat. Aber mit vierzehn hat man sich mit so etwas nicht zu befassen.

S. de B.: Ich komme auf die Frage zurück: Warum fühlten Sie sich intelligent? In La Rochelle wurden sie eher gehänselt. Es waren also nicht Ihre Mitschüler, die Ihnen ein Intelligenzzeugnis ausstellten. Andererseits haben Sie mir gesagt, daß Ihre Leistungen in La Rochelle nicht eben brillant waren.

J.-P. S.: Ich hielt mich nicht für intelligent.

S. de B.: Doch. Sie sagten gerade, daß Sie sicher waren, intelligent zu sein.

J.-P. S.: Vor allem später, ab der Prima.

S. de B.: Ach so, und in La Rochelle?

J.-P. S.: In La Rochelle nicht. In La Rochelle habe ich die Quarta, die Tertia und die Sekunda besucht. Ich hielt mich nicht für intelligent, weil das Wort für mich nicht existierte; es existierte, aber ich benutzte es nicht. Nicht, daß ich mich für dumm hielt. Ich hielt mich eher für tief, falls ein Kind diesen Ausdruck verwenden kann; wenn Sie so wollen, dachte ich, daß ich Dinge aufspüren konnte, die meine Mitschüler nicht in sich aufspürten.

S. de B.: Im Vergleich zu Ihrem Stiefvater meinten Sie deshalb – sagen wir mit vierzehn Jahren –, daß Sie mehr Dinge verstünden als er?

J.-P. S.: Daß er intelligenter wäre als ich.

S. de B.: Ach, Sie meinten, er wäre intelligenter?

J.-P. S.: Ja, weil er Mathematik konnte. Mathematik verstehen, das schien mir die Intelligenz zu sein.

S. de B.: Aber Sie meinten, daß Sie etwas besäßen, was er nicht besäß?

J.-P. S.: Ja. Das Schreiben. Das Schreiben erhob mich über ihn.

S. de B.: Und auch das Denken. Wenn er mit Ihnen diskutierte – Sie waren vierzehn, fünfzehn Jahre alt –, meinten Sie, daß er dummes Zeug sagte?

J.-P. S.: Nein. Es war sehr schwierig zu beurteilen, was er sagte. Er hatte Ideen, die nicht die meinen waren, die an den Dingen vorbeigingen, aber ich sah nicht genau, in welchem Augenblick sie in die falsche Richtung gingen. Er ging von der Mathematik aus, von der Physik, vom technischen Können, von dem, was sich in einer Fabrik abspielte; er besaß eine völlig festgefügte Welt, und außerdem hatte er gelesen. Er hatte Bücher gelesen, die zwar nicht besonders interessant, aber zur damaligen Zeit bekannt waren.

S. de B.: War er nicht ein völlig engstirniger Ingenieur?

J.-P. S.: Nein, nein. Er hatte Bücher gelesen, die ich las und schätzte. Übrigens tun das heutzutage viele Ingenieure. Aber mich brachte das in Verlegenheit.

S. de B.: Hatten Sie in jener Zeit, von der Sie so wenig gesprochen haben, zwischen Ihrem elften und neunzehnten Lebensjahr, hatten Sie da politische Ansichten? Ich meine nicht Ideen, Theorien; aber hatten Sie mit vierzehn, fünfzehn Jahren irgendeine Orientierung?

J.-P. S.: 1917 interessierten wir uns, meine Mitschüler und ich, ein bißchen für die russische Revolution ...

S. de B.: Wie alt waren Sie da? Sie waren doch noch sehr klein, zwölf Jahre alt?

J.-P. S.: Ja, ich war zwölf Jahre alt, und es hat uns nicht besonders aufgeregt. Wir fragten uns vor allem, ob man Deutschland trotz des Separatfriedens mit der UdSSR besiegen könnte, mehr nicht.

S. de B.: Wie empfanden Sie die Welt?

J.-P. S.: Ich war Demokrat. Wie Sie wissen, hat mich mein Großvater, der Republikaner war, zum Republikanismus erzogen – ich habe es in *Die Wörter* geschildert.

S. de B.: Kam es deswegen mit Ihrem Stiefvater zu Auseinandersetzungen? Machte sich die Tatsache, daß Sie Demokrat und Republikaner waren, irgendwie bemerkbar?

J.-P. S.: Nein, auch mein Stiefvater war Republikaner. Vielleicht hatten wir nicht denselben Republikanismus, wenn Sie so wollen, doch das hat sich erst nach und nach herausgestellt. Denn mein Republikanismus, das waren Wörter, zu Anfang. Eine Art Aufbruch zu einer Gesellschaft, in der jeder die gleichen Rechte hätte.

S. de B.: Ja. Dann bestand also damals kein nennenswerter Konflikt zwischen ihm und Ihnen über diese Frage?

J.-P. S.: Nein; erst später, als ich im Pariser Gymnasium war.

S. de B.: Im Grunde hat sich also alles, was Sie bewegte und was in La Rochelle in anderer Form existierte, in Paris präzisiert, entfaltet, gefestigt. Erst in Paris dachten Sie wirklich, daß Sie intelligent wären und Genie hätten?

J.-P. S.: Nein. Schon vorher.

S. de B.: Schon vorher?

J.-P. S.: Ja, ja. Genie war nicht Intelligenz. Das Genie, das war die Möglichkeit, ein vollkommenes literarisches Werk zu schaffen. Außerdem habe ich ein Detail vergessen, dessentwegen ich zum Teil nach Paris geschickt wurde, nämlich daß ich in der Tertia meinem Stiefvater das Geld geklaut habe, das er meiner Mutter gab.

S. de B.: Erzählen Sie uns diese Geschichte noch einmal. Sie haben sie schon im Film[1] erzählt, aber es ist ungewiß, ob der Film jemals herauskommt. Sie ist interessant.

J.-P. S.: Nun, ich hatte Bedürfnisse.

S. de B.: Ja, ich weiß. Es war der Wunsch, mit Ihren Mitschülern auf gleichem Fuß zu stehen, sie ins Theater einzuladen, ihnen irgend etwas ausgeben zu können ...

J.-P. S.: ... ihnen Kuchen ausgeben zu können. Ich erinnere mich, wir gingen in die große Konditorei von La Rochelle, wir aßen Rosinenkuchen mit dem Geld meiner Mutter.

S. de B.: Sie hatten also Bedürfnisse.

J.-P. S.: Ich hatte Bedürfnisse. Die Handtasche meiner Mutter befand sich in einem Schrank. Sie enthielt immer das ganze Monatsgeld für sie und die Dinge, die sie kaufen mußte, die Lebensmittel zum Beispiel. Es war ein Haufen Scheine, und ich nahm welche; zuerst nahm ich Francs, die viel mehr wert waren als ein Franc heute, und dann Scheine, recht vorsichtig, fünf Francs hier, zwei Francs dort, und eines Tages im Mai fand ich mich im Besitz von siebzig Francs. Im Jahre 1918 waren siebzig Francs eine riesige Summe. Und eines Tages war ich müde und bin ziemlich früh schlafen gegangen. Meine Mutter weckte mich am nächsten Morgen und wollte wissen, ob es mir besser ging. Ich hatte meine Jacke, in der mein ganzer Schatz steckte, Scheine und Münzen, über meine Beine gelegt, um mich zu wärmen. Und sie hat sie hochgehoben, sie hat sie geschüttelt, ganz ohne Absicht; sie hörte: ding-ding-ding, ein Haufen Münzen, die darin

---

1 *Sartre. Ein Film*, Reinbek 1978. (Anm. d. Übers.)

klingelten. Sie fuhr mit der Hand hinein, sie fand die Scheine und die Münzen; sofort holte sie sie heraus und sagte: Was ist denn das für Geld?

S. de B.: Komisch, daß sie vorher nie gemerkt hat, daß Sie stahlen! Bei meiner Mutter wäre das unmöglich gewesen. Mußte Ihre Mutter denn nicht rechnen, wußte sie nicht, wieviel in ihrer Handtasche war?

J.-P. S.: Nein.

S. de B.: Erzählen Sie weiter. Sie hat die Scheine, die Münzen gefunden ...

J.-P. S.: Ich sagte: «Das ist Geld, das ich Cardino zum Spaß geklaut habe, seine Mutter hat es ihm gegeben, ich will es ihm heute zurückgeben.» – «Schön», sagte meine Mutter, «aber ich selbst werde es ihm zurückgeben, du bringst ihn mir heute abend her, damit ich ihn fragen kann, worum es geht.» – Das traf sich schlecht, weil dieser Cardino – ich weiß nicht, warum ich gerade ihn genannt habe – mein ärgster Feind war. Am Morgen ging ich ins Gymnasium, und es war verteufelt schwer, Cardino zu treffen, der mir in die Fresse hauen wollte, aber schließlich haben sich Dritte eingeschaltet, und es wurde ausgemacht, daß er kommen würde, daß er das Geld an sich nehmen, mir drei Fünftel zurückgeben und die restlichen zwei Fünftel für sich behalten würde. Er ist gekommen; meine Mutter hat ihm eine lange Predigt gehalten, die ihn sehr belustigte: man dürfe sich nicht so einfach Sachen stehlen lassen, man müsse aufpassen, in seinem Alter, etc. Er hat das Geld genommen und ist weggegangen. Sofort hat er sich eine große elektrische Lampe gekauft. Und Madame Cardino, seine Mutter, hat das alles zwei Tage später entdeckt. Inzwischen hatte er die Summe, die er mir schuldete, das heißt die drei Fünftel des Geldes, Mitschülern zugesteckt, die es mir nicht gleich wiedergaben. Es kam zu einer großen Szene mit meiner Mutter und meinem Stiefvater. Ich wurde getadelt etc.

S. de B.: Ja, aber Madame Cardino, die Mutter, kam und fragte, was mit diesem Geld los wäre.

J.-P. S.: Ja. Da hat meine Mutter dann alles begriffen. Man hat mich ausgeschimpft. Ich wurde einige Zeit geschnitten, und ich erinnere mich – es war in der Tertia –, daß mein Großvater mit meiner Großmutter aus Paris gekommen ist; er hat alles erfahren, es hat ihn sehr geärgert, und eines Tages habe ich ihn zum Apotheker begleitet, er trat ein und ließ ein Zehn-Centime-Stück auf den Boden fallen. Es hat «ding» gemacht. Ich bin losgestürzt, um es aufzuheben. Er hat mich zurückgehalten, und er hat sich selbst gebückt mit seinen alten knackenden Knien, weil ich nicht mehr würdig war, Geldstücke vom Boden aufzuheben.

S. de B.: Das hat Sie bestimmt getroffen. Solche Dinge treffen ein Kind.

J.-P. S.: Ja, das hat mich etwas getroffen. Und außerdem waren meine Beziehungen zu meinen Mitschülern nicht gut.

S. de B.: Inwiefern hat Sie das in bezug auf die Literatur geprägt? Manchmal sagen Sie, es habe Sie die Gewalt gelehrt.

J.-P. S.: Ja, es hat mich die Gewalt gelehrt. Normalerweise hätte ich die Gewalt nur in Form eines ausgeteilten oder erhaltenen Schlags auf die Nase kennenlernen dürfen; im Pariser Gymnasium war das so. Aber im Gymnasium von La Rochelle nahmen sie den Krieg ernst; der Feind war immer ein Boche: sie waren gewalttätig.

S. de B.: Richtig! Es war ja während des Krieges. Das ist sehr wichtig.

J.-P. S.: Ja, es war während des Krieges. Und da habe ich die Gewalt kennengelernt. Zuerst hatten sie es auf mich abgesehen, weil ich ein bißchen der Prügelknabe war, und dann aufeinander. Man sprach vom Krieg, vom Fallen etc. Sie hatten Verwandte, ihren Vater im Krieg. Ja, damals habe ich die Gewalt kennengelernt. Das ist ein wichtiger Punkt.

S. de B.: Setzen wir unser Gespräch von gestern fort. Sie sagten, Sie wollten heute über zwei Themen sprechen oder sogar über drei. Über die Gewalt, so wie Sie sie erlitten haben, und inwiefern Sie Ihr Werk beeinflußt hat. Dann über das Problem des Wechsels von der Provinz nach Paris, das – wie Sie gestern sagten, sehr wichtig gewesen zu sein schien. Und schließlich über Ihre Vorstellungen von Genialität und über den Unterschied, den Sie zwischen Genie und Intelligenz machten. Womit möchten Sie anfangen?

J.-P. S.: Mit der Gewalt, denn sie war eine alltägliche Realität;

es gab die Gewalt des Krieges und daneben die kleine Gewalt dieser Jungen ohne Väter. Ich begegnete der Gewalt aus der Nähe und aus der Ferne. Besonders, weil ich sehr oft ihr Opfer war. Opfer, wie man es in Gymnasien ist, wenn man geschlagen wird. Man schlägt Sie nicht wie einen Feind, sondern wie einen Mitschüler, um Sie daran zu hindern, einen Fehler zu begehen, um Sie mit jemandem auszusöhnen, um Ihnen einen Streich zu spielen, ganz egal: man prügelt Sie in aller Freundschaft. Wichtig war übrigens unsere gemeinsame Zugehörigkeit zum Gymnasium, das zwei Hauptfeinde hatte: erstens die Schule der Pfaffen, eine religiöse Schule, und zweitens die Ganoven, wie wir sagten, die kleinen Ganoven, die nicht unbedingt zu Schulen gehörten: es konnten Lehrlinge sein, es waren Burschen wie wir, zwischen zwölf und sechzehn Jahren, und wir trafen sie und prügelten uns mit ihnen, ohne daß wir sie kannten, einfach weil sie ärmlicher gekleidet waren als wir; kam einem einer von ihnen vor die Nase, schlug man sich. Ich erinnere mich noch gut daran, daß ich in einer Straße mitten in La Rochelle, die auf einen Torbogen mit einer riesigen Uhr führte, eines Tages, als ich meine Mutter nach dem Unterricht beim Einkaufen begleitete, einem dieser Ganoven gegenüberstand; wir haben uns auf der Erde gewälzt und uns mit Fausthieben und Fußtritten traktiert, bis meine Mutter erstaunt aus dem Laden kam und mich am Boden fand, untrennbar mit meinem Gegner verknäult. Ich habe die Hand meiner Mutter gespürt, die mich aus dieser Umklammerung riß; wir prügelten uns ganz schön.

S. de B.: Wenn Sie sich mit den Ganoven oder mit den Kindern schlugen, die bei den Mönchen waren, dann waren Sie also mit den Schulkameraden einig, die gewöhnlich Sie verfolgten?

J.-P. S.: Ja, wenn welche vorbeigekommen wären, hätten sie mir beigestanden, um auf den Ganoven einzuschlagen. Das war ein Bündnis unter Gymnasiasten. Ich selbst gehörte nicht ganz zum Gymnasium, weil ich Pariser war, weil ich eine Sprechweise, eine Lebensart hatte, die sich von der meiner Mitschüler unterschied. Trotzdem hatte ich Freunde, aber ich erzählte ihnen dumme Geschichten, und sie glaubten sie nicht. Als ich ins Gymnasium von La Rochelle kam, habe ich zum Beispiel erzählt, daß ich in Paris eine kleine Freundin hätte und daß wir an den Wochenenden in ein Hotel gingen und vögelten. Da ich zwölf Jahre alt war und meine Größe etwas unter dem Durchschnitt lag, wirkte das eher komisch. Ich war mein eigenes Opfer, denn ich glaubte, daß ich sie überraschen würde, daß sie voller Bewunderung für mich wären.

S. de B.: Wie reagierten Sie? Berührte Sie diese Feindseligkeit sehr tief, oder blieb sie auf der Ebene des Spiels? Was hat es Ihnen über das Leben beigebracht?

J.-P. S.: Nur für sie lag es auf der Ebene des Spiels. Für mich nicht. Ich hatte das Gefühl, von einer Art Pech verfolgt zu werden, ich war sehr unglücklich. Ich wurde sehr oft gehänselt und geschlagen. Also fühlte ich mich minderwertig. Was ich im Pariser Gymnasium, im Lycée Henri IV überhaupt nicht tat. Es gab Schwierigkeiten, wie das Alter sie mit sich bringt. Ich hatte Freunde, aber auch Schwierigkeiten mit anderen. Aber im Lycée Henri IV gab es eine Gruppe, mit der ich völlig solidarisch war. Während ich in La Rochelle zwar Freunde hatte, doch dort war vor allem ich es, der ihnen Zuneigung entgegenbrachte. Aber, ich wiederhole es, man wollte mir nicht schaden oder sich über mich lustig machen. Wir waren Freunde, von denen die einen den anderen schlugen. Und das nahm ich sehr krumm. Und da außerdem die Beziehungen zu meinem Stiefvater nicht die besten waren, glaube ich, daß ich dort die unglücklichsten Jahre meines Lebens verbracht habe.

S. de B.: Hatte das einen Einfluß auf Ihre spätere Entwicklung?

J.-P. S.: Ich glaube, ja. Ich glaube, daß ich die Gewalt, die ich dort kennenlernte, niemals vergessen habe. So sah ich die Beziehungen der Menschen untereinander. Ich habe später nie zärtliche Beziehungen zu meinen Freunden gehabt. Immer gab es Anflüge von Gewalt zwischen ihnen oder von ihnen zu mir oder von mir zu ihnen; es war kein Mangel an Freundschaft, sondern der Beweis, daß die Gewalt sich in die Beziehungen der Menschen zueinander einschlich.

S. de B.: Aber in Ihren Beziehungen zu Maheu, Guille, Nizan, als Sie im Henri IV waren oder an der École Normale, spielte das doch keine Rolle?

J.-P. S.: Bei Nizan sicherlich nicht. Was Guille und Maheu betraf, so kam ich zwar nicht auf die Idee, sie zu verprügeln, niemals. Aber ich spürte eine gewisse Distanz zwischen uns, die Möglichkeit von Gewalt.

S. de B.: Und hat das Ihre eigene Rolle beeinflußt, als Sie an der École Normale waren und mit einer ganzen Horde Wasserbomben ...

J.-P. S.: Ja, das war die Fortsetzung. Ich hielt es für ganz natürlich. Wasserbomben auf Typen zu werfen, die abends im Smoking heimkamen, das erschien mir völlig normal. In La Rochelle war es anders. Wenn wir uns mit Ganoven prügelten, dann wurden wir dadurch zu Bürgern. Ich selbst machte mir keine großen Gedanken darüber, aber ich sah sehr wohl, daß es in meiner Umgebung so aufgefaßt wurde. Ganoven verprügeln hieß sich als Bürger konstituieren.

S. de B.: Aber später sind Sie nie ein gewalttätiger Mensch gewesen?

J.-P. S.: An der École Normale habe ich mich hin und wieder verprügeln lassen.

S. de B.: Sie hatten Wutausbrüche. Als ich Sie kennenlernte, waren Sie ziemlich cholerisch, vor allem morgens. Aber das artete nie in Gewalt aus.

J.-P. S.: Nein.

S. de B.: Stand das in Beziehung zu einer gewissen Gewalt in dem Vokabular, das Sie verwendeten, als ich Sie kennenlernte? Sie benannten die Dinge auf ziemlich brutale Weise; übrigens war das keine besondere Eigenschaft von Ihnen, auch Nizan, Maheu taten es. Besteht hier eine Beziehung?

J.-P. S.: Es war eine nuancierte, abstrakte Form von Gewalt, wir träumten von einer einfachen und gewalttätigen Philosophie, der Philosophie des 20. Jahrhunderts. Nizan hatte sich eine ganze Welt der Gewalt vorgestellt zu der Zeit, als er Descartes las.

S. de B.: Die Art von Gewalt, die Sie dazu brachte, sich mit den Ganoven zu schlagen, hatte eine reaktionäre, fast faschistische Seite.

J.-P. S.: Faschistisch, nein, bestimmt nicht. Aber reaktionär, ja. Wie ich schon sagte, wir waren Bürger.

S. de B.: Und wie haben Sie da herausgefunden?

J.-P. S.: Ich fühlte mich nicht wirklich drin. Und dann bin ich nach Paris gekommen ...

S. de B.: Ist der Wechsel von der Provinz nach Paris sehr wichtig für Sie gewesen?

J.-P. S.: Ich habe ihn nicht sofort gespürt; ich sah mich vor allem aus einer kleinen Welt ausgestoßen, an die ich gewöhnt war. Es war in der Sekunda, es war keine Rede mehr davon, sich zu schlagen oder mich zu schlagen; ich hatte normale, wenn auch etwas unersprießliche Beziehungen zu meinen Schulkameraden. Aber letztlich mochte ich dieses Milieu; ich war an La Rochelle gewöhnt. Ich bin nach Paris gekommen, weil mein Großvater als Deutschlehrer Kollegen und Direktoren hatte, die ihn kannten und die mich in einem guten Gymnasium unterbringen wollten; und um mich von dem scheußlichen Vergehen abzubringen, das ich im Jahr vorher mit Cardino begangen hatte, als ich stahl.

S. de B.: Aber Sie sagten doch gerade, daß diese Jahre sehr unglücklich gewesen seien, und jetzt sagen Sie, Sie seien an La Rochelle gewöhnt gewesen?

J.-P. S.: Ja, die unglücklichen Jahre waren in der Quarta und in der Tertia. In der Sekunda war ich dann daran gewöhnt.

S. de B.: Und wie haben Sie Ihre Ankunft in Paris empfunden? Gestern sagten Sie mir, es habe etwas gegeben, was sehr wichtig für Sie war, nämlich daß Sie im Internat waren, während Sie vorher in der Familie lebten. Im Internat sein und neue Freunde haben, wie empfanden Sie das?

J.-P. S.: Ich erinnere mich nicht mehr genau. Ich weiß, daß ich zwei Jungen begegnet bin, die ich in der Sexta und Quinta kennengelernt hatte: Nizan, der ebenfalls im Internat war, und Bercot, ein charmanter Junge, ein sehr guter Schüler, der Externer war.

S. de B.: Darüber sprechen Sie in *Die Wörter*, scheint mir.

J.-P. S.: Das waren meine ersten Begegnungen, und dann hatte ich noch eine Menge andere.

S. de B.: Haben Sie sich schnell an das Internatsleben gewöhnt?

J.-P. S.: Ich hatte Angst davor, weil ich einen Haufen Romane des 19. Jahrhunderts gelesen hatte, in denen Jungen unglücklich wurden, weil sie im Internat waren. Das schien mir klassisch: man ist im Internat, also unglücklich.

S. de B.: Und in Wirklichkeit?

J.-P. S.: In Wirklichkeit war ich nicht unglücklich. Ich habe Nizan wiedergesehen, ich habe wieder Beziehungen zu ihm aufgenommen, übrigens viel tiefere als vorher. Wir haben begonnen, uns eng zusammenzuschließen. Das Paar Sartre-Nizan war in der Philosophieklasse, im Lycée Henri IV schon sehr ausgeprägt. Wir waren in der Oberprima, wir kannten die Schüler, wir liehen uns Bücher von ihnen aus. Dort habe ich Conrad und andere kennengelernt.

S. de B.: Wollte Nizan damals auch schreiben?

J.-P. S.: Nizan wollte schreiben, seit ich ihn kannte; sogar in der Sexta hatte er schon den Wunsch zu schreiben. Was in der Prima sehr gut für mich gewesen ist, war, daß ich jemanden fand, der auf der gleichen Ebene stand wie ich, der schreiben wollte und es immer gewollt hatte, nämlich Nizan. Bercot war etwas anders; auch er wollte schreiben, aber er sprach weniger davon. Er war verschlossener. Hauptsache war, daß wir schreiben wollten, Nizan und ich; das verband uns, und die anderen Schüler wußten, daß wir schreiben wollten, und achteten uns infolgedessen. Ich war in der Prima A, das heißt ich machte Griechisch und Latein, bei Georgin, den ich bereits erwähnt habe. Ich arbeitete gut, denn am Ende bekam ich den ersten Preis, was weit über dem lag, was ich in La Rochelle erhoffen konnte.

S. de B.: Und auch Nizan arbeitete gut?

J.-P. S.: Recht gut. Er war etwas «flatterhafter» als ich, er interessierte sich mehr für seine Ausgänge, für das Milieu, in dem er verkehrte, für die Leute, die er traf, für die Freunde seiner Familie, Zusammenkünfte, Mädchen etc. Trotzdem lag ihm sehr an der geistigen Arbeit, an der Arbeit des Schriftstellers.

S. de B.: Hatte auch er die Vorstellung, daß er ein großer Schriftsteller sein würde und in gewisser Weise ein Genie?

J.-P. S.: Wir sprachen nicht darüber. Aber ...

S. de B.: Sie sagten, Sie seien Übermenschen. Es machte Ihnen Spaß, das zu sagen.

J.-P. S.: Ja, das sagten wir manchmal. Und wir gaben uns bretonische Namen, Ra und Bako.

S. de B.: Warum bretonische?

J.-P. S.: Nizan war Bretone.

S. de B.: Ach so! Wie war das eigentlich mit dieser Idee, ein Genie zu sein, was Ihrer Meinung nach allein der Tatsache inhärent ist, schreiben zu wollen?

J.-P. S.: Inhärent ist die Tatsache, daß man schreibt, um etwas Gutes zu machen: um etwas aus sich herauszuholen, das einen Wert und das einen selbst darstellt. Man kann den Menschen in seinem Buch finden. Proust kenne ich nur durch sein Buch, wie Sie auch, und die Sympathie oder Antipathie, die wir ihm entgegenbringen, rührt von seinem Buch her. Also ist der Mensch in seinem Buch gegenwärtig, erhält seinen Wert vom Buch her.

S. de B. – Das ist, kurz gesagt, ein wenig die Kantsche Idee: du mußt, also kannst du. Sie müssen ein gutes Buch machen, das ist Ihr Engagement, Ihre Wahl: Sie müssen ein großes Werk schaffen, und folglich steckt in Ihnen das Zeug, es zu schaffen. Du mußt, also kannst du.

J.-P. S.: Ganz offensichtlich ist es so. Du mußt, also kannst du. Ich beschloß, ein Werk zu schaffen. Ich wählte das, wozu ich geschaffen war. Das ist in der Tat sehr kantisch. Aber die formale, universelle Kantsche Moral vernachlässigt die kontingenten Gegebenheiten. Man muß in der Situation handeln, den kontingenten Zügen der Menschen, die vorhanden sind, Rechnung tragen – und nicht nur ihrer abstrakten Existenz.

S. de B.: Aber Sie befanden sich genau auf dieser abstrakten Ebene, Sie hatten eine noch ganz abstrakte Sicht der Zukunft. Kam das bei Ihnen in einer Art Stolz zum Ausdruck, einer Art Befriedigung, Mißachtung für die anderen, Schwärmerei? Wie erlebten Sie es?

J.-P. S.: Gewiß gab es Momente der Schwärmerei. Ich fühlte mich nur in kurzen Intuitionen als Genie; in der übrigen Zeit war das eine Form ohne Inhalt. Komischerweise habe ich meine Werke niemals für genial gehalten. Obwohl sie nach den Regeln gemacht waren, von denen ich meinte, sie setzten Genie voraus.

S. de B.: Die Vorstellung vom Genie lag also immer in der Zukunft?

J.-P. S.: Ja, das lag immer in der Zukunft.

S. de B.: Sie wußten sehr wohl, daß Ihre Werke von damals – jene, über die wir gestern sprachen, *Jésus la Chouette, Der Engel des Morbiden, Er l'Arménien* –, Sie wußten sehr wohl, daß sie nicht sehr gut waren.

J.-P. S.: Sie waren nicht sehr gut. Ich sagte es nicht, aber ich wußte es.

S. de B.: Und *Une Défaite*?

J.-P. S.: In *Une Défaite* sah ich anfangs einen Roman, der meine Sensibilität und meine Weltanschauung zum Ausdruck bringen sollte. Er wurde nicht fertiggestellt, folglich ließ er sich mit nichts vergleichen. Ich dachte auch keineswegs, ein Genie zu sein, als ich ihn schrieb, aber immerhin war dieser Roman für mich wichtiger.

S. de B.: Ja. Und *Legende der Wahrheit*?

J.-P. S.: *Legende der Wahrheit* hielt ich für noch wichtiger, weil ich darin persönliche philosophische Ideen darlegte. Ich meinte, daß meine Ideen, in einer schönen Sprache ausgedrückt, die Leute beeindrucken würden und zeigen würden, was die Menschen sind. Sie erinnern sich, es gab darin Leute, die das Allgemeine dachten und Wissenschaftler waren; und Menschen, die allgemeine Ideen hatten, das heißt die Philosophen und die Bürger. Und dann gab es noch die Gedanken des einsamen Menschen, das heißt des Menschen, der ich sein wollte, eines Menschen, der nur durch sich selbst denkt und die Stadt dadurch erleuchtet, daß er denkt, daß er fühlt. Ich war recht eingebildet, wie Sie sehen.

S. de B.: Ein Teil von *Legende der Wahrheit* ist in *Bifur* veröffentlicht worden. War es das erste Mal, daß Sie veröffentlicht wurden?

J.-P. S.: Ja.

S. de B.: Sie hatten einige begeisterte Leser; ich lernte einen Ungarn in der Nationalbibliothek kennen, der diesen Text für eine Offenbarung hielt.

J.-P. S.: Dabei war das Ganze langweilig. Man sprach über Philosophie in der Sprache der Essays, blumig. Es war ziemlich lächerlich. Es fehlte die Fachsprache, die erforderlich gewesen wäre.

S. de B.: Und dann ist Ihnen die Synthese gelungen: Sie sind zu *Der Ekel* gekommen.

J.-P. S.: Ja.

S. de B.: Das heißt, hier haben Sie wirklich Literatur geschrieben, und gleichzeitig legten Sie ihre philosophische Ansicht der Welt, der Kontingenz etc. dar. Es ist Ihnen gelungen. Doch um auf die Frage des Genies zurückzukommen, wie haben Sie sich im Laufe Ihres Lebens geändert? Versuchen Sie, sich zu erinnern, was Sie darüber bis heute gedacht haben und was Sie jetzt darüber denken.

J.-P. S.: Jetzt denke ich, daß der Stil nicht darin besteht, schöne Sätze für sich selbst zu schreiben, sondern Sätze für die anderen, und das ist – wenn ein Sechzehnjähriger darüber nachzudenken versucht, was Schreiben ist, und er noch keinen Begriff vom anderen hat – ein großes Problem.

S. de B.: Wie kann man denn wissen, welches die Wörter sind, deren Verbindung auf den Leser wirken wird? Muß man der Leere vertrauen? Wirft man sich hinein?

J.-P. S.: Ja, man riskiert. Wenn man «gegen den Strahl gestrichelte Sonne» schreibt, was Guille so zum Lachen brachte, hat man unrecht. Aber es gibt Sätze von Chateaubriand, zum Beispiel. Er hatte recht, etwas zu sagen.

S. de B.: Ja.

J.-P. S.: Man riskiert. Man hat immerhin Gründe zu riskieren.

S. de B.: Sie meinten, daß Ihr Genie anerkannt werden würde; aber Sie haben mir oft gesagt, daß Sie gleichzeitig den Traum «wer verliert, gewinnt» hatten: man mußte völlig verkannt sein, um wirklich ein Genie zu sein. Wie stellten Sie das in Ihrem Kopf an?

J.-P. S.: Davon habe ich in *Die Wörter* gesprochen.

S. de B.: Sie hatten auch die Idee eines gewissen Heils: das Werk sollte eine Realität haben, die über den Augenblick hinausgeht, es sollte etwas Absolutes sein. Das heißt nicht, daß Sie unmittelbar an die Nachwelt dachten, aber doch an eine Art Unsterblichkeit. Was verstanden Sie unter Heil?

J.-P. S.: Ursprünglich, als ich *Les Membres d'une noble famille à la recherche d'un papillon* schrieb, schrieb ich etwas Absolutes; ich schuf etwas Absolutes, das im Grunde ich selbst war. Ich hatte mich in ein ewiges Leben versetzt. Ein Kunstwerk überlebt das Jahrhundert; wenn ich ein Kunstwerk schaffe, überlebt es das Jahrhundert, also überlebe auch ich das Jahrhundert, ich, sein in ihm verkörperter Autor; dahinter steckte die christliche Idee der Unsterblichkeit: ich ging vom sterblichen Leben zu einem unsterblichen Überleben.

S. de B.: Bis wann haben Sie das gedacht, bis zum Krieg?

J.-P. S.: Ja. Ich dachte es zwar mit leichter Ironie, aber ich dachte es zu der Zeit, als ich *Der Ekel* schrieb.

S. de B.: Und zur Zeit der engagierten Literatur hat genau das aufgehört?

J.-P. S.: Es hat völlig aufgehört.

S. de B.: Es gab keine Heilsidee mehr? Es hat sie nie wieder gegeben? Ist sogar der Begriff des Heils verschwunden? Trotzdem haben Sie noch immer ein wenig auf die Nachwelt geschielt.

J.-P. S.: Die Wandlung, die sich in meiner Vorstellung vollzog, ein Genie zu sein, besteht darin, daß ich bis kurz nach *Der Ekel* davon geträumt habe, ein Genie zu sein; aber nach dem Krieg, im Jahre 1945, hatte ich mich schon bewährt: es gab *Bei geschlossenen Türen*, *Der Ekel*. 1944, als die Alliierten aus Paris abgezogen sind, hatte ich bereits Genie bewiesen, und ich bin nach Amerika gegangen als ein genialer Schriftsteller, der einen Abstecher in ein anderes Land macht; in diesem Augenblick war ich unsterblich und war mir meiner Unsterblichkeit gewiß. Was mir erlaubte, nicht mehr daran zu denken.

S. de B.: Ja, weil Sie im einzelnen nicht zu jenen gehörten, die sagen: ich schaffe ein unsterbliches Werk, ich bin unsterblich; nichts dergleichen bei Ihnen.

J.-P. S.: Und das ist übrigens kompliziert, denn von dem Augenblick an, da man unsterblich ist, da man das unsterbliche Werk geschaffen hat, ist alles schon gespielt; dennoch muß man das Gefühl haben, etwas zu schaffen, was noch nicht existierte; also muß man sich in der alltäglichen Zeit situieren. Daher ist es besser, nicht, oder nur mit einem Seitenblick, an die Unsterblichkeit zu denken und auf das Leben zu setzen; ich als Lebender schreibe für Lebende, und ich denke, daß man mich, wenn es gelungen ist, auch dann noch lesen wird, wenn ich tot bin. Leute, auf die meine Botschaft nicht abzielt, an die diese Botschaft nicht gerichtet war, werden sie gut finden.

S. de B.: Worauf zählen Sie mehr beim Überleben, sofern Sie zu überleben meinen: auf die Literatur oder auf die Philosophie? Wie empfinden Sie Ihr Verhältnis zur Literatur und zur Philosophie? Ziehen Sie es vor, daß die Leute Ihre Philosophie lieben oder Ihre Literatur, oder möchten Sie, daß Sie beides lieben?

J.-P. S.: Natürlich werde ich antworten: daß sie beides lieben. Aber es gibt eine Hierarchie, und in dieser Hierarchie steht die Philosophie an zweiter, die Literatur an erster Stelle. Ich möchte die Unsterblichkeit durch die Literatur erreichen, die Philosophie ist ein Mittel, dahin zu gelangen. Aber in meinen Augen hat sie keinen absoluten Wert an sich, weil sich die Umstände ändern werden und philosophische Veränderungen mit sich bringen werden. Eine Philosophie ist nicht für den Augenblick gültig, man schreibt sie nicht für seine Zeitgenossen; sie spekuliert auf zeitlose Realitäten; zwangläufig wird sie von anderen überschritten werden, weil sie von der Ewigkeit spricht; sie spricht von Dingen, die unseren individuellen Standpunkt von heute bei weitem überschreiten. Die Literatur dagegen erfaßt die gegenwärtige Welt, die Welt, die man durch Lesen entdeckt, durch Gespräche, Leidenschaften, Reisen; die Philosophie geht weiter; sie ist zum Beispiel der Auffassung, daß die Leidenschaften von heute neue Leidenschaften sind, die es in der Antike nicht gab; die Liebe ...

S. de B.: Sie meinen, daß für Sie die Literatur einen absoluten Charakter hat, während die Philosophie weit mehr vom Lauf der Geschichte abhängt, in viel stärkerem Maße Revisionen unterworfen ist?

J.-P. S.: Sie erfordert notwendigerweise Revisionen, weil sie immer die aktuelle Periode überschreitet.

S. de B.: Einverstanden; aber liegt nicht etwas Absolutes in der Tatsache, ein Descartes oder ein Kant zu sein, auch wenn sie in gewisser Weise überschritten werden müssen? Sie werden überschritten, aber auf Grund dessen, was sie mir gebracht haben; es besteht ein Bezug zu ihnen, der ein Absolutes ist.

J.-P. S.: Ich leugne es nicht. Aber in der Literatur gibt es das nicht. Die Leute, die Rabelais von Herzen lieben, lesen ihn so, als hätte er gestern geschrieben.

S. de B.: Und auf absolut direkte Weise.

J.-P. S.: Cervantes, Shakespeare, die liest man, als wären sie gegenwärtig; *Romeo und Julia* oder *Hamlet* sind Werke, die gestern geschrieben zu sein scheinen.

S. de B.: Sie geben also in Ihrem Werk der Literatur den Vorrang? Gleichwohl hat die Philosophie in der Gesamtheit Ihrer Lektüre und Ihrer Ausbildung eine enorme Rolle gespielt.

J.-P. S.: Ja, weil ich sie für das beste Mittel hielt zu schreiben. Sie gab mir die Dimensionen, die nötig sind, um eine Geschichte zu schreiben.

S. de B.: Trotzdem läßt sich nicht sagen, daß die Philosophie für Sie nur ein Mittel war.

J.-P. S.: Zu Anfang war sie es.

S. de B.: Zu Anfang, ja. Aber später, wenn man bedenkt, wieviel Zeit Sie damit verbracht haben, *Das Sein und das Nichts* zu schreiben, die *Kritik der dialektischen Vernunft* zu schreiben, dann kann man nicht sagen, es war einfach das Mittel, literarische Werke zu schaffen; es reizte Sie auch an sich.

J.-P. S.: Ja, es interessierte mich, gewiß. Ich wollte meine Sicht der Welt mitteilen, und gleichzeitig machte ich sie durch Personen in meinen literarischen Werken oder in Essays lebendig. Ich beschrieb diese Sicht für meine Zeitgenossen.

S. de B.: Kurz, wenn jemand zu Ihnen sagte: «Sie sind ein großer Schriftsteller, aber als Philosoph überzeugen Sie mich nicht», dann würden Sie das lieber hören, als wenn Ihnen jemand sagte: «Ihre Philosophie ist großartig, aber den Schriftsteller können Sie sich abschminken»?

J.-P. S.: Ja, die erste Hypothese ist mir lieber.

S. de B.: Vielleicht meinen Sie ja, daß Ihre Philosophie nicht Ihnen allein gehört, ein anderer könnte die Idee des Praktisch-Inerten, die Idee der Rückläufigkeit finden, so wie Wissenschaftler, auch wenn sie sehr originell sind, als erste finden, was andere später ohnehin gefunden hätten. Könnte man nicht auch sagen, daß die Literatur etwas Absolutes ist, aber etwas Fertiges, Abgeschlossenes, während man die Philosophie überschreitet, jedoch gleichzeitig aufgreift. Descartes zum Beispiel überlebt in uns, und es ist ganz und gar nicht die Art des Überlebens, die Shakespeare oder Tacitus für Sie haben mag, oder ein anderer, den Sie mit großem Vergnügen lesen, der Sie in gewisser Weise beeinflussen kann, aber durch Anklänge oder durch Reflexionen, während Descartes in Ihr Denken eingeht. Weshalb ziehen Sie das Absolute vor, das von allem Unabhängige, aber Abgeschlossene?

J.-P. S.: Das erlebte ich, als ich klein war; ich wollte einen Roman schreiben, der so sein sollte wie *Der Glöckner von Notre Dame* oder *Die Elenden*, ein Werk, das in anderen Epochen anerkannt wäre, ein Absolutes, dem nichts etwas anhaben könnte. Und Sie wissen, daß die Philosophie gleichsam auf Umwegen in mein Leben getreten ist.

S. de B.: Warum ist die Philosophie in ihr Schriftstellerleben getreten?

J.-P. S.: Ich schrieb Romane, in meinem Kopf; als ich mit der Philosophie begann, wußte ich nicht, was das war. Ich hatte einen Cousin, der in der Mathematikklasse war und Philosophie machte wie alle Schüler der Mathematikklasse; und er wollte in meiner Gegenwart nicht darüber sprechen. Ich wußte, daß er Dinge lernte, die ich nicht kannte, und das ärgerte mich. Aber es gab in mir bereits ganz feste Vorstellungen über Romane, Essays, nicht-philosophische Essays; sie waren zu stark, als daß die Philosophie, als sie in Erscheinung trat, sie mir hätte über den Haufen werfen können.

S. de B.: Warum sind Sie in Philosophie kreativ geworden?

J.-P. S.: Das war eine merkwürdige Sache, denn in Philosophie wollte ich nicht kreativ sein, ich wollte kein Philosoph sein, für mich war das reine Zeitverschwendung. Ich lernte zwar gern Philosophie, aber sie zu machen, fand ich absurd. Im übrigen ist das schwer verständlich, denn ich erfand ja auch, wenn ich schrieb; es hätte mir ebensogut Spaß machen können zu denken, daß man philosophische Werke schreiben könnte, aber die Philosophie stand in einem Bezug zur Wahrheit, zu den Wissenschaften, die mich langweilten; und außerdem war es zu früh. In der *khâgne* war das Thema meines ersten Aufsatzes: Was ist die Dauer? Da bin ich Bergson begegnet.

S. de B.: Aber dann, in den Jahren der Licence, der Agrégation, da hat es Sie interessiert?

J.-P. S.: Ja, ich schrieb Arbeiten, denen meine philosophischen Kenntnisse zugute oder besser «zu schlechte» kamen, zum Beispiel *Er l'Arménien*: die Konzeption war literarisch; es gab Personen darin, eine antike Erzählweise, es regte und bewegte sich; es gab Titanen; und doch brachte es philosophische Vorstellungen zum Ausdruck. Ich erinnere mich sogar, daß in *Er l'Arménien* Platons Höhle beschrieben war; ich glaubte, sie rekonstruieren und beschreiben zu müssen.

S. de B.: Und gleichzeitig waren Sie sehr an der Philosophie interessiert, denn Sie haben eine ganz fachmännische Diplomarbeit, eine sehr seriöse Arbeit über das Imaginäre geschrieben. Es gab etwas, was Sie für die Philosophie prädestinierte. Nämlich daß Sie über alles Ideen hatten, Sie hatten Theorien, wie Sie sagten. Sie notierten Sie in einem kleinen Notizbuch. Später kamen äußere Umstände dazu, denn auf Grund Ihrer Diplomarbeit hat man Sie um ein Buch über das Imaginäre gebeten.

J.-P. S.: Es war Delacroix, der mir sagte: Schreiben Sie doch ein Buch über das Imaginäre für meine Reihe.

S. de B.: Warum haben Sie zugesagt, da Sie doch von *Der Ekel* und literarischen Plänen stark in Anspruch genommen waren?

J.-P. S.: Das Verbot, Philosophie zu machen, war nicht absolut; das konnte hilfreich für mich sein. Das Imaginäre war mit der Literatur verbunden, da Kunstwerke mit dem Imaginären in Beziehung stehen; außerdem hatte ich früher Ideen über die Bilder gehabt, ich mußte mit ihnen ins reine kommen.

S. de B.: Sie hatten auch Ideen über die Kontingenz, und das waren philosophische Ideen. Als wir uns kennenlernten, haben Sie zu mir gesagt: ich will Spinoza und Stendhal sein. Demnach hatten Sie auch eine Berufung zum Philosophen?

J.-P. S.: Ja, aber sehen Sie, ich hatte Männer gewählt, die für eine Mentalität des 20. Jahrhunderts nachempfindbar, zugänglich waren. Spinoza sah ich mehr als Menschen denn als Philosophen. Ich liebte seine Philosophie, aber vor allem liebte ich den Menschen; jetzt interessiert mich das Werk, das ist der Unterschied.

S. de B.: *Das Imaginäre* war also ein bestelltes Buch; es gab zwei Bücher: *Die Imagination*[1] und *Das Imaginäre*. Welches war bestellt?

J.-P. S.: *Die Imagination*.

S. de B.: Warum haben Sie dann *Das Imaginäre* geschrieben?

J.-P. S.: Weil es sich von *Die Imagination* herleitete.

S. de B.: Gab es eine Art Dialektik des Werks?

J.-P. S.: Ich erinnere mich, daß ich *Das Imaginäre* konzipierte, während ich *Die Imagination* schrieb; es waren nicht zwei Bücher, sondern ein vollständiges Werk: erster Teil *Die Imagination*, zweiter Teil *Das Imaginäre*; und da ich der Reihe von Delacroix etwas geben mußte, habe ich ihr *Die Imagination* gegeben.

S. de B.: Sie haben *Die Imagination* abgetrennt? Und warum dann später *Das Sein und das Nichts*?

---

1 In: *Die Transzendenz des Ego*, Reinbek 1964. (Anm. d. Übers.)

J.-P. S.: Das war während des Krieges; ich habe es während des Krieges und im Gefangenenlager konzipiert, während dieser Zeit habe ich es geschrieben: man schrieb entweder überhaupt nicht, oder man schrieb wesentliche Dinge.

S. de B.: *Das Imaginäre* enthielt bereits die Idee des Nichts; Sie konnten nicht umhin, sie zu vertiefen.

J.-P. S.: Ich brachte darin meine wesentliche Idee zum Ausdruck, seit meinem Philosophiejahr optierte ich für den Realismus. Der Idealismus hatte mir zutiefst mißfallen, als man ihn mich lehrte. Ich hatte zwei wichtige Philosophiejahre: die Prima und die Oberprima, die *khâgne*. In der *hypo-khâgne* dagegen hatte ich einen Professor, den ich nicht verstand. Ich habe gut zwei Jahre Philosophie gemacht, bevor ich in die École Normale eintrat, und dort hatte ich nur eine Idee, nämlich daß jede Theorie, die nicht sagte, daß das Bewußtsein die äußeren Gegenstände so sieht, wie sie sind, zum Scheitern verurteilt war; aus diesem Grund bin ich schließlich nach Deutschland gegangen, als man mir sagte, daß Husserl und Heidegger eine Art und Weise hatten, das Reale zu erfassen, wie es war.

S. de B.: Also interessierte Sie die Philosophie sehr stark, denn Sie verbrachten ein ganzes Jahr in Deutschland, um die Philosophie Husserls zu vertiefen und Heidegger kennenzulernen.

J.-P. S.: Meine Zeit in Deutschland habe ich folgendermaßen verbracht: vormittags und bis zwei Uhr nachmittags Philosophie. Dann ging ich essen, kam gegen fünf Uhr zurück und schrieb *Der Ekel*, das heißt ein literarisches Werk.

S. de B.: Aber trotzdem fiel die Philosophie stark ins Gewicht. Ich erinnere mich, als Sie das Buch von Lévinas über Husserl lasen, waren Sie einen Augenblick völlig verwirrt, weil sie sich sagten: «Ach, er hat alle meine Ideen schon gefunden.» Also hatten Ihre Ideen doch große Bedeutung.

J.-P. S.: Ja, aber ich täuschte mich, als ich sagte, er hätte meine Ideen schon gefunden.

S. de B.: Sie hatten eine bestimmte Intuition, und Sie wollten nicht, daß ein anderer sie vor Ihnen hat. Also wollten Sie auch philosophisch kreativ werden. Wie sahen dann Sie Ihre Erfolgsaussichten, als Sie in Paris, als Sie etwas reifer geworden waren, mit Nizan darüber sprachen oder allein darüber nachdachten?

J.-P. S.: In meinem Roman, der von den Beziehungen zwischen Nietzsche und Wagner inspiriert war, sah ich mich als einen Menschen, der ein bewegtes Leben haben würde und der bei jedem Drama ein Buch schriebe, das veröffentlicht würde; ich malte mir ein romanhaftes Leben aus, ein Genie, das unbekannt sterben würde, später jedoch zu Ruhm käme. Das sind alte Erinnerungen. Ich setzte die Figur vor mich hin und stellte mir vor, was ihr alles passieren würde. Aber im Grunde betrachtete ich das Schreiben schon in einer weit vernünftigeren Form; ich schrieb meine Bücher, sie waren gut, und man veröffentlichte sie; so sah ich die Dinge. Der Beweis ist, daß ich Nizan, als er ein oder zwei Bücher veröffentlicht hatte, Teile von *Legende der Wahrheit* gab. *Bifur* hat einen Auszug daraus veröffentlicht.

S. de B.: Als Sie in vernünftiger Weise daran dachten, gedruckt und gelesen zu werden, welche Art Erfolg schwebte Ihnen da vor? Dachten Sie an den Ruhm, die Berühmtheit? Ich meine, als Sie achtzehn, zwanzig waren?

J.-P. S.: Ich dachte, daß das Publikum, das mich verstehen könnte, eine sehr kleine Elite wäre...

S. de B.: Die Tradition von Stendhal gefiel Ihnen also sehr: die *happy few*.

J.-P. S.: Diese Leser sollten mich anerkennen und lieben; ich würde von etwa 15000 Personen gelesen werden, glaubte ich, und der Ruhm setzte erst ein, wenn man weitere 15000 und noch weitere 15000 erreichte.

S. de B.: Und außerdem wollten Sie bestehen bleiben. Spinoza oder Stendhal sein, das hieß jemand sein, der sein Jahrhundert geprägt hatte und den man auch in künftigen Jahrhunderten noch lesen würde. Das dachten Sie mit zwanzig?

J.-P. S.: Ja, das dachte ich mit zwanzig, als ich Sie kennenlernte.

S. de B.: In gewisser Weise waren Sie sehr arrogant. Sie nahmen das Wort des kleinen Hippias für sich in Anspruch: «Ich bin nie einem Menschen begegnet, der mir das Wasser reichen konnte.»

J.-P. S.: Das hatte ich in ein Heft geschrieben.

S. de B.: Wie hat sich Ihr Verhältnis zum Ruhm, zur Berühmtheit entwickelt? Wie haben Sie Ihre Karriere innerlich empfunden?

J.-P. S.: Im Grunde war das sehr einfach: man schrieb, und man wurde berühmt. Aber das wurde durch bestimmte Ideen der Epoche durcheinandergebracht.

S. de B.: Und dann haben Sie harte Schläge einstecken müssen, weil sie anfangs dachten, *Der Ekel* sei abgelehnt worden. Das hat Sie mitgenommen!

J.-P. S.: Es beweist übrigens, welche Bedeutung ich den Verlagen beimaß. Ein wirkliches Genie, so wie ich es mir vorstellte, hätte darüber lachen und sagen müssen: So, ich werde also nicht gedruckt, na schön! ...

S. de B.: Ja, aber Sie waren nicht nur arrogant, Sie waren auch ... das Wort «bescheiden» paßt nicht zu Ihnen, aber Sie waren sehr vernünftig und sehr geduldig; Sie hielten ihre Werke nicht für genial, und auch wenn Sie in *Der Ekel* viel investiert hatten, so hatten Sie doch nicht den Eindruck, ein Meisterwerk geschrieben zu haben. Für Sie stellte sich die Frage nicht so, wie mir scheint. Genau das sollten Sie etwas näher erklären.

J.-P. S.: Es wechselte; am Anfang war das Werk nur potentiell vorhanden, es war irreal, ich setzte mich an den Tisch und schrieb, aber das Werk war nicht da, da es noch nicht geschrieben war. Folglich war mein Verhältnis zu dem Werk ein abstraktes Verhältnis; gleichwohl schrieb ich, und das war ein realer Akt.

S. de B.: Sobald Sie ein Werk geschrieben hatten, *Der Ekel* zum Beispiel, betrachteten Sie es wirklich als ein Werk. Auch *Legende der Wahrheit*. Und Sie duldeten durchaus, daß man es kritisierte, sie spürten seine Mängel. Was übrigens *Der Ekel* betrifft, so wurden Sie von mir unterstützt, denn ich mochte es sehr, und Sie setzten wirklich auf das Buch. Sie waren sehr bestürzt, als man es ablehnte.

J.-P. S.: Das gehörte zum Alltag. Trotzdem hielt ich mich – in aller Bescheidenheit, wenn ich so sagen darf – für ein Genie. Ich sprach mit meinen Kameraden, wie ein Genie mit seinen Kameraden spricht. In aller Schlichtheit, aber im Grunde sprach doch ein Genie.

S. de B.: Ich komme auf diese erste Niederlage von *Der Ekel* zurück: meinten Sie, Sie seien ein Genie, das noch nicht die Möglichkeit gefunden hatte, Anerkennung zu finden?

J.-P. S.: Ich meinte, daß *Der Ekel* ein gutes Buch war und daß es abgelehnt worden war, so wie gute Bücher in der Literaturgeschichte eben abgelehnt wurden. Man hat ein Buch geschrieben, man hat es vorgelegt, später wird es ein Meisterwerk sein ...

S. de B.: Wie es im übrigen bei Proust der Fall war.

J.-P. S.: Genauso sah ich die Dinge. Ich hörte nicht auf, mich für ein Genie zu halten, aber das würde erst in Zukunft entdeckt werden. Ich würde ein Genie sein, ich war es bereits, aber vor allem würde ich es sein. Ich hatte viel auf *Der Ekel* gesetzt.

S. de B.: Kurz nach der Ablehnung waren Sie mit mir in Chamonix, und Sie waren schrecklich traurig, ich glaube, Sie haben sogar zwei Tränen vergossen, was bei Ihnen sehr selten vorkam. Es hat Ihnen wirklich einen Schlag versetzt.

J.-P. S.: Ja, aber ich dachte, das Werk sei abgelehnt worden, weil es gut war.

S. de B.: Und ich unterstützte Sie mit allen Kräften. Ich hielt es für ein sehr gutes Buch.

J.-P. S.: Genau das dachte ich. Aber es gab Augenblicke der Einsamkeit, der Traurigkeit, wo ich mir sagte: das Werk ist mißraten, man muß es neu schreiben. Aber die Vorstellung, ein Genie zu sein, war nicht verschwunden.

S. de B.: Und als es angenommen wurde und Sie bald darauf Novellen geschrieben haben, die sofort veröffentlicht wurden, wie erlebten Sie Ihre Befriedigung?

J.-P. S.: Also, da war ich begeistert!

S. de B.: Ich weiß, denn Sie haben mir sehr fröhliche Briefe geschrieben. Sie erzählten mir, wie gut es angekommen sei, daß man Sie um einige kleine Änderungen gebeten habe, zu denen Sie bereit waren, weil Sie sie für berechtigt hielten. Brice Parain hatte Sie gebeten, die populistische Seite etwas zurückzunehmen; Sie haben sich ganz und gar nicht als Genie aufgespielt, das keinen Rat annimmt.

J.-P. S.: Nein.

S. de B.: Sie waren bereit, Ratschläge anzunehmen; es war fast das Verhältnis des transzendentalen Charakters zum empirischen Charakter.

J.-P. S.: Genau.

S. de B.: Transzendental wollten Sie ein Genie sein, aber es ging darum, daß es sich im empirischen Leben manifestierte. Sie waren nicht absolut sicher, daß es Ihnen auf Anhieb gelänge, sich zu manifestieren.

J.-P. S.: Ja, denn wenn ich mich auf meine Leitbilder bezog, die berühmten Männer von einst, dann sah ich, daß sie nicht vor ihrem dreißigsten Lebensjahr jemand wurden. Die Lebensläufe von Victor Hugo, von Zola, von Chateaubriand zählten sehr viel, auch wenn ich mich für Chateaubriand nicht sonderlich begeisterte. Diese Lebensläufe setzten sich zusammen und ergaben einen Lebenslauf, der der meine sein würde. Ich richtete mich wirklich nach diesen Vorbildern, und ich dachte, daß ich mit fünfzig ein bißchen Politik machen würde.

S. de B.: Weil alle großen Männer Politik gemacht haben.

J.-P. S.: Ich dachte zwar nicht, daß die Politik das Leben sei, aber in meiner künftigen Biographie sollte es ein politisches Moment geben.

S. de B.: Ich möchte, daß Sie ein wenig über dieses Thema sprechen.

J.-P. S.: Über das Thema des Genies?

S. de B.: Über die Art, wie Sie es empfanden und dachten. Dachten Sie, daß *Der Ekel* ein Meisterwerk sei?

J.-P. S.: Nein. Ich dachte: ich habe gesagt, was ich zu sagen hatte, und es ist gut. Ich habe die Fehler korrigiert, auf die Madame Morel und Guille mich hingewiesen hatten. Ich hatte getan, was ich konnte, und es taugte etwas. Aber weiter ging ich nicht. Ich dachte nicht: das ist das Meisterwerk, das mein Genie erzeugt hat. Trotzdem war auch das im Spiel. Nicht: das ist ein Meisterwerk; sondern: das hat ein Genie zustande gebracht; irgendwo war das da, ich weiß nicht recht, wo. Ich scherzte nicht mit meinen Werken. Sie stellten etwas Wichtiges dar; und dennoch, als Genie hatte ich das Recht, darüber zu lachen, ich konnte darüber witzeln; es war zwar entscheidend, aber trotzdem läßt sich ein Genie nicht umwerfen, wenn man es verkennt.

S. de B.: Aber ist es andererseits nicht befriedigt, wenn ein Werk Erfolg hat?

J.-P. S.: Nein. Es macht weiter, es hat noch andere Dinge zu sagen.

S. de B.: Und wie ist es dann weitergegangen?

J.-P. S.: Nun, das Mißliche bei dieser Genie-Idee ist, daß ich an eine Art Gleichheit zwischen den verschiedenen Intelligenzen glaube; infolgedessen kann man ein Werk als gut definieren, weil es dem Autor, der es geschrieben hat, entspricht, weil er eine bestimmte Technik erworben hat, nicht aber, weil er eine Fähigkeit besitzt, die die anderen Menschen nicht besitzen.

S. de B.: Sie sagten mir, daß man Genie von Intelligenz unterscheiden müsse, daß Sie sich nicht für besonders intelligent hielten, aber daß das, was Sie von Ihren Kameraden – jedenfalls in La Rochelle – zu unterscheiden schien, eine gewisse Tiefe war, und auch die Idee einer Mission: Sie hatten den Menschen Wahrheiten zu enthüllen. Also hatten Sie doch eine besondere Bestimmung.

J.-P. S.: Ja, aber das war völlig abwegig. Diese Idee einer Mission mußte aufgegeben werden. Ja, tatsächlich dachte ich: ich habe eine Mission.

S. de B.: Ja, Sie haben schon im Zusmmenhang mit Michel Strogoff davon gesprochen, auch in *Die Wörter*. Aber bis zum Krieg hielten Sie sich jedenfalls für weit intelligenter als alle anderen Leute Ihrer Umgebung?

J.-P. S.: Ja, das stimmt.

S. de B.: Sie sagten mir einmal, und ich fand das sehr richtig: «Im Grunde ist Intelligenz ein Anspruch»; sie ist weniger Schnelligkeit des Geistes oder die Fähigkeit, viele Dinge miteinander in Beziehung zu setzen, wie man sagt, sondern ein Anspruch, das heißt, nicht innezuhalten, immer weiterzugehen. Ich denke, daß Sie diesen Anspruch hatten; Sie spürten ihn in sich stärker als bei den anderen?

J.-P. S.: Ja, aber so würde ich das jetzt nicht mehr sagen. Ich würde nicht sagen, daß ich, weil ich Bücher geschrieben habe, einem Menschen überlegen bin, der Häuser baut oder Reisen macht.

S. de B.: Als Sie mit Nizan zusammen waren, sagten Sie gern, daß Sie Übermenschen seien, und am Ende von *Die Wörter* sagen Sie, Sie seien wie jedermann; ein sehr doppeldeutiger Satz: Sie dachten ihn, und gleichzeitig dachten Sie ihn nicht. Wie sind Sie von der Idee des Übermenschen zu der Idee des jedermann gekommen? Und was heißt für Sie, ganz ehrlich, diese Idee, wie jedermann zu sein?

J.-P. S.: Ich meine, daß ich ein wenig mehr Talent haben kann als ein anderer, eine etwas weiter entwickelte Intelligenz, aber das sind nur Phänomene, an deren Ursprung weiterhin eine Intelligenz steht, die der des Nachbarn gleicht, oder eine Sensibilität, die der des Nachbarn gleicht. Ich meine nicht, daß ich irgendeine Überlegenheit besitze. Meine Überlegenheit sind meine Bücher, sofern sie gut sind; aber auch der andere hat seine Überlegenheit; das kann eine Tüte mit heißen Kastanien sein, die er im Winter vor der Tür eines Cafés verkauft; jeder hat seine Überlegenheit, ich habe diese hier gewählt.

S. de B.: Ganz so denken Sie nicht, da Sie meinen, daß es Leute gibt, die Idioten sind oder Schweine ...

J.-P. S.: Ja, natürlich, aber ich meine nicht, daß Sie es von Anfang an waren: man hat sie verblödet.

S. de B.: Sie meinen also nicht, daß Intelligenz eine ererbte, unmittelbare, physiologische Gegebenheit ist.

J.-P. S.: In meinen Heften habe ich etwas über die Dummheit geschrieben, und wie sie manchen Leuten eingeimpft wurde. Das Wesentliche kommt von außen; sie ist eine Unterdrückung von außen, die der Intelligenz aufgezwungen wird. Die Dummheit ist eine Form der Unterdrückung.

S. de B.: Ihr Gefühl vom Genie hat sich zwischen der Vorkriegs- und der Nachkriegszeit also verändert?

J.-P. S.: Ja, ich meine, daß der Krieg für alle meine Ideen von Nutzen war.

S. de B.: Als Gefangener waren Sie in gewisser Weise froh, weil Sie sich von der Anonymität her wie jedermann Anerkennung verschafft haben. Anders gesagt, Sie konnten wie jedermann sein. Was sie befriedigte, war die Tatsache, daß Sie unter all den Leuten nicht verloren waren, nicht isoliert, auf Grund Ihrer Bildung, Ihrer Bücher oder Ihrer Intelligenz, sondern im Gegenteil mit ihnen auf gleicher Stufe standen. Auf gleicher Stufe zu stehen, wie jedermann zu sein, eben das hat diesem jedermann Wert verliehen.

J.-P. S.: Vielleicht haben Sie recht.

S. de B.: Und darüber waren Sie sehr froh: Sie waren mit leeren Händen dort angekommen, ohne Namen, ohne erkennbare Überlegenheit für die Leute, mit denen sie verkehrten, weil Sie die intellektuelle Überlegenheit nicht so spürten; und Sie haben gute Beziehungen zu ihnen hergestellt. Dann kam *Bariona*, ein Stück, das nicht jedermann hätte schreiben können, Sie waren mit den Intellektuellen verbunden, mit den Priestern etc. Sie haben eine Stellung errungen und sich durchgeschlagen wie ein einfacher Soldat.

Als nach dem Krieg der Ruhm über Sie hereinbrach, haben Sie gesagt, es sei eine seltsame Erfahrung gewesen, weil der Ruhm gleichzeitig Haß war. Wie hat diese internationale Berühmtheit, auf die Sie überhaupt nicht gefaßt waren, auf Sie gewirkt? War es die Erfüllung eines Wunsches und die Anerkennung Ihres Genies, oder war es wieder nur ein empirisches Ereignis, das keinen besonderen Einfluß auf die transzendentale Wirklichkeit hatte, an der Sie in jedem Fall festhielten?

J.-P. S.: Eher letzteres. Natürlich machte es mir etwas aus, einen gewissen Ruf zu haben, Leute zu haben, die von weither kamen und mir sagten: Sie sind Sartre, und Sie haben das und das geschrieben. Aber ich nahm es nicht besonders ernst. Wenn ich diese Leute sah, die zu mir sagten: ach, Sie haben dies geschrieben, Sie haben jenes geschrieben, dann ließ mich das ziemlich kalt. Und andererseits dachte ich, die Stunde des Ruhms sei noch nicht gekommen. Die Stunde des Ruhms kommt am Ende des Lebens; Ruhm hat man am Ende seines Lebens, wenn man sein Werk beendet hat; letztlich blickte ich nicht recht durch, es ist viel komplizierter. Am Ende seines Lebens hat man eine Periode des Übergangs, die noch ein paar Jahre nach dem Tod fortdauert, und danach kommt der Ruhm; fest steht jedoch, daß ich das Ganze als ein kleines Spiel betrachtete, als eine Art Schattenruhm, der darauf hinweist, was der Ruhm ist, aber Ruhm war es noch nicht. Mir gefielen all diese Leute, die sich 1945 in meine Vorträge drängten überhaupt nicht; sie zerdrückten sich fast, Frauen fielen in Ohnmacht, ich fand das alles lächerlich.

S. de B.: Sie wußten, daß ein Teil Snobismus dabei war, ein Teil Mißverständnis, und ein Teil, der mit der politischen Lage zusammenhing, weil zu jener Zeit die französische Kultur exportiert wurde, in Ermangelung eines Besseren.

J.-P. S.: Ich bin auf diese Bewegung nicht sehr eingegangen. Man hat es geglaubt, weil die Zeitungen sagten: er tut dieses, er tut jenes, damit man von ihm spricht.

S. de B.: Ja, man warf Ihnen vor, Werbung zu machen, während Sie doch im Gegenteil ...

J.-P. S.: Ich kümmerte mich nicht darum. Ich schrieb. Natürlich brauchte ich ein Publikum, wenn ich ein Theaterstück schrieb, aber ich tat nicht das Nötige, damit es käme. Ich schrieb das Stück, ich ließ es aufführen, das war alles.

S. de B.: Und wie hat sich nach dem Krieg Ihr Verhältnis zu Ihren Büchern entwickelt? Haben Sie sich von Zeit zu Zeit gefragt: taugt es überhaupt etwas, was ich da geschrieben habe? Auf welchem Niveau stehe ich? Werde ich in dem Jahrhundert bleiben?

J.-P. S.: Ja, aber selten.

S. de B.: Ja, die Hauptsache war, diese Bücher zu schreiben, selbst damit zufrieden zu sein, von einigen Zustimmung zu erhalten. Arbeiten, um sich selbst zufriedenzustellen und einige Leser zufriedenzustellen, das ist das Beste im Leben; und der Ruhm, den kann man zwar zu Lebzeiten haben, aber er verhinderte nicht, daß Chateaubriand entsetzliche Krisen der Bitterkeit durchstand. Freilich hingen sie mit politischen Geschichten zusammen.

J.-P. S.: Aber der Ruhm ist niemals rein. Er engagiert die Kunst, aber auch die Politik und eine Menge Dinge. Der Ruf, den ich nach dem Krieg hatte, verhinderte, daß ich irgend etwas wünschte, aber ich habe ihn nie mit dem Ruhm verwechselt, den ich haben oder nicht haben würde, der jedenfalls erst später kommt.

S. de B.: Anders gesagt, was Sie Ruhm nennen, ist das Urteil der Nachwelt?

J.-P. S.: Wenn die Welt sich nicht verändert, wird man mir im 20. Jahrhundert eine Rolle zubilligen; in den Handbüchern der Literatur wird man mich als einen Autor zitieren, der Erfolg hatte, und diesen Erfolg entweder einem Irrtum des Publikums zuschreiben oder im Gegenteil sagen, daß ich bedeutend war, etc. Der Ruhm geht übrigens mit einer gewissen Überlegenheit einher, einer Überlegenheit über die anderen Schriftsteller; man muß zugeben, daß das nicht schön ist, denn ich denke zwei widersprüchliche Dinge; ich denke, daß die guten Schriftsteller den anderen überlegen sind und daß ein sehr guter Schriftsteller allen überlegen ist; das heißt allen, außer anderen sehr guten Schriftstellern, die sehr selten sind; zu dieser Kategorie würde ich mich zählen. Aber ich denke auch, daß diejenigen, die den Beruf des Schriftstellers ausüben, die Literatur machen, von den Lesern lediglich nach den Umständen ausgezeichnet werden. Man wird den einen für besser halten als den anderen, vielleicht nicht für immer, aber eine Zeitlang, und tatsächlich wird er, selbst nach seinem Tode, durch seine Bücher von größerem Nutzen sein, da seine Bücher aus dem einen oder anderen Grund der Epoche angemessen sind. Ich meine, ein Schriftsteller, der ein gültiges Buch geschrieben hat, wird ein anderes Leben haben nach seinem Tod, je nachdem, wie der Augenblick ist, wie die Epoche ist: er kann in Vergessenheit geraten. Und ich meine auch, daß ein Schriftsteller, der das Wesen der Literatur in seinen Werken verwirklicht, weder stärker noch schwächer ist als der Nachbar; auch der andere hat das Wesen der Literatur verwirklicht. Sie mögen diesen mehr oder jenen weniger lieben, je nachdem, ob er Ihren Ideen, Ihrem Gefühl mehr oder weniger nahekommt, aber letztlich sind sie gleich.

S. de B.: Sie wollen sagen, daß die Überlegenheit des Schriftstellers in Ihren Augen sowohl etwas Absolutes als auch in bezug auf die Geschichte relativ ist.

J.-P. S.: Genau. Entweder Sie denken, Schriftsteller zu sein und bestimmte Dinge zu schreiben, und wenn sie gut sind, dann ist es geschafft, Sie sind ein guter Schriftsteller. Aber ich denke auch: Schriftsteller sein heißt das Wesen der Kunst des Schreibens erreichen. Wenn Sie das Wesen der Kunst des Schreibens erreicht haben, dann haben Sie es nicht mehr und nicht weniger erreicht als Ihr Nachbar. Sie können natürlich am Rand bleiben, aber davon spreche ich nicht, ich spreche von denen, die wirkliche Schriftsteller sind: Chateaubriand zum Beispiel, oder Proust. Weshalb sollte ich sagen, Chateaubriand habe das, was Literatur ist, weniger erfaßt als Proust?

S. de B.: Einverstanden, es gibt hier keine Hierarchien wie bei Wettbewerben; jeder einzelne gibt in jeder Epoche diesem oder jenem Schriftsteller den Vorzug. Aber denken Sie heute an die Nachwelt? Existiert sie für Sie? Oder hat sie wie die Krabben in *Die Eingeschlossenen* keinerlei Beziehung zu Ihnen?

J.-P. S.: Ich weiß nicht. Ich hatte manchmal den Eindruck, als lebten wir in einer Zeit, der große Umwälzungen folgen würden, die den Begriff der Literatur vollständig veränderten; es würde andere Prinzipien geben, und unsere Werke hätten für die kommenden Menschen nicht mehr die gleiche Bedeutung. Das dachte ich, ich denke es noch manchmal, aber nicht immer. Die Russen haben ihre gesamte vergangene Literatur aufgegriffen, aber die Chinesen haben es nicht getan. Also fragt man sich, ob die Zukunft die vergangenen Schriftsteller oder einige von ihnen bewahren wird.

S. de B.: Und insofern Sie daran denken, meinen Sie, daß Ihr wirklich literarisches Werk oder Ihr philosophisches Werk mehr Aussichten hat zu überleben, oder beides?

J.-P. S.: Ich meine, es sind die *Situations*, Aufsätze, die sich auf meine Philosophie beziehen, jedoch in einem sehr einfachen Stil geschrieben sind und von Dingen sprechen, die alle Welt kennt.

S. de B.: Eine Art kritische Reflexion über alle Aspekte der Epoche also? Über die politischen Aspekte, die literarischen und künstlerischen Aspekte?

J.-P. S.: Das würde ich gern in einem Band von Gallimard gesammelt sehen.

S. de B.: Und wie ist Ihr subjektives Verhältnis zu Ihrem Werk?

J.-P. S.: Ich bin nicht zufrieden damit. Der Roman ist mißraten.

S. de B.: Nein; er ist nicht vollendet, aber nicht mißraten.

J.-P. S.: Im allgemeinen wurde er weniger geschätzt, und ich glaube, daß die Leute recht haben. Dann die philosophischen Werke ...

S. de B.: Also das ist hervorragend!

J.-P. S.: Ja, aber wohin führt es?

S. de B.: Ich finde, daß die *Kritik der dialektischen Vernunft* das Denken stark vorwärtsbringt!

J.-P. S.: Ist es nicht noch ein wenig idealistisch?

S. de B.: Das glaube ich ganz und gar nicht, ich glaube, daß es enorm nützlich sein kann, ebenso wie auf andere Weise der *Flaubert*[1]: die Welt begreifbar machen, die Leute ...

J.-P. S.: Ich habe den *Flaubert* nicht beendet, ich werde ihn nicht beenden.

---

[1] Gemeint ist *Der Idiot der Familie*, a. a. O. (Anm. d. Übers.)

S. de B.: Sie haben ihn nicht beendet, aber der Stil von *Madame Bovary* interessierte Sie doch gar nicht so sehr.

J.-P. S.: Trotzdem gab es noch etwas zu sagen.

S. de B.: Ja, aber Sie haben schon so viel über Flaubert gesagt, eine solche Menge über die Art, wie man einen Menschen denken kann, über die Methoden, ihn zu denken! Ein Aspekt, der nicht vergessen werden darf, ist der eigentlich literarische Aspekt des Buches. Es ist sehr spannend, den *Flaubert* zu lesen, so wie man *Die Wörter* liest.

J.-P. S.: Ich habe niemals versucht, wie Flaubert zu schreiben.

S. de B.: Aber es gibt Momente, wo es verdammt gut geschrieben ist. Momente, wo es wirklich Literatur ist, wie *Die Wörter*.

J.-P. S.: *Die Wörter* wollte ich gut schreiben.

S. de B.: Aber trotzdem sind Sie nicht unzufrieden, ohne falsche Bescheidenheit, wenn Sie Ihr Werk mit dem vergleichen, was Sie machen wollten; ich weiß wohl, daß die unbestimmten Träume der Jugend nicht mit ihrer Verwirklichung zusammenfallen, die immer begrenzt ist, aber es ist doch das, was Sie machen wollten?

J.-P. S.: Ich bin nicht sehr zufrieden, ich bin auch nicht unzufrieden. Und dann kommt ein großes Fragezeichen. Was wird daraus werden?

S. de B.: Wir sprachen vorhin darüber. Was die Nachwelt damit machen wird?

J.-P. S.: Ja, wenn wir eine Nachwelt chinesischer Art haben, wird sie nicht viel damit machen.

S. de B.: Die Umstände sind aber völlig anders.

J.-P. S.: Heute ist wirklich eine Zeit der Veränderung; man weiß zwar nicht, in welchem Sinne, aber die Welt, in der wir leben, wird nicht dauern.

S. de B.: Dennoch lesen wir Bücher aus dem 18. Jahrhundert, obwohl wir nicht im 18. Jahrhundert leben, wir leben nicht im 16. Jahrhundert und lesen doch Bücher aus dem 16. Jahrhundert.

J.-P. S.: Aber im 18. Jahrhundert hat es keine Revolution dieser Art gegeben; die Revolution von 1789 hat damit nichts zu tun.

S. de B.: Wir lesen die Griechen und die Römer, obwohl die Welt sich verändert hat.

J.-P. S.: Man liest sie als etwas Unaktuelles, das ist wieder etwas anderes.

S. de B.: Hat die Literatur immer denselben Wert für Sie behalten, oder hat die Politik von dem Augenblick an, da Sie anfingen, Politik zu machen, die Literatur ein wenig abgewertet?

J.-P. S.: Nein, sie hat sie nicht abgewertet.

S. de B.: Wie empfanden Sie die Beziehungen der einen zur anderen?

J.-P. S.: Ich meinte, daß die politische Aktion eine Welt schaffen müßte, in der die Literatur sich frei ausdrücken könnte: das Gegenteil dessen, was die Sowjets meinten. Aber niemals habe ich die Frage der Literatur politisch angepackt. Ich hielt sie immer für eine Form der Freiheit.

S. de B.: Hat es nicht Augenblicke gegeben, in denen die Literatur, angesichts der politischen Probleme, wo nicht wertlos, so doch zweitrangig erschien?

J.-P. S.: Nein, das habe ich nie geglaubt. Ich würde zwar nicht sagen, daß die Literatur an erster Stelle stehen muß, aber daß ich dazu bestimmt bin, Literatur zu machen; auch Politik, wie jedermann, aber insbesondere Literatur.

S. de B.: Ja, und aus diesem Grunde haben Sie in Ihren jüngsten Gesprächen mit Victor und Gavi[1] protestiert, als sie Sie davon abbringen wollten, Ihren *Flaubert* zu schreiben. Es gab einen Augenblick, wo Sie ein wenig aufgehört haben zu schreiben, um das Jahr 1952, um sehr viel zu lesen, und das hing mit Ihrer Annäherung an die Kommunistische Partei und mit einem Willen zusammen, in Ihrem Kopf «Knochen zu knacken», wie Sie sich ausdrückten. Aber zu dieser Zeit behielt die Literatur ihre...

J.-P. S.: Ich stellte mir die Frage nicht, aber wenn ich es getan hätte, dann hätte ich Ihnen gesagt, daß ich der Literatur verschrieben bin.

S. de B.: Das Wesentliche Ihrer Arbeit zu jener Zeit bestand nicht mehr darin zu schreiben.

---

[1] Jean-Paul Sartre, Philippe Gavi, Pierre Victor: *Der Intellektuelle als Revolutionär*, a. a. O. (Anm. d. Übers.)

J.-P. S.: Sondern zu lesen.

S. de B.: Und nachzudenken.

J.-P. S.: Es war zur Zeit von *Die Kommunisten und der Frieden*[1].

S. de B.: Es handelte sich weit mehr um politische als um literarische Schriften.

J.-P. S.: Ja. Auch der Bruch mit Camus war im Grunde politisch.

S. de B.: Welche Rolle spielte die Zustimmung Ihrer Umgebung oder von Leuten wie Paulhan oder der eigentlichen Kritiker? Verachteten Sie die Kritiker radikal oder stellten Sie sie im Gegenteil in Rechnung? Wie haben Sie Ihr Verhältnis zu den Kritikern und zu den Lesern erlebt?

J.-P. S.: Meines Wissens waren die Leser immer intelligenter als die Kritiker. Von dem, was die Kritiker schrieben, habe ich fast nichts gelernt, außer von den wenigen, die über den einen oder anderen Punkt ein Buch geschrieben haben; diese haben mir manchmal etwas beigebracht; aber die Mehrzahl der Kritiker hat mir gar nichts gebracht.

S. de B.: Und doch sind Sie, wie alle Welt, recht begierig, wenn ein Buch erscheint ...

J.-P. S.: Ich will wissen, was man davon hält, das versteht sich von selbst. Ja, wenn ein Buch erscheint, lese ich alle meine Kritiken. Nicht alle, das schafft man nicht; wenn ich ein Verzeichnis der Kritiken zu Gesicht bekomme, die innerhalb eines Jahres geschrieben worden sind, bin ich sehr verblüfft, die Hälfte davon ist mir entgangen. Dennoch versuche ich, sie zu lesen. Aber der Kritiker sagt: das ist gut, oder das ist nicht gut, oder das ist weniger gut; mehr sagt er mir nicht. Alles übrige ...

S. de B.: Hat es jemals Urteile von Lesern gegeben, die Ihnen Anregungen für Ihr künftiges Werk gaben oder Sie im Gegenteil etwas gelähmt haben? Hatte das einen Einfluß auf die Entwicklung Ihrer Schriften?

J.-P. S.: Ich habe nicht den Eindruck. Nein. Ich hatte einen bevorzugten Leser, und das waren Sie; wenn Sie mir sagten: «Ich bin einverstanden, das geht», dann war alles in Ordnung; ich veröffentliche das Buch und scherte mich einen Dreck um die

---

[1] In: *Krieg im Frieden 1*, Reinbek 1982. (Anm. d. Übers.)

Kritiker. Sie haben mir einen großen Dienst erwiesen; Sie haben mir Selbstvertrauen gegeben, was ich allein nicht gehabt hätte.

S. de B.: In gewissem Sinn macht der Leser die Wahrheit des Textes aus.

J.-P. S.: Aber ich kannte den Leser nicht, oder es waren die Kritiker, die mich nicht befriedigten. Es gab nur Sie. Es war immer so: wenn Sie etwas gut fanden, dann war es für mich in Ordnung. Die Kritiker fanden es nicht gut: sie waren Idioten.

S. de B.: Trotzdem waren Sie empfänglich für die Zustimmung intelligenter Menschen oder auch für den eigentlichen Erfolg.

J.-P. S.: Heute sind die Kritiker ein bißchen anders. Einen von ihnen mag ich sehr, Doubrovski; er ist intelligent, scharfsinnig, er sieht Dinge; einige sind jetzt so, weil die Kritik heutzutage einen Sinn hat. Früher hatte sie keinen.

S. de B.: Fest steht, daß die sehr begeisterte Zustimmung, die *Die Wörter* erhalten haben, Sie nicht veranlaßte, eine Fortsetzung zu schreiben.

J.-P. S.: Nein. Warum hätte es mich dazu veranlassen sollen? Sie sagten: Es wird eine Fortsetzung geben; nun, es hat keine gegeben.

S. de B.: Aber schreiben heißt doch auch manchmal einer Aufforderung nachkommen; im übrigen haben Sie sehr häufig Gelegenheitswerke geschrieben; und im allgemeinen sind Sie Ihnen sehr gut gelungen. Die ganzen *Situations*...

J.-P. S.: Die ganzen *Situations* sind Gelegenheitswerke.

S. de B.: Also besteht doch eine recht unmittelbare Beziehung zum Publikum.

J.-P. S.: Es besteht eine Beziehung. Es tritt ein Ereignis ein; ein bestimmtes Publikum fragt sich, was Sartre zu diesem Ereignis meint, weil es mich gern hat. Und so schreibe ich manchmal für das Publikum.

S. de B.: Als ich Sie kennenlernte, noch ganz jung, lebten Sie für die Nachwelt; aber gab es nicht eine Zeit, wo Sie sagten, daß das keinerlei Sinn für Sie hätte? Können Sie mir erklären, welchen Zusammenhang Sie sahen zwischen der Tatsache, auf engagierte Weise für Ihre Zeitgenossen zu schreiben, und dem Votum der künftigen Jahrhunderte?

J.-P. S.: Wenn man engagierte Literatur macht, befaßt man

sich mit Problemen, die in zwanzig Jahren keinen Sinn mehr haben werden, da sie nur die gegenwärtige Gesellschaft betreffen. Wenn man ein wenig Einfluß hat und das Problem richtig stellt, ist es einem gelungen, wenn man die Leute dazu bewegt, zu handeln oder die Dinge aus eigener Sicht zu sehen. Die Sicht der Nachwelt wird nur dann existieren, wenn dieses Problem gelöst sein wird, sei es gut oder schlecht, und gewiß nicht vom Schriftsteller selbst. Da die Angelegenheit geregelt ist, läßt sich das Werk zwanzig oder dreißig Jahre später aus rein ästhetischer Sicht betrachten! Das heißt, man kennt die Geschichte, man weiß, daß der Schriftsteller das in einem bestimmten Augenblick geschrieben hat, daß zum Beispiel Beaumarchais einige sehr wichtige Pamphlete geschrieben hat. Aber für ein bestimmtes Problem von heute sind sie nicht mehr brauchbar. Man betrachtet den literarischen Gegenstand, als sei er für alle gültig, ohne seinen anekdotischen Inhalt zu berücksichtigen. Die Details werden zu Symbolen. Dieses oder jenes besondere Faktum steht für eine Reihe von Fakten, die diese oder jene Gesellschaft oder mehrere Arten von Gesellschaften charakterisieren. Der Gegenstand, der begrenzt war, wird allgemein. So daß man sich, wenn man einen engagierten Text schreibt, zuerst um das Thema kümmert, das man zu behandeln hat, um die Argumente, die man vorzubringen hat, um den Stil, der die Dinge für die Zeitgenossen zugänglicher, zündender macht, und man wird keinen Gedanken daran verschwenden, was das Buch wert sein wird, wenn es niemanden mehr zum Handeln anspornt. Aber trotzdem gibt es einen vagen Hintergedanken, insofern man meint, daß das Werk, wenn ihm seine Absicht gelungen ist, in der Zukunft in allgemeiner Form eine Nachwirkung haben wird; es wird nicht mehr wirksam sein, man wird es gleichsam als zweckfreien Gegenstand betrachten; es wird den Anschein erwecken, als habe der Schriftsteller es ohne Zweck geschrieben und nicht auf Grund seines präzisen Werts einer Einwirkung auf eine präzise gesellschaftliche Tatsache. So bewundert man heute Werke Voltaires auf Grund ihres allgemeinen Werts, während Voltaires Erzählungen zu seinen Lebzeiten ihren Wert aus einer ganz bestimmten gesellschaftlichen Perspektive bezogen. Es gibt also zwei Standpunkte, und der Autor kennt sie alle beide, wenn er schreibt. Er weiß, daß er etwas Partikuläres schreibt, er hat teil an einer Aktion, er- weckt nicht mehr den Anschein, als würde er die Sprache aus reiner Lust am Schreiben verschwenden, und dennoch meint er im Grunde, daß er ein Werk schafft, das einen allgemeinen Wert besitzt, und daß dieser Wert seine wahre Bedeutung ist, obwohl es veröffentlicht wurde, um eine einzelne Aktion zu verwirkli- chen.

S. de B.: Es sind noch zwei oder drei Dinge zu berücksichtigen. Zum einen waren nicht alle Ihre Werke gleichermaßen engagiert; manche sind eindeutig ästhetisch, wie *Bei geschlossenen Türen*, *Die Wörter*. Sie haben sie nicht geschrieben, um etwas zu bewirken, es sind Werke, die man Kunstwerke nennt, wirklich literarische Werke. Andererseits haben Sie bei den Schriften, in denen Sie zu etwas aufriefen, mit denen Sie die Leute überzeugen wollten, im- mer großen Wert auf den Stil gelegt, auf die Komposition, zum einen, um Ihre Zeitgenossen zu erreichen, aber auch mit der Idee einer Art allgemeiner Prägung, die dem Werk später Geltung verschaffen würde.

J.-P. S.: Wenn Sie so wollen.

S. de B.: Also war Ihnen die Nachwelt niemals schnuppe.

J.-P. S.: Ich kümmerte mich nicht darum; doch hinter meinem Traum, der immer darin bestand, für den Nachbarn zu schrei- ben, der mich lesen wird, steckte auch die Idee einer Nachwelt; einer Nachwelt, die nur mit einer vollständigen Umwandlung des Werkes existieren kann, das zwar zu wirken aufhört, aber ein Kunstwerk wird wie fast alle Dinge der Vergangenheit.

S. de B.: Die in dem Augenblick erfaßt werden, wo sie Distanz gewonnen haben. Offensichtlich dachten Sie an die Nachwelt, da Sie mir oft gesagt und, glaube ich, in *Die Wörter* sogar geschrieben haben, daß die Literatur Ihnen die Idee des Todes völlig verdeck- te. Sterben war Ihnen in dem Augenblick egal, da Sie fortleben würden, folglich dachten Sie, daß das Buch ein Fortleben hätte.

J.-P. S.: Ich habe sehr stark an die Nachwelt geglaubt, vor al- lem, als ich klein war; zur Zeit, als ich *Die Wörter* beendete, und auch in den folgenden Jahren, und als ich fünfundzwanzig war. Erst allmählich habe ich begriffen, daß ich im wesentlichen für meine Leser von heute schrieb. Und so wurde die Nachwelt zu etwas, das mich hinten kitzelte, wie eine verschwommene Fluoreszenz, die begleitete, was ich im wesentlichen für meine Leser von heute schrieb.

S. de B.: Sie waren ganz und gar nicht einer von jenen Schriftstellern, die sich mit seelenruhiger Verachtung für ihre Zeitgenossen in der Zukunft einrichten, wie Stendhal – obwohl Sie ihn sehr schätzen –, der meinte: «In hundert Jahren wird man mich verstehen, was kümmert mich das Heute.»

J.-P. S.: Überhaupt nicht.

S. de B.: Es gab bei Ihnen keinerlei Verachtung für Ihre Zeitgenossen und keine Idee, daß Ihnen durch ihre Bücher Genugtuung gegeben würde. Vielleicht dachten Sie im Gegenteil, daß Sie in dem Maße, wie es Ihnen gelungen wäre, Ihre Zeitgenossen zu erreichen, repräsentativ für Ihr Jahrhundert sein würden und deshalb auf die Nachwelt kämen, nicht aber in dem Maße, wie Sie sich von ihnen entfernten.

J.-P. S.: Ich dachte, daß diese Anerkennung durch die Zeitgenossen ein Akt war, der sich in meinem Leben abspielte, und es war die Etappe, die man zurücklegen mußte, um den Ruhm oder den Tod zu erreichen.

S. de B.: Es war die Objektivierung Ihres Werks, die ihm seine Realität verlieh. Es gab einen wichtigen Begriff, über den Sie übrigens auch in *Die Wörter* gesprochen haben, nämlich die Idee, daß die Literatur ein gewisses Heil brächte.

J.-P. S.: Gewiß, weil, wie ich in *Die Wörter* sagte, meine Vorstellung des literarischen Überlebens unverkennbar eine Art Abklatsch der christlichen Religion war.

S. de B.: Auch als Sie in Deutschland Philosophie studierten, hat Sie das nicht daran gehindert, *Der Ekel* zu schreiben. Sie teilten sich zwischen beidem.

J.-P. S.: Das Wichtigste war *Der Ekel*.

S. de B.: Immerhin war die Philosophie so wichtig, daß Sie für ein Jahr nach Deutschland gingen. Ich habe Sie gefragt, wie Sie zu *Das Sein und das Nichts* gekommen waren; und Sie haben geantwortet: Es war der Krieg.

J.-P. S.: Ja.

S. de B.: Aber das ist keine ausreichende Erklärung.

J.-P. S.: Nun, über *Das Sein und das Nichts* habe ich viel in meine Hefte geschrieben. Die Ideen von *Das Sein und das Nichts* haben sich an Hand des Hefts herausgebildet, das während der *drôle de guerre*[1] geschrieben wurde, und die in gerader Linie aus meinen Jahren in Berlin folgten, da ich zu jener Zeit die Texte nicht besaß und alles aus mir selbst von neuem erfand. Ich weiß nicht, warum mir die Deutschen im Gefangenenlager Heidegger geschenkt haben; das bleibt ein Rätsel für mich.

S. de B.: Wie kam es dazu?

J.-P. S.: Während meiner Gefangenschaft habe ich einem deutschen Offizier, der mich fragte, was mir fehle, geantwortet: *Heidegger*.

S. de B.: Vielleicht weil Heidegger beim Regime gut angeschrieben war ...

J.-P. S.: Vielleicht. Jedenfalls hat man ihn mir gegeben. Einen dicken und teuren Band. Es ist komisch, weil man uns ja nicht gerade verwöhnte, wissen Sie.

S. de B.: Ja, ich weiß. Es bleibt etwas mysteriös. Jedenfalls haben Sie damals Heidegger gelesen.

J.-P. S.: Ich habe Heidegger gelesen, als ich im Gefangenenlager war. Ich habe ihn übrigens über Husserl sehr viel besser verstanden als durch ihn selbst. Im übrigen hatte ich ihn schon 1936 ein wenig gelesen ...

S. de B.: Ach ja, ich erinnere mich, daß Sie mich große Teile daraus übersetzen ließen. Wir haben darüber diskutiert, als ich noch in Rouen war, glaube ich. Schön. Aber gleichzeitig fügte sich *Das Sein und das Nichts* in die Entdeckung ein, die Sie in *Das Imaginäre* gemacht hatten.

J.-P. S.: Ja, genau. Die Entdeckung des Bewußtseins als Nichts.

S. de B.: Dann sagten Sie, Sie hätten nicht mehr die Ideen, die Intuition, die Sie bei *Das Sein und das Nichts* hatten.

J.-P. S.: Ja ... Aber trotzdem habe ich Bücher geschrieben, die mit Philosophie verwandt waren, zum Beispiel *Saint Genet*.

S. de B.: Ja.

---

[1] Erste Kriegsphase, als die Franzosen nach der Kriegserklärung Deutschland nicht angriffen. (Anm. d. Übers.)

J.-P. S.: Für mich war es ein großer Essay, kein philosophischer, aber in Wirklichkeit benützte ich ständig philosophische Begriffe.

S. de B.: Ja.

J.-P. S.: Man kann sagen, daß es ein philosophisches Werk ist ... Und dann sind mir einige Dinge durch den Kopf gegangen, mit der *Kritik der dialektischen Vernunft* ...

S. de B.: Und auch das ist auf episodische Weise entstanden, durch ein Zusammentreffen von Umständen, denn die Polen haben Sie ...

J.-P. S.: Die Polen haben mich gefragt, wo ich philosophisch stehe.

S. de B.: Und das ergab *Marxismus und Existentialismus*.

J.-P. S.: Das ergab *Marxismus und Existentialismus*. Die Polen haben es veröffentlicht. Und ich wollte es – auch Sie haben mir dazu geraten – den Lesern von *Les Temps Modernes* vorlegen.

S. de B.: Ja.

J.-P. S.: Der ursprüngliche Text war nicht sehr gut; ich habe ihn überarbeitet und in *Les Temps Modernes* veröffentlicht.

S. de B.: Ja, aber gab es nicht noch ein anderes Motiv? Ab 1951 hatten Sie begonnen, sehr viel über den Marxismus zu lesen, und die Philosophie wurde zu etwas – übrigens ist es kein Zufall, daß gerade die Polen Sie danach gefragt hatten –, zu etwas Politischem.

J.-P. S.: Ja. Nach Marx muß die Philosophie abgeschafft werden. Ich aber sah die Dinge anders. Ich sah die Philosophie auch in der künftigen Gesellschaft. Fest steht jedoch, daß ich mich auf die marxistische Philosophie bezog.

S. de B.: Es wäre wichtig, das etwas näher zu erklären; man hat Ihnen vorgeschlagen, *Marxismus und Existentialismus* zu schreiben. Aber warum haben Sie eingewilligt, es zu machen?

J.-P. S.: Weil ich wissen wollte, wie weit ich philosophisch gekommen war.

S. de B.: In Ihren Beziehungen zum Marxismus ...

J.-P. S.: Oberflächlich ja, aber vor allem zur Dialektik, denn wenn man meine Hefte anschauen würde – leider haben wir sie nicht mehr –, würde man sehen, wie sich die Dialektik in das hineinschlich, was ich schrieb.

S. de B.: In *Das Sein und das Nichts* gibt es aber überhaupt keine Dialektik.

J.-P. S.: Eben. Von *Das Sein und das Nichts* bin ich zu einer dialektischen Idee gelangt.

S. de B.: Ja. Als Sie *Die Kommunisten und der Frieden* schrieben, begannen Sie, eine Philosophie der Geschichte zu entwickeln. Das hat dann teils *Marxismus und Existentialismus* ergeben.

J.-P. S.: Ja.

S. de B.: Aber wie sind Sie von *Marxismus und Existentialismus* zur *Kritik der dialektischen Vernunft* gekommen?

J.-P. S.: *Marxismus und Existentialismus*, das war nur die Methodologie; doch dahinter begann sich die Philosophie, die philosophische Dialektik abzuzeichnen. Und sobald ich mit *Marxismus und Existentialismus* fertig war, drei oder sechs Monate später, habe ich mit der *Kritik der dialektischen Vernunft* angefangen.

S. de B.: Und wie haben Sie entdeckt, daß Sie neue Ideen hatten, wo Sie mir doch jahrelang sagten: «Nein, ich weiß nicht, ob ich je wieder ein philosophisches Buch schreiben werde; ich habe keine Ideen mehr.»

J.-P. S.: Nun ja, ich denke, wenn ich sagte: «Ich habe keine Ideen mehr», daß ich dann im Bewußtsein keine mehr hatte, aber trotzdem gab es etwas ...

S. de B.: Etwas, das sich herausbildete ...

J-P. S.: Ja. Und als ich *Marxismus und Existentialismus* schrieb, haben sich meine Ideen sehr schnell wieder eingestellt; eben jene, die ich drei, vier Jahre lang in die Hefte schrieb ... Sie wissen, jene Hefte ...

S. de B.: Ja, ja, ich sehe sie vor mir, diese dicken Hefte ... Aber trotzdem habe ich nicht den Eindruck, als würden in diesen Heften die wichtigen Ideen der Rückläufigkeit und des Praktisch-Inerten stehen.

J.-P. S.: Nein. Aber ich war auf der Ebene der Dialektik weit genug gekommen, um sie ahnen zu können.

S. de B.: Seit 1952 lasen Sie sehr viele Geschichtsbücher.

J.-P. S.: Ja, im zweiten Teil der *Kritik der dialektischen Vernunft*, der nie geschrieben werden wird ...

S. de B.: ... ein großes Stück davon ist doch schon geschrieben ...

J.-P. S.: ... wollte ich die Geschichte behandeln.

S. de B.: Aber welcher Unterschied besteht praktisch, während der Arbeit, wenn Sie an Literatur oder an Philosophie arbeiten?

J.-P. S.: Wenn ich Philosophie schreibe, mache ich keinen Entwurf. Während ich üblicherweise sechs oder acht Entwürfe mache, sieben oder acht Seiten zu ein und demselben Text. Ich schreibe drei Zeilen, dann ziehe ich einen Strich darunter, und die vierte Zeile beginnt auf einem neuen Blatt, ich beginne damit, die Ideen niederzuschreiben, die ich im Kopf habe, die ich vielleicht noch nicht lange habe, und dann führe ich sie bis zu Ende aus; vielleicht nicht bis zum Ende der Seite, aber doch ziemlich weit; und kurz vor dem Ende der Seite höre ich auf, wegen eines Schreibfehlers, und mache auf der nächsten Seite weiter, nachdem ich den Fehler korrigiert habe, und so weiter bis zum Schluß. Anders gesagt, die Philosophie ist eine Rede, die sich an jemanden richtet, sie ist nicht wie der Roman, der sich zwar auch an jemanden richtet, aber auf andere Weise.

S. de B.: Ja.

J.-P. S.: Den Roman schreibe ich, damit ihn jemand liest. In der Philosophie erkläre ich jemandem – mit meinem Stift, aber ich könnte es auch mit der Zunge, mit dem Mund tun –, da erkläre ich jemandem meine Ideen, so wie sie mir gerade in den Kopf kommen.

S. de B.: Kurz, Sie könnten Literatur nicht mit Hilfe eines Tonbands schreiben, aber bei der Philosophie wäre das vielleicht möglich.

J.-P. S.: So ist es.

S. de B.: Ich habe Sie an der *Kritik der dialektischen Vernunft* arbeiten sehen; es war furchterregend: Sie lasen sich kaum nach.

J.-P. S.: Ich las mich am nächsten Morgen nach; ich schrieb etwa zehn Seiten.

S. de B.: Ja.

J.-P. S.: So viel, wie ich an einem Tag schaffen konnte.

S. de B.: Es wirkte athletisch, Sie die *Kritik der dialektischen Vernunft* schreiben zu sehen. Und Sie schrieben unter Corydran.

J.-P. S.: Immer.

S. de B.: Während Sie die Literatur niemals unter Corydran geschrieben haben.

J.-P. S.: Niemals. Bei der Literatur hätte es mit Corydran nicht klappen können, weil es zur Weitschweifigkeit verleitet. Ich erinnere mich, daß ich nach dem Krieg versucht habe, mit Corydran zu arbeiten. Es ging um eine Romanpassage, wo Mathieu durch die Straßen von Paris spaziert, kurz bevor er nach Hause geht. Es war gräßlich. Er spazierte durch die Straßen, und alle Straßen gaben Anlaß zu Vergleichen.

S. de B.: Ich erinnere mich; es war entsetzlich. Ich möchte Ihnen noch eine Frage stellen. Auch wenn man nicht narzißtisch ist, hat man ein bestimmtes Bild von sich. Von dem Ihren sprachen wir, als Sie jung waren, als Sie nicht mehr ganz so jung waren; und heute? Heute sind Sie neunundsechzig; was bedeutet es für Sie, Gegenstand so vieler Doktorarbeiten, Bibliographien, Biographien, Interviews, Erörterungen zu sein, und daß so viele Leute Sie sehen wollen; was bedeutet das für Sie? Fühlen Sie sich als historisches Denkmal oder ...

J.-P. S.: Ein bißchen wie ein historisches Denkmal; ja, aber nicht ganz. Es ist, als würde ich jene Person wiederfinden, die ich mir anfangs gegenübersetzte. Es gibt da eine Person, die nicht ich ist; und die dennoch ich ist, da man sich an sie wendet; die Leute schaffen sich eine bestimmte Person, die ich bin. Es gibt ein Er-Ich und ein Ich-Ich. Das Er-Ich, das ist das Ich, das die Leute geschaffen haben und das sie in gewisser Weise mit mir in Beziehung setzen.

S. de B.: Hat das Zusammentreffen der Person von heute mit der Person, von der Sie träumten, als Sie jung waren, einen Sinn?

J.-P. S.: Es hat keinen. Niemals sage ich mir: «Schön, das ist ungefähr das, was ich wollte, als ich klein war», etc., das hat keinen Sinn. Ich habe nie viel an mich gedacht, und seit einigen Jahren habe ich überhaupt damit aufgehört.

S. de B.: Seit wann? Seit Sie politisch engagiert sind?

J.-P. S.: Ja, ein bißchen. Das Ich taucht wieder auf, wenn ich individuelle, persönliche Dinge tue, wenn ich jemanden besuche, wenn ich etwas für jemanden tue; dann taucht das Ich wieder auf. Aber in der Literatur, wenn ich schreibe, da existiert das Ich nicht mehr. Ungefähr in meinem fünfzigsten oder fünfundfünfzigsten Lebensjahr – vor *Die Wörter* träumte ich manchmal, eine Novelle zu schreiben, die in Italien spielen sollte und in der man einen Mann meines Alters in seinen Beziehungen zum Leben sehen würde. Das wäre subjektivistisch gewesen.

S. de B.: Ich erinnere mich ein wenig. Übrigens, da ist noch etwas, worüber man noch einmal sprechen sollte, nämlich alle die Bücher, die Sie nicht geschrieben haben.

J.-P. S.: Ja.

S. de B.: Warum Sie sie geplant haben, warum Sie sie aufgegeben haben ...

J.-P. S.: Ich habe große Teile von *La Reine Albermale ou Le dernier touriste* geschrieben, und auch viele Hefte ...

S. de B.: Eine letzte Frage. Sie sagen, daß Sie an Ihrem Bild, an sich selbst nicht interessiert sind. Und dennoch macht es Ihnen Vergnügen, diese Gespräche zu führen?

J.-P. S.: Ja. Und Sie wissen ja, wenn man mir Unrecht tut, reagiere ich; wenn man mich beleidigen sollte, wäre ich unzufrieden.

S. de B.: Natürlich.

J.-P. S.: Und da ich jetzt nicht viel zu tun habe, muß ich mich wohl ein wenig um mich selber kümmern ... Sonst hätte ich gar nichts ...

S. de B.: Vor allem, wo Sie sehr wenig von sich gesprochen haben.

J.-P. S.: Nun ja ...

S. de B.: Sie haben es in *Die Wörter* getan, ein bißchen im Zusammenhang mit Merleau-Ponty, ein bißchen im Zusammenhang mit Nizan[1], aber nach Ihrem elften Lebensjahr haben Sie nie mehr eine Synthese von sich gemacht. Niemals haben Sie ein Tagebuch geführt. Sie schreiben Ideen auf, die Ihnen durch den Kopf gehen, aber Sie haben nie ein Tagebuch geführt, nie ist Ihnen die Idee gekommen ...

J.-P. S.: Ausgenommen während des Krieges. Während des Krieges schrieb ich jeden Tag auf, was mir durch den Kopf ging. Aber das hielt ich für ein niedriges Geschäft. Die Literatur beginnt mit der Wahl, der Ablehnung bestimmter Züge und der Annahme anderer. Es ist eine Arbeit, die sich nicht mit dem Tagebuch verträgt, bei dem die Wahl gleichsam spontan ist und sich nicht sehr gut erklären läßt.

---

1 *Sartre über Sartre*, a. a. O. (Anm. d. Übers.)

S. de B.: Und doch gab es in dieser Literaturgattung, die man roh nennen könnte, einen Zweig, in dem Sie Beachtliches geleistet haben. Sie standen im wohlverdienten Ruf, ein großer Briefschreiber zu sein, vor allem als Sie jung waren. Wenn wir getrennt waren, schrieben Sie endlose Briefe – und nicht nur mir: Sie schrieben manchmal Briefe von zwölf Seiten an Olga, in denen Sie ihr von Ihren Reisen berichteten. Und mir schrieben Sie, als Sie beim Militärdienst waren oder wenn ich Wanderungen unternahm, sehr lange Briefe, manchmal zwei Wochen lang jeden Tag einen. Was bedeuteten diese Briefe für Sie?

J.-P. S.: Es war die Transkription des unmittelbaren Lebens. Zum Beispiel: ein Tag in Venedig, das war eine Art, ihn für die Person existieren zu lassen, die den Brief erhielt. Es war eine spontane Arbeit. Insgeheim dachte ich, daß man diese Briefe hätte veröffentlichen können, aber in Wirklichkeit waren es Briefe, die für die Person bestimmt waren, der ich sie schrieb. Ich hatte den kleinen Hintergedanken, daß man sie nach meinem Tod veröffentlichen würde. Aber solche Briefe schreibe ich nicht mehr, eben weil ich weiß, daß man die Briefe eines Schriftstellers druckt, und ich finde, daß es sich nicht lohnt.

S. de B.: Warum?

J.-P. S.: Es ist nicht genug durchgearbeitet. Außer in wenigen Fällen: die Briefe von Diderot an Sophie Volland zum Beispiel. Ich dagegen, ich schrieb in einem Zug, ohne Streichungen, ohne mich um einen anderen Leser zu kümmern als den, dem ich den Brief schickte, und das halte ich nicht für gültige literarische Arbeit.

S. de B.: Ja, aber Sie schrieben sehr gern Briefe.

J.-P. S.: Ja, ich tat es sehr gern.

S. de B.: Bestimmt wird man sie später drucken, weil sie sehr lebendig und sehr amüsant sind.

J.-P. S.: Im Grunde spielten meine Briefe ein wenig die Rolle eines Tagebuchs.

S. de B.: Sie sagten neulich, das Leben der berühmten Schriftsteller habe sie stark beeinflußt. Hat die Tatsache, daß die Korrespondenz von Voltaire, Rousseau und anderen von großer Bedeutung ist und gedruckt wurde, Sie dazu gebracht, Briefe zu schreiben?

J.-P. S.: Ich hatte keine literarischen Ambitionen beim Briefeschreiben ...

S. de B.: Sie sagen aber, daß Sie insgeheim dachten, man würde sie vielleicht drucken.

J.-P. S.: Oh, in dem Augenblick, da ich sie schrieb, würzte ich sie vielleicht mit etwas mehr Fröhlichkeit oder Begeisterung, als man es in einem Brief an einen beliebigen Leser tun würde, wenn man kein Schriftsteller ist. Tatsächlich habe ich versucht, meine Briefe angenehm zu gestalten, aber nicht allzusehr, sonst wäre ich ein Pedant gewesen. Ich hätte vorgegeben, spontane Literatur zu machen. Heute glaube ich nicht an die spontane Literatur, aber damals glaubte ich daran. Meine Briefe kamen letzten Endes einem Zeugnis über mein Leben gleich.

S. de B.: Ja, aber um dieses Zeugnis abzulegen, bedurfte es für Sie eines Partners.

J.-P. S.: Ja.

S. de B.: Kommen wir zu den Büchern zurück, die Sie nicht veröffentlicht, nicht vollendet haben. Ich möchte gern, daß Sie darüber sprechen.

J.-P. S.: Ich denke, das gibt es bei allen Schriftstellern.

S. de B.: Oh, das glaube ich nicht. Können Sie ungefähr die Liste der Bücher aufstellen, die Sie nicht veröffentlicht haben?

J.-P. S.: *Legende der Wahrheit*.

S. de B.: *Legende der Wahrheit* ist etwas anderes, das ist abgelehnt worden. Man hat nur einen Teil daraus veröffentlicht ... Aber es gab ein recht bedeutendes Werk, *La Psyché*. Was war das genau?

J.-P. S.: *La Psyché* wurde nach meiner Rückkehr aus Deutschland geschrieben, wo ich ein Jahr damit verbracht hatte, Heidegger und vor allem Husserl zu lesen.

S. de B.: Damals haben Sie *Die Transzendenz des Ego* geschrieben, und es wurde gedruckt.

J.-P. S.: Es wurde gedruckt und ist dann in Vergessenheit geraten, es ist verschwunden und von Sylvie Le Bon neu aufgelegt worden.

S. de B.: Es bestand eine Beziehung zwischen *Die Transzendenz des Ego* und *La Psyché*.

J.-P. S.: Ja. Von da aus konzipierte ich *La Psyché*. *La Psyché* war die Beschreibung dessen, was man das Psychische nennt. Wie kommt man philosophisch dazu, die Subjektivität zu leben? Das wurde in *La Psyché* erklärt, wo es auch um Emotionen ging, um Gefühle ...

S. de B.: Sie machten sie zu psychischen Gegenständen, die außerhalb des Bewußtseins lagen. Das war Ihre große Idee.

J.-P. S.: Ja. Genau.

S. de B.: So wie das Ich transzendent ist, so sind es ...

J.-P. S.: Die Gefühle.

S. de B.: ... die Gefühle, die Emotionen. Es war ein recht umfangreicher Essay, der den ganzen Bereich des Psychischen umfaßte.

J.-P. S.: Es sollte ein Buch vom Umfang von *Das Sein und das Nichts* sein.

S. de B.: War *Theorie der Emotionen*[1] nicht ein Teil von *La Psyché*?

J.-P. S.: Ja, sie war ein Teil davon.

S. de B.: Weshalb haben Sie *Theorie der Emotionen* behalten – womit Sie übrigens recht hatten, es ist sehr gut –, nicht aber den Rest von *La Psyché*?

J.-P. S.: Weil der Text von *La Psyché* die Ideen Husserls wiederholte, die ich mir angeeignet hatte. Zwar brachte ich sie in einem anderen Stil zum Ausdruck, aber trotzdem war es reiner Husserl, überhaupt nicht originell. Während ich die *Theorie der Emotionen* auf Grund ihrer Originalität behalten habe. Es war eine gute Untersuchung bestimmter Erlebnisse, die man die Emotionen nennen könnte; ich zeigte, daß sie nicht isoliert auftreten, sondern mit dem Bewußtsein in Beziehung stehen.

S. de B.: Daß ihnen eine Intentionalität zugrunde liegt.

J.-P. S.: Ja. Es ist eine Idee, die ich noch immer habe, eine Idee, die nicht von mir stammt, die aber notwendig für mich ist.

S. de B.: Die Originalität bestand darin, die Intentionalität anzuwenden auf die Emotion, auf den Ausdruck der Emotionen und auf die Art, sie zu leben, etc.

J.-P. S.: Zweifellos hätte Husserl die Emotion als einer Intentionalität vorgängig angesehen.

S. de B.: Sicher, aber er hat sich nicht damit befaßt.

---

[1] *Skizze einer Theorie der Emotionen.* In: *Die Transzendenz des Ego*, Reinbek 1964. (Anm. d. Übers.)

J.-P. S.: Zumindest meines Wissens nicht.

S. de B.: *La Psyché* ist also eines der ersten Bücher, die Sie aufgegeben haben.

J.-P. S.: Ja, und von dem ich nur einen Teil behalten habe ... Und um dieselbe Zeit habe ich eine große Novelle geschrieben, die von der Verschiffung eines Frauenorchesters von Casablanca nach Marseille handelte.

S. de B.: Das Frauenorchester, das man in *Der Aufschub* wiederfindet.

J.-P. S.: Es war ein Frauenorchester, das ich in Rouen gehört hatte und das in keiner Beziehung zu Casablanca stand.

S. de B.: Es gab dieses Orchester und außerdem einen Zuaven oder einen Soldaten, der dachte, er sei schön.

J.-P. S.: Es gab einen Soldaten, der dachte: ich bin schön; ich erinnere mich.

S. de B.: Was ist aus dieser Novelle geworden?

J.-P. S.: Das weiß Gott. Es ist wie mit der Novelle über die Mitternachtssonne, die ich bei einer Wanderung mit Ihnen verloren habe.

S. de B.: Ach ja, in den Causses. Das war nach *Der Ekel*, und Sie wollten sie in eine Novellensammlung aufnehmen ...

J.-P. S.: Die erschienen ist.

S. de B.: Die später erschienen ist. Würden Sie uns *Le Soleil de minuit* erzählen?

J.-P. S.: Es ging um ein kleines Mädchen, das die Mitternachtssonne auf kindliche Weise sah, aber ich erinnere mich nicht mehr genau, wie.

S. de B.: Es hatte das Bild einer außergewöhnlichen Sonne im Kopf, die mitten in der Nacht am Himmel steht. Und dann sieht es die wirkliche Mitternachtssonne, die nur eine sehr lange Dämmerung ist und gar nichts Außergewöhnliches hat. Es lag Ihnen nicht viel an dieser Novelle.

J.-P. S.: Nein. Ich habe sie nicht neugeschrieben. Letztlich lief es darauf hinaus, eine Reise zu beschreiben, die ich gemacht hatte, und diese Kleinmädcheneindrücke waren ein wenig die meinen.

S. de B.: Es gab eine weitere Novelle, die sich mit dem langen Brief über Neapel überschnitt, den Sie Olga geschrieben hatten.

J.-P. S.: Ja. Teile daraus sind veröffentlicht worden.

S. de B.: Unter dem Titel *Nourritures*.

J.-P. S.: Und von Wols illustriert. Er hatte mich gebeten, ihm einen Text zum Illustrieren zu geben, und ich habe ihm diesen gegeben.

S. de B.: Er erschien bei Skira.

J.-P. S.: Ich glaube.

S. de B.: Können Sie diese Novelle erzählen?

J.-P. S.: Warten Sie. Ich war mit Ihnen in Neapel, und wir sind in Amalfi gewesen.

S. de B.: Ich habe Sie in Neapel zurückgelassen, weil Sie sich nicht sonderlich für Amalfi interessierten, nur ich war dort. Daher haben Sie einen Abend allein in Neapel verbracht.

J.-P. S.: Ja. Und ich habe zwei Neapolitaner getroffen, die vorschlugen, mir die Stadt zu zeigen. Man weiß, was das heißt. Es ging darum, das verborgene Neapel zu besichtigen, also mehr oder weniger die Bordelle. Und tatsächlich haben sie mich in ein Bordell geführt, ein etwas spezielles. Wir haben ein Zimmer betreten, in dem ein kreisförmiges Sofa an der Wand stand – das Zimmer war rund –, und in der Mitte befand sich ein weiteres rundes Sofa um eine Säule herum. Die jungen Männer wurden hinausgejagt, und dann erschienen eine junge Frau und eine weniger junge Frau, beide nackt. Sie haben Dinge miteinander getrieben oder vielmehr so getan, als ob; die ältere Frau, sehr dunkel, war der Mann, und die andere, die ungefähr achtundzwanzig Jahre alt und ziemlich hübsch war, spielte die Frau.

S. de B.: Sie haben mir erzählt, daß sie die verschiedenen Stellungen einnahmen, die in der berühmten Villa der Mysterien in Pompeji zu sehen sind.

J.-P. S.: Ja, genau. Sie deuteten sie an. Und dann ahmten sie sehr diskret diese verschiedenen Stellungen nach. Ich bin etwas verdutzt von dort weggegangen. Unten traf ich meine beiden Burschen, die auf mich warteten. Ich habe ihnen ein paar Sous gegeben, sie haben eine Flasche Vesuv-Rotwein gekauft, und wir haben sie auf der Straße getrunken. Wir haben etwas gegessen, und dann haben sie sich verabschiedet. Sie sind mit etwas Geld weggegangen und ich mit diesen Bildern, die mich wenig interessiert hatten.

S. de B.: Aber insgesamt hatten Sie sich trotzdem gut amüsiert; Sie haben es mir sehr belustigt erzählt, als ich am nächsten Tag zurückkam. Und in der Novelle erzählten Sie diese Nacht?

J.-P. S.: Ja. Ich wollte erzählen, wie der Typ ins Bordell kam, und dann seine Sicht von Neapel.

S. de B.: Und warum haben Sie diese Novelle dann doch nicht veröffentlicht? Sie hieß *Dépaysement*.

J.-P. S.: Keine Ahnung. Ich glaube, Sie haben mir davon abgeraten.

S. de B.: Warum? War sie nicht gut?

J.-P. S.: Sie war wohl nicht gut.

S. de B.: Vielleicht fanden wir, sie sei nicht strukturiert genug, sie reiche nicht an die anderen Novellen heran?

J.-P. S.: Wahrscheinlich.

S. de B.: Und danach, nach *Das Sein und das Nichts*, haben Sie angefangen, eine Moral zu schreiben.

J.-P. S.: Ja, ich wollte sie schreiben: aber ich habe es aufgeschoben.

S. de B.: Und dann haben Sie eine große, lange und sehr schöne Studie über Nietzsche geschrieben.

J.-P. S.: Über Nietzsche, in der Tat, das war ein Teil davon. Außerdem habe ich auch über Mallarmé geschrieben, ungefähr zweihundert Seiten.

S. de B.: Ach ja! Mit sehr ausführlichen Erklärungen über alle Gedichte von Mallarmé. Warum ist das nicht veröffentlicht worden?

J.-P. S.: Weil es nicht fertig wurde. Ich gab es auf, kam wieder darauf zurück ...

S. de B.: Aber warum haben Sie das Ganze, das Sie zwar nicht Moral nannten, aber das so etwas wie eine phänomenologische Studie der menschlichen Verhaltensweisen war, eine Kritik bestimmter Verhaltensweisen, die mit Ihrer Studie über Nietzsche zusammenhing, warum haben Sie das aufgegeben?

J.-P. S.: Ich habe es nicht aufgegeben. Diese Notizen waren dazu bestimmt, weiterentwickelt zu werden.

S. de B.: Mir scheint, daß Ihnen diese phänomenologische Studie zu idealistisch erschien.

J.-P. S.: Ja.

S. de B.: Eine Analyse erschien Ihnen zu idealistisch ...

J.-P. S.: Keine Analyse, eine Beschreibung.

S. de B.: Eine phänomenologische Beschreibung der verschiedenen menschlichen Verhaltensweisen. Und noch etwas anderes haben Sie nicht beendet. Sie haben eine lange Studie über Tintoretto geschrieben, von der Sie nur einen Teil in *Les Temps Modernes* veröffentlichen. Warum haben Sie sie liegenlassen?

J.-P. S.: Auf die Dauer langweilte sie mich.

S. de B.: Ich glaube übrigens, daß in dem, was Sie geschrieben hatten, bereits das Wesentliche stand.

J.-P. S.: Es war von Skira bestellt worden.

S. de B.: Ja.

J.-P. S.: Nicht er hatte Tintoretto gewählt, ich selbst hatte ihm gesagt: ich werde Tintoretto nehmen. Ich habe es aufgegeben, weil es mich langweilte.

S. de B.: Es gibt noch ein anderes Buch, an dem Sie recht lange gearbeitet haben und das Sie dann fallenließen, nämlich *La Reine Albermale ou Le dernier touriste*, wann war das?

J.-P. S.: Zwischen 1950 und 1959. Ich habe etwa hundert Seiten geschrieben. Ich glaube, ich habe zwanzig Seiten über das Plätschern der Gondeln geschrieben.

S. de B.: Sie haben viel über Venedig geschrieben. Und das über Venedig haben Sie übrigens veröffentlicht. Etwas davon haben Sie veröffentlicht.

J.-P. S.: Ja, in *Verve*.

S. de B.: Die Idee war, Italien beim Wort zu nehmen; aber in einem Reisebericht, der sich selbst zerstörte.

J.-P. S.: Der sich als touristische Erzählung zerstörte.

S. de B.: Genau.

J.-P. S.: Und es kam nun darauf an, ein wichtigeres Italien zu erkunden, das nicht touristisch ist.

S. de B.: Ein sehr ehrgeiziges Projekt, denn es sollte einerseits historisch sein – Sie wollten zum Beispiel dem Victor-Emanuel-Denkmal Rechnung tragen, das sich durch die ganze Geschichte Italiens zieht –, und andererseits sollte es subjektiv sein.

J.-P. S.: Ja.

S. de B.: Es sollte subjektiv-objektiv sein.

J.-P. S.: Es war sehr ehrgeizig, und ich habe es aufgegeben, weil es mir nicht gelungen ist, einen richtigen Standort zu finden.

S. de B.: Trotzdem hat es Ihnen Spaß gemacht, es zu schreiben.

J.-P. S.: Ja. Es hat mir großen Spaß gemacht.

S. de B.: Gab es noch andere literarische oder philosophische Erzählungen, die Sie geplant, aber nicht verwirklicht haben?

J.-P. S.: Es gab ein Werk über die Moral, das ich für jene amerikanische Universität vorbereitete, die mich eingeladen hatte. Ich hatte angefangen, vier oder fünf Vorträge zu schreiben, die ich dort halten sollte, und dann habe ich für mich weitergemacht. Ich habe einen Haufen Notizen noch irgendwo bei mir. Einen Haufen Notizen für eine Moral.

S. de B.: Ging es dabei nicht im wesentlichen um die Beziehung zwischen Moral und Politik?

J.-P. S.: Ja.

S. de B.: Also um etwas ganz anderes als das, was Sie um 1948, 1949 schrieben?

J.-P. S.: Um etwas ganz anderes. Ich habe Notizen darüber. Das ganze Buch wäre tatsächlich sehr wichtig gewesen.

S. de B.: Und warum haben Sie es aufgegeben?

J.-P. S.: Weil ich es überdrüssig war, Philosophie zu machen. Wissen Sie, mit der Philosophie ist das immer leicht so, jedenfalls bei mir. Ich habe *Das Sein und das Nichts* geschrieben, und dann bin ich es müde geworden; auch hier gab es eine mögliche Fortsetzung, ich habe sie nicht geschrieben. Ich habe *Saint Genet* geschrieben, ein Zwischending zwischen Philosophie und Literatur. Und dann habe ich die *Kritik der dialektischen Vernunft* geschrieben, und auch hier habe ich aufgehört.

S. de B.: Weil es enormer historischer Studien bedurft hätte?

J.-P. S.: So ist es. Ich hätte etwa fünfzig Jahre studieren müssen und versuchen, alle notwendigen Methoden zu untersuchen, um aus diesen fünfzig Jahren Kenntnisse zu ziehen, nicht nur in ihrer Gesamtheit, sondern in ihren besonderen Details.

S. de B.: Sie haben erwogen, ein etwas weniger langes Ereignis zu studieren, etwa die Französische Revolution. Sie haben sehr viel über die Französische Revolution gearbeitet.

J.-P. S.: Ja, aber ich brauchte auch andere Beispiele. Ich wollte wirklich vertiefen, was Geschichte ist.

S. de B.: Sie haben über den Stalinismus gesprochen.

J.-P. S.: Ja, ich habe angefangen, über den Stalinismus zu sprechen.

S. de B.: Es gibt noch einen anderen Aspekt Ihres Werks, über den wir noch gar nicht geredet haben und der doch sehr wichtig ist: das Theater ... Wie erklären Sie sich, daß Sie zum Theater gekommen sind, welche Bedeutung hatte es für Sie?

J.-P. S.: Ich habe schon immer gedacht, daß ich einmal Theater machen würde, denn als ich klein war, mit acht Jahren, setzte ich mich in den Luxembourg mit Kasperfiguren, die man über die Hände stülpt und spielen läßt.

S. de B.: Und haben Sie in Ihrer Jugend die Idee, Stücke zu schreiben, aufgegriffen?

J.-P. S.: O ja. Ich habe parodistische Stücke geschrieben, Operetten; die Operette habe ich in La Rochelle entdeckt, wo ich mit meinen kleinen Kameraden ins Stadttheater ging, und unter dem Einfluß dieser Operetten habe ich selbst eine zu schreiben begonnen, *Horatius Coclès*.

S. de B.: Ach ja!

J.-P. S.: Ich erinnere mich an zwei Verse: «Ich bin Mucius, Mucius Scaevola / Ich bin Mucius, Mucius und basta.» Und später, an der École Normale, habe ich einen Einakter geschrieben mit dem Titel *J'aurais un bel enterrement*. Es war ein komisches Stück über einen Typ, der seine Agonie beschrieb.

S. de B.: Und ist es aufgeführt worden?

J.-P. S.: Nein, wo denken Sie hin! Ich habe auch einen Akt zu einer Revue der École Normale verfaßt. Jedes Jahr macht man dort eine Revue, in der der Direktor, seine Untergebenen, die Schüler, die Eltern dargestellt werden. Ich hatte einen Akt dafür geschrieben. Sie war von abstoßender Obszönität.

S. de B.: Und Sie spielten in diesem Stück auch selbst mit.

J.-P. S.: Ich spielte Lanson, den Direktor.

S. de B.: Das alles war reiner Zeitvertreib. Haben Sie später weitergemacht?

J.-P. S.: Ich habe ein Stück geschrieben, das *Épiméthée* hieß, glaube ich. Die Götter kamen in ein griechisches Dorf und wollten es strafen, und in diesem Dorf gab es Dichter, Romanschreiber, Künstler; schließlich war es die Geburt der Tragödie, und

Prometheus vertrieb die Götter, und dann erging es ihm nicht gut. Aber ich dachte, das Theater sei eine minderwertige Gattung. Das war anfangs meine Auffassung.

S. de B.: Und später? Ich denke, wir sollten über *Bariona* sprechen.

J.-P. S.: Während meiner Kriegsgefangenschaft gehörte ich zu der Gruppe von Künstlern, die jeden Sonntag in einer großen Scheune Stücke spielten; wir machten die Dekorationen selber, und da ich der Intellektuelle war, der schrieb, hatten Sie mich gebeten, ein Weihnachtsspiel zu schreiben. Ich schrieb *Bariona*, es war ziemlich schlecht, aber es enthielt eine dramatische Idee. Jedenfalls hat es mir Geschmack am Theater gegeben.

S. de B.: Sie schrieben mir Briefe darüber und sagten, daß Sie von nun an Theater machen würden. *Bariona* war engagiertes Theater: unter dem Deckmantel des von den Römern besetzten Palästina spielten Sie auf Frankreich an.

J.-P. S.: Das haben die Deutschen nicht begriffen, sie sahen nur ein Weihnachtsspiel darin; aber die französischen Gefangenen haben alles verstanden, und mein Stück hat sie interessiert.

S. de B.: Was Sie sehr stark machte, war, für ein Publikum zu spielen, das kein äußerliches Publikum war wie in bürgerlichen Theatern.

J.-P. S.: Ja, wir spielten *Bariona* vor einem Publikum, das betroffen war, es waren Männer dabei, die das Stück abgebrochen hätten, wenn sie es verstanden hätten. Und alle Gefangenen verstanden die Situation. In diesem Sinne war es wirklich Theater.

S. de B.: Danach kamen *Die Fliegen*. Erzählen Sie etwas über die Umstände, unter denen Sie das Stück schrieben.

J.-P. S.: Wie Sie war ich mit Olga Kosakievitch befreundet. Sie ließ sich bei Dullin zur Schauspielerin ausbilden, und Sie brauchte eine Gelegenheit, auf der Bühne zu stehen. Ich habe Dullin vorgeschlagen, ein Stück zu schreiben.

S. de B.: Was bedeuteten *Die Fliegen* für Sie?

J.-P. S.: *Die Fliegen*, das war eines meiner alten Themen! Eine Legende darzustellen, der es einen modernen Sinn zu geben galt. Ich behielt die Geschichte von Agamemnon und seiner

Frau bei, Orests Mord an seiner Mutter und die Erynnien, aber ich gab ihr einen anderen Sinn. Ich gab ihr einen Sinn, der die deutsche Besatzung betraf.

S. de B.: Erklären Sie das etwas näher.

J.-P. S.: In *Die Fliegen* wollte ich über die Freiheit sprechen, über meine absolute Freiheit, meine Freiheit als Mensch, und vor allem über die Freiheit der Franzosen angesichts der deutschen Besatzer.

S. de B.: Sie sagten den Franzosen: seid frei, findet eure Freiheit wieder; und vertreibt die Schuldgefühle, die man euch auflagen will. Und was empfanden Sie, als das Stück gespielt wurde? Es gab ein Publikum und Ihr Werk; was war der Unterschied zur Veröffentlichung eines Buches?

J.-P. S.: Ich mochte es nicht sehr. Ich war mit Dullin befreundet, ich hatte mit ihm über die Inszenierung diskutiert. Ich verstand nicht viel davon, aber ich habe mit ihm darüber diskutiert. Doch die Arbeit des Regisseurs ist so wichtig, daß ich mich auf der Bühne nicht wirklich präsent fühlte. Es war etwas, das von dem ausging, was ich geschrieben hatte, aber es war nicht das, was ich geschrieben hatte. Später, bei anderen Stücken, hatte ich diesen Eindruck nicht mehr, wohl deshalb, weil ich mitgemischt habe.

S. de B.: Wie ist es die anderen Male gewesen, mit den anderen Stücken? Zuerst mit *Bei geschlossenen Türen*?

J.-P. S.: Rouleau hatte sehr gute Arbeit geleistet, eine sehr gute Inszenierung, die den späteren als Vorbild diente. Was er realisiert hatte, war das, was mir vorschwebte, als ich das Stück schrieb.

S. de B.: Und das folgende Stück?

J.-P. S.: Das war *Tote ohne Begräbnis*. Ich wollte zeigen, wie gleichgültig das französische Volk nach dem Krieg den Widerstandskämpfern gegenüber war, wie es sie allmählich vergaß. Damals gab es ein Wiedererstarken des Bürgertums, eines Bürgertums, das mit den Deutschen mehr oder weniger unter einer Decke steckte; und ein Stück über den Widerstand hat sie geärgert.

S. de B.: Ja, es hat einen Skandal hervorgerufen, besonders die Folterszenen. Warum genau haben Sie dieses Stück geschrieben?

J.-P. S.: Um daran zu erinnern, was die Widerstandskämpfer gewesen waren, daß sie gefoltert worden waren, daß sie mutig gewesen waren und daß die Art, wie man damals über sie redete, einfach niederträchtig war.

S. de B.: Wir wollen nicht alle Ihre Stücke aufzählen. Ich möchte von Ihnen wissen, welchen Unterschied Sie zwischen der Theaterarbeit und der eigentlichen literarischen Arbeit machen?

J.-P. S.: Zunächst ist das Sujet sehr schwer zu finden. Ich sitze im allgemeinen vierzehn Tage, einen Monat, anderthalb Monate an meinem Tisch, manchmal habe ich nur einen Satz im Kopf.

S. de B.: Ach ja, Sie sagten mir: «Die vier Reiter der Apokalypse.»

J.-P. S.: Von Zeit zu Zeit kommt ein vages Sujet.

S. de B.: Man muß sagen, daß Ihre Stücke sehr häufig Gelegenheitswerke waren. Es gab kein Sujet, das Sie behandeln wollten. Zum Beispiel wollten Sie Wanda ein Stück geben, in dem sie auftreten konnte.

J.-P. S.: Ja.

S. de B.: Sie wollten, daß sie spielt. Schon lange hatte sie nicht mehr auf der Bühne gestanden, sie wollte gern spielen, und Sie wollten ihr etwas zu spielen geben. Also sagten Sie sich: «Ich werde ein Stück schreiben.»

J.-P. S.: Genau. Es gab ein Sujet, an das ich zwar immer gedacht, das ich jedoch nie behandelt habe. Es geht um einen Mann, dessen Mutter schwanger ist und darüber wütend ist.

S. de B.: Ach ja.

J.-P. S.: Sie sieht ihr Leben, und der Zuschauer sieht Teile des Bühnenbildes nacheinander hell werden. Man sieht alle Episoden ihres Lebens, einschließlich ihrer Qual und ihres Todes am Schluß. Sie kommt nieder, das Kind wird geboren, wächst heran und macht alle vorgesehenen Stationen durch, aber am Schluß ist er ein großer Mann, ein Held.

S. de B.: Ja, Sie haben viel an dieses Stück gedacht. Aber nie hat es sie wirklich gepackt.

J.-P. S.: Nein.

S. de B.: Kommen wir zu Ihrer Art der Theaterarbeit zurück.

J.-P. S.: Zunächst arbeite ich an einem Sujet, dann lasse ich es fallen. Ich finde Sätze, Repliken, ich notiere sie. Es bekommt eine mehr oder weniger komplizierte Form, die ich dann vereinfache. So habe ich es bei *Der Teufel und der liebe Gott* gemacht. Ich erinnere mich an alles, was ich mir vorgestellt und dann aufgegeben habe, um schließlich zur ...

S. de B.: ... endgültigen Fassung zu gelangen.

J.-P. S.: Ja, in dem Augenblick habe ich keine großen Schreibschwierigkeiten. Es handelt sich um ein Gespräch von Leuten, die sich Dinge an den Kopf werfen, die sie sich zu sagen haben.

S. de B.: Ich habe Sie arbeiten sehen, und ich meine, daß es beim Theater eine große Vorarbeit gibt, die in Ihrem Kopf stattfindet, während die Arbeit an den Novellen und Romanen auf dem Papier stattfindet.

J.-P. S.: Ja.

S. de B.: Freut Sie der Erfolg eines Buches mehr als der Erfolg eines Stücks?

J.-P. S.: Oh, man ist natürlich froh, wenn ein Stück Erfolg hat. Man weiß sehr schnell, ob es durchgefallen oder angekommen ist. Aber das Schicksal von Stücken ist merkwürdig: es kann – wenn es bei der Premiere nicht gelaufen ist – ganz von der Bildfläche verschwinden, aber es kann sich auch behaupten. Der Erfolg ist immer zweifelhaft. Nicht so bei einem Buch. Der Erfolg eines Buches kann zwar lange auf sich warten lassen, es dauert etwa drei Monate, aber dann ist man seiner Sache sicher. Während der Erfolg eines Theaterstücks ein Reinfall werden kann, und umgekehrt. Sehr seltsam. Und dann enden die großen Erfolge mehr oder weniger gut; Brasseur zum Beispiel hat mir zweimal einen Schlag versetzt: er spielte das Stück während einer bestimmten Anzahl von Aufführungen, und dann ging er in Urlaub oder ließ sich operieren, und das Stück wurde abgesetzt.

S. de B.: Etwas anderes: es kommt sehr selten vor, daß Sie Ihre Bücher wiederlesen, während es oft vorgekommen ist, daß Sie eines Ihrer Stücke wiedergesehen haben, weil es in einer neuen Inszenierung oder im Ausland aufgeführt wurde. Sehen Sie Ihr Stück dann mit neuen Augen? Haben Sie den Eindruck, es sei von jemand anderem geschrieben?

J.-P. S.: Nein. Man nimmt die Inszenierung wahr, während das Stück gespielt wird.

S. de B.: Was war Ihr größtes Theatervergnügen; ich meine,

das Stück gespielt zu sehen mit dem Gedanken, daß es gut oder sehr gut inszeniert ist, oder froh zu sein, weil es Erfolg hatte; das heißt, welche Augenblicke Ihrer Laufbahn als Bühnenautor haben Ihnen am meisten Spaß gemacht?

J.-P. S.: Nun, etwas ist sehr merkwürdig: ein Buch ist tot, ein toter Gegenstand. Es liegt hier auf einem Tisch, ich empfinde keine Solidarität mit ihm. Bei einem Theaterstück dagegen ist es eine Zeitlang anders. Man lebt, man arbeitet, aber jeden Abend wird irgendwo ein Stück gespielt, das man geschrieben hat. Eine komische Sache, auf dem Boulevard Germain zu wohnen und zu wissen, daß da unten im Theater Antoine ...

S. de B.: ... das Stück gespielt wird. Bei *Tote ohne Begräbnis* war Ihnen das sehr unangenehm. Wie war es bei anderen Gelegenheiten, machte es Ihnen da Spaß?

J.-P. S.: Ja. *Der Teufel und der liebe Gott* machte mir Spaß. Es war ein großer Erfolg.

S. de B.: Und als man es bei Wilson neu aufführte ...

J.-P. S.: O ja, auch das hat mir viel Spaß gemacht.

S. de B.: Ich denke, daß es Sie auch gefreut hat, als Sie *Die Fliegen* in Prag sahen.

J.-P. S.: Ja, es hat mich gefreut. Ja, es machte mir großen Spaß, wenn das Stück lief. Bei der Premiere hat man diese starke Freude nicht, nein, bei der Premiere weiß man nicht, wie es ausgeht.

S. de B.: Man hat sogar ein bißchen Angst; aus Solidarität mit Ihnen war ich bei jeder Ihrer Premieren furchtbar ängstlich.

J.-P. S.: Und auch wenn es gut gelaufen ist, ist es nur ein Hinweis ... Aber wenn es weiterhin gut läuft, ist man wirklich froh; da ist etwas, was Bestand hat; man hat eine wirkliche Beziehung zum Publikum; wenn man will, kann man jeden Tag ins Theater gehen, sich in eine Ecke setzen und sehen, wie das Publikum reagiert.

S. de B.: Sie haben es nie getan.

J.-P. S.: Ich habe es nie getan oder fast nie.

S. de B.: Und welches Ihrer Stücke ist Ihnen das liebste?

J.-P. S.: *Der Teufel und der liebe Gott*.

S. de B.: Mir auch, ich mag es sehr. Aber auch *Die Eingeschlossenen* mag ich sehr.

J.-P. S.: Ich mag es nicht besonders, aber ich bin trotzdem zufrieden damit.

S. de B.: Aber Sie schrieben es unter Umständen, die Sie ...

J.-P. S.: Ich schrieb es zur Zeit meiner Krise im Jahre 1958.

S. de B.: Vielleicht hat Sie das trübsinnig gemacht.

J.-P. S.: Erinnern Sie sich: als wir von de Gaulles Staatsstreich erfuhren, sind wir in Ferien gefahren, wir waren in Italien, und ich habe in Rom die letzten Szenen von *Die Eingeschlossenen* geschrieben.

S. de B.: Mit dem Familienrat ...

J.-P. S.: Ja.

S. de B.: ... Es war eine sehr schlechte Szene.

J.-P. S.: Sehr schlecht. Die beiden ersten Akte lagen übrigens nur in einer Rohfassung vor. Ich habe mich später noch einmal drangesetzt, im Laufe des Jahres. Erinnern Sie sich?

S. de B.: Sehr gut. Wir waren hier auf der Place Saint-Eustache, in der Nähe des Hotels, in dem wir wohnten.

J.-P. S.: Ja.

S. de B.: Ich bin hinuntergegangen, um den letzten Akt zu lesen und war konsterniert. Sie haben mir zugestimmt, Sie haben eingesehen, daß ein Familienrat nicht nötig war, nur ein Vater-Sohn-Verhältnis.

J.-P. S.: Ja.

S. de B.: Und wie ist heute Ihr Verhältnis zum Theater?

J.-P. S.: Ich schreibe keine Stücke mehr. Damit ist Schluß.

S. de B.: Warum?

J.-P. S.: Warum? Es gibt ein Alter, wo man sich vom Theater trennt. Gute Stücke werden nicht von alten Menschen geschrieben. In einem Stück gibt es etwas Dringliches, einen Druck. Personen treten auf und sagen: «Guten Tag, wie geht es dir?» und man weiß, daß sie zwei oder drei Szenen später unter einem Druck stehen und sich wahrscheinlich sehr schlecht aus der Klemme ziehen werden. Etwas, was im Leben selten vorkommt. Man steht nicht unter Druck; vielleicht unter einer schweren Drohung, aber nicht unter Druck. Und ohne Druck kann man kein Stück schreiben. Und Sie finden diesen Druck in sich selbst wieder, weil es der Druck der Zuschauer sein wird; sie werden im Imaginären einen Moment des Drucks erleben. Sie werden sich fragen, ob Götz sterben wird, ob er Hilda heiraten wird. So daß einen das Theaterstück, das man schreibt, täglich in eine Art Notstand versetzt, wenn es gespielt wird.

S. de B.: Aber warum können Sie, als alter Mann, diese Dringlichkeit, diesen Druck nicht wiedererwecken? Sie müßten doch im Gegenteil denken: «Schließlich habe ich nicht mehr sehr lange zu leben, ich muß noch schnell die letzten Dinge sagen, die ich zu sagen habe.»

J.-P. S.: Ja. Aber im Augenblick habe ich im Theater nichts zu sagen.

S. de B.: Beeinflußt Sie die Tatsache, daß das französische Theater im Augenblick kaum noch ein Autorentheater ist?

J.-P. S.: Bestimmt. Zum Beispiel wurde *1789* von Mnouchkine von Schauspielern gemacht, Schauspielern, die den Text verfaßt haben.

S. de B.: Beeinflußt Sie das wirklich?

J.-P. S.: Ja; mein Theater wird zu etwas Vergangenem. Wenn ich jetzt ein Stück schreiben würde – was ich nicht tun werde –, würde ich ihm eine andere Form geben, in Einklang mit dem, was man heute versucht.

S. de B.: Und dann hat das Theater etwas Unangenehmes: das Publikum ist fast immer bürgerlich. Einmal sagten Sie: «Aber letzten Endes habe ich diesen Bürgern, die sich mein Stück anschauen, nichts zu sagen.»

J.-P. S.: Ich habe Erfahrung mit einem Arbeiterpublikum gemacht. Bei *Nekrassov*. Damals stand ich mich gut mit *L'Humanité*, mit der Kommunistischen Partei; sie haben Leute aus den großen Fabriken, aus den Pariser Vororten in *Nekrassov* geschickt.

S. de B.: Denen das Stück gefallen hat?

J.-P. S.: Ich weiß es nicht. Ich weiß nur, daß sie hingegangen sind. Es gab auch Volkstheatergruppen, die *Die respektvolle Dirne* in den Fabriken gespielt haben. Und es ist gut gelaufen.

S. de B.: Ich wollte Ihnen schon lange eine Frage stellen, nämlich: In *Die Wörter* haben Sie viel über das Lesen und dann über das Schreiben gesagt. Sie haben sehr gut erklärt, was Lesen für Sie bedeutete, die beiden Stufen des Lesens, die Lektüre, bei der Sie nichts verstanden und die Sie trotzdem faszinierte, und die Lektüre, bei der Sie verstanden. Sie haben auch kurz erwähnt, was es für Sie bedeutete, andere Bücher zu entdecken, als Sie älter waren. Aber ich finde, daß man wiederholen müßte, was Lesen für Sie bedeutet hat, sagen wir, ab Ihrem zehnten Lebensjahr. Wie war es in La Rochelle, wie war es, als Sie nach Paris kamen? Wie war es später? Wie war es während Ihrer Militärzeit? In den Jahren Ihrer Lehrtätigkeit? Und in den letzten Jahren?

J.-P. S.: Man müßte zwei Arten von Lektüre unterscheiden: eine, die nach einer gewissen Zeit kam, nämlich die Lektüre von Dokumenten oder von Büchern, die mir unmittelbar für meine literarischen oder philosophischen Werke nützen sollten; und dann eine unbefangene Lektüre, die Lektüre eines Buchs, das neu erscheint oder auf das man mich hinweist, oder eines Buchs aus dem 18. Jahrhundert, das ich noch nicht kannte. Diese Lektüre ist insofern engagiert, als sie mit meiner ganzen Person, meinem ganzen Leben verbunden ist. Aber sie spielt keine präzise Rolle in dem Werk, das ich zur selben Zeit schreibe. Bei der uneigennützigen Lektüre, der Lektüre jedes gebildeten Menschen, gab es bei mir Perioden, die mich, wie Sie wissen, im Alter von etwa zehn Jahren zu den Abenteuerromanen geführt haben, zu Nick Carter, zu Buffalo Bill, die mir in gewisser Weise die Welt schenkten. Buffalo Bill und Nick Carter spielten in Amerika, und es war eine richtige Entdeckung Amerikas, Nick Carter in den Bildern zu sehen, die es in jedem dieser Hefte gab. Man sah ihn genauso, wie man die Amerikaner sieht, wie man sie im Kino sieht: groß, stark, ohne Bart und Schnurrbart, begleitet von Gehilfen oder von seinem Bruder, der ebenfalls groß und stark war. Und in dem Roman wurde auch das Leben von New York ein wenig beschrieben; also, dort habe ich New York kennengelernt.

S. de B.: Das haben Sie in *Die Wörter* erzählt. Aber ich möchte gern, daß Sie von der Periode sprechen, die Sie in *Die Wörter* nicht behandelt haben. Was bedeutete Lesen für Sie in La Rochelle?

J.-P. S.: In La Rochelle war ich Leser einer Leihbücherei, das heißt, ich übernahm die Rolle meiner Großmutter. Mit der Leihbücherei hatte mich, wie ich in *Die Wörter* sagte, meine

Großmutter bekanntgemacht, die dort Romane auslieh. Ich habe angefangen, die Büchereien von La Rochelle zu besuchen. Ich ging auch in die Stadtbibliothek, die ebenfalls Bücher auslieh.

S. de B.: Aber was lasen Sie, und warum? Darauf kommt es an.

J.-P. S.: Es war eine Mischung von Büchern, die die Abenteuerromane fortsetzten und sie immer mehr veredelten, spezialisierten. Dort habe ich zum Beispiel die Bücher von Gustave Aymard gelesen.

S. de B.: Auch Fenimore Cooper?

J.-P. S.: Ein wenig Fenimore Cooper, aber das war mir etwas zu langweilig. Auch andere, deren Namen ich vergessen habe, aber die in Form von Büchern statt als Broschüren erschienen.

S. de B.: Gut, und was gab es neben diesen Abenteuerbüchern anderes?

J.-P. S.: Neben diesen Büchern nahm ich wieder ein wenig die Haltung ein, die ich zur Zeit meines Großvaters hatte, als ich in seiner Bibliothek edlere Bücher las, die mich aber auch weniger interessierten. Als ich die Abenteuerromane entdeckte, war ich klein, während die Romane meines Großvaters etwas später kamen.

S. de B.: Ja, aber in La Rochelle waren es nicht mehr die Bücher Ihres Großvaters. Worum handelte es sich hier?

J.-P. S.: In La Rochelle waren es zum Teil die Bücher meiner Mutter und meines Stiefvaters, die sie mir empfahlen; und dann habe ich mich besser umgesehen. Meine Mutter las wenig, aber von Zeit zu Zeit las sie ein Buch, eines von denen, die man damals las.

S. de B.: Und las Ihr Stiefvater?

J.-P. S.: Mein Stiefvater hatte durchaus gelesen. Er las nicht mehr. Aber er hatte gelesen.

S. de B.: Gab er Ihnen Ratschläge? Lenkte er Sie ein wenig?

J.-P. S.: Nein, nein.

S. de B.: Überhaupt nicht?

J.-P. S.: Überhaupt nicht. Auch meine Mutter nicht. Ich hätte es nicht zugelassen.

S. de B.: Aber Sie sagten doch, daß Sie die Bücher lasen, die sie lasen.

J.-P. S.: Ja, weil ich selbst darauf kam. Ich sah die Bücher in ihrem Zimmer oder im Salon, und ich beschaffte sie mir, vor allem nach dem Krieg, weil es Bücher waren, die den Krieg betrafen. Ich wollte mich informieren.

S. de B.: Gab es keine Verbote? Konnten Sie lesen, was sie wollten?

J.-P. S.: Verbote gab es überhaupt nicht. Deshalb griff ich auch nicht zu besonders verbotenen Büchern. Ich griff zu normalen Büchern. Einige dieser Bücher waren eine Verbindung zwischen der Kultur der Lehrer und der bürgerlichen Kultur. Manche von ihnen stellten sich als solche vor.

S. de B.: Wiesen die Lehrer Sie auf Bücher hin?

J.-P. S.: Das war damals nicht üblich. Sie wiesen einzig auf Lehrbücher hin. Natürlich gab es eine Bibliothek, aber darin fand man vor allem Jules Verne.

S. de B.: Und mit Ihren Mitschülern hatten Sie keinerlei geistigen Austausch?

J.-P. S.: Sie lasen wenig. Außer mir gab es kaum einen, der las. Sie trieben vor allem Sport.

S. de B.: Es war also sehr zufällig.

J.-P. S.: Es war nicht unbedingt vom Zufall diktiert, es gab ein gewisses Suchen. Zum Beispiel Claude Farrère: ich habe ihn gelesen, weil eines seiner Bücher in der Bibliothek meines Stiefvaters stand. Auf solche Schwarten stieß ich. Ich stieß darauf, weil sie sich in der Bücherei befanden: sie waren es, die man sah.

S. de B.: Gab es in dieser Zeit Bücher, die Sie besonders beeindruckt haben? Gab es Bücher, die Ihnen trotz dieser bürgerlichen Vorbehalte gefallen haben?

J.-P. S.: Oh, damals gefielen mir vor allem Kriminalromane oder Abenteuerromane. Ich las die Bücher von Claude Farrère, und sie interessierten mich sicher, und ich las andere derselben Kategorie, aber sie interessierten mich weniger.

S. de B.: Ja. Es gab nichts, das Sie fesselte.

J.-P. S.: Nichts.

S. de B.: Wie hat sich die Lektüre verändert, als Sie nach Paris kamen?

J.-P. S.: Es war eine radikale Veränderung, weil mein Mitschüler Nizan und die drei oder vier Klassenbesten lasen, Bercot und der Bruder des Malers Gruber; auch Guille las, als ich ihn im

Henri IV in der Prima kennenlernte; sie lasen im wesentlichen Proust. Das ist die große Entdeckung gewesen. Es bedeutete den Übergang vom Abenteuerroman zum Kulturroman, zum kulturellen Buch.

S. de B.: Wen liebten Sie zu jener Zeit? Proust, Giraudoux?

J.-P. S.: Giraudoux, den Nizan mir zu lesen gegeben hatte. Paul Morand, ebenfalls von Nizan empfohlen. In dieses literarische Leben hat mich Nizan eingeführt, der selbst keine Abenteuerromane, sondern sehr viel mehr moderne Bücher las.

S. de B.: Haben Sie auch Gide gelesen? Das heißt, Sie haben die moderne Literatur entdeckt.

J.-P. S.: Ich habe die moderne Literatur entdeckt. Ich muß wohl *Uns nährt die Erde* gelesen haben.

S. de B.: Ja.

J.-P. S.: Aber nicht mehr. Kurz, diese Zeit ist weit weg. Es gab eine Menge moderner Autoren, von denen Nizan mir sagte: «Hast du diesen gelesen? Hast du jenen gelesen?» Und ich las sie. Von da an hatte sich die Welt verändert, zwischen der Prima und der Philosophieklasse. Es handelte sich nicht so sehr um Philosophie, sondern um die Bücher der Surrealisten, um Proust, Morand etc.

S. de B.: Zum Teil lasen Sie, um mit Nizan mitzuhalten, um nicht von ihm überholt zu werden, um ebensoviel zu wissen wie er, um auf dem laufenden zu sein.

J.-P. S.: Ja. Vor allem für ihn, aber auch für die paar Mitschüler, die ebenfalls lasen.

S. de B.: Sie sagen, das habe «die Welt verändert». Könnten Sie das etwas verdeutlichen? Können sie diese Veränderung der Welt ein bißchen beschreiben?

J.-P. S.: Was zum Beispiel die Abenteuer betrifft, so sah ich deutlich, daß einige Romane in Amerika spielten, in einer Welt, die ich nicht kannte. Aber ich interessierte mich nicht sonderlich für Geographie. Ich wußte nicht so recht, wie Amerika aussah. Während mir ab der Prima und der Philosophieklasse beispielsweise die Bücher von Morand die Welt eröffnet haben. Das heißt, die Dinge haben sich nicht einfach außerhalb der Welt abgespielt, in der ich lebte; sie spielten an diesem oder jenem Ort, in China, in New York, am Mittelmeer ... lauter Dinge, die mich überraschten. Ich entdeckte eine Welt ...

S. de B.: Auf der Ebene des Planeten, der Geographie?

J.-P. S.: Ja, das war von entscheidender Bedeutung. Obwohl ich in der Schule schlecht war in Geographie, fing ich an, die Geographie kennenzulernen.

S. de B.: Ich glaube, das war ein weit verbreitetes Phänomen. Damals entdeckten die Autoren die Exotik: Morand, Valéry-Larbaud und viele andere verließen Frankreich und beschrieben die Welt. Aber Sie haben auch andere Öffnungen zur Welt kennengelernt. Giraudoux oder Proust gehen überhaupt nicht in diese Richtung.

J.-P. S.: Giraudoux ist verkrampft. Ich mochte ihn nicht sonderlich.

S. de B.: Im übrigen haben Sie später mit ihm abgerechnet.

J.-P. S.: Und das kam in der Prima. Proust hat mir natürlich im wesentlichen die subjektive Psychologie der Person beigebracht. Aber auch die Idee des «Milieus». Proust hat mich gelehrt, daß es gesellschaftliche Milieus gibt, so wie es Tiergattungen gibt. Man ist jemand als Kleinbürger oder als Adliger oder als Großbürger oder als Lehrer etc. All das sieht und erkennt man in der Welt Prousts. Und darüber habe ich viel nachgedacht. In dem Augenblick, oder ein wenig später, habe ich gedacht, daß der Schriftsteller alles von der Welt kennen, das heißt mehreren Milieus angehören müsse. Und ich habe das bei Leuten wiedergefunden, die ich nicht sehr mag: bei den Brüdern Goncourt, die in allen Milieus verkehren und Typen skizzieren wollten, die sie in Romane einbrachten. Sie haben einen Roman über die Dienstmädchen geschrieben, weil sie ein Dienstmädchen hatten, das sie sehr liebten und das gestorben ist und das ein recht interessantes Sexualleben hatte.

S. de B.: Aber ist es nicht zum Teil auch eine Offenbarung ganz anderer Art gewesen? Ich meine, Sie kamen aus einem sehr provinziellen und bürgerlichen Milieu; hat es Ihnen da nicht Lebensmöglichkeiten eröffnet, Möglichkeiten des Gefühls, der Moral, der Psychologie? War es nicht auch das?

J.-P. S.: Doch, gewiß. Es eröffnete mir das zeitgenössische Leben, weil meine Eltern fünfzig Jahre im Rückstand waren, was die Kultur und das Leben betrifft. In Paris dagegen erlebten all diese Kinder tagtäglich das zeitgenössische kulturelle Leben. Besonders die Surrealisten. Das war für uns, wie ich übrigens schon sagte, ein unerwarteter Fund, eine Quelle des Einflusses. Dann habe ich *La Nouvelle Revue Française* entdeckt; die Zeitschrift und die Bücher. Das war eine wirkliche Entdeckung. In jener Zeit hatten die Bücher der *Nouvelle Revue Française* einen Geruch, einen ganz bestimmten Papiergeruch; die Bücher, die damals veröffentlicht wurden, haben diesen Geruch ein wenig beibehalten. Ich erinnere mich an ihn, es war der Geruch der Kultur, wenn Sie so wollen. Und die *NRF* repräsentierte wirklich etwas; sie war die Kultur.

S. de B.: Die moderne Kultur.

J.-P. S.: Die moderne Kultur. Dort habe ich Conrad gelesen. Conrad, das war für mich die *NRF*, da alle seine Bücher in der *NRF* erschienen.

S. de B.: Warum liebten Sie Conrad so sehr? Sie erwähnen ihn zum zweitenmal.

J.-P. S.: Ich liebte ihn nicht sonderlich. Aber ich war im Lycée Henri IV, in der Philosophieklasse, als Schüler und im Internat. Ich hatte Verbindungen zu den Schülern, die sich auf die École Normale vorbereiteten, mit berühmten Professoren wie Alain. Sie sprachen mit uns, was eine große Ehre für uns war, denn es war eine sehr überragende Klasse; es waren ganz besondere Leute, die wir nicht sehr gut kannten und die wir kennenzulernen versuchten. Sie ließen uns manchmal ein paar Bücher aus ihrer Bibliothek lesen, besonders ein Buch von Conrad.

S. de B.: Hat es, durch diese Schüler oder in irgendeiner anderen Weise, einen bestimmten Einfluß von Alain auf Sie gegeben? Lasen Sie Alain, als Sie in der Philosophieklasse waren?

J.-P. S.: Nicht als ich in der *khâgne* war, aber später ja. An der École Normale.

S. de B.: Und die großen Klassiker, sagen wir Zola, Balzac, Stendhal usw., wann haben Sie die gelesen?

J.-P. S.: Zola und Balzac interessierten mich nicht sehr. Zu Zola habe ich später Zugang bekommen, aber mit Balzac bin ich nicht warm geworden. Ich habe mir eine Bibliothek von Klassikern zugelegt, wie sich die Gelegenheit ergab. Stendhal war sofort dabei. Ich habe ihn in der Philosophieklasse zu lesen begonnen und dann bis zur École Normale gelesen. Er war einer meiner

Lieblingsautoren. Deshalb war ich erstaunt, als ich hörte, daß das keine Lektüre für Siebzehn- oder Achtzehnjährige sei, weil es die Kinder verderbe, sie auf finstere Gedanken bringe, ihnen das Leben verleide – das sagte man in meiner Umgebung. Ich begreife es noch heute nicht ...

S. de B.: Nein, weil es im Gegenteil eher heiter ist.

J.-P. S.: Sehr heiter, ja. Es gibt Liebesgeschichten, Heroik, Abenteuer. Ich verstehe die Ablehnung überhaupt nicht, die Stendhal hervorgerufen hat.

S. de B.: Schön. Und dann?

J.-P. S.: Einen Autor wie Stendhal las ich mit Gleichaltrigen gegen die Älteren, sogar die Lehrer.

S. de B.: Das Lesen war für Sie eine Art und Weise, sich die kulturelle Welt anzueignen, und gleichzeitig machte es Ihnen natürlich Spaß ...

J.-P. S.: Ja, Spaß. Aber ich eignete mir auch die Welt an. Die Welt, das heißt im wesentlichen den Planeten. Und da ich ehrgeizig war (ich wollte in vielen Milieus leben, mit vielen Leuten, in vielen Ländern), gab es mir einen Vorgeschmack. Als ich mich auf die Agrégation vorbereitete, habe ich aufgehört zu lesen, obwohl ich beim erstenmal durchfiel.

S. de B.: Sie hatten sehr viel gearbeitet. Aber Sie haben mich in Erstaunen versetzt, als ich Sie kennenlernte, weil Sie Autoren gelesen hatten, die man im allgemeinen nicht liest. Sie hatten Baour-Lormian, Népomucène Lemercier gelesen. Sie waren unerhört gebildet.

J.-P. S.: Ja, sie waren mir in Geschichte und Literatur empfohlen worden. Man nannte ihre Namen im Unterricht des Lehrers für Geschichte oder Französisch. Und ich ging hin und las sie.

S. de B.: Und wie beschafften Sie sich die Bücher, als Sie in Paris waren?

J.-P. S.: Nizan lieh mir welche, und einige kaufte ich. Und von Zeit zu Zeit, wie ich schon sagte, liehen uns die *khâgne*-Schüler des Henri IV welche.

S. de B.: Und was bedeutete das Lesen für Sie, nachdem sie die Agrégation hatten? Ich weiß, daß es während des Militärdienstes vor allem ein Zeitvertreib war.

J.-P. S.: Ja.

S. de B.: Weil Sie sich sehr langweilten.

J.-P. S.: Ja.

S. de B.: Aber das war nicht der einzige Grund?

J.-P. S.: Immer ging es um den Kontakt zur Welt. Ein Roman, ein Buch über Geschichte oder Geographie unterrichtete mich über die Welt. Irgend etwas geschah an diesem oder jenem Ort, oder es war vor einem Jahrhundert geschehen oder würde geschehen, wenn ich in dieses oder jenes Land ginge. Es waren Informationen über die Welt, und sie faszinierten mich.

S. de B.: Ich weiß, daß sie nach der Agrégation viele ausländische Bücher gelesen haben. Viele amerikanische Bücher: Dos Passos zum Beispiel.

J.-P. S.: Ja. die amerikanische Literatur hat mich fasziniert.

S. de B.: Auch die russische.

J.-P. S.: Die alten russischen Bücher: Dostojewski, Tolstoi etc., las ich schon seit langem. Man hatte sie mir im Lycée empfohlen. Im übrigen mochte ich Tolstoi nicht, darin habe ich mich verändert. Natürlich liebte ich Dostojewski.

S. de B.: Und als Sie Lehrer in Le Havre waren, lasen Sie da viel?

J.-P. S.: Ja, ich las ...

S. de B.: Und als Sie ernsthaft zu schreiben begannen, blieb Ihnen da trotzdem noch Zeit fürs Lesen, und was bedeutete es da für Sie?

J.-P. S.: Ich las viel in der Eisenbahn. Le Havre – Paris, Le Havre – Rouen. Damals habe ich etwas Neues entdeckt – ich interessierte mich für den Kriminalroman.

S. de B.: Ach ja.

J.-P. S.: Vorher waren es Abenteuerromane. Im Zug gab es nichts zu tun. Man betrachtete die Leute, die vorübergingen, und man las. Was las man? Etwas nicht Kulturelles, würde ich sagen. Denn ich war mir nicht bewußt, daß die Kriminalromane mich bildeten.

S. de B.: Wir reisten oft mit dem Zug.

J.-P. S.: Sehr oft. Und da las ich Kriminalromane.

S. de B.: Und warum mochten Sie Kriminalromane?

J.-P. S.: Bestimmt hat mich die Bedeutung angezogen, die sie gehabt haben. Zu jener Zeit hat sich die Menge daraufgestürzt.

S. de B.: Ja, aber Sie hätten sie ablehnen können.

J.-P. S.: Das hätte ich gekonnt, aber es gab immerhin diesen Rest von Abenteuer, der mir gefiel.

S. de B.: Aber interessierte Sie nicht auch die Konstruktion?

J.-P. S.: Ja, die Konstruktion interessierte mich. Es war eine Konstruktion, von der ich oft dachte, sie könnte auch für Romane nützlich sein, die andere Themen behandelten ...

S. de B.: Seriösere Themen.

J.-P. S.: Seriösere, literarischere. Das heißt die Konstruktion des Rätsels, das am Ende seinen Schlüssel preisgibt; ich dachte, wenn man etwas Verborgenes tat – kein Verbrechen, sondern irgendein Ereignis in einem Leben, Beziehungen zwischen Männern oder zwischen Männern und Frauen –, dann könnte das ein Romanthema sein; dieses Ereignis würde sich nach und nach entschleiern, es wäre Gegenstand von Hypothesen. Ich meinte, daß darin eine Möglichkeit für den Roman läge. Später habe ich dieses Verfahren aufgegeben. Obwohl es im ersten Band von *Wege der Freiheit* Sachen gibt, die viel vom Kriminalroman haben, die Beziehung von Boris zu Lola zum Beispiel.

S. de B.: Sogar in *Der Ekel* gibt es eine Art von Spannung, weil der Held sich fragt: «Was ist das, was ist los? ...»

J.-P. S.: Ja.

S. de B.: Ich denke, daß die Art Notwendigkeit, die es in einem gut gemachten, gut aufgezogenen Kriminalroman gibt, etwas war, was Ihnen gefiel.

J.-P. S.: Es war eine ganz besondere Notwendigkeit. Eine Notwendigkeit, die sich meist in Dialogen ausdrückte, denn wenn ein Detektiv im Kriminalroman etwas entdeckt, dann gibt es ...

S. de B.: Verhöre.

J.-P. S.: Es ist vor allem der Dialog, in dem die Tat auftaucht oder wieder auftaucht und Verwirrungen oder Gemütsbewegungen bei den Leuten verursacht. Das hieß also, auch der Dialog konnte sehr ...

S. de B.: Konnte einen Handlungswert haben, in gewisser Weise.

J.-P. S.: Ja, konnte die Leute informieren und sie zum Handeln bringen. Das Abenteuer steckte im Dialog, es war der Dialog als Abenteuer, der mir sehr wichtig erschien.

S. de B.: Und weiter? Außer Kriminalromanen? Als Sie in Laon waren, als Sie nach Paris zurückkehrten: also während ihrer Lehrtätigkeit vor dem Krieg?

J.-P. S.: Da las ich vor allem amerikanische Literatur. Besonders in jener Zeit habe ich sie kennengelernt. Faulkner? Ich erinnere mich noch, Sie haben ihn als erste gelesen, Sie haben mir die Novellen gezeigt und gesagt, man müsse sie lesen.

S. de B.: Ach!

J.-P. S.: Ich war in Ihrem Zimmer, eines Nachmittags, und Sie hatten dieses Buch. Ich fragte Sie, was das wäre, und Sie sagten es mir. Ich kannte bereits Dos Passos.

S. de B.: Kafka haben wir ziemlich spät gemeinsam entdeckt.

J.-P. S.: In der Bretagne, soweit ich mich erinnere.

S. de B.: Ja. In der *NRF* sprach jemand von den großen Autoren, Proust, Kafka und Joyce. Kannten wir eigentlich Joyce? Ich erinnere mich nicht mehr.

J.-P. S.: Ja, wir haben ihn ziemlich schnell kennengelernt. Zuerst durch Hörensagen, und dann lasen wir ihn. Das ganze Milieu, der ganze innere Monolog von Herrn Bloom interessierte mich sehr. Ich habe sogar einen Vortrag über Joyce in Le Havre gehalten: es gab einen Saal, in dem die Lehrer bezahlte Vorträge hielten. Das wurde von der Stadtverwaltung und der Bibliothek organisiert. Ich hielt vor den Bürgern von Le Havre Vorträge über die modernen Schriftsteller, die sie nicht kannten.

S. de B.: Über wen zum Beispiel?

J.-P. S.: Faulkner.

S. de B.: Sie haben einen Vortrag über Faulkner gehalten?

J.-P. S.: Nein, ich erwähnte ihn in einem Vortrag, und sie fragten mich, wer das sei.

S. de B.: Und über wen hielten Sie Vorträge? Mir scheint, einen über Gide, oder?

J.-P. S.: Ja, und einen über Joyce.

S. de B.: Diese Vorträge gingen Ihren ersten kritischen Aufsätzen voraus.

J.-P. S.: Ja. Sie waren weniger ausgearbeitet als meine Aufsätze, aber sie gingen in dieselbe Richtung.

S. de B.: Hatten Sie bereits die Idee, daß eine Technik eine Metaphysik ist?

J.-P. S.: Ja, diese Idee hatte ich sehr früh.

S. de B.: Schön. Sie lasen also teils zum Vergnügen, teils u... sich auf dem laufenden zu halten, um zu wissen, was in der Welt vorging?

J.-P. S.: Ich las viel. Ich war sehr interessiert. Die Lektüre war meine hauptsächliche Zerstreuung, es war fast schon manisch.

S. de B.: Und hat Sie von all dieser Lektüre irgend etwas in Ihrer eigenen Arbeit beeinflußt?

J.-P. S.: O natürlich! Dos Passos hat mich enorm beeinflußt.

S. de B.: Ohne Dos Passos hätte es *Der Aufschub* nicht gegeben.

J.-P. S.: Auch Kafka hat mich beeinflußt. Ich könnte nicht angeben, inwiefern, aber er hat mich sehr beeinflußt.

S. de B.: Hatten Sie Kafka gelesen, als Sie *Der Ekel* schrieben?

J.-P. S.: Nein, als ich *Der Ekel* schrieb, kannte ich Kafka noch nicht.

S. de B.: Dann kam der Krieg, und ich glaube, daß Sie während des Krieges viel gelesen haben.

J.-P. S.: Ja, Sie haben mir eine Menge Bücher geschickt. Ich erhielt sie in der Schule, wo wir uns tagsüber aufhielten, ich und die anderen Meteorologen, und wo wir nichts anderes taten, als zum Schein die Messungen zu korrigieren oder zu studieren, die am Morgen oder in den Tagen zuvor gemacht worden waren; es nützte keinem was, da keiner sich für die Messungen interessierte.

S. de B.: Sie erinnern sich wahrscheinlich nicht, was Sie gelesen haben? Sicher die Bücher, die gerade erschienen?

J.-P. S.: Ja.

S. de B.: Lasen Sie nur Romane? Nein, natürlich lasen Sie Philosophie.

J.-P. S.: Oder Geschichte.

S. de B.: Schon sehr viel Geschichte?

J.-P. S.: Ja, aber Geschichte, wie man sie damals schrieb. Anekdotische und biographische Geschichte. Ich habe zum Beispiel verschiedene Werke über die Affäre Dreyfus gelesen. Ich las nicht wenig Geschichte; außerdem ging das mit der philosophischen Auffassung einher, daß man sich für die Geschichte interessieren müsse, daß sie ein Teil der Philosophie sei.

S. de B.: Sie lasen viele Biographien?

J.-P. S.: Ja.

S. de B.: In diesem Punkt hatten wir gemeinsame Neigungen; es gab viele Bücher, die wir gemeinsam lasen: im Grunde die Liste der Bücher, die ich als meine Lektüre in *In den besten Jahren* angebe.

J.-P. S.: Häufig benutzten wir beide denselben Band, und wir sprachen viel darüber.

S. de B.: Ja, sehr viel.

J.-P. S.: Bestimmte Romangestalten oder wahre Gestalten dienten uns als Bezugspunkt.

S. de B.: Ja; alles, was wir gemeinsam lasen, war sehr stark in unser Leben integriert.

J.-P. S.: Ja, es muß gesagt werden, weil es der Lektüre einen zusätzlichen Charakter verleiht, daß ein Buch uns beiden gehörte, zu jener Zeit.

S. de B.: Als Sie in Kriegsgefangenschaft waren, war es wohl schwierig, Bücher zu bekommen.

J.-P. S.: Ich habe ein paar bekommen. Bücher, die ein Gefangener in seinem Gepäck hatte. Ein oder zwei, die ich von den Deutschen erhielt. Praktisch sehr wenig. Aber ich bekam *Sein und Zeit*, um das ich gebeten hatte.

S. de B.: Aber das war keine Lektüre, das war Arbeit. Man müßte die Bücher unterscheiden, die für Sie Arbeitsbücher waren: Heidegger und Husserl, zum Beispiel.

J.-P. S.: Wissen Sie, es ist sehr schwierig, Arbeit und Lektüre voneinander zu trennen. Waren Husserl, Heidegger Arbeit oder eine etwas systematischere Lektüre als die anderen? Sehr schwer zu sagen.

S. de B.: Und ging die Lektüre aus Vergnügen nicht in eine Art umfassende Arbeit ein, die darin bestand, die Welt zu assimilieren?

J.-P. S.: Später ja, als ich sie brauchte, um meine Bücher zu schreiben. Aber als ich *Der Ekel* schrieb, brauchte ich sozusagen überhaupt kein Buch. Auch für die Novellen nicht.

S. de B.: Und als Sie wieder in Paris waren, während des Krieges und unmittelbar danach, was bedeutete Ihnen das Lesen da? Schon vor dem Krieg hatten Sie begonnen, einige Kritiken zu schreiben.

J.-P. S.: Ja.

S. de B.: Da gab es also eine Lektüre in einer etwas neuen Perspektive?

J.-P. S.: Ja.

S. de B.: Wen haben Sie vor dem Krieg rezensiert? Mauriac?

J.-P. S.: Vor allem Dos Passos.[1]

S. de B.: Und Brice Parain? Sie haben doch über Brice Parain geschrieben?

J.-P. S.: Ja, während des Krieges. Was lasen wir während der Besatzung?

S. de B.: Ich weiß, daß wir damals *Moby Dick* gelesen haben. Aber im Prinzip hatten wir keine amerikanischen Bücher mehr.

J.-P. S.: Keine amerikanischen, keine englischen, keine russischen Bücher mehr.

S. de B.: Und was lasen wir?

J.-P. S.: Wir lasen französische.

S. de B.: Es erschienen nicht viele.

J.-P. S.: Wir lasen die Dinge, die wir noch nicht gelesen hatten, oder wir lasen sie noch einmal.

S. de B.: Wir lasen keine Neuerscheinungen mehr, so war es.

J.-P. S.: Trotzdem lasen wir nicht wenig.

S. de B.: Ich persönlich las damals, glaube ich – ich weiß nicht, ob Sie es auch gelesen haben –, *Tausendundeine Nacht*, in der Ausgabe von Dr. Mardrus.

J.-P. S.: Ja. Wir lasen Zeitloses, wir lasen das 19. Jahrhundert, Zola; ich habe ihn in jener Zeit wiedergelesen.

S. de B.: Und nach dem Krieg?

J.-P. S.: Während des Krieges hat es für mich ein wichtiges Buch gegeben: die *Histoire de la Révolution* von Jaurès.

S. de B.: Nach dem Krieg hat es eine Flut amerikanischer und englischer Literatur gegeben. Wir entdeckten damals eine andere Form von Abenteuerromanen. Und eine Menge Bücher, die uns zeigten, was der Krieg auf der anderen Seite unseres Nachtvorhangs gewesen ist.

J.-P. S.: Für Sie war das interessanter als für mich.

S. de B.: Warum?

1 *Der Mensch und die Dinge*, Reinbek 1978. (Anm. d. Übers.)

J.-P. S.: Weil ich ... ich weiß nicht. Ich las einiges, sicher, aber ich hatte nicht die Erfahrung, die mir als Ausgangspunkt für eine Lektüre dieser Art hätte dienen können.

S. de B.: Haben Sie ab 1945 nicht etwas weniger gelesen, weil Sie viel schrieben und weil Sie sich mehr oder weniger auf politische Auseinandersetzungen eingelassen haben?

J.-P. S.: Ja, aber ich hatte ja auch nichts anderes zu tun. Vorher war ich im Gymnasium gewesen. Zu der Zeit habe ich mir eine Bibliothek zusammengestellt; ich nahm Bücher in die Hand und las sie und las sie wieder.

S. de B.: Sie hatten sie in der Wohnung Ihrer Mutter untergebracht, wo Sie lebten. Es gab eine Zeit, in der Sie kein einziges Buch hatten. Als wir im Hôtel de la Louisiane waren, hat Sie jemand aufgesucht und ist sehr verblüfft gewesen; er hat gesagt: «Sie haben keine Bücher?» Und sie sagten: «Nein, ich lese, aber ich besitze keine Bücher.» Aber von dem Augenblick an, da Sie in der Rue Bonaparte wohnten, haben Sie sich eine Bibliothek eingerichtet.

J.-P. S.: Ja. Aus Liebe zu den Büchern, aus dem Wunsch heraus, sie zu berühren, sie anzuschauen. Und ich kaufte Bücher in der Rue Bonaparte, auch in der Rue Mazarine. Es gibt eine Unmenge Buchhandlungen in diesem Viertel. Ich kaufte Gesamtausgaben ...

S. de B.: Sie hatten die Gesamtausgabe von Colette.

J.-P. S.: Ja.

S. de B.: Und auch sämtliche Werke von Proust ...

J.-P. S.: Ja. Von dem Augenblick an, als ich zu meiner Mutter gezogen war, habe ich eingewilligt, einige Dinge zu besitzen, wie zum Beispiel eine Bibliothek. Daß ich vorher keine Bücher hatte, beruhte auf einem sehr festen Willen. Ich wollte nichts besitzen. Und das blieb so bis zu meinem vierzigsten Lebensjahr.

S. de B.: Man muß auch sagen, daß die materiellen Voraussetzungen sehr wenig geeignet waren, da wir die ganze Zeit im Hotel lebten ...

J.-P. S.: Ja, aber ich hätte gekonnt, wenn ich gewollt hätte. Nein, ich wollte nichts besitzen. Ich besaß nichts: Weder in Le Havre noch in Laon ... Und dann habe ich im Jahre 1945 mein Leben in einigen Punkten verändert.

S. de B.: Ja, Sie haben sich einen Sekretär zugelegt, Sie sind seßhafter geworden als vorher. Es lag ein wenig an den Umständen ...

J.-P. S.: Es lag daran, daß mich meine Mutter nach dem Tod meines Stiefvaters gebeten hatte, bei ihr zu wohnen.

S. de B.: Ja, ich weiß. Gut. Haben Sie – um auf die Lektüre zurückzukommen – nach 1945 ebensoviel gelesen wie vorher? Und haben Sie dieselben Dinge gelesen? Vielleicht täusche ich mich, aber mir scheint, daß Ihre Lektüre weniger zweckfrei war, daß Sie weniger Romane lasen.

J.-P. S.: Weniger Romane. Es sind Romane erschienen, die gut waren und die ich nicht gelesen habe. Ich las vor allem Geschichtswerke.

S. de B.: Wann haben Sie begonnen, so viel über die Französische Revolution zu lesen und sogar Memoiren über die Französische Revolution zu kaufen? Um 1952, wie mir scheint.

J.-P. S.: Ja, um 1950, 1952.

S. de B.: Und geschah das bereits in Hinblick auf die *Kritik der dialektischen Vernunft*?

J.-P. S.: Ja und nein; damals hatte ich noch Lust, Philosophie zu machen, aber es blieb unbestimmt. Ein starkes Verlangen, aber unbestimmte Lektüren. Und dann Notizen in meinem Heft.

S. de B.: Aber Sie lasen sehr systematisch und manchmal ziemlich trockene Werke: Sie lasen Werke über Landwirtschaft, über die Agrarreform in England. Vor allem Bücher über die Geschichte Frankreichs: viel, sehr viel.

J.-P. S.: Im wesentlichen über die Geschichte der Revolution und das 19. Jahrhundert.

S. de B.: Viel Wirtschaftsgeschichte.

J.-P. S.: Viel Wirtschaftsgeschichte.

S. de B.: Es handelte sich hier um dokumentarische Lektüre, mit einem Ziel, das noch nicht sehr deutlich war, sich jedoch schon abzeichnete.

J.-P. S.: Die Ideen, die ich diesen Büchern entnahm, oder die Kenntnisse, die sie mir vermittelten, schrieb ich in meine Notiz- und Merkhefte.

S. de B.: Sie haben das Buch von Braudel über das Mittelmeer gelesen; und ein Buch, das Sie für sehr wichtig hielten, *Les Sans-*

Culottes von Soboul. Und zur Entspannung lasen Sie weiterhin Kriminalromane, Spionageromane.

J.-P. S.: Besonders Spionageromane. Es gab eine Zeit, wo die Spionageromane auftauchten. Ich habe sie gelesen. Und dann die *Série Noire*.

S. de B.: Die *Série Noire* war gerade entstanden, und anfangs war sie sehr gut, die *Série Noire* von Duhamel. Danach ist sie sehr viel schlechter geworden.

J.-P. S.: Es hat sich ein wenig erschöpft.

S. de B.: Ich möchte Sie noch einmal fragen, was die Literatur im Laufe Ihres Lebens für Sie bedeutet hat. In *Die Wörter* haben Sie erklärt, was sie in Ihren ersten Lebensjahren bedeutete; aber was ist daraus geworden, was bedeutet sie Ihnen heute?

J.-P. S.: Literatur hieß für mich zunächst erzählen. Schöne Geschichten erzählen. Warum waren sie schön? Weil sie gut aufgebaut waren, es gab einen Anfang und ein Ende, es gab Personen darin, die ich durch Wörter existieren ließ. In dieser einfachen Idee lag die Idee, daß Erzählen nicht dasselbe war wie einem Schulkameraden zu erzählen, was ich am Vortag getan hatte. Erzählen war etwas anderes. Es hieß, mit Wörtern schaffen. Das Wort war das Mittel, eine Geschichte zu erzählen, die mir sonst von den Wörtern unabhängig zu sein schien. Aber es war das Mittel, sie zu erzählen. Die Literatur war eine Erzählung, die aus Wörtern bestand. Sie war vollständig, wenn es den Anfang eines Abenteuers gab und man es bis zum Ende verfolgte. Das dauerte so lange, bis ich auf Grund meiner Studien im Gymnasium feststellte, daß es noch eine andere Literatur gab, da es eine Menge Bücher gab, die nicht erzählten.

S. de B.: Also schrieben Sie, zum Beispiel in La Rochelle, Dinge, die mehr oder weniger Erzählungen waren; es war etwas ganz anderes, ob man etwas schriftlich erzählt oder einem Schulkameraden Dinge erzählt. Sie sagen: es war etwas ganz anderes, weil es die Wörter gab. Aber wenn Sie einem Schulkameraden etwas erzählten, gab es auch die Wörter.

J.-P. S.: Ja, aber sie wurden nicht um ihrer selbst willen erlebt. Es geht darum, dem Schulkameraden mitzuteilen, was tags zuvor passiert ist; den Dingen, die da waren, gibt man die Namen, die sie bezeichnen, aber man gibt diesen Wörtern keinerlei Vorrecht. Sie sind da, weil es die Wörter sind, die bedeuten. Während in einer Erzählung das Wort in sich selbst etwas wert ist.

S. de B.: Nicht auch deshalb, weil man sich in diesem Augenblick ins Imaginäre begibt?

J.-P. S.: Ja, aber ich weiß nicht, ob ich im Alter von zehn Jahren einen deutlichen Unterschied machte zwischen dem, was wahr, und dem, was imaginär war.

S. de B.: Es mußte Ihnen aber doch klar sein, daß die Geschichten, die Sie schrieben, nicht passiert waren.

J.-P. S.: Oh! Ich wußte wohl, daß diese Geschichten erfunden waren, aber da sie andererseits einigen Erzählungen, die ich in Witzblättern gelesen hatte, ein bißchen ähnlich waren oder sogar vollkommen ähnlich waren, hatte ich den Eindruck, daß sie zumindest die Realität besaßen, zur Welt jener Erzählungen zu gehören, die außerhalb von mir existierten. Ich hatte nicht die Idee des reinen Imaginären, die mir danach ziemlich schnell gekommen ist. Es gab kein Problem des Imaginären, wenn Sie so wollen. Einverstanden, es existierte nicht, es war erfunden, aber es war nicht imaginär. Es war nicht imaginär, insofern es keine Geschichte war, die eine Konsistenz hat und die dennoch nicht ist.

S. de B.: Aber gab es nicht trotzdem so etwas wie ein Gefühl für das, was man die Schönheit und Notwendigkeit der Erzählung nennen könnte?

J.-P. S.: Man erzählte nicht etwas Beliebiges. Man erzählte etwas, was einen Anfang hatte und ein Ende, das eng mit dem Anfang zusammenhing. So daß man einen Gegenstand schuf, dessen Anfang Ursache des Endes war und dessen Ende auf den Anfang verwies.

S. de B.: Einen in sich geschlossenen Gegenstand?

J.-P. S.: Ja, die ganze Erzählung bestand aus Dingen, die einander entsprachen. Der Anfang schuf eine Situation, die sich am Ende mit den Bestandteilen des Anfangs auflöste. Also wiederholte das Ende den Anfang, und der Anfang erlaubte es bereits, sich das Ende vorzustellen. Das war sehr wichtig für mich. Anders gesagt, es gab die Erzählung, die eine Erfindung ins Spiel brachte, das war das eine; und das andere war, daß das, was ich erfand, die Geschichte war, die sich selbst genügte und deren Ende dem Anfang entsprach und umgekehrt.

S. de B.: Sie meinen, es war – ohne sie zu nennen – die Notwendigkeit.

J.-P. S.: Es war die Notwendigkeit, die man nur enthüllte, indem man erzählte. Das war der Kern, wenn Sie so wollen. Indem man erzählte, enthüllte man eine Notwendigkeit, und die Notwendigkeit war die Verknüpfung der Wörter, die gewählt waren, um sich miteinander zu verknüpfen... Und es gab auch, aber sehr vage, die Idee, daß es gute Wörter gibt, Wörter, die sich beim Verknüpfen schön ausnehmen und hinterher einen schönen Satz ergeben. Aber das war sehr vage. Ich spürte zwar, daß die Wörter schön sein konnten, aber ich kümmerte mich nicht viel darum. Ich kümmerte mich darum zu sagen, was es zu sagen gab. Das dauerte bis zu meinem zwölften Lebensjahr, als wir im Gymnasium anfingen, die Werke der großen Schriftsteller des 17. oder 18. Jahrhunderts zu lesen, als ich sah, daß nicht alles Romanerzählungen waren, daß es Erörterungen, Essays gab. Und dann stieß ich auf ein Werk, in dem die Zeit nicht mehr in derselben Weise erschien. Und doch schien mir die Zeit in der Literatur entscheidend zu sein. Die Zeit des Lesers wurde geschaffen. Das heißt, der Leser hatte zunächst eine eigene Zeit, und dann versetzte man ihn in eine Dauer, die für ihn geschaffen war und sich in ihm vollzog. Während er las, wurde er zu dem Gegenstand, den er schuf.

S. de B.: Sie hatten also damals eine Konzeption der Literatur, die immer noch auf die Zeit des Lesers setzte, aber es war nicht mehr unbedingt eine Erzählung. Was wurde daraus zu jener Zeit?

J.-P. S.: Es gab ein Vorher und ein Nachher. Der Leser begann den Essay mit Ideen, die nicht dieselben waren, die der Autor darlegte. Langsam nahm er Kenntnis von den Ideen des Autors – es brauchte Zeit, er begann nachmittags um zwei, fuhr fort bis sechs Uhr abends und fing am nächsten Tag wieder an. Folglich lernte er die Ideen des Autors durch die Zeit kennen. Im ersten Kapitel hatte man einen Entwurf, und dann nahm das Gestalt an, und am Ende hatte man eine zeitliche Idee. Sie war zeitlich, weil sie Zeit brauchte, Gestalt anzunehmen. So sah ich die Dinge.

S. de B.: Aber haben Sie denn Essays im eigentlichen Sinn des

Wortes geschrieben, als Sie jung waren, in der *khâgne* oder in der Prima?

J.-P. S.: Jedenfalls nicht vor der *khâgne*. Habe ich überhaupt welche geschrieben? Damals arbeitete jeder für sich, Nizan und ich, aber wir zeigten uns unsere Schriften, und die Romane waren gleichzeitig Essays. Das heißt, wir wollten Ideen darin unterbringen, und so wurde die Dauer der Zeit des Romans gleichzeitig zur Dauer der Zeit der Idee, die darin zum Ausdruck kam. Und die Novellen von Nizan in der *Revue sans titre* waren ein wenig Essays. Der erste Essay, den ich schrieb, war *Legende der Wahrheit*.

S. de B.: Und für was hielten Sie *Er l'Arménien*?

J.-P. S.: Eher für einen Essay. Für einen Essay, aber mit Personen, denen Dinge passierten, die einen Sinn haben. Sie entwickeln sie weiter, erklären sie in ihren Reden. Dann wird es zu einem Symbol.

S. de B.: Neulich sagten Sie aber, eines der Dinge, die Sie wollten, habe darin bestanden, Wahrheiten zu enthüllen. Den anderen die Wahrheit der Welt zu enthüllen.

J.-P. S.: Ja, das ist langsam gekommen. Nicht gleich am Anfang. Und doch war es da. Man brauchte ein Thema: für mich war es die Welt. Was ich zu sagen hatte, war die Welt. Wie übrigens alle Schriftsteller, meine ich. Ein Schriftsteller hat nur ein Thema: die Welt.

S. de B.: Ja, aber manche kommen zur Welt, indem Sie über sich selbst gehen, sie sprechen von ihren intimen Erfahrungen.

J.-P. S.: Jeder hat seine eigene Art, die Dinge zu sehen. Ich selbst, ich weiß nicht warum, schrieb nicht über mich. Zumindest nicht über mich als subjektive Person, als jemand, der eine Subjektivität, Ideen hat. Es ist mir nie in den Sinn gekommen, über mich zu schreiben, eine Geschichte zu schreiben, die mir zugestoßen ist. Und trotzdem handelte es sich natürlich ganz um mich. Aber es war nicht das Ziel, mich in den Novellen darzustellen, die ich schrieb.

S. de B.: Das heißt, über Sie wurde die Welt erfaßt.

J.-P. S.: Es steht außer Zweifel, daß das Thema von *Der Ekel* in erster Linie die Welt ist.

S. de B.: Eine metaphysische Dimension der Welt, die sich enthüllen muß.

J.-P. S.: So ist es. Und das ist eine andere Idee als die der Literatur. Die Literatur enthüllt die Wahrheit über die Welt, aber anders als die Philosophie; in der Philosophie gibt es einen Anfang und ein Ende, folglich eine Dauer, aber sie lehnt die Dauer ab. Man muß das Buch zur Hand nehmen, man versteht es aber erst, wenn man es zu Ende gelesen hat, und daher gibt es keine Dauer. Man bezieht in das Buch nicht die Zeit mit ein, die man gebraucht hat, es zu verstehen und zu entschlüsseln. Und der Gedanke, zu dem man gelangt, ist ein idealer Gedanken, man behält ihn im Kopf wie ein genau strukturiertes Gebilde. Man kann von der Dauer sprechen, man kann ein Kapitel, zwei Kapitel über die Dauer schreiben, aber in diesem Augenblick ist sie ein Begriff, keine Dimension des Gegenstandes. Ich habe meine Ansicht geändert, denn jetzt bin ich im Gegenteil der Meinung, daß die philosophischen Werke, die ich geschrieben habe, den Begriff der Zeitlichkeit enthalten, nicht nur als Notwendigkeit, die jeder empfinden kann, das Werk am Anfang oder am Ende zu beginnen, was ein Aufwand von Zeit ist, sondern insofern die Zeit, die gebraucht wurde, um sie darzulegen und zu erörtern, Teil der Philosophie ist. Sie bestimmt sie.

S. de B.: Das haben Sie mir nicht gesagt, aber vielleicht kommen wir später darauf zurück, da wir im Augenblick bei der Literatur sind. Hatten Sie zum Zeitpunkt von *Der Ekel* eine Idee von der Notwendigkeit?

J.-P. S.: Ja.

S. de B.: War die Idee der Schönheit für Sie mit der Idee verbunden, ein Buch zu schreiben?

J.-P. S.: Ach wo! Ich dachte, das käme dazu, wenn man auf seine Sätze achtete, auf seinen Stil, auf die Art, wie man die Geschichte erzählte. Doch das waren formale Eigenschaften, um die ich mich wenig kümmerte. Für mich ging es darum, im Kern der Erzählung die Welt zu finden.

S. de B.: Vorhin sagten Sie aber, daß Sie schon, als Sie sehr jung waren, den Wörtern große Bedeutung beimaßen.

J.-P. S.: Ja. Das war so etwas wie ein Bestandteil der Schönheit, aber auch der Richtigkeit, der Wahrheit. Ein Satz mit gut gewählten Wörtern war ein richtiger, ein wahrer Satz.

S. de B.: Aber am Ende von *Der Ekel*, wenn der Held *Some of these days* hört, sagt er, er wolle etwas Ähnliches schaffen. Er wird also von etwas berührt, das man seine Schönheit nennen könnte.

J.-P.S.: Ja, aber *Some of these days* bewegt Roquentin nur deshalb, weil es ein Gegenstand ist, der von einem Menschen geschaffen worden ist, einem sehr fernen Menschen, der ihn durch seine Verse hindurch berührt. Nicht, weil es humanistisch ist; was ihn bewegt, was er liebt, ist eine Schöpfung des Menschen.

S. de B.: Anders gesagt, es war eher eine Frage der Kommunikation als der Schönheit?

J.-P.S.: Die Gegenstände, die überleben, wenn sie einmal geschaffen sind, befanden sich in den Bibliotheken, als materielle Realitäten; aber sie befanden sich auch in einer Art intelligiblem Himmel, der kein imaginärer Himmel war. Es war eine Realität, die blieb. Und ich erinnere mich, daß *Der Ekel* meinen eigenen Ideen ein wenig hinterherhinkte. Das heißt, ich war schon nicht mehr darauf aus, Gegenstände außerhalb der Welt zu schaffen, seien es wahre oder schöne, wie ich es noch glaubte, bevor ich Sie kennenlernte, ich hatte das bereits hinter mir. Ich wußte nicht genau, was ich wollte, aber ich wußte, daß man keinen schönen Gegenstand, keinen literarischen Gegenstand, keinen Buchgegenstand schuf, es war etwas anderes. In dieser Hinsicht bezeichnete Roquentin eher das Ende einer Periode als den Anfang einer neuen.

S. de B.: Ich verstehe nicht ganz, was Sie meinen. Flaubert dachte, ein Buch sei ein Gegenstand, der ganz auf eigenen Füßen steht, der sozusagen keinen Leser braucht, der Leser wäre völlig überflüssig. Dachten Sie das vor *Der Ekel*?

J.-P.S.: Ein wenig, obwohl ich nicht dachte, daß man keinen Leser brauchte.

S. de B.: Und wie sahen Sie das Buch, als *Der Ekel* fertig war und auch, als Sie noch daran schrieben?

J.-P.S.: Ich sah es als ein metaphysisches Wesen; ich hatte einen metaphysischen Gegenstand geschaffen; es war gleichsam eine Platonsche Idee, wenn Sie so wollen. Eine Idee jedoch, die sich partikularisiert hätte und die der Leser beim Lesen finden würde. Das glaubte ich, als ich *Der Ekel* begonnen hatte, und schon am Ende glaubte ich es nicht mehr.

S. de B.: Was glaubten Sie zu jener Zeit?

J.-P. S.: Ich wußte es nicht genau.

S. de B.: Und als Sie die Novellen schrieben? Was meinten Sie zu tun, wenn Sie eine Novelle schrieben?

J.-P. S.: Die Novellen hatten eine unmittelbarere Notwendigkeit, denn eine Novelle hat nur dreißig, fünfzig Seiten; ich konzipierte sie nicht nur, sondern beim Lesen der Novelle sah ich gleichsam die Notwendigkeit. Bei den Novellen hatte ich eine klarere Sicht des literarischen Gegenstandes als beim Schreiben von *Der Ekel*, der sehr lang ist.

S. de B.: Ja; aber was bedeutete es für Sie genau, diese Novellen zu schreiben? Bei *Der Ekel* sieht man es sehr deutlich: es gab eine Entschleierung der Welt, hauptsächlich mit jener Dimension der Kontingenz, an der Ihnen sehr viel lag. Aber bei den Novellen?

J.-P. S.: Bei den Novellen ist es merkwürdig. Ihre Bedeutung hat sich verändert. Ich wollte eine Novelle schreiben, um bestimmte spontane Eindrücke mit Wörtern wiederzugeben. *Le Soleil de minuit*, die ich verloren habe, war so. Ich wollte einen Novellenband schreiben ...

S. de B.: Mit Atmosphäre gewissermaßen.

J.-P. S.: ... mit Atmosphäre. Zum Beispiel: Neapel; ich wollte, daß die Novelle dazu dient, Neapel zu sehen.

S. de B.: Und dann? Hat es sich verändert?

J.-P. S.: Ja. Es hat sich verändert, ich weiß nicht recht, warum. *Herostrat* war ein Traum von Bost.

S. de B.: Ja, aber warum haben Sie diesen Traum gewählt?

J.-P. S.: Mein Plan hat sich ausgeweitet; es konnte die Vision einer Stunde sein, die für mich ziemlich schwerwiegend war; es konnte auch etwas Wichtigeres sein wie der Spanienkrieg. Es gab eine Novelle über den Wahnsinn. Es ging also um ziemlich ernste Situationen, die sich völlig von dem unterschieden, was ich anfangs wollte. Anfangs hätte ich eher eine Novelle über einen Abend auf den Pariser Boulevards geschrieben, über einen Garten, eine Novelle über Neapel oder eine Fahrt übers Meer.

S. de B.: Genau die Novellen, die Sie verworfen haben, die atmosphärischen Novellen. Eine davon ist verlorengegangen, und Sie haben nicht versucht, sie neu zu schreiben. Die Schiffsreise mit dem Frauenorchester haben Sie verworfen, um sie vielleicht später wieder aufzunehmen. Aber das, was Sie neulich das «Wesen» der Literatur nannten, was war das in alldem? Es war noch immer Erzählen.

J.-P. S.: Gewiß, Erzählen. Sogar ein Essay erzählt.

S. de B.: Trotzdem ist es nicht dasselbe, einen Essay über Giacometti zu schreiben oder *Die Wand* zu erzählen.

J.-P. S.: Es ist nicht dasselbe. Trotzdem braucht es eine gewisse Zeit, um in Giacomettis Bilder einzudringen. Und es gibt die Zeit der Lektüre: es ist nicht ganz die Zeit des Schreibens, aber beide treffen zusammen. Und wenn der Leser den Essay liest, wird er als Leser kreativ, er wird den Gegenstand so in Erscheinung treten lassen, wie er ihm vom Autor gezeigt worden ist.

S. de B.: Kommen wir also zu den Essays. Sie haben schon vor dem Krieg angefangen, Kritiken zu schreiben, nicht wahr?

J.-P. S.: Ja.

S. de B.: Und Sie haben es während des Krieges fortgesetzt ...

J.-P. S.: Während des Krieges habe ich es in einer Marseiller Zeitschrift fortgesetzt.

S. de B.: Genau.

J.-P. S.: Sie hieß *Confluences*.

S. de B.: Und Sie haben es auch nach dem Krieg fortgesetzt. Unter Ihren Essays gibt es ganz verschiedene Dinge: literarische Kritik, Kunstkritik, und dann politische Kommentare. Und manchmal Lebensläufe, Porträts von Merleau-Ponty und Nizan. Wie sahen Sie die Kritik? Und warum hat es Sie interessiert? Ich erinnere mich, daß es mir zu Anfang, weil ich mir vorstellte, Sie seien dazu geschaffen, Romane zu schreiben, als Zeitverschwendung vorkam. Ich täuschte mich gewaltig, denn es ist eines der interessantesten Teile Ihres Werks. Was hat Sie dazu gebracht, Kritiken zu schreiben?

J.-P. S.: Wiederum die Welt. Die Kritik war eine Entdeckung, eine Art und Weise, die Welt zu sehen; zu entdecken, wie der, dessen Werk man liest und den man rezensiert, die Welt sieht. Wie Faulkner die Welt sah, zum Beispiel. Die Art, wie die Ereignisse in seinen Büchern erzählt wurden, wie die Personen vorgestellt wurden. Es war eine Art zu zeigen, wie er auf die Leute seiner Umgebung reagierte, auf die Landschaften, auf das Leben, das er führte, etc. All das sah man in dem Buch, aber nicht auf Anhieb. Man sah es an einer Menge Formulierungen, die es zu untersuchen galt.

S. de B.: Etwas interessierte Sie besonders an den Romanen, von denen Sie sprachen: die Technik.

J.-P. S.: Ich glaube, daß ich durch Nizan auf die Technik gekommen bin. Er beschäftigte sich sehr damit. Für seine eigenen Romane wie für die der anderen.

S. de B.: Aber die Techniken von Dos Passos hatten Sie ganz unmittelbar interessiert.

J.-P. S.: Ja, sicher. Aber die Idee, die Technik eines Buches zu untersuchen, zu prüfen, ob sie etwas taugte, das kam von Nizan.

S. de B.: Ich weiß, daß Nizan, als er uns von Dos Passos erzählte, uns als erstes und vor allem auf seine Technik aufmerksam machte.

J.-P. S.: Genau.

S. de B.: Aber es gab eine Idee, die von Ihnen allein stammte und die sehr wichtig war, daß nämlich die Technik gleichzeitig eine Metaphysik enthüllt.

J.-P. S.: Das habe ich Ihnen vorhin schon gesagt. Im Grunde suchte meine Kritik nach der Metaphysik, die sich hinter der Technik in einem Werk befand. Und wenn ich diese Metaphysik gefunden hatte, dann freute ich mich. Ich besaß wirklich die Totalität des Werkes.

S. de B.: Ja.

J.-P. S.: Genau das war für mich die kritische Idee. Das heißt zu sehen, wie die Menschen, die schreiben, die Welt sehen. Sie beschreiben die Welt, aber sie sehen sie auf verschiedene Weise. Manche mit Weitblick, manche aus dem Augenwinkel, manche mit Scheuklappen.

S. de B.: Und manche in einer Dimension der Freiheit, andere in einer Dimension der Notwendigkeit, der Unterdrückung ... Ja.

J.-P. S.: Das alles gilt es zu erfassen ...

S. de B.: Aber Sie hatten auch die Idee, daß ein Essay ein Gegenstand ist, ein notwendiger Gegenstand, der seine eigene literarische Qualität haben muß. Anfangs fanden Sie es ziemlich schwierig, einen Essay zu schreiben, der nicht wie ein Aufsatz wäre, sondern seine – sagen wir – Eleganz, wenn nicht gar seine Schönheit hätte.

J.-P. S.: Das Risiko der Eleganz liegt darin, daß sie den Gegenstand von seiner Wahrheit trennen kann. Ist er zu elegant, dann sagt er nicht mehr, was er sagen wollte. Wenn eine Kritik über Dos Passos zu viele elegante Dinge enthält, wenn man der Schönheit Opfer bringt, dann sagt sie nicht mehr genau, was man mit ihr sagen wollte ...

S. de B.: Mit anderen Worten, das Problem besteht darin, das Gleichgewicht zu finden zwischen dem Gegenstand, den es zu erfassen gilt, und der persönlichen Art, darüber zu sprechen.

J.-P. S.: So ist es. Man mußte sagen, was man zu sagen hatte, aber auf eine Weise, die notwendig war, gut gemacht ...

S. de B.: Und worin mußte Ihrer Meinung nach die Eleganz eines Essays bestehen?

J.-P. S.: Oh, das waren sehr cartesianische Vorstellungen: Leichtigkeit, Klarheit, Notwendigkeit.

S. de B.: Ja.

J.-P. S.: Die Qualität des Essays kam von selbst, weil ich die Metaphysik einbezog. Auf einer bestimmten Ebene gab es also immer eine Kritik, das heißt eine Untersuchung der Wörter des betreffenden Autors: warum wählt er dieses Adjektiv, jenes Verb, was sind seine Tricks etc., und dahinter ging es um die Metaphysik. Die Kritik hat für mich einen doppelten Sinn: sie muß die Methoden, die Regeln, die Techniken des Autors darlegen, insofern diese Techniken mir eine Metaphysik enthüllen.

S. de B.: Ja, aber gleichzeitig ging es darum, das Ganze auf eine, sagen wir, künstlerische Weise zu sagen. Es gibt die Idee der Kunst, denn Ihre Kritik an Mauriac lautet: «Gott ist kein Künstler, Mauriac ebenfalls nicht.» Also meinten Sie doch, daß es eine literarische Kunst gab, eine Kunst des Schreibens. Erst neulich erwähnten Sie das Wesen der Kunst des Schreibens.

J.-P. S.: Ja.

S. de B.: Sie meinten also, daß es eine spezifische Kunst gab, einen Essay zu schreiben?

J.-P. S.: Ja ... Und die ich nicht ohne weiteres fand. Anfangs hatte ich Mühe damit. Obwohl ich mich schließlich darauf beschränkte, nur noch Essays zu schreiben.

S. de B.: Wie das?

J.-P. S.: Nachdem der Roman abgeschlossen war, kamen die Theaterstücke, aber was schrieb ich neben den Theaterstücken, die nicht in dieselbe literarische Gattung fallen? Artikel, Bücher...

S. de B.: O ja, philosophische Bücher. Also, die philosophischen Bücher sind für mich keine Essays, eben weil Sie sich in Ihren philosophischen Büchern nicht um literarische Kunst bemüht haben.

J.-P. S.: Nein.

S. de B.: Es gibt sehr literarische Passagen in *Das Sein und das Nichts* vor allem, aber die *Kritik der dialektischen Vernunft* ist wirklich sehr streng, sowohl im Stil wie im Ton.

J.-P. S.: In einem Roman weiß man noch nicht so recht, was man mit den Personen anstellen wird, was sie sagen werden. Man kann den Dialog verbiegen und ihm den Hals brechen, indem man ihn umschreibt, wenn man die Eingebung hat, daß es so besser wäre. Wie ich es zum Beispiel mit Götz gemacht habe.

S. de B.: Ja, als Sie die Szene umgestülpt haben. Während Sie beim Essay immer von dem geleitet werden, was Sie zu sagen haben.

J.-P. S.: Was ich zu sagen habe. Natürlich kann man hin und wieder gefällig schreiben, aber nicht zu sehr, denn wenn man zu weitschweifig wird, ist es kein guter Essay mehr.

S. de B.: Welche Essays haben Sie mit leichter Feder geschrieben und an welchen haben Sie mehr gearbeitet?

J.-P. S.: Ich habe meine Essays nie mit leichter Feder geschrieben. Ich habe immer literarisch gearbeitet.

S. de B.: Auch am Essay über Lumumba?[1]

J.-P. S.: Gerade an Lumumba dachte ich; ich dachte mir schon, daß Sie diesen Einwand machen würden; aber nein, auch am Lumumba habe ich versucht zu arbeiten. Zum Beispiel spreche ich über die Bücher, die er gelesen hat. Ich hätte es auch sein lassen können, oder anders darüber reden. Es ist also viel Erfindung dabei. Ich meine, am Anfang eines Artikels hat man einen bestimmten Plan, und wenn man die Bücher auswählt, die er gelesen hat und was er darüber sagt, so deshalb, weil es wichtig ist. Aber man selber definiert sie als wichtig.

---

1 *Das politische Denken Patrice Lumumbas*. In: *Kolonialismus und Neokolonialismus*, Reinbek 1968. (Anm. d. Übers.)

S. de B.: Trotzdem scheint mir, daß Ihnen bei Ihren politischen Essays die Kunst weniger am Herzen lag.

J.-P. S.: Vielleicht etwas weniger.

S. de B.: Wie beispielsweise bei *Die Kommunisten und der Frieden*.

J.-P. S.: Oh! Immerhin legte ich großen Wert darauf, daß das gut geschrieben ist.

S. de B.: Ja, gewiß. Gut geschrieben, nicht allzu ausufernd; aber es eignete sich doch weniger für bestimmte stilistische Feinheiten.

J.-P. S.: Kurz, um das Gesagte zusammenzufassen: für mich ist das literarische Werk ein Gegenstand. Ein Gegenstand, der eine eigene Dauer hat, einen Anfang und ein Ende. Diese ihm eigene Dauer manifestiert sich in dem Buch dadurch, daß alles, was man liest, immer auf das verweist, was vorher war und was folgen wird. Genau das ist die Notwendigkeit des Werkes. Es geht darum, Wörtern Form zu geben, die eine bestimmte Eigenspannung haben und durch diese Spannung die Spannung des Buchs schaffen werden, das eine Dauer ist, auf die man sich einläßt. Wenn man ein Buch beginnt, tritt man in diese Dauer ein, das heißt, man läßt seine eigene Dauer sich so bestimmen, daß sie nun einen bestimmten Anfang hat, der der Anfang des Buches ist, und sie wird ein Ende haben. Es gibt also ein bestimmtes Verhältnis des Lesers zu einer Dauer, die die seine ist und gleichzeitig nicht die seine ist, nämlich von dem Augenblick an, wo er das Buch beginnt und bis zu Ende liest. Und das setzt ein komplexes Verhältnis des Autors zum Leser voraus, denn er darf nicht nur erzählen, er muß seine Erzählung auch so schreiben, daß der Leser die Dauer des Romans wirklich erfaßt und selbst die Ursachen und Wirkungen nachvollzieht nach dem, was dasteht.

S. de B.: Ich glaube, Sie könnten noch mehr darüber sagen, denn das ist im Grunde Ihre Auffassung von Literatur, es ist die Auffassung Ihres Verhältnisses zu Ihrem Leser.

J.-P. S.: Der Leser ist jemand, der mir gegenübersteht und auf dessen Dauer ich einwirke. Das wäre meine Definition. Und in dieser Dauer lasse ich Gefühle auftauchen, die mit meinem Buch in Beziehung stehen, die einander korrigieren, miteinander streiten, miteinander in Verbindung treten und aus dem fertigen Werk gestärkt oder geschwächt hervorgehen.

S. de B.: Sie sprachen neulich von einem Versuch, den Leser zu verführen.

J.-P. S.: Ja, genau, ein Versuch der Verführung. Aber keine unzulässige Verführung, nicht so, wie wenn man jemanden mit Argumenten verführt, die unwahr oder trügerisch sind, nein, Verführung durch die Wahrheit. Um verführen zu können, muß der Roman ein Warten sein, das heißt eine Dauer, die sich entfaltet.

S. de B.: In gewisser Weise besteht immer eine Spannung.

J.-P. S.: Immer. Sie löst sich am Ende auf.

S. de B.: Man fragt sich immer, was passieren wird. Und sogar in einem Essay fragt sich der Leser ständig: was wird er jetzt sagen, was will er beweisen?

J.-P. S.: Und was will er jetzt sagen und was erwidert er auf seine Einwände? Also kommt auch die Zeit hinzu, und über diese Zeit, diese Konstruktion des Gegenstands las ich die Welt, das heißt das metaphysische Sein. Das literarische Werk ist jemand, der die Welt so rekonstruiert, wie er sie sieht, über eine Erzählung, die nicht unmittelbar auf die Welt zielt, aber Werke oder erfundene Personen betrifft. Ungefähr das habe ich machen wollen.

S. de B.: Man müßte noch mal erklären – obwohl Sie es sehr gut erklärt haben, aber es ist ja so falsch verstanden worden –, wie Sie zur engagierten Literatur gekommen sind.

J.-P. S.: Darüber habe ich ein ganzes Buch geschrieben.

S. de B.: Ja, gewiß. Aber welche Beziehung oder welcher Unterschied besteht zwischen den Werken, die Sie geschrieben haben, bevor Sie die Theorie der engagierten Werke hatten, und denen, die Sie danach geschrieben haben? Ich meine, findet man letztlich sowohl in der engagierten wie in der nicht engagierten Literatur dieselben Dinge wieder?

J.-P. S.: Es ist dasselbe. Es handelt sich nicht um eine Modifikation der Technik, vielmehr um eine Modifikation der Idee dessen, was man in einem engagierten Buch mit Wörtern schaffen will. Aber das bewirkt keine Veränderung, da das engagierte Werk mit einem bestimmten politischen oder metaphysischen Anliegen verbunden ist, das man ausdrücken will und das im Werk präsent ist. Auch wenn es sich nicht als «engagiert» versteht.

S. de B.: Es geht eher um die Wahl der Themen.

J.-P. S.: So ist es. 1929 hätte ich nicht über Lumumba geschrieben, wenn es Lumumba gegeben hätte.

S. de B.: Aber wenn Sie das Gefühl der Kontingenz vermitteln wollen, wie Sie es in *Der Ekel* taten, oder wenn Sie das Gefühl der Ungerechtigkeit, der Grausamkeit vermitteln wollen, die an Lumumba verübt wurde, dann handelt es sich im Grunde um dieselben Techniken, um dieselbe Beziehung zum Leser.

J.-P. S.: Genau. Man hat einfach den Willen, ihn für eine Sache zu gewinnen, die ihm bestimmte Aspekte der Welt enthüllen wird.

S. de B.: Im übrigen haben Sie oft gesagt, daß die Gesamtheit eines Werks engagiert sein müsse. Und daß jedes einzelne Buch...

J.-P. S.: Daß nicht jedes Buch es sein kann.

S. de B.: Zum Beispiel haben Sie *Die Wörter* geschrieben.

J.-P. S.: Ja, das Engagement ist das Werk in seiner Gesamtheit.

S. de B.: Wir haben noch kaum über *Die Wörter* gesprochen, wir könnten es nachholen. Es ist ein Buch, an dem Sie zehn Jahre gearbeitet haben. Wie kam es zur ersten Idee von *Die Wörter*, und warum ist es dann liegengeblieben?

J.-P. S.: Ich habe immer die Idee gehabt, schon mit achtzehn, zwanzig Jahren, über mein Leben zu schreiben, wenn ich es hinter mir hätte, das heißt mit fünfzig.

S. de B.: Sie wollten schon immer über sich schreiben.

J.-P. S.: Ja.

S. de B.: Und dann, um das Jahr 1952?

J.-P. S.: Nun ja, da sagte ich mir: jetzt ist es soweit, ich werde schreiben.

S. de B.: Warum haben Sie das ausgerechnet 1952 gedacht?

J.-P. S.: 1952 hat eine große Veränderung stattgefunden...

S. de B.: Ja, ich weiß. Aber es war doch eine Veränderung, die Sie politisiert hat. Woher kommt es dann, daß Sie das veranlaßt hat, etwas über Ihre Kindheit zu schreiben?

J.-P. S.: Weil ich mein Leben aus politischer Sicht schreiben wollte, das heißt meine Kindheit, meine Jugend und mein reifes Alter, indem ich ihm einen politischen Sinn gab, nämlich wie ich zum Kommunismus kam. Und als ich *Die Wörter* geschrieben habe, die erste Fassung davon, da habe ich ganz und gar nicht die Kindheit beschrieben, die ich beschreiben wollte, ich habe ein Buch angefangen, das fortgesetzt werden sollte; danach hätte man erfahren, daß mein Stiefvater meine Mutter heiratete, etc. In dem Augenblick habe ich aufgehört, weil ich anderes zu tun hatte.

S. de B.: Sagen Sie doch etwas zu dieser ersten Fassung, niemand kennt sie.

J.-P. S.: An Hand dieser Fassung habe ich die zweite erarbeitet. Sie war boshafter als die zweite, was mich und mein Milieu betrifft. Ich wollte zeigen, daß ich ständig begierig war, mich zu verändern, daß ich mich in meiner Haut nicht wohl fühlte, daß ich schlecht mit den anderen stand und mich dann veränderte und schließlich zu dem Kommunisten wurde, der ich zu Anfang sein mußte. Aber natürlich stimmte das nicht.

S. de B.: Sie nannten das Buch *Jean-sans-terre*, nicht wahr? Was hatte dieser Titel zu bedeuten?

J.-P. S.: *Jean-sans-terre*, das hieß: ohne Erbe, ohne Besitz. Es meinte das, was ich war.

S. de B.: Und bis zu welchem Augenblick Ihres Lebens haben Sie es geschrieben?

J.-P. S.: Wie *Die Wörter*.

S. de B.: Es war also wirklich eine erste Fassung von *Die Wörter*.

J.-P. S.: Ja, aber eine Fassung, die eine Fortsetzung haben sollte.

S. de B.: Und wann haben Sie es wiederaufgenommen?

J.-P. S.: 1961 ... oder?

S. de B.: Ja, ich glaube.

J.-P. S.: Ich habe es wiederaufgenommen, weil ich kein Geld mehr hatte und Gallimard um einen Vorschuß gebeten hatte.

S. de B.: Ein Engländer wollte einen unveröffentlichten Text von Ihnen haben, und schließlich haben Sie ihn Gallimard gegeben. Sie haben ihn wiederaufgenommen und viel daran geändert.

J.-P. S.: Er sollte literarischer sein als die anderen, denn ich war der Ansicht, daß das gewissermaßen eine Art war, mich von einer bestimmten Literatur zu verabschieden, und daß man sie sowohl realisieren als auch erklären und von ihr Abschied nehmen müsse. Ich wollte literarisch sein, um zu zeigen, daß es ein Irrtum ist, literarisch zu sein.

S. de B.: Das verstehe ich nicht ganz. Welche Art Literatur meinten Sie mit *Die Wörter* zu begraben?

J.-P. S.: Die Literatur, die ich in meiner Jugend und dann in meinen Romanen, in meinen Novellen betrieben hatte. Ich wollte zeigen, daß damit Schluß war; und ich wollte es dadurch zu erkennen geben, daß ich ein sehr literarisches Buch über meine Kindheit und Jugend schrieb.

S. de B.: Was wollten Sie danach tun? Da Sie ja keine Literatur mehr schreiben wollten wie vorher?

J.-P. S.: Engagierte und politische Literatur.

S. de B.: Sie hatten doch schon vorher engagierte Literatur geschrieben.

J.-P. S.: Ja, aber keine besonders politische.

S. de B.: Das ist merkwürdig, denn was Sie dann schließlich gemacht haben, war der *Flaubert*, was keine speziell politische Literatur ist.

J.-P. S.: Ein klein wenig trotzdem.

S. de B.: Nicht viel. Gut, bleiben wir bei diesem Punkt: Was nennen Sie ein Werk, das literarischer ist als die anderen? Gibt es denn Grade in der Literatur?

J.-P. S.: Zum Beispiel kann man stärker am Stil arbeiten; *Die Wörter* sind sehr ausgefeilt, sie gehören zu den ausgefeiltesten Sätzen, die ich je geschrieben habe.

S. de B.: Ja.

J.-P. S.: Und ich brauchte Zeit. Ich wollte, daß es in jedem Satz Anspielungen gibt, ein oder zwei Anspielungen, folglich daß es die Leute auf der einen oder anderen Ebene beeindruckt. Und dann wollte ich die Dinge, die Leute jeweils auf besondere Weise darstellen. *Die Wörter* sind sehr ausgefeilt.

S. de B.: Ja, das weiß ich, und es ist sehr gut gelungen. Aber ich wollte, daß Sie präzisieren, was Sie unter «literarisch» verstehen.

J.-P. S.: Es war voller Tricks, Witze, Kunstgriffe, beinahe Wortspielen.

S. de B.: Das heißt, das Bedürfnis, den Leser durch die Wörter, durch die Wendung der Sätze zu verführen, war stärker als in irgendeinem anderen Ihrer Werke?

J.-P. S.: Ja, so ist es.

S. de B.: Das nennen Sie «literarisch». Doch nach allem, was Sie gesagt haben, läßt sich kein Werk vorstellen, in dem es kein Streben nach Verführung gibt.

J.-P. S.: Ja, dieses Streben hatte ich immer; wenn ich den Eindruck habe, es sei mir gelungen, dann ist es etwas, für das ich eine gewisse Zärtlichkeit oder eine besondere Achtung empfinde.

S. de B.: Und für *Die Wörter* empfinden Sie Achtung und Zuneigung?

J.-P. S.: Ja.

S. de B.: Und wie sehen Sie die Literatur heute?

J.-P. S.: Heute bin ich fertig. Ich stehe auf der anderen Seite der Tür.

S. de B.: Ja, aber was meinen Sie dazu?

J.-P. S.: Ich meine, daß ich getan habe, was ich getan habe, das ist alles.

S. de B.: Manchmal waren Sie sogar – es ist lange her – von der Literatur angewidert; Sie sagten: Literatur ist Scheiße. Was meinten Sie damit genau? Und von Zeit zu Zeit haben Sie mir gesagt, erst kürzlich: eigentlich ist es idiotisch zu arbeiten, um sich auszudrücken. Es klang so, als wollten Sie sagen, man solle einfach irgendwie schreiben. Außerdem sagten Sie manchmal: so hätten Sie den *Flaubert* geschrieben – was nicht ganz stimmt.

J.-P. S.: Es stimmt nicht.

S. de B.: Sie haben Entwürfe gemacht, Änderungen; und dann haben Sie glückliche Einfälle im Ausdruck, auch wenn Sie nicht danach suchen. Es gibt viele glückliche Einfälle im *Flaubert*.

J.-P. S.: Ich schreibe schneller. Aber das ist durch die Arbeit gekommen.

S. de B.: Was meinten Sie also, als Sie sagten: «Das ist Scheiße» oder «Man braucht seine Zeit nicht damit zu vergeuden, gut zu schreiben»; inwieweit meinten Sie das ernst?

J.-P. S.: Mit dem Stil ist es eine komische Sache. Man müßte diskutieren, ob ein Werk es wert ist, mit Stil geschrieben zu werden, und man müßte sich fragen, ob die einzige Art und Weise, Stil zu haben, darin besteht zu korrigieren, was man geschrieben hat, wie ich es tat, so daß das Verb mit dem Subjekt übereinstimmt und das Adjektiv an der richtigen Stelle steht etc. Ob es nicht eine erfolgreiche Art gibt, die Dinge treiben zu lassen. Zum Beispiel schreibe ich schneller, weil ich es jetzt im Griff habe: wäre es nicht möglich, von Anfang an schnell zu schreiben? Übrigens meinen viele linke Schriftsteller, daß der Stil, die Art, sich allzusehr um die Wörter zu kümmern, daß das alles widerlich ist, man müsse sofort zum Gegenstand kommen und sich um den Rest nicht kümmern.

S. de B.: Aber das Ergebnis ist sehr oft verheerend.

J.-P. S.: Ich bin nicht einverstanden mit ihnen. Ich will nicht sagen, daß es keines Stils bedürfe; ich frage mich nur, ob die gewaltige Arbeit an den Wörtern nötig ist, um einen Stil zu schaffen.

S. de B.: Hängt das nicht ein wenig von den Leuten ab, von den Epochen, vom Thema, vom Temperament, von den Chancen?

J.-P. S.: Ja, aber im Grunde glaube ich, daß die Dinge, die am besten geschrieben sind, meist ohne langes Suchen geschrieben wurden.

S. de B.: Warum lesen Sie jetzt sehr viel weniger Literatur?

J.-P. S.: Seit meiner Jugend und ziemlich lange Zeit, etwa bis 1950, meinte ich, daß ein Buch eine Wahrheit enthielte: der Stil, die Schreibweise, die Wörter – das war eine Wahrheit, es brachte mir etwas. Ich wußte nicht was, und ich bemühte mich auch nicht, es herauszufinden, aber ich meinte, daß es mir etwas brächte. Die Bücher waren nicht nur Gegenstände, nicht nur ein Verhältnis zur Welt, sondern ein Verhältnis zur Wahrheit, ein schwer zu benennendes Verhältnis, das ich aber spürte. Und von literarischen Büchern verlangte ich eben dieses Verhältnis zur Wahrheit.

S. de B.: Die Wahrheit einer bestimmten Weltsicht, die nicht die Ihre war.

J.-P. S.: Ich hätte nicht genau sagen können, welche Wahrheit. Die Kritik half mir ein wenig dabei. Zu versuchen, den Sinn der Wahrheit des Autors herauszufinden, und was er uns bringen konnte. Das ist sehr wichtig gewesen.

S. de B.: Und warum haben Sie diese Idee verloren?

J.-P. S.: Ich habe sie verloren, weil ich meine, daß ein Buch sehr viel banaler ist. Bei großen Schriftstellern finde ich diesen Eindruck ab und zu wieder.

S. de B.: Aber in welchem Augenblick haben Sie diesen Eindruck verloren?

J.-P. S.: Etwa 1950, 1952, als ich ein bißchen in die Politik eingestiegen bin. Als ich mich mehr für die Politik interessierte, als ich Beziehungen zu den Kommunisten hatte. Und da ist es verschwunden; ich denke, es war eine Idee des vorigen Jahrhunderts.

S. de B.: Sie meinen, eine etwas magische Idee von der Literatur?

J.-P. S.: Ja, etwas magisch. Diese Wahrheit wurde mir nicht durch wissenschaftliche oder logische Methoden vermittelt, sondern durch die Schönheit des Buchs an sich, durch seinen Wert. Daran habe ich fest geglaubt. Ich glaubte, Schreiben sei eine Tätigkeit, die Reales produziert, nicht unbedingt das Buch, aber jenseits des Buches. Das Buch, das war Imaginäres, aber jenseits des Buches gab es Wahrheit.

S. de B.: Und Sie haben aufgehört, daran zu glauben, als Sie sich viel mit Geschichte befaßten und sich in die engagierte Literatur stürzten.

J.-P. S.: Ja, in dem Maße, wie ein Mensch nach und nach seine Erfahrungen macht, verliert er manche Ideen, die er vorher hatte. Das war bei mir um das Jahr 1952 der Fall.

S. de B.: Mir scheint, das letzte Buch, das Sie mit großem Vergnügen gelesen haben, war *Moby Dick*. Dann die Bücher von Genet, glaube ich. Nicht zufällig haben Sie über ihn geschrieben. Was er schrieb, hat Sie gefesselt. Ab 1952 hatten Sie dann keine große literarische Begeisterung mehr.

J.-P. S.: Nein.

S. de B.: Zu dieser Zeit lasen Sie zu Ihren Studien oder nur zur Unterhaltung.

J.-P. S.: Oder Geschichtsbücher.

S. de B.: Ich weiß, daß Sie die Bücher, die mir in den letzten Jahren gefielen, nicht gelesen haben. Ich erzählte Ihnen ein wenig davon, aber wir sprachen nicht zusammen darüber, auch wenn ich Ihnen sagte, daß es meines Erachtens sehr gut war, wie Albert Cohen oder John Cowper Powys. Es interessierte Sie überhaupt nicht, sie zu lesen.

J.-P. S.: Nein. Ich weiß nicht warum, aber es hat mich nicht interessiert.

S. de B.: Anders gesagt, es geht um eine Art Ernüchterung gegenüber der eigentlichen Literatur.

J.-P. S.: Wenn Sie so wollen. Ich sehe nicht mehr recht ein, warum man Romane schreibt. Ich würde gern darüber sprechen, was ich für Literatur hielt, und über das, was ich aufgegeben habe.

S. de B.: Sprechen Sie darüber, es ist sehr interessant.

J.-P. S.: Anfangs meinte ich, die Literatur – das sei der Roman. Man sagte es.

S. de B.: Ja, eine Erzählung, und durch sie sah man gleichzeitig die Welt. Es gibt uns etwas, was kein soziologischer Essay, keine Statistik uns geben kann.

J.-P. S.: Es gibt uns das Individuelle, das Persönliche, das Einzelne. Ein Roman gibt zum Beispiel dieses Zimmer wieder, die Farbe dieser Wand, dieser Vorhänge, des Fensters, und nur er kann es wiedergeben. Und genau das habe ich an ihm geliebt, daß die Dinge benannt werden und in ihrem individuellen Charakter sehr nah sind. Ich wußte, daß die beschriebenen Orte existierten oder existiert hatten, daß es also wirklich die Wahrheit war.

S. de B.: Obwohl Sie für literarische Beschreibungen nicht viel übrig hatten. In Ihren Romanen gibt es zwar ab und zu Beschreibungen, aber sie sind immer eng mit der Handlung verbunden, mit der Art und Weise, wie die Leute sie sehen.

J.-P. S.: Und sie sind kurz.

S. de B.: Ja. Eine kleine Metapher, drei kleine Wörter, um auf etwas hinzuweisen, nicht wirklich eine Beschreibung.

J.-P. S.: Denn eine Beschreibung ist nicht Zeit.

S. de B.: Ja. Das hält auf.

J.-P. S.: Es hält auf, es gibt den Gegenstand nicht so wieder, wie er im Augenblick erscheint, sondern so, wie er seit fünfzig Jahren ist. Das ist idiotisch!

S. de B.: Aber auf den Gegenstand in der Bewegung der Erzählung hinzuweisen, das ist gut!

J.-P. S.: Das ist gut, ja.

S. de B.: Aber könnte es nicht noch einen anderen Grund geben? Liegt es nicht daran, daß Sie die großen Werke der Literatur fast alle gelesen haben und daß das, was von einem Tag auf den anderen erscheint, selten von überragender Qualität ist?

J.-P. S.: So war es vor dem Krieg.

S. de B.: Aber nein, vor dem Krieg hatten Sie weder Kafka noch Joyce, noch *Moby Dick* gelesen.

J.-P. S.: Nein, ich habe Cervantes gelesen, aber schlecht. Übrigens sage ich mir oft, daß ich den *Don Quijote* noch mal lesen sollte. Ich habe es zwei- oder dreimal versucht. Ich habe aufgehört, aber nicht, weil er mir nicht gefiel, im Gegenteil, er gefiel mir sehr; aber die Umstände haben mich davon abgehalten. Es gibt viele Dinge, die man wieder lesen oder lesen müßte. Ich könnte es mir vornehmen.

S. de B.: Vielleicht denken Sie ja, daß es Ihnen nicht viel bringt, daß es Sie nicht bereichert, daß es Ihnen keine neue Ansicht der Welt gibt. Übrigens treffen Sie sich auch hier wieder mit dem Volk, wie es Ihr Leben lang gewesen ist, und auch bei mir: im großen und ganzen lesen die Leute weniger Romane, sie mögen sie weniger, als man es früher tat. Zwar gab es den Versuch des *nouveau roman*, aber er war so langweilig, daß man jetzt lieber Biographien liest, Autobiographien, soziologische Studien, historische Studien; hier hat man viel stärker den Eindruck des Wahren, als wenn man einen Roman liest.

J.-P. S.: Genau solche Dinge lese ich.

S. de B.: Ja, das interessiert Sie im Augenblick. Aber in Ihrem Leben gibt es noch andere Dinge, für die Sie sich begeistert haben, ich meine als Kulturkonsument. Nämlich die Musik und die Malerei. Auch die Bildhauerei. Was ich feststelle und was ich ein wenig sonderbar finde, ist, daß Sie die Musik sehr geliebt haben, Sie haben Klavier gespielt, Sie stammen aus einer Musikerfamilie und Sie hören auch heute noch sehr viel Musik: Schallplatten oder Radio; aber Sie haben sozusagen nie über Musik geschrieben, abgesehen von dem Vorwort zu einem Buch von Leibowitz[1] über die engagierte Musik.

---

[1] *Der Künstler und sein Gewissen.* In: *Porträts und Perspektiven*, Reinbek 1968, und in: *Die Suche nach dem Absoluten* (in Vorb.). (Anm. d. Übers.)

J.-P. S.: Das stimmt.

S. de B.: Die Malerei dagegen ... Anfangs liebten Sie sie nicht sonderlich, als ich Sie kennenlernte; und dann haben Sie sich nach und nach mit ihr befaßt, Sie haben die Malerei schätzen gelernt und sehr gut verstanden und viel darüber geschrieben. Können Sie mir ein wenig die Rolle erklären, die sie in Ihrem Leben gespielt hat? Und weshalb dieser Gegensatz?

J.-P. S.: Ich will mit der Musik beginnen, weil ich sie sehr früh kennenlernte. Von der Malerei habe ich nur Reproduktionen gesehen, da ich nicht ins Museum ging, als ich fünf, sechs, sieben Jahre alt war, und ich sah nur Reproduktionen von Bildern, besonders in dem berühmten Dictionnaire Larousse. Wie viele Kinder hatte ich eine kunstgeschichtliche Bildung, noch bevor ich ein einziges Gemälde gesehen hatte. Mit der Musik dagegen bin ich aufgewachsen. Denn merkwürdigerweise interessierte sich mein Großvater sehr für die Musik.

S. de B.: Ihr Großvater Schweitzer?

J.-P. S.: Ja, er interessierte sich dafür; er hatte eine Doktorarbeit über einen Sänger, einen Musiker geschrieben: Hans Sachs.

S. de B.: Und dann gab es ein Werk von Albert Schweitzer über Bach.

J.-P. S.: Mein Großvater schätzte dieses Buch sehr, er las es immer wieder. Und manchmal komponierte er auch. Ich erinnere mich, daß ich ihn komponieren sah, als ich fünfzehn war, bei seinem Bruder Louis, dem Pastor. Er hat sich ans Klavier gesetzt und komponiert. Er hat Dinge komponiert, die an Mendelssohn erinnerten.

S. de B.: Wie war er mit Albert Schweitzer verwandt?

J.-P. S.: Er war sein Onkel, der Bruder seines Vaters.

S. de B.: Und Ihr Großvater schätzte Albert Schweitzer?

J.-P. S.: Ja, aber er verstand ihn nicht recht. Er hatte nicht dieselben Probleme wie er und machte sich ein wenig über ihn lustig.

S. de B.: Aber im Grunde war Albert Schweitzer der große Musiker der Familie.

J.-P. S.: Ja. Als ich klein war, war ich einmal in einem Orgelkonzert, das er in Paris gab und zu dem meine Mutter mich und meine Großmutter mitgenommen hat.

S. de B.: War Ihre Mutter auch musikalisch?

J.-P. S.: Ja, sehr musikalisch. Sie spielte gut. Sie hatte Gesangstunden genommen, sie sang sehr gut. Sie spielte Chopin, sie spielte Schumann, sie spielte schwierige Stücke; sicher war sie in Musik weniger bewandert als mein Onkel Georges, aber sie liebte die Musik sehr, und nachmittags – ich habe es übrigens in *Die Wörter* geschildert – setzte sie sich ans Klavier und spielte für sich allein.

S. de B.: Haben Sie Klavierstunden gehabt?

J.-P. S.: Sehr früh, ich glaube mit zehn oder mit neun Jahren.

S. de B.: Bis zu welchem Alter?

J.-P. S.: Nur sehr kurz. Als ich Paris verließ und nach La Rochelle kam, habe ich es aufgegeben.

S. de B.: Wie kommt es dann, daß Sie wirklich recht gut Klavier spielten?

J.-P. S.: Ich habe es selbst gelernt. Das heißt, ab der Quarta gab es das Klavier meiner Mutter, das bei meinem Stiefvater im Salon stand; und in den Stunden, in denen ich nichts zu tun hatte, schlich ich mich in den Salon und versuchte, Melodien zu spielen, an die ich mich erinnerte; und dann hatte ich mir in den Musikalienhandlungen von La Rochelle Operetten kaufen oder ausleihen lassen. Ich lernte zuerst langsam und mühsam. Aber ich hatte ein Gefühl für den Rhythmus der Musik. Später, als meine Mutter wieder geheiratet hatte, spielte sie sehr viel weniger, wegen meines Stiefvaters, der Musik wirklich nicht mochte. Aber sie spielte trotzdem ein wenig, wenn ich aus der Schule kam; mein Stiefvater war dann noch nicht zu Hause, und ich setzte mich neben sie, ich hörte zu und spielte selbst, wenn sie aufstand. Zuerst spielte ich mit einem Finger, dann mit fünf und dann mit zehn, und schließlich war es mir gelungen, etwas Fingerfertigkeit zu erwerben. Ich spielte nicht schnell, aber ich spielte alle Stücke.

S. de B.: Sie spielten vierhändig mit Ihrer Mutter?

J.-P. S.: Ja, Streichquartette, die Symphonie von Franck.

S. de B.: Alles in einer Klavierbearbeitung?

J.-P. S.: Ja. Ich hatte mir eine musikalische Bildung zugelegt, die sich nicht von der meiner Mutter unterschied.

S. de B.: Bis wann haben Sie Klavier gespielt?

J.-P. S.: Bis vor zwei Jahren.

S. de B.: Bei Arlette?

J.-P. S.: Ja, bei Arlette.

S. de B.: Es gab eine Zeit, wo Sie sehr viel spielten: als Sie in der Rue Bonaparte bei Ihrer Mutter wohnten. Ich sehe noch die kleine Bank mit Goldborte. Sie setzten sich darauf und spielten manchmal eine Stunde lang, bevor Sie sich an die Arbeit machten.

J.-P. S.: Das kam vor.

S. de B.: Sie spielten sehr oft von drei bis fünf etwa, und um fünf begannen Sie dann zu arbeiten. Am Anfang, als ich noch ein bißchen Klavier spielen konnte – ich habe immer sehr, sehr schlecht gespielt, aber es gab eine Zeit, wo ich es noch ein bißchen konnte –, spielten wir zusammen vierhändig.

J.-P. S.: Ja, ein wenig.

S. de B.: Aber nicht viel, weil Sie unendlich viel besser spielten als ich. Sie spielten Chopin. Und später, als Sie nicht mehr bei Ihrer Mutter lebten, hatten Sie kein Klavier mehr.

J.-P. S.: Man muß verschiedene Perioden unterscheiden. Ich spielte bei meiner Mutter, bei meinem Stiefvater, in Saint-Étienne, bis zum Alter von dreizehn, vierzehn Jahren. Als ich nach Paris kam, wo ich im Internat war, spielte ich bei meinen Großeltern. Es gab ein Klavier, das kaum noch benutzt wurde. Meine Großmutter spielte ein wenig; manchmal setzte sie sich ans Klavier und spielte ein paar Takte. Mein Großvater spielte nicht. Und wenn ich am Wochenende aus dem Lycée kam, war das Klavier eine große Freude. Ich spielte. Ich habe es mir selber beigebracht, das heißt, ich spiele schlecht, ich mache Tempofehler, meine Hände sind nicht schnell genug für Läufe; aber ich komme zurecht mit Chopin, mit Franck, mit Bach.

S. de B.: Sie spielten überhaupt nicht schlecht, natürlich nicht wie ein Virtuose, aber nicht schlecht.

J.-P. S.: Das kam ganz allmählich, durch das Spielen. Meine Mutter hat ein bißchen mit mir geübt, auch meine Großmutter. Ich spielte bei meiner Großmutter: ich erinnere mich noch an eine vierhändige Klavierfassung der Sonate für Violine und Klavier von Beethoven. Und Schubert, ein bißchen Chopin. Ich brauchte etwas Zeit, um es spielen zu können. Aber die Musik gefiel mir wirklich.

S. de B.: Gingen Sie ins Konzert? Hatten Sie Schallplatten?

J.-P. S.: Ich hatte keine Schallplatten. Damals waren sie ziemlich schlecht, und außerdem pflegte man in meiner Familie keine Schallplatten zu hören. Aber ich ging ins Konzert, sonntags, manchmal mit meiner Großmutter, manchmal mit meinem Großvater. Es gab die berühmten «Roten Konzerte», die in der Rue de Seine gegeben wurden, glaube ich. Ich ging mit meinem Großvater hin, es war ein Ort, wo in der Pause Kirschschnaps gereicht wurde.

S. de B.: War es klassische Musik?

J.-P. S.: Ja, klassische Musik. Die Musiker waren gut. Sie spielten gut. Damals kannte ich nur klassische Musik.

S. de B.: Auch Operettenmusik, sagten Sie.

J.-P. S.: Ja, ich meine: die modernere Musik kannte ich kaum; ich kannte sie überhaupt nicht; ein wenig Debussy.

S. de B.: Nachdem wir uns kennengelernt hatten, gingen wir sehr oft, fast jedes Jahr, in die Reihe der Streichquartette von Beethoven, die in der Salle Gaveau gegeben wurde.

J.-P. S.: Ja, wir sind mindestens zweimal dort gewesen.

S. de B.: Uns lag immer sehr daran zu erfahren, ob es nicht irgendeinen großen Musiker gab, der uns unbekannt war. Und tatsächlich gab es welche, von denen wir überhaupt nichts wußten: insbesondere die Wiener Schule.

J.-P. S.: Und Béla Bartók.

S. de B.: Sie haben Béla Bartók in Amerika entdeckt, glaube ich.

J.-P. S.: Ja.

S. de B.: Und wenig später oder zur gleichen Zeit hat uns Leibowitz etwas mit der atonalen Musik vertraut gemacht.

J.-P. S.: Ja, nach dem Krieg.

S. de B.: Nach dem Krieg entdeckten wir Bartók. Prokofieff.

J.-P. S.: Ja; Prokofieff habe ich nie sehr gemocht.

S. de B.: Ich auch nicht, aber er war einer der ersten Modernen, die wir hörten.

J.-P. S.: Vor allem entdeckten wir Bartók und dann die atonale Schule.

S. de B.: Als ich in der Rue de la Bûcherie wohnte, habe ich ein Grammophon gekauft.

J.-P. S.: Ein großes Grammophon.

S. de B.: Vian hatte mir geholfen, es auszusuchen. Darauf hörten wir noch 78er-Platten, die nur fünf Minuten dauerten. Wir hörten sehr viele Sachen. Unter anderem Monteverdi; später kamen dann die Langspielplatten, und ich habe einen anderen Plattenspieler gekauft.

J.-P. S.: Und Sie haben eine schöne Schallplattensammlung.

S. de B.: Da haben wir angefangen, ernsthaft Berg, Webern usw. zu hören. Dann noch modernere. Ich sage «wir», weil wir im allgemeinen gemeinsam hörten. Wir haben begonnen, Stockhausen zu hören und Xenakis und alle großen Modernen. Die Musik ist Ihnen sehr wichtig gewesen. Wie kommt es dann, daß es Sie im Grunde nie gereizt hat (wo Sie mir doch die atonale Musik, insbesondere die Zwölftonmusik, so gut erklärt haben), wie kommt es also, daß es Sie, der Sie die Musik liebten, verstanden, lebten, nie gereizt hat, über Musik zu schreiben?

J.-P. S.: Ich meine, daß es nicht meine Aufgabe ist, über Musik zu sprechen. Ich kann über Dinge der Literatur sprechen, auch wenn sie mir sehr fern sind, aber jedenfalls schreibe ich, das ist mein Beruf, meine Kunst, also habe ich das Recht, mir über ein literarisches Werk öffentlich Fragen zu stellen. Aber die Musik ist Sache der Musiker oder der Musikwissenschaftler, meine ich.

S. de B.: Es muß übrigens sehr schwierig sein, über Musik zu sprechen, denn fast jeder spricht sehr schlecht darüber. Im allgemeinen gibt es nichts Öderes als die Musikkritik. Leibowitz sprach nicht schlecht über Musik in *Les Temps Modernes*. Die Massins haben ein Buch über Mozart geschrieben, das sehr gut ist.

J.-P. S.: Ja, sehr gut.

S. de B.: Aber im allgemeinen bleibt es sehr vage, so als ließe die Sprache der Musik sich nicht übersetzen.

J.-P. S.: Die Musik ist eine Sprache für sich.

S. de B.: Haben Sie Grundkenntnisse in Theorie?

J.-P. S.: Ich habe es gelernt.

S. de B.: Die Noten, die Harmonielehre?

J.-P. S.: Ja, als ich acht, neun Jahre alt war, habe ich das gelernt.

S. de B.: Es war also ziemlich rudimentär.

J.-P. S.: Ja. Aber später habe ich theoretische Werke gelesen, über den Kontrapunkt.

S. de B.: Wie erklären Sie sich dann, daß Sie ausgerechnet die Atonalität, die Dodekaphonie so gut verstanden haben? War Ihr Ohr daran gewöhnt? Ich verstand nämlich überhaupt nichts.

J.-P. S.: Habe ich es denn wirklich so gut verstanden?

S. de B.: Immerhin haben Sie mir sehr viele Dinge erklärt.

J.-P. S.: Ich habe die Grundzüge verstanden, aber den Sinn, den das hatte, dazu habe ich lange gebraucht.

S. de B.: Ich komme auf meine Frage zurück: warum haben Sie den Aufsatz über die engagierte Musik geschrieben?

J.-P. S.: Ich wollte Partei ergreifen, da ich Musik hörte; ich wollte etwas über die Musik schreiben, ja. Als Leibowitz mich bat, das Vorwort zu schreiben, fand ich es ganz selbstverständlich, es zu tun.

S. de B.: Sie sagen: «Mir scheint, daß es nicht meine Aufgabe ist, über Musik zu sprechen, das ist Sache der Musiker.» Aber warum haben Sie zu einem bestimmten Zeitpunkt gedacht, es sei Ihre Sache, über Malerei zu sprechen?

J.-P. S.: Das war sehr viel später. Mit bestimmten Bildern habe ich zum erstenmal Bekanntschaft gemacht, als ich in den Louvre gegangen bin; ich war sechzehn Jahre alt, ich war in Paris, und mein Großvater hat mich in den Louvre mitgenommen, er hat mir Bilder gezeigt und sie mit nicht enden wollenden und etwas langweiligen Reden kommentiert. Aber es hat mich interessiert; in der Prima, in der Philosophieklasse bin ich dann allein hingegangen. Ich habe sogar ein kleines Mädchen mitgenommen, eine Cousine von Nizan; eine kleine Blonde, mit der ich schon über Bilder sprechen konnte. Auf eine etwas komische Art, glaube ich, aber ich konnte darüber sprechen. Ich hatte keine Familie hinter mir, die zuverlässige Wertvorstellungen in der Malerei besaß, wie sie sie in der Musik hatte. In meiner Familie kümmerte man sich nicht um Malerei.

S. de B.: Und Ihre Schulkameraden? Vor allem Nizan, aber auch Gruber, der Bruder eines Malers?

J.-P. S.: Gruber sprach nie darüber.

S. de B.: Nizan konnte sich für Malerei nicht besonders erwärmen.

J.-P. S.: Auf alle Fälle studierte Nizan die Malerei ungefähr so wie ich. Das heißt mit fünfzehn Jahren kannte er sie nicht; mit sechzehn ist er im Louvre gewesen, er hat Bilder gesehen und versuchte, sie zu verstehen. Aber wir gingen nicht zusammen hin oder nur sehr selten. Ich ging allein hin.

S. de B.: Jedenfalls sahen Sie nur klassische Malerei, Sie gingen nie in Ausstellungen moderner Malerei.

J.-P. S.: Nie. Ich wußte, daß es eine moderne Malerei gab, aber ...

S. de B.: Bis wohin gingen Sie? Natürlich bis zum Impressionismus. Cézanne, van Gogh ...

J.-P. S.: Cézanne, van Gogh, ja. Mein Großvater hat mir wohl von Cézanne erzählt.

S. de B.: Nach und nach haben Sie sich gebildet, Sie sind gereist, Sie haben viele Dinge gesehen; in diesem Punkt haben wir unsere Erziehung weitgehend gemeinsam betrieben.

J.-P. S.: Sie waren es, die mir die moderne Malerei nahebrachten.

S. de B.: Ich kannte sie nicht sehr gut, aber durch Jacques kannte ich ein wenig Picasso, ein wenig Braque ...

J.-P. S.: Und ich kannte sie überhaupt nicht, also habe ich sie durch Sie kennengelernt.

S. de B.: Italien, Spanien haben uns bei unserer Erziehung geholfen. Fernand Gerassi begann zu malen; in Madrid war er nicht ganz einverstanden mit uns; er fand, daß wir Bosch zu sehr und Goya nicht genug liebten. Im übrigen liebe ich Bosch immer noch genauso, aber Goya, den ich vorher nicht gemocht hatte, jetzt sehr viel mehr. Gerassi meinte, wir hätten bei Goya etwas nicht begriffen. Er hatte recht. Und so maßen Sie der Malerei allmählich immer größere Bedeutung bei. Wir waren in vielen Ausstellungen von Picasso, Klee etc. Doch woher nahmen Sie die Kühnheit, da Sie doch kein Maler waren, über Malerei zu sprechen und meiner Meinung nach sehr gut? Über wen haben Sie übrigens gesprochen? Rekapitulieren wir doch ein wenig. Über Wols, Giacometti.

J.-P. S.: Auch über Calder. Über Klee nicht in einem besonderen Aufsatz, sondern in den Aufsätzen über Giacometti und Wols. Über Tintoretto.[1]

S. de B.: Ich komme auf meine Frage zurück: weshalb erschien es Ihnen völlig normal und einfach, über Malerei zu schreiben, während die Musik tabu war?

J.-P. S.: Bei der Musik dachte ich, daß man eine musikwissenschaftliche Ausbildung haben müsse, daß man den Kontrapunkt kennen, alles kennen müsse, was hinter den Werken stand bevor man darüber reden konnte. Man konnte sie genießen, davon profitieren, wie ich es tat, aber um zu wissen, was Musik bedeutete, bedurfte es einer Bildung, die größer war als meine.

S. de B.: Und wie kam es, daß Sie Lust bekamen, über Malerei zu schreiben?

J.-P. S.: Ich hatte eine Erfahrung mit der Malerei, die nichts mit der Geschichte der Malerei zu tun hatte; ich habe ein Bild gesehen, und mir schien, es müsse erklärt werden. Es war in Colmar, als ich ...

S. de B.: Ach ja! Eines jener Bilder, das Sie am meisten liebten, von Grünewald.

J.-P. S.: Ja.

S. de B.: Ach ja, da war noch ein anderes Bild, das Sie sehr liebten, die Pietà von Avignon.

J.-P. S.: Auch das habe ich gesehen, ohne etwas über Malerei zu wissen; es hing im Louvre in einem Saal, durch den ich zufällig ging; ich sah dieses Bild, und es gefiel mir sehr. Das war sogar noch, bevor ich Sie kannte.

S. de B.: Grünewald haben Sie mir gezeigt.

J.-P. S.: Und ich habe gesehen, was man darüber sagen konnte, als ich ein Buch von Huysmans las.

S. de B.: Huysmans sprach über Grünewald?

J.-P. S.: Ja, ausführlich, in *Gegen den Strich*.

S. de B.: Das ist interessant, weil Sie niemals eine literarische

---

1 *Die ‹Mobiles› von Calder*; *Die Suche nach dem Absoluten*. In: *Situationen*, Reinbek 1965; *Der Eingeschlossene von Venedig*; *Die Gemälde Giacomettis*; *Der Maler ohne Vorrechte*; *Masson*; *Finger und Nicht-Finger*. In: *Porträts und Perspektiven*, Reinbek 1968 und in: *Die Suche nach dem Absoluten* (in Vorb.). (Anm. d. Übers.)

Schrift gefunden haben, die Sie anregte, über Musik zu schreiben.

J.-P. S.: Niemals.

S. de B.: Es gibt nur eine Person, die recht gut über ein bestimmtes musikalisches Werk spricht, nämlich Proust; aber das ist sehr subjektiv. Während man meiner Meinung nach sehr viel bessere Bücher über die Malerei als über die Musik geschrieben hat. Gut. Sie haben also das Buch von Huysmans gelesen. Und Sie dachten, ein Literat könne über Malerei sprechen.

J.-P. S.: Ja, er sprach gut darüber, zumindest für die damalige Zeit. Er stellte Probleme, er beschrieb die Bilder. Noch bevor ich das Bild von Grünewald kannte, habe ich das gekannt, was Huysmans über Grünewald sagt. Ich las also über Grünewald, ohne ihn zu kennen. Es war während des Krieges, und man konnte nicht ins Elsaß fahren; erst nach dem Krieg habe ich dieses Bild gesehen. Und in der Zwischenzeit hatte ich Huysmans über Grünewald gelesen, Seiten über Seiten.

S. de B.: Und was ist der erste Artikel, der erste Essay, den Sie über die Malerei schrieben? Wir haben vorhin einige genannt, aber nicht chronologisch. Welches war der erste?

J.-P. S.: Es muß Calder gewesen sein.

S. de B.: Ja. Ihr Aufsatz über Calder stammt wohl aus dem Jahr 1946/47. Sie haben ihn für eine Calder-Ausstellung in Paris geschrieben. Calder ist zwar nicht unbedingt Malerei, gleichviel. Wer kam dann: Giacometti oder Wols.

J.-P. S.: Giacometti. Giacometti, lange vor Wols.

S. de B.: Haben Sie zuerst über seine Skulpturen oder über seine Malerei gesprochen?

J.-P. S.: Zuerst über seine Skulpturen. Giacometti ist für mich nur ein Bildhauer gewesen, erst später habe ich seine Bilder schätzen gelernt.

S. de B.: Im übrigen sind seine Skulpturen sicher das Schönste, was er gemacht hat.

J.-P. S.: Sicher, aber einige seiner Bilder mag ich sehr.

S. de B.: Sie waren mit Giacometti befreundet, Sie sprachen viel mit ihm, und in der Art, wie er die Bildhauerei verstand, gab es etwas, das mit Ihren eigenen Theorien über die Wahrheit und das Imaginäre übereinstimmte.

J.-P. S.: Ja, wir verstanden uns. Und er erklärte mir die Bildhauerei dadurch, daß er mir *seine* Bildhauerei erklärte. Also habe ich über ihn geschrieben.

S. de B.: Sie wurden gewissermaßen von ihm inspiriert. Jedoch ganz persönlich. Und Tintoretto? Sie sagten, es sei zufällig gekommen. Aber immerhin, die Idee, ein großes Buch über einen Maler zu schreiben ...?

J.-P. S.: Es reizte mich. Und Tintoretto erschien mir interessant, weil seine Entwicklung vor dem Hintergrund Venedigs stattfand, unabhängig von Florenz, das so wichtig war, und von Rom. Es gab eine venezianische Malerei, die mir weit besser gefiel als die florentinische. Und indem man erklärte, wer Tintoretto war, konnte man auch erklären, was die venezianische Malerei war. Und außerdem schien mir Tintoretto die Dreidimensionalität in Bildern studiert zu haben. Was für mich neu war, weil ein Bild trotz allem flach ist und die Dimensionen imaginär sind. Aber daß Tintoretto sich mit dem Raum befaßt hat, mit dem dreidimensionalen Raum, und zwar mit solcher Hartnäckigkeit und Kraft, das hat mich zu einer Studie über Tintoretto angeregt.

S. de B.: Was Sie da sagen, bringt mich auf eine Idee. Haben Sie vielleicht deshalb lieber über Malerei als über Musik geschrieben, weil die Musik zwar der Widerschein ihrer Zeit, der Gesellschaft ihrer Zeit ist, aber auf eine so entfernte, so indirekte, so schwer zu fassende Art, daß sie von ihr fast unabhängig zu sein scheint, während die Malerei wirklich ein Bild, fast eine Emanation der Gesellschaft ist? War das nicht einer der Gründe?

J.-P. S.: Ja. Tintoretto ist Venedig, obwohl er Venedig nicht malt.

S. de B.: Vielleicht haben Sie deshalb über Malerei geschrieben.

J.-P. S.: Sicher. Die Musik ist viel schwieriger zu situieren.

S. de B.: Gut, was können Sie sonst noch über das Thema sagen?

J.-P. S.: Malerei und Musik haben immer für mich existiert, und sie existieren noch. Die Malerei ist mir jetzt verschlossen, ich kann sie nicht mehr sehen.

S. de B.: Ja, seit einem Jahr.

J.-P. S.: Und die Musik kann ich nicht mehr spielen, aus denselben Gründen. Aber ich kann sie hören. Radio, Schallplatten.

S. de B.: Wir haben über Musik, Malerei, Bildhauerei gesprochen – es gibt etwas, was zur Bildung dazugehört, nämlich Reisen. Sie sind viel gereist. Sie haben in Ihrer Jugend viel von Reisen geträumt, Sie haben viele mit mir, ohne mich gemacht. Kurze, leichte Reisen, Reisen zu Fuß, mit dem Fahrrad, im Flugzeug etc. Ich möchte, daß Sie darüber etwas sagen.

J.-P. S.: Mein Leben sollte eine Folge von Abenteuern sein, oder besser, ein Abenteuer. So sah ich es. Abenteuer ereigneten sich nahezu überall, aber selten in Paris, weil es in Paris selten ist, daß man eine Rothaut mit Federn auf dem Kopf und einem Bogen in der Hand auftauchen sieht. Die Notwendigkeit von Abenteuern zwang mich demnach, sie nach Amerika, Afrika oder Asien zu verlegen. Das waren Kontinente für Abenteuer. Der europäische Kontinent dagegen bot geringe Chancen. Da habe ich angefangen zu träumen, daß ich nach Amerika gehen, dort mit Ganoven kämpfen, mit ihnen fertig werden und einige ins Unglück stürzen würde. Und davon habe ich viel geträumt. Auch wenn ich Abenteuerromane las, mit jungen Helden im Flugzeug oder im Zeppelin, die in Länder fuhren, die ich mir kaum vorstellte, träumte ich davon, ebenfalls dorthinzufahren. Ich träumte davon, gegen die Schwarzen ins Gefecht zu ziehen, die ihren Nächsten auffraßen, oder gegen die Gelben, die schuldig waren, weil sie gelb waren.

S. de B.: Waren Sie denn damals rassistisch?

J.-P. S.: Nicht direkt, aber sie waren gelb, und man sagte mir, daß sie die schlimmsten Massaker, die grauenhaftesten Quälereien verübt hätten. Ich sah mich also als tapferen Verteidiger einer jungen Europäerin gegen die Gelben, die gegen ihren Willen in China war. Was die Abenteuerromane mir gegeben haben, und wofür ich ihnen sehr dankbar bin, ist ein Sinn für die ganze Erde. Ich dachte sehr selten, daß ich Franzose war, ich dachte manchmal daran, aber ich dachte auch, daß ich ein Mann war, dem die ganze Erde, ich will nicht sagen, gehörte, aber Ort seines Lebens war, ein vertrauter Raum war. Und später, dachte ich, würde ich in Afrika oder in Asien sein und mir diese Orte durch Handlungen aneignen. Die Idee der ganzen Erde, die sehr wichtig ist, verband sich also ein wenig mit der Idee, daß die Literatur dazu da war, um von der Welt zu sprechen. Die Welt war größer als die Erde, aber das war ungefähr dasselbe. Und das Reisen würde mir eben diese Besitztümer verschaffen. Ich nenne das «Besitztümer», weil ich an das Kind denke, das ich war, aber heute würde ich das nicht mehr so nennen. Und ich denke übrigens, daß es nicht direkt Besitztümer waren, es war ein bestimmtes Verhältnis des Menschen zu dem Ort, an dem er gerade ist, was kein Besitzverhältnis ist (etwa um Geld einzubringen, Geld zu verdienen, einen Schatz zu finden), sondern eine bestimmte Art und Weise, Dinge aus dem Boden, aus der Natur herauszuholen, die ich nie gesehen habe und die ich als für mich daseiend und mich als durch sie verändert werdend sehen werde.

S. de B.: Kurzum, eine Bereicherung der Erfahrung.

J.-P. S.: Ja. Also das war der Beginn der Reiseidee, und von dem Moment an bin ich ein potentieller Reisender gewesen. Als Sie mich kennengelernt haben ...

S. de B.: Wollten Sie in die Unterwelt von Konstantinopel.

J.-P. S.: Ja.

S. de B.: Sind Sie denn ein bißchen gereist, bevor Sie mich kennenlernten?

J.-P. S.: Ins Ausland nie. Doch, in die Schweiz. Wir fuhren dorthin, weil meine Großeltern und meine Mutter Badeorte aufsuchen mußten, Montreux zum Beispiel.

S. de B.: Aber das war für Sie keine Reise.

J.-P. S.: Nein.

S. de B.: Das war für Sie eine Art Sommerfrische. Hing die Tatsache, daß Sie sich um eine Stelle in Japan beworben haben, damit zusammen?

J.-P. S.: Ja, natürlich! Diese Stelle in Japan war frei, sie wurde angeboten. Nicht, daß ich einfach so darum gebeten hätte, nach Japan zu gehen. Der Direktor der École Normale hatte den Auftrag, einen Schüler auszuwählen, der gern nach Japan gehen wollte und in Kyoto die Stelle als Französischlehrer an einer japanischen Schule übernehmen sollte. Ich habe mich beworben. Das erschien mir völlig normal. Als Sie mich kennengelernt haben ...

S. de B.: Ja, es war die Rede davon, daß wir uns trennen, damit Sie zwei Jahre nach Japan gehen konnten. Und Sie sind sehr traurig gewesen, daß Sie nicht hingekommen sind.

J.-P. S.: Péron ist hingekommen, weil sie lieber einen Lehrer für Sprachen für den Französischunterricht haben wollten, was ich ein bißchen verstehe. Meine erste Reise war also die, die wir zusammen gemacht haben, nach Spanien. Und das war dann für mich ein großes Fest, die Reisen...

S. de B.: Das haben wir Gerassi zu verdanken. Wir hatten nämlich ganz bescheiden vor, in die Bretagne zu fahren, unter Nizans Einfluß, der uns das geraten hatte. Und Gerassi hat gesagt: «Hört mal, ihr könnt bei mir in Madrid wohnen, das ist kein Problem, kommt, das ist nicht so teuer, wir kommen schon zurecht.» Was hat es für Sie bedeutet, über eine Grenze zu fahren?

J.-P. S.: Das hat mich zu einem großen Reisenden gemacht. Sobald ich eine Grenze überschritt, konnte ich sie alle überschreiten, und folglich war ich ein großer Reisender geworden. Wie hieß das da an der Grenze?

S. de B.: Ich glaube, das war in Figueras, wo wir über die Grenze gegangen sind. Das ist nicht direkt die Grenze, aber dort sind wir aus dem Zug gestiegen.

J.-P. S.: Da haben wir die ersten Zollbeamten gesehen und waren begeistert. Wir waren überglücklich, in Figueras zu sein.

S. de B.: Ah, ich erinnere mich daran als einen wunderschönen Abend, obwohl Figueras scheußlich ist, die Umgebung überhaupt nicht schön – ich bin dieses Jahr wieder durchgefahren –, wir sind in einer kleinen *posada* abgestiegen und waren selig. Allerdings war das überhaupt nicht die Reise, von der Sie geträumt hatten. Weil es eine Reise mit mir war...

J.-P. S.: Das war doch sehr gut!

S. de B.: Aber es gab überhaupt nicht die abenteuerliche Seite, die Sie sich erhofft hatten. Das war eine ganz brave Reise, eine Reise von jungen Akademikern mit wenig Geld.

J.-P. S.: Diese abenteuerliche Seite, das war in meinen Träumen, ich habe sie zunehmend verdrängt. Schon bei der zweiten Reise war es damit vorbei. Und als ich in Marokko war, wo meine kleinen Helden so viele glanzvollen Kämpfe geliefert hatten, hatte ich die Idee, daß mir etwas geschehen würde, völlig abgelegt. Und tatsächlich ist uns nichts geschehen.

S. de B.: Ja und?

J.-P. S.: Reisen heißt, Städte, Landschaften entdecken, meine ich zunächst einmal. Die Menschen sind später gekommen. Die Menschen, die ich nicht kannte. Ich verließ Frankreich, das ich übrigens auch nicht kannte, oder sehr schlecht. Ich kannte damals nicht die Bretagne.

S. de B.: Sie kannten fast nichts von Frankreich, ich auch nicht.

J.-P. S.: Die Côte d'Azur.

S. de B.: Sie kannten das Elsaß.

J.-P. S.: Ja, ein bißchen. Ich kannte Saint-Raphaël.

S. de B.: In den ersten Jahren sind wir in Spanien, dann in Italien gewesen, dann haben wir eine Reise durch Frankreich gemacht, und danach sind wir am Ende unserer zweiten Spanienreise in Spanisch-Marokko, dann in Marokko gewesen. Das sind unsere Vorkriegsreisen. In Griechenland waren wir ebenfalls. Was brachte Ihnen das?

J.-P. S.: In erster Linie Kulturelles. Zum Beispiel, wenn ich nach Athen fuhr oder nach Rom, dann war Rom die Stadt Neros und Augustus', Athen, das war Sokrates, Alkibiades. Wir planten die Reise in Zusammenhang mit der Kultur. In Spanien, da war Gerassi, unser Freund, der uns eingeladen hatte, das war in anderer Hinsicht wichtig. Aber trotzdem war das Wesentliche, wie Sevilla war, wie Granada, wie die Alhambra, wie ein Stierkampf war, eine Menge solche Dinge. Und ich wollte alles verstehen und wiederfinden, was man mir gesagt hatte, nicht in der Schule, sondern das, was die Autoren, die ich liebte, mir gesagt hatten. Ich mochte Barrès nicht besonders, aber immerhin hatte er von Toledo, von El Greco gesprochen. Ich mußte das sehen, was das Lesen von Barrès mir beispielsweise in bezug auf El Greco gegeben hatte.

S. de B.: Sie vermischen das ein bißchen. Die Stierkämpfe sind nicht dasselbe wie ein griechischer Tempel oder Malerei. Sie waren eine Art, in das Land einzutauchen, in die Menge des Landes, und das war auch wichtig.

J.-P. S.: Das war enorm wichtig, der Stierkampf.

S. de B.: Sie hatten die Vorstellung, man müßte in seiner Art zu reisen «modern» sein.

J.-P. S.: Ja.

S. de B.: Ich meine damit zum Beispiel, wenn Guille in Granada in der Alhambra blieb, dachten Sie – mit Recht –, daß man auch hinunter in die Stadt gehen müßte.

J.-P. S.: Und die Spanier sehen.

S. de B.: Das Leben in der Gegenwart sehen. Ich erinnere mich an Diskussionen mit Guille in Ronda. Sie ärgerten sich, weil wir nur vergangene, tote Dinge sahen, nur Adelspaläste, und weil die Stadt für Sie kein Leben in der Gegenwart hatte. In Barcelona dagegen waren Sie sehr glücklich, weil wir da in ein lebendiges Gewimmel getaucht waren.

J.-P. S.: Wir haben streikende Spanier gesehen. Ja. Ich erinnere mich an den Staatsstreich des Generals San Giorgio in Sevilla.

S. de B.: Er hat nicht lange gedauert. Er ist schon am nächsten Tag verhaftet worden.

J.-P. S.: Ja, aber wir haben den General in einem offenen Wagen gesehen. Der Bürgermeister hat ihn begleitet ...

S. de B.: Das knüpfte ja ein bißchen an Ihre Träume von Abenteuern an.

J.-P. S.: Ja, es hatte etwas Abenteuerliches.

S. de B.: Dabei riskierten wir nichts.

J.-P. S.: Wir riskierten nichts, aber in dem Moment waren wir in das Ereignis verwickelt. Auf jeden Fall haben wir Kontakt zu Leuten gehabt.

S. de B.: Wir sind mit der Menge gelaufen. Jene Dame streckte die Arme aus und sagte: «Zu dumm, zu dumm.» Bedeutete die Fremdheit etwas für Sie?

J.-P. S.: Die Stierkämpfe und ähnliches waren nicht nur kulturell. Das war etwas viel Mysteriöseres und Stärkeres als eine bloße Begegnung auf der Straße oder ein Unfall, dessen Zeuge ich auf der Straße gewesen wäre. Das faßte eine Menge Aspekte des Landes zusammen. Man mußte den Stierkampf suchen, über ihn nachdenken und versuchen, seinen Sinn herauszufinden.

S. de B.: Dann war da auch die Art von Fremdheit, die einem andere Geschmacksempfindungen geben können: von dem, was man aß, was man trank.

J.-P. S.: Natürlich. Ich erinnere mich an Italien, die italienischen Kuchen. Wir haben unheimlich viel darüber geredet.

S. de B.: Ja.

J.-P. S.: Ich habe sogar darüber geschrieben.

S. de B.: Ja. Ich erinnere mich, daß Sie beispielsweise die Paläste von Genua und den Geschmack der italienischen Kuchen, ihre Farbe miteinander verglichen. Ich erinnere mich, daß Sie in London ebenfalls versucht haben, eine Synthese von dem zu finden, was London war. Offensichtlich zu hastig... Aber Sie versuchten, das Ganze zu erfassen. Es gab große Unterschiede zwischen uns. Ich wollte immer sehen, alles sehen. Und Sie meinten, es sei auch gut, sich vollzusaugen, ohne etwas zu tun, pfeiferauchend auf einem Platz zu sitzen zum Beispiel, und daß Sie Spanien auf diese Weise genausogut erfaßten, wie wenn Sie zwei Kirchen mehr besichtigten.

J.-P. S.: Unbedingt. Ich behalte meinen Standpunkt übrigens bei.

S. de B.: Er ist jetzt mehr oder weniger der meine.

J.-P. S.: Ja, in der Tat, auf der Plaza Zocodover meine Pfeife zu rauchen, war eine Tätigkeit, die mir gefiel.

S. de B.: Und zum Beispiel in Florenz, ich war wirklich verrückt damals, *ich* reiste schlecht. In Florenz, nach dem Mittagessen gegen zwei Uhr nachmittags, wollten Sie sich vor fünf Uhr nicht wegbewegen. Sie lernten Deutsch, weil Sie im Jahr darauf nach Berlin gehen wollten. Und ich ging weg, ich besichtigte von drei bis fünf noch mehr Kirchen, noch mehr Bilder, noch mehr Dinge, ich hörte nicht auf. Letzten Endes sind Sie sehr froh gewesen, Reisen zu machen, die Sie Bildungsreisen nennen. Da ist eine Dimension, von der wir nicht gesprochen haben: in all diesen Reisen war so etwas wie eine politische Dimension.

J.-P. S.: Ach, das war damals vage.

S. de B.: Sehr vage. Aber wir waren immerhin empfänglich für die Atmosphäre.

J.-P. S.: Ja.

S. de B.: Die Reise nach Spanien, das war die Republik, der Beginn der Republik: die Reise nach Italien dagegen war der Faschismus. Deutschland, wo Sie sich aufgehalten haben, wo wir zusammen gereist sind, das war der Nazismus. Und in Griechenland war es Metaxas. Wir spürten nicht viel davon, aber es existierte doch immerhin für uns.

J.-P. S.: Ja, es existierte; an den Straßenecken traf man einen Bürger, der keineswegs auf die gleichen Ideen ausgerichtet war wie wir, und manchmal hätte die Zwietracht sogar weit gehen können. Ich habe es vor allem in Italien gespürt. Die Gegenwart des Faschismus war wirklich sehr stark. Ich erinnere mich an eine Nacht auf der Piazza Navona, wo wir träumend saßen, und zwei schwarzgekleidete Faschisten mit ihren Mützchen sind gekommen und haben uns gefragt, was wir da machten, und haben uns streng aufgefordert, ins Hotel zurückzugehen. Wir haben überall Faschisten getroffen, an den Straßenecken.

S. de B.: Und ich erinnere mich auch, daß wir in Venedig deutschen Braunhemden begegnet sind. Das ist uns sehr unangenehm gewesen. Um so unangenehmer als Sie vorhatten, im Jahr darauf ausgerechnet nach Deutschland zu gehen.

J.-P. S.: Ja, ich sehe sie genau vor mir, diese Braunhemden. Metaxas haben wir auch gespürt, aber weil wir nicht so genau wußten, was er wollte, da wir schlecht informiert waren, hat er uns nicht sehr gestört.

S. de B.: Ich erinnere mich jedoch, daß wir in Nauplia ein Gefängnis gesehen haben. Wir haben einen Griechen gesehen, der uns gesagt hat: «Alle griechischen Kommunisten sind da drin versammelt.» Mit großem Stolz. Und das war ein Gefängnis, es war mit Kakteen umgeben. Was sind Ihre stärksten Erinnerungen aus jener Zeit? In Italien sind wir zweimal gewesen.

J.-P. S.: Zweimal, ja. In Spanien auch.

S. de B.: Spanien ist uns lebendiger vorgekommen.

J.-P. S.: Wegen der Faschisten war Italien steif, erstarrt, Werte von früher waren verschwunden oder eine Zeitlang zum alten Eisen geworfen. Und außerdem wirkten die Italiener böse. Da sie um den Faschismus geschart waren, hatte man keine Sympathie für sie, und sie gaben einem keine Gelegenheit, welche zu bekommen. Wir hatten nicht viel Kontakt mit den Leuten in der Stadt und auf dem Land. Da war immer dieses faschistische Halseisen.

S. de B.: Woran denken Sie sonst noch bei diesen ersten Reisen?

J.-P. S.: Für mich war das eine Riesenfreude, das ist sicher. Das gab einem eine Dimension mehr. Man hatte den Eindruck, eine

Dimension mehr zu haben, eine Dimension draußen, eine Dimension in der Welt. Frankreich wurde eine Hülle, die uns einengte.

S. de B.: Ja, es war nicht mehr der absolute Mittelpunkt. Ich glaube, die Reise nach Marokko hat Sie auch ziemlich beeindruckt.

J.-P. S.: Also das, das war eine völlig andere Welt, andere kulturelle Anschauungen, andere Werte. Es gab die Erben von Lyautey und außerdem den Sultan ... Und wir hatten im allgemeinen als Franzosen mit den Franzosen zu tun. Wir wohnten nicht in der Araberstadt.

S. de B.: Wir waren sehr abgeschnitten. Aber in Fez zum Beispiel verließen wir die Araberstadt gerade nur, um zu schlafen.

J.-P. S.: Bin ich nicht in Fez krank gewesen?

S. de B.: Ja.

J.-P. S.: Was hatte ich denn?

S. de B.: Nun, wir sind essen gegangen, ein einheimisches Gericht, ausgezeichnet, und beim Hinausgehen haben wir gesagt: «Das ist außerordentlich, wo wir vier oder sogar sechs Gänge gegessen haben, müßte das doch schwer im Magen liegen, müßte uns das doch müde machen, und das macht uns gar nichts aus.» Wir haben sogar gestritten: «Das kommt daher, daß wir keinen Wein getrunken haben, weil wir kein Brot gegessen haben.» Darauf sind Sie ins Bett gegangen und haben eine Leberkolik bekommen, die Sie ungefähr drei Tage ans Bett gefesselt hat.

J.-P. S.: Ich erinnere mich.

S. de B.: Fallen Ihnen andere amüsante Erinnerungen ein?

J.-P. S.: Wir sind durch Griechenland gereist, mit Bost, das war eine sehr lustige Reise. Wir schliefen oft im Freien, zum Beispiel in Delos und auch auf einer Insel, wo wir griechisches Kasperletheater gesehen haben.

S. de B.: Ich glaube, Sie meinen auf Syra?

J.-P. S.: Auf Syra. Und dann auf dem griechischen Festland. Wir schliefen gern draußen.

S. de B.: Oh, jede zweite Nacht, glaube ich.

J.-P. S.: Jede zweite Nacht, ja.

S. de B.: Ohne Zelt, ohne alles. Und vor allem in dieser sehr hübschen Stadt, deren Namen ich vergessen habe, eine sehr hübsche Stadt in der Nähe von Sparta, in der es byzantinische Kirchen mit Fresken gibt. Wir haben in einer Kirche geschlafen. Als wir morgens aufgewacht sind, waren um uns herum eine Menge Bauern. Aber ich rede, dabei sollten Sie reden.

J.-P. S.: Aber nein, wir reden gemeinsam, das ist eine Zeit, die wir gemeinsam erlebt haben. Das waren Reisen ohne Anekdoten, alles in allem. Wir machten das, was zu machen war, in aller Ruhe. Wir sahen die Leute von außen. Das waren Reisen, die von Paris aus bürgerlich wirkten, die es aber weniger waren, wenn man im Lande war. Zum Beispiel schliefen wir draußen.

S. de B.: Ja, weil wir kein Geld hatten.

J.-P. S.: Das spürten die Leute, und damit waren wir gleich volkstümlicher.

S. de B.: Nur waren wir durch die Unkenntnis der Sprache sehr abgeschnitten. Lediglich in Spanien hatten wir einen Einheimischen, der uns herumführte, der uns Geschichten erzählt hat, der uns Cafés zeigte, der uns Valle-Inclán zeigte. Unsere erste Spanienreise ist so gewesen.

J.-P. S.: Das haben wir Gerassi zu verdanken. In Italien ging es so einigermaßen, ich hatte angefangen, Italienisch zu lernen.

S. de B.: Ja, wir kamen zurecht. Aber wir hatten keine wirklichen Gespräche. Wir trafen weder Intellektuelle noch Politiker. Von den Faschisten waren wir natürlich abgeschnitten. Und später in Amerika? Das war etwas anderes.

J.-P. S.: Ja, wenn Sie so wollen, gibt es eine dritte Kategorie von Reisen. Die erste, die ich nie gemacht habe, ist eine Abenteuerreise. Die Reisen, die uns auf Grund unserer Situation vorbehalten waren, waren die Bildungsreisen, und wir haben viele gemacht. Und dann, durch die historischen Ereignisse, die ab 1945 stattfanden, haben wir angefangen, Reisen zu machen – nie eigentlich politische Reisen –, aber Reisen, die teilweise politisch waren, das heißt, die auf irgendeinem Gebiet versuchten, das Land politisch zu verstehen.

S. de B.: Reisen, auf denen wir nicht mehr bloß isolierte Touristen waren, sondern auf denen wir Kontakt zu den Einheimischen hatten. Das war etwas sehr Wichtiges. Sprechen wir doch über diese Reise nach Amerika.

J.-P. S.: Amerika – wir hatten oft daran gedacht, weil... zuerst, als ich klein war, wiesen mich Figuren wie Nick Carter und Buffalo Bill auf ein bestimmtes Amerika hin, das wir anschließend durch die Filme besser kennengelernt haben. Wir haben die Romane der großen modernen Periode gelesen, das heißt, sowohl Dos Passos wie Hemingway.

S. de B.: Da war auch der Jazz. Ach, wir haben ihn nicht erwähnt, als wir über Ihre Liebe zur Musik gesprochen haben. Der Jazz hat Ihnen viel bedeutet.

J.-P. S.: Viel.

S. de B.: Das war die erste Gruppenreise, die Sie gemacht haben, nicht mit einer Touristengruppe, wie man sie in Bussen sieht, sondern mit einer Gruppe von Journalisten. Und außerdem war es die erste Reise, die Sie mit einem eindeutigen Auftrag machten, nämlich Artikel zu schreiben. Die Artikel sollten für den *Figaro* sein, Sie unternahmen die Reise als Reporter gewissermaßen.[1]

J.-P. S.: Ja, ich reiste mit gestandenen Journalisten, die es gewohnt waren, Reportagen zu machen. André Viollis war dabei.

S. de B.: Und war es nicht auch das erste Mal, daß Sie im Flugzeug flogen?

J.-P. S.: Doch, es war das erste Mal. Ich bin mit einem Militärflugzeug geflogen, das von einem Militär gesteuert wurde.

S. de B.: Und wie war das für Sie? Haben Sie Angst gehabt oder gar nicht?

J.-P. S.: Beim Start und bei der Landung gar nicht.

S. de B.: Und als Sie in der Luft waren?

J.-P. S.: In der Luft war ich ziemlich unruhig, aber nicht sehr. Das hat mir nicht viel ausgemacht. Genauso wie das Flugzeug, das die Amerikaner uns zur Verfügung gestellt haben und das uns in ganz Amerika herumgeflogen hat, das hat mir auch nichts ausgemacht.

S. de B.: Welche anderen Dimensionen hat es denn Ihrer Reise gegeben, so zu reisen?

J.-P. S.: Das war eine vollkommen andere Reise für mich. Eine

---

[1] *Individualismus und Konformismus in den Vereinigten Staaten; Amerikanische Städte; New York, eine Kolonialstadt.* In: *Situationen*, Reinbek 1956, und in: *Reisen* (in Vorb.). (Anm. d. Übers.)

Reise machte man mit der Eisenbahn; man fuhr von einem Land ins andere. Das machte einen riesigen Unterschied, dieser Glaskäfig, in dem ich Ozeane überflogen habe; das unterschied sich völlig von einem gewöhnlichen Grenzübergang. Und die Grimmigkeit der Zollbeamten an der amerikanischen Grenze hatte nichts mit der Nachlässigkeit an den meisten europäischen Grenzen gemein.

S. de B.: Waren sie grimmig, die Zollbeamten?

J.-P. S.: Sie waren ziemlich grimmig. Ich meine vor allem die Polizei.

S. de B.: Hat denn die Tatsache, daß Sie eine Gruppe von Gästen waren, die Sache nicht erleichtert?

J.-P. S.: Nein. Sie haben unsere Koffer durchsucht und alle üblichen Fragen gestellt.

S. de B.: Was war an dieser Reise anders?

J.-P. S.: Sie war organisiert. Nicht nur insofern organisiert, als wir eine kleine Organisation mit sieben Mitgliedern waren, sondern auch, weil sie dem Kriegsministerium unterstellt war.

S. de B.: Es ging darum, Ihnen die Kriegsanstrengungen Amerikas zu zeigen.

J.-P. S.: Die Kriegsanstrengungen Amerikas waren mir völlig egal. Was ich sehen wollte, war Amerika.

S. de B.: Natürlich.

J.-P. S.: Und ich bin ihnen ziemlich dankbar gewesen, weil sie uns ganz Amerika gezeigt haben, und die Kriegsanstrengungen kamen in zweiter Linie.

S. de B.: Was hat man ihnen von den Kriegsanstrengungen gezeigt?

J.-P. S.: Zum Beispiel eine Waffenfabrik.

S. de B.: Das war also im Prinzip eine Reise, auf der Sie ein Land beim Leben, ein Land in Bewegung sahen.

J.-P. S.: Im Prinzip, denn als ich Roosevelts Staudämme gesehen habe, war es nicht besonders wichtig, sie unter dem Kriegsstandpunkt zu sehen.

S. de B.: Ja, aber das war eine ökonomische Erfahrung. Es ging nicht mehr um Gemälde, Denkmäler, Landschaften wie früher.

J.-P. S.: Und dann in New York hat man uns in einen Vorführraum gebracht und hat uns mehrere Tage lang die großen amerikanischen Filme gezeigt, die seit dem Krieg gedreht worden waren und die wir nicht gesehen hatten. Das war eher kulturell.

S. de B.: Das muß ja aufregend gewesen sein.

J.-P. S.: Es war aufregend.

S. de B.: Wo wohnten Sie in New York?

J.-P. S.: Im Plaza.

S. de B.: Wurden Sie sehr gut behandelt?

J.-P. S.: Wir sind abends in New York angekommen, um zehn Uhr abends, wir wurden zu dem Zeitpunkt nicht erwartet. Wir waren durch den Zoll gegangen, und niemand war da, um den Leuten zu sagen, daß sie uns besser nicht zu sehr belästigten. Man hat uns unser Gepäck wiedergegeben und uns in einem großen Wartesaal in eine Ecke gesetzt. Das war damals nicht Idlewild.

S. de B.: Ja, ich weiß, das war ... La Guardia.

J.-P. S.: Da saßen wir, zu siebt, um zehn Uhr nachts, neben unserem Gepäck, übrigens nicht sehr viel, jeder hatte nur einen Koffer, und warteten. Schließlich hat der Verantwortliche der Gruppe, der es sowenig wie möglich zu sein versuchte, gesagt: «Ich gehe telefonieren.» Er hatte eine Telefonnummer, die man ihm in Paris gegeben hatte. Er hat telefoniert, er wurde sehr belustigt, sehr überrascht begrüßt, da das Flugzeug in Anbetracht des langen Fluges, den wir gemacht hatten, an dem Abend nicht erwartet wurde.

S. de B.: Ja, das war ziemlich willkürlich.

J.-P. S.: Das war willkürlich. Na ja, wir sind an dem Abend angekommen, wir hätten genausogut an einem anderen Tag ankommen können. Deswegen erwartete uns niemand. Sie haben sofort Autos zum Flughafen geschickt, und dann wurden wir nach New York gefahren. Das war nicht nur mein erster Kontakt mit Amerika, sondern mit New York. Unser Auto hat uns nach New York gebracht. Nach dem Verlassen des Flughafens unterwegs in unser Hotel sind wir durch große, sehr belebte Straßen gefahren. Um halb elf Uhr nachts waren eine Menge Leute unterwegs. Das strahlte, und es war voll von Geschäften, die Strom hatten. Der Strom wurde abends zwar ein bißchen schwächer, aber er blieb an. Ich erinnere mich an meine Verblüffung im Auto, in dem wir saßen, als ich geöffnete, erleuchtete Geschäfte sah, in denen gearbeitet wurde, um elf Uhr nachts, Friseurgeschäfte. Das wirkte absolut natürlich, und ich habe während der Fahrt sieben oder acht gesehen. Man konnte sich um elf Uhr nachts frisieren, rasieren, die Haare waschen lassen. Und diese Stadt erschien mir überraschend, weil ich vor allem Schatten sah. Ich sah Geschäfte unten, und dann, darüber, sah ich Schatten, große Schatten, das waren die Wolkenkratzer, die ich am nächsten Tag sehen sollte. Wir sind an einem Sonnabend angekommen.

S. de B.: Ist Ihnen das Hotel nicht wahnsinnig luxuriös vorgekommen?

J.-P. S.: Das Hotel ... Das erste, was wir gesehen haben, war eine Flügeltür, aus der massenhaft Damen herauskamen, mit weißen Haaren, Dekolletés, Abendkleidern, Herren im Smoking. Es hatte wohl irgendein Fest stattgefunden.

S. de B.: Es ist die ganze Zeit so. Das sind keine Feste...

J.-P. S.: Die Leute kommen aus diesem oder jenem Grund zusammen und sind in Abendkleidung. Es war genauso, als wäre wieder Frieden. Sie waren sich nicht bewußt, daß Krieg war.

S. de B.: Da wir im allgemeinen in bescheidene Hotels gingen, ist Ihnen das Plaza deswegen nicht erstaunlich prunkvoll erschienen?

J.-P. S.: Nein. Aber am nächsten Morgen gab es ein herrliches Frühstück. Ich erinnerte mich an unser Frühstück in London, bescheiden natürlich, aber immerhin sehr gut.

S. de B.: Ja, aber war es im Kontrast zu Frankreich, wo noch große Not herrschte, nicht erstaunlich?

J.-P. S.: Ich erklärte das einfach damit, daß Amerika weit weg war vom Krieg und nicht besetzt gewesen war.

S. de B.: Das stimmt. Es war großenteils deswegen. Während Frankreich in einem furchtbaren Zustand der Armut war. Als ich zur gleichen Zeit in Spanien und Portugal gewesen bin, hatte ich einen bestürzenden Eindruck von Reichtum. Wie mußte das erst in New York sein!

J.-P. S.: Ja. Aber mich hat das nicht besonders beeindruckt.

S. de B.: Sie haben mir eine Geschichte mit Ihrer Kleidung erzählt.

J.-P. S.: Ja, gleich am nächsten Tag haben die Leute des Amtes, das uns eingeladen hatte, uns zum Einkaufen in die Geschäfte geschickt, vor allem Jacketts und Hosen. Ich habe eine gestreifte Hose genommen.

S. de B.: Sie haben mir auch ein Kostüm gekauft.

J.-P. S.: Ja. Und innerhalb von drei Tagen hatten wir einen Anzug, in dem wir losgefahren sind. Ich hatte eine pelzgefütterte Lederjacke.

S. de B.: Häßlich, ja. In der Cartier Bresson Sie fotografiert hat. Wie haben Sie dann am nächsten Tag Verbindung zu New York aufgenommen?

J.-P. S.: Man hat uns zuerst allein in die 5. Avenue gehen lassen. Ich erinnere mich, es war Sonntag. Ich bin mit den Kameraden aus meiner Gruppe dort herumspaziert.

S. de B.: Sie blieben doch nicht immer alle sieben zusammen?

J.-P. S.: Nein, aber am ersten Tag sind die Männer zusammen auf der 5. Avenue spazierengegangen. Morgens haben wir Leute in eine Kirche gehen sehen, diese Straße hat uns sehr bewegt. Sie gefiel mir in der Folge jedoch weniger als andere: die 6., die 7.; und dann die Bowery, die 3. Avenue. Ich habe mich allmählich in diesen Straßen zurechtgefunden, das ist ja so einfach! Ich war selig. Wir wohnten zwischen der 60. und der 50. Straße, das heißt zum Zentrum hin.

S. de B.: Im Plaza waren Sie in der Nähe des Central Park. Und wo haben Sie gegessen?

J.-P. S.: Wir wurden oft zum Mittag- oder zum Abendessen eingeladen.

S. de B.: Ich denke, der große Unterschied zu unseren anderen Reisen war, daß Sie mit Leuten zusammenkamen.

J.-P. S.: Ja. Nicht gerade mit Einheimischen: mit Leuten, die alle in diesem Kriegsbüro waren, um sich im Rundfunk für ihre Sache einzusetzen, zum Beispiel. Für Frankreich, für England.

S. de B.: Waren Franzosen dabei?

J.-P. S.: Es waren Franzosen dabei, ja, und Engländer.

S. de B.: Aber Sie müssen doch auch Amerikaner getroffen haben?

J.-P. S.: Ja, natürlich.

S. de B.: Dabei haben Sie die Gruppe kennengelernt, die sich über den Rundfunk für die Kriegsanstrengungen einsetzte.

J.-P. S.: Auf diese Weise habe ich eine Menge Leute kennengelernt. Die Amerikaner habe ich eher an Ort und Stelle getroffen, das heißt dort, wo man mich mit hinnahm, waren Amerikaner, die mit mir sprachen. Ich sehe mich noch in einer Fabrik, die in einem Dorf aus Fertighäusern inmitten von Schutt und Dreck entstanden war. Das war ganz merkwürdig, diese zu einem Dorf vereinten Fertighäuser, mitten in diesem Schutt und diesem aufgewühlten Boden.

S. de B.: Was haben Sie im großen ganzen gesehen? Wie lange sind Sie dageblieben? Drei Monate, vier Monate?

J.-P. S.: Drei oder vier Monate, ja.

S. de B.: Sind Sie vor allem viel in New York geblieben?

J.-P. S.: Nein. Auf der eigentlichen Reise sind wir bei der Ankunft acht Tage in New York gewesen und dann fünf, sechs Tage vor der Abreise. Ich bin vierzehn Tage in New York geblieben. Ich bin übrigens von Washington aus zurückgeflogen. Wir sind alle an verschiedenen Daten zurückgeflogen, weil wir mehr oder weniger Taschengeld hatten. Ich bin nach dem Ende der eigentlichen Reise mindestens noch eineinhalb Monate geblieben.

S. de B.: In New York?

J.-P. S.: In New York, ja.

S. de B.: Sind Sie in Hollywood gewesen?[1]

J.-P. S.: Ja, gleich am Anfang. Wir sind in Washington gewesen, an den TVA[2]-Staudämmen, dann in New Orleans. In Miami nicht. Miami habe ich viel später kennengelernt. Von New Orleans aus sind wir durch Amerika gereist, immer im Flugzeug, wir haben den Grand Canyon besucht und sind wieder zurückgeflogen.

S. de B.: Haben Sie auch Chicago gesehen?

J.-P. S.: Ja, natürlich. Wir sind in Hollywood gewesen, von Hollywood sind wir wieder nach Chicago zurückgeflogen. Von Chicago sind wir, glaube ich, nach Detroit gefahren.

S. de B.: Ja, man hat Ihnen bestimmt als Beispiel für die Kriegsanstrengungen scheußliche Städte gezeigt.

---

1 *Hollywood 1945*. In: *Mythos und Realität des Theaters*, Reinbek 1979. (Anm. d. Übers.)
2 Tennessee Valley Authority. (Anm. d. Übers.)

J.-P. S.: Ja, ich habe Detroit gesehen, und dann sind wir von Detroit nach New York zurückgefahren.

S. de B.: Und dort haben Sie viele Franzosen getroffen. Sie haben Breton getroffen.

J.-P. S.: Ja, ich habe dort natürlich Franzosen kennengelernt. Und einmal habe ich wohl Lazareff gesehen, auf jeden Fall einmal seine Frau.

S. de B.: Es gab viele Franzosen, die nach Amerika gegangen waren, entweder weil sie Juden waren oder weil sie unter der Besatzung nicht bleiben wollten. André Breton war gegangen.

J.-P. S.: Er war gegangen, ja. Ich habe also André Breton getroffen. Ich habe auch Léger getroffen. Ich habe ihn besucht. Er war sehr nett. Ich habe ihn mehrmals gesehen, und er hat mich nicht ohne Geschenke weggehen lassen, das heißt, ohne Bilder von ihm ausgesucht zu haben, die ich lange behalten habe. Ich habe sie in Amerika ausgesucht, und er hat sie später mitgebracht.

S. de B.: Léger, Breton. Rirette Nizan war auch da.

J.-P. S.: Und Lévi-Strauss. Ja, ich habe Rirette Nizan wiedergesehen. Wen noch? Um Breton herum waren Leute, da war Jacqueline Breton und ihr künftiger Mann, David Hare. Sie wollte sich scheiden lassen.

S. de B.: Er war Amerikaner.

J.-P. S.: Er war ein junger amerikanischer Bildhauer, der keine große Karriere gemacht zu haben scheint.

S. de B.: Duchamp war auch da.

J.-P. S.: Ja, aber Duchamp gehörte nicht zu den Flüchtlingen.

S. de B.: Er lebte schon lange dort.

J.-P. S.: Ich habe mit ihm gegessen.

S. de B.: Von den eigentlichen Amerikanern, wen haben Sie da kennengelernt?

J.-P. S.: Die Frau von Saint-Exupéry. Und dann habe ich Calder gut kennengelernt.

S. de B.: Haben Sie keine Schriftsteller getroffen?

J.-P. S.: Schriftsteller habe ich in Paris getroffen. Dos Passos habe ich in Paris getroffen.

S. de B.: Richard Wright, haben Sie ihn dort kennengelernt?

J.-P. S.: Ja, ihn und seine Frau. Und außerdem amerikanische

Kritiker. Wir haben Hemingway nicht erwähnt. Hemingway kannte ich auch aus Frankreich.

S. de B.: Ach ja! Wir hatten ihn bei der Befreiung gesehen. War es nicht allzu hinderlich, daß Sie kein Englisch konnten?

J.-P. S.: Nein, weil ich nur mit Amerikanern zusammenkam, die Französisch sprachen. Die anderen ließen mich unbeachtet, wie jemanden, der die Sprache nicht spricht, das war normal. Ich war drüben unter den ausländischen Flüchtlingen in Amerika ein bißchen bekannt, weil ich in Arons Zeitschrift einen Artikel über das Frankreich unter der Besatzung geschrieben hatte.

S. de B.: Wir wollten über den Mond sprechen.

J.-P. S.: Ja, weil der Mond jeden von der Geburt bis zum Tod begleitet. Und er hat seit fünfzig, sechzig Jahren recht gut die Evolution der Umwelt und folglich unsere innere und äußere Revolution deutlich gemacht. Als ich ihn kennengelernt habe, das heißt, sehr früh, erschien er wie eine Nachtsonne. Er war ein Kreis im Raum, sehr fern, wie die Sonne, eine schwache, aber existierende Lichtquelle. Darin sah man entweder einen Mann mit einer Kiepe auf dem Rücken oder die Züge eines Gesichtes, was man eben wollte. Er war vertrauter, und man sagte uns, er sei näher als die Sonne, mehr mit der Erde verbunden, und man betrachtete ihn wie ein Eigentum. Das war im Himmel ein gewissermaßen mit uns verbundenes Objekt.

S. de B.: Was er tatsächlich ist, da er ein Satellit ist.

J.-P. S.: Genau, aber man wußte zunächst aus Erfahrung, daß er immer da war, daß es einen Vollmond gab, und das stellte so etwas wie ein irdisches Zeichen im Himmel dar. So habe ich ihn am Anfang kennengelernt. Ich sah ihn nachts, und er war etwas Wichtiges für mich, ich konnte nicht genau sagen, was. Es war das Licht der Nacht, das, was nachts beruhigend erschien. Als ich klein war, hatte ich nachts ein bißchen Angst, und der Mond beruhigte mich. Wenn ich hinausging in den Garten und der Mond über meinem Kopf war, war ich glücklich. Es konnte nicht viel passieren. Wie die Kinder stellte ich mir oft vor, daß er sprach, daß er mir Dinge erzählte, ich stellte mir auch vor, daß er mich sah. Er stellte wirklich etwas für mich dar, im Himmel, und ich erinnere mich auch, daß ich ihn zeichnete und daß ich Dinge in ihn hineinmachte, die ich zu sehen behauptete, die weder das Männchen mit dem Reisigbündel noch der Kopf waren: Gesichter oder Landschaften im Innern des Mondes, die ich erfand, die ich übrigens nicht sah, die ich zu sehen behauptete.

S. de B.: Und als Sie älter waren, hat er da eine Rolle für Sie behalten?

J.-P. S.: Sehr lange, ja. Die Sonne liebte ich nicht unbedingt, nicht immer, sie blendete mich. Der Himmel war ein von der Sonne und dem Mond bewohnter Raum.

S. de B.: Sprechen Sie in Ihren Büchern vom Mond? Im Prolog von *Nekrassov* sprechen Sie auf jeden Fall von ihm; ein Mann und eine Frau stehen am Quai, er sagt: «Sieh mal, sieh der Mond», und die Frau sagt: «Das ist nicht hübsch, der Mond, man sieht ihn jeden Tag», und er antwortet: «Das ist hübsch, weil es rund ist.» Ich erinnere mich übrigens nicht, ob in Ihren Romanen Mondschein vorkommt.

J.-P. S.: Mir scheint, in *Die Wand* ist ein wenig vom Mond die Rede. Ich dachte an den Mond als an etwas Persönliches. Im Grunde repräsentierte der Mond für mich alles, was geheim ist, im Gegensatz zu dem, was öffentlich und gegeben war, nämlich der Sonne. Ich hatte die Vorstellung, daß er eine nächtliche Kopie der Sonne war.

S. de B.: Warum haben Sie besonders darüber sprechen wollen?

J.-P. S.: Weil ich mir gesagt habe, daß ich eines Tages über den Mond schreiben würde. Später habe ich dann erfahren, was der Mond im großen ganzen ist, daß er einen Satelliten darstellt, das hat man mir beigebracht, und ich habe es persönlich genommen, es war kein Satellit der Erde, es war mein Satellit. Ich empfand ihn so. Mir schien, daß ich Gedanken hatte, die daher kamen, daß ich vom Mond angesehen wurde. Ich liebte ihn sehr, er war poetisch, er war reine Poesie. Er war zwar völlig von mir getrennt, er war da draußen, und gleichzeitig gab es zwischen uns eine Verbindung, ein gleiches Schicksal. Er war da wie ein Auge und wie ein Ohr, er hielt mir Reden: ich hatte Reden über den Mond geschrieben.

S. de B.: Warum sprechen Sie in der Vergangenheit?

J.-P. S.: Weil er mir weniger gibt, seit man hinfährt. Der Mond ist das gewesen, bis zu dem Moment, als man anfing hinzufahren.

Das hat mich stark interessiert, daß man beschloß hinzufahren und daß man hinfuhr. Ich habe mich über diese Reisen auf dem laufenden gehalten. Ich erinnere mich sogar, daß ich in Neapel ein Fernsehgerät gemietet habe, um die Fahrt von Armstrong zu sehen.

S. de B.: Um die ersten Menschen auf dem Mond zu sehen.

J.-P. S.: Um zu sehen, wie sie herumgingen, was sie dort machten, wie der Mond war, wie man die Erde vom Mond aus sah, das alles fand ich spannend. Aber gleichzeitig verwandelte das den Mond in einen wissenschaftlichen Gegenstand, und er verlor den mythischen Charakter, den er bis dahin gehabt hatte.

S. de B.: Hatten Sie sich vorgestellt, daß man zum Mond fahren würde?

J.-P. S.: Nein. Ich hatte die Romane von Jules Verne über den Mond gelesen, und dann hatte ich *Die ersten Menschen auf dem Mond* von Wells gelesen. Das alles kannte ich gut, aber das erschien mir legendär, unmöglich. Wells' Arten, dorthin zu gelangen, waren nicht wirklich wissenschaftlich.

S. de B.: Die von Jules Verne waren ein bißchen mehr ... Es gab auch *Mondstaaten und Sonnenreiche* von Cyrano de Bergerac.

J.-P. S.: Ja, aber das ...

S. de B.: Das war nicht sehr interessant. Aber jedenfalls hat man oft den Traum gehabt, zum Mond zu fahren.

J.-P. S.: Ich habe ihn nicht gehabt.

S. de B.: Wir haben neulich ein wenig über diese Auffassung gesprochen, die Sie am Schluß von *Die Wörter* ausdrücken, daß jedermann gleich viel wert ist und daß Sie jedermann sind. Ich wüßte gern, was diese Behauptung genau für Sie bedeutet. Aber zunächst einmal, wie haben sich in Ihnen die Ideen der Gleichheit unter den Menschen gebildet oder die Ideen von Überlegenheit, von Hierarchie? Einerseits sagen Sie, daß Sie sich, als Sie jung waren, als Genie empfanden, andererseits sagen Sie, daß Sie in gewisser Weise die Menschen immer für gleich gehalten haben. Können Sie uns das, zunächst an Hand Ihrer Kindheit und Ihrer Jugend, ein bißchen klarmachen?

J.-P. S.: Als ich klein war, in dem Alter, als ich meine ersten

Romane schrieb, mit acht Jahren, behandelte mich mein Großvater wie einen Prinz, und er betrachtete mich ein wenig als den kleinen Prinzen. Damit war ich also durch ihn mit einer inneren Qualität, internen subjektiven Qualität des kleinen Prinzen ausgestattet, die im übrigen nur seine eigene Güte, Großzügigkeit war, die er in mir wiederfand. Ein Wesen, das diese subjektive Realität eines Prinzen hat, das führt nicht zur Gleichheit, denn ein Prinz steht höher als die Leute, die ihn umgeben. Und doch lag dem allen eine Art Gleichheit zugrunde, weil ich dachte, daß ich ein menschliches Wesen sei und daß alle menschlichen Wesen also Prinzen seien. So ungefähr sah ich die Dinge. Die Masse bestand aus Halbmenschen, Menschen, die nicht ganz gelungen waren, das alles war um mich herum. Aber es gab andere, gelungene Menschen, die ich entdeckte, die neben mir waren und die bestimmt Prinzen waren. Es gab also so etwas wie eine Welt von Gleichen, den Prinzen, und dann eine Meute. Das war natürlich keine Gleichheit, aber in der Idee dieser Prinzen, die sich sahen und untereinander gleich waren, die genausowenig Prinzen waren wie ich und umgekehrt – in dieser Idee war doch schon die Idee einer Gleichheit, einer Gleichheit, die ich immer gewollt habe und von der ich mir immer erträumt habe, sie zwischen den Leuten und mir herzustellen. Denn letzten Endes habe ich jedesmal, wenn ich eine starke Beziehung zu jemandem, Mann oder Frau, gehabt habe, gemerkt, daß die Person ganz und gar meinesgleichen war und daß, wenn ich mich vielleicht besser in den Wörtern zurechtfand, die ersten Intuitionen, die sie hatte, jedenfalls genau die gleichen wie meine waren, und daß sie die Dinge vom gleichen Standpunkt aus sah wie ich.

S. de B.: Kommen wir auf Ihre Kindheit zurück. Als Sie auf dem Gymnasium gewesen sind, gab es da nicht doch bestimmte Hierarchien, die zwischen den guten und den schlechten Schülern entstanden sind?

J.-P. S.: In der Tat entstand eine Hierarchie. Aber da ich durch die Hierarchie nicht besonders begünstigt wurde – ich war kein sehr guter Schüler, ich war in der Mitte, oder ein bißchen besser als in der Mitte, manchmal schlechter –, betrachtete ich diese Hierarchie nicht als etwas, das günstig war. Und ich betrachtete sie als etwas, was mich nicht betraf. Ich dachte nicht, daß Bester sein, besser als der kleine Brun oder der kleine Malaquin sein oder schlechter, eine wirkliche Perspektive meines Seins ergäbe. Mein Sein war diese subjektive, tiefe Realität, jenseits von allem, was man darüber sagen konnte, und nicht klassifizierbar. Eigentlich habe ich da angefangen zu sagen, daß man nicht klassifizieren kann. Eine Subjektivität ist etwas, was nicht als Bester oder Zweitbester erscheint, es ist eine totale und tiefe, in gewisser Weise unendliche Realität, die da ist, in einem, vor einem, ist das Sein, das Sein der Person. Und es geht nicht darum, sie in bezug auf ein bestimmtes anderes Sein zu klassifizieren, das vielleicht weniger sichtbar, weniger behauptet ist, das aber in den Tiefen genauso wahr ist. Es geht nicht darum, diese Individuen zu klassifizieren, es geht darum, sie als Totalitäten, die den Menschen repräsentieren, zu lassen.

S. de B.: In gewisser Weise ist es die absolute Seite des Bewußtseins, das Sie vor allen anderen behaupteten.

J.-P. S.: So ist es. Ich behauptete die absolute Seite zunächst in mir, ich habe angefangen, sie als kleiner Prinz zu behaupten, aber in Wirklichkeit hieß das Bewußtsein, Bewußtsein von dem, was ich sah, von dem, was ich las, von dem, was ich fühlte. Und außerdem tiefes Bewußtsein, das mit den Gegenständen um mich herum verbunden war, und das zugleich eine schwer übertragbare Tiefe hatte und das ich war. Und das konnte niemandem unterlegen noch überlegen sein. Die anderen waren ebenso, und das fühlte ich, als ich jung war, als ich ein Kind war.

S. de B.: Als Sie mit Nizan in der Prima waren und in den folgenden Schuljahren, hielten Sie sich für Übermenschen, und gleichzeitig hatten Sie die Intuition, wie Sie mir sagten, daß Sie ein Genie waren. Widerspricht denn diese Idee des Genies und des Übermenschen nicht der Idee der Gleichheit?

J.-P. S.: Nein, weil für mich eben das Genie und der Übermensch nur Menschen waren, die sich in ihrer ganzen menschlichen Realität gaben. Und die Masse, die nach Zahlen, nach Hierarchien klassifiziert wurde, war ein Teig, in dem man Übermenschen, die kommen, die daraus hervorgehen würden, finden konnte, aber ein Teig, der nicht wirklich aus Übermenschen gebildet wurde, der aus Untermenschen gemacht war und der in Wirklichkeit Hierarchien entsprach: Hierarchien zielen selten auf den Menschen selbst, sondern auf Qualitäten des Menschen, zielen auf den Eisenbahninspektor, den Straßenbauinspektor, auf Lehrer. Auf den Beruf eben, die Tätigkeiten, die Gegenstände, mit denen sie sich umgeben, all das war für Hierarchie empfänglich. Aber wenn man in die Tiefe vordrang, war keine Hierarchie möglich. Und das habe ich nach und nach für mich geklärt.

S. de B.: Und als Sie an der École Normale waren, da gab es doch Wettbewerbe, Plätze, Ränge.

J.-P. S.: Nein, es gab weder einen Wettbewerb noch Plätze, überhaupt nicht.

S. de B.: Es gab beispielsweise einen, um in die École aufgenommen zu werden.

J.-P. S.: Es gab, um in die École aufgenommen zu werden, eine Prüfung, man bekam einen Platz, und dann der Abschluß war die Agrégation.

S. de B.: Ja.

J.-P. S.: Dabei gab es ebenfalls einen Wettbewerb, bei dem man einen Platz bekam, aber dazwischen war nichts. Bisher habe ich Ihnen die Idee der Subjektivität als Genie und die Idee der Hierarchie als an besondere Qualitäten gebundene Klassifikation gezeigt. An der École Normale gab es folgende zwei Klassifikationen: eine Klassifikation, die auf ein Fehlen von Klassifikation hinauslief; das Fehlen von Klassifikation war die reine Subjektivität, als endlos gesehen und vom Genie charakterisiert. Ich betrachtete mich als Genie. Das ist eine Idee, die mir gekommen ist, als ich sehr jung war. Sie entstand aus der Idee, daß die Schriftsteller meine großen Brüder wären und ich selbst Schriftsteller. Ich dachte, daß ein Balzac, ein Bossuet von mir erreicht werden müßten und ich folglich das wäre, was man ein Genie nennt. Es gab an der École Normale also meine Subjektivität, die genial war, und auf der anderen Seite Ränge, die Altersränge waren. Zum Beispiel, als ich an die École Normale kam, im ersten Jahr, ging ich mit fünf oder sechs Kameraden, die ich kannte und die ich gern hatte, in eine Bude. Nebenan waren weitere gleichartige Buden. Und im Stockwerk darüber waren die *carrés*, die Studenten des zweiten Jahrs, die ebenfalls auf Buden verteilt waren und pro Bude weniger zahlreich waren. Und dann kam das dritte Jahr mit den *cubes*, und danach war man *archicube*. Das alles war eine Unterscheidung nach Jahren. Und tatsächlich bezog sich das auf etwas, da man Kenntnisse erwarb, die einem schließlich eine Qualifikation als Lehrer in dem und dem Fach verschaffte. Ich würde zum Beispiel in vier Jahren das Wesentliche von dem lernen, was man wissen mußte, um Philosophie zu geben, ein anderer würde Französisch lernen. Kurzum, es gab diese Klassifikation in Schuljahre, die sich für uns mit nichts verband. Wir hielten sie nicht für uns überlegen, sie waren nur klassifiziert.

S. de B.: Ja, das war eine Hierarchie innerhalb der Gleichheit, da jeder praktisch automatisch dort hingelangen würde.

J.-P. S.: Natürlich waren die Gleichheiten nicht genau gleich, da mit jedem Mal die Kenntnisse und die abgelegten Examen zahlreicher wurden. Aber das waren trotzdem Gleichheiten: die Gleichheit der Leute, die im ersten Jahr waren, die kein Examen hinter sich hatten, die aber gleich waren, insofern als sie die vier Schuljahre angingen. Dann die Gleichheit der anderen Jahrgänge, in denen Examen abgelegt worden waren, zum Beispiel eine Licence, und die folglich mehr Kenntnisse, mehr Qualifikationen hatten. Aber letzten Endes war das die gleiche Gleichheit.

S. de B.: Allerdings machten Sie Unterschiede zwischen Ihren Kameraden. Sie hatten keineswegs die Vorstellung, daß letzten Endes alle gut sind, diese sehr offene, sehr entgegenkommende Haltung eines Merleau-Ponty hatten Sie überhaupt nicht.

J.-P. S.: Überhaupt nicht. Im Gegenteil, ich unterschied gewaltig zwischen Guten und Schlechten. Und Nizan und ich, Guille auch ein bißchen, wir schlossen uns Alains Schülern an, die in jenen Jahren gewalttätig und brutal waren und die einen gewissen Terror an der École verbreiten wollten. Ich gebe zu, daß das nicht sehr gut zur Hierarchie und zur genialen Subjektivität paßt. Ich denke trotzdem, daß das mit der genialen Subjektivität zusammenhing. Ich denke, wenn wir uns oben auf der Treppe versteckten, um Jungen, die gegen Mitternacht im Smoking von Ausflügen in die Welt zurückkehrten, mit Wasserbomben zu bewerfen, dann wollten wir damit darauf hinweisen, daß die Ausflüge, der Smoking, das Vornehme, die schön gekämmten Haare dieser Jungen absolut äußerliche Dinge, wertlos, ohne jeden

Wert waren, die sie nicht hätten haben, nach denen sie nicht hätten streben dürften, denn das, wonach man streben mußte, war der innere Glanz des Genies, aber bestimmt nicht danach, bei einem mondänen Abendessen zu brillieren.

S. de B.: Könnte man nicht sagen, daß Sie auf zwei Ebenen gleichzeitig lebten, wie übrigens alle, daß es eine bestimmte metaphysische Ebene gab, auf der sich das Absolute jedes Bewußtseins behauptet, daß es aber eine moralische, praktische und sogar soziale Ebene gab, auf der dieses Absolute des Bewußtseins Sie nicht interessierte, wenn die mit diesem Bewußtsein ausgestattete Person Verhaltensweisen, Lebens-, Denkweisen hatte, die Sie bekämpften? Sie hatten an der Sorbonne den Ruf, Sie, Nizan, Maheu, eine äußerst verächtliche Haltung gegenüber der Welt insgesamt und gegenüber den Sorbonne-Studenten im besonderen zu haben.

J.-P. S.: Weil die Sorbonne-Studenten Wesen waren, die nicht ganz und gar Menschen waren.

S. de B.: Es ist sehr schlimm anzunehmen, daß manche Menschen nicht ganz und gar Menschen sind. Das widerspricht völlig der Idee der Gleichheit.

J.-P. S.: Es ist sehr schlimm, und ich habe das später abgeschüttelt. Aber es ist sicher, daß das am Anfang da war; der Anfang, das war für mich das: diese Leute waren nicht viel wert, und manche würden vielleicht Menschen werden, aber die meisten von ihnen würden es nie. Und das entsprach der Tatsache, daß ich keine Freundschaft für sie empfand, daß ich keine Beziehung, kein Verhältnis zu ihnen hatte. Man sah sich ...

S. de B.: Sie hatten hierarchische Beziehungen zu ihnen, sagen Sie.

J.-P. S.: Ich hatte Beziehungen über Arbeiten zu ihnen, die sie machten oder die ich machte. Wir waren zu dem Zeitpunkt klassifiziert, und ich befand mich also auf einer objektiven Grundlage. Wir waren fünfundzwanzig, ich war als Fünfter, Zehnter, Erster klassifiziert, und so konnte man uns vergleichen. Aber das berührte nie den Menschen, der ich war und der ebenfalls Schriften herstellte, die Produkte des Genies waren, dachte ich, und die in keiner Weise auf hierarchischen Ebenen verglichen werden konnten.

S. de B.: Nun haben Sie aber sehr selektive Freundschaften gehabt, und Ihr ganzes Leben lang sind Ihre Freundschaften sehr selektiv gewesen. Keine Freundschaft für jemanden empfinden, ihn abweisen heißt, eine Ungleichheit gegenüber denen herstellen, für die Sie Freundschaft empfinden und die Sie akzeptieren.

J.-P. S.: Ja. Ich denke, daß tatsächlich jeder in sich, in seinem Körper, in seiner Person, in seinem Bewußtsein etwas hat, um, wenn nicht ein Genie, so doch ein wirklicher Mensch zu werden, ein Mensch mit Menschenqualitäten, aber daß die Mehrheit der Leute es nicht will, sie bleibt stehen, sie bleibt auf irgendeinem Niveau stehen, und letztlich ist sie fast immer für das Niveau verantwortlich, auf dem sie stehengeblieben ist. Ich meine also, daß in der Theorie jeder Mensch jedem Menschen gleich ist und daß freundschaftliche Beziehungen existieren könnten. Aber in Wirklichkeit wird diese Gleichheit von den Leuten im Namen dummer Eindrücke, dummer Wünsche, Ambitionen, dummer Gelüste zunichte gemacht. Man hat also mit Menschen zu tun, die gleich wären, wenn sie ihre Haltung ein wenig ändern wollten, die in Wirklichkeit aber, so wie sie sind, Gegenmenschen sind, Leute sind, die sich in gewissermaßen unmenschlichen Situationen zu Menschen gemacht haben.

S. de B.: Besonders jene, die Sie Schweine nennen.

J.-P. S.: Schweine sind genau solche Leute, die ihre Freiheit darauf verwenden, sich von anderen als gut anerkennen zu lassen, während sie in Wirklichkeit schon auf Grund ihrer Aktivität schlecht sind. Ich liebe einen Menschen wirklich, wahrhaftig, der die Gesamtheit der Menschenqualitäten zu haben scheint; das Bewußtsein, die Fähigkeit, durch sich selbst zu urteilen, die Fähigkeit, ja oder nein zu sagen, der Wille, das alles schätze ich an einem Menschen, und das geht in Richtung Freiheit. In dem Moment kann ich Freundschaft für ihn empfinden, und oft empfinde ich sie für Leute, die ich sehr wenig kenne. Und dann war da die Mehrheit, die Leute, die neben mir waren, in einem Zug, in einer Metro, in einem Gymnasium, denen ich echt nichts zu sagen hatte; man konnte gerade eben diskutieren, indem man sich auf die Ebene der Hierarchien begab, auf den einem Schüler oder einem Lehrer zugewiesenen Platz des Fünften oder des Zehnten.

S. de B.: Und als Sie an der Schule waren, hat das Altersverhältnis zwischen Ihnen und Ihren Schülern ein Verhältnis von Ungleichheit geschaffen? Oder war ein Verhältnis von Gleichheit möglich?

J.-P. S.: O ja! Ein Verhältnis von Gleichheit war sehr gut möglich. Man kann sagen, daß am Gymnasium, vor allem an der École Normale, das Altersverhältnis eine leichte Hierarchie erlaubte, die aber für keinen von uns im geringsten einer subjektiven, wesentlichen Qualität entsprach. Das war nur eine Art, die Leute in einer bestimmten Reihenfolge zu ordnen, damit man sie bei der Hand haben konnte, aber das entsprach keiner Realität. Anders gesagt, es gab die wirkliche Realität, die eines jeden, die für jeden, die sich aber nicht erwies, die blieb, was sie war, und außerdem eine große universelle Klassifikation, die mit anderen Klassifikationen derselben Art zusammenstimmte und die der Person auf der Ebene eines Phänomens einen Rang verlieh, auf einer Ebene, auf der die Realität der Person völlig ausgeschaltet war. Es gab eine Gesellschaft, wo die Realität des Menschen ausgeschaltet war, wo es vor allem Leute gab, die in der Lage waren, einen bestimmten Typ von Handlung auszuführen, die solchen Leuten von Anfang an als etwas gegeben war, was sie charakterisierte; aber es gab keine sich selbst erfassende Subjektivität, keine wesentliche Realität, die entweder durch andere oder durch jenen, der diese Subjektivität, diese Realität hatte, erreichbar gewesen wäre. Es gab nichts von alledem. All das wurde draußen gelassen.

S. de B.: War es dieses Gefühl der Gleichheit unter den Menschen, weshalb Sie immer alles abgelehnt haben, was Sie hätte auszeichnen können? Ihre Freunde haben Ihre Ablehnung, sogar Ihre Abneigung gegen alles, was man gemeinhin Ehrungen nennt, oft bemerkt. Hängt das mehr oder weniger damit zusammen? Und unter welchen Umständen haben Sie diese Abneigung deutlich gezeigt?

J.-P. S.: Es hängt bestimmt damit zusammen. Aber es hängt auch mit der Vorstellung zusammen, daß meine tiefe Realität über Ehrungen steht. Denn diese Ehrungen werden von Menschen an andere Menschen vergeben. Und die Menschen, die die Ehrung vergeben, sei es die Ehrenlegion oder den Nobelpreis, sind nicht qualifiziert, sie zu vergeben. Für mich hat niemand das

Recht, Kant oder Descartes oder Goethe einen Preis zu verleihen, der bedeutet: Sie gehören jetzt einer bestimmten Klassifikation an, wir haben die Literatur in eine klassifizierte Realität verwandelt, und Sie gehören innerhalb dieser Literatur dem und dem Rang an. Das zu machen, verneine ich, und folglich verneine ich jede Ehrung.

S. de B.: Das erklärt Ihre Ablehnung des Nobelpreises. Aber nach dem Krieg haben Sie erstmals etwas abgelehnt, nämlich den Orden der Ehrenlegion.

J.-P. S.: Ja. Die Ehrenlegion kommt mir vor wie eine Belohnung, die serienmäßig verteilt wird, die an Mittelmäßige verteilt wird. Es wird gesagt, daß dieser Ingenieur die Ehrenlegion verdient und jener andere Ingenieur, der diesem ungefähr gleichwertig ist, sie nicht verdient. Und wirklich werden sie nicht nach ihrem Wert beurteilt, sondern nach einer Arbeit, die sie gemacht haben, oder auf Empfehlung ihres Chefs oder aus ähnlichen Gründen. Das heißt aus keinem Grund, der ihrer Realität entspräche. Diese Realität ist nämlich nicht quantifizierbar.

S. de B.: Sie haben gerade das Wort «Mittelmäßige» ausgesprochen, hin und wieder entschlüpfen Ihnen doch trotz Ihrer Theorie der Gleichheit reichlich aristokratische Attribute und Ausdrücke.

J.-P. S.: Nein, überhaupt nicht, ich habe Ihnen doch schon gesagt, die Freiheit, die Gleichheit ist am Anfang, und die Gleichheit sollte in einem menschlichen Prozeß, das heißt in der Entwicklung eines Menschen, am Ende stehen. Aber der Mensch ist auch ein in Hierarchien eingeordnetes Wesen, und als solches kann er ein Idiot werden oder er kann die Hierarchie seiner tiefen Realität vorziehen. Auf dieser Stufe, auf der Ebene der Hierarchie kann er abschätzige Attribute verdienen. Verstehen Sie?

S. de B.: Ja.

J.-P. S.: Ich finde, daß die meisten Leute um uns herum noch zu empfänglich für einen Orden der Ehrenlegion, einen Nobelpreis, für solche Sachen sind, während das in Wirklichkeit nichts bedeutet. Das entspricht nur einer Auszeichnung innerhalb der Hierarchie, die einem Wesen gegeben wird, das nicht wirklich ist, das abstrakt ist, und das dem Wesen entspricht, das wir sind, das ihm aber entspricht, ohne richtig zu verstehen, wieso.

S. de B.: Es gibt jedoch Anerkennungen, die Sie akzeptieren. Sie akzeptieren nicht die Anerkennung von seiten bestimmter Menschen, die Ihnen, sagen wir, für Ihr philosophisches Werk einen Nobelpreis geben wollen, aber Sie akzeptieren die Anerkennung – und wünschen sie sogar – von seiten der Leser, von seiten des Publikums.

J.-P. S.: Ja, das ist meine Funktion. Ich schreibe, ich verlange also vom Leser, für den ich schreibe, daß er die Sachen, die ich schreibe, gut findet. Nicht, daß ich denke, daß sie immer gut sind, durchaus nicht, aber wenn sie zufällig gut sein können, wünsche ich, daß sie von meinem Leser sofort als gut eingeschätzt werden.

S. de B.: Weil Ihr Werk und Sie identisch sind, und wenn man Ihr Werk anerkennt, erkennt man Sie in Ihrer Realität an.

J.-P. S.: So ist es.

S. de B.: Während die äußere Qualität, für die Sie den Orden der Ehrenlegion bekämen, nicht Sie selbst sind.

J.-P. S.: Nein, das ist abstrakt.

S. de B.: Erinnern Sie sich, wie das mit der Ehrenlegion gewesen ist?

J.-P. S.: Ja, das war 1945, und die Leute von London, die nach Paris zurückgekommen waren ...

S. de B.: Die Leute von London, damit meinen Sie de Gaulle.

J.-P. S.: De Gaulle, ja. Sie ernannten Minister, und es gab ein Ministerium für Kultur, dessen Minister Malraux war und in dem Raymond Aron, mein Kamerad, Unterstaatssekretär war. Und sie fingen an, Orden der Ehrenlegion zu verteilen. Das brachte meinen Kamerad Zuorro[1], von dem ich an anderer Stelle gesprochen habe, auf die Idee, mich gegen meinen Willen mit der Ehrenlegion auszuzeichnen, weil er dachte, daß er mich damit ärgern könnte.

S. de B.: Zuorro spielte Ihnen ja gern Streiche.

J.-P. S.: Er spielte mir gern Streiche. Er suchte meine Mutter auf, verbrachte eine gute Stunde bei ihr und entlockte ihr ihre Zustimmung. Die arme Frau kannte sich überhaupt nicht aus, sie hatte einen Vater gehabt, der in der Ehrenlegion gewesen war, und einen Mann, der in der Ehrenlegion war ...

---

1 Den ich in meinen Memoiren Marco genannt habe.

S. de B.: Sie fand das sehr gut.

J.-P. S.: Sie meinte, ihr Sohn müßte diesen Orden haben. Er hat ihr gesagt, sie sollte für mich zustimmen, und daß man mich damit überraschen würde. Sie stimmte bereitwillig zu.

S. de B.: Das heißt, sie hat etwas unterschrieben.

J.-P. S.: Sie hat etwas unterschrieben. Das war trotz allem gemogelt, denn ich hätte das unterschreiben müssen. Aber ich habe es erst später erfahren. Und eines schönen Tages bekam ich einen Anruf, von einem Freund, der einen Verwandten im Ministerium hatte, der mich fragte: «Haben Sie um den Orden der Ehrenlegion gebeten?» Ich habe vor Überraschung gebrüllt, und dann hat er gesagt: «Nun, Sie werden ihn bekommen.» Da bin ich ans Telefon gestürzt und habe Raymond Aron angerufen. Ich habe zu ihm gesagt: «Kleiner Kamerad, man will mir den Orden der Ehrenlegion geben, du mußt das verhindern.» Aron hat es ziemlich anmaßend aufgenommen und fand mich äußerst unerfreulich, aber er tat immerhin das Nötige, damit ich der Ehrenlegion entging.

S. de B.: Insgesamt war die Regierung uns sympathisch, in ihr waren die Widerstandskämpfer Frankreichs versammelt, Leute, die wirklich unsere Freunde waren, und es galt ein bißchen dem im Widerstand kämpfenden Intellektuellen – wie bei Camus, ihm hatte man sie auch angetragen –, wenn man Ihnen diese Auszeichnung anbot.

J.-P. S.: Sicherlich.

S. de B.: Die Bedingungen waren beinahe optimal, um sie anzunehmen. Und doch ...

J.-P. S.: ... war da ein Abgrund, selbst wenn die Bedingungen optimal waren. Das änderte nichts daran, daß das Annehmen eines Ordens etwas Unvorstellbares für mich war.

S. de B.: Weil die Ehrenlegion einen zugleich in eine bürgerliche Hierarchie einreihte. Und das hieße dann, daß Sie sich in diese Gesellschaft einfügten.

J.-P. S.: Es war nicht die bürgerliche Gesellschaft, es war die Hierarchie. Es gibt in der UdSSR oder in den sozialistischen Ländern vergleichbare Hierarchien.

S. de B.: Es gibt jedoch einige Preise, die Sie angenommen haben. Und es wäre amüsant, sich anzusehen, warum. Ich denke an einen bestimmten italienischen Preis ...

J.-P. S.: Ich habe andere angenommen. Ich habe zuerst einen populistischen Preis angenommen, 1940, einen kleinen Betrag, der mir geschenkt wurde und der mir ermöglichte, ein bißchen besser zu leben. Ich war einberufen, ich gab einen Teil des Geldes Ihnen, ein bißchen behielt ich für mich an der Front und lebte damit ein bißchen besser. Ich glaube, da bin ich absolut zynisch gewesen, da ich der Meinung war, daß der Krieg dem Preis oder Nichtpreis jeden Wert nahm, daß es ein Scherz war, wenn man einem, während gekämpft wurde, einen Preis gab, und daß ich ihn annehmen konnte. Ehrlich gesagt hatte ich mit einem populistischen Preis nichts zu schaffen, da ich mit den populistischen Schriftstellern nicht das geringste gemeinsam hatte. Ich habe also angenommen.

S. de B.: Ja, Sie haben das Geld zynisch genommen.

J.-P. S.: Ich habe das Geld zynisch genommen.

S. de B.: Aber Sie haben andere Preise angenommen, ohne einen Nutzen davon zu haben.

J.-P. S.: Den italienischen Preis habe ich angenommen, weil ich gut mit den italienischen Kommunisten stand, weil manche unter ihnen mir sehr gefielen. Mit den französischen Kommunisten stand ich zur gleichen Zeit nicht gut. Die italienischen Kommunisten mochte ich gerne, und sie hatten zu der Zeit diese kleine Feier veranstaltet. Es ging darum, jedes Jahr einen Preis an den zu vergeben, der während der Besatzung Mut und Intelligenz bewiesen hatte, und sie hatten ihn mir gegeben. Natürlich war das mit meiner Theorie überhaupt nicht vereinbar.

S. de B.: War das denn ein Preis, der mit der Besatzung zusammenhing?

J.-P. S.: Es war ein Preis, der mit der Résistance zusammenhing. Ich habe ihn bekommen, dabei ist es mit meinem Widerstand wirklich nicht so weit her ... ich war im Widerstand, ich hatte Kontakt zu Widerstandskämpfern, aber er hat mich nicht viel gekostet. Doch sie haben ihn mir gegeben. Ich denke, daß ich diesen Preis nicht als Ergebnis einer Periode, einer Hierarchie sah. Ich war mir zu bewußt, daß mein Verhalten während der Besatzung, mit dem jener, die von den Deutschen gefangengenommen, gefoltert worden waren, die im Gefängnis gestorben waren, nichts gemein hatte. Man war im Widerstand, wenn man

Schriftsteller war, das hieß vor allem, daß man in kleinen Untergrundzeitschriften schrieb, daß man kleine Aktionen von der Art machte. Ich sah darin eher die Anerkennung der Italiener für eine bestimmte Art von intellektuellem Widerstand während der Besatzung. Das interessierte mich daran. Das heißt, sie stellten die Verweigerung heraus, die wir anderen Schriftsteller, jedenfalls die, die ich kannte, unter der Besatzung in erster Linie betrieben hatten. Ich betrachtete mich selbst also nicht so sehr dieser Auszeichnung als würdig, aber würdig insofern, als die anderen Schriftsteller wie ich hätten nominiert werden können. Jemand hatte diesen Preis, das war ich. Das repräsentierte eine Art intellektuellen französischen Widerstand.

S. de B.: Alles in allem war es ein freundschaftliches Verhältnis zu den italienischen Kommunisten, die Ihnen eine gewisse Anerkennung Ihres Handelns und des Handelns Ihrer Kameraden während des Krieges anboten und die Sie genauso freundschaftlich annahmen. Das hatte nichts mit Hierarchien, mit Ehrungen, mit Unterscheidungen zu tun.

J.-P. S.: Überhaupt nichts.

S. de B.: Es war wirklich ein Verhältnis von Gegenseitigkeit zwischen Ihnen und denen, die ...

J.-P. S.: Sie haben mir Geld gegeben.

S. de B.: Das Sie weitergegeben haben, um irgendeine soziale Bewegung zu unterstützen. Es ist Ihnen eine andere Ehrung angetragen worden, und Sie wurden bedrängt, sogar von manchen Ihnen nahestehenden Menschen, sie anzunehmen: eine Professur am Collège de France.

J.-P. S.: Ja. Dabei sah ich überhaupt nicht ein, wieso ich Professor am Collège de France werden sollte. Ich hatte philosophische Bücher geschrieben, aber die Philosophie betrachtet man seit dem 18. Jahrhundert als ein Lehrfach. Sie ist ein Lehrfach, wenn man so will, wenn es um vergangene philosophische Systeme geht. Aber wenn man versucht, die Gegenwart philosophisch zu denken, so glaube ich nicht, daß das gehen kann, wenn man Studenten unterrichtet. Sie können Kenntnis davon nehmen, aber es gibt keinen Grund, daß ein Professor eine Sache lehrt, die nicht vollständig entwickelt ist, deren Wert er nicht genau kennt. Kurzum, ich sah nicht ein, wieso ich als Philosoph ans Collège de

France gehen sollte. Das schien mir dem, was ich tat, vollkommen fremd zu sein.

S. de B.: Sie dachten, es wäre besser, Bücher zu schreiben, die die Leute in Ruhe lesen und durchdenken konnten, als ihnen darüber eine Vorlesung ex cathedra zu halten.

J.-P. S.: Genau. Und ich muß sagen, daß ich damals sehr beschäftigt war. Ich schrieb Bücher, die meine ganze Zeit in Anspruch nahmen, und ich hätte damit meine Arbeitszeit verringert, denn ich hätte eine bestimmte Stundenzahl in der Woche gebraucht, um Vorlesungen über Dinge vorzubereiten, die ich meinem Eindruck nach wußte, folglich wäre ich dadurch, daß ich eine Vorlesung am Collège de France gehabt hätte, nicht weitergekommen. Merleau-Ponty hielt eine Vorlesung, weil er die Philosophie ein bißchen innerhalb des Universitätssystems sah; ich weiß übrigens nicht, wieso. Seine Bücher waren nicht speziell akademisch, aber dennoch gab es zwischen uns, denke ich, den Unterschied, daß er von Anfang an die Universität als Möglichkeit, Philosophie zu betreiben, akzeptierte und ich nicht.

S. de B.: Ja, außerdem hatte Merleau-Ponty promoviert.

J.-P. S.: Er hatte promoviert.

S. de B.: Er hatte eine Universitätslaufbahn gemacht. Es muß auch gesagt werden, daß es praktische Gründe gibt: Sie als arrivierter Schriftsteller verdienten damals viel Geld, und bei Merleau-Ponty war es eben seine Universitätslaufbahn, mit der er seinen Lebensunterhalt bestritt. Das war also sehr wichtig, und er hatte dadurch, daß er am Collège de France war, im Gegenteil Zeit, denn er hatte weniger zu tun, als wenn er nur Professor an der Sorbonne gewesen wäre. Das ist eine Erwägung, die viele Leute, die am Collège de France sind, motiviert. Aber bei Ihnen wäre es, da Sie kein praktisches oder ökonomisches Motiv hatten, offensichtlich einzig eine Sache der Ehre gewesen.

J.-P. S.: Ich betrachtete es nicht als eine Ehre, Professor am Collège de France zu sein.

S. de B.: Sie haben nie irgend etwas als Ehre betrachtet.

J.-P. S.: In der Tat. Ich betrachtete mich als über allen Ehrungen stehend, die man mir anbieten konnte, weil sie abstrakt waren, sich nie an mich richteten.

S. de B.: Sie richteten sich an den anderen in Ihnen. Und um auf den Nobelpreis zurückzukommen, der Ihre skandalöseste Ablehnung gewesen ist, der die bekannteste, am meisten kommentierte Ehrung gewesen ist.

J.-P. S.: Ich stehe in völligem Widerspruch zum Nobelpreis, weil er darin besteht, die Schriftsteller zu klassifizieren.[1] Wenn es ihn im 16., im 15. Jahrhundert gegeben hätte, wüßten wir, daß Clément Marot den Nobelpreis bekommen hat, daß Kant ihn verfehlt hat, daß er ihn hätte haben sollen, daß man ihn ihm aber auf Grund einer Verwirrung oder einer Aktion mancher Jurymitglieder nicht gegeben hatte; daß Victor Hugo ihn natürlich gehabt hat etc. In dem Moment wäre die Literatur völlig hierarchisiert. Es gäbe die Mitglieder des Collège de France und andere, die den Prix Goncourt gehabt hätten, und wieder andere, die andere Auszeichnungen gehabt hätten. Der Nobelpreis besteht darin, jedes Jahr einen Preis zu vergeben. Was bedeutet dieser Preis? Was bedeutet ein Schriftsteller, der 1974 den Preis bekommen hat, was heißt daß in bezug auf die Männer, die ihn vorher bekommen haben, oder auf die, die ihn nicht bekommen haben, die aber wie er schreiben und vielleicht besser sind? Was bedeutet dieser Preis? Kann man wirklich sagen, daß ich in dem Jahr, in dem man ihn mir gegeben hat, besser war als meine Kollegen, die anderen Schriftsteller, und daß im Jahr darauf ein anderer besser gewesen ist? Muß man die Literatur wirklich so betrachten? Wie Leute, die in dem einen Jahr besser sind oder es seit langem sind, was aber in diesem Jahr anerkannt wird? Das ist absurd. Es ist doch klar, daß ein Schriftsteller nicht jemand ist, der in einem bestimmten Moment besser ist als die anderen. Er ist höchstens Gleicher unter den Besten. Und «die Besten» ist auch noch ein schlechter Ausdruck. Er ist Gleicher unter jenen, die wirklich gute Bücher gemacht haben, und zwar für immer. Er hat dieses Werk vielleicht vor fünf Jahren, vielleicht vor zehn Jahren geschrieben. Eine kleine Auffrischung ist nötig, damit einem der Preis gegeben wird. Ich hatte *Die Wörter* veröffentlicht; sie haben das annehmbar gefunden und haben mir ein Jahr darauf den Preis gegeben. Das gab für sie meinem Werk einen neuen Wert. Muß man aber

---

1 *Meine Gründe für die Ablehnung des Nobelpreises.* In: *Was kann Literatur?* Reinbek 1979. (Anm. d. Übers.)

daraus schließen, daß ich im Jahr davor, als ich dieses Werk noch nicht veröffentlicht hatte, viel weniger wert war? Das ist ein absurder Begriff; diese Idee, der Literatur eine Hierarchie zu geben, ist eine der literarischen Idee völlig entgegengesetzte und im Gegensatz dazu einer bürgerlichen Gesellschaft, die alles integrieren will, vollkommen angemessene Idee. Wenn die Schriftsteller von einer bürgerlichen Gesellschaft integriert werden, dann hierarchisch, denn so bieten sich ja alle sozialen Formen dar. Die Hierarchie zerstört den persönlichen Wert der Menschen. Drüber oder drunter zu sein, das ist absurd. Und deshalb habe ich den Nobelpreis abgelehnt, weil ich auf keinen Fall mit Hemingway zum Beispiel gleichgestellt werden wollte. Ich liebte Hemingway sehr, ich kannte ihn persönlich, ich hatte ihn in Kuba besucht, aber die Vorstellung, ihm gleichgestellt zu sein oder im Verhältnis zu ihm irgendeinen Rang einzunehmen, lag meinem Denken ganz fern. Das ist eine Vorstellung, die ich naiv und sogar dumm finde.

S. de B.: Ich möchte auf Ihren Stolz zurückkommen. Daß Sie stolz sind, geht sehr klar aus unseren sämtlichen Gesprächen hervor, aber wie würden Sie Ihren Stolz definieren?

J.-P. S.: Ich denke, es ist kein Stolz, der sich auf meine Person, Jean-Paul Sartre, privates Individuum, erstreckt, sondern eher auf die allen Menschen gemeinsamen Charakteristika. Ich bin stolz darauf, Handlungen auszuführen, die einen Anfang und ein Ende haben, und darauf, in dem Maße wie ich handle, einen bestimmten Teil der Welt zu verändern, darauf, zu schreiben, Bücher zu machen – nicht alle machen welche, aber alle machen etwas – kurz, meine menschliche Tätigkeit ist es, worauf ich stolz bin. Nicht, daß ich sie besser finde als irgendeine Tätigkeit, aber es ist eine Tätigkeit. Es ist der Stolz des sich als Akt entwickelnden Bewußtseins; zweifellos erstreckt sich das auch auf das Bewußtsein als Subjektivität, aber insofern als diese Subjektivität Ideen, Gefühle produziert.

Es ist die Tatsache, ein Mensch zu sein, ein geborenes und zum Sterben verurteiltes Wesen, aber dazwischen handelnd und vom Rest der Welt sich unterscheidend durch sein Handeln und sein

Denken, das auch ein Handeln ist, und durch seine Gefühle, die eine Öffnung zur Welt des Handelns sind; durch das alles, finde ich, soll ein Mensch, wie seine Gefühle, seine Gedanken auch sein mögen, sich definieren; um alles zu sagen, ich verstehe nicht, daß die anderen Menschen nicht genauso stolz sind wie ich, da mir das als natürliches, strukturelles Merkmal des bewußten Lebens, des Lebens in der Gesellschaft erscheint ...

S. de B.: Tatsache ist, daß sie es im allgemeinen nicht sind. Wie kommt es, daß sie es sein können?

J.-P. S.: Ich nehme an, in der überwältigenden Mehrzahl der Fälle sind es Armut und Unterdrückung, die den Stolz untersagen.

S. de B.: Neigen denn alle Menschen dazu, einen gewissen Stolz zu haben?

J.-P. S.: Ich denke doch. Dieser Stolz hängt unmittelbar mit der Tatsache, daß man denkt, daß man handelt, zusammen. Dadurch zeigt man die menschliche Realität an, und das wird begleitet von einem Bewußtsein dessen, was man tut, worüber man froh und stolz ist. Ich denke, das ist der Stolz, den man bei allen antreffen sollte.

S. de B.: Und warum gibt es Unmengen von Leuten, die überhaupt nicht stolz sind?

J.-P. S.: Nehmen Sie einen Jungen, der in einer mehr oder weniger zerrütteten Familie, in einer Atmosphäre der Armut lebt, der keine Schulbildung hat, der nicht auf der Stufe ist, auf der die Gesellschaft Beweise, eigentlich menschliche Eigenschaften von ihm verlangt, der unter diesen Bedingungen, wenn er achtzehn oder neunzehn ist, in eine Stellung kommt, die aus untergeordneter, harter und schlecht bezahlter Arbeit besteht. Dieser Junge hat vielleicht den Stolz auf seine Muskeln, aber das ist nicht mehr als Eitelkeit; er hat keinen eigentlichen Stolz, weil er dauernd entfremdet ist, weil er dauernd zurückgestoßen wird aus dem Bereich, in dem er mit den anderen handeln und versichern dürfen müßte: «Ich habe das gemacht, ich habe das gemacht, ich habe das Recht zu sprechen.»

S. de B.: Ist Stolz demnach ein Klassenprivileg?

J.-P. S.: Nein! Das sage ich nicht, ich sage, daß die Möglichkeiten, Stolz zu besitzen, heutzutage in einer Klasse, der Klasse der

Unterdrückung, der bürgerlichen Klasse mehr gegeben sind als in einer anderen, der Klasse der Unterdrückten, der proletarischen Klasse. Aber tatsächlich scheint mir jeder Mensch mit diesem Stolz ausgestattet sein zu können. Durch die sozialen Verhältnisse ist es für bestimmte Bürgerliche leichter als für Proletarier, die erniedrigt und beleidigt sind. Also haben sie etwas anderes als den Stolz, sie haben den Anspruch auf einen Stolz. Sie fühlen, daß der Platz dieses Stolzes, den sie haben sollten, leer ist, und in der Revolution fordern sie den Stolz, ein Mensch zu sein. Es gibt Proletarier, Bauern, denen man durch ihr Handeln und ihr Sprechen ansieht, daß sie Stolz bewahrt haben. Das werden Revolutionäre, solche Leute. Wenn sie einen gebeugten Rücken haben, einen Rundrücken, wie man sagt, so ist das gegen ihren Willen geschehen.

S.de.B.: Glauben Sie nicht, daß die Familie, die Erziehung eine große Rolle dabei spielen? Menschen der benachteiligten Klassen bewahren sogar in der Unterdrückung und der Ausbeutung ihren Stolz, wenn sie familiär Glück gehabt haben; im Gegensatz zu reichen Bürgerlichen, die eine allzu behütete Kindheit völlig kaputtgemacht hat. So gesehen, wie erklären Sie, daß Sie stolz sein konnten?

J.-P.S.: Ich habe eine Kindheit gehabt, in der viel und exzessiv über meine Intelligenz gesprochen wurde, weil ich der Enkel meines Großvaters war, der sich für einen großen Mann hielt, was er nicht war. Ich wurde dazu gebracht, mich für einen kleinen Prinzen zu halten. Ich war schon in dieser kleinbürgerlichen Sphäre, in der ich lebte, ein Privilegierter und wurde als Enkel meines Großvaters als jemand betrachtet, der eine unschätzbare Qualität hat. Das hat nichts mit dem zu tun, was ich vom Stolz sage, denn ich denke nicht, daß ich eine unschätzbare Qualität habe, ich denke nur, daß ich menschliche Möglichkeiten habe; es ist das menschliche Wesen, auf das ich stolz bin; aber das kommt von meinem ursprünglichen Stolz her, der ein Kinderstolz war.

S.de B.: Sie sind ermutigt worden, den Stolz zu haben, ein Mensch zu sein.

J.-P.S.: Ja. Ich denke, mein Großvater hatte ihn auch, aber in einer anderen Weise ... mehr auf persönlichen Qualitäten begründet, mehr mit der Universität verbunden: vermindert. Aber er hatte bestimmt Stolz.

S. de B.: Sie haben, als Sie über Genet geschrieben haben, einem Wort von ihm zugestimmt: «Der Stolz kommt danach.» Ist das für Sie gültig?

J.-P. S.: Der Stolz hat sich danach Stolz genannt, ist danach als Stolz fühlbar geworden; danach, das heißt, nach meinem zwölften Lebensjahr, nach einem ersten Leben, in dem er existierte, in dem er sich aber nicht benannte.

S. de B.: Mir scheint, an der École Normale gab es etwas, was Sie sehr mochten: das war das Zusammensein.

J.-P. S.: Ja, man war sehr oft zusammen. Es bildeten sich Gruppen, man ging zusammen ins Kino, man ging zusammen essen. Meistens wurde in der École selbst zu Mittag und zu Abend gegessen. Zwischen den Naturwissenschaftlern und den Geisteswissenschaftlern gab es Gespräche von Tisch zu Tisch.

S. de B.: Sie haben oft gesagt, daß die Jahre an der École Normale zu den glücklichsten Ihres Lebens gehören.

J.-P. S.: Ja, ich bin vollkommen glücklich gewesen.

S. de B.: Es hat Ihnen also großen Spaß gemacht, unter Männern zu leben? Es war wirklich unter Männern, denn Sie waren im Internat. Wie Sie sagen, aßen Sie zusammen etc., die Gesellschaft von Männern war Ihnen also sehr angenehm.

J.-P. S.: Ja, ich hatte allerdings auch Beziehungen zu Frauen.

S. de B.: Ja, ich weiß, da war Camille, da war die Verlobte.

J.-P. S.: Es waren eine ganze Menge.

S. de B.: Andererseits war da natürlich über Guille Madame Morel.

J.-P. S.: Aber insgesamt wurden die Tage mit Männern verbracht.

S. de B.: Und das gefiel Ihnen.

J.-P. S.: Wohlgemerkt bildeten Guille, Maheu, Nizan, ich eine Gruppe, die Gegenstand von Spötteleien war.

S. de B.: Ja, weil Sie sehr zurückhaltend zu den Leuten waren, die Ihnen nicht gefielen. Zum Beispiel Merleau-Ponty, hatten Sie ein sehr schlechtes Verhältnis zu ihm?

J.-P. S.: Ja. Aber ich habe ihn trotzdem einmal vor Burschen beschützt, die ihn verprügeln wollten.

S. de B.: Sie sangen unanständige Lieder, und er wollte dagegen einschreiten, weil er *tala* war?

J.-P. S.: Er ist hinausgegangen, Leute sind hinter ihm hergelaufen, es waren zwei, sie wollten ihn verprügeln, weil sie wütend waren. Da bin ich auch hinausgegangen; ich war lose mit Merleau-Ponty befreundet. Es war jemand anderes bei mir. Wir sind hingekommen und haben gesagt: kommt, schlagt ihm nicht die Fresse ein, laßt ihn in Frieden, laßt ihn laufen. Da haben sie ihm nichts getan und sind gegangen.

S. de B.: Es hat eine andere Gelegenheit in Ihrem Leben gegeben, wo Sie sehr glücklich gewesen sind, wo Sie in einer Gemeinschaft von Männern gelebt haben: das war im Gefangenenlager.

J.-P. S.: Ja, ich war weniger glücklich.

S. de B.: Natürlich, wegen der Umstände. Aber ich will sagen, daß die Tatsache, mit Männern in Gemeinschaft zu leben, Ihnen damals nicht mißfallen hat. Es war keineswegs das, was die Situation als Gefangener ein bißchen unerfreulich für Sie gemacht hat, sie war es objektiv. Aber die Tatsache, mit Männern zusammen zu sein, von ihnen anerkannt zu werden und mit ihnen zu arbeiten, das hat Ihnen gefallen?

J.-P. S.: Das hat mir gefallen.

S. de B.: Das ist amüsant, denn wenn man es jetzt chronologisch sieht, wird deutlich, daß Ihre Freundschaften mit Männern ziemlich selten gewesen sind, auf jeden Fall sehr ausgesucht, und daß Sie es insgesamt nicht besonders gemocht haben, unter Männern zu leben. Ich meine: nehmen wir den Militärdienst ...

J.-P. S.: Beim Militärdienst war da erst mal die Zeit der Kurse in Saint-Cyr, in der Zeit der Meteorologiekurse hatte ich wenig Kontakt zu den anderen Soldaten, außer zu Guille, der die gleiche Spezialausbildung gewählt hatte, und Aron, der Ausbilder war. Es gab einen oder zwei andere, mit denen ich sprach, aber kaum. Es waren wirklich der Ausbilder und der Ausbildungskamerad, die meine besten Freunde waren. Dann später, in der Villa Polovnia, war ich mit zwei Typen zusammen, einem Toulouser und einem Priesterchen, einem Seminaristen, dessen Füße schrecklich stanken, der seine Arbeit schlecht machte und der so ein Verhältnis zu mir hatte, wie es ihm möglich war, da ich nicht an Gott glaubte und es ihm nicht verhehlte.

S. de B.: Gab es Feindseligkeiten?

J.-P. S.: Sobald etwas schlecht lief, schlug es in Feindseligkeit um. Den Toulouser mochte ich auch überhaupt nicht, er war diebisch und verschlagen, aber ich hatte wenig mit ihm zu tun. Wenn's ums Essen ging, wenn's darum ging, einen Tag in Tours herumzubummeln, war er erträglich.

S. de B.: Und als Sie Gymnasiallehrer waren, standen Sie zwangsläufig in Verbindung mit dem ganzen Lehrerkollegium.

J.-P. S.: Nein, ich stand nicht mit ihm in Verbindung.

S. de B.: Ich meine, Sie waren da, und um Sie herum waren andere Lehrer. Hielten Sie sie sich vollständig vom Leibe? Sie hatten doch immerhin Freundschaften! In Le Havre waren Sie doch mit Bonnafé befreundet?

J.-P. S.: Ich war mit Bonnafé befreundet und dann mit dem Englischlehrer, den wir, Bonnafé und ich, aber für einen Clown hielten. Wir aßen zusammen in dem Restaurant, das ich in *Der Ekel* beschrieben habe.

S. de B.: Warum waren Sie mit Bonnafé befreundet?

J.-P. S.: Weil er ein schöner Junge war und Boxer, hauptsächlich deswegen.

S. de B.: Zu der Zeit, als Sie in Le Havre Lehrer waren, waren Sie befreundet genug, um einige Ausflüge zu Fuß mit ihm, seiner Freundin und mir zu machen.

J.-P. S.: Ja, ich mochte ihn damals gern.

S. de B.: Haben Sie anschließend in Ihren verschiedenen Stellungen in Laon, in Paris, nie freundschaftliche Beziehungen zu Kollegen gehabt?

J.-P. S.: Ich traf sie, wenn ich zu den Sitzungen ging, wo die Liste der Preisträger aufgestellt wurde, wenn ich hinging – mir wurde nämlich häufig vorgeworfen, daß ich nicht hinginge. Aber ich kann nicht sagen, daß ich Beziehungen zu ihnen hatte. Doch, zu Magnane und Merle: ich war zwei Jahre am Lycée Pasteur, und da war ich mit beiden zusammen.

S. de B.: Aber mit Magnane waren Sie doch nicht befreundet? Sie kamen mit ihm zusammen, aber das war nicht so wichtig?

J.-P. S.: Dabei war ich öfter mit ihm zusammen als mit Merle, das lag daran, daß Merle sein eigenes Leben hatte und nicht viel Zeit hatte, während Magnane mehr Zeit hatte.

S. de B.: Welche anderen Beziehungen hatten Sie. In Le Havre waren Sie mit Bost und Palle zusammen. Mit ihnen haben sie geboxt. Es wäre amüsant, über Ihr Verhältnis zu Ihren Schülern zu sprechen.

J.-P. S.: Ich mochte sie grundsätzlich gern, und als Bonnafé sich ausgedacht hat, Boxstunden zu geben, habe ich sie selbst in die Turnhalle gelockt. Wir waren zehn oder zwölf. Die anderen kamen nicht mit, weil sie Angst hatten, sich lächerlich zu machen oder einen bösen Schlag zu verteilen. Wir waren ungefähr zehn und boxten, ohne uns viel weh zu tun.

S. de B.: Es gab andere Schüler, die Sie gern mochten: Morzadec beispielsweise. Mochten Sie sie insgesamt lieber als Ihre Kollegen?

J.-P. S.: Ich kam mit meinen Kollegen nicht zusammen, ich sagte ihnen guten Tag, fragte sie nach ihrer Gesundheit, ihrer Familie, ihrer Frau, aber damit hörte es auf. Ich war nicht unfreundlich zu ihnen, aber wir kamen nicht zusammen, und sie versuchten auch nicht, mit mir zusammenzukommen. Sie hatten ihr eigenes Leben. Einer oder zwei von ihnen hatten vage Sympathien für mich.

S. de B.: Sie hatten von vornherein Sympathie für die Schüler.

J.-P. S.: Von vornherein.

S. de B.: Es waren immerhin Beziehungen zu Männern, aber mit dem Unterschied, daß sie jung waren, Sie selbst waren zwar nicht alt, aber schließlich ...

J.-P. S.: Es gab einen geringen Unterschied, als ich nach Le Havre gekommen bin ...

S. de B.: Die Agrégation haben Sie mit dreiundzwanzig gemacht, dann den Militärdienst, Sie waren sechsundzwanzig, siebenundzwanzig Jahre ...

J.-P. S.: Und die Schüler waren achtzehn, neunzehn. Ich mochte sie gern. Die Klassenbesten, die Allerbesten, mochte ich nicht besonders, aber ich interessierte mich für die Einfallsreichen. Sie waren oft ein bißchen verschieden von den Besten, sie fingen an nachzudenken.

S. de B.: Warum mochten Sie sie? Weil sie noch nicht verknöchert waren, weil sie noch nicht auf ihre Rechte pochten, weil sie noch keine Schweine waren?

J.-P. S.: Ich war ihnen ganz nah, als Denken, als Lebensweise. Ich war ein bißchen freier, da ich keine Familie hatte, aber irgendwie war es ein bißchen dasselbe. Es gab wirklich eine Verbindung, wodurch Bost und Palle wie Freunde für mich waren, etwa so wie Guille und Maheu.

S. de B.: Jemanden haben wir noch nicht erwähnt, nämlich Zuorro, zu dem Sie ein merkwürdiges Verhältnis hatten!

J.-P. S.: Ich hatte eine gewisse Sympathie für ihn, eine Sympathie, die durch sein Äußeres kam; er war ziemlich schön.

S. de B.: Er war sogar sehr schön.

J.-P. S.: Er war ziemlich witzig, ironisch, ziemlich intelligent.

S. de B.: Ein großer Phantast.

J.-P. S.: Er war homosexuell, er hatte Affären an der Cité Universitaire, wo ich zu der Zeit auch war. Man kann nicht sagen, daß wir uns verstanden. Mit Guille zum Beispiel hat er sich besser verstanden.

S. de B.: Ja, aber immerhin waren Sie ziemlich oft mit ihm zusammen.

J.-P. S.: Ja, wir waren ziemlich oft zusammen.

S. de B.: Kommen wir auf die jungen Leute zurück, warum mochten Sie die Jungen?

J.-P. S.: Ich denke, weil ich mich in den Jungen mehr wiederfand als in den Älteren oder in den Leuten meines Alters. Soweit sie sich für Philosophie interessierten, hatten sie eine Art, Ideen zu suchen, unmethodisch, die der Art, wie ich meine Ideen, meine Wahrheiten suchte, entsprach. Ich sagte oft: ich habe diese Woche drei Theorien gefunden. Nun, bei ihnen war das ähnlich, ihre Art zu denken war so etwas wie ein Erfinden, sie waren nicht fertig, sie waren im Entstehen. Ich war auch nicht fertig und fühlte es genau. Ich fühlte, daß ich mich veränderte, und sie waren sogar noch vor der Veränderung, die ich in mir fühlte, und dann war ich schließlich mit ein bißchen Zwang beim Boxen und ohne Zwang im täglichen Umgang mit ihnen zusammen.

S. de B.: Da war auch ein Turnlehrer, den Sie hin und wieder sahen.

J.-P. S.: Rasquin. Er hat mich bei sich zu Hause zum Mittagessen eingeladen, mit seiner Frau, die liebevoll für mich gekocht hatte, was mir nicht geschmeckt hat, weil es Austern gab.

S. de B.: Warum der eher als die anderen?

J.-P. S.: Das war ein großer Typ, ganz schön, stämmig, der Geschichten erzählte. Was ich gern mochte, waren Männerleben mit Sexgeschichten, Raufereien.

S. de B.: Kurz gesagt, Bonnafé, Rasquin gefielen Ihnen, weil sie nicht pedantisch waren, weil sie nicht den intellektuellen Kontakt mit Ihnen suchten, sondern lebendig, schön waren und Geschichten erzählten.

J.-P. S.: Sie waren beide Turner, Bonnafé boxte jedenfalls.

S. de B.: Obwohl Bonnafé Lateinlehrer war?

J.-P. S.: Ja, Latein-, Französisch-, Griechischlehrer. Aber Le Havre war wohlverstanden nicht das Zentrum meiner Beziehungen. Ich war in Le Havre, aber in Wirklichkeit hatte ich engere Beziehungen zu Guille, Maheu, zu jener Dame, zu Nizan zu dem Zeitpunkt weniger.

S. de B.: Das hat sich nach seiner Rückkehr aus Aden sehr abgekühlt, dann hat er geheiratet, Sie sahen sich noch, aber das war keine intime Freundschaft mehr. Während Guille sehr, sehr intim mit Ihnen war. Er war ein ziemlich mißtrauischer Freund: anfangs, als Sie mich immer mitnahmen, war er eingeschnappt und hat ein- oder zweimal verlangt, Sie allein zu sehen und allein mit Ihnen in Le Havre zu bleiben.

J.-P. S.: Allerdings.

S. de B.: Guille ist immer ein bißchen mißtrauisch und eifersüchtig gewesen.

J.-P. S.: Das stimmt. Maheu überhaupt nicht, er ließ sich übrigens sehr zurückhaltend auf Freundschaften ein. Er war sehr karrieresüchtig, der Maheu.

S. de B.: Er hat Karriere gemacht!

J.-P. S.: Er hat Karriere gemacht, genau das wollte er ja.

S. de B.: Und danach?

J.-P. S.: Danach habe ich angefangen, an *Der Ekel* zu arbeiten, dann bin ich nach Berlin gegangen.

S. de B.: Dort haben Sie auch in einer männlichen Gruppe gelebt.

J.-P. S.: Ja, aber da war auch eine Frau.

S. de B.: Die, die Sie die «Mondfrau» nannten. Aber insgesamt war Ihr Leben vor allem ein Leben unter Männern.

J.-P. S.: Es war ein Leben einsamer Spaziergänge durch Berlin und außerdem ein Leben der Arbeit.

S. de B.: Haben Sie denn nicht viel Kontakt mit den Kommilitonen in Berlin gehabt?

J.-P. S.: Nein, man sah sich beim Abendessen. Mittags konnte man essen, wo man wollte, wir hatten genug Geld, um uns das zu leisten, aber abends aßen wir alle zusammen. Wir waren sechs oder sieben.

S. de B.: Waren Sie hauptsächlich mit Susini und Brunschwig zusammen?

J.-P. S.: Ja, aber es waren auch noch andere da. Manche kamen, um einen bestimmten deutschen Dichter zu studieren, über den sie anschließend Doktorarbeiten schrieben.

S. de B.: Hatten Sie Antipathien?

J.-P. S.: Da war ein Lehrer, an dessen Namen ich mich nicht erinnere. Ein Großer mit Brille, mit schwarzem Schnurrbart, ich habe ihn Ihnen bestimmt gezeigt.

S. de B.: Mochten Sie ihn nicht?

J.-P. S.: Ich mochte ihn überhaupt nicht. Und dann noch ein anderer, auch ein kleiner Junger.

S. de B.: Wie waren denn die Beziehungen zu den Typen, die Sie nicht mochten? Aggressiv oder höflich?

J.-P. S.: Im allgemeinen höflich, aber trotzdem ein bißchen aggressiv. Ich und dieser Lehrer mit dem schwarzen Schnurrbart haben uns beschimpft; abends beim Essen gab es ziemlich heftige Beschimpfungen. Nun, ich hatte ganz anständige Beziehungen zu diesen Leuten. Man sah sich, man ging zusammen ins Kino.

S. de B.: Einer war dabei, den Sie ganz gern mochten, glaube ich, der Erhard hieß.

J.-P. S.: Ein komischer Bursche.

S. de B.: Er hat uns in Nachtlokale ausgeführt, als ich Sie besucht habe. Sie sind mit ihm ausgegangen.

J.-P. S.: Nein, ich ging mit niemand aus. Ich ging ganz allein zum Mittagessen auf den Kurfürstendamm, das war damals ein ziemlich elegantes Viertel. Ich ging dort in einem Lokal essen oder in der Nähe des Bahnhofs ... Die Beziehungen zu den anderen Studenten interessierten mich nicht.

S. de B.: Ihre Geschichte mit der Mondfrau interessierte Sie viel mehr. Die Frau war viel wichtiger als die Typen?

J.-P. S.: Ja, natürlich.

S. de B.: Danach haben Sie angefangen Ihre Bücher zu veröffentlichen. Haben Sie zu der Zeit viele Leute gekannt?

J.-P. S.: Vorm Krieg? O ja, einige.

S. de B.: Sie haben Paulhan, Brice, Parain, Gaston Gallimard, Claude Gallimard gekannt, das sind Verleger.

J.-P. S.: Und dann habe ich Schriftsteller gekannt. Ich erinnere mich an eine düstere Zusammenkunft bei Gallimard, eines Nachmittags. Das war eine Cocktailparty, ein Jahr vor der Kriegserklärung, es war im Juni 1938 und im Juli–August 1939, das war das Ende, und alle fühlten, daß etwas geschehen würde, und die Stimmung war nicht heiter an jenem Tag. Es wurde nur darüber gesprochen. Ja, damals kannte ich einige Leute, Schriftsteller von Gallimard.

S. de B.: Haben Sie an dem Tag Jouhandeau getroffen? War er es nicht, der Sie gefragt hat: «Sind Sie in der Hölle gewesen?»

J.-P. S.: Ja, das war er.

S. de B.: Das ging nicht weit. Das sind nie Freundschaften geworden, das sind Begegnungen gewesen.

J.-P. S.: Ja. Mit den Leuten, die Literatur machten, hatte ich nur Begegnungen.

S. de B.: Sind Sie Gide begegnet?

J.-P. S.: Ja, ich bin ihm begegnet. Adrienne Monnier hat ein Essen gegeben, zu dem sie Gide und mich eingeladen hat, ich erinnere mich nicht mehr gut an dieses Essen. Aber wir hatten nichts gegeneinander, Gide und ich.

S. de B.: Machte es Ihnen Spaß, Schriftsteller zu treffen?

J.-P. S.: Ja, es hat ein sehr amüsantes Treffen gegeben, als Adrienne Monnier Schriftstellerfotos hat machen lassen, es waren haufenweise Schriftsteller da, die ich flüchtig kannte, Valéry zum Beispiel. Ich habe Valéry anschließend nach dem Krieg in der Bar des Pont-Royal wiedergesehen; wir haben uns verabredet. Ich weiß nicht mehr, was wir uns zu sagen hatten, nicht viel.

S. de B.: Das alles ging jedenfalls nicht über amüsierte oder interessierte Neugier hinaus, Sie haben keine Freundschaft angeknüpft?

J.-P.S.: Keine Freundschaft.

S. de B.: Die Surrealisten haben Sie nicht getroffen, weder Aragon noch irgendeinen anderen.

J.-P.S.: Nein, Aragon habe ich wohl nach dem Krieg getroffen.

S. de B.: Gut, kommen wir auf den Krieg zurück. Auch da waren Sie in einer Männergemeinschaft. Wie war Ihr Verhältnis zu Ihren Kollegen, den anderen Meteorologen?

J.-P.S.: Ich hatte ein gutes Verhältnis zu Pieter, der Jude war. Ich erinnere mich, wie verängstigt er im Juni 1940 war.

S. de B.: Sie sind alle Gefangene gewesen. Ist er gefangengenommen worden?

J.-P.S.: Ja.

S. de B.: Hat man nicht herausgekriegt, daß er Jude war?

J.-P.S.: Nein.

S. de B.: Wie hat er sich durchgemogelt?

J.-P.S.: Warum hätte man es herauskriegen sollen? Er hatte keine Papiere.

S. de B.: Sein Name ...

J.-P.S.: Er hat seinen Namen behalten, aber er hat nicht gesagt, daß er Jude ist.

S. de B.: Es kommt mir vor, als hätten wir ihn nach dem Krieg wiedergesehen.

J.-P.S.: Ich habe ihn sogar während des Kriegs wiedergesehen. Er ist rausgekommen, meine ich, er hat es geschafft abzuhauen.

S. de B.: Dann verstanden Sie sich ganz gut mit ihm?

J.-P.S.: Ja; sehr schlecht mit dem Gefreiten und ziemlich gut mit einem Pariser Arbeiter: Muller.

S. de B.: Kamen Sie denn auch mit anderen Soldaten zusammen?

J.-P.S.: Ja, mit Sekretären aus dem Hauptquartier des Generals, wir unterhielten uns.

S. de B.: Ganz allgemein, hatten sie Sympathie für Sie?

J.-P.S.: Pieter ja, der Gefreite Pierre überhaupt nicht. Wir waren beide Lehrer. Das hätte, spürte Pierre vage, uns verbinden müssen. Ich nicht. Für mich existierte diese Verbindung nicht, deshalb war er unzufrieden.

S. de B.: Über Ihre Erfahrung als Gefangener haben Sie schon gesprochen, aber hätten Sie noch Kleinigkeiten darüber zu sagen?

J.-P. S.: Ich habe Bénard im Gefangenenlager kennengelernt. Er wohnte in Le Havre, er hatte die Tochter des Eigentümers der Zeitung *Le Petit Havrais* geheiratet. Vor dem Krieg war er Redakteur bei dieser Zeitung, er liebte seine Frau sehr, die in Le Havre meine Schülerin gewesen war.

S. de B.: Warum haben Sie sich ihm angeschlossen?

J.-P. S.: Er war amüsant! Er redete gut, und vor allem hatte man im Lager komische Beziehungen, nämlich, daß man zusammen arbeitete und gleichzeitig Widerstand leistete gegen die kollaborierenden Offiziere und Soldaten des Lagers. Er half mir, er kümmerte sich sehr gut um die Verpflegung. Ich war mit ihm befreundet und vor allem mit einem Priester, dem Abbé Leroy. Ich war in ständigem Kontakt mit den Priestern, die eine Baracke für sich hatten.

S. de B.: Warum diese Wahl der Priester?

J.-P. S.: Weil sie Intellektuelle waren, und deshalb hatten sie auch mich und andere um sich versammelt. Wenn ein Intellektueller sich unter Umständen wie diesen mit Priestern verstehen konnte, nahmen die Priester ihn auf. Da war auch der Abbé Perrin, zu dem ich nach wie vor ein gutes Verhältnis habe.

S. de B.: Die anderen, die keine Intellektuellen waren, hatten Sie mit denen trotzdem zu tun?

J.-P. S.: Ja, mit ihnen hatte ich am häufigsten zu tun, weil wir in derselben Baracke waren.

S. de B.: Welche Gefühle hatten Sie für die anderen?

J.-P. S.: Meine Baracke war die Künstlerbaracke. Manche spielten Trompete, manche, wie Chomisse, spielten sonntags Theater. Andere waren mehr oder weniger Sänger und Schauspieler aus dem Stegreif.

S. de B.: Alles in allem, die Tatsache, unter Männern zu sein, mißfiel Ihnen nicht?

J.-P. S.: Das mißfiel mir nicht.

S. de B.: Sie lebten nicht verächtlich, angewidert, einsam, zurückgezogen?

J.-P. S.: Zurückgezogen, insofern ich Dinge dachte, die sie nicht dachten. Aber beispielsweise abends stand ich ganz zu ihrer Verfügung: ich erzählte Geschichten, ich setzte mich an einen Tisch mitten in der Baracke und redete, sie lachten sich kaputt. Ich erzählte ihnen alles mögliche und machte den Clown.

S. de B.: Mit anderen Worten, Sie suchten Kontakt zu ihnen und fanden ihn.

J.-P. S.: Ja, sehr gut.

S. de B.: Trotz einigen Typen, die Ihnen persönlich mißfielen, nehme ich an.

J.-P. S.: Ja, persönlich gefielen mir manche nicht besonders.

S. de B.: Woran lag es, wenn Sie jemanden nicht mochten?

J.-P. S.: Grob gesagt mochte ich den Typ nicht, der nicht mitspielte. Es gibt immer ein Spiel in Beziehungen zwischen Männern: zum Beispiel in diesem Gefangenenlager gab es eine Art des Zusammenseins, man verließ sich aufeinander, man fragte sich um Rat etc. Die, die davon profitierten, um sich Vorteile zu verschaffen, waren es, die mir in erster Linie mißfielen und die wirkliche Feinde werden konnten. Chomisse zum Beispiel war so ein Bursche, von dem man nicht wußte, wo er herkam. Es wurde behauptet, daß er vor dem Kino Gaumont-Palace Taxitüren öffnete. Das ist nicht ausgeschlossen.

S. de B.: Aber er war Ihnen nicht deswegen unsympathisch?

J.-P. S.: Mir gefiel nicht, daß er es nicht sagen wollte, daß er Lügengeschichten über sein früheres Leben erzählte.

S. de B.: Sie mochten die falschen Fuffziger nicht.

J.-P. S.: Ich mochte die falschen Fuffziger nicht. Das war es hauptsächlich.

S. de B.: Phantasten, das ging noch.

J.-P. S.: Phantasten störten mich nicht.

S. de B.: Ich weiß, daß Sie zum Beispiel Leroy mochten, weil er sehr loyal und mutig war, er wollte das Lager nicht wechseln, von seinen Vorteilen als Priester nicht profitieren, er wollte bleiben. Sie mochten die, die Charakter hatten, die widerstanden.

Viele wichtige Freundschaften sind während des Kriegs, nachdem Sie wieder in Paris waren, entstanden. Sie standen in Kontakt zum intellektuellen Widerstand. Wen haben Sie damals kennengelernt?

J.-P. S.: Typen, deren Namen ich vergessen habe.

S. de B.: Zum Beispiel Claude Morgan.

J.-P. S.: Ja, Claude Morgan. Etwas später Claude Roy.

S. de B.: Was arbeiteten Sie?

J.-P. S.: Wir waren Redakteure kleiner Zeitungen, insbesondere von *Les Lettres françaises*.

S. de B.: Fühlten Sie sich mit diesen Leuten solidarisch, wie mit den Gefangenen im Lager?

J.-P. S.: Ja, ziemlich.

S. de B.: Camus haben Sie, glaube ich, nach dem Artikel, den Sie über ihn geschrieben hatten, kennengelernt. Welche Freundschaften gab es während dieser Zeit?

J.-P. S.: Da war Giacometti, aber er ist sehr bald in die Schweiz gegangen und ist nach dem Krieg zurückgekommen.

S. de B.: Wir haben ihn in den ersten Jahren kennengelernt.

J.-P. S.: Und dann ist er bald in die Schweiz gegangen, 1942.

S. de B.: Existierte Ihre Beziehung zu ihm während des Krieges noch nicht wirklich?

J.-P. S.: Nein, sie war weniger intim als später.

S. de B.: Wen haben Sie also während des Krieges kennengelernt?

J.-P. S.: Leiris und seine Frau.

S. de B.: Wie haben Sie ihn kennengelernt? Vielleicht durch *Les Lettres françaises*?

J.-P. S.: Durch die Résistance. Ich habe damals alle seine Bücher gelesen. Ich empfand für ihn eine sehr schlichte, sehr große, sehr starke Freundschaft. Sehr häufig luden seine Frau und er uns zum Abendessen ein. Die Kenntnisse, die er hatte, zum Beispiel seine Kenntnisse als Soziologe, entsprachen nicht den meinen, und seine Forschungen, seine Interessen waren anders als meine. Aber nichtsdestoweniger hat dieses Paar uns gut gefallen.

S. de B.: Es gibt jemand, von dem wir noch nie gesprochen haben und der auch seinen Platz in Ihrem Leben vor und während dem Krieg hat: das ist Dullin.

J.-P. S.: Dullin, ich mochte ihn gern.

S. de B.: Da war auch Queneau.

J.-P. S.: Queneau und seine Frau haben wir bei Leiris kennengelernt.

S. de B.: Etwa 1943 gab es diese Fiestas ...

J.-P. S.: Auf denen wir Bataille, Leibowitz, Jacques Lemarchand, eine ganze literarische Welt kennengelernt haben. Diese literarische Welt manifestierte sich damals nicht in den Zeitungen, produzierte keine Bücher mehr, sie blieb reserviert, versammelte sich aber noch. Im Flore zum Beispiel traf man Picasso. Es gab Restaurants, in denen man Leute aus der Umgebung von Picasso und von Leiris traf, das Restaurant, das Les Catalans hieß.

S. de B.: Ja, aber wir gingen nicht hin, es war zu teuer für uns.

J.-P. S.: Aber wir sind zwei- oder dreimal dorthin eingeladen gewesen.

S. de B.: Mag sein. Und dann haben wir *Le Désir attrapé par la queue* von Picasso gespielt.

J.-P. S.: Wodurch wir Picassos Freunde etwas näher kennengelernt haben.

S. de B.: Welche Beziehungen haben Sie zu Picasso gehabt?

J.-P. S.: Ziemlich wenig, aber doch sehr freundliche bis zur Befreiung. Anschließend ist er von der Kommunistischen Partei vereinnahmt worden, und dann lebte er im Midi, ich habe ihn nur selten wiedergesehen. Meine Beziehung zu Picasso war sehr oberflächlich. Eine Höflichkeitsbeziehung, die aber immer herzlich gewesen ist.

S. de B.: Sprechen wir über die Leute, mit denen Sie enger befreundet waren. Camus etwa.

J.-P. S.: Camus bin ich 1943 begegnet, ich habe ihn bei der Generalprobe zu *Die Fliegen* gesehen, er ist zu mir gekommen: ich bin Camus.

S. de B.: Ja. Sie hatten einen kritischen, aber sehr enthusiastischen Artikel über *Der Fremde* geschrieben.[1]

J.-P. S.: Das setzte natürlich voraus, daß ich dieses Buch wichtig nahm.

S. de B.: Können Sie uns etwas über Ihre Beziehung zu Camus sagen? Wie es anfing, wie es weiterging.

J.-P. S.: Wie es anfing, aber wie es weiterging, nach dem Krieg,

---

1 «*Der Fremde*» *von Camus*. In: *Der Mensch und die Dinge*, Reinbek 1978. (Anm. d. Übers.)

das ist sehr kompliziert ... Wir hatten ein komisches Verhältnis, das überhaupt nicht mit den Verhältnissen übereinstimmte, die er mit Leuten zu haben wünschte, genauso wie wir nicht das Verhältnis zu ihm hatten, wie wir es mit Leuten gern hatten.

S. de B.: Am Anfang nicht. Mir gefiel das Verhältnis, das wir zu Camus hatten, sehr gut.

J.-P. S.: Am Anfang nicht. Ein oder zwei Jahre lang war es ganz gut. Er war witzig, äußerst grob, aber oft sehr witzig. Er war stark in der Résistance engagiert, und außerdem hat er *Combat* herausgegeben. Was ihn für uns anziehend machte, war sein algerischer Charakter. Er hatte einen Akzent, der sich anhörte wie der Akzent im Midi, er hatte Freundschaften mit Spaniern, die zurückgingen auf seine Beziehungen zu Spaniern und Algeriern ...

S. de B.: Unser Verhältnis war vor allem nicht gekünstelt, ernsthaft, intellektuell. Wir tranken, wir aßen ...

J.-P. S.: Irgendwie fehlte die Intimität, sie fehlte nicht im Gespräch, aber sie war nicht tief. Man spürte, daß es Sachen gab, an denen man sich stoßen könnte, wenn wir über sie sprächen, und wir sprachen nicht über sie. Wir hatten viel Sympathie für Camus, aber wir wußten, daß wir nicht zu weit gehen durften.

S. de B.: Mit ihm hatten wir den meisten Spaß, mit ihm waren wir am liebsten zusammen, wir sahen uns sehr oft, wir erzählten uns einen Haufen Geschichten.

J.-P. S.: Ja, wir waren wirklich befreundet, aber oberflächlich. Die Leute glaubten, uns eine Freude zu machen, indem sie uns alle drei Existentialisten nannten, und das machte Camus wütend. Tatsächlich hatte er nichts mit dem Existentialismus gemein.

S. de B.: Wie hat sich denn Ihr Verhältnis zu ihm weiterentwickelt? Er hatte vor, *Bei geschlossenen Türen* zu inszenieren und die Rolle des Garcin zu spielen, Sie waren sich 1943 also sehr nahe.

J.-P. S.: 1944 auch. Ich bin kurz vor der Befreiung in seine Widerstandsgruppe eingetreten. Ich habe Leute getroffen, die ich nicht kannte, die mit Camus zusammenkamen, um zu planen, was die Résistance in diesem letzten Abschnitt des Krieges tun konnte. Viele dieser Leute sind in den folgenden Wochen verhaftet worden, insbesondere ein Mädchen, Jacqueline Bernard.

S. de B.: Anschließend hat Camus Sie gebeten, eine Reportage über die Befreiung von Paris¹ zu schreiben, und danach waren Sie hauptsächlich für *Combat* in Amerika.

J.-P. S.: Camus hatte mich als Reporter in Amerika für *Combat* angemeldet.

S. de B.: Und wann hat das alles angefangen schiefzulaufen? Ich erinnere mich an die große Szene, die er Merleau-Ponty gemacht hat.

J.-P. S.: Ja, das hat uns ein bißchen entzweit. Er ist eines Abends, 1946, bei Boris Vian gewesen. Er hatte gerade ein paar Tage mit einer reizvollen Frau verbracht, die inzwischen gestorben ist, und auf Grund dieser Liebesgeschichte und dieser Trennung war er ziemlich verschlossen, ziemlich mürrisch. Er hat alle begrüßt, und plötzlich hat er Merleau-Ponty angegriffen, der da war, und zwar wegen seines Artikels über Koestler und den Bolschewismus.

S. de B.: Weil Merleau-Ponty zu dem Zeitpunkt ziemlich zum Kommunismus hin tendierte.

J.-P. S.: Der beanstandete Artikel war in meiner Zeitschrift *Les Temps Modernes* erschienen, also war ich gegen Camus. Camus nahm mir das in dem Moment bestimmt nicht übel, aber er konnte Merleau-Ponty nicht ausstehen. Er selbst war auch kein Anhänger von Koestlers These, aber er war wütend, er hatte persönliche Gründe, um sehr für Koestler zu sein.

S. de B.: Im übrigen hatte er ein komisches Verhältnis zu Ihnen. Er sagte oft, daß er, wenn er mit Ihnen zusammen wäre, voller Sympathie für Sie wäre, daß er aber aus der Distanz eine Menge an Ihnen mißbilligte. Er hatte eine Amerikatournee gemacht, auf der er in ziemlich unangenehmer Weise von Ihnen gesprochen hatte.

J.-P. S.: Ja, er hatte eine zwiespältige Haltung.

S. de B.: Er hat nicht akzeptiert, mit uns bei der Zeitschrift zu sein, und ich glaube, es hat ihn sehr geärgert, daß man ihn, da er

---

1 *Die Befreiung von Paris*. In: *Paris unter der Besatzung*, Reinbek 1980. (Anm. d. Übers.)

sehr jung war und Sie bekannter waren, mehr oder weniger für Ihren Schüler hielt. Er war sehr argwöhnisch, er mochte das nicht. Und wie hat sich das verschlimmert, bis es zum Bruch kam?

J.-P. S.: Es hat eine persönliche Episode gegeben, die mich nicht im geringsten mit ihm entzweit hat, die ihn aber gestört hat.

S. de B.: Die Geschichte mit einem Frauchen, mit der Sie selbst eine Geschichte gehabt hatten?

J.-P. S.: Das ist ein bißchen peinlich gewesen, und da dieses Frauchen sich aus persönlichen Gründen von ihm getrennt hat, ist er mir auch ein bißchen böse gewesen. Na ja, das ist eine verwickelte Geschichte. Er selbst hatte eine Geschichte mit der Casarès und hatte sich mit ihr zerstritten. Er hatte sich von ihr getrennt und hatte uns diese Trennungsgeschichte anvertraut. Ich erinnere mich an einen Abend mit ihm in einer Bar, damals gingen wir viel in Bars, ich war allein mit ihm, und er hatte sich gerade mit der Casarès versöhnt und hatte Briefe von ihr in der Hand, alte Briefe, und er zeigte sie mir und sagte: «Ach! Als ich sie wiedergefunden habe, als ich sie wieder habe lesen können...» Aber die Politik trennte uns.

S. de B.: Das setzte eine gewisse Intimität im Privaten voraus.

J.-P. S.: Ja, sie hat immer existiert, solange wir gut miteinander auskamen. Selbst unsere politischen Meinungsverschiedenheiten störten uns nicht sehr in der Unterhaltung. Zum Beispiel war er wieder mit der Casarès zusammen und hat ihr bei Proben zu *Der Teufel und der liebe Gott* zugesehen, erinnern Sie sich?

S. de B.: Ja, allerdings. Was waren das für politische Meinungsverschiedenheiten, und wie ist es dann schließlich zum Knall gekommen? War er, als es das R.D.R.[1] gab, dabei?

J.-P. S.: Nein.

S. de B.: Wie kam es dann zum endgültigen Zerwürfnis?

J.-P. S.: Das endgültige Zerwürfnis war, als er sein Werk *Der Mensch in der Revolte* veröffentlicht hat. Ich habe jemand gesucht, der es gerne übernehmen wollte, es in *Les Temps Modernes* zu be-

---

1 *Rassemblement Démocratique Révolutionnaire* = Revolutionäre Demokratische Sammlung, von Sartre 1948 mitgegründete neutralistische sozialistische Partei. Siehe *Krieg im Frieden 1*, Reinbek 1982. (Anm. d. Übers.)

sprechen, ohne ihn zu sehr anzugreifen, und das ist schwierig gewesen. Jeanson war zu der Zeit nicht da, und unter den anderen Mitgliedern der *Temps Modernes* wollte es niemand übernehmen, weil ich eine zurückhaltende Kritik wollte und alle das Buch verabscheuten. So kam es, daß *Les Temps Modernes Der Mensch in der Revolte* zwei, drei Monate lang nicht erwähnte. Und dann ist Jeanson von seiner Reise zurückgekehrt und hat zu mir gesagt: «Ich mach's gerne.» Übrigens war die Haltung von Jeanson ziemlich kompliziert: er suchte Kontakt zu Leuten wie Camus, um zu sehen, ob er nicht mit ihnen eine Zeitschrift gründen könnte, die das Gegenstück zu *Les Temps Modernes* werden sollte, aber weiter links. *Les Temps Modernes* war eine reformistische Zeitschrift, während die andere Zeitschrift revolutionär sein würde.

S. de B.: Komisch, daß er so etwas mit Camus machen wollte, der nichts Revolutionäres an sich hatte.

J.-P. S.: Er hatte Leute gefragt, er hatte Camus gefragt, aber offensichtlich konnte das nicht klappen. Also hat er, wahrscheinlich um sich dafür zu rächen, daß Camus nicht mit ihm hatte zusammenarbeiten wollen, den Artikel so geschrieben, wie ich es nicht wünschte, nämlich heftig, scharf und die Schwächen des Buches aufzeigend, was nicht schwer war.

S. de B.: Er hat vor allem die philosophische Armseligkeit des Buches aufgezeigt. Das war auch nicht schwer.

J.-P. S.: Ich war nicht da, ich war auf Reisen, in Italien, glaube ich.

S. de B.: Auf jeden Fall hätten Sie den Artikel eines Mitarbeiters nicht zensiert.

J.-P. S.: Nein. Aber Merleau-Ponty regte sich sehr über diesen Artikel auf – er war allein verantwortlich in Paris – und meinte, daß ich es nicht gern gesehen hätte, daß er erscheint. Er wollte Jeanson umstimmen, sie hatten einen ziemlich heftigen Streit, und er hat nichts anderes tun können, als den Artikel erscheinen zu lassen, und der Artikel ist erschienen, aber unter besonderen Bedingungen: Jeanson hatte sich bereit erklärt – das war die einzige Einschränkung, die er akzeptiert hat –, seinen Artikel Camus zu zeigen, bevor er veröffentlicht wurde, und ihn zu fragen, ob er einverstanden wäre. Camus ist wütend geworden und hat einen Artikel¹ verfaßt, in dem er mich mit «Herr Herausgeber» anredete, was komisch war, weil wir uns zwar nicht duzten, aber sehr frei miteinander sprachen, es gab kein «Herr» zwischen uns. Daraufhin habe ich einen Artikel geschrieben, um auf die Verdächtigungen zu antworten, die er mir an den Kopf warf. Camus sprach in seinem Artikel wenig von Jeanson, er schob mir alle Ideen Jeansons unter, als hätte ich dessen Artikel geschrieben. Ich habe ihm ziemlich hart geantwortet, und damit war unser Verhältnis beendet.[2] Er war mir weiterhin sympathisch, obwohl mir seine Politik vollkommen fremd war, unter anderem seine Haltung während des Algerienkriegs.

S. de B.: Das war später. Gleichzeitig spielte er eine Rolle, er wurde bedeutend, er wurde sehr verschieden von dem jungen, sehr lustigen, sehr amüsanten Schriftsteller, dem der Ruhm ein bißchen zu Kopf stieg, aber in naiver Weise. Gut. Und Merleau-Ponty, Koestler, wie war Ihr Verhältnis zu ihnen?

J.-P. S.: Ich hatte zu ihnen kein enges Verhältnis, weder zum einen noch zum andern. Merleau-Ponty, das ist einfach, ich schätzte ihn sehr, und ich bin in dem Artikel, den ich anläßlich seines Todes geschrieben habe[3], vollkommen aufrichtig gewesen, aber mit ihm zu verkehren, war nicht sehr einfach.

S. de B.: Auf jeden Fall gehörte er nicht zu denen, mit denen sie gerne verkehrten. Ich glaube, wir haben nie mit ihm gegessen oder etwas getrunken. Er ist nie zu unseren Fiestas gekommen, er hat nie zu unserem Privatleben gehört.

J.-P. S.: Er hat im übrigen darauf hingewiesen.

S. de B.: Außer ganz zufällig, als wir ihn in Saint-Tropez getroffen haben. Aber es waren außergewöhnliche Umstände nötig.

J.-P. S.: Wir verstanden uns in der Unterhaltung nicht sehr gut.

S. de B.: Und Koestler? Das war viel amüsanter.

---

1 *Brief an den Herausgeber der «Temps Modernes»*. In: *Krieg im Frieden 2*, Reinbek 1982. (Anm. d. Übers.)
2 *Antwort an Albert Camus*. In: *Krieg im Frieden 2*, Reinbek 1982. (Anm. d. Übers.)
3 *Freundschaft und Widersprüche*. In: *Sartre über Sartre*, Reinbek 1977. (Anm. d. Übers.)

J.-P. S.: Koestler haben wir im Pont-Royal kennengelernt, er hat sich vorgestellt. Er ist aufgestanden und hat gesagt: «Ich bin Koestler.»

S. de B.: Ihnen gefiel *Ein spanisches Testament* sehr.

J.-P. S.: Ja. Wir haben ihn voller Sympathie begrüßt. Wir sind eine Weile mit ihm zusammengeblieben, und von da an haben wir öfters mit ihm verkehrt, und er hat uns fast sofort mit seinem Antikommunismus gelangweilt. Nicht, daß wir wilde Kommunistenfreunde gewesen wären, aber Koestlers Antikommunismus erschien uns nicht stichhaltig. Er war Kommunist gewesen und hatte mit ihnen gebrochen. Er sagte nie genau, warum, er gab theoretische Gründe an, und diese theoretischen Gründe waren an nicht theoretische, sondern praktische Ereignisse gebunden: welche? Man wußte es nicht, zumindest Sie und ich nicht. Er redete furchtbar viel von seinem Antikommunismus. Er war nach Italien gefahren, um eine Reportage zu machen, und war von der kommunistischen Bewegung Italiens erschreckt zurückgekommen, und die Argumente für seinen Antikommunismus waren die Argumente, die man in der ganzen Presse fand.

S. de B.: Und außerdem ärgerte uns etwas an ihn, das war seine Wissenschaftsgläubigkeit.

J.-P. S.: Seine Wissenschaftsgläubigkeit reizte uns sehr, denn er besaß wenig Kenntnisse und benutzte sehr populärwissenschaftliche Begriffe, um populärwissenschaftliche Bücher zu schreiben.

S. de B.: Und dann seine heftige Abneigung gegen junge Leute. Ich erinnere mich an einen Abend, der sehr unerfreulich verlaufen ist, weil wir Bost mitgebracht hatten. Er war sehr ungehalten. Na gut, das alles waren wenig wichtige Beziehungen, aber es gab zwei Personen, mit denen Sie ziemlich herzlich befreundet waren, nämlich Giacometti und Genet. Ich glaube, das waren die Personen, mit denen Sie nach dem Krieg am engsten befreundet waren. Warum?

J.-P. S.: Nun, die beiden hatten auf jeden Fall eines gemeinsam: sie waren hervorragend, der eine in der Bildhauerei, der Malerei, und der andere in der Literatur. Sie gehörten bestimmt zu den bedeutendsten Leuten, die ich in dieser Hinsicht gekannt habe. Mit Giacometti traf ich mich beim Abendessen, im allgemeinen einmal in der Woche ungefähr. Wir aßen 1945/46 in Restaurants, wobei es wenig darauf ankam, wo. Und wir redeten so ziemlich über alles. Er redete über seine Bildhauerei, ich verstand nicht so recht, was er meinte, Sie übrigens auch nicht.

S. de B.: Irgendwann haben Sie ihn verstanden, denn Sie haben ja Artikel über ihn geschrieben.¹

J.-P. S.: Ja, mehrere Jahre später. Er versuchte zu erklären, was eine Bildhauerwahrnehmung sei, er sprach von seinen Statuen, er beschrieb die Fortschritte, die er seit seiner ersten Statue gemacht hatte, die sehr dick, sehr plump gewesen war, bis hin zu den dünnen und langen Statuen, die er in der Folge gemacht hat und die er gerade machte. Man verstand nicht immer, aber das erschien mir sehr wichtig und sehr interessant. Und außerdem redeten wir über alles mögliche, über seine Beziehungen, seine Amouren.

S. de B.: Er sprach viel über sein Leben, er erzählte eine Menge Geschichten, er erzählte sehr amüsant.

J.-P. S.: Wir mochten seine Frau, Annette, gern, die ihn immer begleitete.

S. de B.: Aber Sie waren sozusagen nie unter vier Augen mit Giacometti zusammen.

J.-P. S.: Eigentlich nie! Annette und Sie waren immer dabei, oder jedenfalls Sie, wenn Annette nicht da war. Einmal habe ich Giacometti und Annette ohne Sie getroffen, weil Sie verreist waren.

S. de B.: Aber da ist etwas Amüsantes, worüber wir noch nicht gesprochen haben: alle diese Freundschaften mit Männern, die Sie vom Krieg an hatten, teilten Sie mit mir. Sie haben weder Camus noch Leiris, noch Giacometti kaum je allein getroffen.

J.-P. S.: Doch Camus. Ich erinnere mich, daß ich Camus allein getroffen habe, weil ich von meiner Mutter kam und ins Deux Magots ging. Ich traf ihn im ersten Jahr ziemlich häufig vormittags im Deux Magots. Sie wohnten im Hôtel de la Louisiane, sie traf ich später.

---

1 *Die Suche nach dem Absoluten.* In: *Situationen*, Reinbek 1956, und *Die Gemälde Giacomettis.* In: *Porträts und Perspektiven*, Reinbek 1968. Beide Artikel neu in: *Die Suche nach dem Absoluten* (in Vorb.) (Anm. d. Übers.)

S. de B.: Ja, aber Sie verabredeten sich nie so mit irgendeinem dieser Freunde: Wir gehen zu zweit essen, und zwar nicht nur, um mich nicht im Stich zu lassen, sondern weil Ihnen nicht so viel daran lag, eine exklusive Freundschaft zu haben, wie Sie sie mit Nizan oder Guille gehabt hatten.

J.-P. S.: Nein, das kam nicht in Frage.

S. de B.: Und mit Genet?

J.-P. S.: Die Kontakte waren weniger vorhersehbar. Ich erinnere mich zum Beispiel, ihn hier getroffen zu haben.

S. de B.: Hier in Rom?

J.-P. S.: Hier in Rom, mit einem jungen Homosexuellen.

S. de B.: Und wie hat Ihre Beziehung zu Genet angefangen?

J.-P. S.: Ich kannte Cocteau damals, und er mochte ihn gern. Unsere Beziehung zu Cocteau hat nicht sehr gut geendet, ich habe nie so recht gewußt, wieso, sie ist im Jahr seines Todes zu Ende gegangen. Wir haben drei Wochen oder einen Monat vor seinem Tod zusammen zu Mittag gegessen. Auf jeden Fall hat Genet bestimmt dazu beigetragen, daß die Beziehung zu Cocteau nicht ganz ausgeglichen war.

S. de B.: Aber Sie hatten eine viel größere Affinität zu Genet. Zu Cocteau haben Sie nie eine gehabt.

J.-P. S.: Viel größer. Ich hatte keine wirkliche Affinität zu Cocteau. Ich besuchte ihn, oder ich aß mit ihm zu Abend, er war sehr intelligent.

S. de B.: Er war intelligent, er war brillant, er war sehr nett. Er war einer der wenigen Typen, die nicht mit Ihnen rivalisierten. Er hat *Bei geschlossenen Türen* sehr stark gefördert. Schön, aber kommen wir wieder auf Genet zu sprechen.

J.-P. S.: Cocteau kannte keine Engherzigkeit, er hatte Sinn für Freundschaft. Wenn er jemanden gern mochte – es scheint, daß er mich eine Zeitlang gern mochte –, war er herzlich. Er hatte eine charmante, aufmerksame Art. Aber sein Verhältnis zu Genet widersprach dem Verhältnis, das ich zu Genet hatte, denn er sah in Genet nur eine bemerkenswerte Persönlichkeit, der man helfen mußte, und ich meinte, daß er sich sehr wohl selbst helfen könnte und daß er einen Cocteau nicht brauchte, daß das nur eine kleine List war, Genets Verhältnis zu Cocteau. Sollte er sich doch allein durchschlagen, dann würde es besser gehen. Unser

Verhältnis zu Genet war demnach sehr verschieden. Ich ermutigte ihn, allein zu sein, so wie ich allein war. Ich meine damit nicht von allen verlassen, sondern daß man sich keinen Paten suchte, um in die Literatur hineinzukommen, während Cocteau ihm gerne Pate gewesen wäre. Genet kannte mich etwas durch meine Bücher, als er mir im Flore begegnet ist. Im Flore habe ich einen kleinen Burschen ankommen sehen, der aussah wie ein Boxer.

S. de B.: Ich war übrigens bei Ihnen.

J.-P. S.: Ein Boxer der Klasse «Leichtgewicht» oder sogar «Fliegengewicht», und zu der Zeit dachte er vor allem an seine Bücher und daran, sie bekanntzumachen.

S. de B.: Wir hatten *Notre-Dame-des Fleurs* schon gelesen, und es gefiel uns sehr.

J.-P. S.: Es gefiel uns sehr. Das Gespräch ist sehr angenehm gewesen, obwohl es ein sehr eigentümliches Gespräch gewesen ist: man mußte sich nämlich eine lange Rede über ein beliebiges Thema anhören, eine Rede, die oft interessant war, manchmal ein bißchen quälend, weil es um Literatur ging, und da hatte er so seine Ansichten ...

S. de B.: Damals war er ein bißchen pedantisch, das hat danach ganz aufgehört. Aber es war nicht so ein alltägliches Verhältnis, in dem man über alles sprach, wie mit Giacometti.

J.-P. S.: Nein, aber es war ein gutes Verhältnis, wir gingen zusammen essen, er hat sogar bei Ihnen zu Abend gegessen. Sie haben eins von diesen Gerichten gekocht, die Sie damals zu kochen pflegten.

S. de B.: Damals, das war das Kriegsende ...

J.-P. S.: Ich habe Genet gegen Kriegsende kennengelernt.

S. de B.: Um 1943?

J.-P. S.: Um 1943. Oder 44 vielleicht, in den letzten Monaten der Besatzung. Auf jeden Fall, er erzählte Anekdoten aus seinem Leben, er stellte mich seinen kleinen Freunden vor, die oft schöne Jungen waren und so aussahen, als kompensierten sie ihre Homosexualität durch eine etwas gezwungene Härte. Er sprach gerne mit uns über Homosexualität, weil er wußte, daß wir keine Ahnung davon hatten und daß wir geistig offen genug waren, um zu verstehen, was er uns erklärte.

S. de B.: Wie sind Sie auf die Idee gekommen, ein Buch über Genet zu schreiben?

J.-P. S.: Er hat sich bei Gallimard verlegen lassen. Zu der Zeit stand er sehr gut mit mir und hat mir vorgeschlagen, ein Vorwort für ihn zu schreiben.[1]

S. de B.: Ach ja! Er hat Sie um ein Vorwort gebeten, und Sie haben ein Buch daraus gemacht. Und wie hat er dieses Buch aufgenommen?

J.-P. S.: Auf eine merkwürdige Weise. Zuerst hat er sich nicht sehr damit beschäftigt, er hat ein wenig mit mir darüber gesprochen, er hat mir ein paar Kleinigkeiten erzählt. Als ich fertig war, habe ich ihm das Manuskript gegeben, er hat es gelesen, und eines Nachts ist er aufgestanden, ist zu einem Kamin gegangen und hat vorgehabt, es ins Feuer zu werfen. Ich glaube, er hat sogar ein paar Blätter hineingeworfen und hat sie wieder herausgeholt. Das widerte ihn an, weil er sich genauso fühlte, wie ich ihn beschrieben hatte, und er war nicht von sich selbst angewidert, sondern ...

S. de B.: Aber er war angewidert davon, daß man ein Buch über ihn schrieb. Das war wie ein Grabmal.

J.-P. S.: Er diskutierte nicht die Gedanken, er meinte schon, daß das stimmte, was ich insgesamt über ihn sagte, er war sogar manchmal von ihrer Wahrheit überrascht. Aber gleichzeitig ärgerte es ihn, daß ich dieses Buch geschrieben hatte, indem ich seine Bücher erforschte und unter die Lupe nahm. Vor allem, wo er sich als Dichter betrachtete. Er hielt sich für *den* Dichter und mich für *den* Philosophen und ist auf dieser Unterscheidung sehr herumgeritten, die nicht ausgesprochen wurde, aber man spürte sie. Er sagte Dinge über den Dichter, er sagte Dinge über den Philosophen, damit das gesammelt, zusammengestellt wurde, damit daraus ein Buch wurde, und gleichzeitig betrachtete er das Buch mit großem Mißtrauen. Was mich angeht, ich glaube nicht, daß es eins meiner schlechtesten Bücher ist.

S. de B.: Nein, es ist sogar ein sehr gutes Buch. Und wie ist Ihr Verhältnis nach dem Buch geworden? Ist es davon beeinflußt worden?

J.-P. S.: Tatsache ist, daß es nachgelassen hat. Danach haben

---

[1] *Saint Genet, Komödiant und Märtyrer*, Reinbek 1982. (Anm. d. Übers.)

wir uns, einfach so, bei Gallimard getroffen, wenn er ein Manuskript abgab, wenn er um Geld bat. Wir verbrachten eine Weile zusammen und verabredeten uns für den nächsten oder übernächsten Tag. Aber man muß sagen, daß damals zwei Dinge geschehen sind: er hing sehr an Abdallah, der sich mehr oder weniger seinetwegen umgebracht hat, und Genet hat damals beschlossen, nicht mehr zu schreiben. Und tatsächlich hat er seit diesem Tod nicht mehr viel geschrieben. Und außerdem lebte er nicht mehr in Paris: wenn ich ihm begegnete, dann war das nach einer Abwesenheit von sechs Monaten oder einem Jahr.

S. de B.: Eine letzte Frage: wie sind alle diese Freundschaften, von denen wir gesprochen haben, zu Ende gegangen? Wir haben von den Vorkriegsfreundschaften gesprochen, mit Guille, Nizan, Maheu etc.

J.-P. S.: Mit Guille, das ist zu Ende gegangen, weil sein Leben ihn ein wenig mitgenommen hat. Er hat seine Frau verloren, die ihm viel bedeutete, mit der wir uns gut verstanden, er hat eine andere geheiratet und hat uns nicht den Gefallen getan, sie uns bekannt zu machen. Nach und nach hat er sich aus unserem Leben zurückgezogen.

S. de B.: Schon seit 1950 stand er nicht sehr gut mit Ihnen: er war sehr konservativ, sehr bürgerlich, sehr rückständig, und auf dieser Ebene lief es nicht sehr gut zwischen uns, also haben wir uns nicht mehr gesehen. Gut, und Maheu?

J.-P. S.: Mit Maheu habe ich mich anläßlich einer Geschichte verkracht, die einem Tschechen zugestoßen ist, der einer von unseren Freunden war, den wir protegierten und ... es ist kompliziert.

S. de B.: Man muß vor allem sagen, daß es auf und ab ging, daß es Pausen gab. Es hat Jahre gegeben, in denen wir uns nicht gesehen haben, und dann haben wir uns wieder ein bißchen gesehen. Zuorro?

J.-P. S.: Er ist bei einem Autounfall ums Leben gekommen, in Algerien.

S. de B.: Unter etwas undurchsichtigen Umständen.

J.-P. S.: Das ist nicht sicher, man weiß nichts darüber.

S. de B.: Mit Aron haben Sie gleich nach dem Krieg aus politischen Gründen gebrochen.

J.-P. S.: Nicht gleich, ziemlich bald. Aus politischen Gründen, aus wesentlicheren Gründen: unsere Art, die Welt nicht nur der Menschen, sondern der Philosophen zu sehen, war vollkommen verschieden.

S. de B.: Gut. Leiris haben wir weiterhin gerne, aber wir sehen ihn kaum noch. Mit Queneau hat es ein merkwürdiges Zerwürfnis gegeben, das wir nicht so richtig verstanden haben.

J.-P. S.: Das aber endgültig gewesen ist.

S. de B.: Jedenfalls war unter all diesen Freunden, die Sie gehabt haben, keiner, der Ihnen so viel bedeutet hat wie zum Beispiel Nizan oder Guille, als Sie jung waren.

J.-P. S.: Sicher nicht.

S. de B.: Vielleicht war der, der Ihnen am nächsten stand, Giacometti, mit ihm hat es nie Zerwürfnisse gegeben.

J.-P. S.: Es hat nie Zerwürfnisse gegeben, aber Abkühlungen.

S. de B.: Wegen einer Geschichte, die Sie in *Die Wörter* erzählt haben und die nicht ganz dem entsprach, was er für die Wahrheit hielt.

J.-P. S.: Mit Giacometti ist es bis auf die allerletzte Zeit gut gewesen: aber wegen dieser Geschichte war er in den letzten Monaten mit mir so etwas wie zerstritten.

S. de B.: Viele Ihrer Freundschaften haben mit Zerwürfnissen geendet. Mit Camus, das war ein richtiges Zerwürfnis, mit Queneau auch, mit Aron, mit Guille auch.

J.-P. S.: Mit Maheu, das war auch ein Zerwürfnis.

S. de B.: In der letzten Zeit bestimmt. Warum ist das so gewesen?

J.-P. S.: Das macht mir nichts aus, mich zu zerstreiten. Etwas ist gestorben, das ist alles.

S. de B.: Können Sie mir erklären, warum Ihnen das nichts ausmacht?

J.-P. S.: Ich denke, daß ich keine tiefe Freundschaft für bestimmte Männer empfinde, die zu meinen engsten Freunden gehört haben. Guille und ich, wir waren nicht von derselben Welt. Er hatte eine viel bürgerlichere Art zu leben als ich. Er war nicht Philosoph, und das bedeutete etwas. Ich legte ihm meine Theorien dar, wie gesagt, und er antwortete, aber das interessierte ihn nicht.

S. de B.: Aber das hat Ihre Freundschaft überhaupt nicht gestört.

J.-P. S.: Trotzdem! Das sind Sachen, die sich bis zum Schluß wiederholt haben. Daß er zum Beispiel geheiratet hat, ohne es uns zu sagen, geschah, weil er eine bestimmte Vorstellung von mir hatte.

S. de B.: Er hatte eine Vorstellung von der Vorstellung, die Sie von ihm hatten. Das war es, was er nicht mochte. Sie war übrigens falsch. Aber was meinen Sie damit, wenn Sie sagen: ich empfinde keine tiefe Freundschaft? Mit wem haben Sie eine tiefe Freundschaft gehabt?

J.-P. S.: Mit Frauen. Mit Nizan, ja. Bis zu seiner Heirat und sogar ein bißchen darüber hinaus. Als ich Sie kennengelernt habe, hatte ich noch eine ziemlich tiefe Freundschaft mit Nizan, trotz des Aufenthalts in Aden, der uns auseinandergebracht hat.[1]

S. de B.: Und Sie hatten, als ich Sie kennengelernt habe, eine dicke Freundschaft mit Guille. Ich glaube, daß es Sie sehr bekümmert hätte, wenn es zur damaligen Zeit etwas gegeben hätte, was Sie und Guille entzweit hätte.

J.-P. S.: Bestimmt. Aber es gab im allgemeinen nichts Tiefes und Sensibles zwischen den Typen und mir.

S. de B.: Meinen Sie, daß es vielmehr ein gewisses intellektuelles Einverständnis gab, und daß alles zusammenbrach, wenn dieses Einverständnis, sei es aus politischen Gründen wie bei Aron, sei es aus anderen Gründen endete?

J.-P. S.: Ja, so ist es.

S. de B.: Es blieb nicht dieses affektive Band übrig, durch das man sich über bestimmte Uneinigkeiten hinwegsetzen kann...

J.-P. S.: Genau.

S. de B.: Trotzdem hat es Fälle gegeben, in denen Sie ziemlich heftige Konflikte gehabt haben, die sofort überwunden worden sind, zum Beispiel mit Bost. Weil er Caus Partei ergriffen hatte, ist es zum Konflikt gekommen.

J.-P. S.: Es ist zum Konflikt gekommen. An jenem Abend habe ich ihn bei Ihnen vor die Tür gesetzt, und dann bin ich mit ihm in

---

[1] «*Was brauchen wir eine Kassandra?*» In: *Sartre über Sartre*, Reinbek 1977. (Anm. d. Übers.)

einem Café nebenan einen trinken gegangen. Dieser Streit hat nichts zu bedeuten. Aber ich habe wenig heftige Streitigkeiten mit Leuten gehabt. Die Zerwürfnisse sind eher aus einer Laschheit der Beziehungen entstanden.

S. de B.: Bost hätte alles getan, um nicht mit Ihnen zerstritten zu bleiben. Und noch jemand hat viel getan, um bei Konflikten nicht mit Ihnen zerstritten zu bleiben, und zwar Lanzmann. Während es viele gibt, die die Dinge haben laufen lassen, vielleicht weil sie Ihre Gleichgültigkeit spürten.

J.-P. S.: Weil sie selbst gleichgültig waren.

S. de B.: Sie waren es, weil Sie es waren.

J.-P. S.: Ich habe mich sehr oft zerstritten, aber wie ich glaube, nicht grundlos. Ich hatte mit jemand zu tun, der mich zum Zerwürfnis brachte, zu einem Abstand jedenfalls, immer zu einer Distanzierung!

S. de B.: Sicher ist, daß beispielsweise Aron und Camus Sie dazu gebracht haben, diesen Abstand zu suchen.

J.-P. S.: Camus hat einen Brief geschrieben, der zum Bruch führen mußte.

S. de B.: Als er Sie «Herr Herausgeber» genannt hat.

J.-P. S.: Mit Aron, das ist die ganze Affäre mit dem Gaullismus und mit einem Gespräch im Rundfunk[1]: wir hatten jede Woche eine Stunde im Rundfunk, um über die politische Situation zu diskutieren, und wir sind sehr stark gegen de Gaulle gewesen. Gaullisten wollten mir direkt antworten, insbesondere Bénouville, und noch ein anderer, dessen Namen ich vergessen habe. Ich bin in den Rundfunk gegangen; wir sollten uns nicht begegnen, bevor das Gespräch losging. Aron ist gekommen, ich glaube, ich hatte ihn ausgewählt, damit er zwischen uns schlichtete, übrigens in der Überzeugung, daß er meine Partei ergreifen würde. Aron hat so getan, als sähe er mich nicht. Er hat sich zu den anderen gesellt. Ich begriff zwar, daß er die anderen sah, aber nicht, daß er mich fallenließ. Von da an habe ich verstanden, daß Aron gegen mich war, auf politischer Ebene. Ich habe das als einen Bruch betrachtet, seine Solidarität mit den Gaullisten ge-

---

1 Siehe: *Politische Chronologie Jean-Paul Sartres 1945–1952*. In: *Krieg im Frieden 1*, Reinbek 1982. (Anm. d. Übers.)

gen mich. Es hat immer einen triftigen Grund gegeben, der meine Zerwürfnisse heraufbeschworen hat, aber letzten Endes habe immer ich die Entscheidung getroffen, mich zu überwerfen. Mit Aron zum Beispiel kam ich nach seiner Rückkehr aus London zusammen, aber nach und nach spürten wir, daß er überhaupt nicht auf unserer Seite war. Der letzte Versuch war diese Sache im Rundfunk, aber nach einer gewissen Zeit stimmten wir in den Gesprächen überhaupt nicht mit ihm überein. Eine Trennung war nötig. Diese Trennung geschah als Zerwürfnis. Er gehörte zum Beispiel nicht zu *Les Temps Modernes*, er arbeitete nicht für *Les Temps Modernes* mit uns zusammen.

S. de B.: Anfangs hatte er mitgearbeitet. Aber das bringt uns auf etwas, worüber wir gar nicht gesprochen haben. Unter Ihren Beziehungen zu Männern waren die zum Team der *Temps Modernes*.

J.-P. S.: In diesem Team sind heutzutage meine besten Freunde.

S. de B.: Im heutigen Team. Aber als es anfing?

J.-P. S.: Am Anfang waren es Leute, die ich wenig kannte, die auf Grund einer gewissen Bekanntheit, die ich hatte, dazugekommen waren.

S. de B.: Und auf Grund von Verbindungen, die während der Résistance entstanden waren.

J.-P. S.: Da war Aron, da war ein Gaullist...

S. de B.: Da waren Ollivier, Leiris, Sie und ich...

J.-P. S.: Camus hatte abgelehnt mitzumachen, was ich sehr gut verstehe. Er war nicht verpflichtet, in einem Kollektiv mitzuarbeiten.

S. de B.: Jedenfalls war das Team sehr heteroklit, und schließlich ist das sehr schnell geplatzt. Aber später hat es Zeiten gegeben, in denen wir sehr zahlreich waren, wir versammelten uns in Ihrem Zimmer.

J.-P. S.: Später versammelten sich nicht nur die Redakteure, sondern ein ganzer Stab von Leuten, die in jeder Nummer schrieben oder die die Texte für jede Nummer auswählten.

S. de B.: Ja, und wie empfanden Sie diese Versammlungen?

J.-P. S.: Als etwas sehr Freies, wo sympathische Leute ihren Standpunkt zu dieser oder jener Sache, zu dieser oder jener Sparte der Zeitschrift darlegten.

S. de B.: Diese Teamarbeit schien Ihnen Spaß zu machen.//
J.-P. S.: Ja, das machte mir Spaß.//
S. de B.: Wollen Sie ein bißchen über Ihr Verhältnis zum jetzigen Stab von *Les Temps Modernes* sprechen?//
J.-P. S.: Der jetzige Stab von *Les Temps Modernes* besteht aus Leuten, von denen die meisten von Anfang an bei *Les Temps Modernes* dabei waren. Bost, Pouillon waren von Anfang an dabei. Lanzmann ist später dazugekommen, zur Zeit der Sonntagssitzungen bei mir.//
S. de B.: Er ist '52 dazugekommen. Und Horst?//
J.-P. S.: Horst war von Anfang an dabei.//
S. de B.: Und dann kam es nicht gerade zu einem Zerwürfnis, aber schließlich zur Trennung von Pingaud und Pontalis. Warum sind sie weggegangen?//
J.-P. S.: Wir waren uneins über die Psychoanalyse. Das ist immer ein heißes Eisen gewesen.//
S. de B.: Heute akzeptieren wir vieles von der Psychoanalyse, aber wir mögen die Art und Weise nicht, in der die Psychoanalytiker heutzutage arbeiten, und diese Unterdrückung, die sie auf den Analysanden ausüben. Das ist einer der Gründe gewesen. Aber dahinter stand etwas anderes, eine viel radikalere Haltung Ihrerseits als auf seiten von Pontalis und Pingaud.//
J.-P. S.: Sicherlich. Wir waren uneins zum Zeitpunkt der Veröffentlichung des Textes über *Der Mann mit dem Tonband*.//
S. de B.: Aber da waren auch die Leitartikel von Horst über die Universität, für die sie nicht einstehen wollten, die sie viel zu radikal fanden.//
J.-P. S.: Ja, auf jeden Fall paßte Pontalis nicht zu dieser Zeitschrift. Er war viel bürgerlicher, er vertrat in der Politik eine viel bürgerlichere Theorie, er meinte, daß das Radikale an ihm in die Psychoanalyse und in die Studie einginge, die er darüber schrieb. Und dann war Pingaud politisch feindselig.//
S. de B.: Er war früher rechts gewesen. Er hatte mit Boutang ein Buch gegen Sie geschrieben. Dann war er zur Linken übergewechselt, aber irgendwie behielt er etwas von seiner Vergangenheit. Aber um auf das Team insgesamt zurückzukommen: Sie haben gesagt, das sind meine besten Freunde, können Sie das genauer ausführen?

J.-P. S.: Nun, da ist Bost, den ich seit endlosen Zeiten kenne, viel länger als dreißig Jahre, fast vierzig. Es sind alte Freunde.

S. de B.: Es sind alte Freunde, die aber alle mindestens zehn Jahre jünger sind als Sie. Inzwischen gleicht sich das ein bißchen an, aber am Anfang war das ein großer Unterschied. Bost ist Ihr Schüler gewesen. Horst nicht, aber er ist in gewisser Weise ein Jünger gewesen, denn er hat viel über das, was Sie gemacht haben, nachgedacht. Lanzmann ist auch kein ehemaliger Schüler.

J.-P. S.: Aber er hätte es, was das Alter betrifft, sein können.

S. de B.: Haben Sie etwas zu Ihrem Verhältnis zu ihnen allen zu sagen?

J.-P. S.: Die Politik hat eine Rolle gespielt ...

S. de B.: Insgesamt besteht zwischen uns allen eine große Übereinstimmung der politischen Anschauungen.

J.-P. S.: Außer daß ich jetzt viel mehr mit den Maoisten verbunden bin und man nicht sagen kann, daß Pouillon und Bost Maoisten wären.

S. de B.: Aber um auf diese Gruppe zurückzukommen, was verbindet Sie mit ihr. Ist es eine lange Geschichte?

J.-P. S.: Es ist eine lange Geschichte, es besteht eine echte Freundschaft, die nicht in heftigen Emotionen zum Ausdruck kommt, sondern bewirkt, daß ich mich auf sie verlasse, so wie sie sich auf mich verlassen können. Wir haben echte Gefühle füreinander. Seit Pontalis und Pingaud gegangen sind, finde ich, daß die Gruppe ziemlich homogen ist.

S. de B.: Ja, sehr homogen. Natürlich gibt es über dies oder das Diskussionen, aber insgesamt, wenn eine Entscheidung getroffen werden muß, gibt es vielleicht ein kurzes Zögern: sollen wir wählen, sollen wir uns enthalten? Aber das sind Meinungsverschiedenheiten, wie sie zwischen Ihnen und mir vorkommen können, das ist nicht grundlegend. Es gibt also eine sehr verwandte Vergangenheit, eine sehr verwandte politische Grundlage.

J.-P. S.: Tatsache ist, daß ich sie sehr gern habe.

S. de B.: Wir haben eine übereinstimmende Kultur ...

J.-P. S.: Wir haben auch viel Spaß miteinander ...

S. de B.: Und es gibt auch philosophische Affinitäten.

Horst und Pouillon kennen Ihr Denken sehr, sehr gut. Es gibt wirklich eine Übereinstimmung nicht der politischen, sondern der kulturellen, philosophischen Standpunkte. Macht es Ihnen denn Freude, mittwochs wieder bei den Sitzungen von *Les Temps Modernes* dabei zu sein?

J.-P. S.: Ja, es macht mir Freude, wieder mit ihnen zusammen zu sein, das ist sehr erfreulich. Ich bin übrigens nicht immer dabei.

S. de B.: Es ist ein herzlicheres Verhältnis zu Männern, als Sie es je in Ihrem ganzen Leben gehabt haben. Was nicht heißen soll, daß Sie politisch nicht bestimmten anderen näher ständen. Aber mit den Maoisten gibt es das Problem des großen Altersunterschiedes.

J.-P. S.: Ja, aber mir sind die Jungen immer noch lieber als die Alten. In diesem Fall geht es nicht darum, was einem lieber ist, aber wenn ich mit dem Führer der Maos spreche, der nicht mal dreißig ist, fühle ich mich wohler als bei einem Typ von fünfzig oder sechzig. Man weiß ja, wie ich die Maos kennengelernt habe, und wir werden noch darüber sprechen.

S. de B.: Ich spreche jetzt über Freundschaft, über ein affektives Verhältnis zu Männern.

J.-P. S.: Die meisten Maoisten sind nicht mit mir befreundet und ich nicht mit ihnen, wir arbeiten zusammen, wir sehen uns, um Sachen zu machen, wir entscheiden zusammen. Einer ist darunter, für den ich wirkliche Freundschaft empfinde, nämlich Victor, der mich ein- oder zweimal in der Woche besucht. Wir diskutieren die politische Tagessituation, wir treffen Entscheidungen zu dem, was zu tun ist. Ich höre ihm vor allem zu, wenn er mir erzählt, was er macht. Er war Führer der *Gauche Prolétarienne*. Aber die maoistische Partei in Frankreich ist fast verschwunden, und Victor ist jetzt allein. Er diskutiert mit mir – Sie haben das Büchlein gesehen, das wir zusammen mit Gavi gemacht haben.

S. de B.: Aber Sie sind auch allein mit ihm zusammen.

J.-P. S.: Ich bin ein- oder zweimal in der Woche mit ihm zusammen. Er gefällt mir, ich mag ihn sehr gern. Ich weiß, daß er nicht allen gefällt. Ich finde ihn intelligent. Ich verstehe mich auf kultureller Ebene genausogut mit ihm wie auf politischer, denn er hat eine wirkliche Kultur, die mit meiner Übereinstimmungen hat. Und außerdem bin ich mit ihm in einer Reihe von politischen Ansichten einig, von denen ich später sprechen werde, und es ist ziemlich angenehm, so ein Verhältnis zu einem neunundzwanzigjährigen Mann zu haben.

S. de B.: Das ist die Frage, die ich Ihnen stellen möchte: warum bevorzugen Sie die Jungen? Es gibt Leute, die die Jungen nicht ausstehen können, zum Beispiel Koestler gehörte dazu, Merleau-Ponty mochte sie auch nicht besonders. Warum haben Sie dagegen ein günstiges Vorurteil, könnte man sagen, jungen Leuten gegenüber? Warum sind Sie gern mit jungen Leuten zusammen?

J.-P. S.: Weil ihr Denken, ihr Leben in vielen Punkten nicht vollständig fertig ist. So diskutieren wir wie zwei Menschen, die beide jeweils eine ziemlich vage Meinung haben und versuchen, die beiden Standpunkte anzunähern. Mit den Alten dagegen ist es ganz anders. Sie haben eine entschiedene Meinung, ich habe eine andere. Man weiß es, man berücksichtigt es, man diskutiert, indem man das, was einen trennt, beiseite läßt, ohne einen Ausgleich zu erhoffen.

S. de B.: Horst ist sehr intelligent, Horst steht Ihnen politisch sehr nahe, und doch ist Ihnen eine Unterhaltung unter vier Augen mit Victor viel lieber als mit Horst. Warum?

J.-P. S.: Horsts Denken ist selbständig, ist sehr intelligent, und nachdem er selbst nachgedacht hat, unterhält er sich mit mir. Was ich gern mag, ist, wenn man kein feststehendes Denken hat. Wenn ich mit Leuten spreche, die in einem Punkt weniger entwickelt, weniger gebildet sind als ich, oder die weniger nachgedacht haben, kann ich ihnen helfen. Andererseits gibt es Punkte, über die sie mehr wissen. Victor, das ist klar, kennt eine Sache besser als ich: den Kampf in einer Partei, die Führung einer Partei: das alles geht mir ziemlich ab. Aber es gibt andere Gesichtspunkte, über die ich ihm mein Urteil mitteilen kann, und dann akzeptiert er es, wenn er es analysiert hat, wenn er darüber nachgedacht hat und integriert es in seine Konzeption der Partei. Zum Beispiel in den Gesprächen mit Victor und Gavi habe ich einige Ideen eingebracht, insbesondere die des freien Militanten, die Idee dessen, was es ist, unter freien Menschen zu diskutieren. Das heißt, etwas anderes als der kommunistische Militante beispielsweise, für den diese Art Freiheit nicht existiert.

S. de B.: Anders gesagt, Sie haben den Eindruck, wirkungsvoller, nützlicher zu sein, wenn Sie mit jungen Leuten sprechen, die noch ganz offen sind, als wenn Sie mit Erwachsenen sprechen, die fertig sind, selbst wenn deren Ideen den Ihren nahestehen? Weil Sie den Eindruck haben, jünger zu sein, wenn Sie mit Jungen zusammen sind?

J.-P.S.: Nein, ich fühle mich nicht alt, ich fühle mich nicht anders als mit fünfunddreißig.

S.de B.: Das ist interessant, das ist etwas, worauf wir noch eingehen sollten, das Gefühl Ihres Alters.

J.-P.S.: Ich habe mich nie alt gefühlt. Und da mein Äußeres nicht das eines klassischen alten Mannes ist – ich habe keinen weißen Bart, ich habe keinen weißen Schnurrbart –, sehe ich mich noch wie mit fünfunddreißig.

S.de B.: Sie fühlen sich also nicht jünger, wenn Sie mit Jungen sprechen. Bei mir ist das anders, ich fühle mich nämlich so alt wie ich bin, und es verjüngt mich, mit jungen Frauen zu sprechen. Sie haben mir neulich gesagt, daß Sie meinen, in der Analyse Ihres Verhältnisses zu Männern nicht weit genug gegangen zu sein: was hätten Sie dem noch hinzuzufügen?

J.-P.S.: Zunächst würde ich sagen, daß viele von ihnen – nicht die, die jetzt meine besten Freunde sind – mir Vertrauliches mitgeteilt haben. Das heißt, daß ich ihnen als jemand erschien, dem man das, was in jedem von uns mehr oder weniger verborgen ist, anvertrauen mußte, und das ödete mich an. Ich ließ es über mich ergehen; es mußte sein, weil ich so Einfluß auf sie haben konnte, ich war derjenige, der ihr Geheimnis kannte, aber ich mochte das nicht.

S.de B.: Wo denn, wer denn? Erklären Sie das etwas näher. An der École Normale? Wurde Ihnen da Vertrauliches mitgeteilt?

J.-P.S.: Ja, aber da war es anders, da wurden die Karten auf den Tisch gelegt, und ich legte sie auch auf den Tisch. Ich denke da an einen Kameraden, den ich während des Kriegs im Elsaß gehabt habe, einen Soldaten, der mir Vertrauliches mitteilte. Das Verhältnis von ihm zu mir war so: Vertraulichkeit.

S.de B.: Über was denn? Über seine Frau, über sein Leben?

J.-P.S.: Genau das. Er hatte keine Ehefrau, aber er hatte eine Frau. Er sprach über sie. Das affektive Band, das dadurch entstand, daß ich für ihn der Mensch war, der sein Leben kannte und mit dem er über Dinge sprach, an die ich mich anschließend erinnern mußte, das erschien mir unerträglich.

S. de B.: Wieso? Mir hat man in meinem Leben viel Vertrauliches erzählt, das hat mir eher Spaß gemacht.

J.-P. S.: Weil das die Beziehung verschiebt, es ist nicht mehr die gleiche Beziehung. Man ist gefangen, man muß Ratschläge geben, jemand beruft sich auf einen, jemand bezieht sich auf einen, jemand hat eine Art Respekt vor der Person, die die Vertraulichkeiten empfängt, und ich wurde schließlich das, was ich nicht sein will, der Meister mit Jüngern, und ich mochte es nicht, daß man mir Vertraulichkeiten erzählte. Ich war nicht darauf aus; ich lehnte sie nicht ab, wenn man sie mir erzählte, aber ich bemühte mich nicht darum.

S. de B.: Ehemalige Schüler, die Ihnen Vertrauliches erzählten, die Sie um Rat fragten, das ist tatsächlich ziemlich häufig vorgekommen.

J.-P. S.: Und auch andere. Ich habe viele Vertraulichkeiten zu hören bekommen.

S. de B.: Anders gesagt, die Gattung «Meister», den man um Rat fragen kommt, dem man Vertrauliches erzählen kommt, das ödete Sie an?

J.-P. S.: Das ödete mich an, und das erschien mir nicht legitim.

S. de B.: Warum? Weil Sie sich in dem Moment alt fühlten? Und es nicht sein wollten? Oder weil Sie das nicht auf gleichen Fuß mit ihnen stellte?

J.-P. S.: Das stellte mich nicht auf gleichen Fuß mit ihnen, und letzten Endes kann niemand jemandem einen Rat geben. Schön, Sie in bezug auf mich oder ich in bezug auf Sie, wir können uns natürlich Ratschläge geben. Ich kann Bost, Victor Ratschläge geben. Auf Grund der Intimität, die zwischen uns besteht. Aber im Prinzip kann man es nicht, weil einem Elemente fehlen, weil sie dem Menschen übrigens auch fehlen. Er sagt Dinge, und man müßte durch die Dinge, die er sagt, hindurch erraten, welches seine wahre Position ist, und der Rat müßte mit dieser Position übereinstimmen.

S. de B.: Das ist sehr wahr. Das heißt, daß er im allgemeinen versucht, einen bestimmten Rat zu bekommen. Nicht immer, aber im allgemeinen. Gut, das ist eine der Sachen, die Ihr Verhältnis zu Männern störte?

J.-P. S.: Sicher.

S. de B.: Wenn Frauen Ihnen dagegen Vertrauliches erzählten, das störte Sie nicht?

J.-P. S.: Das störte mich überhaupt nicht. Im Gegenteil, ich bemühte mich darum.

S. de B.: War das etwa Machismus? Weil die Frau von Natur aus ein schwächeres Wesen ist, das sich Männern anvertrauen muß?

J.-P. S.: Ich weiß nicht, ob das Machismus war, weil ich im Gegenteil dachte, daß die meisten Männer dem, was Frauen sagen, nicht zuhören.

S. de B.: Ich denke, daß es eine gewisse Form von Machismus ist, die Vertraulichkeiten der Männer mit solchem Widerwillen abzulehnen und die der Frauen zu akzeptieren.

J.-P. S.: Ich lehnte die der Männer nicht ab, das gefiel mir nicht. Und außerdem waren die Beziehungen verschieden, darüber sprechen wir noch.

S. de B.: Also gut, die Vertraulichkeiten der Männer mißfielen Ihnen, nicht nur die Vertraulichkeiten, sondern, meine ich, alle sehr persönlichen Beziehungen, obwohl, wenn Giacometti sehr persönliche Geschichten erzählte ... das waren keine Vertraulichkeiten.

J.-P. S.: Das waren keine Vertraulichkeiten. Daß man mir persönliche Geschichten erzählt, daran sehe ich nichts Schlimmes, im Gegenteil. Wenn Giacometti erzählte, wie er ins Bordell ging und aus verschiedenen Gründen die etwas mickrige, etwas häßliche Frau suchte, das war sehr amüsant.

S. de B.: Reden Sie weiter über Ihr Verhältnis zu Männern. Da ist einmal das: Ablehnung von Vertraulichkeiten.

J.-P. S.: Andererseits gab es, obwohl ich dachte und sagte, daß die Beziehungen solche der Gleichheit sein müßten, eine Art, sich an mich zu wenden, die ich förderte, und in der Hinsicht stimmt es natürlich nicht.

S. de B.: Wie meinen Sie das?

J.-P. S.: Es kam vor, daß die Leute sagten: soll ich dies tun, soll ich das tun? Und ich gab Ratschläge.

S. de B.: Sie sagen zwei widersprüchliche Dinge. Sie sagen, daß Sie es verabscheuten, Ratschläge zu geben, und daß Sie es gern hatten, darum gebeten zu werden.

J.-P. S.: Nein, aber ich gab gern den kleinen Anstoß, durch den ich zum Ratgebenden wurde. Das ist nicht widersprüchlich. Das war so, das war eine komische Mischung, die Beziehung zum anderen. Im Grunde habe ich die Beziehung zum anderen immer gehabt, aber abstrakt. Ich lebe unter dem Bewußtsein eines anderen, der mich ansieht. Und dieses Bewußtsein kann ebensogut Gott sein, wenn Sie so wollen, wie Bost. Es ist ein anderer als ich, konstituiert wie ich, der mich sieht. Ich denke das so.

S. de B.: Und was heißt das für Ihre Beziehungen zu Männern?

J.-P. S.: Sie sind alle Erscheinungen dieses Bewußtseins.

S. de B.: Meinen Sie Zeugen, Richter?

J.-P. S.: Ein bißchen so etwas wie Richter! Aber sehr wohlwollende Richter.

S. de B.: Sie sagen wohlwollende Richter, dabei haben Sie Feinde, Gegner gehabt.

J.-P. S.: Das zählt nicht. Wenn Leute gut mit mir stehen, sehe ich dieses allgemeinere Bewußtsein, das mich ansieht, sich durch sie reflektieren.

S. de B.: Und stört es Sie, oder ist es Ihnen angenehm, diese Zeugen zu haben?

J.-P. S.: Es ist eher angenehm! Denn wenn es mich störte, wünschte ich, allein zu sein, und diese Art von Alleinsein ist absurd.

S. de B.: Das müßte auch erörtert werden: Sie sagen nämlich, daß Sie in Ihren Beziehungen zu Männern immer etwas distanziert, etwas gleichgültig gewesen sind. Dabei sind Sie nie ein Griesgram, ein Eigenbrötler gewesen, Sie haben immer viel in Gesellschaft gelebt. Sie sind immer sehr gesellig gewesen, außer in den Augenblicken, in denen Sie schreiben. Man müßte übrigens sehen, welche Art von Geselligkeit. Mondäne Gesellschaft haben Sie nie gemocht.

J.-P. S.: Nein.

S. de B.: Kurz nach dem Krieg gingen Sie zu den Cocktail-Empfängen bei Gallimard, das war amüsant, aber Sie sind nie mondän gewesen.

J.-P. S.: Ich habe dreimal in meinem Leben in der Stadt diniert. Ich habe im Restaurant gegessen und habe im Café gelebt, und ich habe dreimal bei etwas bekannten Leuten diniert.

S. de B.: Wir haben über die Beziehung zu jungen Leuten gesprochen. Haben Sie Beziehungen zu älteren Leuten gehabt? Was bedeutete das für Sie?

J.-P. S.: Gar nichts. Ja, ich habe Beziehungen zu Älteren gehabt, sehr wenige übrigens: Paulhan, Gide, Jouhandeau, den ich sehr selten gesehen habe, er erinnert sich wahrscheinlich gar nicht mehr daran.

S. de B.: Sie sind ihm kaum begegnet.

J.-P. S.: Ja, aber ich wollte es nur erwähnen. Das hat es gegeben, diese Beziehung zu älteren als ich. Ich nahm mich ein bißchen zurück, ich hörte ihnen zu. Sie sprachen mit mir, wie sie wollten, aber es waren Beziehungen von strikter Höflichkeit, und das bedeutete nicht viel, ich meinte nicht, daß sie klüger waren als ich, weil sie älter waren. Sie waren genau wie ich, und sie erzählten mir, was sie zu erzählen hatten, und ich machte es ebenso. Ich erinnere mich zum Beispiel, daß Gide mir 1946 von einem Holländer erzählte, der zu ihm gekommen war und nach einer Adresse gefragt hatte ... Ein verheirateter Mann, der homosexuelle Neigungen in sich entdeckt und ihn nach einer Adresse gefragt hatte, also, ich erinnere mich: Gide war da, er redete mit mir darüber, als hielte er mich für einen Homosexuellen, trotz dem Irrtum, den ich begangen hatte, als ich von Ratschlägen sprach, während es um etwas anderes ging.

S. de B.: Sie haben zu ihm gesagt: «Ist er zu Ihnen gekommen, um Sie um Rat zu fragen?» und Gide hat geantwortet: «Nein! nach Adressen.» Könnte man nicht auch sagen, daß ein männlicher Erwachsener so etwas wie «der eigene schlechte Geruch» ist, wie Genet sagen würde?

J.-P. S.: Wenn Sie so wollen, ja, ich mag das nicht. Ich mag das ganz und gar nicht, und ich mag nicht, daß man mich so bezeichnet. Ich bin nicht einmal mehr ein Erwachsener, ich gehöre zum dritten Alter, und männlich bin ich nur noch sehr wenig.

S. de B.: Ja, erklären Sie das näher, das ist amüsant.

J.-P. S.: Der männliche Erwachsene, das widert mich zutiefst an. Was ich gerne habe, ist der junge Mann, insofern als der junge Mann nicht ganz anders ist als die junge Frau. Nicht, daß ich homosexuell wäre, aber es steht fest, daß vor allem heutzutage der junge Mann und das junge Mädchen nicht so verschieden sind in ihrer Kleidung, in ihrer Art zu reden, in ihrer Art, sich zu geben. Für mich sind sie nie so sehr verschieden gewesen.

S. de B.: Wenn Sie wirklich persönliche Beziehungen haben, Freundschaften, erscheint der männliche Erwachsene nicht als solcher: es ist Genet, es ist Giacometti etc. Aber der Mann im allgemeinen, wenn Sie ihm so begegnen ...

J.-P. S.: Ist der männliche Erwachsene.

S. de B.: Und das wollen Sie nicht sein.

J.-P. S.: Das will ich nicht sein. Ja. Das ist sicher.

S. de B.: Warum nicht? Selbst bei diesem Ausdruck, den ich gebraucht habe, haben Sie ein bißchen angewidert gelächelt.

J.-P. S.: Weil das die Geschlechter in widerwärtiger und komischer Weise unterscheidet. Das Männchen, das ist der Typ, der einen kleinen Schlauch zwischen den Schenkeln hat, so sehe ich ihn. Dann gäbe es die weibliche Erwachsene, die man ihm gegenüberstellen müßte. Weibchen und Männchen, das ist eine etwas primitive Sexualität. Im allgemeinen kommen noch Dinge hinzu. Das ist schon ziemlich wichtig.

S. de B.: Ich glaube, da ist auch das Wort Erwachsener.

J.-P. S.: Da ist das Wort Erwachsener, das unterstellt, daß man studiert hat, daß man die Art von Beruf erreicht hat, die sich für einen Erwachsenen schickt, daß man seine Gedanken hat, daß man seine Gedanken entwickelt hat, die man sein ganzes Leben lang behalten wird, es ist Ehrensache, sie zu behalten.

S. de B.: Ja, allerdings, etwas machen, abschließen, begrenzen etc. Da ist übrigens etwas anderes, was in diese Richtung geht. Sie haben gegenüber Männern und Frauen, Menschen im allgemeinen, eine doppelte Haltung, die übrigens das Gegenteil von meiner ist, vielleicht finde ich sie deshalb so merkwürdig. Und zwar sind Sie sehr offen, wenn jemand Sie anspricht. Sagen wir mal, wenn jemand in der Coupole zu Ihnen kommt und Sie etwas fragt, ich bin da garstig, ich würde die Leute immer am liebsten zum Teufel schicken, *Sie* sind sehr zugänglich, Sie gewähren bereitwillig eine Verabredung, Sie geben bereitwillig etwas von Ihrer Zeit her, Sie sind großzügig, sind offen; wenn Sie jedoch auf der Straße um eine Auskunft bitten müssen, ist es entsetzlich. Wenn ich zu Ihnen sage: ich werde jemand um Auskunft bitten, wir haben uns in Neapel verlaufen, ich werde fragen, wo die und die Straße ist, dann wollen Sie das nicht, Sie sperren sich. Wie kommt es zu dieser zugänglichen Haltung und zugleich zu dieser Haltung beinahe haßerfüllter Verweigerung?

J.-P. S.: Im ersten Fall sind es die Leute, die mich etwas fragen kommen, die mir einen Standpunkt darlegen kommen, die mich um meine Zeit bitten. Die Auskunft, die geben sie mir. Ich höre zu. Es ist genau umgekehrt wie im ersten Fall. *Ich* frage jemand anderen, wo die Straße ist ...

S. de B.: Jemanden nach dem Namen einer Straße fragen oder jemanden um eine ganz kleine Gefälligkeit bitten, heißt schließlich sich auf eine Ebene der Gegenseitigkeit begeben, ihn eben als Ihresgleichen anerkennen, als irgend jemand, wie Sie, das heißt doch nicht betteln gehen wie ein Bettler. Warum haben Sie diese zurückhaltende, ablehnende Haltung, wenn es darum geht, um eine Auskunft zu bitten?

J.-P. S.: Das heißt natürlich sich an die Subjektivität eines anderen wenden, und seine Antwort ist bestimmend für mich: Wenn er mir sagt, man müßte nach links gehen, gehe ich nach links, wenn er mir sagt, man müßte nach rechts gehen, gehe ich nach rechts, und es ist der Kontakt mit der Subjektivität des anderen, den ich auf ein Minimum beschränken möchte.

S. de B.: Was er Ihnen antwortet, ist sehr wenig subjektiv. Er antwortet Ihnen fast wie ein Plan.

J.-P. S.: Trotzdem! Er wird denken, aha, da ist ein Typ, der mich das fragt, er wird sagen, ich erinnere mich nicht genau, wo es ist, aber immerhin ... Wenn man eine Frage stellt, entdeckt man die subjektive Psychologie eines Typs. Man hat eine subjektive Beziehung zu ihm.

S. de B.: Wollen Sie damit sagen, daß Sie sich in Abhängigkeit begeben?

J.-P. S.: Ja, einerseits, und vor allem gefällt mir die Subjektivität anderer nicht besonders. Außer der einiger, ganz bestimmter Menschen, die ich gern habe, dann hat das einen Sinn.

S. de B.: Aber wenn Sie sagen, daß Sie irgend jemand sind, der soviel wert ist, wie irgend jemand etc., das setzt voraus, daß Sie ihre Beziehungen zu den Menschen in einer Art Durchsichtigkeit, Transparenz erleben, so daß Sie, wenn man Sie um einen Gefallen bittet, ihn tun, wenn Sie um ihn bitten müssen, bitten Sie darum. Es gibt übrigens Leute, die die Dinge so erleben.

J.-P. S.: Unbedingt, und sie haben recht! So muß es sein. Früher, zu Hause, war es Schüchternheit, und dann ist es eine Gewohnheit geworden: jetzt bin ich nicht einmal mehr so.

S. de B.: Da ist trotzdem so eine Art Starrheit bei der Vorstellung, daß man Ihnen den kleinsten Dienst erweisen könnte, daß beispielsweise ein Kellner sich zweimal bemüht, um Ihnen etwas zu bringen, wo es doch sein Beruf ist. Da ist eine Art Starrheit, die ein Überbleibsel Ihres alten Hasses auf die Menschheit zu sein scheint.

J.-P. S.: Tatsächlich – dabei bin ich weder praktisch noch sehr geschickt – ist es mir immer lieber, allein zurechtzukommen, als jemanden um etwas zu bitten. Ich lasse mir nicht gerne helfen. Der Gedanke der Hilfe ist mir ganz unerträglich.

S. de B.: Welche Art von Hilfe?

J.-P. S.: Egal welche. Ich meine, von Leuten, die ich schlecht oder wenig kenne. Ich habe in meinem Leben nicht viel Hilfe erbeten.

S. de B.: Nein. Aber neulich zum Beispiel, hatte ich mein Geld verloren[1], ich hatte keine Zeit zu wechseln. Ganz selbstverständlich habe ich mit dem Geschäftsführer des Hotels gesprochen, und er hat mir zweihunderttausend Lire geliehen. Ich bin sicher, wenn ich Ihnen gesagt hätte: ich leihe mir beim Geschäftsführer des Hotels zweihunderttausend Lire – wo wir doch uralte Gäste sind, wo denen das doch nicht das geringste ausmacht, wo sie wissen, daß wir es ihnen am übernächsten Tag zurückgeben –, dann hätten Sie zu mir gesagt: «Ach nein, das geht mir auf die Nerven!»

J.-P. S.: Nein, so weit geht es nicht. Vielleicht hätte ich das vor zehn oder fünfzehn Jahren gesagt, jetzt hätte ich das nicht gesagt, ich hätte Ihnen sogar geraten, es zu tun.

S. de B.: Trotzdem möchte ich, daß Sie ein bißchen diese Starrheit erklären, die Sie im allgemeinen im Umgang mit Menschen haben. Ich verstehe sehr wohl, daß man keine Lust hat, andau-

---

[1] Man hatte mir in Rom meine Handtasche gestohlen.

ernd um Hilfe zu bitten, sich an Leute zu klammern, aber warum ein derartiger Widerwille? Sollte das auf die Kindheit zurückgehen?

J.-P. S.: Ja, es wurde zuviel von den anderen erbeten, es wurde gesagt: sie können einem ruhig einen Gefallen tun, man muß sie fragen, dann tun sie es, etc. Und ich hatte eher den Eindruck, daß man ihnen auf die Nerven ging, wenn man sie um einen Gefallen bat. Bei mir liegt das bestimmt an der Vorstellung, daß ich den anderen belästige, wenn ich ihn um eine Auskunft bitte. Ich erinnere mich an eine Figur, von der Sie sagten, daß sie mir ähnlich sei ...

S. de B.: Monsieur Plume von Michaux.

J.-P. S.: Monsieur Plume wird fortwährend von den anderen gereizt, beunruhigt. Davon ist bestimmt etwas in mir.

S. de B.: Ja. Genau deshalb erinnerten Sie mich an Monsieur Plume: zu ersticken, während niemand einen daran hindert, ein Fenster zu öffnen. Monsieur Plume von Michaux, der war ganz genauso.

J.-P. S.: Ja. Ich hielt die Leute für feindselig.

S. de B.: Feindselig gegenüber wem?

J.-P. S.: Gegenüber mir, wenn ich sie um etwas bat.

S. de B.: Demnach feindselig gegenüber den Leuten im allgemeinen?

J.-P. S.: Den anderen gegenüber, ich weiß nicht, weil sie ihre Art zu fragen hatten.

S. de B.: Warum Ihnen gegenüber, solange Sie ein anonymer Passant sind?

J.-P. S.: Weil sich das mit einer Vorstellung von mir selbst verbunden hat, ich dachte, daß ich den Leuten physisch nicht angenehm bin. Vielleicht hat das Gefühl, häßlich zu sein, um das ich mich nicht sehr gekümmert habe, obwohl es existierte, sich dahin verzogen.

S. de B.: Sie sind nicht so häßlich, daß eine schwangere Frau wegliefe, wenn Sie sie fragen, wo die Rue de Rome ist ...

J.-P. S.: Nein, das habe ich nie gedacht. Aber man kann denken, daß nach der Rue de Rome zu fragen, wenn man häßlich ist, der Person, an die man sich wendet, eine unangenehme Gegenwart zumuten heißt.

S. de B.: Das muß eine Sache aus der Kindheit sein. Sie dürfen nämlich nicht übertreiben: Sie sind nicht häßlicher als die Mehrheit der Männer.

J.-P. S.: Doch, weil ich schiele.

S. de B.: So schön sind sie nicht.

J.-P. S.: Nein, sie sind nicht schön, die Männer.

S. de B.: Aber wirklich, wegen einer so einfachen Sache ...

J.-P. S.: Aber das muß wichtig sein. Es muß, als ich jung war, eine Verbindung eines anderen zu mir gegeben haben, in der der andere das wesentliche Element war und ich das sekundäre.

S. de B.: Das ist immer so, wenn man sehr jung ist. Es sei denn, man nimmt die Dinge im Gegenteil in totaler Aggressivität.

J.-P. S.: Was nicht auf mich zutraf. Ja, ich mochte es nicht, als Neuer in eine Klasse zu gehen. Ich mochte das nicht, ich mochte die Kinder nicht, die da waren. Später kannte man sich, man arrangierte sich, aber zunächst waren das für mich feindselige Leute.

S. de B.: Heißt das, daß Sie, wenn Sie in eine Gruppe hineinkamen, den Eindruck einer Feindseligkeit *a priori* hatten? Haben Sie das auch gefühlt, als Sie zum Militärdienst gekommen sind? Ich meine in Saint-Cyr, denn danach waren Sie sehr wenige.

J.-P. S.: Ja, gewiß.

S. de B.: Nicht, als Sie an die École Normale gekommen sind, denn da kannten Sie schon ...

J.-P. S.: Nein. Ich kannte zwar manche, aber insgesamt war da eine Feindseligkeit. Normalerweise ist der Mensch, der mich ansieht und der mir auf der Straße begegnet, feindselig.

S. de B.: Das sind sehr wichtige Dinge, um eine allgemeine Haltung zu erklären. Ich erinnere mich, daß ich, als ich meinen Fahrradunfall gehabt habe und wirklich scheußlich aussah, in einen Laden gegangen bin, mit dem Ladenbesitzer gesprochen habe und gedacht habe: «Mein Gott! Wie behindert man sein muß, wenn man sich häßlich fühlt!» Es ist dermaßen angenehm, sich als nette junge Frau zu fühlen. Ich hielt mich nicht für besonders schön, ich war etwa dreißig, die Beziehung war *a priori* gewissermaßen eine Beziehung der Verführung: ich ging ein Stück Brot kaufen, ich dachte, daß meine Gegenwart den Leuten angenehm war. Ich sagte mir: mein Gott, das muß die Beziehungen auf sehr subtile und sehr schwer zu beschreibende Art verändern, lebenslang entstellt zu sein.

J.-P. S.: Ja. Bloß Sie, das gebe ich zu, Sie waren damals häßlicher, als ich es normalerweise bin.

S. de B.: Natürlich. Aber das wollte ich nicht sagen. Im übrigen fühle ich die Beziehungen zu Menschen jetzt, wo ich alt bin, nicht in derselben Weise, wie als ich dreißig war.

J.-P. S.: Das ist sicher. Ich habe mich nie als netten Anblick gefühlt.

S. de B.: Ich meinte eine Art, sich im Verhältnis zu anderen in seiner Haut wohl zu fühlen.

J.-P. S.: Die ich gerade nicht gekannt habe.

S. de B.: Sie haben sie sicherlich aus vielen anderen Gründen als aus dem Mangel an Schönheit nicht gekannt, denn zunächst einmal waren Sie nicht häßlich ...

J.-P. S.: Doch, ich war häßlich. Aber das hätte mich nicht sehr stören dürfen.

S. de B.: Das sind sicherlich Kindheits-, Jugendkomplexe. Als das Mädchen «häßlicher Dummkopf» zu Ihnen gesagt hat, muß Sie das sehr nachhaltig geprägt haben.

J.-P. S.: Ja, und dann hängt das auch mit der Wiederverheiratung meiner Mutter und mit meinem Leben in La Rochelle zusammen.

S. de B.: Es ist merkwürdig, ich wiederhole es, dieser Kontrast zwischen Ihrer Starrheit und zugleich einer Offenheit, einer Freundlichkeit, einer Herzlichkeit, sobald ...

J.-P. S.: Sobald man sich an mich wendet, um mich etwas zu fragen, das läßt nach.

S. de B.: Ja, weil Sie jetzt anerkannt sind. Wir sprechen heute in der Gegenwart, aber es ist nicht diese Gegenwart, die interessant ist: als Sie vierzig, als Sie fünfzig waren, war dieser Kontrast sehr auffällig. Etwas davon ist Ihnen geblieben, aber es ist überholt. Es sind Haltungen, die beschrieben werden müssen, weil sie mich erstaunt haben, als Sie viel jünger waren.

S. de B.: Sprechen wir über Ihre Beziehung zu Frauen: was können Sie darüber sagen?

J.-P. S.: Von Kindheit an sind sie von meiner Seite her Objekte des Theaterspielens, großer Demonstrationen, der Verführung gewesen. Schon im Alter von sechs bis sieben Jahren hatte ich Bräute, wie man sagte. In Vichy hatte ich vier oder fünf. In Arcachon habe ich ein kleines Mädchen sehr gern gehabt, das im Jahr darauf gestorben ist, das Tuberkulose hatte. Ich war sechs Jahre alt, es war die Zeit, als ich in einem Schiffchen aus Holz mit einer Schaufel fotografiert wurde. Ich umwarb diese Kleine, die sehr lieb war, die aber gestorben ist. Ich setzte mich neben ihren Rollstuhl, sie mußte liegen, sie war schwindsüchtig.

S. de B.: Hat es Ihnen Kummer gemacht, als sie gestorben ist? Hat es Sie beeindruckt?

J.-P. S.: Ich erinnere mich nicht. Woran ich mich erinnere, ist, daß ich ihr Verse geschrieben habe und daß ich bei dieser Gelegenheit meinem Großvater welche in Briefen geschickt habe, das waren absolut unmögliche Verse.

S. de B.: Kinderverse.

J.-P. S.: Von einem sechsjährigen Kind, ohne Rhythmus. Jedenfalls schrieb ich welche. Und daneben waren dauernd überall kleine Mädchen, zu denen ich kaum Beziehungen hatte, aber doch die Vorstellung von Liebesbeziehungen.

S. de B.: Und wie waren Sie zu dieser Vorstellung gekommen? Durch Ihre Lektüre?

J.-P. S.: Bestimmt. Ich habe jedoch eine Erinnerung aus meinem fünften Lebensjahr, aber das ist bestimmt eine Erinnerung, wie sie viele Jungen haben: meine Eltern und meine Großeltern hatten mich in der Schweiz mit einem kleinen Mädchen am Seeufer allein gelassen. Und ich bin mit ihr im Zimmer geblieben, wir sahen durchs Fenster auf den See und haben Doktor gespielt. Ich war der Doktor, sie war die Patientin, und ich gab ihr einen Einlauf, sie zog ihr Höschen herunter, und alles andere folgte, ich hatte sogar ein Gerät, ich glaube, das war ein Klistier, das wahrscheinlich dazu diente, mir selbst Einläufe zu geben, als ich klein war, und ich habe ihr einen gegeben. Das ist eine sexuelle Erinnerung aus meinem fünften Lebensjahr ...

S. de B.: Machte das dem kleinen Mädchen Spaß, amüsierte es das?

J.-P. S.: Auf jeden Fall ließ es mich gewähren. Und ich denke, das machte ihm Spaß. Bis ich ungefähr neun war, habe ich Beziehungen gehabt, in denen ich den Angeber, den Verführer spielte. Ich wußte nicht, wie man verführte, aber ich hatte in Büchern gelesen, daß man ein guter Verführer sein konnte. Ich dachte, man müßte von den Sternen sprechen, seine Arme um die Taille oder die Schultern eines kleinen Mädchens legen, ihm die Schönheit der Welt in verzauberten Worten darstellen. Und dann, in Paris, hatte ich ein Kaspertheater mit einer Menge kleiner Figuren, in die ich meine Hände steckte. Ich nahm es mit in den Jardin du Luxembourg, ich steckte meine Hände in diese Figuren, ich stellte mich hinter einen Stuhl und dachte mir eine Szene aus, in der ich meine Figuren spielen ließ. Meine Zuschauer waren Zuschauerinnen, kleine Mädchen aus der Umgebung, die nachmittags dorthin kamen. Ich hatte natürlich ein Auge auf dieses oder jenes geworfen. Das alles hat nicht einmal gedauert, bis ich neun war, eher sieben, acht. Und ist es dann daher gekommen, daß ich eindeutig häßlich geworden war und nicht mehr interessierte? Auf jeden Fall habe ich etwa mit acht und ein paar Jahre lang überhaupt nichts mit kleinen Mädchen auf der Straße oder in den Parks zu tun gehabt. Außerdem wird das in dem Alter, mit zehn, zwölf etwa, für die Eltern zweideutiger, das werden kleine Dramen, kleine Geschichten. Vielleicht ist das der Grund. Andererseits waren in der Umgebung meiner Mutter und meiner Großmutter junge Frauen im Alter meiner Mutter, häufig Schülerinnen meines Großvaters oder Freundinnen meines Großvaters, zu denen ich eine gewisse Beziehung hatte.

S. de B.: Wollen Sie sagen, daß die Frauen im Alter Ihrer Mutter anziehend für Sie waren? Manche von ihnen?

J.-P. S.: Ja. Nur konnte ich mir nicht vorstellen, Beziehungen wie ein Verlobter zu Frauen zu haben, die zwanzig Jahre älter waren als ich. Sie waren zärtlich zu mir. Meine ersten sinnlichen Empfindungen haben sich vor allem im Umgang mit Frauen entwickelt.

S. de B.: Im Umgang mit älteren Frauen eher als mit kleinen Mädchen?

J.-P. S.: Ja. Die kleinen Mädchen mochte ich gern, sie waren meine wirklichen, für den Moment ausgewählten Gefährtinnen, aber es gab nicht viel Sinnlichkeit zwischen uns. Sie hatten keine

Formen, dabei haben mich die Formen der Frauen in sehr jungen Jahren interessiert, die Brüste und die Schenkel. Sie tätschelten an mir herum, und das gefiel mir. Ich erinnere mich an ein Mädchen, an das ich zwei widersprüchliche Erinnerungen habe: das war ein schönes und kräftiges Mädchen von achtzehn Jahren, folglich viel zu alt für meine kleinen Mann-und-Frau-Spiele. Doch zwischen uns bestand eine Mann-Frau-Beziehung. Vielleicht hat sie sich aus Freundlichkeit, aus Liebenswürdigkeit auf dieses kleine Spiel eingelassen. Ich fand sie schön und war ziemlich verliebt in sie, ich war damals sieben, und sie war achtzehn. Das war im Elsaß.

S. de B.: Und als Sie ein bißchen älter waren, als Sie zehn, zwölf Jahre alt waren?

J.-P. S.: Da ist nichts gewesen. Bis zum elften Lebensjahr war ich auf dem Lycée Henri IV. Ich sah nur die Freundinnen meiner Mutter und sehr wenige kleine Mädchen. Und dann, mit elf Jahren, bin ich nach La Rochelle gezogen. Die Bekanntschaften meines Stiefvaters und seine Einstellung zum Leben machten mir die Beziehungen zu kleinen Mädchen unmöglich. Seiner Meinung nach sollte ich in meinem Alter mit Jungen verkehren. Meine Schulkameraden sollten meine Kameraden sein, und meine Eltern kannten nur den Präfekten, den Bürgermeister, Ingenieure, solche Leute, und es ergab sich, daß diese Leute keine kleinen Mädchen hatten. Folglich war ich in La Rochelle völlig einsam und habe nur vage Gefühle für zwei oder drei Freundinnen meiner Mutter gehabt, aber das war wenig. Ich hatte sicher ziemlich sexuelle Gefühle für meine Mutter. Mit dreizehn oder vierzehn Jahren habe ich eine Mastoiditis gehabt, ich bin operiert worden, ich habe drei Wochen in einem Zimmer in einer Klinik gelegen, und meine Mutter hat sich ein Bett bei mir aufstellen lassen, ein Bett, das im rechten Winkel zu meinem stand. Abends, wenn ich einschlief, zog sie sich aus und zeigte sich wahrscheinlich fast nackt. Ich blieb mit halbgeschlossenen Augen wach, um sie durch die Wimpern hindurch zu sehen, um sie ausgezogen zu sehen. Meine Kameraden fanden sie übrigens wohl nach ihrem Geschmack, denn wenn sie hin und wieder weibliche Gegenstände oder Personen nach ihrem Geschmack aufzählten, erwähnten sie meine Mutter auf ihrer Liste. In La Rochelle habe ich ein

Erlebnis mit der kleinen Lisette Joirisse gehabt. Das war die hübsche kleine Tochter eines Verkäufers von Schiffsausrüstung. Sie ging auf dem Quai von La Rochelle spazieren, auf dem inneren Quai, ich fand sie bildschön. Sie wußte, daß sie schön war, denn ein Haufen Jungen lief ihr nach. Ich sagte meinen Kameraden, daß ich Lisette Joirisse treffen wollte, und sie antworteten mir, das wäre leicht, und eines Tages sagten sie mir, ich brauchte sie nur auf der Promenade anzusprechen. Sie war tatsächlich da, mit mehreren Jungen, die auf sie einredeten. Ich stand mit Kameraden auf der anderen Seite der Promenade. Ich wußte nicht so recht, was ich tun sollte, und außerdem wußte sie Bescheid. Sie hat gemerkt, daß sie nichts Amüsantes aus mir würde herausholen können, wenn sie bei ihnen stehenblieb. Sie ist mit dem Fahrrad durch die Alleen gefahren, und ich bin ihr gefolgt. Es ist nichts dabei herausgekommen. Aber als ich am nächsten Tag wiedergekommen bin, hat sie sich zu mir umgedreht und hat vor meinen Kameraden zu mir gesagt: «So ein alter Dummkopf, mit seiner Brille und seinem großen Hut.» Diese Worte haben mich in Wut und Verzweiflung gestürzt. Und danach sah ich sie zwei- oder dreimal wieder. Einmal hat ein Mitschüler, der es gern gehabt hätte, wenn ich nicht Bester im griechischen Aufsatz geworden wäre, zu mir gesagt, daß sie mich um elf Uhr erwartete. Der griechische Aufsatz wurde von acht bis zwölf Uhr geschrieben. Also mußte ich den Aufsatz um Viertel vor elf abgeben, das tat ich auch und bekam eine verheerende Note. Natürlich wartete am vereinbarten Ort niemand auf mich. Und ein andermal sah ich sie auf der Mole, wie sie von der Mole in den Sand sprang. Ich habe mich ganz dumm neben sie gestellt, aber ich habe nicht mit ihr sprechen können, ich habe nichts gesagt. Sie hat bemerkt, daß ich da war, hat aber weitergespielt und sich gefragt, ob ich nun eine Dummheit sagen würde oder nicht.

S. de B.: Haben Sie mit diesem Mädchen nie einen Austausch, einen Spaziergang, ein Gespräch, ein Spiel gehabt?

J.-P. S.: Nichts, niemals.

S. de B.: Sie haben nie irgendeine Beziehung zu ihr gehabt?

J.-P. S.: Keine.

S. de B.: Gab es in La Rochelle andere Mädchen, denen Sie den Hof gemacht haben?

J.-P. S.: Zusammen mit zwei Kameraden habe ich der Tochter der Platzanweiserin eines Kinos den Hof gemacht. Wir haben sie kennengelernt, und sie interessierte sich viel mehr für Pelletier und Boutiller, die ganz schöne Jungen waren, als für mich. Aber immerhin traf sie sich mit uns dreien. Das ging nicht sehr weit, wir unterhielten sie, wir brachten sie nach Hause, und das war alles. Ich redete wie die beiden anderen. Wir gingen ins Kino, und da ihre Mutter Platzanweiserin war, setzte sie sich zu uns und redete mit uns. Sie war sehr schön, soweit ich mich erinnere, aber das hat keine Folgen gehabt. Ich war wahrscheinlich als Verführer nicht brillant. Ich glaube, das sind die einzigen Erlebnisse mit Frauen, die bis zu meinem fünfzehnten Lebensjahr für mich existiert haben, das heißt, bis ich La Rochelle verließ, um nach Paris auf das Lycée Henri IV zu gehen. Mein Großvater hatte darauf bestanden, daß ich dort mein Abitur vorbereitete. Ich hätte es genausogut in La Rochelle ablegen können, aber er dachte, daß dieser Wechsel mir guttun könne. In Paris war ich im ersten Jahr im Internat, was eine ungeheure Veränderung für mich war, und bekam tatsächlich die Auszeichnung als bester Schüler, was mir in La Rochelle nicht gelungen wäre.

S. de B.: Kommen wir auf die Frauen zurück, wie ist das in Paris gewesen?

J.-P. S.: In Paris ist bei mir eine vage homosexuelle Neigung aufgetaucht: in den Schlafsälen wagte ich mich so weit vor, Jungen die Hose auszuziehen.

S. de B.: Das war eine sehr leichte Neigung.

J.-P. S.: Aber sie existierte. Habe ich in dem Jahr eine entfernte Cousine von Nizan mit in den Louvre genommen? Sie war nicht sehr hübsch, und ich dachte, daß sie mich nicht sehr verführerisch fand.

S. de B.: Aber Sie hatten ein Schema im Kopf: ein junger Mann muß Geschichten mit Frauen haben, das stand ein für allemal fest.

J.-P. S.: Ja. Als Schriftsteller, später, mußte ich Liebesverhältnisse mit einem Haufen Frauen haben, mit Leidenschaften, etc. Das stammte aus den Büchern über große Schriftsteller.

S. de B.: Und hatten Ihre Kameraden, Nizan zum Beispiel, dasselbe Schema und richteten sie sich danach?

J.-P. S.: Genau. Sie richteten sich so gut es ging danach, denn sie waren sehr jung.

S. de B.: Und nicht sehr reich, aber immerhin hatten sie diese Vorstellung.

J.-P. S.: Sie waren in Madame Chadel verliebt, die Mutter eines Mitschülers, worüber wir uns ganz schön lustig machten. Ich glaube, in der Prima habe ich keine großen Geschichten gehabt.

S. de B.: Und danach?

J.-P. S.: In der Philosophieklasse auch nicht.

S. de B.: Und wann haben Sie zum erstenmal mit einer Frau geschlafen?

J.-P. S.: Im Jahr darauf. Ich war auf dem Lycée Louis-le-Grand. Ich hatte das zweite Abitur auf dem Henri IV gemacht, die *khâgne* dort war sehr schön, mit Alain als Philosophielehrer, und ich weiß nicht, warum ich vom Henri IV heruntergenommen wurde. Ich wurde ins Louis-le-Grand gesteckt, das eine ernste, langweilige *khâgne* hatte, dort bin ich geblieben und von da bin ich auf die École übergewechselt. Das ist kompliziert: zuerst war da eine Frau, die aus Thiviers kam, die Frau eines Arztes. Eines Tages, ich weiß nicht wieso, hat sie mich an der Schule abgeholt, ich habe ihr gesagt, daß ich im Internat wäre, und sie hat gesagt, daß das schade wäre, aber ob ich nicht am Donnerstag und am Sonntag frei hätte? Ich habe ja gesagt, und sie hat mir für den folgenden Donnerstag um zwei Uhr nachmittags ein Rendezvous bei einer Freundin gegeben. Ich habe zugesagt, ich habe nicht so recht verstanden. Ich habe zwar begriffen, daß sie Lust auf körperliche Beziehungen mit mir hatte, aber ich habe nicht so recht begriffen warum, denn ich hatte nicht den Eindruck, ihr zu gefallen.

S. de B.: War denn irgend etwas zwischen Ihnen gewesen, als Sie sie vorher in Thiviers getroffen hatten?

J.-P. S.: Nichts.

S. de B.: Hatten Sie sie lange gekannt?

J.-P. S.: Nein. Ich bin äußerst überrascht gewesen, sie vor der Schule ankommen zu sehen, ich kann Ihnen nicht erklären, was in ihrem Kopf vorgegangen ist. Ich bin zu diesem Rendezvous gegangen, und sie hat mir zu verstehen gegeben, daß wir miteinander schlafen könnten.

S. de B.: Wie alt war sie?

J.-P. S.: Dreißig. Und ich war achtzehn. Ich habe es ohne große Begeisterung gemacht, denn sie war nicht sehr hübsch, na ja, sie war nicht schlecht, ich habe es einigermaßen hingekriegt, sie schien zufrieden zu sein.

S. de B.: Ist sie wiedergekommen?

J.-P. S.: Nein.

S. de B.: Dann war sie vielleicht doch nicht so zufrieden. Hat sie Ihnen kein weiteres Rendezvous gegeben?

J.-P. S.: Nein, sie ist am nächsten Tag wieder weggefahren. Anders gesagt, sie hat mich an der Schule abgeholt, um sich vögeln zu lassen. Und dann ist sie wieder nach Hause gefahren.

S. de B.: Haben Sie nie wieder etwas von ihr gehört?

J.-P. S.: Vielleicht wußte sie nicht, wo ich war. Ich habe von dieser Geschichte nie etwas begriffen, ich gebe sie wieder, wie sie sich abgespielt hat. Im gleichen Jahr oder im Jahr darauf traf ich, wenn ich donnerstags ausging, im Jardin du Luxembourg Mitschüler vom Henri IV, sie trafen sich mit Mädchen, Mädchen aus dem Quartier Saint-Michel und vor allem mit der Hausmeisterstochter des Lycée Henri IV. Wir trafen uns mit ihnen, wir gingen mit ihnen aus – ich war im Internat –, wir befummelten sie ein bißchen, und dann haben sie sich, fast alle, in Zimmern mit uns verabredet, wir haben mit ihnen geschlafen, und ich selbst habe mit einem Mädchen geschlafen, das mir in meiner Erinnerung hübsch erscheint, sie muß achtzehn gewesen sein. Sie schlief ohne weiteres mit einem.

S. de B.: Haben Sie ein Verhältnis mit ihr gehabt, oder war das auch nur das eine Mal?

J.-P. S.: Einmal, aber bei den anderen war es genauso. Sie ist vorher und nachher sehr nett zu mir gewesen, sie war also nicht enttäuscht, es war nicht so, daß sie etwas wollte, was ich ihr nicht gab. Sie war mit dem zufrieden.

S. de B.: Warum ist das für Ihre Kameraden wie für Sie nicht weitergegangen?

J.-P. S.: Weil wir für diese Mädchen gleichzeitig so etwas wie Verachtung hegten.

S. de B.: Warum?

J.-P. S.: Wir waren der Ansicht, daß ein junges Mädchen sich nicht einfach so hingeben dürfte.

S. de B.: Aha! Sie hatten also eine Sexualmoral! Das ist immerhin amüsant!

J.-P. S.: Anders gesagt, wir verglichen die Töchter der Freundinnen unserer Mütter mit den Mädchen, die wir so trafen, die Bürgerstöchter waren natürlich Jungfrauen. Wenn man vage Flirts mit ihnen hatte, ging das nicht viel weiter als ein Kuß auf den Mund, wenn überhaupt! Die anderen dagegen, mit denen konnte man, wenn es sich ergab, schlafen.

S. de B.: Sie mißbilligten das, als gute Bürgersöhnchen, die Sie waren?

J.-P. S.: Ja, wir mißbilligten es nicht direkt, aber ...

S. de B.: Sie waren es zufrieden, davon zu profitieren, und gleichzeitig hatten Sie die Vorstellung: «Seine Mätresse heiratet man nicht.» Obwohl das Heiraten Ihnen sehr fern lag, aber Ihrer Meinung nach hätte ein Mädchen so etwas jedenfalls nicht tun dürfen. Ich will damit sagen, daß eher Sie und Ihre Kameraden sich zurückhielten, Sie wollten kein Verhältnis mit diesen Frauchen.

J.-P. S.: Da ist etwas dran, ja.

S. de B.: Wann sind Sie diese dumme Vorstellung losgeworden, daß Mädchen, die unkompliziert, zwanglos ins Bett gehen, mehr oder weniger Nutten sind?

J.-P. S.: Oh, sehr schnell. Sobald ich ein bißchen mit Frauen geschlafen habe, habe ich das nicht mehr so gesehen. Das war nur damals, als ich noch auf dem Lycée war.

S. de B.: Noch sehr von der bürgerlichen Erziehung geprägt.

J.-P. S.: Unbedingt. Sobald ich auf der École gewesen bin, war es vorbei.

S. de B.: Das waren rein sexuelle Sachen; hat es vor der ersten großen Geschichte andere gegeben?

J.-P. S.: Nein.

S. de B.: Die Beziehung mit Camille, mit Ihrer Verlobten und mit einigen Sorbonne-Studentinnen kenne ich gut, und wir haben unsere Geschichte gehabt, die ein bißchen etwas anderes ist.

J.-P. S.: Ja.

S. de B.: Aber man darf nicht aus den Augen verlieren, daß sie existiert, um Ihre anderen Beziehungen zu Frauen zu verstehen. Wir sprechen ein anderes Mal darüber. Was ich Sie fragen möchte – da Sie mir, als wir uns kennengelernt haben, sofort gesagt haben, daß Sie polygam wären, daß Sie nicht die Vorstellung hätten, sich auf eine einzige Frau, auf eine einzige Geschichte zu beschränken, das ist so vereinbart gewesen, haben Sie tatsächlich Geschichten gehabt –, was ich wissen möchte, ist: was hat Sie bei diesen Geschichten besonders an den Frauen angezogen?

J.-P. S.: Irgend etwas!

S. de B.: Wie?

J.-P. S.: Die Qualitäten, die ich von den Frauen verlangen konnte, die ernsthafteren Qualitäten hatten Sie meiner Meinung nach. Folglich entlastete das die anderen Frauen, die einfach nur hübsch sein konnten, zum Beispiel. Da Sie viel mehr darstellten, als ich Frauen geben wollte, ist es so gekommen, daß die anderen weniger bekommen haben, und daher haben sie selbst weniger eingesetzt. Im großen ganzen, denn es hat welche gegeben, die eine ganze Menge eingesetzt haben. Aber im allgemeinen war es nicht so.

S. de B.: Trotzdem ist Ihre Antwort «irgend etwas» merkwürdig. Man könnte meinen, daß Sie, sobald Ihnen eine Frau über den Weg lief, bereit waren, eine Geschichte mit ihr anzufangen.

J.-P. S.: Mein Gott ...

S. de B.: Das stimmt nicht, denn manchmal haben sich Frauen Ihnen an den Hals geworfen, und Sie haben sie zurückgewiesen. Es hat eine Menge Frauen gegeben, die Sie getroffen haben und mit denen Sie keine Geschichte gehabt haben.

J.-P. S.: Ich habe einige Träume gehabt, Liebesträume, die mir eine Art Modell geliefert haben: das war eine Blondine, und manchmal habe ich in meinem Leben eine getroffen, die ihr ähnelte. Aber nie in wichtigen Geschichten. Trotzdem habe ich dieses Gesicht noch im Kopf, eine hübsche Blondine. Sie war angezogen wie ein kleines Mädchen, ich war etwas älter als sie, und wir spielten am Wasserbecken des Jardin du Luxembourg mit dem Reifen.

S. de B.: Ist das eine wahre Geschichte, oder ist es eine Geschichte, die Sie geträumt haben?

J.-P. S.: Nein, das ... habe ich geträumt.

S. de B.: Ach so! Sie träumten von Kinderlieben.

J.-P. S.: Nein, diese Kinderlieben stellten die Liebe dar. Nur hatte ich nackte Beine, und sie war angezogen wie ein kleines

Mädchen, aber das stellte Ereignisse in meinem damaligen Alter dar, als ich zwanzig war. Verstehen Sie? Ich träumte mit zwanzig in einer symbolischen Form von einem Reifenspiel mit einem kleinen Mädchen.

S. de B.: Mit einem kleinen Mädchen, und Sie selbst waren ein kleiner Junge.

J.-P. S.: In Wirklichkeit waren wir beide älter, und das Reifenspiel stellte sexuelle Beziehungen dar, wahrscheinlich weil der Reifen und das Stöckchen typische Symbole für mich waren. Ich empfand sie im Traum übrigens so. Das ist ein Traum, den ich mit zwanzig geträumt habe. Und in diesem Traum gab es keinen Vorrang, der Mann war der Frau in nichts überlegen, kein Machismus. Ich habe in diesen Tagen gedacht, daß die Männer machistisch sind, sehr tief, bestimmt, aber das bedeutet nicht, daß sie die Macht haben wollen. Sie halten sich für als den Frauen überlegen, aber sie vermischen das mit der Idee der Gleichheit des Mannes und der Frau, das ist sehr merkwürdig.

S. de B.: Das hängt davon ab, welche.

J.-P. S.: Jedenfalls viele. Die meisten Männer, die wir kennen. Das soll nicht heißen, daß das Ergebnis nicht machistisch wäre, aber in Gesprächen, im Alltagsleben gebrauchen sie Formeln, die egalitär sind. Sie können machistische Sachen sagen, ohne es zu merken, und ihre egalitäre Definition der Beziehung zwischen den Geschlechtern ist immer etwas beflissen. Aber trotzdem ist der Machismus nicht etwas, worauf die Männer sich gerne berufen, zumindest die nicht, mit denen wir verkehren. Man müßte natürlich sehen, wie das in anderen Milieus ist.

S. de B.: Aber um auf Sie zurückzukommen, was hat Sie hauptsächlich an Frauen angezogen, und in welchem Maße sind Sie für Gleichberechtigung gewesen? In welchem Maße hatten Sie eine bestimmte Rolle, sagen wir imperialistisch oder beschützend, gegenüber den Frauen?

J.-P. S.: Ich denke, ich bin sehr beschützend gewesen und folglich imperialistisch. Sie haben es mir im übrigen oft vorgeworfen, nicht Ihnen gegenüber, aber Frauen gegenüber, mit denen ich neben Ihnen zusammen war. Jedoch nicht immer, denn mit der bedeutendsten von ihnen hatte ich eine egalitäre Beziehung, und sie hätte eine andere Beziehung nicht toleriert. Aber kommen wir auf das zurück, was ich von den Frauen verlangte. Ich glaube vor allem eine gefühlvolle Atmosphäre. Keine eigentliche Sexualität, aber Gefühl mit einem sexuellen Hintergrund.

S. de B.: Zum Beispiel haben Sie in Berlin eine Geschichte gehabt. Mit einer Frau, die Sie die «Mondfrau» genannt haben. Was gefiel Ihnen an ihr?

J.-P. S.: Das frage ich mich selbst.

S. de B.: Sie war nicht sehr hübsch, nicht sehr intelligent.

J.-P. S.: Nein.

S. de B.: War es nicht ein bißchen das Verderbte?

J.-P. S.: Da war einmal das Verderbte und dann ... der Argot eines Nachbardorfes. Sie sprach nicht ganz den Montparnasse-Argot, der der unsere war, aber sie sprach einen Argot der benachbarten Viertel des Quartier Latin. Das vermittelte mir den Eindruck eines Denkens, das im Grunde weniger entwickelt als unseres, doch gleichrangig war. Was völlig falsch war, aber das war eine Idee, die ich im Kopf hatte. Das war ein etwas besonderer Fall. Ja, ich glaube, daß ich in einer allgemeinen Weise machistisch gewesen sein muß, weil ich in einer Familie von Machisten erzogen worden war. Mein Großvater war machistisch.

S. de B.: Die Zivilisation war machistisch.

J.-P. S.: Aber in meinen Beziehungen mit diesen Frauen war der Machismus nicht vorherrschend. Natürlich hatte jeder eine Rolle, und meine Rolle war mehr eine aktive und eine vernünftige Rolle. Die Rolle der Frau war die affektive Rolle. Das ist etwas sehr Klassisches. Aber diese Affektivität betrachtete ich nicht als der Praxis und dem Gebrauch der Vernunft unterlegen. Das waren verschiedenartige Veranlagungen. Das hieß nicht, daß die Frau nicht fähig war, den Verstand genausogut zu gebrauchen wie ein Mann, daß eine Frau nicht Ingenieur oder Philosoph werden konnte. Das hieß bloß, daß sie affektive, manchmal sexuelle Werte hatte. Es war diese Einheit, die ich an mich zog, weil ich meinte, eine Beziehung mit so einer Frau zu haben, bedeutet, teilweise Besitz von ihrer Affektivität zu ergreifen. Zu versuchen, sie für mich fühlen, empfinden zu lassen, hieß, diese Affektivität zu bekommen, und ich verschaffte sie mir, diese Affektivität.

S. de B.: Anders gesagt, Sie verlangten von den Frauen, daß sie Sie liebten.

J.-P. S.: Ja. Sie mußten mich lieben, damit diese Sensibilität etwas wurde, was mir gehörte. Wenn sie sich mir hingaben, sah ich diese Sensibilität auf ihrem Gesicht, am Gesichtsausdruck, den sie hatten, und diese Sensibilität auf ihrem Gesicht wiederzufinden, war so, als ergriffe ich Besitz von ihr. Tatsächlich habe ich selbst manchmal in meinen Notizen, manchmal in meinen Büchern erklärt – und ich denke es immer noch –, daß Sensibilität und Intelligenz nicht getrennt sind, daß Sensibilität Intelligenz ist, oder vielmehr auch Intelligenz, und daß schließlich ein rationaler, mit theoretischen Problemen beschäftigter Mensch etwas Abstraktes ist. Ich dachte, daß man eine Sensibilität hat und daß die Arbeit der Kindheit, der Jugend darin besteht, diese Sensibilität abstrakt und verstehend und forschend zu machen, so daß nach und nach ein Männerverstand daraus wird, eine Intelligenz, die Probleme experimenteller Art bearbeitet.

S. de B.: Sie wollen sagen, daß diese Sensibilität bei den Frauen nicht zugunsten des Verstandes verrenkt wurde.

J.-P. S.: Ja, sie wurde es manchmal, wenn die Frauen Agrégées oder Ingenieurinnen etc. waren. Sie waren absolut imstande, dasselbe zu machen wie die Männer, aber eine bestimmte Neigung, einmal durch die Erziehung, die sie erhielten, und dann durch das, was sie von innen her fühlten, verschaffte ihnen zunächst die Affektivität. Und da sie aus Gründen der materiellen, sozialen Verhältnisse, auf Grund des von der Gesellschaft geschaffenen und aufrechterhaltenen Frauentyps im allgemeinen nicht sehr weit aufgestiegen, blieb ihre Sensibilität intakt. Diese Sensibilität enthielt Verständnis für den anderen. Wie meine Beziehungen zu Frauen in intellektueller Hinsicht waren? Ich sagte ihnen Dinge, die ich dachte, ich wurde oft mißverstanden, aber gleichzeitig wurde ich durch eine Sensibilität verstanden, die meine Idee bereicherte.

S. de B.: Ja. Könnten Sie Beispiele angeben? Welche Art von Bereicherung Ihnen das gebracht hat?

J.-P. S.: Eine Bereicherung zu bestimmten Fällen, konkreten Fällen, affektiven Interpretationen dessen, was ich auf einer intellektuellen Ebene sagte.

S. de B.: Insgesamt hielten Sie sich trotzdem für intelligenter als alle Frauen, zu denen Sie eine Beziehung gehabt haben.

J.-P. S.: Intelligenter ja. Aber ich hielt die Intelligenz für eine bestimmte Entwicklung der Sensibilität, und ich dachte, daß sie nicht bis auf die Stufe gekommen waren, auf der ich war, weil die sozialen Umstände es nicht erlaubt hatten. Ich dachte, daß im Grunde die ursprüngliche Beziehung zwischen ihrer Sensibilität und meiner die gleiche war.

S. de B.: Sie sagten, daß Sie den Frauen gegenüber mehr oder weniger dominierend gewesen sind.

J.-P. S.: Ja, weil mein Standpunkt nicht einfach war. Das Dominieren stammte aus der Kindheit. Mein Großvater dominierte gegenüber meiner Großmutter. Mein Stiefvater dominierte gegenüber meiner Mutter.

S. de B.: Ja.

J.-P. S.: Und ich habe das als eine Art abstrakte Struktur behalten ...

S. de B.: Und außerdem war in allen Büchern, in allen Geschichten berühmter Männer, von denen Sie sich sehr anregen ließen, immer der Mann der Held.

J.-P. S.: Natürlich. Deshalb interessierte mich der Fall Tolstoi. Es war einer der Fälle, der zum Skandal wurde. Da mißbrauchte der Mann seine Macht. Jedenfalls, was ich sagen wollte, war, daß es da um einen Typus, um ein Schema ging. Aber letzten Endes dachte ich schon damals, daß es auf die Erziehung zurückzuführen war. Später, etwa mit fünfunddreißig, vierzig habe ich gedacht, daß Intelligenz und Affektivität ein Entwicklungsstadium des Individuums darstellen. Mit sechs oder fünf Jahren ist man nicht intelligent und sensibel, man ist affektiv sensibel und intellektuell sensibel. Aber das geht nicht weit. Und nach und nach kann die Sensibilität ziemlich stark bleiben und die Intelligenz sich entwickeln, oder die Sensibilität kann die Oberhand über die Intelligenz gewinnen, oder die Intelligenz kann sich ausschließlich entwickeln und die Sensibilität unentwickelt bleiben. Sie hat die Intelligenz hervorgebracht, aber sie ist darunter unentwickelt geblieben. So daß dieses Dominieren, das ein Schema, ein soziales Symbol war, für mich, der es herzustellen suchte, absolut nicht gerechtfertigt war. Ich meinte nicht, daß ich, weil ich intelligenter war, in der Paarbeziehung die Oberhand haben und dominieren müßte. Sondern das stellte sich vielmehr in der Praxis ein, weil ich dahin tendierte, weil *ich* die Frauen suchte, die Beziehungen zu mir gehabt haben. Und folglich war ich es, der sie führen mußte. Ich war der Herr der Beziehungen, ich mußte sie führen. Was mich im Grunde interessierte, war, meine Intelligenz wieder mit Sensibilität zu durchtränken.

S. de B.: Sie eigneten sich die spezifischen Züge der Frauen an...

J.-P. S.: Ich eignete mir die spezifischen Züge der Frauen an, so wie man sie sich in dem Moment vorstellte.

S. de B.: Und so, wie sie übrigens oft waren. Haben Sie sich nie von einer häßlichen Frau angezogen gefühlt?

J.-P. S.: Wirklich häßlich und vollständig häßlich, nein, nie.

S. de B.: Man könnte sogar sagen, daß alle Frauen, mit denen Sie befreundet gewesen sind, eindeutig hübsch waren oder zumindest sehr anziehend oder charmant.

J.-P. S.: Ja, ich legte Wert darauf, daß eine Frau in ihrer Beziehung zu mir hübsch war, denn das war eine Art und Weise, meine Sensibilität zu entwickeln. Das waren irrationale Werte, Schönheit, Charme etc. Das heißt rational, wenn man will, man kann eine Interpretation, eine rationale Erklärung dafür geben. Aber wenn man den Charme einer Person liebt, liebt man etwas Irrationales, selbst wenn der Charme sich auf einer höheren Stufe durch Begriffe und Ideen erklärt.

S. de B.: Hat es keine Fälle gegeben, in denen Frauen Sie aus anderen Gründen als durch eigentlich weibliche Qualitäten angezogen haben: Charakterstärke, mehr etwas Intellektuelles und Moralisches als etwas rein Verführerisches und Weibliches? Ich denke da an zwei Personen, eine, mit der Sie keine Geschichte gehabt haben, die wir aber gern gemocht haben, die Sie gern gemocht haben, nämlich Christina. Und die andere ist die, die Sie vorhin erwähnt haben.

J.-P. S.: Ja, Christinas Charakterstärke schätzte ich. Ich hätte Christina nicht verstanden, wenn sie nicht diesen Charakter gehabt hätte. Gleichzeitig verwirrte mich das etwas. Aber das war eine sekundäre Qualität. Die primäre Qualität war sie, ihr Körper, ihr Körper nicht als Sexualobjekt, sondern ihr Körper und ihr Gesicht als zusammenfassender Ausdruck dieser unerforschlichen, nicht analysierbaren Affektivität, die die Grundlage meiner Beziehung zur Frau war.

S. de B.: War in Ihren Beziehungen zu Frauen auch etwas Pygmalionhaftes?

J.-P. S.: Das hängt davon ab, was Sie unter pygmalionhaft verstehen.

S. de B.: Eine Frau ein bißchen zu formen, ihr Dinge zu zeigen, sie weiterzubringen, sie Dinge zu lehren.

J.-P. S.: Sicher war das dabei. Was folglich eine provisorische Überlegenheit voraussetzte. Das war ein Stadium, danach entwickelte sie sich mit anderen oder allein. Ich ließ sie in ein bestimmtes Stadium übergehen. Und in dem Moment waren die eigentlich sexuellen Beziehungen eine Anerkennung dieses Übergangs und seiner Überschreitung. Davon ist bestimmt viel dabei.

S. de B.: Und was war an dieser Pygmalionrolle interessant für Sie?

J.P. S.: Das dürfte wohl die Rolle aller gegenüber jenen sein, denen sie helfen können, sich zu entwickeln.

S. de B.: Ja, das ist wahr. Aber das zog sie trotzdem in einer Weise an, die nicht so sehr geistig und dialektisch war, wie Sie es eben darstellten. Das war für Sie etwas viel Spürbareres. Das war eine echte Freude.

J.-P. S.: Ja, wenn ich in der Woche darauf manches wiederfand, was ich verstanden hatte und mit dem sie weitergekommen war, das freute mich.

S. de B.: Das ist nicht bei allen Frauen so gewesen.

J.-P. S.: Nein.

S. de B.: Es waren welche darunter, die sich jeder Art von Beeinflussung entschieden widersetzten.

J.-P. S.: Unbedingt ... Sexuelle Beziehungen zu Frauen, das war unumgänglich, weil die klassische Beziehung solche Beziehungen ab einem bestimmten Moment einschloß. Aber mir war das nicht so wichtig. Und eigentlich interessierte mich das nicht so sehr wie Zärtlichkeiten. Anders gesagt, ich war eher ein Frauenmasturbierer als ein Beischläfer. Und das hängt mit mir zusammen und mit der Art, wie ich Frauen sah. Das heißt, ich denke, daß viele Männer in der Art, wie sie Frauen verstehen, weiter sind als ich. In gewisser Weise sind sie zurück und in einer anderen weiter, weil sie vom Sexuellen ausgehen, und das Sexuelle heißt «mit jemandem schlafen».

S. de B.: Und nennen Sie das weiter sein oder zurück sein?
J.-P. S.: Weiter. Weiter infolge der Konsequenzen, die das hat. Anders gesagt, für mich bestand die wesentliche affektive Beziehung darin, daß ich küßte, streichelte, daß ich meinen Mund über einen Körper wandern ließ. Aber der Sexualakt, er existierte auch, und ich vollzog ihn, vollzog ihn sogar oft, aber mit einer gewissen Gleichgültigkeit.
S. de B.: Diese sexuelle Gleichgültigkeit im Verhältnis zu Frauen ist auch ein bestimmtes Verhältnis zu Ihrem Körper ... Ich würde gern verstehen, warum Sie immer diese sexuelle Kälte gehabt haben, wo Sie doch die Frauen so sehr liebten. Schieres Begehren hat Sie nie zu einer hingezogen ...
J.-P. S.: Nie.
S. de B.: Es war eher das «Romantische». Die Frau ist für Sie immer das «Romantische» im Stendhalschen Sinn gewesen.
J.-P. S.: Ja. Das unerläßliche Romantische. Man könnte fast sagen, daß der Mann in dem Maße, wie er sich darauf eingerichtet hat, einen Teil seiner Sensibilität zu verlieren und danach seine Intelligenz zu entwickeln, dahin gekommen ist, die Sensibilität des anderen, der Frau, zu beanspruchen, das heißt, Frauen zu besitzen, die sensibel waren, damit seine Sensibilität eine Frauensensibilität wurde.
S. de B.: Anders gesagt, Sie fühlten eine Unvollständigkeit in sich.
J.-P. S.: Ja. Ich dachte, daß ein normales Leben eine ständige Beziehung zur Frau voraussetzte. Ein Mann definierte sich zugleich durch das, was er machte, was er war und durch das, was er durch die Frau war, die mit ihm zusammen war.
S. de B.: Sie konnten mit Frauen Zwiesprachen haben, wie Sie sie mit Männern nicht hatten, weil diese intellektuellen Gespräche eine affektive Grundlage hatten.
J.-P. S.: Eine gefühlsmäßige.
S. de B.: Etwas Romantisches. Ich habe bemerkt – das ist übrigens sehr klassisch, das gehört sogar zu den Mythen, ist aber zugleich eine Realität – , daß es beinahe auf jeder Reise, die wir oder Sie gemacht haben, eine Frau gegeben hat, die für Sie die Verkörperung des Landes gewesen ist.
J.-P. S.: Ja.

S. de B.: In Amerika war es so mit M., in Brasilien mit Christina und mit anderen.

J.-P. S.: Das liegt zum Teil daran, daß einem eine Frau zwar nicht gerade in die Arme gelegt, aber als Begleiterin zugeteilt wurde, um einem die Schönheit des Landes nahezubringen.

S. de B.: Das wäre nicht ausreichend. In Rußland hat man Ihnen zuerst einen Mann mitgegeben, und offensichtlich hat das nicht zu freundschaftlichen Beziehungen mit ihm geführt.

J.-P. S.: Ich habe ihn von Anfang an abgelehnt. Aber in der Tat sind Reisen und Frauen auf Reisen wichtig für mich gewesen.

S. de B.: Das ist nicht bloß eine sexuelle Sache. In Wirklichkeit sind es sehr oft die Frauen, die das Land, das man besucht, am besten verkörpern. Wenn sie etwas Besonderes sind, sind sie interessanter als die Männer.

J.-P. S.: Weil sie sensibel sind.

S. de B.: Sie sind sensibel, und außerdem leben sie ein bißchen am Rande der Gesellschaft und kennen sie trotzdem gut. Wenn sie intelligent sind, haben sie eine viel interessantere Sicht als die Männer, die drin sind. Da ist auch objektiv die Tatsache, daß Sie Frauen gern gemocht haben, die wirklich anziehend waren. Sie waren es tatsächlich, das kann ich bezeugen, denn auch ich war, auf einer anderen Ebene, von ihnen angezogen.

J.-P. S.: Ja, wenn eine Frau ein ganzes Land repräsentiert, das ergibt viel Liebenswertes. Sie sind immer komplexer, wenn sie etwas am Rande des Landes leben. Christina repräsentierte das Dreieck des Hungers. Und sich gegen ein Land aufzulehnen, heißt noch lange nicht, daß man es nicht repräsentiert. Man repräsentiert es, und dann lehnt man sich auf.

S. de B.: Phantasieren Sie ein bißchen über das alles.

J.-P. S.: Alle Frauen, die ich gehabt habe, wenn ich versuche, mich heute an sie zu erinnern, sehe ich sie immer bekleidet vor mir, niemals nackt. Obwohl es mir meistens großen Spaß gemacht hat, sie nackt zu sehen. Nein, ich sehe sie bekleidet, als wäre die Nacktheit eine besondere, sehr intime Beziehung, aber... aber man muß Phasen überwunden haben, um dahin zu kommen.

S. de B.: Als wäre die Person wirklicher ...

J.-P. S.: Wenn sie bekleidet ist, ja, nicht wirklicher, sondern sozialer, zugänglicher, so als käme man zur Nacktheit nur über eine Menge zugleich physischer und geistiger Entkleidungen. Darin war ich wie viele Frauenliebhaber. Auf jeden Fall lebte ich mit ihnen in einer Geschichte, in einer Welt. Was mich hinderte, in *der* Welt zu leben, waren Sie.

S. de B.: Wie?

J.-P. S.: Die Welt erlebte ich mit Ihnen.

S. de B.: Ja, ich verstehe. Sie lebten in Welten innerhalb dieser Welt.

J.-P. S.: Welten innerhalb dieser Welt. Das bewirkte die untergeordnete Bedeutung dieser Beziehungen, außer natürlich der Charakter der Personen und alles, was es da an Objektivem gibt. Das war von vornherein versperrt.

S. de B.: Weil es unsere Beziehung gab. Eine andere Frage: sind Sie eifersüchtig gewesen, in welchen Situationen und wie? Was war die Eifersucht für Sie?

J.-P. S.: Im Grunde war mir das ein bißchen gleichgültig, wenn es in einer Geschichte mit irgendeiner Frau einen anderen gab. Das Wesentliche war, daß ich der Wichtigste war. Aber stellen Sie sich ein Dreiecksverhältnis vor, in dem es mich gegeben hätte, außerdem einen anderen, der eine größere Rolle spielte als ich, das war eine Situation, die ich nicht ertrug.

S. de B.: Ist diese Situation vorgekommen?

J.-P. S.: Weiß man das?

S. de B.: Haben Sie sie denn empfunden? Mit Olga, das ist ein ganz klarer Fall von Eifersucht gewesen, als sie angefangen hat, gern mit Zuorro zusammen zu sein. Dabei war die Beziehung, die Sie zu Olga hatten, überhaupt nicht besitzergreifend, weder sexuell noch besitzergreifend. Aber das hat trotzdem etwas ins Rollen gebracht und hat schließlich dazu geführt, daß es zum Bruch kam. Sie wollten in ihrem Herzen der Erste sein.

J.-P. S.: Ja.

S. de B.: Daß die «Mondfrau» einen Mann hatte, war Ihnen völlig gleich.

J.-P. S.: Völlig. Denn er war wirklich geringer, zumindest in ihrem Bewußtsein. Ich denke, mein Machismus bestand eher in einer bestimmten Art, das Universum der Frau als etwas Geringeres zu betrachten, aber nicht die Frauen, die ich kannte.

S. de B.: Ihre Pygmalionrolle zeigt, daß Sie eine Frau nie reduzieren, auf einem Stand belassen, halten wollten, der Ihnen auf irgendeiner Ebene geringer erschien.

J.-P. S.: Nein.

S. de B.: Sie haben die Frauen im Gegenteil immer dazu bringen wollen, daß sie vorankamen, daß sie lasen, diskutierten.

J.-P. S.: Ausgehend von der Idee, daß sie die gleiche Stufe wie ein hochintelligenter Mann erreichen sollten, daß es keinen intellektuellen oder geistigen Unterschied zwischen Frauen und Männern gab.

S. de B.: Und daß sie, wenn sie auf einer niedrigeren Stufe waren, dadurch als Personen keineswegs geringer waren. Das weiß ich: Sie haben keine Frau jemals für geringer gehalten.

J.-P. S.: Nein, nie.

S. de B.: Wie endeten Ihre Geschichten im allgemeinen? Haben Sie Schluß gemacht oder die Frauen oder die Umstände?

J.-P. S.: Mal der eine, mal der andere, mal die Umstände.

S. de B.: Haben Sie mit manchen von diesen Frauen Ärger gehabt?

J.-P. S.: Ärger, ja. Als Évelyne[1] eine Zeitlang nicht schrieb, weil sie einen Haufen komplizierte Geschichten hatte.

S. de B.: Oder als M. sich in Paris niederlassen wollte und anspruchsvoll wurde. Es gibt den Ärger mit den Frauen, die mehr verlangen, als man geben kann, das haben Sie ziemlich oft erlebt, und das endete im allgemeinen mit einem Bruch. Und es gibt die, die nicht genug geben.

J.-P. S.: Ja.

S. de B.: Im allgemeinen kommt das am Anfang Ihrer Beziehungen vor. Sie haben mit Olga Ärger gehabt.

J.-P. S.: Mit Olga, ja.

S. de B.: Sie haben mit Évelyne am Anfang Ärger gehabt.

J.-P. S.: Ja.

S. de B.: Am meisten verärgert habe ich Sie einerseits mit Olga gesehen, und dann mit Évelyne, in dem einen Sinn. Und dann, im anderen Sinn, weil man zuviel von Ihnen verlangte, das war natürlich mit M.

---

1 Évelyne, Lanzmanns Schwester, nannte sich am Theater Évelyne Rey. Sie hat in mehreren Stücken Sartres gespielt.

J.-P. S.: Ja, mit M. hatte ich viel Ärger.

S. de B.: Das ist vielleicht einer der einzigen Fälle, in dem Sie einen brutalen Bruch vollzogen haben.

J.-P. S.: Ja. Von einem Tag auf den anderen.

S. de B.: Sie haben zu ihr gesagt, schön, es ist vorbei, das kann so nicht weitergehen, weil es eskalierte.

J.-P. S.: Ja. Das ist merkwürdig, weil ich sehr an ihr gehangen habe, und das hat so aufgehört.

S. de B.: Sie haben wahnsinnig an ihr gehangen, sie ist übrigens die einzige, die mir angst gemacht hat. Sie hat mir angst gemacht, weil sie feindselig war. Auch an Évelyne haben Sie sehr gehangen. Aber wir waren befreundet, Évelyne und ich. Ich hatte sie wirklich sehr gern, das war überhaupt nicht dasselbe. Sie hätte gerne manches gehabt, was Sie ihr nicht gegeben haben, sie hätte Sie gerne weniger heimlich gesehen. Aber das ging ganz und gar nicht gegen mich.

J.-P. S.: Nein, ganz und gar nicht. Wenn ich mein Leben überdenke, glaube ich, daß die Frauen mir viel gegeben haben. Ohne die Frauen, ohne Sie, an erster Stelle, hätte ich das, was ich erreicht habe, nicht erreicht.

S. de B.: Wir wollen jetzt nicht von mir sprechen.

J.-P. S.: Meinetwegen. Andere haben mir Länder nahegebracht. M. hat mir immerhin Amerika gegeben. Sie hat mir viel gegeben. Die Wege, auf denen ich Amerika bereist habe, haben sie als Kreuzungspunkt.

S. de B.: Im allgemeinen waren die Frauen, die Sie wählten, intelligent, manche, wie L. und Christina und Évelyne, sogar hochintelligent.

J.-P. S.: Ja. Ja, im allgemeinen waren sie intelligent. Nicht, daß ich wollte, daß sie intelligent waren, aber in ihrer Sensibilität zeigte sich sofort etwas, was mehr war als Sensibilität, was Intelligenz war. Und dann konnte ich ja stundenlang mit Frauen reden.

S. de B.: Ja.

J.-P. S.: Mit Männern, wenn da alles über die Politik oder etwas ähnliches gesagt war, dann hörte ich gerne auf. Mir scheint, zwei Stunden am Tag mit einem Mann zusammen zu sein und ohne ihn am nächsten Tag wiederzusehen, das reicht völlig. Mit einer Frau dagegen kann das den ganzen Tag gehen und dann am nächsten Tag weitergehen.

S. de B.: Ja, weil es auf der Grundlage dieser Intimität läuft, dieses Quasi-Besitzes ihres Wesens über das Gefühl, das sie Ihnen entgegenbringt. Sind Sie manchmal bei Frauen abgeblitzt? Gab es Frauen, mit denen Sie gerne gewisse Beziehungen gehabt hätten, zu denen es nicht gekommen ist?

J.-P. S.: Ja, wie jeder.

S. de B.: Da war Olga.

J.-P. S.: Ganz recht.

S. de B.: Aber das war eine dermaßen verfahrene Situation!

J.-P. S.: Ja.

S. de B.: Hat es andere Frauen gegeben, die Ihnen gefielen, denen Sie mehr oder weniger den Hof gemacht haben und mit denen es zu keiner Beziehung bekommen ist, ich meine nicht unbedingt sexueller Art, sondern eine enge gefühlsmäßige Beziehung?

J.-P. S.: Nicht so viele.

S. de B.: Und nicht gefühlsmäßige, jedenfalls nicht-romantische Beziehungen, gut freundschaftliche Beziehungen haben Sie in Ihrem Leben ebenfalls gehabt. Auf jeden Fall mit Madame Morel.

J.-P. S.: Madame Morel, ja.

S. de B.: Es lag bestimmt mit daran, daß sie eine Frau war, die Ihrer Beziehung eine Qualität gab, die Ihre Freundschaft mit Guille nicht hatte.

J.-P. S.: Bestimmt.

S. de B.: Die Frage ist vielleicht ein bißchen dumm: mochten Sie Guille lieber oder Madame Morel?

J.-P. S.: Das war verschieden. Am Anfang war Madame Morel immerhin die Mutter eines *tapir*[1], die mir ihren Sohn anvertraut hatte, damit ich ihm etwas beibrächte, und die im Verhältnis einer *tapir*-Mutter zu mir stand. Selbst wenn dieses Verhältnis anschließend immer intimer geworden ist, hatte sie ursprünglich das Verhältnis einer *tapir*-Mutter zu mir. Wohlgemerkt hatte sie zu Guille das gleiche, aber das war anders. Denn der *tapir* war in

---

1 *tapir:* Im Argot der École Normale Supérieure ein Schüler der Nach-Hilfestunden nimmt. (Anm. d. Übers.)

dem Moment, wo ich mit ihm arbeitete, aus Guilles Welt hinausgetreten, der in den Jahren vorher mit ihm gearbeitet hatte.

S. de B.: Er hatte eine gefühlsmäßige Beziehung zu Madame Morel, die viel stärker war, als Sie je eine gehabt haben. Waren Sie nun lieber mit Guille zusammen oder mit Madame Morel? Ist sie, nachdem Sie einmal Freunde geworden waren, nicht mehr die Mutter eines *tapir* gewesen?

J.-P. S.: Ich habe mir die Frage nie gestellt.

S. de B.: Ich denke, Sie verstanden sich mit Guille trotzdem besser. Madame Morel war zwar charmant, Sie hatten sie gern, aber ich glaube, es gab eine zu große Distanz auf zu vielen Ebenen.

J.-P. S.: Ich denke, ja. Genau. Wenn es jemals Momente gegeben hat, in denen ich lieber Madame Morel gesehen hätte als Guille, so habe ich mir doch nie die Frage in der Art gestellt. Ich sah nicht so recht, welche Art von Beziehung ich zu Madame Morel haben könnte. Das Gefühlsmäßige war versperrt, weil Guille da war, und außerdem war sie meiner Meinung nach ein bißchen zu alt. So etwas wie Freundschaft mit einer Frau, das mochte ich nicht. Ich habe übrigens praktisch keine gehabt.

S. de B.: Sie haben fast nie zwei Stunden unter vier Augen mit Madame Morel verbracht?

J.-P. S.: Oh, das ist vorgekommen, aber nicht oft.

S. de B.: Im ganzen hatten Sie eher eine Beziehung zu dritt oder dann, als ich dabei war, zu viert.

J.-P. S.: Auf jeden Fall ist sie die einzige weibliche Freundin, die ich gehabt habe, denke ich.

S. de B.: Ich glaube, ja.

S. de B.: Letztesmal haben wir über Ihre Beziehungen zu Frauen gesprochen, und das hat Sie veranlaßt, ein wenig über Sexualität zu sprechen, und die Sexualität bringt uns dazu, etwas allgemeiner über Ihr Verhältnis zu Ihrem Körper zu sprechen ... Was haben Sie über Ihr Verhältnis zum Körper zu sagen? Zunächst die Tatsache, daß Sie klein sind und daß man Ihnen oft gesagt hat, Sie wären häßlich, war das für Ihr Verhältnis zu Ihrem Körper wichtig?

J.-P. S.: Natürlich war das wichtig, und zwar sehr, aber das war wichtig, wie abstrakte Wahrheiten es sind, vom anderen ausgesprochene Wahrheiten, die folglich das Abstrakte von Wahrheiten behielten, wie Sie zum Beispiel der Lehrer über Mathematik lehrt. Aber das ist für mich keine Offenbarung gewesen. Der Begriff «klein» zum Beispiel: natürlich wußte ich, daß ich klein war. Man sagte es mir, man nannte mich «mein Kleiner», und ich sah von Anfang an einen Unterschied zwischen der Größe meiner Mutter oder meines Großvaters und meiner eigenen. Aber in Wirklichkeit vermittelte mir das kein konkretes Gefühl der Tatsache, klein zu sein. Ich sah – denn ich hatte Augen wie jedermann – den Unterschied in der Perspektive, der bewirkte, daß ich kleiner war als ein Erwachsener, daß ich die Dinge anders sah als die Erwachsenen. Ich wußte, daß die Erwachsenen groß waren, daß meine Kameraden im Verhältnis zu mir mehr oder weniger groß waren. Das alles sah ich, aber ich sah es als etwas Praktisches, ohne Worte, ohne in Worte gefaßte Definition in mir. In Wirklichkeit war es so, daß ich mich genauso groß wie jeden beliebigen sah. Das ist sehr schwer zu erklären. Aber die Unterschiede, die ich wahrnahm – ich blickte nach oben, um ein Gesicht zu sehen, ich redete lauter, um jemand Größerem als ich zu antworten, der Unterschied in der Stärke war beträchtlich – diese Unterschiede betrafen nur ein System von Bewegungen, Anordnungen, Richtungen, das betraf nicht eine Qualifikation von mir und meinem Gesprächspartner. In Wirklichkeit sah ich mich genauso groß wie ihn. In seinen Armen konnte ich wohl klein sein. Aber in dem Moment war es ein Verhältnis der Zärtlichkeit. Als ich sechs Jahre alt war und mein Großvater mich in die Arme nahm, war es kein Verhältnis, das bewies, daß ich kleiner war als er. Das war eine Vorstellung, die mir irgendwie abging. Oder abstrakt blieb, die ich aber in der alltäglichen Wahrnehmung nicht erfaßte, und das ist so weitergegangen. Als ich mit gleichaltrigen Jungen zusammengebracht worden bin, war es mein Alter, das für mich wichtig war, um sie im Verhältnis zu mir zu definieren. Sie waren im gleichen Alter wie ich, folglich waren sie keine Großen im Sinne von «ein Großer», Erwachsener. Von den physischen Dimensionen war der Erwachsene ungenügend gekennzeichnet, er war eher durch einen Ausdruck, durch Kleider, einen Geruch, eine Art zu sprechen gekennzeichnet, das war eher psychisch als physisch. Und folglich bin ich so geblieben, indem ich meine Dimensionen gewissermaßen unterdrückt habe. Wenn man mich fragte, ob ich groß oder klein wäre, sagte ich klein, aber das war kein bestimmter Sinn meines Lebens. Das ist etwas, was ich später entdeckt habe, langsam und schlecht.

S. de B.: Aber zum Beispiel in Ihren Beziehungen zu Frauen, wenn Sie da mit einer Frau ein Paar bildeten, die viel größer war als Sie, störte Sie das nicht?

J.-P. S.: Das ist selten vorgekommen. Im allgemeinen stört es mich ein bißchen, ja. Ich dachte, daß die anderen mich als komische Figur ansahen, daß ich der Liebhaber eines so großen Mädchens oder eines größeren Mädchens war. Aber sinnlich hatte ich es gern.

S. de B.: Und wie war es mit der Häßlichkeit?

J.-P. S.: Die Häßlichkeit habe ich durch die Frauen entdeckt. Seit ich zehn war, wurde mir gesagt, daß ich häßlich wäre, aber ich fürchtete meine Häßlichkeit in einem Spiegel nicht. Ich hatte zwei Arten, mich im Spiegel anzusehen. Eine Art, die ich allgemein nennen würde, wie einen Komplex von Zeichen. Wenn ich wissen wollte, ob es nötig war, meine Haare schneiden zu lassen, mich zu waschen, meine Krawatte zu wechseln etc. Das waren Komplexe von Zeichen. Ich sah, ob meine Haare zu lang waren, ob mein Gesicht Flecken hatte oder schmutzig war, aber letzten Endes erfaßte ich meine Individualität in diesem Gesicht nicht. Etwas, was immer blieb, war das schielende Auge. Das blieb, und das sah ich sofort. Und das führte mich zu der anderen Art, mich im Spiegel darzustellen, mich im Spiegel zu sehen, nämlich als einen Sumpf. Ich sah mein Gesicht auf eine andere Art, wenn ich von den abstrakten Zeichen zum Konkreten überging. Das Konkrete war eine Art Sumpf. Ich sah Züge, die nicht viel Sinn hatten, die sich nicht zu einem klaren menschlichen Gesicht verbanden, teilweise wegen meines schielenden Auges, teilweise wegen der Falten, die ich schnell bekommen habe. Kurz, ich hatte so etwas wie eine Landschaft von einem Flugzeug aus gesehen vor mir. Mit Geländen, die nicht viel Sinn haben, außer dem, daß sie Felder sind, und dann, hin und wieder, verschwinden die Felder, das steigt an, es gibt keine Pflanzen mehr, da sind Hügel und Berge. Kurz, es war eine Art aufgewühltes Gelände, das Substrat dessen, was ein Menschengesicht ist, ein Gesicht, das ich mit bloßem Auge bei meinen Mitmenschen sah und das ich nicht im Spiegel sah, wenn ich mich in ihm ansah. Ich denke, weil ich es teilweise als von mir gemacht begriff, und ich sah die Muskeln, die sich zusammenzogen, um es zu machen, das Mienenspiel. Das Mienenspiel der anderen dagegen sah ich nur wie Züge, Falten, Oberflächen, die sich ein wenig veränderten, und keineswegs wie Muskeln, die sich zusammenzogen. Diese beiden Physiognomien ohne Kontinuität, ohne Verbindung: das Allgemeine, das mir ein Gesicht gab, aber ein Gesicht, wie man es in Zeitungen sieht, in vier Strichen dargestellt. Und das einzelne, das diesseits des Gesichts war, das ein grobes landwirtschaftliches Fleisch war, eine Arbeit an Wahrnehmungen wäre nötig gewesen, um es zum Gesicht zu ordnen. Das waren meine zwei Arten, mich zu sehen. Wenn ich das landwirtschaftliche Fleisch sah, war ich betrübt, daß ich das Gesicht, das die anderen sahen, nicht sehen konnte. Und wenn ich allgemeine Züge sah, repräsentierte das natürlich nicht mein Gesicht. Mir fehlte – wie es, so denke ich, in gewisser Weise jedem fehlt – der Übergang vom einen zum anderen, die Verbindung, die eben das Gesicht gewesen wäre.

S. de B.: Sie haben mir anfangs gesagt, daß Sie von den Frauen erfahren haben, daß Sie häßlich waren.

J.-P. S.: Von den Frauen, von irgend jemand, der es mir gesagt hat. Als man es mir mit zehn Jahren sagte, hatte es keinerlei Folgen von seiten meiner Kameraden, denen es so ziemlich egal war. Aber natürlich, als die Frauen es mir gesagt haben, als eine von ihnen es mir definitiv gesagt hat...

S. de B.: Die, von der Sie neulich gesprochen haben, die «so ein alter Dummkopf» gesagt hat.

J.-P. S.: Ja, «alter Dummkopf».

S. de B.: Aber davon abgesehen, haben Ihnen viele Frauen gesagt, daß Sie häßlich wären?

J.-P. S.: Camille sagte es mir deutlich und laufend.

S. de B.: Wobei sie aber fast ein Instrument der Verführung daraus machte, denn sie sagte ja, daß Sie wie Mirabeau bei ihr eingeschlagen hätten, als sie Ihnen bei der Beerdigung begegnet ist. Das war für sie eine Häßlichkeit, die wirkte.

J.-P. S.: Ja, das mit der Häßlichkeit hat am Anfang wohl eine Rolle gespielt.

S. de B.: Diese Häßlichkeit hat jedenfalls nicht verhindert, daß Sie bei den Frauen Erfolg hatten.

J.-P. S.: Weil ich später gelernt habe, daß es nur wenig damit zu tun hat.

S. de B.: Im übrigen ist es ein Gemeinplatz, daß ein Mann sehr wohl häßlich und dabei sehr verführerisch sein kann, und dann werden große Verführer zitiert, die häßlich waren, und das haben Sie bestimmt gewußt. Der Duc de Richelieu oder andere.

J.-P. S.: Ja, ja, natürlich.

S. de B.: Folglich hat das bei Ihnen keinerlei Schüchternheit nach sich gezogen?

J.-P. S.: Nein.

S. de B.: Sie sagten, daß Sie großen Wert darauf legten, nur mit Frauen auszugehen, die ein Mindestmaß an Charme hatten und sogar, wenn möglich, hübsch waren.

J.-P. S.: Ja, denn ein häßlicher Mann und eine häßliche Frau, das Ergebnis ist wirklich ein bißchen zu ... ein bißchen zu auffällig. Ich wollte also eine Art Ausgleich, wobei ich die Häßlichkeit repräsentierte, und die Frau, wenn nicht die Schönheit, so doch den Charme oder das Hübsche repräsentierte.

S. de B.: Haben Sie sich insgesamt im Lauf Ihres Lebens in Ihrem Körper wohl gefühlt, was man «sich in seiner Haut wohl fühlen» nennt, oder nicht, und in welcher Weise und in welchem Maße?

J.-P. S.: Eher schlecht. Sie sprechen vom subjektiven Erleben des Körpers.

S. de B.: Ja, genau.

J.-P. S.: Ich sehe eine Menge Kameraden, die von der Freude, sich physisch wohl zu fühlen, gesprochen haben. Physisch, auf Skiern oder beim Schwimmen etc. All das hat für mich nie sehr existiert. Wenn ich Ski fuhr, fürchtete ich vor allem zu stürzen. Das war das Körpergefühl, das ich hatte. Das Gleichgewicht stellte eine ständige Bedrohung dar. Beim Schwimmen fürchtete ich die Ermüdung.

S. de B.: Ich dachte, Sie wären sehr gern geschwommen.

J.-P. S.: Ich schwamm gern. Aber etwas gern tun heißt nicht ein angenehmes Körpergefühl haben. Es ist nicht sehr angenehm zu schwimmen. Es gab eine Menge Dinge, die ich gern hatte, die nicht mein Körper waren: die Sonne auf den Wellen, die Wasserströmungen, die Wellen selbst, die Temperatur, die Nässe, das alles hatte ich gern. Ich hatte das Wasser gern, aber der Körper selbst war eher der Träger bestimmter Empfindungen, die man im großen ganzen weniger angenehm oder unangenehm nennen kann. Und ganz allgemein, wenn ich wanderte, mit Ihnen zum Beispiel, war es die Müdigkeit, die ich fühlte. Zuerst war es die Vormüdigkeit, ein unangenehmer Eindruck von etwas, was über einen herfallen wird, anschließend dann die Müdigkeit.

S. de B.: Ja, wir haben darüber gesprochen. Für mich war die Müdigkeit ein Zustand, der mir alles in allem angenehm war, sofern er nicht zu lange dauerte, sofern ich jederzeit anhalten, meine Tasche abstellen, mich hinsetzen konnte. Ihnen dagegen war die Müdigkeit unangenehm.

J.-P. S.: Ja.

S. de B.: Sie äußerte sich übrigens oft entweder durch Blasen oder kleine Schrammen, oder Sie hatten Geschwüre, Furunkel. Es gab eine Menge Dinge, die in Ihrem Körper nicht so ganz gut funktionierten, und das kam bestimmt daher, daß Sie nicht gut mit ihm standen. Und dabei waren Sie sehr gesund.

J.-P. S.: Ja, ich war sehr gesund, und ich denke, daß ich den Normen entsprechend ein gutes Körpergefühl hätte haben müssen. Noch heute kann ich nicht sagen, daß das innere, «koenästhetische» Gefühl, wie man früher sagte, angenehm wäre. Es ist nicht sehr unangenehm, aber es ist nicht angenehm. Ich fühle mich nicht wohl.

S. de B.: Ist das einer der Gründe, weshalb Sie das, was Sie Sichfallenlassen nannten, immer gehaßt haben? Ich meine damit, seinen Körper fallenzulassen, sagen wir ins Gras, in den Sand. Und ganz im Gegenteil, ich erinnere mich, als wir mit Bost in Martigues waren, setzten Sie sich höchst ungemütlich auf Felsblöcke mit scharfen Kanten. Sie sind immer sehr schlecht mit Ihrem Körper zurechtgekommen.

J.-P.S.: Ja, das ist komplizierter, und das führt uns zu Pardaillan.[1]

S. de B.: Um auf die erste Frage, die Frage der Koenästhesie zurückzukommen, worauf führen Sie das zurück? Sehen Sie Gründe in Ihrer Kindheit, ist es eine moralische Weigerung, sich seinem Körper zu überlassen? Ist es eine Art Verkrampfung – deshalb sprach ich vom Sichfallenlassen –, die mit der Tatsache verbunden ist, daß Sie dieses Sichfallenlassen, so wie Sie es bei Ihrer Mutter gesehen haben oder bei anderen, immer wenig gemocht haben?

J.-P.S.: Ich denke schon. Ich denke, daß ich eine Vorstellung von dem, was man sein sollte, hatte, und daß das Sichfallenlassen in dieser Vorstellung nicht enthalten war. Allgemeiner gesagt, ich denke, daß mein Körper für mich im wesentlichen ein handelnder war. Und alles, was Rückzug, was Koenästhesie war, das alles durfte nicht zählen, das mußte aus meinem Bewußtsein verbannt werden. Was zählte, war der Akt, den ich vollzog, der Akt des Gehens oder der Akt, einen Gegenstand zu nehmen. Ich denke, daß ich, als ich klein war, sehr schnell meinen Körper als ein Zentrum des Handelns aufgefaßt habe, wobei ich Empfindung und Passivität vernachlässigte. Sie existierte natürlich, diese Passivität, ich verdrängte sie nur ein bißchen. Aber ich betonte das, was von mir aus objektiv war, real, eine ausgeführte Handlung: Sand in Eimer zu schaufeln und daraus ein Schloß, ein Haus zu bauen. Aber auf jeden Fall war das, was zählte, das Handeln. Und in der Art, wie ich bestimmte Teile meines Körpers fühlte, meine Hände zum Beispiel, war es immer ein Akt, den ich in den Händen fühlte. Natürlich muß das immer mehr oder weniger so sein, eine Hand ist etwas, was lebt, aber man kann sie auch wie etwas fühlen, was erleidet. Was die Rauheit eines Stoffes oder die Härte eines Gegenstandes erleidet. Und bei mir trat das gänzlich in den Hintergrund, ich wollte vor allem handeln.

S. de B.: Sie haben Pardaillan erwähnt. Was wollten Sie sagen?

J.-P.S.: Ich wollte eigentlich sagen, daß es imaginäre Körper gibt, die den Körper, in der Wahrnehmung, die man von ihm

---

[1] Siehe Anm. 1, S. 172.

hat, umhüllen. Mein imaginärer Körper war der Körper eines starken Feldherrn, eben eines Pardaillan, das heißt eines Helden aus den Mantel- und- Degen-Romanen. Das ist etwas, wovon ich weiß, wann ich es mir angeeignet habe, oder jedenfalls, wann ich es entwickelt habe. Nämlich als ich klein war und Pardaillon spielte, während meine Mutter Klavier spielte. Ich habe es in *Die Wörter* erzählt.

S. de B.: Ja.

J.-P. S.: Ich fühlte mich wie ein kräftiger Haudegen, denn es ging ja darum, reihenweise Feinde zu töten, die sich auf mich stürzten. Und das habe ich immer behalten, es war so etwas wie eine Kompensation meiner kleinen Körpergröße. Aber wie gesagt fühlte ich meine kleine Körpergröße nur abstrakt. So daß diese Kompensation ursprünglich ebenfalls abstrakt war, und dann ist sie diese Person geworden, die Michael Strogoff oder Pardaillan war oder alle diese Männer, die letzten Endes ich waren. Im Imaginären, aber auch im Realen, insofern als ich dem, was ich in meinen Händen als aktiv fühlte, mehr Wert beimaß; in meinem Körper mehr Kraft, mehr Stärke. Wenn ich einen Stein wegschob, war mein Akt im Imaginären kraftvoller und der Stein schwerer als in Wirklichkeit.

S. de B.: Dieses Bewußtsein des kräftigen Körpers widerspricht aber ein bißchen dem, was Sie gerade gesagt haben: daß Sie immer gleich Angst hatten, müde zu werden, sei es beim Wandern, beim Schwimmen, beim Radfahren. Wenn Sie sich wie ein Riese und ein Koloß fühlten, hätten Sie körperliche Betätigungen mit einem Riesenvertrauen angehen müssen.

J.-P. S.: Ich hatte ein gewisses Vertrauen. Aber das waren Realitäten: die Müdigkeit, das ganze Irdische, die Bindung an die Erde, an den Boden, mit den Schwierigkeiten, durch die man seinen Körper in dem Moment auf einer sekundären Ebene fühlt; man fühlt seinen Körper ermüdet, erschöpft etc. – dem allem gab ich eine offensichtlich viel größere Bedeutung; das war die Härte des Realen. Die Welt war für mich viel härter, als sie es für Sie war. Verstehen Sie, was ich sagen will?

S. de B.: Nein, ich verstehe nicht so recht die Verbindung zwischen diesem imaginären Körper, der ganz und gar robust ist, fähig zu einer Menge Leistungen, und Ihrer körperlichen Vorsichtigkeit. Denn Sie sagen ja, daß Sie sogar beim Schwimmen Angst hatten, müde zu werden.

J.-P. S.: Ich hatte nicht Angst, müde zu werden, ich wurde müde. Ich stürzte mich ins Schwimmen, damit es zu einem Handeln kam, das ich fühlte und das mir Spaß machte. Und dann setzte die Vormüdigkeit ein, die die Müdigkeit des Körpers war, der ermüdet, weil er handelt. Und die Müdigkeit negierte ich gewissermaßen oder lehnte sie einfach ab. Und dann, wenn sie stärker wurde, lehnte ich die Negation ab.

S. de B.: Welche Verbindung sehen Sie zwischen dem, was Sie da sagen, und dem Verhältnis zu Ihrer Sexualität, von dem wir neulich gesprochen haben?

J.-P. S.: Zunächst muß gesagt werden, daß eine erfüllte Sexualität eine zweifache Beziehung voraussetzt. Im Sexualakt – ich fasse ihn sehr allgemein, ich spreche nicht vom eigentlichen sexuellen Akt, sondern von allem, was drumherum ist –, im Sexualakt nimmt jeder und wird genommen. Jeder umarmt zum Beispiel im selben Moment jemanden, der ihn zur selben Zeit umarmt.

S. de B.: Ja.

J.-P. S.: Und folglich hat jeder gleichzeitig den Eindruck zu nehmen, den Eindruck dessen, was ich eben das Handeln nannte, das Handeln des guten Riesen, und den Eindruck, genommen zu werden. In der Bewegung, die man macht, um eine Haut zu streicheln, zum Beispiel eine Schulter, eine nackte Schulter, handelt man. Was für mich wichtig war und immer wichtig gewesen ist, war die aktive Seite, das heißt die Position meiner Hand und natürlich die Empfindung der Haut, aber insofern als ich sie entstehen ließ. Daß ich sie entstehen ließ, indem ich mit der Hand durch die Achselhöhle, über den Arm, über den Schenkel strich. Es war mein Handeln, das wichtig war, mit dem, was es erfaßte, das heißt die äußere, objektive Seite des Körpers mir gegenüber. Ich müßte sagen, daß das Dominierende die aktive Zärtlichkeit der streichelnden Hand war. Aber die Gegenseitigkeit war das, was ich am wenigsten fühlte, die Tatsache, daß die andere Person ebenfalls Freude daran haben konnte, meinen Körper zu fühlen. Zum Beispiel, wenn ich in den Armen einer Person war, Körper an Körper, Bauch an

Bauch, Brust an Brust, fühlte ich, wie *ich* die Haut anfaßte, aber nicht die andere Person, wie sie meinen Körper anfaßte.

S. de B.: Sie fühlten sich nie als Passivität.

J.-P. S.: Nie. Und nie als Objekt von Zärtlichkeiten, und zwangsläufig wurde die Beziehung zwischen den beiden Personen schon dadurch verändert. Es gab einen Bruch zwischen dem, was die Person mir gegenüber nehmen und was sie geben konnte, weil dieser Bruch bei mir existierte. Da ich sexuell normal veranlagt war, bekam ich schnell, leicht Erektionen. Ich hatte oft Geschlechtsverkehr, aber ohne sehr großes Lustgefühl. Nur ein bißchen am Ende, aber ziemlich mäßig. Ich hatte es lieber, mit dem ganzen Körper in Kontakt zu sein, den Körper zu streicheln, kurz, mit den Händen, den Beinen aktiv zu sein, die Person anzufassen, als richtigen Geschlechtsverkehr. Das erschien mir obligatorisch, und deshalb mußte das in meiner Beziehung mit einer Frau damit enden ... Aber das kam durch die Darstellung anderer, durch das, was man in den Büchern liest, was man mir sagte. Aber das war nicht mein eigener Wunsch. Ich hätte mich sehr wohl gefühlt, in einem Bett zu liegen, nackt mit einer nackten Frau, sie zu streicheln, zu küssen, aber ohne bis zum Sexualakt zu gehen.

S. de B.: Und worauf führen Sie diese Frigidität zurück? Ich glaube übrigens, daß das ein viel häufigerer Fall ist, als die Männer sagen, denn darin sind sie sehr diskret, darüber sprechen sie nicht gern, das wäre ihnen peinlich. Ich denke, daß es für jeden Einzelfall Gründe gibt. Hängt das auch mit dem fehlenden Sichfallenlassen zusammen, mit einer Art Verkrampfung des Körpers. Denn es gibt Männer, die, wenn sie sehr jung sind, beim Orgasmus fast ohnmächtig werden, die wirklich von Sinnen und außer sich sind.

J.-P. S.: Nein, ich bin nie davon bedroht gewesen, das Bewußtsein zu verlieren, weder beim Orgasmus noch bei irgendeiner Liebespraktik.

S. de B.: Worauf führen Sie das zurück?

J.-P. S.: Eben darauf, daß die subjektive und passive Seite des Orgasmus beim Liebesakt hinter der objektiven und aktiven Seite verschwindet, die den Akt des Beischlafs ausmacht.

S. de B.: Das Problem muß demnach allgemeiner sein. Worauf

können Sie (vielleicht indem Sie in die Kindheit zurückgehen, ich weiß nicht) diese Verweigerung jeder körperlichen Passivität, jeder Lust am eigenen Körper zurückführen, die bis zur Verweigerung der eigentlichen sexuellen Lust geht?

J.-P. S.: Ich weiß nicht, ob man das eine Verweigerung nennen kann.

S. de B.: Ich sage ja nicht, daß sich das auf der Kopfebene abspielt, das ist somatisch, das ist im Körper selbst, aber wieso? Sie werden mir sagen, daß das vielleicht mit Dingen zusammenhängt, die Sie nicht wissen.

J.-P. S.: Ja, ich glaube, ich weiß es nicht.

S. de B.: Das könnte mit dem Entwöhnungsproblem, mit wirklich ganz und gar aus der Kindheit stammenden Problemen zusammenhängen.

J.-P. S.: Das ist möglich.

S. de B.: Aber in Ihrem bewußten Leben als Kind sehen Sie nichts, was das erklärt?

J.-P. S.: Nichts.

S. de B.: Sie haben mir aber manchmal gesagt, daß die Verweigerung des Sichfallenlassens zusammenhinge mit ...

J.-P. S.: Ach ja! Schon als ich ganz klein war, graute mir davor, vor dem Sichfallenlassen. Das war von Anfang an etwas Unmittelbares. Wenn meine Mutter sich fallen ließ, war mir das sehr unangenehm. Obwohl es bei ihr, der Armen, ziemlich selten vorkam.

S. de B.: Sie haben diese Tendenz in der Figur der Madame Darbida in *Das Zimmer* dargelegt.

J.-P. S.: Ja, genau.

S. de B.: Das mochten Sie überhaupt nicht.

J.-P. S.: Nein, absolut nicht.

S. de B.: Hing das zusammen mit einem Gefühl der Kontingenz, des Körpers?

J.-P. S.: Ja, das war die Kontingenz.

S. de B.: Die Kontingenz, von der man sich nur durch Aktivität befreien konnte.

J.-P. S.: Und letzten Endes war die Aktivität für mich die Tatsache, ein Mensch zu sein. Der Mann oder die Frau ist ein aktives Wesen. Und folglich zielt es immer in die Zukunft, während das

Sichfallenlassen Gegenwart ist oder in die Vergangenheit zielt. Und dieser Widerspruch bewirkte, daß ich die Aktivität, das heißt die Zukunft, der Vergangenheit vorzog.

S. de B.: Hängt das nicht auch zusammen mit Ihrem Abscheu vor dem Schleimigen oder Klebrigen und, im Gegensatz dazu, mit Vorstellungen wie Sich-Losreißen, die bei Ihnen sehr stark sind?

J.-P. S.: Bestimmt. Das Klebrige und das Schleimige, das ist die Kontingenz, all das ist das Subjektive des Augenblicks. Und dann zielt das Sich-Losreißen in die Zukunft. Man muß sich an dieses Boot erinnern. In Utrecht, in den Niederlanden, habe ich einen Psychologen aufgesucht ...

S. de B.: Ich erinnere mich. Er hat Ihnen mehrere Bilder gezeigt – ein Boot, das sehr schnell fuhr, einen Menschen, der im Schritt ging, einen Zug, der raste –, und er hat sie gefragt, welches Bild für Sie am besten die Schnelligkeit symbolisierte. Sie haben das Schiff gewählt, weil es sich vom Wasser losriß.

J.-P. S.: Das Wasser repräsentierte das Kontingente. Das Schiff war hart, konstruiert, solide.

S. de B.: Und da war die Idee des Sich-Losreißens. Ich denke, das hängt bei Ihnen mit der Ablehnung aller Werte, die man vitale Werte nennen kann, zusammen, die Sie sehr wenig interessieren. Die Werte Natur, Fruchtbarkeit, all das. Das interessiert Sie sehr wenig.

J.-P. S.: Sehr wenig.

S. de B.: Sie haben nie Tiere gemocht.

J.-P. S.: Doch, ein bißchen, Hunde und Katzen.

S. de B.: Nicht sehr.

J.-P. S.: Das ist für mich ein philosophisches Problem, die Tiere. Im wesentlichen.

S. de B.: Und als Sie mit Ihren Schülern boxten?

J.-P. S.: Das war Aktivität, das Boxen war für mich vollkommen angenehm, erreichbar, denn ich hatte Boxkämpfe gesehen und sah den Boxer als eine totale Aktivität.

S. de B.: Und es hat eine Zeit gegeben, in der Sie Gymnastik machten. Leibesübungen jedenfalls.

J.-P. S.: Ich tat es, um abzunehmen, es machte mir nicht besonders Spaß. Ich tat es jeden Morgen zwanzig Minuten, eine halbe Stunde. Aber das ödete mich an.

S. de B.: Sie haben immerhin etwas auf Ihre Figur geachtet.

J.-P. S.: Ja. In meinem Leben habe ich meistens versucht abzunehmen, um den Eindruck eines kleinen Dünnen und nicht eines kleinen Dicken zu machen. Dick sein war im übrigen etwas, was mir als ein Sichfallenlassen, als Kontingenz erschien.

S. de B.: Gingen Sie denn so weit, Diät zu essen, um abzunehmen?

J.-P. S.: Nein.

S. de B.: Nein?

J.-P. S.: Ab und zu, wenn mir gesagt wurde: «das solltest du nicht essen», aß ich es eine Zeitlang nicht, dann aß ich es wieder, denn ich habe sehr ausgeprägte Vorlieben, die allem widersprechen, was ich gesagt habe.

S. de B.: Zum Beispiel?

J.-P. S.: Würstchen, Zervelatwurst, andere Wurst.

S. de B.: Alle Wurstarten.

J.-P. S.: Alle Wurstarten. Ich habe in meinem Leben in rauhen Mengen davon gegessen.

S. de B.: Und erklärt sich das durch Ihre elsässische Herkunft?

J.-P. S.: Auf jeden Fall kommt es natürlich daher. Aber erklärt es sich dadurch? Das ist eine andere Sache.

S. de B.: Aber Essen war eine Tätigkeit, die Sie mochten.

J.-P. S.: O ja, sehr! Ich habe übrigens relativ viel gegessen. Schwere Sachen im allgemeinen ... entgegen meinem imaginären Pardaillankörper, denn von den schweren Sachen wurde ich dick. Das war sehr weit entfernt, das war sogar das Gegenteil vom Helden Pardaillan, der nur ein Minimum essen darf.

S. de B.: Und Trinken? Sie haben auch nicht ungern getrunken.

J.-P. S.: Ich habe sehr gern getrunken, aber das ist zu kompliziert. Das hat nichts mit dem Körper zu tun.

S. de B.: Mit dem Körper?

J.-P. S.: Na ja, das hat damit zu tun, aber nicht so viel. Ich fasse es nicht so auf. Natürlich trinke ich nicht wegen der Ideen, wegen der Schönheit der Ideen, die dabei herauskommen, aber trotzdem wegen einer bestimmten Art von Imagination.

S. de B.: Wie meinen Sie das?

J.-P. S.: Die Subjektivität wird in gewisser Weise erfinderisch.

Sie erfindet Spinnereien, aber in dem Moment, wo man sie erfindet, machen einem diese Spinnereien Spaß.

S. de B.: Man muß dazu sagen, daß Sie nie ein einsamer Trinker gewesen sind.

J.-P. S.: Nie.

S. de B.: Sie tranken gern unter Freunden, mit Leuten ...

J.-P. S.: Mit Ihnen.

S. de B.: Ja, aber manchmal tranken Sie mehr, als ich zulassen wollte. Ich fand nämlich, daß Sie das abstumpfte. Bis zu einem bestimmten Maß waren Sie sehr witzig, sehr poetisch und sehr witzig, und das war sehr amüsant, besonders bei den Fiestas oder kurz nach dem Krieg, als es gleichzeitig ein Abreagieren war.

J.-P. S.: Ja, es war ein Abreagieren. Während der Besatzung hatten wir uns gelangweilt.

S. de B.: Unter Freunden zu trinken, zum Beispiel mit Camus, das war sehr amüsant. Sie sagten auch, daß im Alkohol eine Lust steckte, weil so etwas wie ein Risiko darin läge.

J.-P. S.: Ja.

S. de B.: Das war leicht destruktiv.

J.-P. S.: Aber das ging schnell. Sobald man ein bißchen darüber hinausging, wurde man allmählich zerstört, und das Risiko war eine Realität.

S. de B.: Ja.

J.-P. S.: Wir mochten die Destruktion als solche, wir hatten gern trübe Ideen, die unbestimmt fragend waren und sich dann auflösten.

S. de B.: Sie haben nie Drogen genommen. Sie haben weder Haschisch noch Opium noch sonst etwas genommen. Sie haben nur die Erfahrung mit Meskalin gemacht, aber das geschah zu psychologischen Studienzwecken. Aber es gab eine Zeit, als Sie an einer großen Arbeit saßen, wo Sie übermäßig viele Aufputschmittel nahmen.

J.-P. S.: Ich habe sie übermäßig genommen, zwanzig Jahre lang.

S. de B.: Vor allem in den Jahren der *Kritik der dialektischen Vernunft*. Zuerst Orthedrin, dann verschiedene Sachen. Und Corydran.

J.-P. S.: Ja.

S. de B.: Und was war das, Ihre Beziehung zu diesen sehr starken Medikamenten?

S. de B.: Das Merkwürdige war, daß ich sie ablehnte, diese Beziehung, wenn es darum ging, Literatur zu schreiben. Das war der Philosophie vorbehalten. Deshalb ist die *Kritik der dialektischen Vernunft* kein Meisterwerk der Planung, des Aufbaus, der Klarheit.

S. de B.: Warum dieser Unterschied zwischen beidem?

J.-P. S.: Ich war der Ansicht, daß die Art, wie man die Worte wählte, wie man sie nebeneinandersetzte, wie man einen Satz baute, kurz gesagt der Stil, und dann die Art, wie man in einem Roman die Gefühle analysiert, zur Voraussetzung hat, daß man absolut normal ist. Aber warum war ich der Ansicht, daß es in der Philosophie umgekehrt sein mußte?

S. de B.: War es nicht so, daß Sie schneller dachten, als Sie schrieben?

J.-P. S.: Ich nehme an.

S. de B.: Und außerdem gab es keine Wahl der Worte. Ich erinnere mich, daß Sie im Galopp schrieben. Aber war es notwendig, oder war so etwas wie eine perverse Lust dabei zu fühlen, wie Sie über Ihre Kräfte hinausgingen? Was übrigens 1958 zu einer ziemlich schweren Krise geführt hat.

J.-P. S.: Es war etwas von einer perversen Lust dabei. Das schloß auch ein, daß es zum Zusammenbruch kommen konnte, aber man wußte nicht, wann. Ich ging weit, ich nahm nicht eine Corydran-Tablette, sondern zehn auf einmal.

S. de B.: Ich weiß, daß sogar Ihre Zunge sich völlig schälte, daß es einmal so weit gekommen ist, daß Sie halb taub waren.

J.-P. S.: Ein Röhrchen Orthedrin reichte einen Tag.

S. de B.: Ja, es war ziemlich erschreckend. Da steckte eine Idee dahinter, die Sie hatten, die Idee des vollen Einsatzes: jede Minute mußte genutzt werden, der Körper mußte an die Grenze seiner Kräfte gehen, einschließlich jenes Körperteils, der das Gehirn ist.

J.-P. S.: Ich dachte, daß ich im Kopf – allerdings nicht getrennt, nicht analysiert, in einer Form, die rational werden mußte –, daß ich alle Ideen im Kopf hatte, die ich zu Papier brachte. Es ging nur darum, sie zu trennen und sie zu Papier zu bringen, insofern als sie eine Menge Schubladen hatten. Im Kopf dagegen bildeten sie ein Ganzes ohne Analyse. In der Philosophie bestand Schreiben im großen ganzen also darin, meine Ideen zu analysieren, und ein Röhrchen Corydran bedeutete: diese oder jene Ideen werden in den zwei kommenden Tagen analysiert.

S. de B.: Sie haben in Ihrem Leben aber auch Krankheiten gehabt.

J.-P. S.: Ja, ich habe in der Kindheit die Geschichte mit meinem Auge gehabt. Eine Mastoiditis, viel später. Ich habe, 1945, Mumps gehabt.

S. de B.: Sie haben manchmal sehr schwer Grippe gehabt, einmal eine Magen-Darm-Grippe, die Sie einen Monat ans Bett gefesselt hat. Sie haben schlimme, schlimme Zahnschmerzen gehabt. Ich möchte, daß Sie über Ihr Verhältnis zur Krankheit, zur Erschöpfung, zum Schmerz sprechen. Es gibt Leute, die sich verhätscheln, andere, die sich nicht verhätscheln. Es gibt Leute, die auf das leiseste Anzeichen achten, andere dagegen, die nicht achtgeben. Dann gibt es solche, die die Krankheit murrend über sich ergehen lassen.

J.-P. S.: Ich weiß nicht. Sie allein können sagen, wie ich in der Hinsicht war ...

S. de B.: Das erste, was mich frappiert hat, war Ihre Quasi-Negation des Schmerzes. Als Sie in Rouen Nierenkoliken hatten, Sie waren noch jung, Sie waren fünfundzwanzig, sechsundzwanzig. Sie haben die Ärzte sehr verwirrt, indem Sie sagten, daß Sie nicht wirklich gelitten hätten. Und in Wirklichkeit haben Sie solche Schmerzen gehabt, daß Sie sich übergeben mußten. Nur hatten Sie die Idee, daß das Leiden immer die Abwesenheit von Leiden ist, daß da immer so eine Art Leere ist, und daß sich das nie voll realisiert.

J.-P. S.: Ja.

S. de B.: Daher nahmen Sie das Leiden mit einer Art Stoizismus auf. Und sogar mit Erstaunen, daß es nicht stärker war.

J.-P. S.: Ja, aber ich habe immer nur durchschnittliche Schmerzen gehabt.

S. de B.: Sie haben gräßliche Zahnschmerzen gehabt. Ich erinnere mich an ein Mal, da hat Cau, der damals Ihr Sekretär war, mich angerufen und gesagt: «Er fängt gleich an zu schreien!» Weil Sie an Ihrem Tisch saßen und grauenhaft litten.

J.-P. S.: Ja.

S. de B.: Und wir sind sofort zum Zahnarzt gegangen. Ich erinnere mich auch an entsetzliche Zahnschmerzen in Italien, die Sie mit Yoga bezwingen wollten. Sie sagten: es genügt, ihn zu isolieren, dann ist der Schmerz da, aber nichts weiter als der Schmerz, und das verbreitet sich nicht im übrigen Körper.

J.-P. S.: Tatsächlich hatte ich die Vorstellung, daß man den Schmerz gewissermaßen unterdrücken könnte, indem man ihn an die Subjektivität anglich. Im Grunde war das subjektive Verhältnis von mir zu mir wohl nicht sehr angenehm, da ich meinte, daß man dem Schmerz seine Schmerzhaftigkeit nehmen könnte, indem man ihn mit der reinen Subjektivität gleichsetzte.

S. de B.: Sie wollen sagen, daß Ihre körperliche Anwesenheit Ihnen nicht angenehm sein muß, da Sie sie mit dem Schmerz gleichsetzten. Und während der Krankheit, waren Sie da resigniert, ungeduldig, im Grunde froh, daß Sie sich ein bißchen entspannen konnten, weil Sie im Bett blieben und erschöpft waren? Oder im Gegenteil ärgerlich, daß Sie im Bett bleiben mußten?

J.-P. S.: Das kam alles vor. Das hing von der Krankheitsphase ab.

S. de B.: Haben Sie manchmal so etwas wie Freude daran gehabt, krank zu sein?

J.-P. S.: Ja, sicher. Wenn ich zuviel gearbeitet hatte, war das für mich eine Erholung. Wenn ich krank war, arbeitete ich nicht mehr, und ich konnte mich nicht als reine Aktivität fühlen, ich fühlte mich im Gegenteil als ... reine Kontingenz.

S. de B.: Die Krankheit gab Ihnen also ein Alibi, ein Rechtfertigung.

J.-P. S.: Ja. Eine Rechtfertigung. Das gab mir einen Grund, nicht mehr ich selbst zu sein. Das war mir von außen geschehen und hatte mich in eine kontingente Viskosität verwandelt, die mir gefiel. Und ich hielt nur insofern Aktivität aufrecht, als ich – sehr oft bis zu dem Moment, wo die Krankheit wirklich schlimm wurde – versuchte, ein wenig zu schreiben oder Dinge zu denken, die ich im Kopf behielt, um sie anschließend aufzuschreiben. Die übrigens immer sehr schlecht waren.

S. de B.: Ich erinnere mich, daß Sie, als Sie Mumps hatten, versucht haben, ein lockeres Tagebuch zu führen. Und doch gab es Momente, in denen Sie es völlig liegenließen.

J.-P. S.: Ja.

S. de B.: Alles in allem war die Krankheit der einzige Fall, wo Sie zu einem gewissen Sichfallenlassen bereit waren ... Sie haben es sich im Leben nie bequem gemacht. Zum Beispiel lesen Sie nie im Bett. Das ist etwas, was ich liebe, abends, wenn ich zu Bett gehe, oder morgens. Oder jedenfalls, wenn ich mich nicht ins Bett lege, strecke ich mich sehr gern auf meinem Sofa aus, um zu lesen.

J.-P. S.: Ich nie, ich sitze an meinem Tisch.

S. de B.: Sie setzen sich nicht einmal in Ihren Sessel, wenn Sie lesen.

J.-P. S.: Im allgemeinen nicht.

S. de B.: Jetzt sitzen Sie in einem Sessel, um mit mir zu sprechen. Aber wenn Sie lesen, sitzen Sie auf einem harten Stuhl mit einer geraden Lehne.

J.-P. S.: Ja. Ich hielt es ein bißchen für ein gewisses Sichgehenlassen, in diesem Sessel zu sitzen. Auf dem Boulevard Raspail 222 saß ich nie in diesem Sessel. Es gab Stühle, Sessel, in die ich mich nicht setzte, die für Besucher waren.

S. de B.: Sie machen daraus fast eine moralische Haltung. Ich möchte, daß Sie ein wenig genauer erklären, wie das Bild Ihres Körpers entstanden ist und in welchem Maße es die Wahrnehmung, die Sie von ihm hatten, überlagert hat.

J.-P. S.: Der Ursprung des Bildes? Es gibt eine bestimmte Tatsache: nämlich als ich etwa sieben, acht Jahre alt war, spielte ich den Hanswurst, während meine Mutter Klavier spielte, und dann ahmte ich einen imaginären Ritter nach, der gegen imaginäre Träume kämpfte. Diese imaginäre Figur war gleichzeitig ich, das heißt, ich spielte eine Rolle, aber diese Rolle war mir zugefallen. Diese Figur muß am Ursprung meiner Vorstellung von mir selbst, von meinem imaginären Körper stehen. Und wenn ich etwas weiter zurückgehe, genau zu dem Zeitpunkt, als ich anfing zu lesen, träumte ich in meinem Bett und stellte mir vor dem Einschlafen eine Figur vor, die junge Mädchen aus den Flammen rettete. Es war ein Erwachsener. Ich habe immer den imaginären Körper eines Erwachsenen gehabt, ziemlich kräftig, denn er stieg in brennende Häuser, er rettete junge Mädchen, indem er sie sich auf den Rücken lud. Von Anfang an, schon bevor ich lesen konnte, aber nach erzählten Geschichten, versetzte ich mich in die Rolle des kräftigen Helden, dessen Ziel die Rettung eines jungen Mädchens oder eines Kindes ist, eine den anderen überlegene Figur, über die Kleinen, die Schwachen gebeugt. Woher ich das habe? Ich weiß es nicht, ich denke, daß viele Leute so einen Traum haben, wenn sie jung sind. Aber daß das mein ganzes Leben angehalten hat, das ist es, was ...

S. de B.: Hat das denn Ihr ganzes Leben angehalten? Als Jugendlicher haben Sie diese Art von romantischer Träumerei doch wohl verloren! Was ist da von diesem imaginären Körper übriggeblieben? Und später, als Sie erwachsen waren?

J.-P. S.: Nun, einmal habe ich eine gewisse Begeisterung für Leibesübungen behalten. Sobald ich an der École war, haben wir uns in Turnhallen herumgetrieben, um zu boxen. Ich erinnere mich noch an eine kostenpflichtige Turnhalle mit Boxkursen, und wir sind sehr oft dort hingegangen, um uns die Halle anzusehen, um uns nach den Preisen zu erkundigen, aber es war immer zu teuer für uns.

S. de B.: Aber inwiefern hängt der Wunsch zu boxen mit einem imaginären Körper zusammen?

J.-P. S.: Ich glaubte auf diese Weise eine imaginäre Kraft, die ich nicht hatte, die ich verloren hatte, wiederzugewinnen. Diese Kraft würde ich entwickeln, indem ich Amateurboxer wurde, das wäre eine Rückkehr in meinen wahren Körper, der mein imaginärer Körper war. Schließlich hat das etwas später geklappt, als ich Lehrer in Le Havre war und mit Schülern boxte. Während des Kampfes war es eine wirkliche Arbeit, bei der das Imaginäre keine Rolle mehr hatte. Aber vorher, wenn ich mit dem Springseil trainierte, oder danach, wenn Bonnafé unsere Art zu kämpfen kommentierte, wurde ich wieder die imaginäre Figur.

S. de B.: Und in Wirklichkeit, hatten Sie oft die Oberhand oder nicht?

J.-P. S.: Es gab nie wirklich einen Sieger oder einen Besiegten, wir boxten zwei Runden, und dann hörten wir auf, das waren hauptsächlich ergebnislose Begegnungen. Wir maßen uns miteinander, ohne uns groß um Gewicht, Größe zu kümmern. Ich erinnere mich an einen Kampf mit Bost, der 1,75 Meter groß war, und ich war 1,60 Meter. Er war «Mittelgewicht» oder vielleicht «Leichtgewicht», ich war «Fliegengewicht».

S. de B.: Und im Leben, außerhalb des Boxens, fühlten Sie sich da stärker als die anderen? Ich meine, als Sie dreißig, vierzig waren?

J.-P. S.: Vernünftigerweise hielt ich mich für das, was ich war. Aber das Bild von einem, der sich mit jedem Beliebigen schlagen und gewinnen konnte, war ein Bild, das mich oft anwandelte.

S. de B.: Und bis wann haben Sie es behalten?

J.-P. S.: Ich weiß nicht, aber ich erinnere mich, zweimal darauf zurückgegriffen zu haben. Einmal, das war 1937/38, am Lycée von Laon. Ich war im Lehrerzimmer. Ein Lehrer hat geglaubt, mir Vorhaltungen machen zu müssen, weil ich nicht zur Vergabe der Auszeichnungen ging, und ich weiß nicht, wie ich dazu gekommen bin, ihm eins zu verpassen. Wir haben uns quer durch das Lehrerzimmer eine gute Viertelstunde herumgeprügelt, bis ein dritter Lehrer hereinkam: da haben wir aufgehört.

S. de B.: Das ist der eine Fall gewesen, und der andere?

J.-P. S.: Der andere, das war, als ich Kriegsgefangener war. Es waren Boxer, Profi-Trainer da, und sie organisierten sonntags zur Unterhaltung Boxkämpfe. Sie hatten einen Kampf, aber privat, zwischen einem jungen Drucker, der sehr nett war, und mir organisiert. Wir haben zwei Runden geboxt: in der ersten war ich eindeutig überlegen, in der zweiten hat mich die Müdigkeit gepackt, denn ich hatte seit Jahren nicht geboxt und wurde besiegt. Das Ergebnis war unentschieden. Was für mich enttäuschend war, denn Pardaillan kämpft nicht unentschieden.

S. de B.: Das war etwa 1941. Wie lange hat das angehalten, dieses Bild von Pardaillan?

J.-P. S.: Es ist nach und nach in die Literatur eingegangen. Meine Helden sind immer groß gewesen: Mathieu und zuerst Roquentin. Roquentin schlägt sich am Ende mit einem Korsen und ist ihm überlegen. Natürlich waren das keine Pardaillans, das waren physisch normale Leute, aber sie waren immerhin groß, während ich klein bin. Sie repräsentierten mich. Sie waren ich, und währenddessen war ich groß und stark. Ob das psychologisch zusammenpaßte, darum kümmerte ich mich nicht.

S. de B.: Das war Literatur. Aber, ich komme darauf zurück,

wann ist das Bild im Leben verschwunden? Sollte es etwa bis ins Alter von etwa achtzig Jahren anhalten können? Zum jetzigen Zeitpunkt, fühlen Sie sich da nicht mehr groß?

J.-P. S.: Nein, aber ich fühle mich auch nicht klein. Geblieben ist, wenn Sie wollen, eine Größengleichheit. Ich bin kein kleiner Mann zwischen mittelgroßen oder großen, ich bin das Äquivalent der anderen. Zum Beispiel bei den Sitzungen von *Les Temps Modernes* habe ich nicht den Eindruck, daß ich mittelgroße oder große Typen treffe und selbst klein bin. Ich habe den Eindruck, daß wir alle gleich sind. Pouillon ist nicht größer als ich. Ich sehe ihn als einen Gleichgroßen.

S. de B.: Und spielt Ihr Alter eine Rolle in Ihrem Bild? Hat es früher eine Rolle gespielt, und spielt es jetzt eine Rolle?

J.-P. S.: Es hat eine Rolle gespielt, als ich jung war. Ich wußte, daß ich jung war, ich erinnere mich beim Militärdienst, ich stand Wache an einem Schilderhaus. Ich weiß nicht warum, in der Nacht habe ich sehr stark den Eindruck gehabt, jung zu sein, dreiundzwanzig Jahre alt zu sein (ich machte meinen Militärdienst sehr spät, weil ich zurückgestellt worden war). Ich weiß, daß ich einen Eindruck von Freude, von Lust hatte, als ich meine Jugend fühlte. Heute ist es natürlich anders, aber ich fühle mich nicht alt, ich fühle mich nicht älter als im damaligen Alter. Es gibt etwas, was ich immer gedacht habe, was ich in *Der Ekel* ein wenig beschrieben habe, nämlich die Idee, daß man keine Erfahrung hat, daß man nicht altert: eine langsame Addition von Erlebnissen, von Erfahrungen, die nach und nach einen Charakter herstellen, das ist einer der Mythen aus der Zeit Ende des 19. Jahrhunderts und des Empirismus. Ich denke nicht, daß das wirklich existiert. Hinter mir liegt nicht ein Leben, eine Erfahrung, die ich in Sentenzen, in Formeln, in Seinsweisen verwandeln könnte. Da ich also nicht glaube, Erfahrung zu haben, bin ich, insoweit als mein Körper in Ordnung ist, mit fast siebzig Jahren derselbe wie mit dreißig.

S. de B.: Aber Ihr Körper ist immerhin weniger in Ordnung als mit dreißig?

J.-P. S.: Er ist weniger in Ordnung.

S. de B.: Zum Beispiel können Sie nicht so gut laufen.

J.-P. S.: Ja, auch nicht so gut sehen.

S. de B.: Sie müssen Medikamente nehmen.

J.-P. S.: Ja, aber ich habe mich schnell angepaßt. Zum Beispiel sehe ich kaum noch, und das behindert mich nicht, ich komme zurecht. Ich sehe Ihr Gesicht nicht mehr gut und sehe es im Moment überhaupt nicht mehr: das belastet mich nicht. Ich sehe es sonst, unter anderen Umständen. Ich kann mich einigermaßen hin- und herbewegen, ich sehe grob, was die Gegenstände darstellen, in welcher Entfernung sie von mir sind, das genügt, um mich hin- und herzubewegen. So, wie ich jetzt bin, fühle ich mich nicht schlecht, und ich leide nicht besonders darunter zu wissen, daß mein Zustand anomal ist.

S. de B.: Bedenken Sie, daß das jemandem, der jung ist, zustoßen könnte. Ich denke, das ist ein Charakterzug mancher Leute, die mutig und optimistisch sind, die das Leben nehmen, wie es ihnen gegeben wird. Genausowenig wie Sie sich im Verhältnis zu Pouillon klein fühlen, genausowenig fühlen Sie sich alt.

J.-P. S.: Wahrhaftig nicht. Ich fühle mich genau auf dem gleichen Niveau wie sie. Sie wissen manche Sachen, die ich nicht weiß, aber ich weiß andere, die sie nicht wissen. Natürlich sehe ich, daß ich nicht mehr dreißig bin, und ich habe mich einigermaßen so um die fünfzig eingerichtet. Anders gesagt, derjenige, der die Treppe in seinem Haus hinuntersteigt, der durch die Straße geht, der Leute sieht und begrüßt, ist ein Mann von fünfzig Jahren. Tatsächlich mache ich mich um zwanzig Jahre jünger.

S. de B.: Sie haben mir gesagt, daß es Ihnen neulich Freude gemacht hat, als der Arzt Ihnen gesagt hat, Sie wären jung?

J.-P. S.: Ja, wenn man mir das sagt, freue ich mich immer. Man sagt es mir übrigens nicht zu oft, aber da ist er ganz deutlich von meinem Verhalten überrascht gewesen. Vor allem seine Überraschung hat mich gefreut, noch mehr als der Satz, den er danach gesagt hat. Noch etwas macht mir Freude, und zwar daß ich keine weißen Haare habe. Nicht, daß ich eine ganz eindeutige Haarfarbe hätte ...

S. de B.: Ihre Koteletten sind weiß, und wenn Sie sich schlecht rasieren, sind Ihre Bartstoppeln weiß. Aber da Sie dafür ein Empfinden haben, sollten Sie sorgfältiger sein und das, was Sie alt macht, genauer rasieren. Ihre Haarfarbe ist tatsächlich grau, sie ist nicht weiß.

J.-P. S.: Es ist merkwürdig, nach dem, was ich Ihnen gerade gesagt habe, sollte ich meinen Körper wirklich mehr pflegen, mich beispielsweise anständiger rasieren, und ich mache es nicht. Die imaginäre Person braucht eine reale Stütze, und diese sollte so jung wie möglich sein. Das ist ein Widerspruch.

S. de B.: Ja, die imaginäre Person ist ohne Zweifel schlank, flink, während die reale Person ein Bäuchlein hat. Sie tun aber auch nicht viel, um abzunehmen.

J.-P. S.: Nein. Ich halte mich von Zeit zu Zeit vier, fünf Monate lang daran ...

S. de B.: Zugegeben, Sie richten sich ein kleines bißchen danach. Sie sind nicht viel zu dick, aber jedenfalls, wenn Sie so gefallsüchtig wären, wie es Ihrer Imagination entspräche, wären Sie schlanker.

J.-P. S.: Bestimmt.

S. de B.: Genügt Ihnen das Imaginäre noch, und lenkt es Ihr Interesse vom realen Körper ab?

J.-P. S.: Ja, ich denke, daß das Imaginäre im Augenblick hin und wieder noch da ist. Es ist nicht mehr Pardaillan, aber etwas bleibt im Imaginären: eine anziehende physische Persönlichkeit. Man muß von dem Gedanken ausgehen, daß man seinen Körper nicht sieht, daß man sehr wenig davon sieht: die Hände, die Füße, nicht das Gesicht. Im übrigen war meine imaginäre Person auch nicht dreidimensional, sie hatte Hände, Augen, das war alles. Die Beine waren natürlich viel länger als meine, die Hände waren viel stärker, aber es waren *ihre* Hände, die ich sah, die ich irgendwie verklärte. Jetzt existiert das alles nicht mehr. Ich halte mich weder für stark noch für groß.

S. de B.: Kürzlich haben Sie gesagt, daß Sie zu Ihrem realen Körper eher ein ziemlich schlechtes Verhältnis hatten. In welchem Maße verringerte das Verhältnis zum imaginären Körper diese Schwierigkeit? Beziehungsweise, in welchem Maße blieb das völlig unbeteiligt?

J.-P. S.: Das blieb unbeteiligt. Die physische Seite, durch die koenästhetische Empfindungen unerfreulich für mich waren, das blieb, aber wohlgemerkt: das war die Materie meines Körpers, aber sie wurde überschritten von etwas, was meinem Bild entsprach, es war nicht mein Bild, aber es entsprach ihm. Ich fühlte mich vor allem aktiv, das erklärt insbesondere meine sexuellen Beziehungen zu Frauen. Ich war aktiv, und es war die Aktivität, die mich bis zum eigentlichen Sexualakt brachte. Ich hatte nur mäßige Lust dazu, aber es war die Aktivität, die man in einer Paarbeziehung haben mußte. Ich denke, das ist einer der Gründe, weshalb mein Sinn für die Gleichheit mit der Frau etwas gestört war. Während ich doch in Wirklichkeit denke, daß wir gleich sind, Frauen und Männer. Aber die körperliche Stellung in der Liebe und die Aktivität, die ich dabei entfaltete, die bestimmt nicht notwendig ist, die meiner eigenen Sensibilität entsprach, einer etwas abweichenden Sensibilität, das war männliche Aktivität.

S. de B.: Warum sagen Sie abweichend?

J.-P. S.: Weil ich nicht denke, daß die vollkommene körperliche Empfindung beim Liebesakt die der Aktivität sein soll. Das muß komplexer sein. Aktivität und auch Sensibilität. Passivität, Aktivität müssen bei allen beiden vorkommen. Ich muß passiv sein, sobald die andere mich streichelt, ich muß aktiv sein, wenn ich sie streichle.

S. de B.: Ja, einverstanden. Bei Ihnen dagegen war nur die aktive Seite entwickelt. Das führte bei Ihnen zur Selbstbeherrschung, aber gleichzeitig zu einer gewissen Kälte.

J.-P. S.: Fast zu einem winzigen bißchen Sadismus. Denn schließlich war die Person hingegeben, und ich war es nicht. Ich war es nicht? Ich war es, aber das, was hingegeben war, war für mich in dem Moment nicht wichtig, da ich ja die Aktivität war.

S. de B.: Wollen Sie sagen, daß das, in dem Maße wie Sie reine Aktivität sind und der andere reine Passivität, etwas quasi Sadistisches hat?

J.-P. S.: Ja. Denn es ist auch die der Passivität gegenüberstehende Aktivität, die den Sadismus repräsentiert.

S. de B.: Weil der andere zum Objekt gemacht wird, während das Normale eine echte Gegenseitigkeit wäre.

J.-P. S.: Genau.

S. de B.: Können Sie erklären, warum es bei Ihnen diese Verweigerung der Passivität gab? Diese erlebte Verweigerung, in Ihrem Körper?

J.-P. S.: Insofern als ich denke, daß ich mit meinem Füllhalter arbeite, daß ich schreibe, habe ich die Passivität nicht wirklich verweigert. Ich bin von Leuten beeinflußt worden, ich habe gedacht, daß sie verstanden, was ich nicht verstand: es gibt einen Teil Passivität in meiner Arbeit.

S. de B.: Ja, aber ich meine auf der körperlichen Ebene. Sind Sie vielleicht von der Mutter, vom Großvater zu sehr verhätschelt, verzärtelt, geküßt worden und haben sich dagegen versteift?

J.-P. S.: Das ist möglich, ich habe es schon in *Die Wörter* behandelt. Ja, da ist so etwas gewesen. Ich fühlte mich wie etwas anderes als ein zärtlich geliebter und süßer kleiner Junge: er entsprach keineswegs dem, was ich sein wollte. Die Erwachsenen waren nicht süß. Abgesehen von meinem Großvater, der ein schöner Mann war. Monsieur Simoneau zum Beispiel, oder irgendein anderer, war wirklich sehr häßlich. Ich stellte mir vor, daß ich in der Zukunft ein bißchen wie sie sein würde. Da war also ein sehr häßlicher Mann, der ich war, und außerdem ein entzückender kleiner Junge, der ebenfalls ich war, aber ein Ich, auf das ich weniger stolz, mit dem ich weniger zufrieden war.

S. de B.: Ist die Aktivität nicht eine Reaktion auf eine gegebene Benachteiligung: die Häßlichkeit?

J.-P. S.: Ich glaube nicht, denn ich habe meine Häßlichkeit erst mit zwölf Jahren wirklich realisiert, bei der Episode mit dem kleinen Mädchen, das «so ein alter Dummkopf mit seinem großen Hut» zu mir gesagt hat. Das hat mich über meine Häßlichkeit aufgeklärt. Vorher nicht.

S. de B.: Aber hatten Sie vorher schon diese rein aktive Haltung? Haben Sie sich nicht stärker hingegeben?

J.-P. S.: Ich gab mich wie alle Kinder den Zärtlichkeiten meiner Mutter hin, aber ich war schon aktiv: bedenken Sie, daß ich Kaspertheater spielte, um die kleinen Mädchen zu verführen. Das war eine imaginäre Aktivität, aber eine Aktivität.

S. de B.: Ja, aber alle Kinder sind mehr oder weniger aktiv. Man kann aktiv sein, ohne seine Passivität völlig zu verdrängen.

J.-P. S.: Darauf kann ich Ihnen nicht antworten: das ist weit weg, das ist alt.

S. de B.: Oder haben die Jahre in La Rochelle, das Kennenlernen der Gewalt, die Wiederheirat Ihrer Mutter Sie etwa zu einer extremen Haltung gebracht? Sind Ihnen nicht in einem bestimmten Moment die Zärtlichkeiten entzogen worden? Es gibt mehrere Hypothesen: sind Sie von den Zärtlichkeiten angewidert gewesen, weil sie exzessiv waren und Sie darauf reduzierten, ein entzückendes Objekt zu sein? Oder hat es nicht, als Sie etwa zwölf waren, eine Art brutalen Entzug gegeben? Die Liebesbezeigungen müssen da sehr nachgelassen haben.

J.-P. S.: Es gab welche, aber es gab auch eine Bereitschaft, mich zu ohrfeigen, weil ich nicht gut genug lernte.

S. de B.: Das hat Sie in bezug auf den Schmerz sehr abgehärtet, da der Schmerz Ihnen beinahe wie die normale Koenästhesie erschien, und das hat zu einer Ablehnung des Sichfallenlassens geführt, die allen Leuten, die Sie sehen, auffällt: Sie sitzen beim Arbeiten auf sehr harten Stühlen etc. Sind Sie immer so gewesen?

J.-P. S.: Ja, immer. Ich habe immer gemeint, daß die Aktivität das Fehlen eines Sichfallenlassens voraussetzte. Und das ist das Fehlen von Koenästhesie, aber in gewissem Maße auch das Fehlen des Imaginären. Der imaginäre Held rechtfertigt irgendwie das Sichfallenlassen, weil er es total ablehnt, im Imaginären. Also kann man sich in der Wirklichkeit fallenlassen. Aber da ich diesen Helden erfunden hatte, dachte ich gleichzeitig, daß ich ihm verweigern mußte, sich fallenzulassen, und ich machte es wie er.

S. de B.: Sie haben eine Eigenheit, die vielen Leuten, angefangen bei mir, aufgefallen ist: in Ihrem Gang, in Ihren Gesten ist immer etwas sehr Lebhaftes, sehr Schnelles, sehr Unternehmungslustiges gewesen, sogar in der Art, wie Sie gehen und dabei die Schultern vorschieben und die Arme etwas bewegen. Etwa mit fünfzig, fünfundfünfzig ist das sogar nervös geworden: einmal, zum Beispiel, hat Sylvie uns erkannt, als wir in Rom in einem Restaurant waren. Sie stand in einem Hotel gegenüber am Fenster, sie sah uns nicht, aber sie sah Füße, die in einer Weise wippten, daß sie gedacht hat: das ist bestimmt Sartre. Ihre Füße waren sehr nervös. Ihre Ellbogen waren ebenfalls so unruhig, daß Sie die Armlehnen meiner Sessel durchscheuerten, weil Ihre Ellbogen sich dauernd bewegten. Das war, als Sie fünfzig, fünfundfünfzig Jahre alt waren.

J.-P. S.: Ich bin zehn Jahre lang tatsächlich ein bißchen nervös gewesen. Das ist vorbei.

S. de B.: Das kam von der exzessiven Einnahme von Corydran, denke ich.

J.-P. S.: Ich denke, ja.

S. de B.: Das ist jetzt vorbei, weil Sie keinen Kaffee mehr trinken, kein Corydran mehr nehmen, Sie haben viele Aufputschmittel genommen ... was übrigens zu einer Krise geführt hat.

J.-P. S.: Wohlgemerkt war das Vertrauen in Corydran so etwas wie das Streben nach dem Imaginären. Der Zustand, in dem ich beim Arbeiten war, wenn ich morgens zehn Corydran genommen hatte, war die völlige Aufgabe meines Körpers. Ich erfaßte mich über die Bewegung meiner Feder, über meine Imagination und meine Ideen, die sich entwickelten. Ich war dieses aktive Wesen, wie Pardaillan, ohne Rücksicht ...

S. de B.: Auf den realen Körper, der dabei war, sich zu ruinieren, und gegen den Sie immer eine etwas aggressive Haltung hatten. Sie dachten nicht wirklich, daß Sie sich zerstörten, aber in Wirklichkeit haben Sie sich mehrfach ziemlich kaputtgemacht. Da Sie im Kern sehr gesund sind, haben Sie sich außergewöhnlich gut erholt, aber Sie haben sich mehrfach kaputtgemacht. Für einen Außenstehenden gab es keine Zeit, in der Ihr Körper in der Schnelligkeit, der Leistungsfähigkeit vollkommen ausgeglichen war. Sie waren zwar ungeschickt, das war etwas anderes, aber es war eine Freude, Sie beispielsweise auf der Straße gehen zu sehen. Schnell, zuversichtlich, fröhlich. Während Sie sich innerlich ziemlich schlecht in Ihrer Haut fühlten, vermittelte Ihr Körper einen Eindruck von Fröhlichkeit.

J.-P. S.: Weil er aktiv war.

S. de B.: Weil Sie immer sehr fröhlich waren. Sie sind immer sehr fröhlicher Laune gewesen. Das merkte man an Ihren Gesten, an Ihrem Gang. Sie waren lebhaft, Sie waren fröhlich. Es hat eine Zeit gegeben, in der Sie ein bißchen kaputt waren, da waren Sie extrem nervös, so nervös zum Beispiel, daß Sie den Teppich in meinem Studio abnutzten, ich mußte ein Stück einsetzen, so fadenscheinig war er durch Ihre Fußtritte. Und die Sessel mußte ich wegen Ihrer Ellbogenbewegungen neu beziehen.

J.-P. S.: Ja, ich hatte extrem nervöse Bewegungen. Aber bedenken Sie, daß dieses Corydran mir den Eindruck einer totalen

Übereinstimmung meiner selbst mit mir selbst gab. Die Koenästhesie verschwand beinahe, und da waren die Ideen, die ich in meinem Kopf entwickelte und im gleichen Moment schrieb, und da war das Schreiben, das alles zur gleichen Zeit.

S. de B.: Ja, aber ich spreche nicht einzig und allein vom Corydran, ich spreche von allem zusammen. Selbst an Tagen, wo sie keins nahmen, waren Sie in einer Verfassung, die nichts mehr von der Ausgeglichenheit hatte, als Sie vierzig, fünfzig waren. Dieser Zustand großer Nervosität, das war zwischen Ihrem fünfundfünfzigsten, fünfundsechzigsten Lebensjahr, und danach hat es sich verändert, weil Sie Medikamente gegen Ihren hohen Blutdruck bekommen haben, Beruhigungsmittel. Ihr Körper ist jetzt viel ruhiger. Etwas, worüber wir nicht gesprochen haben, ist der Schlaf. Wie ist Ihr Verhältnis zum Schlaf?

J.-P. S.: Ausgezeichnet. Bis zu meinem dreißigsten Lebensjahr konnte ich schlafen, ohne irgendein Mittel zu brauchen, ich legte meinen Kopf aufs Kissen und schlief bis zum nächsten Morgen.

S. de B.: Sie haben allerdings eine Manie gehabt, als ich Sie kennenlernte.

J.-P. S.: Ja, ich legte mir eine Binde über die Augen und steckte Oropax in die Ohren. Aber es war ein sehr guter Schlaf. Und dann, nach dem Krieg, habe ich Tabletten genommen, um zu schlafen. Diese Tabletten waren im übrigen nötig als Gegengewicht gegen die Aufputschmittel, die ich ab acht, neun Uhr morgens schluckte, um zu schreiben. Ich habe lange Belladenal genommen, ich nahm abends vier oder fünf Tabletten, und dann später, als ich zu hohen Blutdruck hatte.

S. de B.: 1958 hatten Sie so hohen Blutdruck, daß Sie nahe an einem Schlaganfall waren, aber Sie haben keinen gehabt.

J.-P. S.: Genau. Zu der Zeit habe ich Tabletten zum Schlafen bekommen. Selbstverständlich nahm ich kein Corydran mehr, aber ich nahm Schlaftabletten. Verschiedene Sorten, aber ich griff oft auf Belladenal zurück. Ich nehme immer noch Schlaftabletten, aber viel weniger als früher. Von dem Produkt, das ich jetzt einnehme, nehme ich nur eine Tablette, während ich früher vier, fünf nahm.

S. de B.: Und ich weiß nicht einmal, ob das jetzt nicht eine bloße Gewohnheit ist.

J.-P. S.: Aber wenn ich nichts nehme, fühle ich mich nicht so wohl.

S. de B.: Weil Sie sich einbilden, Sie könnten dann nicht schlafen. Das ist psychisch. Ich glaube, Sie würden genauso gut schlafen, na ja, egal. Sie haben also einen sehr guten Schlaf, ohne Probleme.

J.-P. S.: Aber wenn ich eine Tablette nehme, schlafe ich um halb eins ein und wache um acht oder neun Uhr morgens auf. Alles in allem habe ich kein Problem mit dem Schlafen.

S. de B.: Und träumen Sie manchmal?

J.-P. S.: Nein. Früher habe ich geträumt. Noch heute ist, wenn ich aufwache, ein Getümmel in meinem Kopf, das aber weder Form noch Namen hat. Seit ich ungefähr dreißig bin, erinnere ich mich überhaupt nicht mehr an meine Träume.

S. de B.: Ich glaube, Sie haben mir in unserem ganzen Leben tatsächlich nie einen erzählt. Sie haben wie jedermann geträumt, aber ich denke, Ihre Träume entfallen Ihnen beim Aufwachen, und Sie haben den Eindruck, nicht geträumt zu haben.

J.-P. S.: Ich erinnere mich noch an Träume, Alpträume über den Wahnsinn, ein paar Tage nachdem meine Eltern ein Dienstmädchen, das sie hatten, in eine psychiatrische Anstalt gebracht haben, das sich einbildete, in Löcher zu fallen. Auf der Straße sah sie plötzlich Löcher vor sich und fiel hinein, und sie weinte, sie hatte Anfälle, und meine Eltern hatten einen Arzt geholt, der die Erlaubnis gegeben hatte, sie ins Krankenhaus zu bringen. Ich war entschieden gegen diese Lösung gewesen, aber es waren meine Eltern, und ich konnte nichts anderes tun, als ihnen meine Meinung zu sagen. Aber in mir war eine Art Verstörtheit geblieben, und ich erinnere mich, daß ich in der Nacht geträumt habe. Ich sehe die Träume, die ich hatte, noch mehr oder weniger vor mir.

S. de B.: Das war wann?

J.-P. S.: Das war in Paris, vor dem Krieg, als ich bei meinen Eltern wohnte.

S. de B.: Das ist also eine sehr alte Erinnerung. Erinnern Sie sich noch an ein paar andere Träume?

J.-P. S.: Nein, aber ich weiß, daß ich viel träumte.

S. de B.: Hat es Sie nicht interessiert, sich daran zu erinnern?

J.-P. S.: Ich habe mich daran erinnert. Ich habe über meine Träume geschrieben, wenn ich welche hatte, Sie wissen ja, in *Das Imaginäre*. Nun, der Schlaf ist etwas, was nicht existiert. Oder was wie etwas ohne Geschichten existiert. Ich weiß, wenn ich Ihnen abends gute Nacht sage und die Treppe hinaufsteige, um ins Bett zu gehen, begebe ich mich nicht auf ein Schlachtfeld, ich begebe mich in eine totale Vernichtung ... Meine Verdauung ist auch sehr gut.

S. de B.: Ja, Sie sind nie seekrank gewesen.

J.-P. S.: Nie, und dabei habe ich ziemlich viele Schiffsreisen gemacht.

S. de B.: Ihnen ist nie übel geworden, nicht einmal wenn Sie sich betrunken haben. Das beeinträchtigte den Kopf oder das Bewegungssystem, aber nie die Leber oder die Verdauungsorgane.

J.-P. S.: Einmal habe ich mich übergeben, am Tag vor einer Preisverteilung. Zuerst hatte ich mit Schülern am Strand gegessen, und anschließend habe ich den Abend im Bordell beendet, wo ich allerdings nichts getrunken habe.

S. de B.: Ein andermal haben Sie sich auch übergeben, das war in Japan, als Sie rohen Fisch gegessen haben. Beim Essen haben Sie es sehr, sehr gut überstanden, und erst als Sie in Ihrem Zimmer waren, ist Ihnen schlecht geworden. Das war keine Magenverstimmung, sondern eine psychische Sache.

J.-P. S.: Ich habe nicht verstanden, was mit mir vorging.

S. de B.: Wir müssen noch einmal über die psychosomatische Seite Ihrer Person sprechen. Denn insgesamt sind Sie sehr selbstbeherrscht, sehr ausgeglichen, sehr rational, sehr bewußt. Aber es gibt Fälle, in denen Ihr Körper reagiert hat, beinahe ohne daß Sie es gewußt haben, wie zum Beispiel in dem Fall: Sie sind während des ganzen Diners sehr höflich gewesen, Sie haben lächelnd Speisen gegessen, die mich anekelten, wir sind nach Hause gegangen, Sie haben gedacht, Sie hätten Fieber, Sie haben sich übergeben, und da haben Sie begriffen, daß es nur eine Übelkeit war, aber eine Übelkeit, die eine psychosomatische Reaktion auf die Überwindung war, die Sie sich während des ganzen Banketts angetan hatten.

S. de B.: Wir wollen über ein Thema sprechen, worüber sehr wenig gesprochen worden ist, nämlich Ihr Verhältnis zum Essen. Haben Sie dazu etwas zu sagen?

J.-P. S.: Hauptsächlich, daß ich nur ziemlich wenig Dinge gern esse. Ich habe Tabus, wie zum Beispiel Tomaten. Ich habe in meinem Leben praktisch keine gegessen. Nicht daß ich Tomaten so schlecht fände und daß mir ihr Geschmack besonders zuwider wäre. Aber ich mag ihn nicht besonders, deshalb habe ich beschlossen, keine zu essen, und das respektiert man im allgemeinen in meiner Umgebung.

S. de B.: Wissen Sie, woher ein Widerwille wie dieser kommt?

J.-P. S.: Ich müßte es wissen können, weil ich denke, daß jede Nahrung ein Symbol ist. Sie ist einerseits Nahrung, und in diesem Sinn ist sie nicht symbolisch. Sie nährt, sie ist eßbar. Aber ihr Geschmack und ihr Äußeres rufen Bilder hervor und symbolisieren einen Gegenstand. Einen je nach der Nahrung wechselnden Gegenstand, der aber von der Nahrung selbst symbolisiert wird. In *Das Sein und das Nichts* habe ich versucht, bestimmte Geschmacksempfindungen zu analysieren, jedenfalls bestimmte symbolische Aspekte der Dinge.

S. de B.: Welches sind Ihre größten Abneigungen außer den Tomaten?

J.-P. S.: Schaltiere, Austern, Muscheln.

S. de B.: Was widert Sie so sehr an Muscheln und Schaltieren an?

J.-P. S.: Ich denke – jedenfalls was die Schaltiere angeht –, daß es ihre Ähnlichkeit und ihr Zusammenhang mit den Insekten ist, die in der Luft leben und nicht im Wasser, die aber diese Lebensstufe, dieses problematische Bewußtsein haben, die mich stören und die vor allem in unserem Alltag den Anschein haben, in unserem Universum überhaupt nicht zu Hause zu sein – fast überhaupt nicht zu Hause zu sein –, der sie zu Außenseitern macht. Wenn ich ein Schaltier esse, esse ich Dinge aus einer anderen Welt. Dieses weiße Fleisch ist nicht für uns, man stiehlt es einem anderen Universum.

S. de B.: Wenn Sie pflanzliche Nahrung essen, stehlen Sie sie auch einem anderen Universum ...

J.-P. S.: Ich esse nicht besonders gern pflanzliche Nahrung.

S. de B.: Es gibt einen großen Unterschied, nämlich daß die Pflanzen kein Bewußtsein haben. Das Störende an einem Insekt ist anscheinend, daß es aus einem anderen Universum ist und zugleich ein Bewußtsein hat.

J.-P. S.: Aller Wahrscheinlichkeit nach hat die Pflanze keines. Das Kochen der Pflanze ist die Verwandlung eines bestimmten Objekts ohne Bewußtsein in ein anderes Objekt ebenfalls ohne Bewußtsein. Und das ist eine Vereinnahmung des Dinges durch die menschliche Welt. Eine Pflanze hört auf Pflanze zu sein, um Püree oder gekochtes Gemüse zu werden, wenn Sie gekocht wird. Das Rohe entfernt sie von uns.

S. de B.: Aber Muscheln haben nicht dieses Insektenhafte wie Schaltiere. Warum mögen Sie sie dann nicht?

J.-P. S.: Es ist Nahrung, die in einem Gegenstand versteckt ist und die herausgezogen werden muß. Es ist vor allem die Vorstellung des Herausziehens, die mich anwidert. Die Tatsache, daß das Fleisch des Tieres von der Muschel dermaßen abgedichtet ist, daß man Geräte benutzen muß, um es herauszuziehen, anstatt sie ganz aufzumachen. Das ist etwas, was dem Mineral gleicht. Das ist wirklich das Geschenk eines Minerals, die Muschel ist das Mineral, und das bißchen Fleisch in ihrem Innern ist das Geschenk.

S. de B.: Ist nicht schon an diesem Fleisch selbst etwas, was Sie anwidert? Hängt das nicht mit all dem zusammen, was Sie über das Schleimige, Zähflüssige denken, diese elementare Form von Leben, die ihren Widerwillen erregt?

J.-P. S.: Bestimmt. Der Ursprung des materiellen Ekels vor der Muschel liegt bestimmt da. Sie ist eine quasi vegetative Existenzform. Sie ist im Entstehen begriffenes Organisches oder hat vom Organischen nur dieses etwas abstoßende lymphatische Fleisch, diese merkwürdige Farbe, dieses gähnende Loch im Fleisch. Das alles wird uns bei der Muschel geboten.

S. de B.: Haben Sie andere Abneigungen?

J.-P. S.: Eine, die ich nicht verstehe, wie gesagt Tomaten. Das ist aber eher ein Verbot, das ich mir auferlegt habe, keine zu essen, als eine wirkliche Abneigung. Jedesmal, wenn ich aus Höflichkeit oder zufällig welche esse, bin ich nicht besonders angewidert. Ich mag nicht dieses leicht Säuerliche, das sie den Speisen gibt.

S. de B.: Gibt es unter den Sachen, die Sie nicht anwidern, welche, die Sie sozusagen nie essen?

J.-P. S.: Obst. Wenn ich nämlich Lust habe, etwas Süßes zu essen, esse ich lieber etwas, was von Menschen gemacht ist, einen Kuchen, eine Torte. Dabei ist das Aussehen, die Zusammensetzung, sogar der Geschmack vom Menschen gewollt und durchdacht worden. Obst dagegen hat einen zufälligen Geschmack. Es ist auf einem Baum, es ist auf der Erde zwischen Gräsern. Das ist nicht für mich, das kommt nicht von mir, ich habe beschlossen, etwas zum Essen daraus zu machen. Ein Kuchen dagegen hat eine regelmäßige Form, zum Beispiel die Form eines Eclairs mit Schokoladen- oder Mokkacreme, sie ist von Konditoren in Backöfen gemacht etc. Das ist demnach ein ganz und gar menschlicher Gegenstand.

S. de B.: Anders gesagt, Obst ist Ihnen zu natürlich.

J.-P. S.: Ja, die Nahrung muß durch von Menschen getane Arbeit entstehen. Brot ist so. Ich habe immer gedacht, daß Brot eine Beziehung zu den Menschen ist.

S. de B.: Mögen Sie Fleisch?

J.-P. S.: Nein. Ich habe lange welches gegessen, jetzt esse ich weniger, ich mag es nicht besonders. Es hat eine Zeit gegeben, in der ich ein schönes Rumpsteak, ein Chateaubriand, eine Lammkeule gern gegessen habe, dann habe ich es ein bißchen gelassen, weil ich zu sehr daran denken mußte, daß ich Tiere aß.

S. de B.: Was essen Sie denn gern?

J.-P. S.: Manche Fleisch- und Gemüsesorten. Eier. Ich habe sehr gern Wurst gegessen, aber jetzt esse ich sie weniger gern. Es kam mir vor, als gebrauchte der Mensch das Fleisch, um etwas ganz Neues daraus zu machen, zum Beispiel Bratwurst, Schlackwurst, Schnittwurst. Das alles existierte nur durch den Menschen. Das Blut war in einer bestimmten Weise genommen worden, war anschließend in einer bestimmten Art behandelt worden, das Abkochen war in einer ganz bestimmten, von den Menschen erfundenen Weise geschehen. Man hatte dieser Wurst eine Form gegeben, die für mich verführerisch war, eine in umwickelten Zipfeln endende Form.

S. de B.: Anders gesagt, Sie mögen Wurst, weil das Fleisch

darin in unmittelbarer Weise weniger anwesend ist als in rotem Fleisch?

J.-P. S.: Für mich ist das kein Fleisch mehr. Rotes Fleisch, sogar gekocht, ist immer noch Fleisch. Es hat die gleiche Konsistenz, es ist Blut darin, das fließt, es hat die gleiche Ergiebigkeit, die gleiche Menge, die im Verhältnis zu dem, was man davon essen kann, zu groß ist. Eine Schnittwurst, eine Schlackwurst, das ist nicht so. Die Schnittwurst mit ihren weißen Punkten und ihrem runden rosa Fleisch ist etwas anderes.

S. de B.: Kurz, Sie sind entschlossen auf seiten des Gekochten gegen das Rohe.

J.-P. S.: Unbedingt. Natürlich kann ich Mandeln oder Nüsse essen, obwohl mir das auf der Zunge weh tut. Und Ananas, weil Ananas etwas Gekochtem gleicht. Ich habe Ananas in Dosen kennengelernt, und als ich zum erstenmal rohe gegessen habe, nämlich in Südamerika, habe ich den Eindruck gehabt, einen dicken gekochten Gegenstand zu sehen.

S. de B.: Haben Sie noch etwas über das Essen hinzuzufügen?

J.-P. S.: Nein, nichts Besonderes.

S. de B.: Was können Sie mir über Ihr Verhältnis zum Geld sagen?

J.-P. S.: Ich denke, das Wesentliche war – ich habe es in *Die Wörter* erwähnt, aber ich muß darauf zurückkommen –, daß ich bis in meine späte Jugend bei anderen gelebt habe. Ich habe immer von dem Geld gelebt, das man mir gab, das mir aber nicht gehörte. Das Geld, das mein Großvater uns gab, das Geld, von dem er uns leben ließ, meine Mutter und mich. Meine Mutter erklärte mir, daß es nicht mir gehörte. Anschließend hat sie sich wiederverheiratet, und das Geld meines Stiefvaters war noch weniger meines als das meines Großvaters. Sie gab mir davon, aber sie ließ mich spüren, daß es nicht mir gehörte, daß es von meinem Stiefvater stammte. Und das hat so lange gedauert, bis ich an die École Normale kam. Das Geld meiner Mutter oder meines Stiefvaters wurde weniger, weil ich an der École Normale Geld bekam, und außerdem gab ich Nachhilfestunden, erst da habe ich also mein erstes Geld verdient, aber bis zu meinem neunzehnten

Lebensjahr bekam ich das Geld von außen, und da ich meinen Stiefvater nicht sehr mochte, habe ich es stärker empfunden, als wenn es von einem anderen gekommen wäre. Wohlgemerkt ging es uns sehr gut. Mein Stiefvater war Direktor der Schiffswerften von La Rochelle, er verdiente erhebliche Summen, und folglich lebten wir sehr gut. Ich brauchte übrigens wenig, ich war in der Schule, man gab mir jeden Tag ein bißchen Geld. Aber es ist sicher, daß ich mich wie jemand ohne Geld fühlte, ich fühlte mich mit dem von anderen gegebenen Geld ausgehalten, und damit bekam das Geld, zur gleichen Zeit, wo ich es nicht hatte, einen eher idealen Wert für mich: man gab Geld, das gegen einen Kuchen, gegen eine Kinokarte getauscht wurde, aber das war ein Tausch, der nicht von mir abhing. Das Geld war eine Art Erlaubnis, einen Gegenstand zu bekommen, den mein Stiefvater mir schenkte, viel weiter ging das nicht. Es war so, als hätte er zu mir gesagt: mit diesem Geld kannst du dir eine Bärentatze oder einen Schokoladenkuchen kaufen, was heißen sollte, ich schenke dir diesen Schokoladenkuchen. Der eigentliche Wert des Geldes entging mir. Übrigens war ich diesem Geld gegenüber ziemlich feindselig. Nicht, daß ich weniger gewollt hätte, sondern ich wollte im Gegenteil ohne diese Erlaubnis auskommen. Eigenes Geld haben. Deshalb habe ich etwa mit zwölf in La Rochelle angefangen, Geld aus der Tasche meiner Mutter zu nehmen.

S. de B.: Sie haben das Geld genommen, weil es Ihnen auf die Nerven ging, daß man es Ihnen schenkte.

J.-P. S.: So ist es!

S. de B.: Was hat es für Sie bedeutet, als Sie Ihr erstes Geld verdient haben?

J.-P. S.: Das war an der École Normale. Auch da habe ich nicht so recht begriffen, was es hieß, Geld zu verdienen. Das war Geld, das wir an der Schule bekamen, einen kleinen monatlichen Betrag, und wir gaben ihn aus, indem wir in Bars unweit der École Kaffee tranken. Das reichte allerdings nicht aus, um uns zu versorgen, denn wir haßten das Essen in der École, das scheußlich war, und wir gaben viel von diesem Geld für Essen aus. Daher gab es an der École eine andere Gewohnheit: und zwar Schülern der Prima oder Philo, manchmal der Sekunda oder der Tertia, die nicht mitkamen, Nachhilfestunden zu geben, damit sie mitkamen.

S. de B.: Das war kein empfangenes Geld mehr, wie das der École. Haben Sie daraufhin eine Beziehung zwischen einer bestimmten Arbeit und einem bestimmten Verdienst hergestellt?

J.-P. S.: Ja, ich wußte schon, daß dieses Geld mir für meine Arbeit mit meinen Schülern gegeben wurde, aber ich sah die Beziehung zwischen diesem Geld und dieser Arbeit nicht so recht. Ich war sehr gewissenhaft. Im allgemeinen war ich Nachhilfelehrer für Philosophie, aber manchmal übernahm ich besondere Aufgaben. Ich bin sogar Nachhilfelehrer für Musik gewesen. Ich fühlte, daß ich eine leichte kleine Arbeit verrichtete, und das machte es mir möglich, am Monatsende einen Betrag zu erhalten, der es mir ermöglichte, einen Monat zu leben, ohne in der École zu Mittag und zu Abend zu essen.

S. de B.: Haben Sie in jener Zeit unter dem Geldmangel gelitten?

J.-P. S.: Ja, selbstverständlich, aber nicht besonders. Durch die *tapir* hatte ich ziemlich viel Geld. Die Stunden wurden nach einem von der École vorgeschriebenen Tarif bezahlt. Die Schüler hatten ihn zusammen mit dem *caiman*, das heißt dem Oberaufseher der École festgelegt, und es waren feststehende Beträge.

S. de B.: Mir scheint, es gab Gelegenheiten, wo Ihnen Geld fehlte: wenn Sie nach Toulouse fahren wollten, um Camille zu besuchen.

J.-P. S.: Ja, ich hatte sehr wenig Geld wie alle Schüler der École Normale. Ich erinnere mich, daß ich einmal das für die Hin- und Rückfahrkarte nach Toulouse und für den Verzehr unterwegs nötige Geld Sou für Sou von meinen Mitschülern geliehen habe. Die Taschen voll großer Sou-Stücke bin ich losgefahren. Ja, man lebte ziemlich ärmlich. Es gab Monate, in denen man kein Geld hatte, in denen man keine *tapir* hatte. Man lieh sich Geld und gab es anschließend zurück.

S. de B.: Hatten Sie Ehrgeiz, Geld zu verdienen? Hatten Sie so etwas wie eine Planung für das Geld, das Sie später haben würden?

J.-P. S.: Nein, überhaupt nicht. Ich dachte nicht an das Geld, das ich später haben würde. Nie. Wenn ich daran dachte, Schriftsteller zu werden, dachte ich daran, bedeutende Werke zu schreiben, aber ich dachte überhaupt nicht daran, daß sie mir diesen oder jenen Betrag einbringen würden. In gewisser Weise existierte das Geld für mich nicht. Ich bekam welches, und dann gab ich es aus. Ich gab es großzügig aus, solange ich welches hatte, denn es war für mich praktisch wie Papierscheine, die man mir gab und die ich in eine gemeinsame Kasse zurückgab. Ich half meinen Mitschülern an der École Normale, ich verschenkte etliches.

S. de B.: Ich weiß, als ich Sie an der École Normale kennengelernt habe, hatten Sie den Ruf, außerordentlich großzügig zu sein. Und insbesondere wenn Sie eine Frau ausführten, daß Sie sie sehr kostspielig ausführten; oder sogar wenn Sie mit Mitschülern ausgingen, daß Sie in gute Restaurants gingen, daß Sie eben alles ausgaben, was Sie hatten.

J.-P. S.: Das machte ich tatsächlich, aber das erschien mir nicht als ein Akt der Großzügigkeit. Man benutzte diese merkwürdigen Gegenstände, die man uns gab, und dann hatte man statt dessen etwas. Man dehnte den Kaufwert dieser Gegenstände natürlich auf die nahestehenden Kameraden aus. Ich verschenkte mein Geld gerne, weil ich nicht den Eindruck hatte, es zu verdienen, und es repräsentierte für mich nichts als Zeichen. Natürlich mußte man viele von diesen Zeichen haben, um viele Gegenstände zu bekommen, aber man konnte zurechtkommen.

S. de B.: Nahmen Sie Geld von anderen?

J.-P. S.: Nein, aber nur, weil es sich nicht ergeben hat.

S. de B.: Wollen Sie sagen, daß Sie es bei anderen, die es gemacht hätten, nicht mißbilligt hätten?

J.-P. S.: Nein. Weil Geld mir als außerhalb des Lebens erschien. Ich dachte, daß das Leben nichts mit Geld zu tun hatte. Doch alles, was ich machte, machte ich dank des Geldes. Ob ich ins Theater, ins Kino ging, ob ich in die Ferien fuhr, es geschah immer mit Geld. Ich sparte es, ich meinte, daß es Dinge gab, die ich gern hatte und die ich tat, aber mir war nicht bewußt, daß das ging, weil ich durch die Nachhilfestunden einen bestimmten Betrag erlangt hatte.

S. de B.: Aber war im Hintergrund dieser Gleichgültigkeit nicht trotzdem die Gewißheit, daß Sie Beamter waren und daß Ihre Zukunft gesichert war, ohne Zweifel bescheiden, aber doch sehr sicher? Haben Sie sich nie Sorgen über Ihre materielle Zukunft gemacht?

J.-P. S.: Nein, nie. Ich stellte mir nicht einmal die Frage. Was, wenn Sie so wollen, eine Art ist, noch beruhigter zu sein. Für mich gab es das Geld, das mir Schüler Tag für Tag gaben und das ich für Gegenstände ausgab, die mir gefielen. Später würde ich das Geld haben, das der Staat mir für meinen Unterricht geben würde, und ich würde es in der gleichen Weise ausgeben. Ich sah das Leben nicht als von einem bestimmten Betrag unterhalten, der sich jeden Monat reproduzierte und den es unter bestimmten Umständen auszugeben galt: Kleidung, Wohnung etc. So sah ich das nicht. Ich sah, daß man Geld haben mußte, und daß ein Beruf etwas ist, was Geld einbringt. Mein Leben würde das der Lehrer sein, die ich gekannt hatte, und dann würde es natürlich die Bücher geben, die mir wahrscheinlich zusätzliches Geld einbringen würden.

S. de B.: Aber in gewisser Weise wünscht niemand Geld an sich, man wünscht es immer um dessentwillen, was man dafür kaufen kann. Hat es nie eine Kluft zwischen Ihren Zukunftsträumen, Ihren Reisewünschen – Sie träumten ja viel vom Reisen – und der Erkenntnis gegeben, daß Sie nicht genug Geld haben würden, um diese Reisen zu machen, um diese Abenteuerleben zu führen, von denen Sie träumten?

J.-P. S.: Die Abenteuerleben, das war abstrakter. Aber die Reisen, ja. Ich weiß, daß Holland mir vor dem Krieg sehr teuer vorkam. Ich dachte, daß man lange erst einmal keine Reise nach Holland machen könnte.

S. de B.: Ich spreche jetzt von der École Normale, als Sie sehr jung waren.

J.-P. S.: Nein, das stellte sich nicht so dar. Ich hatte keine großen Bedürfnisse: ein Glas Bier oder Wein in einem Café, zwei oder drei Kinobesuche in der Woche.

S. de B.: Und Sie sagten sich beispielsweise nicht: ach, ich werde nie genug Geld haben, um nach Amerika zu fahren?

J.-P. S.: Ich dachte, daß es für mich schwer sein würde, nach Amerika zu fahren. Aber das war weit weg, das war nicht mein aktueller Wunsch.

S. de B.: Und wie dachten Sie über das Geld der anderen? Ich meine, wenn Sie sehr reiche Leute sahen, wenn Sie sehr arme Leute sahen, reagierten Sie darauf, existierte das trotzdem für Sie?

J.-P. S.: Sehr reiche Leute sah ich oft. Eltern von Schülern, manche waren reich. Aber ich wußte, daß es sehr arme Leute gab, und ich betrachtete das als eine soziale Schändlichkeit, die politische Arbeit erfordert, damit die Armut beseitigt wird. Ich hatte ziemlich vage Ideen, wie Sie sehen, aber schließlich...

S. de B.: Aber Ihnen war nicht bewußt, daß Geld für einen Straßenfeger, für eine Putzfrau etwas wahnsinnig Wichtiges darstellen konnte?

J.-P. S.: Doch, der Beweis ist, daß ich ihnen, diesen Leuten, welches gab. Aber das war ein Widerspruch: dieses Geld, das für mich nichts war, war für sie viel. Ich versuchte nicht zu verstehen, ich sah, daß es so war. Anders gesagt, ich hatte ein sehr abstraktes Bewußtsein vom Geld: das war eine Münze oder ein Schein, der es mir ermöglichte, Gegenstände, die mir gefielen, zu erwerben, aber ich lebte nicht davon. Das muß man versuchen zu verstehen: ich lebte an der École Normale, ich hatte mein Bett, das ich nicht bezahlte. Ich konnte zu Mittag essen, zu Abend essen, ohne einen Pfennig zu bezahlen. So daß mein Leben im einfachsten Sinne des Wortes, im materiellsten Sinne, mir von etwas zur Verfügung gestellt wurde, was weder meine Eltern waren noch Leute, die mich kannten, sondern der Staat. Alles übrige, alles, was für mich mein Leben war, das heißt, Cafés, Restaurants, Kino etc., das verschaffte ich mir selbst, verschaffte ich mir durch eine Art Pseudoarbeit, denn die Stunden, die ich mit meinen *tapir* verbrachte, kamen mir vor wie ein Spiel. Ich saß vor einem meist verblödeten Kind, das eine Stunde lang dem, was ich sagte, halbwegs zuhörte, und dann ging ich weg. Ich hatte nicht einmal mehr den Eindruck, daß das Unterricht war. Ich hatte den Eindruck, daß das ein Schwätzchen war, das mir zwanzig Francs zum Beispiel einbrachte.

S. de B.: Und später, als Sie Lehrer geworden waren?

J.-P. S.: Nun, in der Zwischenzeit ist etwas passiert. Und zwar ist meine Großmutter gestorben, und ich habe eine Summe geerbt, die für den Jungen, der ich war, ziemlich beträchtlich war.

S. de B.: Ich glaube, es waren damals 80000 Francs, was heute fast eine Million[1] wäre.

J.-P. S.: Dieses Geld gab ich einfach so aus, zum Beispiel mit Ihnen. Wir haben Reisen gemacht.

S. de B.: Ja, die Reisen sind sehr häufig zum großen Teil davon finanziert worden.

J.-P. S.: Und Sie sehen: auch damals war das Geld keine Realität. Eine Realität, die das Kind in einer armen Familie so gut begreift. Es weiß, was ein Zwei-Franc-Stück ist. Ich kann nicht sagen, daß ich es wußte. Ich bekam Geld in die Hand, das mir Gegenstände verschaffte. Manchmal hatte ich kein Geld mehr und hatte keine Gegenstände mehr, oder ich lieh mir welches – ohne zu wissen, wie ich es zurückgeben sollte –, aber ich wußte, daß ich es zurückgeben würde, weil ich im darauffolgenden Halbjahr Nachhilfeschüler haben würde.

S. de B.: Ja, als wir uns kennenlernten, ist es vorgekommen, daß Sie über Ihre Verhältnisse lebten. Dann liehen Sie sich Geld von Madame Morel.

J.-P. S.: Ja.

S. de B.: Sie waren sicher, daß Madame Morel reich war. Sie war die einzige unter Ihren Freunden, die wirklich reich war. Sie liehen sich nicht sehr oft etwas von ihr, aber es konnte vorkommen. Das war auch eine Sicherheit.

J.-P. S.: Ja.

S. de B.: Ich erinnere mich an etwas schwierige Monatsenden, denn wir waren nicht sehr sparsam. Ich brachte eine bestimmte Brosche, die ich von irgend jemand geerbt hatte, ins Pfandleihhaus. Oder wir liehen uns etwas von Colette Audry, die ihre Schreibmaschine ins Pfandleihhaus brachte. Sehr häufig waren wir an den letzten Tagen des Monats knapp bei Kasse. Aber das störte uns nicht.

J.-P. S.: Wir hatten immerhin unsere beiden Gehälter. Wir legten sie zusammen, und das war ein bißchen mehr Geld als ein nicht verheirateter Lehrer oder ein mit einer nicht berufstätigen Frau verheirateter Lehrer verdient. Wir wurden sehr schlecht bezahlt, weil wir in der untersten Gehaltsklasse waren.

[1] Alte Francs.

S. de B.: Aber wir hatten genug zum Leben, vor allem so, wie wir lebten.

J.-P. S.: In meiner ersten Stelle in Le Havre gab ich sehr wenig Geld aus.

S. de B.: Und hatten Sie ein bißchen mehr den Eindruck, Ihr Geld zu verdienen, als vorher mit den Nachhilfestunden?

J.-P. S.: Eigentlich habe ich nie den Eindruck gehabt, mein Geld zu verdienen. Ich tat meine Arbeit, das war das Leben. Und dann gab man mir jeden Monat Geld.

S. de B.: Es gab immerhin gewisse Zwänge. Zum Beispiel waren Sie gezwungen, in Le Havre zu wohnen. Dann hat man Sie gezwungen, in Laon zu wohnen. Sie konnten nicht in Paris wohnen, wie Sie es gewünscht hätten.

J.-P. S.: Ja, aber meine Stelle war wegen seiner Nähe zu Paris ausgesucht worden. Das war nur ein geringer Zwang, nämlich daß ich mit dem Zug fuhr. Ich fuhr gern mit dem Zug. Dem Zug von Le Havre nach Paris. Ich las die ersten Kriminalromane, die in Frankreich großes Aufsehen erregten, und die Zeitschrift *Marianne*. Es war eine angenehme Strecke, und ich besuchte Sie in Rouen.

S. de B.: Und haben Sie den zeitweiligen Geldmangel manchmal als unangenehm empfunden? Ich weiß zum Beispiel, daß es Ihnen viel peinlicher war als mir, Geld zu leihen. Wir haben einen großen Streit gehabt: in Paris gab es ein Hotel, in dem wir sehr oft abstiegen, Sie sollten am nächsten Tag Aron zum Mittagessen einladen und hatten kein Geld. Ihnen allein wäre es egal gewesen, Sie hätten gesagt: dann esse ich eben nicht, aber in dem Fall mußten Sie Aron einladen, und ich sagte zu Ihnen: «Es gibt eine sehr einfache Lösung: bitten Sie doch den Hotelier, Ihnen für vierundzwanzig Stunden Geld zu leihen.» Und wir haben uns wirklich gestritten, denn ich sagte: «Was macht das schon aus? Das ist ein mieser Typ, der uns egal sein kann. Soll er uns wenigstens einen Gefallen tun.» Und Sie sagten: «Nein, ich will nicht, daß er sich dessen bewußt ist, mir einen Gefallen getan zu haben.»

J.-P. S.: Das stimmt, ich wollte nicht, daß er mir einen Gefallen tut.

S. de B.: Ich weiß, daß ich mich mit Ihnen gestritten habe und daß ich zu ihnen gesagt habe: «Zum Glück sind Sie Beamter, etwas anderes könnten Sie nicht sein, weil Sie ein Verhältnis zum Geld haben, das sehr ängstlich ist.» Sie waren sehr großzügig, das steht außer Frage, aber sobald Sie meinten, daß das Geld Ihnen ausgehen könnte, daß die Gefahr bestand, daß Sie keins hatten, wurden Sie sehr verängstigt.

J.-P. S.: Das stimmt. Ich habe mir oft Sorgen um das Geld gemacht: wie könnte ich welches bekommen, um in drei Monaten dies oder das zu tun? Ich dachte daran, wie ich es mir beschaffen könnte, aber wenn Sie so wollen, gab es eine Art Bruch zwischen dem Geld, das ich beschaffte, und den Dingen, die ich davon kaufte. Ich sah nicht, daß dieses Geld zum Kaufen da war, und andererseits, daß es durch eine Arbeit beschafft worden war. Diese Art Sachen wußte ich natürlich, aber ich spreche im Moment von einem Gefühl. Ich hatte nicht das Gefühl, daß ich in der allgemein üblichen Situation lebte: Geld zu verdienen und es für den Kauf von nützlichen Produkten auszugeben.

S. de B.: Und später?

J.-P. S.: Nein, ich habe es nie realisiert. Das liegt daran, daß mein Beruf sehr unbeständig ist. Manchmal wird er sehr gut bezahlt, aber er ist sehr wenig produktiv, außer in einer ganz anderen, kulturellen Weise. Ich betrachtete also die kulturelle Sache, die ich lehrte oder die ich schuf – das Buch – als ein Produkt von mir, ohne Zusammenhang mit dem Geld. Wenn ich Käufer für meine Bücher hatte, um so besser. Aber ich hätte mir sehr gut vorstellen können, daß meine Bücher sich nicht verkauften, zumindest für eine lange Zeit. Ich weiß, daß ich bei meinem ersten Gedanken ans Schreiben nicht damit rechnete, zu meinen Lebzeiten übersetzt zu werden. Eine ganze Zeitlang, bevor ich begriffen habe, was Literatur ist, rechnete ich damit, ein Autor mit wenigen Lesern zu werden. Ein Autor für kleine Bibliotheken, jemand in der Art von Mallarmé, und folglich würden meine Schriften nicht viel Geld abwerfen.

S. de B.: Es gibt etwas, worauf Sie in einem Interview hingewiesen haben, was Ihr Verhältnis als Schriftsteller zum Geld trüben muß: nämlich daß der Verdienst im umgekehrten Verhältnis zur geleisteten Arbeit steht. Die *Kritik der dialektischen Vernunft* hat Ihnen ungeheure Arbeit gemacht und sehr wenig eingebracht, während manchmal ein Theaterstück, das Sie, sagen wir einmal *Kean*, sehr schnell geschrieben haben, plötzlich viel gespielt wurde, das hat Ihnen viel Geld eingebracht.

J.-P. S.: Ja, das ist richtig.

S. de B.: Das ist etwas, was Sie oft betont haben: es ist fast ein umgekehrtes Verhältnis.

J.-P. S.: Nicht ganz, aber, na ja, es ist so. Und das hat mir bestimmt nicht beigebracht, was Geld ist.

S. de B.: Es hängt auch von den äußeren Umständen ab, weil Sie zum Beispiel plötzlich erfahren, daß eins Ihrer Stücke in dem und dem Land gespielt werden soll, daß es sehr lange gespielt werden soll, das bringt Ihnen eine Menge Moneten ein, oder daß nach einem Ihrer Werke ein Drehbuch geschrieben wird.

J.-P. S.: Alles in allem habe ich sehr lange, fast mein ganzes Leben lang nicht gewußt, was Geld ist. Es gab übrigens merkwürdige Widersprüche in meiner Haltung. Wenn ich Geld hatte, gab ich es aus, ohne zu zählen. Aber andererseits wollte ich immer eine viel größere Menge bei mir haben, als ich hätte ausgeben können. Wenn ich in die Ferien fuhr, zum Beispiel, nahm ich immer viel mehr mit, als nötig war, um meinetwegen nach Cagnes zu fahren, wo wir zwei Zimmer in einem Hotel hatten, in dem man uns kannte. Und wenn bezahlt werden mußte, zog ich ein Bündel Geldscheine aus der Tasche. Ich weiß, daß darüber gelacht wurde, und gleichzeitig entrüstete sich die Wirtin darüber.

S. de B.: Ja, Sie hatten ein, ich würde sagen bäurisches Verhältnis zum Geld. Das heißt, Sie hatten nie ein Scheckheft, Sie trugen immer alles bei sich, in bar, in Form von Geldscheinen, die Sie in Ihren Taschen hatten. Und tatsächlich, wenn Sie tausend Francs zu bezahlen hatten, zogen Sie ein Bündel von hunderttausend heraus, oder fast. Sie gaben ohne zu rechnen aus, aber Sie haben immer Angst gehabt, und in letzter Zeit mehr denn je, nicht mehr ohne zu rechnen ausgeben zu können, Angst, rechnen zu müssen. Keine Angst, kein Geld zu haben, sondern rechnen zu müssen.

J.-P. S.: Zur Zeit denke ich zum Beispiel, daß ich Geld für fünf Jahre habe, und dann ist es aus. Und so ist es in der Tat. Ich habe ungefähr fünf Millionen, jedenfalls Millionen von Alten Francs, das sind jetzt fünfzigtausend. Ich muß etwas für meinen Lebensunterhalt finden.

S. de B.: Diese Unsicherheit macht Ihnen doch nur so viel Sorgen, weil Sie das stört, der Gedanke, daß Sie gezwungen sein könnten zu rechnen.

J.-P. S.: Ja, weil ich viel Geld verdient habe.

S. de B.: Sie haben wahnsinnig viel davon verschenkt.

J.-P. S.: Ich habe etliches davon verschenkt. Ich unterstütze übrigens Leute. Ich unterstütze im Moment ungefähr sechs oder sieben Personen.

S. de B.: Ja.

J.-P. S.: Vollständig. Das verpflichtet mich natürlich. Ich darf kein Geld verlieren, weil das Beträge wären, die ich nicht mehr verschenken könnte... In der Hinsicht mache ich mir Sorgen.

S. de B.: Immer, sogar als Sie jünger und in bezug auf andere freier waren, war da diese Angst, nicht genug zu haben, um nicht rechnen zu müssen. Das war beinahe ein Widerspruch: Ihr großes Desinteresse an Geld, Ihre enorme Großzügigkeit, und dann eine Art, ich will nicht sagen Gier, weil Sie nie darauf aus waren, es anderen wegzunehmen, aber eine Art Furcht. Und das noch heute. Wenn ich Ihnen sage: Sie müssen sich Schuhe kaufen, antworten Sie mir: Ich habe keine Geld, um mir Schuhe zu kaufen. Man könnte fast von Geiz Ihnen selbst gegenüber sprechen. Während Sie andern gegenüber extrem großzügig sind, ist Ihre Reaktion, wenn es um Sie geht, immer: O nein, ich habe nicht mehr genug Geld. Eine andere Frage zum Geld, die mit den Fragen zusammenhängt, die ich Ihnen über Ihr Verhältnis zu anderen gestellt habe: Warum geben Sie immer so dicke Trinkgelder? Denn Sie geben nicht nur wirklich großzügige Trinkgelder, sondern manchmal Trinkgelder, die so riesig sind, daß sie fast lächerlich sind.

J.-P. S.: Ich weiß nicht. Ich habe immer dicke Trinkgelder gegeben, deshalb weiß ich es nicht. Ich könnte Ihnen jetzt Erklärungen geben, aber ich weiß, daß ich mit zwanzig dicke Trinkgelder gab. Natürlich weniger als jetzt, weil ich weniger Geld hatte, aber meine Kameraden lachten über mich. Das ist also eine alte Gewohnheit.

S. de B.: Wollen Sie damit auch eine gewisse Distanz zwischen den Leuten und Ihnen schaffen?

J.-P. S.: Es gibt verschiedene Gründe. Einmal um eine Distanz von den Kellnern zu halten und gleichzeitig, um ihnen zu helfen, ihr Leben zu bestreiten. Das ist eine Art zu schenken. Ich dachte nicht, daß alle dasselbe wie ich taten, aber ich hätte es gewünscht, damit die Kellner in den Cafés zum Beispiel genug zum Leben hätten. Ich hatte zu der Zeit ein sehr schlechtes Verhältnis zu den Kellnern in den Cafés.

S. de B.: Deshalb würde ich das als eine Großzügigkeit ansehen, vielleicht, aber auch als Distanz.

J.-P. S.: Vielleicht.

S. de B.: Das hat etwas von beidem. Trotz allem haben diese Leute Ihnen Dienste erwiesen, und sei es nur, indem sie ein Glas auf Ihren Tisch gestellt haben. Neulich haben Sie gesagt, daß Sie es hassen, wenn man Ihnen Dienste erweist, selbst wenn sie bezahlt werden, folglich muß man sie überbezahlen, damit Sie nicht letzten Endes den Eindruck haben, daß Sie es sind, der ...

J.-P. S.: Der ihnen verpflichtet ist. Bestimmt war so etwas dabei. Ich weiß, daß ich in Spanien verblüfft und peinlich berührt war, als es verboten war, Trinkgelder zu geben. Ich wußte, daß das richtig war, ich war einverstanden. Aber andererseits fühlte ich, daß der Kellner mir einen Dienst erwies, daß ich ihm verpflichtet war. Wenn ich ihm Geld gab, entstand dadurch eine gewisse Beziehung zu ihm, die ich nun nicht mehr hatte. Man hatte sie mir weggenommen. Er war ein freier Mann, der mir einen Dienst erwies, der nicht mit einem geschenkten Trinkgeld bezahlt wurde, sondern mit dem Betrag für den Verzehr.

S. de B.: Ja, die Bedienung war eingeschlossen.

J.-P. S.: Man kam zu etwas Aufrichtigerem. Ich fühlte es, aber es störte mich, nicht irgendeine Zulage geben zu können. In einem Café, in das ich oft gehe, schafft diese Großzügigkeit nicht wirklich eine Distanz. Man denkt: das ist dieser Verrückte, der zuviel Trinkgeld gibt, aber man bedient mich gerne.

S. de B.: Ja, natürlich. Aber insofern als Sie erklärt haben, daß Sie irgend jemand sein wollten, waren, ist es eine Art, sich von irgend jemand zu unterscheiden, zu hohe Trinkgelder zu geben. Stört Sie das nicht?

J.-P. S.: Nein, weil ich den Eindruck habe, daß das Leben so sein muß. Ich bin absurd, denn in Wirklichkeit muß das Leben überhaupt nicht so sein.

S. de B.: Wenn Sie einem Taxichauffeur ein zu hohes Trinkgeld geben, wissen Sie genau, daß Sie ihn nie wiedersehen.

J.-P. S.: Das Verhältnis ist trotzdem aufrichtig. Ich meine, ich sehe es so, zwischen diesem Taxifahrer und mir, eine Weile. Er ist entzückt, weil er ein gutes Trinkgeld bekommen hat, und hat einen Augenblick der Sympathie für mich, der ich ihm meine bewiesen habe, indem ich ihm das Geld gab. Bestimmt ist da ein Wille, ein ökonomisches Gesetz zum Tragen zu bringen, wo die Gleichheit durch die Tatsache hergestellt wird, daß der Reichere mehr gibt, einfach so, im Tagesverlauf.

S. de B.: Sie sagen, daß Sie viele Menschen unterstützen. Aber im ganzen sind es hauptsächlich Frauen oder, manchmal, junge Leute. Finden Sie das nicht peinlich für die Menschen, die Sie unterstützen? Hätten Sie es akzeptiert, unterstützt zu werden, als Sie zwanzig waren?

J.-P. S.: Nein. Ich sage nein, ich denke es. Aber Geld war für mich etwas so anderes als das, was man verdient und das, was man verschenkt, das war so viel abstrakter, daß mir die Vorstellung, ich hätte es akzeptieren können, einige Jahre unterstützt zu werden, nicht anstößig erscheint.

S. de B.: Nun ja, einige Jahre unterstützt zu werden, das kommt darauf an. Wenn man es wirklich braucht, um ein Werk zu erschaffen ... Niemand hat van Gogh jemals vorgeworfen, daß er mehr oder weniger von seinem Bruder ausgehalten worden ist. Weil er malte, weil er wirklich Gründe hatte, es anzunehmen, und wenn es angenommen wird, um etwas Positives zu machen, wenn es zum Beispiel ein Student ist, der sich sein Studium bezahlen läßt, bin ich ganz und gar einverstanden. Aber die Leute, die sich in dieser Lebensform einrichten ... Im Notfall könnte ich mir vorstellen, daß Sie, genau wie ich, daß wir einverstanden gewesen wären, wenn jemand gesagt hätte: schön, ich bezahle Ihnen fünf Jahre lang das Studium, Sie studieren, und damit ist es gut. Man braucht sich nicht um seiner Selbstachtung, seinem Ehrgefühl willen die ganze Zukunft zu verderben. Aber finden Sie nicht, daß das Ihr Verhältnis zu den Leuten verfälscht? Ihnen auf Lebenszeit Geld zu schenken, ohne Gegenleistung?

J.-P. S.: Ich sage mir oft nein. Nein, weil sie so sind. Sie brauchen Geld. Und da wäre es falsches Zartgefühl, mit ihnen zusammenzukommen und mit ihnen befreundet zu sein, ohne ihnen einen Pfennig zu geben, während sie keine Möglichkeit haben, sich Geld zu verschaffen, vielleicht durch ihre eigene Schuld, aber das ist ziemlich egal. Sie würden mit offenem Schnabel sterben, wenn ich ihnen nichts gäbe. Ich finde nämlich, daß eine Freundschaft mehr voraussetzt, als allgemein gesagt wird. Es gibt etwas, worauf ich nicht hingewiesen habe, daß nämlich die sehr bescheidene Auffassung vom Geld, die ich mit fünfundzwanzig, zwanzig, dreißig Jahren bis zum Krieg hatte, von der Fortsetzung meines Lebens nach dem Krieg vollkommen widerlegt worden ist. Ich habe viel Geld gehabt. Was wir hier untersucht haben, ist vor allem die Vorkriegszeit. Danach habe ich viel Geld gehabt.

S. de B.: Was hat es für Sie bedeutet, viel Geld zu haben?

J.-P. S.: Das war merkwürdig. Auch da betraf es mich nicht. Das Werk betraf mich, aber der Preis, den man dafür bezahlte, betraf mich nicht. Ich habe in *Was ist Literatur?* etwas darüber geschrieben: wie wenig Zusammenhang zwischen einem Buch, der Zeit, die man an einem Buch arbeitet, und dem Geld besteht. Ich verstehe die Zeit nicht nur als Stunden, sondern als die Atmosphäre, in die man sich begibt: man denkt die ganze Zeit daran, wenn man aufgehört hat zu schreiben, ebenso wie wenn man sich mit Freunden trifft, wie wenn man schreibt, man denkt die ganze Zeit an das Buch. Das ist etwas, was sich selbst genügt, und wenn es fertig ist, veröffentlicht man es, das versteht sich von selbst. Aber ich veröffentliche nicht, um Geld zu bekommen, ich veröffentliche, um zu erfahren, was man von meinen Anstrengungen und von meiner Arbeit dachte. Und daraufhin bekam ich manchmal am Jahresende viel Geld. Das wunderte mich dann, das schien mir in keinem Zusammenhang zu stehen. Genauso ist es, wenn ich Geld aus dem Ausland bekomme, dann ist es nicht mehr das Buch, das es einbringt. Das Buch ist von einem Franzosen auf französisch geschrieben worden. In dem Fall kann ich verstehen, daß es verschiedene Beträge einbringt, wenn es von fünftausend Menschen, von hunderttausend Menschen gelesen wird. Aber daß ich zwei Jahre danach aus Rom, aus London oder aus Tokio Geld für eine Übersetzung erhalte, von der ich nicht einmal sicher weiß, daß sie gut ist, das ist wirklich etwas, wo ich nichts verstehe. Die Tatsache, daß man in dem Moment Geld bekommt, ist merkwürdig. Man wird nicht mehr als Schriftsteller betrachtet, sondern als ein Stück Seife.

S. de B.: Wie eine Ware, ja. Aber was ich sagen wollte, war folgendes: als Sie wirklich viel Geld hatten, nach dem Krieg, haben Sie da kein schlechtes Gewissen gehabt? Ich weiß, daß ich in einem bestimmten Moment ein schlechtes Gewissen hatte: als ich mir mein erstes, etwas teures Kleid gekauft habe, habe ich gesagt: das ist mein erstes Zugeständnis.

J.-P. S.: Ah ja, ich erinnere mich.

S. de B.: Ich fand, daß man diese Geldfrage direkt hätte angehen und dieses Geld in philanthropischer Weise hätte verwalten müssen: irgendeinen Plan jedenfalls. Und gleichzeitig ist mir genau bewußt, daß wir, weder der eine noch der andere, vor allem Sie, zu dieser Art Planung fähig waren.

J.-P. S.: Bestimmt nicht. Im übrigen wurde die Planung durch die Tatsache erschwert, daß wir nicht jedes Jahr dasselbe verdienten. In dem Jahr, in dem man ein Buch herausbrachte, konnte man viel verdienen. Im Jahr darauf, wenn man nur ein paar Artikel herausbrachte, verdiente man nicht viel. Aber man hatte im Vorjahr genug für zwei Jahre verdient.

S. de B.: Aber hin und wieder hatten Sie kleine Träume. Sie sagten zum Beispiel: ja, man müßte jedes Jahr einen so und so hohen Betrag für bedürftige Studenten sparen...

J.-P. S.: Ja.

S. de B.: Man müßte diesen oder jenen Betrag hierfür oder dafür verwenden. Sie haben tatsächlich viel geholfen, aber Sie haben dem Glück auf gut Glück nachgeholfen.

J.-P. S.: Ja, wie es sich ergab.

S. de B.: Je nachdem, wie es sich ergab, je nachdem, worum man Sie bat.

J.-P. S.: Zum Beispiel denke ich, wenn wir eine Kasse für Studenten eingerichtet hätten, hätten wir einerseits diese Kasse zu füllen gehabt, aber andererseits die gleichen Bitten und die gleichen Verpflichtungen gegenüber den Leuten, die wir trafen und die uns um Geld baten ... Das hätte also nicht viel geändert, außer daß es die Situation für uns unhaltbar gemacht hätte.

S. de B.: Fahren Sie fort.

J.-P. S.: Tatsächlich habe ich also in der zweiten Hälfte meines Lebens, von 1945 bis zu diesem Jahr, viel Geld gehabt. Ich habe etliches verschenkt. Aber ich habe nicht so wahnsinnig viel für mich ausgegeben. Es ist hauptsächlich für die anderen draufgegangen, würden Sie das sagen?

S. de B.: Ja, unbedingt. Der einzige Luxus, den wir uns persönlich geleistet haben, ...

J.-P. S.: Waren die Reisen.

S. de B.: Waren die Reisen. Und selbst damit ist es nicht so weit her. Sehr viele Reisen haben wir geschenkt bekommen: nach Kuba, Bahia ...

J.-P. S.: Nach Ägypten ...

S. de B.: Nach Japan. Das waren Reisen, auf denen wir kein Geld ausgegeben haben. Da, wo wir am meisten ausgeben, das sind unsere Reisen nach Rom zum Beispiel.

J.-P. S.: Ja.

S. de B.: Und dabei leben wir nicht extravagant. Wir leben sehr angenehm, wir wohnen in einem guten Hotel, wir gehen in gute Restaurants, aber wir leben doch nicht sehr luxuriös. In Paris geben wir nicht viel für den Lebensunterhalt aus. Es gibt etwas, was Sie nie mit Ihrem Geld gemacht haben, Sie haben nie spekuliert.

J.-P. S.: Nie. Und man braucht nicht einmal spekulieren zu sagen. Ich habe nie Geld angelegt.

S. de B.: Nie.

J.-P. S.: Das, was ich habe, gebe ich in zwei, drei Monaten aus, oder im kommenden Monat.

S. de B.: Manchmal haben Sie ziemlich umfangreiche Beträge ein oder zwei Jahre bei Gallimard liegenlassen.

J.-P. S.: Weil ich nicht die Möglichkeit hatte, sie auszugeben.

S. de B.: So ist es, weil Sie es nicht sofort ausgaben. Aber nie haben Sie es benutzt, um Gewinne damit zu erzielen.

J.-P. S.: Nein.

S. de B.: Um Aktien zu kaufen, um Transaktionen zu machen.

J.-P. S.: Nie.

S. de B.: Geld ist für Sie nie ein Mittel gewesen, um Geld zu verdienen.

J.-P. S.: Das wäre mir ekelhaft vorgekommen. Und doch ist es eine Art und Weise, von der die Leute leben, die, die es können.

S. de B.: Hier müßte man allerdings genauer untersuchen, wieso Ihnen das ekelhaft vorgekommen ist, mir übrigens auch – ich halte es genauso. Auf diese Weise entgeht man dem Gefühl, ein Kapitalist zu sein, während man trotz allem von den anderen profitiert, denn es sind die Leute, die lesen, die ins Theater gehen, die uns kaufen, von denen wir leben.

J.-P. S.: Ganz genau. Sie lesen das neueste Buch, das erscheint, folglich unseres, wenn es erscheint. Das liegt daran, daß wir nicht gerade das Publikum haben, das wir uns wünschen.

S. de B.: Ja, natürlich.

J.-P. S.: Ich wünschte mir ein breiteres Publikum, ein deutlich weniger bürgerliches, weniger reiches, ein Publikum von Proletariern und Kleinbürgern. Und das Publikum, das ich habe, ist ein bourgeoises Publikum, bourgeois im eigentlichen Sinn des Wortes. Da liegt eine Schwierigkeit, die mich oft erheblich gestört hat.

S. de B.: Alle Leute, die Ihre Philosophie ein wenig kennen, wissen, welche Rolle der Begriff Freiheit in Ihrem Werk spielt. Aber ich möchte, daß Sie mir in einer persönlicheren Art sagen, wie Sie diese Idee der Freiheit erarbeitet und ihr die Bedeutung gegeben haben, die sie dann in Ihrem Werk hatte.

J.-P. S.: Ich habe mich von Kindheit an immer frei gefühlt. Die Idee der Freiheit hat sich in mir entwickelt, sie hat die unbestimmten und widersprüchlichen Aspekte verloren, die sie bei jedem hat, wenn man sie am Anfang einfach so nimmt, sie ist komplizierter geworden. Sie ist präziser geworden. Aber ich werde sterben, wie ich gelebt habe, mit einem Gefühl tiefer Freiheit. Als ich ein Kind war, war ich in dem Sinn frei, in dem man von allen Menschen, die von Ihrem Ich sprechen – ich will dies, ich bin so –, sagen kann, daß sie frei sind oder sich frei fühlen. Das soll nicht heißen, daß sie es wirklich sind, aber sie glauben an ihre Freiheit. Das Ich wird ein reales Objekt – das bin ich, das sind Sie – und gleichzeitig eine Quelle der Freiheit. Dieser Widerspruch ist es, den man von Anfang an fühlt und der eine Wahrheit darstellt. Das Ich ist zugleich dieser Modus des bewußten Lebens, in dem jeder Moment sich mit seinen eigenen Kräften entfaltet. Aber man erkennt auch die ständige Wiederkehr der gleichen Dispositionen in ähnlichen Situationen, und man kann sein Ich beschreiben. Ich habe versucht, darüber später in meiner Philosophie Aufschluß zu geben, indem ich das Ich zu einem Quasi-Objekt machte, das unsere Vorstellungen in bestimmten Situationen begleitet.

S. de B.: Haben Sie das in *Die Transzendenz des Ego* zum Ausdruck gebracht?

J.-P. S.: Ja. Dieser Widerspruch selbst ist für mich die ursprüngliche Quelle der Freiheit. Was mich vor allem interessierte, war nicht mein Ich als Quasi-Objekt, über das ich nicht viel dachte, es war vielmehr die Atmosphäre der Schaffung seiner selbst durch einen selbst, dem man auf der Ebene des sogenannten Erlebten[1] begegnet. Es gibt in jedem Augenblick einerseits das Bewußtsein von Gegenständen, die diejenigen des Zimmers oder der Stadt sind, wo man sich befindet, und außerdem die Art, in der die Gegenstände gesehen, beurteilt werden, die nicht mit dem Gegenstand gegeben ist, die von selbst kommt, aber ohne vorherbestimmt zu sein. Sie wird im Augenblick gegeben. Sie ist vergänglich, sie taucht auf und kann verschwinden. Diese Ebene ist es, auf der die Freiheit sich behauptet, die der Zustand dieses Bewußtseins selbst ist, die Art, in der es sich begreift, da es durch nichts gegeben ist. Es wird nicht durch den vorangegangenen Augenblick bestimmt, es bezieht sich zweifellos darauf, aber sehr frei. Dieses Bewußtsein ist es, das mir von Anfang an als Freiheit erschienen ist. Ich lebte bei meinem Großvater, von dem ich dachte, daß er selbstverständlich frei sei, da ich es ja war. Dessen Freiheit ich aber schlecht erfaßte, da sie sich vor allem durch Sentenzen, Wortspiele, Gedichte äußerte – was mir die Freiheit nicht richtig wiederzugeben schien.

S. de B.: Wollen Sie sagen, daß Sie dieses Gefühl von Freiheit von Kindheit an gehabt haben?

J.-P. S.: Ja. Ich habe mich immer frei gefühlt, durch die Natur dessen, was ein Bewußtseinszustand ist.

---

1 Sartres Verwendung von *vivre/le vécu* – leben, erleben / das Erlebte knüpft an Henri Bergson, Edmund Husserl und Karl Jaspers an. (Anm. d. Übers.)

S. de B.: Hat die Art, wie Sie erzogen worden sind, dazu beigetragen, Ihnen diesen Eindruck von Freiheit zu geben?

J.-P. S.: Ja, ich denke, daß dieser Begriff von Freiheit bei allen vorkommt, daß man ihm aber je nach der Art, wie man erzogen worden ist, eine andere Bedeutung beimißt. Was mich angeht – und ich habe in *Die Wörter* darüber gesprochen –, so behandelte man mich wie einen jungen Prinzen, den die Familie Schweitzer hervorgebracht hatte, der ein noch ungenau definierter Reichtum war, der aber alle seine Äußerungen übertraf. Ich fühlte mich frei in meiner Eigenschaft als junger Prinz; frei im Vergleich zu allen Leuten, die ich zu der Zeit sah. Ich hatte auf Grund meiner Freiheit ein Gefühl von Überlegenheit, ein Gefühl, das ich später verloren habe, da ich meine, daß alle Menschen frei sind. Aber zu jener Zeit war es ungenau. *Ich war* meine Freiheit, und ich hatte den Eindruck, daß die anderen das nicht so empfanden wie ich.

S. de B.: Aber hatten Sie nicht auch ein sehr starkes Gefühl von Abhängigkeit? Man wählte Ihre Beschäftigungen, die Orte, wo Sie Ihre Ferien verbrachten etc. Alles wurde letzten Endes von den anderen gewählt.

J.-P. S.: Ja, aber das war für mich nicht so wichtig. Das erschien mir normal. Ich gehorchte so, wie ich mich auf einen Stuhl setzte, wie ich atmete, wie ich schlief. Meine Freiheit äußerte sich in unerheblichen Wahlen, wie zum Beispiel während einer Mahlzeit diese oder jene Speise zu wählen. Spazierenzugehen oder in ein Geschäft einzutreten, reichte mir. Ich dachte, daß das der Beweis für meine Freiheit sei. Zu der Zeit war sie vor allem ein Zustand, ein Gefühl, der Bewußtseinszustand selbst, aus dem gelegentlich eine Entscheidung herauskam: einen Gegenstand zu kaufen oder meine Mutter um einen zu bitten. Meine Eltern und die Verpflichtungen, die sie mir auferlegten, repräsentierten die Gesetze der Welt, und man ist in bezug auf diese Gesetze frei, wenn man sich darauf einläßt.

S. de B.: Fühlten Sie sich nie schikaniert? Fühlten Sie nicht, daß ein freier Wille sich dem Ihren entgegenstellte?

J.-P. S.: Ich habe es später gefühlt. Das ist meine Entdeckung in La Rochelle gewesen, als ich auf Provinzschüler gestoßen bin, die für einen Pariser nichts übrig hatten. Das waren große Jungen, während ich klein war, und sie haben sich zusammengeschlossen, um mir nachzustellen. Aber bis zum Ende der Quinta, das heißt bis zum elften Lebensjahr, habe ich es nicht gefühlt. Die anderen waren da, um mir zu helfen, mich aus der Klemme zu ziehen, mir zu raten. Man widersetzte sich mir nicht. Vielleicht ein- oder zweimal, was schreckliche Wutanfälle bei mir auslöste, die etwas Metaphysisches hatten. Ich wurde vor allem verhätschelt. Ich habe, als ich klein war, keine Unterdrückung gefühlt, ich habe eine intelligente Fürsorge gefühlt, die mich fördern sollte. Und erst als ich Jungen in meinem Alter begegnet bin, habe ich diese Feindseligkeit kennengelernt, die einen Teil des Verhältnisses der Menschen zueinander ausmacht.

S. de B.: Haben Sie diesen Eindruck von Freiheit behalten, als Sie diesen Schikanen ausgesetzt waren?

J.-P. S.: Ja. Aber er hat sich mir verinnert. Eine gewisse Zeitlang habe ich versucht, mich den Nachstellungen zu widersetzen, sei es, indem ich mich prügelte, aber die Ergebnisse waren unvorhersehbar, oder vielmehr zu vorhersehbar, aber unvorhersehbar für mich – sei es, indem ich die anderen in Vorhaben einbezog. Aber natürlich fühlte ich ständig Hindernisse. Doch es gab zwischen den anderen und mir auch Freundschaft. Mich zu hänseln, war nicht die einzige Art, mit mir umzugehen. Man konnte auch mit mir sprechen, mein Freund sein, mit mir spazierengehen. Ich gehörte zur Gruppe meiner Mitschüler. Unter diesem Gesichtspunkt fühlte ich mich frei. Was mich mehr störte, war, daß ich zu jener Zeit anfing, auf meine Mutter böse zu sein, wofür die Anwesenheit meines Stiefvaters bestimmt der tiefere Grund war. Da fehlte mir etwas, was nicht nur mit ihr zusammenhing, sondern auch mit der Idee von Freiheit. Ich hatte in den vorangegangenen Jahren im Leben meiner Mutter eine privilegierte Rolle eingenommen, und sie war mir weggenommen worden, weil da dieser Mann war, der mit ihr zusammenlebte und der die Hauptrolle einnahm. Vorher war ich in bezug auf meine Mutter ein Prinz, jetzt war ich nur noch ein zweitrangiger Prinz.

S. de B.: Wie hat sich Ihr Gefühl der Freiheit auf der Grundlage dieser Erfahrungen: die Mitschüler, Ihr Stiefvater und danach Ihr Umzug nach Paris, weiterentwickelt?

J.-P. S.: Ich habe gesagt, daß ich mich zu jener Zeit frei fühlte, aber ich sagte mir nicht: ich bin frei. Es war ein Gefühl, das nicht direkt einen Namen hatte oder das verschiedene Namen hatte. In Paris, in der Sekunda am Lycée Henri IV, das heißt in der Philosophieklasse, habe ich das Wort Freiheit gelernt, oder zumindest seinen philosophischen Sinn. Daraufhin habe ich mich für die Freiheit begeistert und bin ihr großer Verteidiger geworden. Nizan war zur gleichen Zeit vom Materialismus angezogen, was dazu führte, daß er später in die Kommunistische Partei eintrat. Im Jahr darauf war ich in der *hypo-khâgne* am Lycée Louis-le-Grand. Ich war Externer, und in den Pausen wandelten wir einen Balkon entlang und diskutierten über die Freiheit und den historischen Materialismus. Wir waren gegeneinander. Er stützte sich auf rationale und konkrete Argumente, ich verteidigte eine bestimmte Konzeption vom Menschen, einem Menschen, den ich beschrieb, ohne mit Argumenten weiterzukommen. Wir gelangten übrigens zu keinem Ergebnis. Wir diskutierten, keiner von beiden gab nach. Die Gespräche blieben fruchtlos. Nizan, Anhänger des historischen Materialismus, lieferte mir eines Tages einen Beweis seiner Freiheit. Er führte eine Handlung aus, deren Zusammenhänge mit der Vergangenheit ich nicht finden konnte, da ich nicht über alles orientiert war. Eines Tages blieb er von Freitag bis Montagnachmittag der Schule fern. Als er zurückkam, fragte ich ihn, wo er gewesen wäre. Er antwortete, daß er sich hätte beschneiden lassen. Ich war sehr erstaunt darüber. Nizan war katholisch, Sohn einer erzkatholischen Mutter, und ich verstand seine Gründe nicht. Ich habe ihn danach gefragt, er hat mir gesagt, daß es sauberer wäre, aber ohne sich weiter dazu zu äußern. Das Ereignis erschien mir grundlos. Er hatte beschlossen, sich beschneiden zu lassen – ein dummer Entschluß, denn nichts sprach dafür. Er war zu einem Arzt gegangen, der ihn beschnitten hatte, und war ein oder zwei Tage mit einem Verband um die Eichel in einem Hotel geblieben.

S. de B.: Setzten Sie damals die Freiheit gewissermaßen mit dem *acte gratuit*, der grundlosen Tat, gleich?

J.-P. S.: Zum großen Teil. Doch die grundlose Tat, so wie sie in *Die Falschmünzer* von Gide definiert und beschrieben wird, reizte mich nicht. Als ich dieses Buch las, fand ich darin nicht die Freiheit, so wie ich sie verstand. Doch Nizans Beschneidung war in meinen Augen schon eine grundlose Tat, die in Wirklichkeit natürlich auf Motive zurückzuführen war, die er mir verschwiegen hatte.

S. de B.: Ihre Konzeption der Freiheit war im Grunde die stoische Freiheit: was nicht von uns abhängt, ist nicht wichtig, und was von uns abhängt, ist die Freiheit. Man ist also in jeder Lage, in jeder Gegebenheit frei.

J.-P. S.: So war es bestimmt, aber eine Tat, die von mir ausging, war doch nicht immer eine freie Tat. Obwohl ich auch die ganze Zeit das Gefühl meiner Freiheit hatte... Die Freiheit und das Bewußtsein, das war für mich das gleiche. Sehen und frei sein, das war das gleiche. Weil es nicht gegeben war. Indem ich es erlebte, schuf ich seine Realität. Aber nicht alle meine Handlungen waren frei.

S. de B.: Besteht da nicht die Gefahr, daß man extrem reaktionäre Haltungen einnimmt? Wenn alle frei sind, sehr gut, man braucht sich um niemanden mehr zu kümmern, und jeder braucht nur mit seinem eigenen Leben zurechtzukommen. Und folglich kann man sich in sein Innenleben zurückziehen. Wie kommt es, daß das nicht zu diesem Ergebnis geführt hat?

J.-P. S.: Dahin hat es nie geführt. Die Schwierigkeiten, auf die diese Idee in der Folge in meinem Verhältnis zu Menschen, zu Dingen, zu mir selbst gestoßen ist, haben mich veranlaßt, sie zu präzisieren und ihr einen anderen Sinn zu geben. Ich habe begriffen, daß die Freiheit auf Hindernisse traf, und da ist mir die Kontingenz als der Freiheit entgegenwirkend erschienen. Und als eine Art Freiheit der Dinge, die nicht unbedingt des vorangegangenen Augenblicks bedürfen.

S. de B.: Aber Sie waren sich der Zwänge, denen die Leute unterliegen, nicht bewußt?

J.-P. S.: Zu einem bestimmten Zeitpunkt nicht.

S. de B.: Allerdings, wir haben darüber diskutiert, als Sie *Das Sein und das Nichts* schrieben. Sie sagten, man könne in jeder Situation frei sein. Wann haben Sie aufgehört, es zu glauben?

J.-P. S.: Ziemlich früh. Es gibt eine etwas einfältige Theorie der Freiheit: man ist frei, man wählt immer, was man tut, man ist frei gegenüber dem anderen, der andere ist frei einem selbst gegenüber. Man findet diese Theorie in sehr simplen Philosophiebüchern, und ich hatte sie als eine bequeme Weise behalten, meine Freiheit zu definieren, aber sie entsprach nicht dem, was ich wirklich sagen wollte. Was ich sagen wollte, war, daß man für sich verantwortlich ist, selbst wenn die Handlungen durch etwas einem Äußerliches hervorgerufen werden ... Jedes Handeln enthält einen Teil Gewohnheiten, Vorurteile, Symbole, und andererseits ist da etwas, was aus unserem Innersten kommt und ein Bezug zu unserer ursprünglichen Freiheit ist.

S. de B.: Um auf das politische und soziale Problem der Freiheit zurückzukommen: wie sind Sie von einer sehr individualistischen, sehr idealistischen Theorie zu der Idee gekommen, daß man sich in einem sozialen und politischen Kampf engagieren muß?

J.-P. S.: Ich habe sie viel später gehabt. Vergessen Sie nicht, daß für mich bis 1937/38 das, was ich damals den einsamen Menschen nannte, sehr wichtig war. Das heißt, eigentlich den freien Menschen, insofern als er außerhalb der anderen lebt, weil er frei ist und weil er die Dinge aus seiner Freiheit heraus geschehen läßt.

S. de B.: Ja, aber das hinderte Sie sogar zu jener Zeit nicht, sehr an sozialen Problemen interessiert zu sein und heftig Partei zu ergreifen, zumindest im Denken. Warum ergriffen Sie zum Beispiel heftig Partei gegen Franco und für die Volksfront?

J.-P. S.: Weil ich dachte, daß der freie Mensch derjenige ist, der für den Menschen, so wie er ist, Partei ergreift gegen jene, die ihn durch ein Bild, das sie entworfen haben, ersetzen wollen, entweder durch das Bild des faschistischen Menschen oder sogar das des sozialistischen Menschen. Meiner Meinung nach stand der freie Mensch im Gegensatz zu diesen systematischen Vorstellungen.

S. de B.: Ich finde Ihre Antwort sehr idealistisch. Die Faschisten wollen dem Menschen nicht nur das Bild des faschistischen Menschen geben, sie wollen ihn auch ins Gefängnis werfen, ihn foltern, ihn zu bestimmten Sachen zwingen.

J.-P. S.: Das versteht sich von selbst. Aber ich spreche von dem, was ich damals dachte. Zum Beispiel war die Folter, die ich gräßlich finde, für mich eine Folge des Willens der Faschisten, die Menschen dazu zu zwingen, faschistische Menschen zu werden, Prinzipien unterworfen, die aus der faschistischen Doktrin stammen.

S. de B.: Warum war Ihnen diese Doktrin zuwider?

J.-P. S.: Weil Sie die Freiheit verneinte. Der Mensch, der meines Erachtens allein entscheiden muß – in Verbindung mit anderen vielleicht –, aber allein, wurde innerhalb des Faschismus von den Menschen, die über ihm standen, beherrscht. Ich habe Hierarchien immer verabscheut, und ich finde in bestimmten heutigen Konzeptionen, die antihierarchisch sind, einen Sinn für die Freiheit. In bezug auf die Freiheit kann es keine Hierarchie geben. Es gibt nichts über ihr, demnach entscheide ich allein, niemand kann meine Entscheidungen erzwingen.

S. de B.: Das definierte auch im großen ganzen Ihr Verhältnis zum Sozialismus?

J.-P. S.: Ja. Der Sozialismus war eine Doktrin, die mich einigermaßen befriedigte, die sich meines Erachtens aber nicht die richtigen Probleme stellte. Das Problem beispielsweise, was ein Mensch im Sozialismus ist. Man mußte die Bedürfnisbefriedigung gegen eine ganz und gar materialistische Konzeption der menschlichen Natur eintauschen. Und das war es, was mich vor dem Krieg am Sozialismus störte. Man mußte Materialist sein, um ein konsequenter Sozialist zu sein, und ich war kein Materialist. Ich war es nicht wegen der Freiheit. Solange ich keine Möglichkeit gefunden habe, diese Freiheit zu materialisieren – was ich in den folgenden dreißig Jahren meines Lebens gemacht habe –, ist etwas am Sozialismus gewesen, was mich abstieß, weil der Mensch zugunsten der Kollektive aufgelöst wurde. Sie gebrauchten manchmal das Wort Freiheit, aber das war eine Gruppenfreiheit, ohne jeden Bezug zur Metaphysik. Das glaubte ich noch während des Kriegs und während der Résistance. Ich war zu der Zeit zufrieden mit mir. Während meiner Gefangenschaft machte ich abends auf meiner Stube den Märchenerzähler, den Witzbold. Das Licht ging um halb neun aus. Kerzen wurden in kleine Dosen gestellt, und ich erzählte Geschichten. Ich war der einzige, der saß und angezogen war, während die anderen alle auf ihren Bettstellen lagen. Ich hatte eine Art persönliche Bedeutung gewonnen. Ich war der Bursche, der die anderen zum Lachen brachte, der sie interessierte.

S. de B.: Was hat das mit der Freiheit zu tun?

J.-P. S.: Ich war es, der Leute als Einheit konstituierte, die zuhörten, die lachten, die sich begeisterten. Es war eine synthetische Einheit, und ich war die Einheit, die die andere Einheit schuf, die soziale Einheit, und in dieser Einheit engagierte ich meine Freiheit. Ich sah mich aus meiner Freiheit heraus eine Art kleine Gesellschaft erschaffend.

S. de B.: Es war das erste Mal, daß Sie den Eindruck einer gewissen sozialen Wirksamkeit gehabt haben. Als Sie versucht haben, eine Widerstandsgruppe zu bilden, haben Sie sie *Socialisme et Liberté* genannt. Dachten Sie demnach allmählich, daß das in Einklang zu bringen war?

J.-P. S.: Ja. Ich unterschied jedoch die beiden Begriffe. Ich fragte mich, ob der Sozialismus die Freiheit integrieren kann.

S. de B.: Sie haben dreißig Jahre gebraucht, um das, was Sie unter Freiheit verstanden, zu definieren?

J.-P. S.: Ich habe mich in *Das Sein und das Nichts* und in der *Kritik der dialektischen Vernunft* sehr darum bemüht.

S. de B.: Im *Saint Genet* ebenfalls. Was in diesem Buch auffällt, ist, daß dem Menschen fast nur noch ein winziges bißchen Freiheit zugestanden wird. Sie verleihen der Entwicklung des Individuums, seiner ganzen Bedingtheit eine extreme Wichtigkeit. Sie sprechen von einer Menge Leute, nicht nur von Genet, und es gibt beinahe keinen, der als freies Subjekt erscheint.

J.-P. S.: Trotzdem wird dieses geschlagene homosexuelle Kind, dieses von jungen Homosexuellen vergewaltigte und unterworfene, von den Harten seiner Umgebung ein wenig wie ein Spielzeug behandelte Kind der Schriftsteller Jean Genet. Da hat ein Übergang stattgefunden, der das Werk der Freiheit ist. Die Freiheit, das ist die Verwandlung von Jean Genet, dem homosexuellen und unglücklichen Kind, in Jean Genet, den großen Schriftsteller, homosexuell aus eigener Wahl und, wenn nicht glücklich, seiner sicher. Diese Verwandlung konnte sehr wohl nicht stattfinden. Die Verwandlung von Jean Genet ist wirklich dem Gebrauch seiner Freiheit zu verdanken. Sie hat den Sinn der Welt verwandelt, indem sie ihm einen anderen Wert gegeben hat. Es ist genau diese Freiheit ohne etwas anderes, die die Ursache dieser Umwälzung gewesen ist, es ist die sich selbst wählende Freiheit, die diese Verwandlung bewirkt hat.

S. de B.: Sie scheinen die Freiheit als eine Erfindung ihrer selbst zu definieren, die in bestimmten Momenten möglich ist. Welches sind die Momente in Ihrem Leben, in denen Ihnen scheint, daß es solche freien Optionen – oder vielmehr solche Erfindungen gegeben hat?

J.-P. S.: Ich denke, es hat einen ziemlich wichtigen gegeben: als ich von La Rochelle weggegangen bin, um im Lycée Henri IV in die Prima einzutreten. Da wurde mir überhaupt nicht mehr nachgestellt. Man hat mir sogar ein Ehrenamt übertragen.

S. de B.: Ja, aber nicht Sie haben beschlossen, auf das Henri IV zu gehen, noch daß Ihre Mitschüler Ihnen nicht mehr nachstellen.

J.-P. S.: Auf das Henri IV zu gehen, habe nicht ich beschlossen, aber daß meine Mitschüler mir nicht mehr nachstellten, in gewissem Maße doch. Sie haben es nicht mehr gemacht, weil ich nicht mehr jemand war, dem man nachstellen konnte, ich hatte mich gewandelt.

S. de B.: Hatten Sie eine Haltung gewählt?

J.-P. S.: Ja, ich habe mich behauptet und habe mir gegenüber Jungen angetroffen, die diese Selbstbehauptung sehr wohl akzeptierten, weil sie sich ihrerseits behaupteten. Meine Prima, meine Philosophieklasse und meine *hypo-khâgne* sind für mich sehr angenehme Schuljahre gewesen. Ich habe mich ganz und gar akzeptiert gefühlt.

S. de B.: Das ist einer der Momente in Ihrem Leben, wo Sie rückblickend fühlen, daß eine Wahl stattgefunden hat, etwas Freies. Hat es noch andere gegeben?

J.-P. S.: Ja, die École Normale ist ein Höhepunkt gewesen. Das war die Freiheit. Die Freiheit meiner Handlungen wurde mir durch das Schulreglement selbst gegeben. Man hatte bis Mitternacht Ausgang. Nach Mitternacht kletterten wir über die Mauer. Wir wohnten zu dritt oder zu viert auf einer Bude, dann zu zweit, dann am Ende, als Nizan nach Aden gefahren ist, habe ich allein auf meiner Bude gewohnt. Wir aßen in der École oder in einem kleinen Bistrot nebenan zu Mittag. Wir verbrachten Stunden in einem anderen Bistrot, wo wir Mädchen und Jungen aus der Umgebung trafen. Wir gingen jeden Abend aus. Wir arbeiteten in aller Ruhe auf unseren Buden. Ich ging zweimal in der Woche bei meinen Eltern Mittag essen, dann ging ich in die École zurück. Das Verhältnis zu meiner Familie war ganz erträglich geworden.

S. de B.: Haben Sie den Eindruck, daß bestimmte Wahlen Ihr Schicksal gestaltet haben?

J.-P. S.: Einer der starken Momente ist der Krieg gewesen.

S. de B.: Aber es gibt etwas, wovon Sie nicht sprechen: ist es nicht die Tatsache zu schreiben, die Ihrem Leben seine Richtung gegeben hat?

J.-P. S.: Sie hat ihm seit meinem achten Lebensjahr seine Richtung gegeben.

S. de B.: Ja, aber hat es nicht einen Moment gegeben, in dem Sie das Schreiben in einer bestimmten Weise wiederaufgenommen haben? Mit acht Jahren war es ein Kind, das schrieb. Das hätte genausogut aufhören können.

J.-P. S.: Das hat sich verändert, und das ist wiederaufgenommen worden, jedesmal anders.

S. de B.: Aber das ist eine grundlegende Wahl gewesen, bei der es immer geblieben ist?

J.-P. S.: Ja.

S. de B.: Kommen wir auf jene Momente zurück, in denen Sie sich vielleicht nicht frei gefühlt haben, die Ihnen rückblickend aber als wichtige Optionen erscheinen.

J.-P. S.: Der Krieg, das In-den-Krieg-Ziehen. Ich war gegen jeden Krieg, aber dieser mußte trotzdem gelebt werden. Ich habe in mir die Idee einer Opposition gegen den Nazismus geschaffen, die gegebenenfalls in einer militärischen Aktion zutage treten konnte. Das hat mir die Möglichkeit gegeben, mit meinen Kameraden an der Front zu kommunizieren.

S. de B.: Wieso denken Sie, daß das wichtig gewesen ist?

J.-P. S.: Weil es nicht mehr das von einigen Auslandsreisen unterbrochene Leben eines Gymnasiallehrers war: ich war in eine umfassende gesellschaftliche Situation verwickelt.

S. de B.: Nicht Sie haben gewählt, dahinein verwickelt zu werden. Sie sind einberufen worden.

J.-P. S.: Ich habe es nicht gewählt, aber ich mußte in irgendeiner Weise reagieren. Jeder hat gewählt – von dem Moment an, in dem er den Fuß in den Zug gesetzt hat –, wie er diesen Krieg erleben würde. Meine Rolle bestand darin, Ballons aufsteigen zu lassen.[1] Man mußte auf sich selbst einwirken, um den Zusammenhang zwischen der Tatsache, einen roten Ballon in den Himmel aufsteigen zu lassen, und diesem ganzen unsichtbaren Krieg um uns herum zu sehen. Und außerdem gab es mein Verhältnis zu meinen Kameraden, die im allgemeinen aus verschiedenen Gründen gegen den Krieg waren. Mein Verhältnis zu Ihnen und zu anderen Menschen.

S. de B.: Wollen Sie damit sagen, daß Sie innerlich eine andere Wahl hätten treffen können? Zum Beispiel eine pazifistische Wahl?

J.-P. S.: Ja, ich war frei, jede beliebige Wahl zu treffen.

S. de B.: Oder sogar eine Wahl für die Kollaboration, für die Nazis.

J.-P. S.: Nein, die nicht, denn ich war gegen die Nazis.

S. de B.: Aber der Pazifismus hätte für sie eine Versuchung sein können. Wir haben darüber diskutiert. Ich stand einem Pazifismus, wie ihn Alain vertrat, näher als Sie. Sie hatten genau begriffen, was geschehen würde, wenn der Nazismus durchkäme. Ihre Wahl resümierte die Gesamtheit ihrer Einstellungen.

J.-P. S.: Diese Wahl hat mir später ermöglicht weiterzugehen: in die Résistance, als ich aus der Gefangenschaft zurückgekommen bin, und anschließend bis zum Sozialismus. Das alles ist durch diese erste Wahl gekommen. Ich denke, das ist ganz und gar entscheidend gewesen. Meine Kameraden und ich, wir sind Männer des Krieges von 1940 gewesen. Diese fünf Jahre Krieg, Gefangenschaft, Zusammenleben mit unseren Siegern sind entscheidend für mich gewesen. Die Tatsache, neben einem Deutschen zu leben, der uns besiegt hat und der im übrigen ein einfacher Soldat ist, der uns nicht kennt, der nicht Französisch spricht, ist eine Erfahrung, die ich zuerst als Gefangener und anschließend als freier Mann in einem eroberten Land gemacht habe. Ich habe angefangen, besser zu verstehen, was es bedeutet, sich Autoritäten zu widersetzen. Vor dem Krieg widersetzte ich mich nicht. Ich verachtete die Autoritäten ein wenig, die Rechte über mich hatten, nämlich die Regierung, die Verwaltung. Aber

---

[1] Sartre war im Krieg dem Wetterdienst zugeteilt. (Anm. d. Übers.)

von dem Moment an, in dem ich in Gefangenschaft war, waren diese Autoritäten Nazis oder in manchen Fällen Pétainisten. Sie und ich, wir verachteten die einen wie die anderen und widersetzten uns soweit wie möglich den Befehlen, die sie uns gaben. Zum Beispiel war uns nicht erlaubt, in die freie Zone zu fahren, und wir sind zweimal dort gewesen. Es war uns nicht erlaubt, zu bestimmten Zeiten in bestimmte Viertel zu gehen ...

S. de B.: Haben Sie von dem Moment an versucht, das Vorhandensein einer inneren Freiheit mit der Forderung nach Freiheit für alle Menschen in Einklang zu bringen? Ist Ihre Freiheit von dem Moment an auf die der anderen gestoßen?

J.-P. S.: Ja. Wir waren Gefangene der Nazis in der besetzten Zone. Meine Freiheit war trotz allem sehr behindert, denn sie konnte sich nicht in all die Richtungen äußern, in die ich es mir wünschte. Insbesondere die Romane, die ich schrieb, hatten nur einen Sinn, wenn die Nazis Frankreich verließen, sie konnten nur unter der Bedingung gedruckt werden. Es ist sogar kurios, wenn man die Sorgfalt bedenkt, mit der ich Werke geschrieben habe, die nur gedruckt werden konnten, wenn die Nazis verschwanden. Die Résistance enthielt die Vorstellung – wie der Name *Socialisme et Liberté*, den ich gewählt habe, deutlich gezeigt hat –, daß ich zum Sozialismus neigte, aber nicht wußte, ob die Freiheit darin ihren Platz hatte.

S. de B.: Sie hatten die Vorstellung einer Synthese.

J.-P. S.: Ja, sicherlich. Wie eine Hoffnung und am Ende wie eine Gewißheit, aber am Ende.

S. de B.: Welches sind die anderen Momente der Wahl, die Ihnen rückblickend wichtig erscheinen?

J.-P. S.: Meine Beziehung zu den Kommunisten etwa von 1952 bis 1956, die mit dem Ungarnaufstand abgebrochen ist. Das hat dazu geführt, daß ich mir Beziehungen zu Politikern vorgestellt habe, die in Opposition zur Regierung stehen, aber in der Gesellschaft etabliert sind.

S. de B.: Wie hat sich Ihres Erachtens der Übergang von der individuellen Freiheit zur Idee der gesellschaftlichen Freiheit vollzogen?

J.-P. S.: Ich denke, das ist wichtig. Ich arbeitete zu der Zeit an *Das Sein und das Nichts*. Das war etwa 1943. *Das Sein und das Nichts* ist eine Arbeit über die Freiheit. Damals glaubte ich wie die alten Stoiker, daß man immer frei ist, selbst in einer äußerst mißlichen Lage, die in den Tod führen kann. In dem Punkt habe ich mich sehr verändert. Ich denke, daß es tatsächlich Situationen gibt, in denen man nicht frei sein kann. Ich habe mich in *Der Teufel und der liebe Gott* damit auseinandergesetzt ... Der Priester, Heinrich, ist ein Mann, der nie frei gewesen ist, weil er ein Mann der Kirche ist und gleichzeitig eine Beziehung zum Volk hat, die mit seiner geistlichen Ausbildung absolut nichts zu tun hat. Volk und Kirche widersprechen sich. Er selbst ist der Ort, an dem diese Kräfte gegeneinander wirken, und er kann nie frei sein. Er muß sterben, weil er sich nie hat behaupten können. Diese Veränderung ist etwa 1942/43 eingetreten, sogar ein bißchen später. Ich bin von der stoischen Idee, daß man immer frei ist – die für mich ein sehr wichtiger Begriff war, weil ich mich immer frei gefühlt habe, da ich nie wirklich schlimme Situationen kennengelernt habe, in denen ich mich nicht mehr frei fühlte –, von dieser Idee bin ich zu der späteren Idee gelangt, daß es Situationen gibt, in denen die Freiheit eingeschränkt ist. Diese Situationen rühren von der Freiheit der anderen her. Anders gesagt, eine Freiheit wird durch eine andere Freiheit oder andere Freiheiten eingeschränkt, was ich immer gedacht habe.

S. de B.: War es nicht auch die Idee der Résistance, daß es letzten Endes immer einen Ausweg gäbe, den Tod?

J.-P. S.: Sicherlich. Das spielte eine gewisse Rolle. Diese Idee, mit seinem Leben Schluß zu machen, nicht durch einen Selbstmord, sondern durch eine Aktion, die mit dem Tod enden kann und die insofern erfolgreich ist, als man selbst zerstört wird, das war eine Idee, die in der Résistance vorhanden war und die ich schätzte. Ich war der Meinung, daß das ein vollkommenes Ende für einen Menschen sei: frei zu sterben. Viel vollkommener als ein langsames Ende durch Krankheiten, Altern oder gar Verkalkung, oder jedenfalls ein Nachlassen der geistigen Fähigkeiten, wodurch Freiheiten schon lange vor dem Tod schwinden. Ich zog die Idee einer totalen Opferung vor, einer bereitwilligen und folglich die Freiheit eines Menschen nicht einschränkenden Opferung, dessen Wesen die Freiheit ist. Und aus diesem Grund glaubte ich mich in jeder Lage frei. Anschließend habe ich an

Heinrichs Fall gezeigt, daß es eine Menge Situationen gibt, in denen man nicht frei ist.

S. de B.: Wie sind Sie von der Idee, daß man in jeder Lage frei ist, zu der Idee gekommen, daß der Tod kein Ausweg ist, der befreit, sondern im Gegenteil ein Ausweg, der die Freiheit beseitigt?

J.-P. S.: Ich bleibe bei der Idee, daß die Freiheit auch darin besteht, sterben zu können. Das heißt, wenn morgen irgendeine Bedrohung auf meiner Freiheit lastet, ist der Tod eine Art, sie zu retten.

S. de B.: Viele Leute haben keine Lust zu sterben. Ein Fabrikarbeiter, der am Fließband arbeitet, fühlt sich nicht frei, aber er wird sich nicht befreien, indem er den Tod wählt.

J.-P. S.: Nein, er fühlt sich nicht frei. Er mißt der Freiheit, die ihm bleibt, keinen Wert bei. Es ist diese Unklarheit der Menschen in bezug auf ihre Freiheit, die die Dinge in der Politik so kompliziert macht.

S. de B.: Um auf Ihr persönliches Problem zurückzukommen: wie sind Sie von der Idee, daß ihre Freiheit sich selbst genügt, zu der Idee gekommen, daß die anderen auch frei sein müssen, damit Sie frei sind? Sind Sie nicht dahin schließlich gekommen?

J.-P. S.: Ja. Es ist nicht zulässig, nicht begreiflich, daß ein Mensch frei ist, wenn die anderen es nicht sind. Wenn die Freiheit den anderen verweigert wird, hört sie auf, Freiheit zu sein. Wenn die Menschen die Freiheit der anderen nicht respektieren, wird die Freiheit, die in ihnen für einen Augenblick zum Durchbruch gekommen ist, sofort zerstört.

S. de B.: Aber wann sind Sie von einer Konzeption zur anderen gelangt?

J.-P. S.: Ich denke, zur gleichen Zeit, als ich zu einer sozialistischen Politik gelangt bin. Nicht, daß der Sozialismus die Freiheit hervorbrächte, im Gegenteil, in den Formen, die wir kennen, verweigert er sie. Er gründet sich auf eine Solidarität, die von selbst aus der Notwendigkeit entsteht. Zum Beispiel ist das Klassenbewußtsein der Arbeiterklasse kein freies Bewußtsein. Es ist das Bewußtsein einer von der anderen Klasse, der bürgerlichen, unterdrückten und vergewaltigten Klasse. Folglich erscheint es nicht als frei. Es erscheint als von einer hoffnungslosen Situation erzeugt. Ich habe in etlichen Schriften über die Freiheit nachgedacht, die ich in Heften, in großen Heften aufschrieb, die ich jetzt verloren habe und in denen eine Vielzahl moralischer, philosophischer, politischer Betrachtungen stand. Damals habe ich die Freiheit von einem neuen Standpunkt aus untersucht. Zu dem Zeitpunkt habe ich die Freiheit als etwas begriffen, was unter bestimmten Umständen vernichtet werden kann, und als etwas, was die Menschen miteinander verbindet, in dem Sinn, daß jeder, um frei zu sein, die Freiheit aller braucht. Das war um 1945 bis 50.

S. de B.: Was denken Sie heute über die Freiheit? Über Ihre Freiheit und über die Freiheit im allgemeinen?

J.-P. S.: Was ich über meine Freiheit denke, hat sich nicht geändert. Ich denke, daß ich frei bin. Ich bin auf manchen Ebenen entfremdet gewesen, wie viele. Ich bin zur Zeit des Krieges unterdrückt gewesen. Ich bin Gefangener gewesen, ich war nicht frei, als ich Gefangener war. Doch ich habe meine Art und Weise, Gefangener zu sein, mit einer gewissen Freiheit erlebt. Ich weiß nicht warum, aber ich halte mich für so etwas wie verantwortlich für alles, was mir zugestoßen ist. Verantwortlich, selbstverständlich, unter gegebenen Umständen. Aber insgesamt erkenne ich mich in allem, was ich getan habe, wieder, und ich denke nicht, daß ich durch etwas Äußeres bestimmt worden bin.

S. de B.: Das gilt für Sie, weil Sie keinen Zwängen unterliegen, Sie sind privilegiert und können über Ihr Leben nahezu so verfügen, wie Sie wollen. Aber als Sie von den Arbeitern am Fließband sprachen, haben Sie gesagt: sie fühlen sich nicht frei. Denken Sie, daß sie sich nicht frei *fühlen* oder daß sie nicht frei *sind*?

J.-P. S.: Ich habe es Ihnen gesagt: sie sind bestimmt durch das Einwirken der anderen Menschen auf sie, das Zwänge, Pflichten, Pseudoverträge, die Trug sind, zur Folge hat, kurzum, eine Versklavung, in der die Meinungs- und Handlungsfreiheit zum Trug wird. Sie existiert noch, warum würden sie sonst revoltieren? Aber sie wird verstellt von kollektiven Vorstellungen, von Handlungen, die man jeden Tag unter Zwang wieder und wieder ausübt, von erlernten und nicht selbst gedachten Konzeptionen, von einem Mangel an Kenntnissen. Und die Freiheit erscheint ihnen manchmal, wie zum Beispiel 1968, unter anderen Namen als ihrem eigentlichen Namen. Aber es ist die Freiheit, die sie wollen, wenn sie die Gesamtheit ihrer Unterdrücker absetzen, hinauswerfen oder vielleicht töten wollen, um einen Staat zu bekommen, in dem sie für sich selbst und für die Gesellschaft verantwortlich wären. Ich denke, 1968 ist ein Moment gewesen, in dem sie sich der Freiheit bewußt wurden und sie dann wieder verloren haben. Aber dieser Moment ist wichtig und schön gewesen, irreal und wahr. Das war eine Aktion, durch die den Technikern, den Arbeitern, den wirkenden Kräften bewußt wurde, daß eine kollektive Freiheit etwas anderes ist als der Zusammenschluß aller individuellen Freiheiten. Das ist 1968 gewesen. Und ich denke, daß es damals bei jedem ein Erfassen seiner Freiheit und der Freiheit der Gruppe gegeben hat, zu der er gehörte. Solche Momente sind in der Geschichte oft aufgetaucht. Die Commune war so ein Moment.

S. de B.: Möchten Sie noch etwas über Ihr eigenes Verhältnis zur Freiheit hinzufügen?

J.-P. S.: Das stellt etwas dar, ich wiederhole es, was nicht existiert, was nach und nach entsteht und was in mir immer vorhanden gewesen ist und mich erst mit dem Tod verlassen wird. Und ich denke, daß alle anderen wie ich sind, aber der Grad an Bewußtheit und Klarheit, mit denen diese Freiheit ihnen erscheint, variiert je nach den Umständen, nach ihrer Herkunft, ihrer Entwicklung, ihren Kenntnissen. Meine Idee der Freiheit ist durch meinen Bezug zur Geschichte verändert worden. Ich war in der Geschichte, ich wurde, ob ich wollte oder nicht, in bestimmte gesellschaftliche Veränderungen einbezogen, die, ganz gleich, welches meine Einstellung ihnen gegenüber war, entstehen mußten. Das habe ich damals gelernt, das heißt, eine gesunde und manchmal schreckliche Bescheidenheit. Anschließend, und das ist noch heute so, habe ich gelernt, daß das Wesentliche im Leben eines Menschen, folglich in meinem, die Beziehung zwischen Begriffen, die sich entgegenstanden, war, wie zum Beispiel: das Sein und das Nichts, das Sein und das Werden. Die Idee der Freiheit und die der äußeren Welt, die meiner Freiheit gewissermaßen entgegenstand. Freiheit und Situation.

S. de B.: Ihnen ist bewußt geworden, daß Ihre Freiheit dem Druck der Geschichte und der Welt entgegenstand.

J.-P. S.: So ist es, um meiner Freiheit zum Sieg zu verhelfen, mußte man auf die Geschichte und auf die Welt einwirken und eine andere Beziehung des Menschen zur Geschichte und zur Welt erreichen. Das ist der Ausgangspunkt gewesen. Ich habe zuerst, vor dem Krieg, eine Art individueller Freiheit gekannt, oder zumindest habe ich geglaubt, sie zu kennen. Das hat ziemlich lange gedauert, das hat verschiedene Formen angenommen, aber insgesamt war es die Freiheit eines Individuums, das versuchte, sich zu äußern und über äußere Kräfte zu triumphieren. Während des Krieges habe ich etwas kennengelernt, was mir als der Freiheit völlig engegengesetzt erschien: zunächst die Verpflichtung, in den Krieg zu ziehen, dessen Grund ich nicht so recht begriff, obwohl ich ein absoluter Nazigegner war. Ich verstand nicht so recht, warum Millionen von Männern auf Leben und Tod aufeinander losgehen mußten. Es war das erste Mal, daß ich in meinem Engagement für den Krieg meinen Widerspruch erfaßte, einem Engagement, von dem ich wollte, daß es frei sei, und das mir statt dessen bis hin zum Tod etwas aufzwang, was ich nicht wirklich und frei gewollt hatte. Anschließend war es die Freiheit der Résistance, die mich dazu führte, daß ich der Macht einer tyrannischen Gesellschaft die Freiheit von ihr Widerstand leistenden Individuen entgegenstellte, von denen ich meinte, daß sie, weil sie frei waren und frei sahen, was sie wollten, den Sieg davontragen würden. Bei der Befreiung habe ich gefühlt, daß die Kräfte, die sie freigesetzt hatten, von der gleichen Art wie die Nazi-Kräfte waren. Nicht, daß sie das gleiche Ziel gehabt hätten, daß sie Methoden benutzt hätten wie die Ermordung von Millionen von Juden und Millionen von Russen. Aber die kollektive Kraft, der Gehorsam gegenüber Befehlen war gleichartig. Und die in Frankreich eintreffende amerikanische Armee erschien vielen, zu denen ich gehörte, als eine Tyrannei.

Und man war gaullistisch. Ich nicht, aber ich fühlte etwas, was die anderen fühlten, die Notwendigkeit einer Kraft, einer französischen Staatsmacht, folglich die Legitimität einer Macht wie der de Gaulles. Ich dachte nicht so, aber ich fühlte die Kraft dieses Gesichtspunkts. In dem Moment, gleich nach der Befreiung, ist eine sehr starke Kommunistische Partei aufgetreten, viel stärker als sie in Frankreich vor dem Krieg je gewesen war, der ein Drittel der Franzosen angehörte. In dem Moment ist es notwendig geworden, zu den Gruppen, die uns regierten, Stellung zu beziehen. Ich persönlich trat keiner Gruppe bei, wie übrigens auch Merleau-Ponty aus anderen Gründen. Ich hatte die Zeitschrift *Les Temps Modernes* gegründet. Wir waren links, aber keine Kommunisten.

S. de B.: Haben Sie sie teilweise gerade deshalb gegründet, um im politischen Kampf Partei zu ergreifen?

J.-P. S.: Nicht direkt. Eher um die Bedeutung der Ereignisse des täglichen Lebens ebenso wie des kollektiven Lebens auf allen Ebenen zu zeigen: diplomatisch, politisch, wirtschaftlich. Es ging darum zu zeigen, daß jedes Ereignis verschiedene Schichten hat, und daß jede von ihnen ein Sinn des Ereignisses ist, übrigens von Schicht zu Schicht der gleiche Sinn, verändert nur durch das, worum es in dieser Schicht geht. Die Hauptidee war aufzuzeigen, daß alles in der Gesellschaft mit vielfältigen Facetten erscheint und daß jede dieser Facetten auf ihre Weise, aber vollständig, einen Sinn ausdrückt, der der Sinn des Ereignisses ist. Man findet diesen Sinn in ganz und gar verschiedenen und mehr oder weniger entwickelten Formen auf jeder Ebene der Schichten, von denen sie im Innern gebildet werden.

S. de B.: Das alles scheint mir doch sehr kohärent. Sie haben vorhin von einem Widerspruch geredet. Dabei führen Sie seither das Leben eines Literaten, Ihre Literatur hat eine Art und Weise, sich zu definieren, gefunden, sie ist engagiert. Sie geben *Les Temps Modernes* heraus, die ebenfalls diese Tendenz repräsentiert, das wirkt auf mich sehr kohärent. Warum haben Sie vorhin von einem Widerspruch geredet und gesagt, daß Ihr Leben vom Krieg an in einem gewissen Widerspruch verlaufen ist?

J.-P. S.: Weil die Kohärenz im Leben eines Menschen wünschenswert ist, aber sie ist nur entweder auf die These oder auf die Antithese anwendbar. Die These ist eine Gesamtheit von Ideen, von Gewohnheiten, die möglichst einigermaßen kohärent sein muß, auch wenn sie selbst kleinere Widersprüche enthält. Ebenso muß die Antithese kohärent sein. Jede der beiden, These wie Antithese, erklärt sich aus ihrer Opposition zur anderen. Was man die These nennen kann, habe ich Ihnen gerade dargelegt; bleibt die Erklärung der Antithese. Was ich in der ersten

Hälfte meines Lebens festgestellt habe, ist, in einer noch etwas vagen Form, der Gegensatz meiner Freiheit zur Welt. Und der Krieg und die Nachkriegszeit sind nur eine Weiterentwicklung dieses Gegensatzes gewesen, was ich in der Benennung unserer ersten Widerstandsbewegung ausdrücken wollte: *Socialisme et Liberté*. Die Idee einer geordneten Gemeinschaft, in der sich jeder nach Prinzipien entwickelt, die seine eigenen sind, und andererseits die Idee einer Freiheit, das heißt einer freien Entwicklung eines jeden und aller, das sind Ideen, die mir damals in Gegensatz zueinander schienen – noch heute existieren sie jede auf ihrer Seite –, und nach dem Krieg habe ich entdeckt, daß mein Widerspruch und der Widerspruch dieser Welt von der Idee der Freiheit ausgingen, von der Idee der vollen Entwicklung, der vollen Entfaltung der Person, die konfrontiert ist mit der Idee der ebenfalls vollen Entwicklung einer Gemeinschaft, der die Person angehört, und die beide zunächst als widersprüchlich erscheinen. Der vollen Entwicklung eines Bürgers geht nicht notwendigerweise die volle Entwicklung der Gesellschaft voraus. Auf dieser Ebene könnte man meine Geschichte erklären, meine klare Geschichte nach dem Krieg, meine verborgene Geschichte vor dem Krieg. Das heißt, daß die Idee meiner Freiheit die Idee der Freiheit der anderen impliziert. Ich kann mich nur frei fühlen, wenn die anderen es sind. Meine Freiheit impliziert die Freiheit der anderen und ist nicht begrenzbar. Andererseits weiß ich, daß es Institutionen, einen Staat, Gesetze gibt, kurz einen Komplex von Zwängen, die dem Individuum auferlegt werden und die ihm keineswegs die Freiheit lassen zu tun, was es will. Darin sehe ich einen Widerspruch, denn die gesellschaftliche Welt muß gewisse Formen haben, und meine Freiheit muß ungeschmälert sein. Das hat sich auch während der Besatzung gezeigt: der Widerstand brachte wichtige und strenge Normen mit sich, wie die Arbeit im geheimen oder besondere und gefährliche Missionen, deren tiefer Sinn aber der Aufbau einer anderen Gesellschaft war, die frei sein sollte. Folglich hatte die Freiheit des Individuums die freie Gesellschaft zum Ideal, für die es kämpfte.

S. de B.: Welches sind die Momente, in denen Sie diesen Widerspruch am intensivsten erlebt haben? Und wie haben Sie ihn in den jeweiligen Umständen gelöst?

J.-P. S.: Das waren zwangsläufig nur provisorische Lösungen. Zunächst war da das R.D.R., das *Rassemblement Démocratique Révolutionnaire*, mit Rousset, Leuten wie Altman, dem Chefredakteur von *Libération* ...[1]

S. de B.: Der damaligen *Libération* ...

J.-P. S.: Der damaligen *Libération*, einer radikalsozialistischen und dann prokommunistischen, kommunistischen und dann wieder prokommunistischen Zeitung. Diese Bewegung wollte sich von der Kommunistischen Partei unterscheiden, aber revolutionär sein und versuchen, den Sozialismus durch die Revolution zu verwirklichen. Das alles sind ziemlich große Worte, die nichts besagen können. Erstens stellt sich sofort das Problem Reform/Revolution: um welche Revolution geht es? Eine Revolution, die nur Reformen unterstützen und bewirken will? In dem Fall handelt es sich um etwas, was man für falsch erklären muß: das ist der Reformsozialismus der Vorkriegszeit. Oder handelte es sich wirklich um eine revolutionäre Bewegung? Mir scheint, wenn es auch einige Personen mit dieser Tendenz gegeben hat, waren die Maßnahmen, die das R.D.R. ergriffen hat, viel eher reformistisch als revolutionär, vor allem weil Rousset, ein ehemaliger Trotzkist, absolut nichts von einem Revolutionär hatte, außer der großen Klappe. Und was mich angeht, so war ich eher in das R.D.R. hineingezogen worden, als daß ich mich ihm aus eigenem Entschluß angeschlossen hätte. Nachdem ich einmal dabei war, wollte man mir einen wichtigen Platz geben, und ich fand mich dazu bereit. Aber zwischen Rousset und mir bestand ein ziemlich großer Gegensatz. Ich sah, daß Rousset sich zum Reformismus hin orientierte, daß er bei den amerikanischen Gewerkschaften Gelder für das R.D.R. besorgen wollte, was ich für absoluten Wahnsinn hielt, denn es hieß, eine französische Gruppierung in finanzielle Abhängigkeit von den großen amerikanischen Gewerkschaften zu bringen, die von unseren Gewerkschaften und der linken Politik, die wir vertraten, dermaßen verschieden waren. Ich war gegen diese Tendenz von Rousset.

Der Widerspruch ist offen ausgebrochen, als Rousset (und insbesondere Altman) im Anschluß an eine Reise nach Amerika, wo

[1] Siehe *Krieg im Frieden 1*, Reinbek 1982. (Anm. d. Übers.)

er ein bißchen Geld gesammelt hatte, in Frankreich eine Art Kongreß für Leute veranstaltet haben, die sich möglicherweise für das R.D.R. interessierten, zu dem er die Amerikaner eingeladen hatte.

S. de B.: Das haben Sie schon erzählt. Was mich interessiert, ist zu sehen, daß das, was Ihnen eine Zeitlang als Lösung erschienen ist, nicht annehmbar war.

J.-P. S.: Es war nicht annehmbar, weil sehr schnell deutlich wurde, daß es eine reformistische und keine revolutionäre Bewegung war und daß die gewählte Form nicht möglich war. Es war zu dem Zeitpunkt nicht möglich, eine andere revolutionäre Kraft neben der Kommunistischen Partei aufzubauen. Es gab einen Widerspruch zwischen einer Freiheit, die zur Kommunistischen Partei im Gegensatz stand, und einer Revolution, das heißt einer Massenbewegung, insofern diese Revolution die Idee der Freiheit ablehnte. In der Folge, nach vielem Zögern, gab es einen anderen widersprüchlichen Moment, den Moment der Operation Ridgway[1]. Ridgway kam nach Paris, es kam zu einer kommunistischen Demonstration gegen ihn, einer gewaltsamen Demonstration, und ein paar Stunden später wurde Duclos[2], der mit zwei Tauben auf der Sitzbank im Auto vorbeifuhr, unter dem Vorwand verhaftet, es handle sich um Brieftauben. Das war eine groteske Beschuldigung, die mich veranlaßte, einen Artikel zu schreiben, um die Kommunisten zu verteidigen, einen Artikel, der in mehreren Folgen in *Les Temps Modernes* erschien und eine andere Einstellung der Partei mir gegenüber bewirkte.[3]

S. de B.: Wie sind Sie dazu gekommen, diesen Artikel zu schreiben?

J.-P. S.: Merkwürdigerweise war es Henri Guillemin mit seinem Buch *Le Coup du 2 décembre* über die Machtübernahme Napoleons III., in dem er Auszüge aus Zeitungen, aus vertraulichen Aufzeichnungen, aus Büchern von Leuten, die die Machtüber-

---

1 Amerikanischer General, 1951 Oberbefehlshaber in Korea, 1952 der NATO-Streitkräfte. (Anm. d. Übers.)

2 Mitglied des ZK und des Politbüros der KPF, 1945–58 Fraktionsvorsitzender der KPF in der Nationalversammlung. (Anm. d. Übers.)

3 *Die Kommunisten und der Frieden*. In: *Krieg im Frieden 1*, Reinbek 1982. (Anm. d. Übers.)

nahme Napoleons III. begrüßten, zitierte, der mich dazu brachte, die Verhaftung von Duclos für sehr schwerwiegend zu halten.

S. de B.: Daraufhin haben Sie die Entscheidung getroffen, die Kommunistische Partei zu unterstützen, natürlich ohne ihr beizutreten.

J.-P. S.: Ich habe *Die Kommunisten und der Frieden* geschrieben, ohne irgendeine Bindung zur Partei zu haben – ich war eher ihr Gegner –, um auszudrücken, daß die Verhaftung von Duclos beschämend war. Dann haben sich die Artikel nach und nach in so etwas wie ein halbes Loblied und sogar in ein richtiges Loblied auf die Kommunistische Partei gegen die damals existierenden französischen Gruppen verwandelt. Und das Ergebnis war, daß die Partei Claude Roy und einen anderen zu mir schickte – Claude Roy als Vertreter der Gruppe, die mit nichtkommunistischen Intellektuellen sprechen konnte –, um mich zu fragen, ob ich mich nicht jenen Intellektuellen anschließen wollte, die gegen die Verhaftung von Henri Martin[1] protestierten. Ich habe zugesagt; ich bin auf die Versammlungen dieser Intellektuellen gegangen. Ich schlug vor, ein Buch mit verschiedenen Artikeln zu machen, zu denen ich eine Art Kommentar schreiben würde, ein Buch, das Henri Martins Freilassung forderte. Ich habe es gemacht, es hieß: *Die Affäre Henri Martin*[2], es ist veröffentlicht worden. Leider ist das Buch wegen verlegerischer Schwierigkeiten erst vierzehn Tage nach Henri Martins Freilassung erschienen, aber Tatsache ist, daß er zu dem Zeitpunkt freigelassen wurde.

S. de B.: Dann sind Sie auf dem Friedenskongreß gewesen.

J.-P. S.: Zu der Zeit hatte sich die Haltung der Partei mir gegenüber geändert und meine Haltung der Partei gegenüber auch. Wir waren Verbündete geworden. Die übrige Linke existierte nicht mehr. Die Sozialisten waren auf seiten der Rechten, sie kämpften gegen die Kommunistische Partei und lancierten wütende Angriffe gegen sie. Mir scheint, die einzig mögliche Linke wäre eine mit der Kommunistischen Partei verbundene Linke

---

[1] Matrose, der wegen der Verteilung von Flugblättern gegen den Indochinakrieg inhaftiert worden war. (Anm. d. Übers.)

[2] *Wider das Unrecht. Die Affäre Henri Martin*, Reinbek 1982. (Anm. d. Übers.)

gewesen. *Les Temps Modernes* hat sich, trotz tiefgreifender unausgesprochener Meinungsverschiedenheiten, mit der KP verbündet, um eine der Partei förderliche Politik zu betreiben.

S. de B.: Inwiefern stellte das eine Lösung Ihrer Widersprüche dar?

J.-P. S.: Im Grunde war es keine Lösung. Das hat nie sehr lange gedauert, aber es ist mir mehrmals in meinem Leben passiert, kurze Momente zu haben, in denen ich die Freiheit für eine Gruppenidee aufgab.

S. de B.: Dachten Sie in dem Moment, daß die Kommunistische Partei so etwas wie eine Etappe auf dem Weg zum Sozialismus wäre?

J.-P. S.: So ist es, ich dachte nicht, daß unsere Ziele identisch wären, aber das Zusammengehen mit ihnen war leicht.

S. de B.: Und bis wann hat das gedauert?

J.-P. S.: Das hat von 1952 bis 56 gedauert ...

S. de B.: 1954 sind Sie in der UdSSR gewesen, da standen Sie noch gut mit ihnen.

J.-P. S.: Ja, aber ich war nicht begeistert von dem, was ich in der UdSSR gesehen habe. Man hat mir natürlich das gezeigt, was gezeigt werden konnte, und ich war voller Vorbehalte.

S. de B.: Dabei haben Sie sich sehr lobend in *Libération* geäußert.

J.-P. S.: Das war von Cau geschrieben.

S. de B.: Es muß gesagt werden, daß Sie sehr erschöpft waren.

J.-P. S.: Ich hatte ihm einige Hinweise gegeben und war mit Ihnen in die Ferien gefahren.

S. de B.: Ja, um sich zu erholen. Dann fand ein weiterer Friedenskongreß in Helsinki statt, wohin ich Sie begleitet habe; das war 1955.

J.-P. S.: Ja, wir haben Algerier kennengelernt, die die Aufmerksamkeit auf die algerische Situation gelenkt haben.

S. de B.: Allerdings. Und dann kam 1956, das Jahr Ihres Bruchs mit der Kommunistischen Partei.[1]

J.-P. S.: Ein Bruch, der nie wirklich aufgehoben worden ist. Er

---

1 *Das Gespenst Stalins.* In: *Krieg im Frieden 2*, Reinbek 1982. (Anm. d. Übers.)

ist in gewisser Weise von 1962 an aufgehoben worden, als ich wieder in die UdSSR gereist bin.

S. de B.: Wir sind '62 zusammen hingefahren, sogar zweimal. Dann wieder '63, '64, '65.

J.-P. S.: Trotzdem stand ich nicht besonders gut mit den Kommunisten.

S. de B.: Aber wir hatten dort Freunde unter jenen, die zutiefst Antistalinisten waren. Es gab ein anderes Engagement, das wichtig für sie gewesen ist: gegen den Algerienkrieg.

J.-P. S.: Ja.

S. de B.: Sie haben sich während dieses Krieges sehr stark eingesetzt. Dann, nach '68, waren da Ihre Beziehungen zu den Maoisten. Wie ist es Ihnen gelungen, Ihren Wunsch nach individueller Freiheit mit einer kollektiven Aktion zu vereinbaren, die die Einhaltung von Disziplin, von Vorschriften voraussetzt?

J.-P. S.: Wenn ich mich auf diese oder jene Weise in der Politik engagiert und mich an einer Aktion beteiligt habe, habe ich die Idee der Freiheit nie aufgegeben. Im Gegenteil fühlte ich mich jedesmal, wenn ich handelte, frei. Ich habe nie einer Partei angehört. Ich habe eine Zeitlang mit einer Partei sympathisieren können – zur Zeit habe ich Sympathien für die maoistische Richtung, die sich augenblicklich in Frankreich auflöst, aber deshalb nicht tot ist – und dauerhaftere Sympathien haben können. Ich stand also in Verbindung zu Gruppen, ohne ihnen anzugehören. Man verlangte Handlungen von mir: es stand mir frei, ja oder nein zu sagen, und ich fühlte mich immer frei, wenn ich zustimmte oder ablehnte. Nehmen wir zum Beispiel die Haltung, die ich während des Algerienkriegs einnahm. Das ist der Moment gewesen, wo ich von der Partei abgewichen bin, denn die Partei und wir anderen, wir wollten nicht genau dasselbe. Die Partei betrachtete die algerische Unabhängigkeit nur als eine Möglichkeit unter anderen, und wir forderten mit dem F. L. N. die sofortige Unabhängigkeit. Wir haben uns ein bißchen zusammengeschlossen und versucht, eine Anti-O. A. S.-Gruppe zu bilden. Dabei ist allerdings nicht viel herausgekommen, weil die Kommunisten unsere Bemühung abwürgen wollten. Ich habe den Kolonialismus immer für reinen Diebstahl, für die brutale Eroberung eines Landes und die völlig unerträgliche Ausbeutung eines Landes durch ein anderes gehalten. Ich war der Ansicht, daß sich alle Kolonialisten früher oder später ihrer Kolonien entledigen müßten. Im Algerienkrieg hatten die Algerier meine volle Zustimmung gegen die französische Regierung. Ich sage die Regierung, obwohl viele Franzosen für die Erhaltung von Französisch-Algerien waren. Es gab ständige Auseinandersetzungen mit Franzosen und enger werdende Freundschaften und Beziehungen mit jenen, die für die Befreiung Algeriens waren. Ich ging sogar noch weiter, ich stand zusammen mit Jeanson in Verbindung zum F. L. N., ich habe für deren Untergrundzeitung geschrieben: ich erzähle das nur, um zu zeigen, wie sehr die Freiheit in dieser Sache auf dem Spiel stand. Sicherlich war es die ursprüngliche Freiheit, aus der heraus ich mit sechzehn Jahren den Kolonialismus als unmenschliche Brutalität aufgefaßt habe, als eine Aktion, die Menschen auf Kosten materieller Interessen zerstörte. Die Freiheit, die mich als Mensch konstituierte, konstituierte den Kolonialismus als eine Niedertracht. Sie zerstörte andere Menschen, indem sie mich als Mensch konstituierte, und deshalb hieß mich als Mensch konstituieren mich gegen den Kolonialismus auflehnen. Was ich mit sechzehn Jahren gedacht habe, habe ich vielleicht vertieft, aber ich habe es bis nach dem Algerienkrieg immer gedacht und denke es noch jetzt. 1960 bin ich in Brasilien gewesen. In Rio habe ich einen Anruf von meinen Pariser Freunden bekommen, die mir das Datum von Jeansons Prozeß, vom Prozeß seiner Freunde und Mitarbeiterinnen mitteilten und mich baten, eine Zeugenaussage abzugeben, die vor Gericht verlesen werden sollte, da ich bis zu dem vorgeschlagenen Datum nicht zurück sein konnte. Diese Zeugenaussage konnte ich natürlich nicht am Telefon diktieren, die Verbindung war sehr schlecht, ich hörte schlecht, man hörte mich schlecht. Ich beschränkte mich darauf, meinen Freunden die wesentlichen Punkte zu wiederholen, die in der Zeugenaussage vorkommen sollten. Sie kannten sie im übrigen, und ich wußte, daß sie gute Arbeit leisten würden. Ich habe sie die Zeugenaussage aufsetzen lassen, als ich sie gelesen habe, fand ich sie völlig korrekt.

 S. de B.: Sie haben auch vor 1960 viele Artikel geschrieben.

 J.-P. S.: Aber selbstverständlich! Ich habe Artikel gegen den Algerienkrieg, gegen die Folter geschrieben.

S. de B.: Für wen haben Sie sie geschrieben?

J.-P. S.: Für *Les Temps Modernes*, für *L'Express*, auch für Jeansons kleine Zeitung, *Vérités pour*, die mehr oder weniger illegal war.

S. de B.: Was haben Sie noch getan?

J.-P. S.: In Brasilien hat der algerische Vertreter darum gebeten, mit mir zu sprechen. Ich habe mich mit ihm getroffen, und wir haben uns über die Propaganda für die Algerier unterhalten. Wir waren uns ganz und gar einig. Außerdem habe ich in São Paulo einen Vortrag über den Algerienkrieg gehalten. Ich erinnere mich an diesem Vortrag, eine regelrechte Überschwemmung, ein ungeheurer Andrang von Leuten, vor allem Studenten. Sie haben Türen eingedrückt und den Saal dicht an dicht gefüllt. Ich habe meine Auffassung des Algerienkriegs dargelegt, es war die des F. L. N.. Ein Franzose wollte mir antworten, was einen gewissen Mut voraussetzte, denn der ganze Saal war für die Algerier. Er ist ausgepfiffen worden, er hatte größte Schwierigkeiten zu sprechen, und ich habe ihm geantwortet. Er ist verschwunden, und die Veranstaltung ist zu einer Manifestation für die Algerier geworden.[1] Bei alldem fühlte ich mich völlig frei. Ich hätte mich weigern können, einen Vortrag über den Algerienkrieg zu halten, und über ein literarisches Thema sprechen können. Aber ich wollte die aktuellen und präzisen Fakten schildern, die die Freiheit bedrohten. In meinem Innersten war ich frei, als ich diesen Vortrag hielt, und gleichzeitig war das Thema dieses Vortrags: die Freiheit des algerischen Volkes. Ich finde auf dieser Ebene die Verbindung der Freiheit, meiner Freiheit mit der Freiheit als Zweck wieder und die Ausübung der Freiheit gegen alles, was sie zensieren kann, das heißt das Handeln anderer Menschen. Folglich ging es darum, die Freiheit des algerischen Volkes als einen obersten und absoluten Zweck hinzustellen und den Krieg als einen Versuch, Menschen daran zu hindern, sich zu befreien.

S. de B.: Da Sie Tatsachen zitiert haben, muß ich eine erwähnen, die Sie vergessen haben und die der Grund für die Bitte um Ihre Zeugenaussage war, nämlich das *Manifest der 121*. Das ist sehr wichtig gewesen. Weil wir dieses Manifest unterschrieben

---

[1] Siehe *Le Monde* vom 1. September 1960. (Anm. d. Übers.)

hatten, drohte man uns mit Gefängnis, wenn wir nach Frankreich zurückkommen würden. Im Prozeß von Jeanson ging es zum großen Teil um das Manifest.

J.-P. S.: Ja. Und zu der Zeit gab es auf den Champs-Élysées Umzüge von Leuten, die für den Algerienkrieg waren, und es wurde geschrien: «Tötet Sartre!» Die französische Regierung wollte mich dafür, daß ich wie die hundertzwanzig anderen Unterzeichner das Manifest unterschrieben hatte, vor Gericht bringen. Auch das stand im Hintergrund, und auch da war ich frei. Ich habe nie irgendeiner pro-algerischen Organisation angehört, aber ich sympathisierte mit allen, und ich war in allen willkommen. Worauf ich hinweisen wollte, ist, daß diese kleine Aktion ohne große Bedeutung, daß sämtliche in Brasilien unternommenen Aktivitäten, um die Sache der Algerier populär zu machen, aus meiner Freiheit heraus kamen, daß ich von niemandem bedingt war, daß ich selbst aus meinen eigenen Theorien heraus, aus meinem eigenen politischen Glauben heraus handelte. Anschließend sind wir in Kuba gewesen. Zurückgefahren sind wir über Spanien. Beim Grenzübergang hat es Diskussionen mit den Zöllnern gegeben, die uns schließlich durchgelassen haben, nicht ohne unsere Rückkehr nach Paris gemeldet zu haben. Einige Freunde hätten es lieber gesehen, daß wir mit dem Flugzeug zurückgekommen wären, damit, falles es zu einer Verhaftung gekommen wäre, diese vor aller Welt stattgefunden hätte. Aber wir waren der Ansicht, es wäre nutzlos zu provozieren, und besser, in aller Ruhe offiziell aber unauffällig nach Paris zurückzufahren. Freunde haben uns in Barcelona abgeholt, Pouillon, Lanzmann, Bost. Sie haben uns nach Paris gebracht, wo Kommissare angefangen haben, unsere Aussagen aufzunehmen, und es wurde verabredet, daß wir acht Tage später vor dem Untersuchungsrichter erscheinen würden. Am Vortag ist der arme Richter krank geworden, wir haben es aus den Zeitungen erfahren, und acht Tage später war er immer noch krank, und damit hat der Scherz geendet. Wir haben nie wieder etwas von unserer Anklage wegen der Unterzeichnung des *Manifests der 121* gehört. Ich zitiere nur ein kleines Ereignis unter hundert anderen. Ich wollte damit deutlich machen, wie die Freiheit mir in einem bestimmten Moment die wahre Beziehung der Algerier zu den Franzosen oder der

Franzosen zu den Algeriern deutlich machte: eine Unterdrückkung. Zwangsläufig war ich gegen diese Unterdrückung, im Namen der Freiheit, die mir die Existenzgrundlage jedes Menschen auszumachen scheint, und als solcher mußte ich jedesmal, wenn das vorkam und so gut ich konnte, für die Freiheit handeln. Die Mittel, die ich benutzte, hingen von Sachen und notwendigen Verbindungen ab, die nichts mehr mit einer freien Behauptung zu tun hatten. Dennoch waren sie von der Freiheit durchdrungen, wenn ich sie benutzte. Sie waren notwendig, um die Freiheit in der Welt zu behaupten.

S. de B.: Geschah es auch um der Freiheit willen, daß Sie versucht haben, sich für die Schriftsteller, die Intellektuellen im Osten einzusetzen? Ich meine diese Reisen, die Sie in den Jahren 1962 bis 66 in die UdSSR gemacht haben, hatten doch den Sinn, den liberalen Intellektuellen zu helfen, sich zu liberalisieren?

J.-P. S.: Liberal ist ein Schimpfwort.

S. de B.: Sie nannten sich aber selbst so. Ging es darum?

J.-P. S.: Ja. Ich wollte sehen, ob man ihre Einstellung zur Welt, zu den gegenwärtigen Kräften, zum notwendigen Handeln ein wenig durch Gespräche ändern könnte, aber hauptsächlich fuhr ich nach Rußland, um Leute zu treffen, die so dachten wie ich: das heißt Intellektuelle, die diese Arbeit schon selbst gemacht hatten. Zwei oder drei.

S. de B.: Ab 1966, als es zu den Prozessen gegen Sinjawskij und Daniel gekommen ist, haben Sie Ihre Reisen in die UdSSR eingestellt. Sie fanden, daß die Sache der sogenannten liberalen Intellektuellen mehr oder weniger verloren war. Aber ein Ereignis ist noch viel bestimmender gewesen, und zwar der Einmarsch in die Tschechoslowakei.

J.-P. S.: Ja. Es hatte schon den Einmarsch in Ungarn gegeben.

S. de B.: Der zu Ihrem Bruch mit den Kommunisten geführt hatte. Trotzdem hatten Sie sich etwa 1962 der UdSSR wieder etwas angenähert, wie wir gerade sagten. Während es dann endgültig gewesen ist. Wie haben sich Ihre Positionen zum Zeitpunkt des Einmarschs in die Tschechoslowakei gebildet?

J.-P. S.: Die Intervention in der Tschechoslowakei erschien mir besonders empörend, weil sie die Haltung der UdSSR gegenüber den sozialistischen Ländern im sogenannten sowjetischen

Glacis deutlich zeigte. Es ging darum, eine Veränderung der Systeme zu verhindern, wenn nötig mit militärischen Mitteln. Ich bin von meinen tschechoslowakischen Freunden während einer recht merkwürdigen Periode eingeladen worden, die schnell zu Ende gegangen ist: die sowjetischen Truppen waren im Lande, und die Tschechoslowaken organisierten, vor allem in Prag, einen intellektuellen Widerstand. Es wurden dort gleichzeitig zwei Stücke von mir gespielt: *Die Fliegen* und *Die schmutzigen Hände*, natürlich mit antisowjetischen Absichten. Ich habe beiden Aufführungen beigewohnt. Ich habe, ohne mein Denken zu verhehlen, zum Publikum über die sowjetische Aggression gesprochen. Ich habe auch, in etwas gemäßigterer Form, im Fernsehen gesprochen. Kurz, sie benutzten mich, damit ich ihnen im Kampf gegen den Feind half, der da war, den man aber nicht sah. Ich bin ein paar Tage dageblieben, ich habe tschechische und slowakische Intellektuelle getroffen, ich habe mit ihnen gesprochen. Sie waren alle zutiefst empört über diesen Angriff und entschlossen zum Kampf. Ich bin zwar nicht gerade froh abgereist, aber überzeugt, daß die Geschichte nicht leicht zu lösen sein würde, daß das tschechische Volk einen Kampf gegen seine sowjetischen Unterdrücker aufgenommen hatte, der bestimmt weitergehen würde. Wenig später habe ich übrigens einen Artikel zu der Frage geschrieben, ein Vorwort zu einem Buch von Liehm.[1]

S. de B.: Ja, wir hatten Stellungnahmen gesammelt ...

J.-P. S.: Stellungnahmen der meisten bekannten Intellektuellen der Tschechoslowakei, die alle gegen die Intervention waren.

S. de B.: Und nach der Tschechoslowakei, wann sind Sie wieder politisch aktiv geworden? Haben Sie etwas mit den Ereignissen des Mai '68 zu tun gehabt?

J.-P. S.: Ja, aber spät. Wir haben uns in *Les Temps Modernes* ein wenig mit studentischen Problemen befaßt. Wir haben insbesondere das Vorlesungssystem diskutiert. Einige Artikel waren von Kravetz. Und dann sind wir, wie alle Franzosen, von den Ereignissen des Mai '68 überrascht worden. Ich war zu der Zeit bei den jungen Leuten nicht ganz unbeliebt.

---

1 *Der Sozialismus, der aus der Kälte kam*. In: *Mai '68 und die Folgen 2*, Reinbek 1975. (Anm. d. Übers.)

S. de B.: Sie haben in Radio Luxemburg eine Erklärung zugunsten der Studenten abgegeben, die sogar als Flugblatt im Quartier Latin verteilt worden ist.

J.-P. S.: Ganz recht. Und ich habe an einem Tag im Mai '68, als man mich darum gebeten hatte, im großen Saal der Sorbonne gesprochen. Ich bin hingegangen und habe vor einem vollen Saal gesprochen. Die Sorbonne war in einem seltsamen Zustand, von den Studenten besetzt, es war merkwürdig. Und dann habe ich auch in der Cité Universitaire gesprochen. Kurz, ich habe einen gewissen Kontakt mit dem Mai '68 gehabt. Danach war es ein bißchen vager. Ich erinnere mich, daß ich von befreundeten Studenten aufgefordert worden war, in der Sorbonne zu sprechen, wo ein bestimmter Punkt diskutiert wurde: Sollten sie am nächsten Tag eine Demonstration machen oder nicht? Das ging mich nichts an, und ich konnte nur auf einer allgemeinen Ebene sprechen; man hatte mir auch einen Zettel auf den Tisch gelegt, auf dem stand: «Faß dich kurz, Sartre.» Das hieß, daß ihnen nicht besonders viel daran lag zu hören, was ich ihnen zu sagen hatte, daß ich ihnen tatsächlich nichts zu sagen hatte, da ich seit langem kein Student und da ich kein Professor war. Ich konnte in keiner Eigenschaft sprechen. Ich habe trotzdem ein wenig gesprochen, ich habe ziemlich Applaus bekommen, als ich auf die Tribüne gestiegen bin, weniger, als ich sie verlassen habe, weil sie das nicht erwartet hatten. Sie erwarteten Leute, die sagten: «Ihr müßt aus dem und dem Grund eine Demonstration machen, ihr müßt sie so und so machen, etc.» Ich habe später, 1970, eine Rolle gespielt, als die beiden Herausgeber von *La Cause du Peuple*, Le Bris und Le Dantec, beide ins Gefängnis gekommen waren, und die Maoisten, die ich nicht kannte, die mich am Vortag noch in *La Cause du Peuple* angegriffen hatten, mich baten, *La Cause du Peuple* herauszugeben.

S. de B.: Damals war es noch die *Gauche prolétarienne*.

J.-P. S.: Ja, die *Gauche Prolétarienne*, eine maoistische Partei, geführt von dem, der sich Pierre Victor nennen ließ. Auch das war eine Handlung, nichts zwang mich anzunehmen, da die Maos nicht besonders sanft mit mir umgingen. Nichts zwang mich abzulehnen, denn es handelte sich um die revolutionäre Linke, die im Mai '68 und danach aktiv war. Aber sobald die Frage gestellt wurde, habe ich akzeptiert, Herausgeber zu werden. Ich begriff die Motive, die mich zum Akzeptieren bewegten, nur dunkel. Was mich dazu bewegte, war eine Art synthetische Verschachtelung all dieser Motive. Eines Morgens ist ein Maoist, ich erinnere mich nicht mehr, wer, zu einem Gespräch zu mir gekommen. Ich habe ja gesagt, ich habe gesagt, daß ich akzeptiere, daß ich von jetzt an die Zeitung herausgeben würde. Dann bin ich in die Coupole gegangen, wo Victor und einige andere mich zum Mittagessen erwarteten. Dort habe ich ihn kennengelernt. Er hat seinen Freunden erklärt, daß er mit dem Verlauf unseres gemeinsamen Nachmittags sehr zufrieden wäre.

S. de B.: Wie ist damals Ihre Beziehung zu ihnen gewesen?

J.-P. S.: Ich hatte akzeptiert, eine Art Strohmann für sie zu sein, da ich keine sehr genaue Vorstellung von ihrer Richtung und von ihren Prinzipien hatte. Ich dachte nicht daran, die Herausgabe zu machen, sie selbst verlangten es nicht von mir, ich wollte ihnen nur meinen Namen zur Verfügung stellen und nötigenfalls mit ihnen handeln, um ihnen ein bißchen Ruhe zu geben und zu verhindern, daß sie als Zeitung und als Gruppe ausgeschaltet würden. Was die Sache allerdings etwas komplizierter machte, war kurz darauf der Prozeß gegen Le Bris und Le Dantec, bei dem ich als dritter Herausgeber von *La Cause du Peuple* eine Zeugenaussage machte und mich mit ihnen solidarisierte. Am gleichen Tag wurde die *Gauche Prolétarienne* durch einen Beschluß des Innenministers als Partei verboten. Gleichzeitig wurden Le Bris und Le Dantec zu ziemlich hohen Gefängnisstrafen verurteilt. Wenig später wurde Geismar selbst juristisch verfolgt. Er versteckte sich, wurde aber schließlich entdeckt und verurteilt. Für ihn habe ich ebenfalls eine Zeugenaussage gemacht. Was mich betraf, ich wurde nicht behelligt, ich wurde nicht verhaftet, man war der Meinung, daß ich nicht wirklich Herausgeber von *La Cause du Peuple* wäre. In gewisser Weise stimmte das, ich hatte mit dem, was geschrieben wurde, nichts zu tun. Aber alle Welt wußte, daß ich Herausgeber war, um die regelmäßige Verhaftung der Herausgeber zu verhindern. Es ist sicher, daß ein anderer Herausgeber, der jünger als ich gewesen wäre und zu den Maos gehört hätte, verhaftet worden wäre. Ich wurde nicht verhaftet, weil sie fanden, daß das zuviel Staub aufgewirbelt hätte.

So führte *La Cause du Peuple* ein seltsames Leben, in gewisser Weise offiziell, weil sie ja veröffentlicht wurde und ich ihr Herausgeber war, aber auf der anderen Seite war sie gleichzeitig verboten. Wenn Verkäufer von *La Cause du Peuple* erwischt wurden, verhaftete man sie und verurteilte sie zu einigen Wochen Gefängnis. Nur wenige Ausgaben sind in der Druckerei beschlagnahmt worden, weil man sie am Vortag in großen Mengen in Lastwagen wegbrachte und in der Provinz und in Paris vertrieb. Wir haben sie in zwei verschiedenen Aktionen in der Avenue du Général-Leclerc und dann auf dem Boulevard Poissonnière verteilt. Ich bin in die Grüne Minna gesteckt und in Gewahrsam genommen worden. Diese Aktionen führten zu einer Annäherung an die Maos, die die Zeitung machten. Sie fingen an, sich mit mir zu unterhalten. Wir hatten Zusammenkünfte, bei denen Victor, Geismar und andere mit mir diese oder jene Position, diese oder jene Haltung diskutierten, und schließlich wurde die *Gauche Prolétarienne* interessant für mich, ohne daß ich zu der Zeit wirklich Herausgeber geworden wäre. Ich fing an, bei ihnen eine Art Freiheit der Militanten zu entdecken, eine Freiheit, die mich auf sozialer und politischer Ebene beeinflußt hat. Ich habe darin die Möglichkeit gesehen, mir Militante vorzustellen, die in ihren Aktivitäten als Militante frei sind, was anfangs als Widerspruch erscheinen mag. Und was auf einen kommunistischen Militanten bestimmt nicht zutrifft. Ohne jemals der *Gauche Prolétarienne* anzugehören, die im übrigen wie gesagt aufgelöst wurde, aber in einer anderen Form weiterexistierte, näherte ich mich nach und nach bestimmten Positionen der Maoisten an. Ich hatte immer intensiver werdende Diskussionen, oft mit Victor unter vier Augen. Ich sah, inwiefern die *Gauche Prolétarienne* interessant sein konnte. Ich fing an, mit den Redakteuren über ganze Ausgaben und Artikel der *Cause du Peuple* zu diskutieren. Zuletzt gab ich selbst eine oder zwei Nummern zusammen mit verschiedenen Mitarbeitern heraus. Die Führer waren nicht dagegen, sie wollten sehen, was dabei herauskäme. Natürlich übernahm ich die Richtung der maoistischen Ideen, aber in dem Maße, wie sie... mich ansprachen. Ich machte also zwei Nummern in dieser Art, dann zog ich mich mehr oder weniger zurück, beließ aber meinen Namen auf dem Titelblatt. Und schließlich verschwand *La Cause du Peuple*. Aber nicht die maoistische Gesinnung, die immer noch existiert und von der ich mich für einen von deren Vertretern halte, obwohl der Name Mao nicht mehr viel bedeutet. Wir haben unsere Ideen ein bißchen in dem Buch zum Ausdruck gebracht, das wir, Gavi, Victor und ich, veröffentlicht haben: *Der Intellektuelle als Revolutionär*. So ist also mein politischer Übergang zur *Gauche prolétarienne* von 1970 bis 73 gewesen.

S. de B.: Und danach? Hat es eine andere Zeitung gegeben?

J.-P. S.: Die *Libération*! Es schien normal, daß ich Herausgeber von *Libération* wurde, die keine maoistische Zeitung war, aber von Maoisten und anderen Vertretern von Linksgruppen gegründet worden war. Man bat mich darum, weil ich Herausgeber von *La Cause du Peuple* gewesen war. Ich nahm an, weil ich dachte, es könnte ein wirklicher Fortschritt sein, eine im eigentlichen Sinn linksextreme Zeitung zu haben und darin schwarz auf weiß unsere Meinung zu jedem Ereignis zu sagen. Auch da war ich eher als Strohmann Herausgeber. Anfangs war die Rolle des Herausgebers nicht genau definiert. Nun bin ich krank, und das hat mich gehindert, eine wirkliche Rolle bei *Libération* zu spielen. Zur Zeit bin ich nicht mehr Herausgeber, weil ich aus Krankheitsgründen zurücktreten mußte, aber ich gehöre einem neuen Herausgeberkomitee an, das die Leitlinien der Zeitung bestimmt. Ich bin noch angegriffen, wie Sie wissen, ich kann weder lesen noch schreiben. Schreiben schon, in gewisser Weise, aber nicht lesen, was ich schreibe. Aber es gibt verschiedene Möglichkeiten, meine Meinungen bekanntzugeben. Auch hier ist die Freiheit wieder das Wesentliche gewesen, der Grund für meine Optionen. Und die neue *Libération* ist im Sommer umstrukturiert worden. Die Umstrukturierungen waren von Gavi, Victor, mir und einigen anderen untersucht worden. Die neue *Libération*, die in ein paar Tagen erscheinen wird, könnte diesmal einen guten Start haben.

S. de B.: Ihnen scheint in unseren Unterhaltungen sehr viel daran zu liegen, über Ihr Verhältnis zur Politik zu sprechen. Sie haben in Ihren Gesprächen mit Victor und Gavi darüber gesprochen, und Ihnen liegt daran, hier mit mir wieder darüber zu sprechen. Warum? Wo Sie doch zuerst und vor allem Schriftsteller, Philosoph sind.

J.-P. S.: Weil das politische Leben etwas war, was ich nicht umgehen konnte, in das ich hineingestoßen worden bin. Ich bin kein Politiker gewesen, aber ich habe politische Reaktionen auf eine Menge politische Ereignisse gehabt. So daß das Sein als politischer Mensch im weitesten Sinn, das heißt im Sinn eines von der Politik betroffenen, von der Politik durchdrungenen Menschen etwas ist, was mich charakterisiert. Beispielsweise haben die Maoisten meine Freundschaft mit Victor eine Zeitlang nur als politische Beziehung gesehen.

S. de B.: Der Standpunkt der Maoisten ist kein allgemeiner und ewiger Standpunkt. Die Nachwelt wird Sie nicht als Politiker betrachten, sondern hauptsächlich als Schriftsteller, als Philosoph, der außerdem bestimmte politische Einstellungen hatte wie fast alle Intellektuellen. Warum messen Sie der politischen Dimension Ihres Lebens diese besondere Wichtigkeit bei?

J.-P. S.: Mit zwanzig war ich apolitisch – was vielleicht auch eine politische Einstellung ist –, und ich ende als jemand, der Sozialist-Kommunist ist und der sich ein bestimmtes politisches Schicksal für die Menschen vorstellt. Ich finde, daß das ein Leben darstellt, von einer apolitischen zu einer im eigentlichen Sinne politischen Haltung zu gelangen. Das hat in meinem Leben viel Zeit eingenommen. Da war das R. D. R., meine Beziehungen zu den Kommunisten, meine Beziehungen zu den Maoisten und das alles. Das bildet ein Ganzes.

S. de B.: Möchten Sie auf Ihre politische Biographie zurückkommen?

J.-P. S.: Man muß erklären, warum ich apolitisch war, als ich Sie kennenlernte, und wie die Politik einem dann enger auf den Leib rückt und schließlich auf diese oder jene Weise angenommen wird. Das erscheint mir wesentlich.

S. de B.: Gut, sprechen wir darüber.

J.-P. S.: Gut! In meiner Kindheit war die Politik eine Aktivität, die Aufgabe eines jeden war. Jeder mußte bestimmte Pflichten erfüllen, zum Beispiel wählen, und die Tatsache, daß alle wählten, bewirkte, daß das Land eine Republik war und kein Zweites Kaiserreich oder eine Monarchie.

S. de B.: Wollen Sie damit sagen, daß in der Familie, in der Sie lebten, bei Ihren Großeltern, eine politische Atmosphäre herrschte?

J.-P. S.: Ja, mein Großvater machte sich die Prinzipien der Dritten Republik zu eigen. Ich denke, er wählte die Parteien der Mitte. Er sprach nicht viel über die Leute, die er wählte. Er war der Meinung, man müßte das für sich behalten. Das war komisch in einem Haushalt, der aus seiner Frau bestand, der es völlig egal war, aus seiner Tochter, die keine Ahnung davon hatte, und aus mir, der ich zu klein war, um mich darüber zu informieren. Aber jedenfalls wahrte er lieber Abstand. Es war das Geheimnis des Mannes, der wählt, es war die politische Macht, die er ausübt, indem er wählt. Immerhin hat er uns angekündigt, daß er Poincaré wählen würde.

S. de B.: Es wurde demnach von Politik gesprochen, als Sie ganz klein waren?

J.-P. S.: Oh, sehr wenig. Ein ganz klein wenig.

S. de B.: Ich denke, es gab auch Fragen des Nationalismus, die wichtig waren.

J.-P. S.: Ja. Das Elsaß, der Krieg.

S. de B.: Es gab also eine staatsbürgerliche Dimension in Ihrer Kindheit.

J.-P. S.: Ja. Der Elsaß war der wichtige Punkt für meinen Großvater. Das Elsaß war von den Deutschen weggenommen worden. Ich hatte also eine politische Vorstellung, die man in den Lehrbüchern findet. Und das ist bis zum Krieg so geblieben. Im Krieg gab es tapfere kleine Franzosen, heldenhafte Frontsoldaten, die gegen die bösen Deutschen kämpften. Das war in den Schulen gelehrter schlichter Patriotismus, an den ich fest glaubte. Ich habe damals, als ich in Paris in die Sexta eintrat, sogar einen Abenteuerroman geschrieben, in dem der Held ein Soldat war, der den Kronprinzen gefangennahm. Er war stärker als der Kronprinz und verprügelte ihn vor einem Kreis von Soldaten, die vor Freude lachten.

S. de B.: Sie fühlten sich also als Staatsbürger. Da war jedenfalls eine staatsbürgerliche Dimension. Im übrigen haben Sie in patriotischen Stücken gespielt, die Ihr Großvater geschrieben hatte.

J.-P. S.: Ja.

S. de B.: In denen Sie sagten: «Leb wohl, leb wohl, unser geliebtes Elsaß», oder so was ähnliches.

J.-P. S.: So ist es. Das war in den Ferien, mit Kameraden aus dem Hotel. Das kam durch den Krieg, und vor dem Krieg kam es durch eine bürgerliche, republikanische Atmosphäre in meiner Familie. Und ich gewann sehr schnell die Vorstellung, daß das Leben eines Mannes folgendermaßen ablaufen muß: anfangs ist man nicht politisch, und dann, etwa mit fünfzig, wird man politisch, wie Zola zum Beispiel, der zum Zeitpunkt der Affäre Dreyfus Politik gemacht hat.

S. de B.: Woher hatten Sie denn diese Vorstellung?

J.-P. S.: Ich hatte sie daher, daß ich mich mit dem Leben der Schriftsteller identifizierte. Die Darstellung des Schriftstellerlebens bestand aus einer Jugend, aus einem mittleren Teil, in dem seine Werke entstanden, und einem späteren Teil, in dem er sich als Schriftsteller in der Politik engagierte und in die Angelegenheiten des Landes eingriff.

S. de B.: Aber das ist nicht die Biographie aller Schriftsteller. Es gibt viele, die nie Politik betrieben haben. Warum ist es dieser Typ von Biographie, der Sie beeindruckt hat? Warum ist sie Ihnen exemplarisch erschienen, mehr als die, sagen wir, Stendhals, den Sie doch sehr liebten, der nie in dem Sinn Politik betrieben hat?

J.-P. S.: Nun, er hat anders Politik betrieben.

S. de B.: Aber überhaupt nicht in dem Sinn, den Sie meinen. Warum haben Sie diese Arten von Biographien besonders beeindruckt?

J.-P. S.: Die Schriftsteller, von denen man mir erzählte, hatten fast alle Politik betrieben.

S. de B.: Ja, aber die Dinge beeinflussen uns nur in dem Maße, wie wir von ihnen beeinflußbar sind. Wenn Sie also von dieser Art Biographien sehr beeindruckt gewesen sind und die Ihre damit identifiziert haben, dann deshalb, weil in Ihnen etwas war, was Sie veranlaßte, sie als exemplarisch anzusehen.

J.-P. S.: Ja. Ich wußte, daß Politik auch schreibend betrieben wurde, sie wurde nicht nur durch Wahlen und Kriege realisiert, sondern indem man darüber schrieb. Es gab Schriften, die Satiren oder Diskussionen über ein bestimmtes politisches Faktum waren. Das war für mich so etwas wie ein Nebenprodukt der Literatur. Und ich dachte, daß ich es gegen Ende meines Lebens ebenfalls in Angriff nehmen müßte, wenn ich nicht mehr voll und ganz in der Lage sein würde, Literatur zu machen. Auf jeden Fall sah ich mein Leben – vor allem mein Leben, nicht so sehr meine Werke, ich dachte nicht so sehr an meine Werke –, ich sah mein Leben folgendermaßen: ich ende in der Politik. Gide auch. In seiner letzten Periode ist er in der UdSSR, im Tschad gewesen, er hat eine Menge Beziehungen zur Nachkriegspolitik gehabt.

S. de B.: Ja, Sie haben gerade ein komisches Wort gebraucht. Sie haben gesagt: das erschien mir wie ein Nebenprodukt. Meinten Sie, es wäre etwas, was dem Schriftsteller zu tun bliebe, wenn er fast nichts mehr zu sagen hat? Oder meinten Sie, daß es eine Art Apotheose wäre, die ihm ein viel breiteres Gehör verschaffen würde, die es ihm ermöglichen würde, vom Schreiben zum Handeln überzugehen?

J.-P. S.: Er war alt. Er konnte nicht mehr in dem Maße handeln. Er konnte den jungen Leuten Ratschläge geben und sich für eine bestimmte Sache engagieren. Zum Beispiel die Affäre Dreyfus oder Victor Hugo, der auf seiner Insel ins Exil ging und das Zweite Kaiserreich verurteilte. In Wirklichkeit war es beides. Ich betrachtete die Politik gleichzeitig als ein Nebenprodukt der Anliegen des Schriftstellers. Das konnte kein Werk sein, das einem großen Gedicht oder einem Roman gleichkam. Aber das gehörte zu seinen Aufgaben. Die geschriebene Seite der Politik mußte Aufgabe des Schriftstellers sein. Und andererseits, da es Aufgabe des alternden Schriftstellers war, war es auch seine Apotheose. Das war zugleich etwas Geringeres als das, was er vorher gemacht hatte, und doch war es seine Apotheose.

S. de B.: Verfall und Apotheose zugleich.

J.-P. S.: Verfall und Apotheose zugleich. Ich habe das ziemlich lange gelebt: bis ins reife Alter.

S. de B.: Wir waren noch bei der Kindheit. Als Sie nach Paris gekommen sind, als Sie an der École Normale gewesen sind und mit Nizan und mit anderen befreundet waren, die, glaube ich, politisch ziemlich engagiert waren ...

J.-P. S.: Ja.

S. de B.: Waren Sie es kein bißchen, und wie schätzten Sie die ein, die es waren?

J.-P. S.: Nein, ich war es nicht. In gewisser Weise belächelte ich es. Weil ich meinte, daß es ein Spiel außerhalb Ihrer Arbeit war, nämlich der École Normale. Andererseits bewunderte ich sie, weil ich selbst nicht in der Lage war, Diskussionen mit ihnen zu bestreiten, ihre Ziele zu definieren. Aber das interessierte mich nicht. Zum Beispiel der Sozialismus, der viele meine Kameraden an der École Normale beeindruckt hatte, berührte mich nicht.

S. de B.: Aron zum Beispiel.

J.-P. S.: Aron war anfangs Sozialist. Er ist es nicht lange geblieben. Alle diese Leute befaßten sich mit dem, was man Sozialismus nannte, das heißt, mit einer bestimmten Gesellschaftsform. Ich war nicht dagegen, aber ich war auch nicht dafür. Ich war auch nicht für den Kapitalismus, aber ich war auch nicht direkt dagegen. Letzten Endes dachte ich, daß man immer die gleichen Beziehungen zur Gesellschaft hätte. Das waren Institutionen, mit Staatsmännern, die sie ein wenig veränderten, aber man mußte selbst sehen, wie man mit allen diesen Institutionen zurechtkam. Sonst hätte ich wirklich in die Politik einsteigen, in eine Partei eintreten müssen, und diese Partei hätte bei den Wahlen siegen müssen. Ich dachte nicht einmal daran.

S. de B.: Sie hatten das, was Sie, als ich Sie kennenlernte, eine Ästhetik der Opposition nannten. Sie meinten, es wäre gut, daß die Welt zu einem sehr großen Teil hassenswert war, daß es darin die Bourgeoisie gab, daß es ... eben eine ganze Welt zu verabscheuen gab.

J.-P. S.: Ja.

S. de B.: Und daß die Rolle des Schriftstellers gerade darin bestand, dieser Welt gegenüberzustehen und sie anzuprangern, sie zu verabscheuen, aber nicht so sehr darin, sie verändern zu wollen. Wenn sie verändert worden wäre, wenn sie so gewesen wäre, daß man sich in ihr hätte wohl fühlen können, hätte man sie nicht mehr in der gleichen Weise verabscheuen können. In Ihrem Fall war das eine gleichsam ästhetische Haltung. Dabei hatten Sie gewisse Ansichten über die Gesellschaft, so wie sie war.

J.-P. S.: Ich erinnere mich, daß eine der ersten Reaktionen, die ich etwa mit fünfzehn hatte, von den Kolonien ausgelöst wurde.

Ich betrachtete die Kolonien als eine niederträchtige Beschlagnahme des Staates. Das setzte Kriege voraus, ungerechte Kriege, das setzte die Eroberung eines Landes voraus, in dem man sich dann breitmachte, und die Unterjochung der Einwohner dieses Landes. Und ich war der Meinung, daß diese Aktivität absolut entehrend sei.

S. de B.: Wieso? Diese Vorstellung wurde Ihnen nicht von Ihrer Umgebung eingeflößt.

J.-P. S.: Bestimmt nicht. Vielleicht bin ich ein bißchen durch meine Lektüre darauf gekommen. In La Rochelle, als ich vierzehn war, interessierten sich die Kinder überhaupt nicht dafür.

S. de B.: Ja und? Dabei gibt es eine ganze Menge Mythologie über die zivilisatorische Rolle des Weißen. Sie waren jemand, für den die Kultur sehr wichtig war. Dann hätten Sie doch diesen Mythologien Glauben schenken können?

J.-P. S.: Aber ich habe es nicht getan.

S. de B.: Warum? Versuchen Sie herauszufinden, warum.

J.-P. S.: Es gab eine legendäre Persönlichkeit, als wir in der Prima, der *hypo-khâgne,* der *khâgne* waren, und zwar Félicien Challaye, ein Philosophielehrer, der mit den Schülern gegen die Kolonien sprach und sie überzeugte. Und ich bin sofort über diese Persönlichkeit aufgeklärt worden, zuerst von Nizan, der natürlich Antikolonialist war, aber ohne großen Nachdruck. Es waren nationale Probleme, die ihn interessierten.

S. de B.: Es ist interessant, daß Sie schon in ganz jungen Jahren überhaupt nicht die Überlegenheit einer Rasse, einer Kultur, einer Zivilisation über eine andere empfanden.

J.-P. S.: Überhaupt nicht.

S. de B.: Aber das ist wichtig. Wieso hat die Tatsache Ihrer Bildung, des Elitedenkens, in dem Sie erzogen worden sind, nicht wenigstens in einer gewissen Weise auf Sie abgefärbt?

J.-P. S.: Die Idee der Gleichheit war wirklich das Primäre bei mir. Ich dachte, daß alle Menschen gleich seien. Ich glaube, das stammt von meinem Großvater, der es ausdrücklich sagte. Die Demokratie, das waren für ihn Leute, die alle gleich waren. Und ich hatte wie eine spontane Eingebung eine Vision der Ungerechtigkeit, die darin bestand, einen Typ als jemand weniger Wichtigen als man selbst zu behandeln, der in Wirklichkeit ein Gleicher war. Daran erinnere ich mich: ich habe, seit ich vierzehn war, immer Algerien als Beispiel genommen. Und das ist so geblieben, wenn ich, viel später, als gegen es Krieg geführt wurde, an Algerien dachte.

S. de B.: Das ist Ihre erste ausgeprägte politische Reaktion gewesen. Das ist wichtig. Und die Ausbeutung der Arbeiter, haben Sie sie in ziemlich jungen Jahren empfunden?

J.-P. S.: Das ist schwer zu sagen. Ich erinnere mich nicht mehr gut. Mein Stiefvater war Direktor der Schiffswerft in La Rochelle. Er hatte viele Arbeiter unter sich. Ich erinnere mich nicht mehr sehr gut daran, wie ich sie sah. Zum Teil bestimmt über die Sicht, die mein Stiefvater von ihnen hatte, der die Arbeiter wie Minderjährige behandelte, ich meine wie Leute unter zwanzig.

S. de B.: Ja, wie Kinder.

J.-P. S.: Wie Kinder. Später ist er sehr vom Kommunismus getroffen gewesen, der den Widerspruch seines ganzen Lebens darstellte. Vor dem Krieg von 1939 bin ich nie für eine sozialistische Gesellschaft gewesen.

S. de B.: Ja.

J.-P. S.: Ich erinnere mich noch, daß ich während des *drôle de guerre* in meinem Notizbuch vermerkt habe, daß die Gesellschaft nicht sozialistisch sein dürfte.

S. de B.: Sie dachten, daß Sie nicht darin leben könnten.

J.-P. S.: Ja. Nach den Schilderungen, die man von der UdSSR hatte, dachte ich, daß ich in diesem Land nicht leben könnte.

S. de B.: Und doch fühlten Sie sich in dieser bürgerlichen Gesellschaft nicht wohl?

J.-P. S.: Nein. So wenig, daß ich mythische Gesellschaften erfand: gute Gesellschaften, in denen man leben müßte. Es war das Nicht-Reale, was der Sinn meiner Politik wurde, so ungefähr bin ich in die Politik gelangt.

S. de B.: Bleiben wir noch einen Moment dabei, als Sie nicht darin waren. Sie hatten immerhin Reaktionen gegen die Unterteilung in Klassen. Ich erinnere mich sehr gut, daß eine der Sachen, die jener Dame und Guille sehr auf die Nerven gingen, als wir zusammen in Spanien herumreisten, war, daß Sie zum Beispiel in Ronda angewidert sagten: Das alles sind Aristokratenwohnsitze. Und Sie waren wütend. Das ärgerte Sie.

J.-P. S.: Sehr mysteriös. Ich war bestimmt gegen das Leben, das man den Proletariern zumutete, ich hielt es für hart, ich war bestimmt auf ihrer Seite. Allerdings mit einer Art Mißtrauen, das sicherlich daher kam, daß ich der Stiefsohn des Fabrikdirektors war.

S. de B.: Als Sie sehr jung waren, meinen Sie?

J.-P. S.: Ja, mit vierzehn.

S. de B.: Ich erinnere mich, daß Sie, als wir in London waren, sich stark für die Probleme der Arbeitslosigkeit interessierten. Sie wollten sich die Viertel der Arbeitslosen ansehen. Ich wollte lieber in die Museen gehen. Bei Ihnen war die soziale Dimension viel mehr vorhanden.

J.-P. S.: Ja.

S. de B.: Als Sie in die *khâgne*, die *hypo-khâgne*, an die École Normale gekommen sind, hatten Sie Kameraden, die politische Überzeugungen hatten. Alle, mit denen Sie befreundet waren, waren mehr oder weniger links. Sie haben Alains Schüler erwähnt, die mehr oder weniger links waren, die Radikale waren, im damaligen Sinn. Nizan war links, Ihre anderen Kameraden ebenfalls.

J.-P. S.: Alle waren links. Es gab entweder Sozialisten oder Kommunisten. Damals war es viel gewagter, Kommunist zu sein.

S. de B.: Aber es gab auch eine ziemlich starke christliche Rechtstendenz an der École Normale. Und der standen Sie sehr feindselig gegenüber.

J.-P. S.: Ja, sehr feindselig.

S. de B.: Warum? Ich denke, das war gleichzeitig eine grundsätzliche Einstellung zu den Sitten.

J.-P. S.: Ja, was die Sitten anging, war ich eindeutig links. Ich war zum Beispiel eindeutig antichristlich. Sie wissen, daß ich mit zwölf Jahren entschieden habe, daß Gott nicht existiert, und ich habe mich darin nie geändert. Das veranlaßte mich, die Vorstellung von dem, was eine Religion ist, zu revidieren. Der Religionsunterricht am Gymnasium: die antiken Religionen, der Katholizismus, der Protestantismus, das führte dazu, die Religion als einen von Land zu Land veränderlichen Komplex von Regeln, Vorschriften, Sitten zu betrachten, der keinerlei Zusammenhang mit Gott hatte. Gott existierte nicht. Folglich war ich nicht religiös, nicht gläubig, und alle optimistischen Tendenzen der Gläubigen widerten mich an. Ich war der Meinung, daß sie sich irrten.

S. de B.: Sie waren im Prinzip für die größtmögliche Sittenfreiheit.

J.-P. S.: Ja.

S. de B.: Und Redefreiheit?

J.-P. S.: Und Redefreiheit.

S. de B.: Läßt sich die Gesamtheit Ihrer metaphysischen oder religiösen Überzeugungen, Ihrer Vorstellungen von den Sitten oder von der Moral als eine Art linker Individualismus definieren?

J.-P. S.: Ganz recht. Es war ein linker Individualismus. Das Individuum zählte für mich damals viel mehr als später. Ich lebte übrigens in einer individualistischen Welt. Mein Großvater war Individualist, und ich hatte individualistische Sitten angenommen. Nizan war Individualist ...

S. de B.: Ja, Nizan, obwohl er doch KP-Mitglied war. Wann ist er in die Kommunistische Partei eingetreten?

J.-P. S.: Er ist zweimal eingetreten. In der *khâgne*, und anschließend ist er wieder mehr oder weniger nach rechts gerückt. Und im zweiten Jahr an der École ist er wiedereingetreten.

S. de B.: Hat er nicht versucht, Druck auf Sie auszuüben, es ihm nachzutun?

J.-P. S.: Nein, überhaupt nicht.

S. de B.: Und Ihre anderen Kameraden, die Sozialisten zum Beispiel, versuchten sie auch nicht, Sie zu indoktrinieren?

J.-P. S.: Nein. Wenn ich sie danach fragte, legten sie mir dar, was sie machten und was sie fühlten. Es stand mir frei, mich ihnen anzuschließen. Sie betrachteten mich eher als einen, der eines Tages zum Sozialismus gelangen könnte, aber es war nicht ihre Aufgabe, mir nachzuhelfen.

S. de B.: Wann haben Sie zum erstenmal Marx gelesen?

J.-P. S.: Im dritten Jahr an der École. Im dritten und vierten.

S. de B.: Und welchen Eindruck hat es auf Sie gemacht?

J.-P. S.: Den Eindruck einer sozialistischen Doktrin, die ich gut durchdacht fand. Ich habe Ihnen gesagt, daß ich zu verstehen glaubte und daß ich nichts verstand: ich sah den Sinn nicht, den es für den Moment hatte. Die Worte verstand ich, die Ideen verstand ich, aber daß es auf die gegenwärtige Welt anwendbar war, daß der Begriff des Mehrwerts einen aktuellen Sinn hatte, das verstand ich nicht.

S. de B.: Hat Sie das nicht betroffen gemacht?

J.-P. S.: Nein. Es war nicht das erste sozialistische System, das ich gelesen habe ...

S. de B.: Ja, nur waren die anderen utopisch. Hier handelte es sich um eine Analyse der Realität.

J.-P. S.: Ja, aber mir fehlte ein Schema, um die Utopie von dem zu unterscheiden, was nicht Utopie war.

S. de B.: Das hat also keinen erschütternden Eindruck auf Sie gemacht? Ich selbst habe Marx sehr schlecht verstanden, aber dieser Begriff des Mehrwerts hat mir doch einen Schock versetzt, als ich achtzehn oder neunzehn war. Ich habe die Ausbeutung, die Ungerechtigkeit erst richtig verstanden, die ich vorher nur vage ahnte, denn ich sah schon, daß es Reiche, Arme, Ausgebeutete etc. gab. Ich habe gesehen, was für ein System dahintersteckte. Das hat mich sehr erschüttert.

J.-P. S.: *Ich* habe es verstanden, aber ich habe nichts gefühlt. Ich war der Meinung, daß es wichtig wäre, daß die Texte, die ich las, interessant wären. Aber es ist kein Schock gewesen. Das lag daran, daß es zu der Zeit zuviel zu lesen gab.

S. de B.: Meinen Sie damit, daß es zu viele philosophische Schocks jeder Art gab?

J.-P. S.: Ja.

S. de B.: Welches sind Ihre ersten Erinnerungen an eine politische Anteilnahme, an ...

J.-P. S.: Das ist sehr vage. Die Art und Weise, wie ich mein Leben bis 1939 politisch gesehen verbracht habe, ist sehr vage.

S. de B.: Aber Sie haben doch irgendwelche politischen Empfindungen gehabt?

J.-P. S.: Ja, von der Regierung Doumergue an.

S. de B.: Als wir zum erstenmal in Italien gewesen sind, haben Sie eine sehr unangenehme politische Empfindung gehabt, und als Sie in Berlin gewesen sind, was sehr wichtig für Sie war, Sie waren dort, um Philosophie zu studieren, ist Ihnen die Anwesenheit der SA in den Straßen aufgefallen.

J.-P. S.: Ja, ich war Nazigegner, und mir graute vor den Faschisten. Ich erinnere mich, daß ich in Siena marschierende Faschisten gesehen habe, eine Gruppe von Faschisten, an der Spitze einen Führer, einen aufgeblähten dicken Kerl im Schwarzhemd, und mir graute vor ihm.

S. de B.: Später kam der spanische Bürgerkrieg, der Sie berührt hat.

J.-P. S.: Der uns berührt hat: Sie auch. Durch Gerassis Engagement waren wir ebenfalls damit verbunden.

S. de B.: Das hat zu einem ersten Bruch mit Madame Morel und Guille geführt. Wir fanden es sehr gut, daß Gerassi als Spanier, Republikaner in den Kampf zog. Auch wenn er nicht gut kämpfen konnte. Guille und jene Dame sagten: er hätte an seine Frau und an sein Kind denken müssen. Das war eine rechte Reaktion. Sie waren natürlich für die Republik, aber nur solange die Republik eine liberale, den Arbeitern gegenüber sehr repressive Demokratie war. Als es anfing, ein bißchen weiterzugehen, hat es ihnen überhaupt nicht gefallen. Wir waren wütend, daß Blum Spanien keine Waffen gab, während Italien und Deutschland eine Menge gaben, vor allem Italien. Wir waren Interventionisten.

J.-P. S.: Ja.

S. de B.: Dann kam die Volksfront.

J.-P. S.: Ja, die Volksfront. In den Jahren war man in einer komischen Situation. Man hatte nicht den Eindruck, mit dieser politischen Formation, nämlich der Volksfront, zusammen zu arbeiten, sondern nebenherzugehen.

S. de B.: Erklären Sie das ein bißchen genauer.

J.-P. S.: Es gab die Volksfront, und dann gab es Leute, die ihr mehr oder weniger verbunden waren. Zu denen gehörten wir nicht. Wir waren sehr froh, daß die Volksfront es geschafft hatte. Wir waren diesen Gruppen gefühlsmäßig verbunden, aber wir taten nichts für sie. Wir waren eher Zuschauer.

S. de B.: Eine Sache hat uns von Guille und jener Dame getrennt: als die Arbeiter angefangen haben zu streiken, sagte Guille: nein, das wird Blums Tätigkeit stören. Er konnte Blum solange akzeptieren, wie er für Ordnung sorgte und die Arbeiter eben nicht zu sehr die Entscheidungen in die Hand nehmen ließ, während wir sehr extremistisch, sehr radikal, sehr für «die Macht den Sowjets» waren. Die Übernahme der Fabriken durch die Arbeiter, die Arbeiterräte, das fanden wir sehr gut. Theoretisch waren wir so extremistisch wie möglich.

J.-P. S.: Ja, wir waren extremistisch, aber wir taten nichts ... Andere, wie Colette Audry, hatten sich der linken Politik verschrieben. Sie taten nicht viel, weil niemand viel tun konnte, aber sie handelten, und wir nicht.

S. de B.: Sie waren zu der Zeit niemand, Ihr Name hatte keinerlei Gewicht, Sie gehörten keiner Partei an, Sie wollten persönlich keiner angehören, Sie hatten *Der Ekel* noch nicht veröffentlicht. Sie waren also niemand. Außerdem fanden wir die Prätentionen der engagierten Intellektuellen lachhaft. Trotzdem verfolgten Sie die Ereignisse mit riesigem Interesse. Die Gespräche mit Guille, mit Aron, mit Colette Audry waren sehr oft politisch, Sie waren überhaupt nicht der Typ, der in seinen Elfenbeinturm eingesperrt ist und für den das alles nicht wichtig ist.

J.-P. S.: Absolut nicht. Das war enorm wichtig, es war der Alltag, es war das, was mir zustieß.

S. de B.: Wie haben Sie auf die große Kriegsdrohung von 1938 und anschließend auf München reagiert?

J.-P. S.: Ich war für den Widerstand der Tschechoslowaken und folglich gegen die Aufgabe der Tschechoslowakei durch die mit ihr verbündeten Mächte. Aber nach München habe ich so etwas wie Erleichterung gefühlt, daß der Krieg in die Ferne rückte. Doch wir waren pessimistisch, Sie und ich, und wir meinten, daß der Krieg nahe bevorstünde.

S. de B.: Ich war viel erleichterter als Sie, viel feiger, ich hatte viel mehr Angst vor einem Krieg, und es hat Diskussionen zwischen uns gegeben, in denen ich wieder auf pazifistische Argumente von Alain zurückgriff: ich sagte Ihnen, daß Hitler dem Schäfer in den Landes egal wäre, und Sie antworteten mir, daß das nicht stimmte, daß er ihm nicht egal sein würde, daß er sich auch betroffen fühlen würde, wenn Hitler gewönne, daß man nicht die Arme verschränken und ihn gewinnen lassen könnte. Was hat verhindert, daß Sie in Pazifismus verfielen, in den zum Beispiel viele von Alains Schüler verfallen sind und in den ich fast hätte verfallen können, das heißt natürlich in die Verantwortungslosigkeit?

J.-P. S.: Ich denke, es lag daran, daß ich keine politische Linie hatte. Man macht Politik, wenn man eine Kriegserklärung ablehnt oder annimmt, wenn man zu den Leuten gehört, die entscheiden, daß gekämpft wird, oder die entscheiden, daß nicht gekämpft wird: man hat eine vorgezeichnete Richtlinie. Ich hatte keine vorgezeichnete Linie. Ich war zutiefst feindselig gegenüber Hitler seit seiner Machtübernahme. Seine Haltung gegenüber den Juden erschien mir unerträglich. Ich konnte mir nicht denken, daß er endlos Staatchef eines benachbarten Landes bleiben würde. Folglich war ich, als die Affäre von Danzig losgegangen ist, sogar früher, etwa im März jenes Jahres, gegen Hitler. Nach München habe ich die Erleichterung aller empfunden, ohne mir bewußt zu werden, daß es eine Erleichterung war, die eine Politik der fortdauernden Zustimmung zu dem, was Hitler machte, einschloß. Die Erleichterung war eine abzulehnende Haltung. Ich habe sie nicht lange eingenommen. Ich habe sie im Widerspruch zu mir selbst eingenommen: ich war in gewisser Weise gegen München, aber erleichtert, daß München stattgefunden hat. Der Krieg entfernte sich für einige Zeit. Und dann, im Laufe des Jahres, ist Polen der Mittelpunkt von Hitlers Plänen geworden. Übrigens war Hitler selbst, nach dem, was man später erfahren hat und was wir zur Zeit aus dem Buch von J. Fest über Hitler erfahren, nicht richtig entschlossen, Krieg zu führen, er wußte nicht genau, wann. Und als er in Polen einmarschiert ist, war er überzeugt, daß er England aus dem Krieg heraushalten würde und Frankreich folglich auch. Und wir waren überzeugt, daß gegen die Polenkrise und gegen Hitlers Annexionsversuch Widerstand geleistet werden müßte, weil sonst alles aus wäre.

S. de B.: Im Namen wessen? Im Namen der Moral, war es eine Ungerechtigkeit?

J.-P. S.: Im Namen einer unbestimmten politischen Konzeption, die ich hatte, die nicht sozialistisch war, die aber republikanisch war. Mein Großvater hätte ebenso protestiert wie ich. Er hätte protestiert, weil es eine Vergewaltigung, eine Aggression war.

S. de B.: War es eine echte moralische Haltung oder eine mehr politische Haltung, die voraussah, wie das Schicksal der Welt sein würde, wenn Hitler regiere?

J.-P. S.: Letzteres. Hitlers Macht wuchs jeden Tag, und wenn man es so laufen ließ, würde er am Ende der Herr der Welt. Auf jeden Fall der Herr Europas. Und das konnte man nicht dulden. Und was mich gegen ihn aufbrachte, waren einfache Dinge, es war mein Gefühl für die Freiheit, das das aller Franzosen war, einer gewissen politischen Freiheit. Obwohl ich damals nie gewählt habe (man darf nicht vergessen, daß ich nicht wählte; ich habe vor Kriegsende nicht gewählt). Aber es lag einem etwas an unserer Republik, weil es die Freiheit der Menschen ist, dachte man, die mit dieser Wahl wiedergewonnen wird.

S. de B.: Warum lag Ihnen daran, wo Sie doch nicht wählten?

J.-P. S.: Mir lag daran, daß die anderen wählten. Ich dachte, ich könnte wählen, wenn der Anlaß mir wichtig erschien. Es gab kein Verbot. Es interessierte mich einfach nicht. Und die Nationalversammlungen, die zwischen den beiden Kriegen regiert haben, erschienen mir grotesk.

S. de B.: Aber Ihnen lag doch daran, daß diese Nationalversammlungen weiterexistierten?

J.-P. S.: Ich meinte zu jenem Zeitpunkt, daß sie weiterexistieren müßten. Ich hatte nichts gegen die Verfassung. Es war nur so, daß die politische Welt, die ich entdeckte, eine groteske Welt war.

S. de B.: Eine groteske Welt und eine Welt von Klassen. Eine Welt, in der die Regierenden die privilegierten Klassen verteidigten.

J.-P. S.: Ich meinte, daß die Tatsache, daß es Wahlen und Nationalversammlungen gab, das nicht absolut einschloß. Ich meinte, daß man sich Wahlen ausdenken könnte, die wirklich der Bevölkerung entsprachen. Wie Sie wissen, dachte ich nicht an den Klassenkampf. Ich habe den Klassenkampf erst im Krieg und danach verstanden.

S. de B.: Sie verstanden ihn ein klein wenig, denn während der Volksfront haben wir uns sehr über den Sieg der Arbeiter gefreut und gaben Geld für die Streikenden.

J.-P. S.: Ja. Aber ich sah das nicht als eine Bewegung, die zwei Klassen gegenüberstellte, die bürgerliche Klasse und das Proletariat, und die sie notwendigerweise historisch gegenüberstellte.

S. de B.: Es ist ein bißchen vorschnell zu sagen, daß Sie kein Bewußtsein vom Klassenkampf hatten.

J.-P. S.: Ich kam aus einem bürgerlichen Milieu, das folglich nicht einmal vom Klassenkampf gehört hatte. Meine Mutter und sogar mein Großvater wußten nicht, was das war. Und folglich sah ich meinen Nächsten, ob er nun Proletarier oder Bürgerlicher war, als einen Menschen wie mich an. Ich sah überhaupt nicht diese Unterscheidungen, die mir in der Folge als so wichtig erschienen sind.

S. de B.: Aber insgesamt verabscheuen Sie die Bourgeoisie?

J.-P. S.: Ich verabscheue sie. Aber ich verabscheue nicht die Bourgeoisie als Klasse. Die Leute, die sich 1920, 1930 für bürgerlich hielten, hielten sich nicht für eine Klasse. Sie hielten sich für eine Elite, und ich verabscheue die bürgerliche Elite, die bürgerliche Moral. Aber ich sah sie nicht als eine Klasse, eine besitzende Klasse, die das Volk unterdrückte; ich sah sie als Leute, die durch gewisse Qualitäten eine Art elitäre Realität erreicht hatten und die die anderen beherrschten. Die Idee der Klasse fehlte uns, Ihnen übrigens auch.

S. de B.: Ich finde das nicht ganz richtig. Wir wußten zum Beispiel sehr wohl, daß der spanische Bürgerkrieg ein Klassenkampf war.

J.-P. S.: Ja, wir wußten es. Diese Worte waren uns nicht fremd. Nizan als Kommunist sprach von Klassen. Aber, wenn Sie so wollen, als Begriff hatten wir es uns nicht angeeignet. Ich habe während und nach dem Krieg angefangen, mich mit dem Klassenkampf zu befassen.

S. de B.: Aber als wir die *Geschichte der französischen Revolution* von Jaurès lasen ...

J.-P. S.: Das war später. Das war 1937/38.

S. de B.: Zu der Zeit verstanden wir die Revolution schon in Begriffen des Klassenkampfs.

J.-P. S.: Ja, aber es gab zu der Zeit kein Proletariat. Die Revolution war der Triumph der Bourgeoisie. Das war etwas anderes. Deshalb wird sie ja auch mit großem Brimborium an unseren Schulen gelehrt.

S. de B.: Ich erwähne die von Jaurès geschriebene *Geschichte*, gerade weil er die bürgerliche Seite sehr hervorhebt, die nicht soweit ging, die Dinge zu radikalisieren, und das sogenannte Volk beim Sieg der Bourgeoisie draußen ließ. Ich denke, Sie übertreiben, Sie vereinfachen ein kleines bißchen. Sie kannten den Klassenkampf doch?

J.-P. S.: Ich kannte ihn, aber es war ein Begriff, den ich nicht verwendete. Ich interpretierte ein historisches Ereignis nicht als einen Klassengegensatz.

S. de B.: Aber als wir die *Geschichte der Commune* von Lissagaray lasen, wußten wir wohl, daß es sich um einen Klassenkampf handelte.

J.-P. S.: Wir wußten es, aber es war eine Interpretation, die in manchen Fällen anwendbar schien und in anderen nicht. Wir hätten die Geschichte bestimmt nicht auf den Klassenkampf reduziert. Sie meinten nicht, daß die griechisch-römische Geschichte oder das Ancien Régime sich durch Klassenkämpfe erklären ließen.

S. de B.: Wir wissen noch nicht, bis zu welchem Punkt man in den historischen Ereignissen wirklich nur Klassenkämpfe sehen muß. Der israelisch-arabische Krieg zum Beispiel ist etwas anderes.

J.-P. S.: Das wollte ich gerade sagen. Und der Klassenkampf ist uns nach 1945 als wesentlich erschienen; während des Kriegs und nach '45. Und wir betrachteten ihn als eine der wesentlichen Ursachen der historischen Tatsachen, aber andere Ursachen existierten auch.

S. de B.: Wie sind Sie von einer bestimmten Konzeption des Klassenkampfes, die Sie kannten, ohne sie zu verwenden, zu einer Konzeption des Klassenkampfes gelangt, die für Sie eine wesentliche Erklärung der Welt geworden ist?

J.-P. S.: Alles hat sich vom Krieg an geändert; als ich in Kontakt mit anderen Männern war, die mit mir zusammen waren, weil sie zum gleichen Regiment gehörten, als ich gesehen habe, wie sie die Welt betrachteten, was in Form von zwei Hypothesen geschehen konnte, entweder daß Hitler siegen würde oder daß er besiegt werden würde; ich, der ich wie alle Franzosen in einen Krieg von drei, sechs Monaten gezogen war, habe angefangen, darüber nachzudenken, was es heißt, historisch zu sein, Teil einer Geschichte zu sein, die jeden Augenblick durch kollektive Fakten entschieden wird. Das hat mir zum Bewußtsein gebracht, was die Geschichte für jeden von uns war; jeder war die Geschichte. Es war bestimmt der *drôle de guerre*, das heißt die Gegenüberstellung zweier Armeen, die sich praktisch nicht rührten, der mir die Augen geöffnet hat.

S. de B.: Ich sehe nicht, inwiefern Ihnen das den Sinn für den Klassenkampf vermittelt hat.

J.-P. S.: Ich sage ja nicht für den Klassenkampf: für die Geschichte.

S. de B.: Ach so, für die Geschichte.

J.-P. S.: Feststeht, daß ich mir ab 1939 nicht mehr gehörte. Bis dahin führte ich, wie ich glaubte, das Leben eines absolut freien Individuums. Ich wählte meine Kleidung, meine Nahrung, ich schrieb. Ich war also meiner Meinung nach ein freier Mensch innerhalb einer Gesellschaft und sah überhaupt nicht, daß dieses Leben vollständig von der Anwesenheit Hitlers und der Hitlerarmeen uns gegenüber bedingt war. Ich habe es später verstanden, ich habe versucht, es ein wenig in meinem Roman auszudrücken (im ersten Band von *Die Wege der Freiheit*[1], und ein wenig im zweiten[2]). Ich war also da, in Militärkleidung, die mir sehr schlecht stand, inmitten von anderen Personen, die die gleiche Kleidung trugen wie ich. Wir hatten eine Bindung, die weder eine familiäre noch eine freundschaftliche Bindung war, die jedoch sehr wichtig war. Wir hatten Rollen, die uns von außen zugeteilt worden waren. Ich ließ Ballons aufsteigen und beobachtete sie durchs Fernglas. Das hatte man mir beigebracht, als ich dachte, daß ich es nie anwenden würde, während meines Militärdienstes. Und ich war da, um diesen Beruf auszuüben, unter anderen unbekannten Leuten, die diesen Beruf ausübten wie ich, die mir dabei halfen, denen ich dabei half, und wir sahen meinen Ballons nach, wie sie in den Wolken verschwanden. Und das ein paar Kilometer von der deutschen Armee entfernt, in der es Leute wie uns gab, die sich auch damit beschäftigten, und es gab andere Leute, die einen Angriff vorbereiteten. Das war eine absolut historische Tatsache. Ich befand mich plötzlich in einer Masse, in der man mir eine bestimmte und dumme Rolle zu spielen gegeben hatte, die ich anderen Leuten gegenüber spielte, die wie ich militärisch ge-

---

1 *Zeit der Reife*, Reinbek 1949.
2 *Der Aufschub*, Reinbek 1950. (Anm. d. Übers.)

kleidet waren und die die Rolle hatten, das, was wir taten, zu vereiteln und am Ende anzugreifen.

Das zweite und wichtigere Bewußtwerden ist die Niederlage und die Gefangenschaft gewesen. Von einem bestimmten Moment an bin ich mit meinen Kameraden in andere Stellungen zurückgedrängt worden. Im Lastwagen sind wir in eine Stadt gekommen. Dort haben wir uns niedergelassen. Wir schliefen in den Häusern der Einwohner. Wir hatten es mit Elsässern von sehr unterschiedlicher Mentalität zu tun. Ich erinnere mich an einen elsässischen Bauern, der für die Deutschen war, der uns gegenüber pro-deutsche Theorien vertrat. Dort schliefen wir, wir zogen ab, aber wir wußten nicht, ob wir es schaffen würden, der deutschen Armee zu entkommen. Wir sind drei, vier Tage in diesem Ort geblieben. Die Deutschen sind nähergerückt. Eines Abends haben wir die Kanone auf ein Dorf schießen hören, das etwa zehn Kilometer entfernt war. Man sah es ziemlich gut an der flachen Straße, und wir wußten, daß die Deutschen am nächsten Tag kommen würden. Und auch da hat es mich sehr stark berührt, historisch, diese Fakten, die kleine Fakten waren, mit denen sich kein Lehrbuch, keine Geschichte des Krieges befassen würde. Ein kleines Dorf wurde beschossen, ein anderes wartete darauf, seinerseits eingenommen zu werden. Da waren Leute zusammengedrängt, die darauf warteten, daß die Deutschen sich um sie kümmerten. Ich habe mich schlafen gelegt. Wir waren von unseren Offizieren im Stich gelassen worden, die mit einer weißen Fahne an der Spitze in einem Wald herumspaziert sind und die wie wir gefangengenommen worden sind, aber zu anderen Zeiten. Wir, Soldaten und Unteroffiziere, sind uns selbst überlassen geblieben, wir haben geschlafen, und am nächsten Morgen haben wir Stimmen, Schüsse, Schreie gehört. Ich habe mich schnell angezogen, ich wußte, daß es bedeutete, daß ich gefangengenommen werden würde. Ich bin hinausgegangen; ich hatte bei Bauern geschlafen, die auf dem Platz standen. Ich bin hinausgegangen, und ich erinnere mich an diesen seltsamen Kinoeindruck, den ich gehabt habe, den Eindruck, daß ich eine Kinoszene spielte und daß es nicht wahr wäre. Da war ein Geschütz, das die Kirche beschoß, in der ohne Zweifel am Vortag eingetroffene Widerstandskämpfer waren. Es waren bestimmt keine Leute von uns, denn wir dachten nicht daran, Widerstand zu leisten, wir hatten im übrigen nicht die Mittel dazu. Ich habe unter den Gewehren der Deutschen den Platz überquert, um von da, wo ich war, zu der Stelle zu gehen, wo sie waren. Und sie haben mich gestoßen, sie haben mich in einen riesengroßen Trupp von Jungen gesteckt, der nach Deutschland abmarschierte. Ich habe es in *Der Pfahl im Fleische*[1] erzählt, aber ich habe es Brunet zugeschrieben. Wir sind marschiert, und wir wußten nicht so recht, was man mit uns machen würde. Manche hofften, daß man uns acht oder vierzehn Tage später freilassen würde. Tatsächlich war es der 21. Juni, mein Geburtstag und andererseits der Tag des Waffenstillstands. Wir sind ein paar Stunden vor dem Waffenstillstand gefangengenommen worden. Wir sind in eine Polizeikaserne gebracht worden, und auch da erfuhr ich wieder, was das war, die historische Wahrheit. Ich habe erfahren, daß ich jemand war, der in einer verschiedenen Gefahren ausgesetzten Nation lebte, und daß dieser Jemand diesen Gefahren ausgesetzt war. Es gab da eine Art Einheit unter den Männern, die da waren; eine Vorstellung der Niederlage, eine Vorstellung, Gefangener zu sein, die in dem Moment viel wichtiger erschien als alles übrige. Alles, was ich in den Jahren zuvor gelernt, geschrieben hatte, erschien mir nicht mehr gut, nicht einmal so, als hätte es einen Inhalt. Man mußte dasein, essen, wenn man uns zu essen gab – was übrigens höchst selten war, weil die Versorgung so vieler Gefangener nicht vorgesehen war. Wir schliefen in dieser Kaserne auf dem Fußboden.

S. de B.: In Baccarat, oder?

J.-P. S.: Ja. Auf dem Fußboden der verschiedenen Räume. Ich war mit einer Menge Kameraden auf dem Dachboden, wir lagen auf dem Boden, ich bin zwei, drei Tage lang ein bißchen verrückt vor Hunger gewesen, wie viele meiner Nachbarn. Wir delirierten, weil wir nichts zu essen hatten, wir waren da, lagen auf dem Boden. In manchen Stunden delirierten wir, in manchen waren wir kaltblütig, das kam darauf an. Wir waren nicht unter deutscher Verwaltung, sie hatten uns da hineingepfercht, und dann, eines schönen Tages hat man uns Brot gegeben, und es ging uns allmählich besser. Und dann schließlich sind wir in einen Zug

---

[1] *Der Pfahl im Fleische*, Reinbek 1951. (Anm. d. Übers.)

gestiegen und nach Deutschland gefahren. Das ist ein Schlag gewesen, denn wir waren noch vage optimistisch. Ich dachte, wir würden dableiben, in Frankreich, und daß die Deutschen, wenn sie sich erst einmal eingerichtet hatten, uns freilassen und nach Haus schicken würden. Das war keineswegs ihre Absicht, denn wir sind in den Norden von Trier in ein Gefangenenlager gefahren. Jenseits des Lagers war eine Straße und jenseits der Straße eine deutsche Kaserne. Viele von uns arbeiteten in der deutschen Kaserne. Ich war Gefangener, ohne etwas zu tun. Ich tat nichts. Ich traf mit Gefangenen zusammen, ich knüpfte Freundschaften mit Priestern, mit einem Journalisten an.

S. de B.: Darüber haben wir neulich gesprochen. Aber was ich wissen möchte, ist: inwiefern hat Ihnen all das den Klassenkampf enthüllt? Daß Sie eine historische Dimension des Kriegs entdeckt haben, glaube ich gerne.

J.-P. S.: Warten Sie.

S. de B.: Gut.

J.-P. S.: Ich bin bis März in Deutschland geblieben. Und ich habe dort auf merkwürdige Weise, die mich aber geprägt hat, eine Gesellschaft zur Kenntnis genommen, mit Klassen, mit Serien, mit Leuten, die in Gruppen waren, andere in anderen; eine Gesellschaft von Besiegten, die von einer Armee, die sie gefangenhielt, versorgt wurden. Und doch war die Gesellschaft voll und ganz da. Es gab keine Offiziere, wir waren einfache Soldaten; ich war Wehrpflichtiger, und ich habe gelernt, gehässigen Befehlen zu gehorchen, zu verstehen, was eine feindliche Armee ist. Ich hatte Beziehungen zu Deutschen, wie alle, entweder um ihnen zu gehorchen oder um mir manchmal ihre albernen und stolzen Gespräche anzuhören. Ich bin dageblieben, bis ich mich als Zivilisten ausgeben konnte und freigelassen wurde. Ich wurde im Zug nach Drancy gebracht, in eine Kaserne der Garde mobile, die riesengroß war, ein Wolkenkratzer. Es waren drei oder vier, und sie waren voller Kriegsgefangener. Vierzehn Tage später bin ich freigelassen worden.

S. de B.: Schon zu dem Zeitpunkt haben Sie mir Briefe geschrieben, in denen Sie sagten: ich werde Politik machen. Was bedeutete das, als Sie das schrieben?

J.-P. S.: Das bedeutete, daß ich gewissermaßen eine soziale

Welt entdeckt hatte und mich als von der Gesellschaft geprägt entdeckt hatte, zumindest in gewisser Hinsicht, aber geprägt in meiner Kultur und auch in manchen meiner Bedürfnisse, meiner Art zu leben. Durch das Gefangenenlager war ich gewissermaßen umgeprägt worden. Man lebte in Massen, man berührte sich die ganze Zeit, und ich erinnere mich, daß ich geschrieben habe, wie verwundert ich darüber war, als ich zum erstenmal in Paris freigelassen worden bin, die Leute in einem Café in solchen Abständen sitzen zu sehen. Das erschien mir wie verlorener Raum. Ich kam also mit der Vorstellung nach Frankreich zurück, daß die anderen Franzosen das nicht wußten, daß manche es wußten, die, die von der Front kamen und entlassen worden waren, daß es aber keine Leute gab, die sie dazu bewegten, Widerstand zu leisten. Das schien für mich das erste zu sein, als ich nach Paris zurückkam, nämlich eine Widerstandsgruppe zu bilden, zu versuchen, nach und nach Leute für den Widerstand zu gewinnen und so eine Bewegung der Gewalt zu schaffen, die die Deutschen vertreiben würde. Ich dachte nicht unbedingt, daß sie vertrieben werden würden, daß die Chancen aber achtzig zu hundert stünden – ich war immer Optimist –, daß sie vertrieben würden. Blieben zwanzig Chancen zu hundert, daß sie siegten. Selbst in dem Fall meinte ich, daß man Widerstand leisten müßte, weil sie es schließlich auf diese oder jene Weise leid würden; wie Rom, das Gebiete eroberte, sich aber gleichzeitig darin verlor.

S. de B.: Aber Sie stellten sich doch nicht irgendeine Art von Widerstand vor? Ihre Bewegung hieß *Socialisme et Liberté*. Wie sahen Sie dabei den Zusammenhang zwischen Sozialismus und Widerstand? Sie haben Kontakte zu rechten Widerstandskämpfern aufgenommen. Sie haben auch Kontakte zu linken Widerstandskämpfern aufgenommen oder aufnehmen lassen. Worin bestand für Sie der Zusammenhang von Widerstand und Sozialismus?

J.-P. S.: Der Faschismus zeigte sich in erster Linie als Antikommunismus, und folglich war es eine Widerstandsform, Kommunist zu sein. Oder zumindest Sozialist. Das heißt, eine dem Nationalsozialismus absolut entgegengesetzte Position einzunehmen. Man konnte sich den Nazis am besten widersetzen, indem man in dem Wunsch nach einer sozialistischen Gesellschaft nicht nachließ. Wir haben also diese Bewegung geschaffen, deren Begründer ungefähr ich und auch Sie gewesen sind.

S. de B.: Sprechen Sie über Ihr Verhältnis zu den Kommunisten während des Widerstands. Der Stalin-Hitler-Pakt und Nizans Reaktion haben Sie sehr berührt.

J.-P. S.: Nizan war aus der Kommunistischen Partei ausgetreten. Er hat mir während des Krieges, bevor ich gefangengenommen wurde und er fiel, einen Brief geschrieben, in dem er mir mitteilte, daß er nicht mehr Kommunist wäre und daß er über all das nachdächte. Er hatte eine reflektierende Haltung eingenommen, bevor er wieder eine entschiedene politische Position einnahm. Der Stalin-Hitler-Pakt ist für uns wie für die meisten Leute ein betäubender Schlag gewesen.

S. de B.: Warum haben Sie eine persönliche Bewegung geschaffen, warum haben Sie nicht sofort mit den Kommunisten zusammengearbeitet?

J.-P. S.: Ich habe es vorgeschlagen. Ich habe es von Freunden vorschlagen lassen, die der Kommunistischen Partei nahestanden, und die Antwort lautete: Sartre ist aus Deutschland zurückgeschickt worden, um unter dem Deckmantel der Résistance bei den Franzosen Nazipropaganda zu machen. Wir wollen um nichts in der Welt mit Sartre zusammenarbeiten.

S. de B.: Wieso gab es diese Feindseligkeit der Kommunisten Ihnen gegenüber?

J.-P. S.: Ich weiß nicht. Sie wollten sich nicht mit Leuten verbünden, die vor dem Krieg nicht zu ihnen gehört hatten. Sie wußten genau, daß ich kein Verräter war, wie sie sagten, aber sie wußten nicht, ob ich mit ihnen gehen könnte. Was sie zwei Jahre später sehr genau gewußt haben.

S. de B.: Sie sind also zurückgekommen, die Kommunisten wollten nicht mit Ihnen gehen, und Sie haben eine Bewegung gegründet.

J.-P. S.: Wir haben die Bewegung *Socialisme et Liberté* gegründet. Der Name ist von mir ausgewählt worden, weil ich an einen Sozialismus dachte, in dem die Freiheit existieren würde. Ich war damals Sozialist geworden. Ich war es einerseits geworden, weil unser Gefangenenleben ein trauriger Sozialismus war, aber es war ein kollektives Leben, eine Gemeinschaft. Kein Geld, zugeteiltes Essen, von einem Sieger auferlegte Pflichten. Es war also ein Gemeinschaftsleben, und man konnte annehmen, daß ein Leben, das nicht das eines Gefangenen wäre, dabei aber gemeinschaftlich bliebe, glücklich sein könnte. Ich stellte mir allerdings nicht so einen Sozialismus vor, mit gemeinsamen Tischen etc., und Sie bestimmt auch nicht.

S. de B.: Bestimmt nicht.

J.-P. S.: Sie waren übrigens von der Idee des Sozialismus wenig überzeugt.

S. de B.: Ich weiß nicht. Ich bin in der Hinsicht immer ziemlich vage gewesen. Ich war trotzdem von der Idee des Sozialismus ziemlich überzeugt. An der Knappheit war etwas Gleichmachendes, was mir während der Besatzung sehr gefiel. Und ich dachte, daß ein richtiger Sozialismus, der positive, konstruktive Ursachen hätte, wirklich sehr gut wäre. Aber bleiben wir bei Ihrem eigenen Anlauf. Sie sind also mit der Idee zurückgekommen, daß der Sozialismus gelebt werden könnte?

J.-P. S.: Ja. Aber ich war noch nicht sehr überzeugt. Ich erinnere mich, daß ich für die Nachkriegszeit eine ganze Verfassung ausgearbeitet habe.

S. de B.: Wer hatte Sie darum gebeten, diese Verfassung auszuarbeiten?

J.-P. S.: Ich erinnere mich nicht mehr. Das war, als de Gaulle in Algier war, glaube ich.

S. de B.: Jedenfalls hatte man Sie gebeten, einen Verfassungsentwurf auszuarbeiten.

J.-P. S.: So ist es. Es gab zwei Exemplare: eines, das de Gaulle zugeschickt worden ist. Und das andere, das verlorengegangen ist, ich weiß nicht wo, und das Kanapa wiedergefunden hat.

S. de B.: Kanapa war einer Ihrer ehemaligen Schüler. War er schon Kommunist?

J.-P. S.: Ja, selbstverständlich. Dieser Verfassungsentwurf war also eine Art und Weise, mich an den Sozialismus zu gewöhnen, ein wenig an dieser Idee zu arbeiten, damit sie etwas Kohärentes wurde, damit ich den Sinn verstand.

S. de B.: Erinnern Sie sich ein wenig an das, was darin stand, in welche Richtung das ging?

J.-P. S.: Es gab einen langen Abschnitt über die Juden.

S. de B.: Daran erinnere ich mich, weil wir darüber diskutiert haben. Und Sie hatten übrigens recht. Ich meinte, daß die Juden das gleiche Recht wie alle Bürger haben sollten, aber weder mehr noch weniger. Sie dagegen legten Wert darauf, daß ihnen ganz bestimmte Rechte zugestanden werden sollten: ihre Sprache zu sprechen, ihre Religion, ihre Kultur zu haben etc.

J.-P. S.: Ja. Das hatte ich aus der Vorkriegszeit. Als ich *Der Ekel* schrieb, habe ich einen Juden kennengelernt, von dem wir anschließend häufig gesprochen haben, Mendel. Er hat mit mir gesprochen und hat mich überzeugt. Ich wollte aus den Juden Bürger wie die Christen machen, und er hat mich von der Spezifizität des Judentums überzeugt und davon, daß man den Juden besondere Rechte geben müßte. Um auf meine Konversion zum Sozialismus zurückzukommen, so ist das bestimmt einer der Gründe, weswegen ich den Vorschlag – den überraschenden Vorschlag, der aber mit der Entwicklung der Partei zusammenhing – angenommen habe, den die Kommunisten mir gemacht haben. Vermittelt durch einen Kommunisten, Billet, den ich während meiner Gefangenschaft in Trier kennengelernt hatte.

S. de B.: Ach ja, ich erinnere mich. Ich habe ihn gesehen.

J.-P. S.: Er war Kommunist. Er war dabei, eine Organisation von den Kommunisten nahestehenden Widerstandskämpfern aufzubauen. Und er hat mir vorgeschlagen einzutreten. Seit einem Jahr tat ich absolut nichts mehr; unsere Gruppe hatte sich aufgelöst.

S. de B.: Die Kommunisten haben also, nachdem sie Ihnen den Rücken gekehrt und sich geweigert hatten, mit Ihnen zusammenzuarbeiten, und das Gerücht in Umlauf brachten, Sie wären ein Spitzel, schließlich entschieden, mit Ihnen zusammenzuarbeiten. Wie ist es dazu gekommen?

J.-P. S.: Ich weiß nicht. Eines Tages bin ich einem Kameraden aus der Gefangenschaft begegnet, der zu mir gesagt hat: warum arbeitest du nicht mit uns im Widerstand und trittst in unsere Gruppe ein, die sich mit Kunst und Literatur befaßt? Ich bin sehr überrascht gewesen, ich habe gesagt, daß ich nichts lieber täte, und tatsächlich ist eine Verabredung getroffen worden, und ein paar Tage später war ich im C. N. E., das heißt im *Comité National des Écrivains*. Dieses C. N. E. bestand aus verschiedenen

Personen: Claude Morgan, Leiris, Camus, Debû-Bridel, vielen anderen.

S. de B.: Und was taten Sie?

J.-P. S.: Ich bin in dieses Komitee eingetreten. Offensichtlich war etwas geschehen, eine Veränderung ...

S. de B.: Es gab übrigens nicht nur Kommunisten darin, da Sie Leiris erwähnen.

J.-P. S.: Nein. Leiris oder Debû-Bridel waren absolut nicht kommunistisch. Aber ich denke, daß es eine Veränderung in den Richtlinien der Kommunistischen Partei bezüglich der Mitglieder gegeben hat. Man hat wohl gesagt: Wir müssen uns offener zeigen. Auf jeden Fall steht fest, daß ich 1943 Mitglied des C. N. E. geworden bin und daß ich mit ihnen an Schriften für Untergrundblätter zusammengearbeitet habe, hauptsächlich für *Les Lettres françaises*, wo ich einen Artikel gegen Drieu la Rochelle veröffentlicht habe.[1] Und dann, später, bei der Befreiung hat man uns den Auftrag erteilt, die Comédie-Française mit der Waffe in der Hand, das heißt mit einer Pistole, die alle, die Schauspieler und wir, gemeinsam hatten, zu bewachen. Einmal habe ich die Rolle des Direktors der Comédie-Française gespielt. Ich war im Direktionsbüro, ich habe eine Nacht ziemlich ungemütlich auf dem Boden geschlafen. Und am nächsten Tag habe ich Barrault den Eintritt verwehrt. Ich habe gesagt, daß er nicht hineinkommt. Und dann, am Tag der Befreiung, hat es Straßenschlachten gegeben, hat es in der Comédie-Française kleine Kämpfe gegeben. Wir haben eine Barrikade gebaut, und ich erinnere mich noch, daß ich in der Rue de la Comédie-Française den für eine Bande gefangener deutscher Soldaten Verantwortlichen gesehen habe, der diese zum Rechnungshof führte. Ich habe auch eine Nacht mit Salacrou schlafen müssen. Wir schliefen im selben Zimmer. Es war also einiges los.

S. de B.: Und nach dem Krieg, wie ist da Ihre politische Haltung gewesen?

J.-P. S.: Nach dem Krieg sind gleich nach de Gaulles Ankunft die ersten offiziellen Nummern der *Lettres françaises* erschienen,

---

[1] *Drieu La Rochelle oder Der Selbsthaß*. In: *Der Mensch und die Dinge*. (Anm. d. Übers.)

und ich erinnere mich, daß ich in der ersten Nummer einen Artikel über die Besatzung und die Kämpfe der Résistance veröffentlicht habe.¹

S. de B.: Sie haben angefangen, für die *Lettres françaises* zu arbeiten?

J.-P. S.: Ja. Ich habe jedenfalls diesen Artikel geschrieben. Ich erinnere mich nicht, andere geschrieben zu haben. Von Anfang an, vom Auftreten der Kommunisten als offizielle Partei an, ist es nicht mehr gegangen. Offensichtlich waren die Kommunisten nicht mit der Tatsache einverstanden, daß ich ein bekannter Schriftsteller geworden war. Und außerdem kam ich aus Amerika zurück; ich war von *Combat* nach Amerika geschickt worden; die Amerikaner hatten französische Journalisten verlangt.

S. de B.: Ja, von *Le Figaro* und *Combat*.

J.-P. S.: Ich bin also zurückgekommen und habe mit den *Lettres françaises*, der Kommunistischen Partei, Schriftstellern der *Lettres françaises* zu tun gehabt ...

S. de B.: Auch mit *Action*.

J.-P. S.: Und mit *Action*, ja. *Action* war eine pro-kommunistische Wochenzeitschrift, die eine Zeitlang von Ponge und Hervé herausgegeben worden war. Und ich habe auch für *Action* geschrieben.

S. de B.: Sie waren nicht nur ein bekannter Autor. Sie hatten 1945 auch selbst eine Zeitschrift gegründet, die viele Leute und viele Intellektuelle mobilisierte, die keine Kommunisten waren. Folglich repräsentierten Sie für die linken Schriftsteller eine andere Möglichkeit als den Kommunismus. Wie fühlten Sie sich im Verhältnis zu ihnen?

J.-P. S.: Nun, ich sah den Kommunismus nicht in der Form, wie sie ihn sahen, nämlich in der sowjetischen Form, sondern ich dachte, daß das Los der Menschheit in der Verwirklichung eines bestimmten Kommunismus läge.

S. de B.: Dachten Sie denn, daß es einen Dialog hätte geben können? Die Kommunisten waren wütend, daß Sie eine Ersatzideologie boten, wie sie es nannten, und sie griffen Ihnen gegen-

---

1 *Die Republik des Schweigens.* In: *Paris unter der Besatzung*, Reinbek 1980. (Anm. d. Übers.)

über alle Beschimpfungen der Rechten wieder auf. Wie haben Sie das empfunden?

J.-P. S.: Es gibt mehrere Gesichtspunkte. Es gibt den Gesichtspunkt meines persönlichen Verhältnisses zu den Kommunisten: ich habe sie mir gegenüber widerlich gefunden, und ich habe gegen sie gekämpft. Und ich habe mich erst später geändert.

S. de B.: Ja, 1952.

J.-P. S.: Und ich war also ziemlich feindselig gegenüber den einzelnen Kommunisten. Sie waren mir nicht wohlwollend gesonnen. Sie hatten Instruktionen und keinerlei Gefühle. Außer vielleicht eine gewisse Sympathie bei Claude Roy.

S. de B.: Ich wüßte gern, wie wichtig diese politischen Meinungsverschiedenheiten waren und inwieweit Sie im R. D. R. voll engagiert waren und inwieweit Sie etwas skeptisch blieben.

J.-P. S.: Ich war skeptisch. Ich war nicht voll engagiert.

S. de B.: Und wie hat es auf Sie gewirkt, als die Kommunisten Sie wegen *Die schmutzigen Hände* mit Dreck bewarfen?

J.-P. S.: Ach, das erschien mir normal. Sie waren gegen das R. D. R., und das war ihre Art anzugreifen.

S. de B.: Es erschien Ihnen also nicht wegen des Inhalts des Stückes normal, sondern infolge der politischen Haltung, die sie sowieso Ihnen gegenüber haben mußten?

J.-P. S.: Richtig. Es war mir ein bißchen unangenehm, vor allem weil Leute darunter waren, die wir gern mochten, etwa Marguerite Duras, die damals Kommunistin war und die, glaube ich, in *Les Lettres françaises* einen perfiden Artikel geschrieben hat. Erinnern Sie sich?

S. de B.: Ich erinnere mich, daß die Kommunisten insgesamt gegen Sie waren. Wo standen Sie also politisch? Denn wenn Sie nicht viel Vertrauen in das R. D. R. hatten, wollten Sie sich andererseits doch nicht der Kommunistischen Partei anschließen und um jeden Preis mit ihr sympathisieren?

J.-P. S.: Ich hatte keine Position. Man sah die Dinge zu dem Zeitpunkt, um 1950, unter dem Aspekt der Kriegsdrohung. Ich war bei den Sowjetrussen schlecht angeschrieben, und wenn sie Europa einnähmen, wie angenommen wurde, wollte ich nicht weggehen. Ich wollte in Frankreich bleiben. Kurz, auf welcher Seite hätte ich gestanden? Ich weiß nicht.

S. de B.: Wie wichtig war diese Dimension Ihres Lebens für Sie? Ihre schriftstellerische Arbeit blieb doch wohl die Hauptsache.

J.-P. S.: Ja, meine schriftstellerische Arbeit war das Wichtigste.

S. de B.: Meinten Sie, daß von dem Moment an, wo Sie engagierte Literatur schrieben, wo Sie entdeckten, daß benennen, enthüllen die Welt verändern heißt, meinten Sie, daß letztlich Ihr individuelles Handeln als Schriftsteller Gewicht hätte, eine Zukunft hätte?

J.-P. S.: Ja, das meinte ich.

S. de B.: Ich glaube im übrigen, daß Sie recht hatten.

J.-P. S.: Ich meinte es. Ich habe es immer gemeint.

S. de B.: Warum lag Ihnen dann daran, mit einer politischen Bewegung wie dem R. D. R. zusammenzuarbeiten?

J.-P. S.: Mir lag nicht daran. Aber als man es mir vorgeschlagen hat, habe ich geglaubt, ich müßte zusagen. Ich hoffte, daß das R. D. R. eine dem Kommunismus nahestehende Bewegung wäre, die aber ungefähr so etwas darstellte wie in Italien der Sozialismus von Nenni.

S. de B.: Die französischen Kommunisten wollten nichts davon wissen. Die italienischen Kommunisten waren viel konzilianter, sie konnten ein Bündnis mit Nennis sozialistischer Partei, das heißt mit einer linkssozialistischen Partei, akzeptieren.

J.-P. S.: Ja.

S. de B.: Das stellten Sie sich also vor. Aber in Frankreich war es nicht möglich. Etwas anderes: als sie das Besserungsarbeitsgesetzbuch, das sowjetische Gesetzbuch in die Hand bekamen, nach denen die Leute auf eine einfache amtliche Verfügung hin interniert werden konnten, haben Sie sie veröffentlicht.[1]

J.-P. S.: Ja.

S. de B.: Und was haben Sie in dem Moment gedacht? Als Sie erfahren haben, daß die Lager wirklich existierten und daß eine ungeheure Zahl von Deportierten dort war?

J.-P. S.: Ich war der Meinung, daß es ein unannehmbares Regime wäre.

---

[1] Maurice Merleau-Ponty / Jean-Paul Sartre: *Die Tage unseres Lebens*. In: *Krieg im Frieden 1*, Reinbek 1982. (Anm. d. Übers.)

S. de B.: Ja. Sie haben mit Merleau-Ponty einen Artikel darüber geschrieben.

J.-P. S.: Merleau-Ponty hat ihn geschrieben.

S. de B.: Und Sie beide haben ihn unterzeichnet. Sie sagten, daß ein Land, in dem so viele deportiert und erschossen werden, nicht sozialistisch genannt werden kann. Haben Sie von Ihrem Bruch mit dem R. D. R. an in großer politischer Isoliertheit gelebt?

J.-P. S.: In völliger Isoliertheit.

S. de B.: Das heißt, daß Sie keine Politik mehr gemacht haben.

J.-P. S.: Ich habe alles in allem bis ... '68 keine mehr gemacht.

S. de B.: Warten Sie. 1952 haben Sie sich den Kommunisten angenähert. Erinnern Sie sich an die Zeit zwischen dem Bruch mit dem R. D. R. und dieser Annäherung?

J.-P. S.: Ich schrieb Bücher, und das nahm meine ganze Zeit in Anspruch.

S. de B.: Aber war es nicht ein gewisser Mangel, eine Leere, keiner politischen Organisation nahezustehen?

J.-P. S.: Nein. Ich war noch nicht wirklich politisiert, ich betrachtete das nicht als wesentlich. Ich schrieb, daß die Politik eine Dimension des Menschen wäre. Aber in Wirklichkeit war es kaum eine Dimension von mir. Das war es zwar, aber ich wußte es nicht. Ich habe es von dem Moment an gemerkt, als ich Weggenosse der Kommunisten geworden bin, das heißt vier Jahre später. Ich hatte in jenen Jahren so etwas wie einen politischen Ästhetizismus. Amerika ist lange, in der Zeit von Nick Carter und Buffalo Bill, ein Traumland für mich gewesen. Dann ist es ein Land gewesen, in dem ich gerne gelebt hätte, ein Land, an dem mich manche Seiten angezogen, andere abgestoßen haben. Kurz, ein Land, das ich nicht gern in einem Krieg mit der UdSSR zerstört gesehen hätte. Und die UdSSR, die sich noch als das Land des Sozialismus darbot, *ihre* Zerstörung hielt ich ebenfalls für schrecklich. Ich betrachtete einen russisch-amerikanischen Krieg folglich als eine doppelte Katastrophe. Und so ist es ziemlich lange für mich geblieben, ohne daß ich so recht wußte, was man tun sollte. Man durfte nicht weggehen, wenn es zu einem Krieg käme, man mußte natürlich in Frankreich bleiben. Man mußte Widerstand für einen Sozialismus leisten und nicht für die Amerikaner, meinte ich, man mußte also ein Widerstandskämpfer im verborgenen sein.

S. de B.: Kommen wir zum Indochinakrieg.

J.-P. S.: Wir sind die ersten gewesen, die den Indochinakrieg in *Les Temps Modernes* verurteilt haben. Wir hatten Verbindungen zu Vietnamesen, vor allem zu einem, den ich gut gekannt habe: Van Chi. Er hat uns Informationen geliefert.

S. de B.: Er war kein Philosoph, sondern Politiker.

J.-P. S.: Aber er war auch Professor.

S. de B.: Er lud uns hin und wieder in einem vietnamesischen Restaurant zum Essen ein. Aber außer den Artikeln in *Les Temps Modernes* hatten wir kaum Möglichkeiten zu handeln.

J.-P. S.: Ganz recht. Wir haben eine Sondernummer der *Temps Modernes* über Indochina gemacht, und Van Chi hat uns dadurch geholfen, daß er Texte aus Indochina beigebracht hat.

S. de B.: Ja, dieser Krieg war eine wichtige Dimension am Horizont unseres politischen Lebens.

J.-P. S.: Alles in allem hatten wir die Position der Kommunisten.

S. de B.: Ja, auf dieser Ebene standen wir ihnen sehr nahe.

S. de B.: In unserem gestrigen Gespräch sagten Sie, daß es etwas gäbe, was Sie nicht genügend hervorgehoben hätten, und zwar die Beziehung, die Sie immer zwischen Sozialismus und Freiheit herstellen wollten.

J.-P. S.: Ja, der Sozialismus stellt für viele Leute eine größere Freiheit dar, zunächst eine ökonomische Freiheit und dann eine kulturelle Freiheit, eine Freiheit im täglichen Handeln, eine Freiheit großer Optionen. Sie wollen frei sein, das heißt nicht von einer Gesellschaft bedingt, sondern sich selbst entwickelnd, nach ihren eigenen Optionen. In Wirklichkeit ist es allerdings so, daß der Sozialismus, so wie er uns von den Marxisten zum Beispiel dargeboten wird, diesen Begriff nicht enthält. Marx hatte ihn, und als er die ferne Zeit des Kommunismus ins Auge faßte, stellte er sich vor, daß die Gesellschaft aus freien Menschen bestehen würde. Die Freiheit, die er sich vorstellte, war nicht ganz dieselbe, die ich mir vorstelle, aber sie ähnelten sich trotzdem. Nur räumen die Marxisten in Frankreich dem Begriff der Freiheit überhaupt keinen Platz mehr ein. Was für sie wichtig ist, ist die Gesellschaftsordnung, die sie errichten wollen, aber in den Strukturen dieser Gesellschaft werden die Menschen eingesetzt wie Maschinen. Dieser Sozialismus erkennt gewisse Werte an, zum Beispiel Gerechtigkeit, das heißt eine Art Gleichheit zwischen dem, was der Mensch gibt und was er bekommt, aber die Vorstellung, daß jenseits des Sozialismus ein freier Mensch existieren kann – ich sage jenseits, ich meine nicht zu einer späteren Zeit, sondern im ständigen Überschreiten der Regeln des Sozialismus –, das ist eine Vorstellung, die die Russen nie gehabt haben. Es scheint nicht so, daß es im Sozialismus der UdSSR – wenn man das noch Sozialismus nennen kann – einer Person erlaubt ist, sich in der Richtung zu entfalten, die sie gewählt hat. Das wollte ich sagen, als ich dieser armseligen kleinen Gruppe, die wir 1940/41 waren, den Namen *Socialisme et Liberté* gegeben habe. Obwohl diese Verbindung Sozialismus–Freiheit vom Sozialismus her sehr schwer zu verwirklichen war, stellte sie meine politische Richtung dar. Es war meine politische Richtung, und ich habe sie nie geändert. Und noch heute versuche ich in meinen Gesprächen mit Gavi und Victor, Sozialismus und Freiheit zu verteidigen.

S. de B.: Ja, aber das ist die Gegenwart. Wir wollen auf das zurückkommen, worüber wir gestern sprachen: dieser Wunsch, Sozialismus und Freiheit miteinander zu verbinden, führte dazu, daß Sie zwischen der Kommunistischen Partei, der Gründung des R. D. R., der Isoliertheit, einer Rückkehr zur Kommunistischen Partei etc. schwankten. Wir brauchen nicht die ganze Chronologie Ihres politischen Lebens bis 1962 zu wiederholen, denn das habe ich, teilweise nach Ihrem Diktat, in *Der Lauf der Dinge* beschrieben. Aber ich möchte wissen, was Sie über Ihren Weg, sagen wir bis zum Ende des Algerienkrieges, denken.

J.-P. S.: Nun, daß ich meiner Linie folgte, daß sie schwierig war, daß ich mich oft in der Minderheit, oft allein fand, daß es aber genau das war, was ich immer gewollt habe: Sozialismus und Freiheit. An die Freiheit glaubte ich seit langem, und ich hatte schon in *Das Sein und das Nichts* darüber gesprochen, dessen

Hauptthema sie ist. Ich habe den Eindruck, von meiner Kindheit an bis jetzt frei gelebt zu haben, wobei ich selbstverständlich den allgemeinen Strömungen folgte. Aber ich habe frei gelebt und finde mich schließlich heute mit derselben Idee wieder, daß Sozialismus und Freiheit immer noch verbunden sind.

S. de B.: Sie haben immer von dieser Übereinstimmung geträumt, Sie haben sie nie vorgefunden. Haben Sie manchmal die Illusion gehabt, sie vorzufinden? In Kuba vielleicht?

J.-P. S.: In Kuba, ja. Es gab verschiedene Richtungen, aber zu dem Zeitpunkt, als ich dort war, hatte Castro keine wirklichen kulturellen Prinzipien, er wollte keine bestimmte Kultur durchsetzen. Später hat er sich geändert.

S. de B.: Das war 1960, das heißt kurz nach der Machtübernahme.

J.-P. S.: Er wollte zu der Zeit nicht einmal, daß man von Sozialismus sprach. Er hatte mich gebeten, ich sollte, wenn ich in meinen Artikeln in Frankreich über ihn schreiben würde, nicht von Sozialismus sprechen.

S. de B.: In der Tat sprach man von Castrismus.

J.-P. S.: In Wirklichkeit war es eine Revolution, die noch nicht gemacht worden war. Ich erinnere mich, daß ich sie immer fragte: Wenn ihr die Schreckensherrschaft vor euch habt, was werdet ihr tun?

S. de B.: Und tatsächlich haben sie später so etwas wie eine Schreckensherrschaft gehabt.

J.-P. S.: Sie ahnten es, sie fragten es sich schon selbst, aber sie antworteten mir nicht, oder sie antworteten, daß es keine Schreckensherrschaft geben würde.

S. de B.: Ich komme auf meine Frage zurück: können Sie mir sagen, was Sie gefühlt, gedacht haben? Wie wirkt heute dieser Weg, den Sie gegangen sind, auf Sie? Denken Sie, daß Sie viele Fehler gemacht haben? Daß Sie nichts anderes tun konnten als das, was Sie getan haben? Daß Sie immer richtig gehandelt haben? Wie sehen Sie das?

J.-P. S.: Ich habe bestimmt eine Menge Fehler gemacht. Aber keine prinzipiellen Fehler, keine methodischen Fehler. Fehler in den geäußerten Meinungen zu einer gegebenen Tatsache. Aber im Prinzip bin ich mit meiner Vergangenheit einverstanden.

Vollständig einverstanden. Ich denke, sie mußte mich dahin führen, wohin ich gelangt bin, und von dieser Stelle aus, wohin ich gelangt bin, betrachte ich meine Vergangenheit wohlwollend.

S. de B.: Welches sind die Fehler, die Sie gemacht haben?

J.-P. S.: Mich nicht wirklich mit aller Kraft an der Seite bestimmter Leute engagiert zu haben, als ich in dem Alter war, es zu tun.

S. de B.: Meinen Sie vor dem Krieg?

J.-P. S.: Davor und danach.

S. de B.: Mit wem hätten Sie sich engagieren können?

J.-P. S.: Es gab schließlich eine nicht-kommunistische marxistische Linie.

S. de B.: Sie haben alles, was Sie konnten, getan, um sich ihnen anzunähern.

J.-P. S.: Vielleicht nicht alles. Es gab links von den Kommunisten Gruppen, die den offiziellen Kommunismus anfochten, die manchmal in vielen Punkten recht hatten. Ich habe nichts getan, um sie kennenzulernen. Ich habe bis 1966 alles, was links von der Kommunistischen Partei war, links liegenlassen.

Ich war der Meinung, daß Politik mit den Sozialisten und Kommunisten betrieben werden müßte, und damit basta. Und wie alle Leute in meiner Umgebung war ich noch von der alten Volksfront von vor dem Zweiten Weltkrieg beeindruckt. Später habe ich die gefunden, mit denen man sich wirklich verbünden müßte: die jungen Gauchisten.

S. de B.: Es gab trotzdem Momente, in denen Sie Entscheidungen getroffen haben; welches sind die Optionen, über die Sie rückblickend froh sind? Ich denke, daß Sie zum Beispiel mit Ihrer Haltung im Algerienkrieg nicht unzufrieden sind.

J.-P. S.: Nein, ich denke, daß es die Haltung war, die man einnehmen mußte.

S. de B.: Da sind Sie in Ihrem Wunsch, für die Unabhängigkeit Algeriens zu kämpfen, über die Kommunisten hinausgegangen. Sie sind viel weiter gegangen als sie.

J.-P. S.: Ja. Sie wollten die Möglichkeit der Unabhängigkeit. Ich verstehe diese kommunistische Vorsicht übrigens nicht.

S. de B.: Noch schlimmer war, daß die Kommunisten für die Ermächtigungsgesetze gestimmt haben.

J.-P. S.: Ja, aber ich verstehe die Haltung der Kommunisten nicht. Das zeigt im Grunde, daß sie, wie ich oft sagte, die Revolution nicht wollen.

S. de B.: Natürlich nicht. Wir dachten damals, daß sie, da sie eine mächtige und starke Partei sein wollten, die den Franzosen gefallen sollte, nationalistisch sein müßten. Sie wollten nicht, daß man von ihnen sagte, sie wären bereit, die Kolonien zu verschleudern.

J.-P. S.: Aber nationalistisch sein heißt nicht kolonialistisch sein.

S. de B.: Damals ...

J.-P. S.: Nationalistisch sein heißt starke Bindungen zu dem Land haben, in dem man geboren ist, in dem man lebt, es heißt nicht, daß man eine bestimmte Politik dieses Landes akzeptieren muß, zum Beispiel die Kolonialpolitik.

S. de B.: Aber glauben Sie nicht, daß ihre Haltung demagogisch war? Sie wollten nicht, daß man von ihnen sagen könnte, sie wären antifranzösisch.

J.-P. S.: Ja, das ist sicher.

S. de B.: Während des Algerienkrieges haben wir manchmal mit ihnen zusammengearbeitet. Ich erinnere mich an eine Menge «Demos», die wir zusammen gemacht haben. Und dann, am Ende, als es darum ging, gegen die O. A. S. zu kämpfen, haben wir so etwas wie eine Liga gegründet, der auch Kommunisten beitraten. Damals haben Sie gesagt: man kann *mit* ihnen nichts machen, und man kann *ohne* sie nichts machen. Wie erinnren Sie sich an diese Versuche gemeinsamer Kämpfe?

J.-P. S.: Es hat eine Zeit gegeben, in der es ganz gut gegangen ist ...

S. de B.: Aber Sie hatten nie freundschaftliche Beziehungen zu ihnen?

J.-P. S.: Nie.

S. de B.: Ehrenburg hat nach der Aufführung von *Tote ohne Begräbnis* zu Ihnen gesagt, es wäre eine Schande, so von den Widerstandskämpfern zu sprechen, wie Sie es getan hätten. Nach *Die schmutzigen Hände* war er einer von denen, die gesagt haben, Sie hätten Ihre Seele für ein Linsengericht verkauft. Und dann, plötzlich, trifft man Sie freundlich lächelnd zusammen mit Ehrenburg. 1955 in Helsinki habe ich Sie mit Ehrenburg zusammen gesehen, und Sie bestanden ganz aus Lächeln. Bis zu Ehrenburgs Tod haben wir sehr gut mit ihm gestanden. Wie ist das gekommen? Störte es Sie nicht, daß er gedacht hatte ...

J.-P. S.: Es störte mich nicht, *er* ist auf mich zugekommen. Er hat mich, als ich zum zweitenmal in Moskau war, mit großer Herzlichkeit aufgenommen, und ich bin auf seiner Datscha gewesen, wo er mit seiner Frau und seinen Schwestern lebte. Als ich ihn besucht habe – wir hatten uns vielleicht vorher bei einer Versammlung getroffen, uns aber nur die Hand gedrückt –, war ich selbst sehr froh, Ehrenburg zu sehen. Etwas hatte sich zwischen uns entspannt, und man hatte den Eindruck, daß wir immer gut miteinander gestanden hatten. Übrigens habe ich Ehrenburg gern gemocht.

S. de B.: Aber war die Art und Weise, in der die Kommunistische Partei sich Ihrer bediente – zum Beispiel bei dem Buch über Henri Martin –, ohne daß Sie wirklich menschliche, persönliche, freundschaftliche, vertrauensvolle Beziehungen zu ihnen haben konnten, war diese Art insgesamt nicht unangenehm?

J.-P. S.: Doch, äußerst unangenehm. Es waren sogar unmögliche Beziehungen, deshalb habe ich mich ja vollständig abgewandt, und das war richtig. Das Auffallende an den Maoisten, die ich kennengelernt habe, ist, daß sie die Leute wie Menschen behandeln.

S. de B.: Und warum haben Sie, nachdem Sie selbst in *Les Temps Modernes* die Existenz der Arbeitslager angeprangert hatten, *Das Gespenst Stalins* geschrieben, wo Sie behaupteten, daß die UdSSR der verkörperte Sozialismus wäre, folglich blutig und voller Fehler, aber trotzdem der Sozialismus?

J.-P. S.: Da habe ich mich geirrt. In Wirklichkeit war es kein Sozialismus mehr. Der Sozialismus ist nach der Machtübernahme der Sowjets verschwunden. Damals hatte er eine Chance, sich zu entwickeln, aber er hat sich nach und nach mit Stalin und schon in den letzten Jahren Lenins verändert.

S. de B.: Sie dachten nicht mehr, daß die KP revolutionär wäre, aber Sie dachten trotzdem, daß sie die Interessen des Proletariats verteidigte. Ich glaube, das war das Wichtigste für Sie.

J.-P. S.: Ja, sicherlich. Aber danach habe ich gesehen, daß die Streiks, die Gewerkschaftspolitik, die CGT, die Politik der an die Partei gebundenen Arbeiter eine Menge Fehler aufwiesen, die wir oft entlarvt haben.

Ich möchte erklären, wie ich die Kommunisten, mit denen ich zusammengekommen bin, nach den jeweiligen Umständen beurteilt habe. Es war, als hätten sie eine Maske auf; sie lächelten, sie redeten, sie antworteten auf die Fragen, die ich ihnen stellte, aber in Wirklichkeit waren nicht sie es, die antworteten, «sie» verschwanden, sie wurden eine Figur, deren Prinzipien man kannte, die die Antwort gab, die *L'Humanité* im Namen der Prinzipien gegeben hätte.

S. de B.: Wie ein programmierter Computer?

J.-P. S.: Es gab nie eine Solidarität zwischen ihnen und mir, außer der unmittelbaren Solidarität des Problems, das gemeinsam gelöst werden mußte.

S. de B.: Und doch blieben Sie bei ihnen?

J.-P. S.: Es gab eben keine Leute, mit denen ich andere politische Beziehungen hätte haben können. Und doch hatten sie ein Privatleben, es gab Momente, in denen sie ihre Maske mehr oder weniger ablegten, aber das geschah nur, wenn sie unter sich waren. In ihren Beziehungen zu Leuten von außen kam diese Art von Brüderlichkeit nicht vor.

S. de B.: Hat es nicht einen Moment gegeben, in dem Sie manchen von ihnen nähergekommen sind, die nach Budapest eine mehr oder weniger ähnliche Position wie Sie eingenommen haben und die sofort entweder aus der Partei ausgeschlossen worden sind oder sich von der Partei distanziert haben?

J.-P. S.: Etwa 1957 versuchten Vigier, Victor Leduc und einige andere, nicht etwas anderes als die Partei zu machen, ihr aber eine andere Richtung zu geben. Und sie haben tatsächlich in der gleichen Richtung wie ich im «Fac» gearbeitet. Zum Algerienkrieg hatten sie die gleiche Position wie ich.

S. de B.: Haben Sie den Eindruck gehabt, den Vercors hatte, der es ganz amüsant ausgedrückt hat, für die Kommunistische Partei so etwas wie eine Galionsfigur zu sein?

J.-P. S.: Nicht direkt; das war nicht genau zur selben Zeit wie bei Vercors.

S. de B.: Und außerdem war Vercors folgsamer als Sie, er war besser zur Galionsfigur geeignet.

J.-P. S.: Ich begegnete ihm bei Versammlungen, wo er das Wort ergriff, um eine Meinung zu äußern, die im allgemeinen die der Partei war, und dann schwieg er. Ich durfte mich abstrampeln. Es ging um eine Aktion, die wir gemeinsam beschlossen, zu der anschließend eine Veranstaltung gemacht wurde, bei der jeder eine nahezu festgelegte Rolle hatte, bei der ich eingreifen sollte, was ganz natürlich ist, das werfe ich den Kommunisten nicht vor. Ich werfe ihnen ihre Leugnung jeder Subjektivität, das Fehlen jeder Beziehung von Mensch zu Mensch vor.

S. de B.: Meinen Sie, daß Sie Ihre Zeit verloren haben, als Sie versucht haben, mit den Kommunisten zusammenzuarbeiten?

J.-P. S.: Nein, es war keine verlorene Zeit. Das hat mich gelehrt, was ein Kommunist ist. Später, als ich mich den Maos angeschlossen habe, die gewiß wenig Freundschaft für die Kommunisten empfinden, habe ich mich vollkommen wohl bei ihnen gefühlt, weil sie über die Beziehung zur Kommunistischen Partei die gleichen Vorstellungen wie ich hatten.

S. de B.: Wenn Sie alle diese Versuche einer Zusammenarbeit mit den Kommunisten nicht gemacht hätten, wenn Sie mehr Zeit auf die Literatur, die Philosophie verwandt hätten, wenn Sie sich von der Politik stärker zurückgezogen hätten, hätte das etwas an Ihrem heutigen Verhältnis zu den Maos geändert?

J.-P. S.: Ja. Weil ich durch die Politik zu den Maoisten gekommen bin, weil ich mich über das Nachdenken über '68, über die Verpflichtung, mich zu engagieren, bei den Maos engagiert habe, aber das setzte gerade die Engagements während der Besatzung, der Befreiung voraus. Es war kein Apolitischer, der sich mit ihnen engagierte, und sie verstanden es. Nein, ich glaube nicht, daß ich, ohne Politik gemacht zu haben, in meinem Alter zu den Maos gegangen wäre, ich hätte weiter keine Politik gemacht. Wenn man in einer Bewegung arbeitet, gibt es notgedrungen Kleinarbeit und Leerlauf, gibt es verlorene Zeit. Aber was ist verlorene Zeit? Es gibt verlorene Zeit, und dann gibt es Zeit, in der man Menschenkenntnis erwirbt, in der man lernt, sie auf Abstand zu halten, oder in der es im Gegenteil ganz gut mit ihnen läuft.

S. de B.: Welches sind heute Ihre politischen Perspektiven?

J.-P. S.: Ich bin ein alter Mann. Mit neunundsechzig Jahren denke ich nicht, daß das, was ich jetzt unternehmen kann, ein Ziel erreicht.

S. de B.: Wieso das?

J.-P. S.: Nun, ich werde sterben, bevor eine Bewegung, zu der ich gehöre, eine feste Form angenommen hat und bis zu einem bestimmten Ziel gelangt ist. Ich werde immer bei den Anfängen dabei sein, was besser ist, wenn ich nicht bei Niederlagen dabei bin. Augenblicklich bin ich bei den Anfängen, ich werde nichts Breiteres, Stärkeres erleben: es gibt Elemente, es gibt eine Unmenge Leute, die nicht in die KP eintreten wollen und die doch handeln wollen.

S. de B.: Gibt es keine Hoffnung, daß die KP sich verjüngt und verändert? Oder halten Sie das für völlig ausgeschlossen?

J.-P. S.: Es ist auf jeden Fall außerordentlich schwierig. Alle Erwachsenen, fast alle, haben schon die Maske auf, haben schon den Computer im Gehirn. Wenn die jungen Leute anders sind, wird es vielleicht besser werden, aber ich kann es mir nicht vorstellen.

S. de B.: Bleibt abzuwarten, ob die Jungen der KP frisches Blut zuführen oder ob im Gegenteil ihr Blut gefrieren wird.

J.-P. S.: So ist es.

S. de B.: Ich möchte, daß wir heute über ein wichtiges Thema sprechen: über ihr Verhältnis zur Zeit. Ich weiß nicht so recht, wie ich die Fragen formulieren soll, ich glaube, es ist besser, wenn Sie selbst über das sprechen, was Ihnen in Ihrem Verhältnis zur Zeit wichtig scheint.

J.-P. S.: Das ist sehr schwierig, weil es eine objektive und eine subjektive Zeit gibt. Es gibt die Zeit, in der ich auf einen Zug warte, der um 8 Uhr 55 abfahren soll, und außerdem die Zeit bei mir zu Hause, in der ich arbeite. Das ist schwierig. Ich will versuchen, über beide zu sprechen, aber ohne wirkliche philosophische Begründung.

Ich denke, daß meine Zeit bis zum Alter von acht, neun Jahren wenig eingeteilt war. Es gab eine große subjektive Zeit mit äußeren Gegenständen, von denen sie hin und wieder eingeteilt wurde – wirklich objektiven Gegenständen. Etwa mit zehn Jahren – und wie Sie sehen werden, für sehr lange – hat es eine sehr präzise Einteilung meiner Zeit gegeben: jedes Jahr war in neun Arbeitsmonate am Gymnasium und drei Ferienmonate eingeteilt.

S. de B.: Würden Sie das eine objektive Einteilung nennen?

J.-P. S.: Eine objektive *und* in subjektiver Weise erlebte. Sie war ursprünglich objektiv: die neun Monate Gymnasium waren Lehrpläne, die mir vorgeschrieben waren; die drei Monate Ferien erlebte ich subjektiv. Es war nicht dasselbe, ob ich morgens mit einem Federhalter ins Gymnasium ging oder irgendwo auf dem Land mit der Sonne über mir aufstand. Das verursachte Veränderungen in dem, was ich von dieser Zeit erwartete. In den neun ersten Monaten erwartete ich Monotonie: Schulaufgaben, für die ich Noten bekam, Aufsätze, mit denen ich Bester oder Schlechtester werden konnte, die gesamten Arbeiten, die man mir aufgab und die ich im Salon meiner Eltern machte. Und danach erwartete ich drei Monate lang Wunderbares, das heißt etwas, was nicht von der gleichen Art sein würde wie der Alltag des Gymnasiums, etwas, was auf dem Land, im Ausland, in Ferienorten auftauchen würde, was mit dem Alltag der neun ersten Monate nichts gemein haben würde, sondern was eine fremde Realität darstellen würde, sich mir zugleich enthüllend und entziehend und sehr schön. Das war die Vorstellung, die ich von den Ferien hatte, das heißt das Land oder das Meer, und innerhalb dieser Zeit, in der ich mit dem Land oder dem Meer in Berührung war, tauchten Dinge auf, die wunderbar waren; das war das Wesen des Meeres oder des Landes selbst. Ein in der Ferne auf dem Wasser auftauchendes Schiff konnte etwas Wunderbares sein; ein kleiner Wasserlauf in den Wäldern konnte ebenfalls wunderbar sein. Es war eine andere Art von Realität, die ich nie weiter definiert habe, die sich aber von der übrigen Welt scharf abhob. Es gab die Realität des Alltags, in der nichts überraschen konnte, und die Realität der Ferien, in der im Gegensatz dazu gewisse Dinge überraschen und einen bereichern konnten. So habe ich die Zeit bis zur École Normale und noch, als ich an der École war, erlebt. Danach habe ich meinen Militärdienst gemacht. Ich bin einmal zurückgestellt worden und habe ihn mit vierundzwanzig Jahren beim Wetterdienst gemacht. Ich war in einem kleinen Haus in der Umgebung von Tours. Ich notierte Angaben über den Feuchtigkeitsgehalt der Luft, über das Wetter, ich lernte ein wenig funken, ich kannte das Morse-Alphabet und empfing meteorologische Meldungen von verschiedenen Orten. Manchmal ging ich nachts mit Instrumenten, die in einer Hütte in der Nähe des Hauses aufbewahrt wurden, die Temperatur, die Luftfeuchtigkeit messen. Kurz, ich hatte ein sehr geregeltes Leben, und die Einteilung in drei Ferien- und neun Arbeitsmonate existierte damals nicht mehr. Nach beendetem Militärdienst wurde ich Gymnasiallehrer und fand den Rhythmus neun Monate – drei Monate wieder, nicht mehr als Schüler, sondern als Lehrer, was in gewisser Weise auf dasselbe hinauslief. Neun Monate bereitete ich Stunden vor und hielt sie ab. Ich hatte durchaus ein Privatleben, was wichtig war, denn ich hatte nur fünfzehn oder sechzehn Lehrstunden in der Woche und ebenso viele Vorbereitungsstunden, also zweiunddreißig oder dreiunddreißig Stunden in der Woche. Ich verbrachte Stunden mit literarischen Arbeiten. Und dann waren da die Tage, die ich mit Ihnen in Rouen verbrachte, und wenn wir keine Schule hatten, fuhren wir beide für zwei Tage nach Paris. Ich hatte ein sehr geregeltes Leben, und die subjektive Zeit spielte darin eine sehr große Rolle: in Le Havre war meine Hauptbeschäftigung zu denken, zu fühlen, philosophische Gedanken zu entwickeln. Oder ich arbeitete an *Der Ekel*. In Paris, in Rouen gab es Dinge zu tun, Zusammenkünfte, Besuche bei Freunden. Le Havre stellte die Subjektivität dar – natürlich nicht einzig und allein, aber zum großen Teil. Die wesentliche Dimension darin war die Zukunft. Meine subjektive Zeit war auf die Zukunft ausgerichtet. Ich lebte arbeitend, und ich arbeitete, um am Ende ein Werk zu schaffen. Das Werk war natürlich zukünftig. Ich habe bis zum Ende meiner Jahre in Le Havre an *Der Ekel* gearbeitet, und das stellte eine ebenso dauerhafte, ebenso stabile und in gewisser Weise ebenso objektive Bindung dar wie die Zeit am Gymnasium, in der ich Philosophie lehrte, oder wie meine Beziehungen zu meinen Freunden oder zu Ihnen.

Während der Ferien verließ ich Frankreich. Wir beide reisten ein bißchen überall herum, in Spanien, in Italien, in Griechenland, und das war auch eine Zeit für sich. Ich konnte mir Spanien oder Griechenland nur für diese Monate vorstellen. Und das Wunderbare tauchte wieder auf, denn ich besuchte etwas, was ich nicht kannte: einen griechischen Bauern, eine griechische Landschaft, ich entdeckte die Akropolis. Das war wieder das Wunderbare der Ferien, das sich deutlich von den neun Monaten Gymnasium, in denen ich immer dasselbe lehrte, abhob. Diese drei Monate, immer neu und von einem Jahr zum andern nie vergleichbar, waren die Zeit der Entdeckung.

Das hat bis zum Krieg gedauert. Während des Krieges und bis zu meiner Rückkehr aus der Gefangenschaft habe ich diese frühere Einteilung meiner Zeit völlig ignoriert; alles war immer gleich, zumindest was meine Beschäftigungen anging. Ein Soldat tut Sommer wie Winter dasselbe. Ich war Meteorologe und führte ein Meteorologenleben. Anschließend war ich in einem Stalag, in dem die Tage einer wie der andere vergingen. Dann bin ich geflohen und nach Frankreich zurückgekommen, und da habe ich die gleichen Zeiteinteilungen wie früher wiedergefunden: das heißt neun Monate am Lycée Pasteur in Paris und drei Monate Ferien – im allgemeinen Ferien in der freien Zone, was soviel wie Ausland war, noch mehr als Ausland, weil man sich mit Hilfe von Grenzschmugglern in die freie Zone schleichen mußte. Am Ende des Kriegs, als die Deutschen abgezogen sind, bin ich aus dem Gymnasium ausgeschieden; ich habe Urlaub genommen, der später mit einer Kündigung geendet hat, und bin ausschließlich Schriftsteller geworden, ich habe nur von dem Geld gelebt, das mir meine Bücher einbrachten. Doch das Jahr ist in neun Monate – drei Monate eingeteilt geblieben, und letztlich ist es mein ganzes Leben so geblieben. Noch heute mache ich drei Monate Ferien. Ich fahre immer an dieselben Orte; folglich ist das Wunderbare eingeschränkter, weniger unerwartet. Ich fahre in meinen Ferien nach Rom. Aber während dieses Zeitraums ist das Leben viel lockerer, viel freier, ich rede mit Ihnen über alles mögliche, wir gehen spazieren. Es ist in gewisser Weise eine andere Zeit, die aber keine großen Neuigkeiten mit sich bringt, weil ich Italien ziemlich gut kenne und weil ich das, was ich sehe, immer nur wiedersehe. Aber die Zeiteinteilung bleibt. Ich komme im Oktober zurück, als gäbe ich Unterricht, und ich reise im Juli ab, als wäre der Unterricht zu Ende. Man kann sagen, daß der Rhythmus neun Monate–drei Monate vom achten bis zum neunundsechzigsten Lebensjahr, so alt wie ich jetzt bin, angehalten hat. Das ist die Standardeinteilung meiner Jahre gewesen. Die wirkliche Zeit meiner literarischen Arbeit sind die neun Monate in Paris: Im allgemeinen arbeite ich in den drei Monaten Ferien weiter, aber ich arbeite weniger, und die Welt entfaltet sich ohne *a priori* festgelegte Ordnung um mich herum. In den neun Monaten gibt es eine *a priori* festgelegte Ordnung; sie hängt von dem Buch ab, das ich schreibe. In den Ferien bin ich viel mehr mit dem Ort verbunden, in dem ich mich befinde. Das ist wieder die subjektive Zeit. Ich bin subjektiv von Paris berührt, das ich liebe und das immer mein hauptsächlicher Aufenthaltsort gewesen ist, oder von der Zeit Brasiliens, Japans, die eine andere Zeit ist, die ich von den Leuten übernehme, in der ich oft Besichtigungen, Ausflüge absolviere, die die Menschen des Landes mir als unerläßlich hinstellen. Das ist eine merkwürdige, verworrene Zeit mit gelegentlich erstaunlichen Erfahrungen. Die Zeiten meiner Welterfahrung sind diese drei Monate. Es gibt verschiedene Arten, die Minuten zu erfassen, die in den Ferien vergehen. Während des «Schuljahrs» drängen sich die Tage ein wenig. Sie werden von den Nächten unterbrochen, in denen ich schlafe. Aber in Wirklichkeit hängen sie zusammen, die Nächte stellen nur eine Ruhepause dar. Und in meiner Erinnerung gleiten die Tage ineinander und werden am Ende zu einem Tag. Neun Monate werden im folgenden Jahr zu einem einzigen Tag. So ist meine Zeit immer eingeteilt gewesen, und darin gleicht sie nicht der Zeit eines Arbeiters, der zwanzig Tage Urlaub hat – wenn er sie hat –, und für den der Rest des Jahres jeden Tag dieselbe Arbeit ist.

S. de B.: Trotzdem ist Ihr Leben – auf jeden Fall seit dem Krieg – nicht ganz so methodisch und regelmäßig gewesen, wie Sie es hinstellen. Es hat Zeiten gegeben, in denen Sie nicht neun Monate in Paris verbracht haben: ein Jahr, in dem Sie vier Monate in Amerika verbracht haben. Im Jahr darauf sind Sie zu einer Zeit, die nicht die sogenannte Ferienzeit war, wieder nach Amerika gefahren. Als Sie nach Kuba gefahren sind, war es Februar. Wir haben 1950 im April eine Reise nach Algerien, dann nach Schwarzafrika gemacht. Und in dem Jahr haben wir keine langen Ferien in den Sommermonaten gemacht. Der Rhythmus ist etwas lockerer, etwas willkürlicher als Sie sagen. Außerdem fuhren wir auch in die Osterferien.

J.-P. S.: Das stimmt. Aber es bleibt immer in dem Schema neun Monate – drei Monate. In den neun Monaten passieren zwar unvorhergesehene Dinge, aber ich behalte die Einteilung neun Monate – drei Monate. Und wenn ich während des «Schuljahrs» eine Reise mache, hat sie nicht ganz den gleichen Sinn wie eine Sommerreise.

S. de B.: Sie sagen, daß sich Ihre neun Monate in Ihrer Erinnerung zu einem einzigen Tag verdichten. Dabei ist Ihr Leben in Paris ziemlich vielseitig. Und auch programmiert.

J.-P. S.: Es ist Tag für Tag programmiert, und jeder Tag hat das gleiche Programm: ich stehe gegen halb neun auf. Um halb zehn bin ich an der Arbeit und arbeite bis halb zwei, halb eins, wenn mich jemand besucht. Anschließend gehe ich Mittag essen, im allgemeinen in der Coupole. Gegen drei Uhr bin ich fertig, und von drei bis fünf treffe ich Freunde. Um fünf arbeite ich bei mir zu Hause bis neun. Zumindest war es so bis auf die letzten Jahre, seit ich blind bin – oder zumindest sehr wenig sehe und nicht mehr lesen und schreiben kann. Noch jetzt sitze ich oft Stunden an meinem Tisch, ohne groß etwas zu schreiben. Manchmal mache ich mir Notizen, die ich aber nicht nachlesen kann und die Sie nachlesen. Um neun Uhr gehe ich mit Ihnen oder jemand anderem essen – im allgemeinen mit Ihnen. Seit einiger Zeit essen wir abends bei Ihnen, ein Stück Pastete oder irgend etwas anderes, und verbringen den Abend mit Plaudern oder Musikhören. Um zwölf Uhr gehe ich ins Bett. So sind die Tage. Sie variieren zwar ein wenig. Ich kann Sie den einen Tag länger sehen und die folgenden Tage weniger.

S. de B.: Sie essen nicht immer mit derselben Person zu Mittag, Sie verbringen nicht immer mit derselben Person den Abend, aber es ist sehr programmiert: am Montag dieser, am Dienstag jener, am Mittwoch wieder ein anderer etc. Das Programm der Woche ist also fast gleichbleibend. Das ist wichtig, weil es bedeutet, daß Sie außer Ihrer Einteilung neun Monate – drei Monate ein Leben haben, das Tag für Tag und auch im Ablauf der Woche sehr programmiert ist. Es ist ein sehr regelmäßiges Leben. Warum ist es so programmiert?

J.-P. S.: Ich weiß nicht. Aber man darf nicht vergessen, daß dieses Programm vor allem eine Form ist; die Inhalte hängen nur von mir ab. Wenn ich zum Beispiel nachmittags drei Stunden arbeite, ist es nicht jeden Tag die gleiche Arbeit.

S. de B.: Natürlich nicht. Was die Verabredungen angeht, so gibt es Leute, die Sie sehen möchten und wissen wollen, wann sie Sie sehen können. Und da wäre es zu kompliziert, wenn Sie jedesmal ein Treffen verabreden müßten. Die Leute könnten sich nicht mehr ganz auf Sie verlassen. Ich glaube, daß Sie sich ein wenig vom Praktisch-Inerten Ihrer Beziehungen zu anderen haben vereinnahmen lassen, daher kommt es, daß Sie nie die Zeiten Ihrer Verabredungen mit Leuten ändern. Allen ergeht es so ähnlich, aber ich habe trotzdem viel flexiblere Beziehungen zu den Leuten. Bei Ihnen ist es ausgesprochen ein Zwang.

J.-P. S.: Ja, aber bei diesem Zwang ist das Einengende der festgelegte Zeitpunkt für die Begegnungen. Ihr Inhalt ist veränderlich.

S. de B.: Das ist richtig; mal verbringen wir einen Abend mit Gesprächen, mal lese ich Ihnen vor, mal hören wir Musik.

J.-P. S.: Es gibt Menschen, mit denen ich immer wieder dieselben Stunden erlebe.

S. de B.: Kommen wir auf die subjektive Zeit zurück. Ist Ihnen die Zeit nie zu kurz, zu lang erschienen?

J.-P. S.: Meistens zu lang und manchmal auch zu kurz.

S. de B.: Heißt das, daß Sie sich oft langweilen?

J.-P. S.: Nicht so sehr das, sondern ich denke, daß die Dinge knapper sein könnten. Das Leben der Leute könnte weniger Wiederholungen enthalten. Deswegen langweile ich mich nicht. Es kann mich amüsieren, zweimal dasselbe von denselben Menschen gesagt zu bekommen. Nein, das ist keine Langeweile. Aber es steht fest, daß die Zeit meistens zu lang ist. Manchmal ist sie auch zu kurz. Das heißt, daß die vorhandene Zeit nicht ausreicht, die Handlung, die man vorhat, vorzubereiten und auszuführen. Sie reicht entweder nicht aus wegen der Leute, die sich ihr widersetzen, oder wegen aufgetretener Schwierigkeiten. Und es kann auch sein, daß ein Augenblick, den ich verbringe, den ich angenehm finde, enden muß, weil ich arbeiten muß. Er ist also zu kurz gewesen. Man hat nie genau die Zeit, die man braucht, das heißt die Zeit, die ohne Überschuß und ohne Defizit genau zu einer gegebenen Sache passen würde.

S. de B.: Zu einer bestimmten Zeit sprachen Sie oft von einem «Wettlauf gegen die Uhr». Wenn Sie an großen Arbeiten saßen wie dem *Flaubert* oder vorher an der *Kritik der dialektischen Vernunft*. Sie hatten den Eindruck, daß die Zeit fehlte, um sie zu beenden, und daß Sie in einer beinahe neurotischen Weise gegen die Uhr kämpfen müßten. Das erklärt übrigens das Corydran.

J.-P. S.: Das gilt viel weniger für den *Flaubert*; vor allem für die *Kritik der dialektischen Vernunft*. Und letztlich habe ich sie nicht beendet. Ich habe einen langen Abschnitt zurückbehalten, der nicht veröffentlicht worden ist und der nicht abgeschlossen ist und der einen zweiten Band darstellen sollte. Übrigens ist die Zahl der Werke, die ich nicht abgeschlossen habe, eines der typischen Merkmale meines Verhältnisses zur Zeit: mein Roman[1], *Das Sein und das Nichts*, die *Kritik der dialektischen Vernunft*, der *Flaubert* etc. Es ist nicht schlimm, daß sie unabgeschlossen sind, weil Leute, die sich dafür interessieren, sie abschließen oder Entsprechendes machen könnten. Aber es ist eine Tatsache, daß es bei mir im allgemeinen so etwas wie eine Panik oder Veränderung gegeben hat, die mich plötzlich zu dem Entschluß brachte – dem unangenehmen Entschluß – aufzuhören und das Buch nicht zu beenden, an dem ich gerade arbeitete. Das ist merkwürdig, denn ich hatte eine ganz klassische und ruhige Vorstellung von mir; ich sah die Bücher ungefähr so wie die Bücher, die mein Großvater machte, Lesebücher; man fing am Anfang an, man hörte beim Ende auf. Sie waren streng aufgebaut. Etwa mit zehn Jahren dachte ich, daß alle Werke, die ich schaffen würde, einen Anfang und ein Ende haben, streng aufgebaut sein und alles enthalten würden, was es zu sagen gab. Und wenn man dann mit siebzig Jahren sieht, was ich hinter mir habe, stelle ich fest, daß es einen Haufen Werke gibt, die nicht beendet worden sind.

S. de B.: Ist es nicht so, weil Ihre Projekte eine riesige Zukunft umspannen: während Sie diese Zukunft erleben, gibt es andere

---

1 Der 4. Band von *Die Wege der Freiheit*. (Anm. d. Übers.)

Dinge, die Sie erregen, interessieren, beschäftigen, und dann geben Sie das erste Projekt auf?

J.-P. S.: Ich denke, das trifft zu. Es ist sicher, daß mein Roman abbricht, weil der letzte Band, der die Résistance während des Krieges in Paris behandelt, nicht mehr mit dem politischen Leben der Vierten Republik in Frankreich übereinstimmte. Ich konnte nicht gleichzeitig politisch im Jahr 1950 leben und versuchen, mit Hilfe der Imagination das Leben wiederzufinden, das wir 1942/43 führten. Es gab da eine Schwierigkeit, die ein Historiker hätte überwinden können, ein Romancier aber nicht.

S. de B.: Ich denke, für die anderen unabgeschlossenen Werke gilt etwa das gleiche. Das Projekt dehnte sich über eine zu lange Zeit aus, und Sie hatten, als Sie es entwickelten, nicht bedacht, daß Sie auf andere Anforderungen stoßen würden, die letzten Endes den Sieg davontragen, weil sie in der Gegenwart sind.

J.-P. S.: Die *Kritik der dialektischen Vernunft* und *Der Idiot der Familie* haben sich teilweise überschnitten. Der Anfang von *Der Idiot der Familie* und das Ende der *Kritik der dialektischen Vernunft*: das hat ihnen damals ein wenig geschadet.

S. de B.: Sie haben gesagt, die Zeit wäre nie richtig, sie wäre zu kurz oder zu lang. Gibt es nicht trotzdem Momente, in denen Sie entspannt sind, Momente des Flanierens oder Kontemplierens, der Muße, in denen es keine Spannung in Ihrem Verhältnis zur Zeit gibt?

J.-P. S.: Es gibt viele solche Momente. Es gibt sie jeden Tag. Ich bin angespannt, wenn ich an meinem Tisch sitze und schreibe. Das ist eine Zeit der Spannung, sie widersetzt sich mir. Ich fühle, daß ich die Arbeit, die ich machen wollte, nach drei Stunden nicht gemacht haben werde. Und dann gibt es die Stunden, die ich privat nennen würde, obwohl sie genauso kollektiv, genauso sozial wie die übrigen sind. Wenn ich mit Ihnen zusammen bin, kann es vorkommen, daß wir bestimmte Dinge zu tun haben und daß die Zeit wieder angespannt ist. Aber an einem Abend wie gestern drängte uns nichts, und die Zeit verging einfach so.

S. de B.: Ja. Man darf nicht den Eindruck erwecken, als wären Sie im Verhältnis zur Zeit genauso angespannt wie Sie es in Ihrem Verhältnis zu Ihrem Körper sind. Das Sichfallenlassen des

Körpers ist Ihnen fremd, aber sich in die Zeit, in die Dauer fallenzulassen, ist etwas, was Sie sehr wohl können.

J.-P. S.: Sehr gut.

S. de B.: Ich würde sogar sagen, besser als ich. Auf Reisen war ich immer begierig, alles zu sehen, überall herumzulaufen, und Sie saßen lieber ruhig, beschaulich irgendwo da und nahmen sich Zeit. Die Tatsache, daß Sie Pfeife rauchten, war vielleicht auch eine Art, ihre Zeit auszufüllen, ohne sie auszufüllen.

J.-P. S.: Ja, zum Pfeiferauchen muß man sich an einem Ort niedergelassen haben, zum Beispiel an einem Tisch im Café, und dann muß man die Welt um sich herum rauchend betrachten. Die Pfeife ist ein Element der Unbeweglichkeit. Seit ich Zigaretten rauche, ist es anders. Ganz sicher wollte ich mir während der Ferien mehr «Zeit nehmen» als in den neun Monaten des Schuljahrs. Und auch in den neun Monaten gab es Stunden privaten Lebens, in denen ich mir Zeit nehmen wollte. Ich sah die Dinge an, ich sprach über das, was ich sah, über die Gegenstände um mich herum, über die Menschen, die vorbeigingen.

S. de B.: Ich glaube, daß Sie, obwohl Sie in Ihrem Leben noch mehr gearbeitet haben als ich, immer fähig gewesen sind, untätig zu sein.

J.-P. S.: Ja, und das ist noch jetzt so. Gestern morgen habe ich drei Stunden in diesem Sessel gesessen, von wo ich nicht viel sah, weil ich kaum noch sehe. Ich habe keine Musik gehört, weil gestreikt wird, und ich habe dagesessen, habe nachgedacht, geträumt, ohne sehr weit in die Vergangenheit zurückzugehen, denn ich mag meine Vergangenheit nicht besonders. Nicht, daß ich sie schlechter fände als eine andere, aber es ist Vergangenheit. Für mich existiert die Vergangenheit, insofern ich, wenn ich gefragt werde, was ich 1924 getan habe, erklären könnte, daß ich an der École Normale war. Aber sie existiert nicht, insofern Szenen aus meiner Jugend, meiner Kindheit wiedererstehen könnten und nicht wiedererstehen. Sie sind da anders.

S. de B.: Ja, ganz anders. Erinnern Sie sich nie an diese oder jene Reise, die Sie gemacht haben?

J.-P. S.: Nie. Ich habe flüchtige Erinnerungen. Zum Beispiel habe ich eine Erinnerung an Cordes. Kleine Büsche Rittersporn an den Mauern auf ansteigenden Straßen. Ich weiß nicht, warum, aber eine Straße in Cordes kann mir wieder in den Sinn kommen.

S. de B.: Wenn Sie in der Gegenwart Dinge erleben, rufen sie für Sie Reminiszenzen wach? Wird die Gegenwart von der Vergangenheit besetzt?

J.-P. S.: Nein, sie ist immer neu. Das ist der Grund, weshalb ich in *Der Ekel* behauptet habe, daß die Lebenserfahrung nicht existiert.

S. de B.: Es ist nicht ganz das, woran ich denke. Ich denke an Überlagerungen der Vergangenheit über die Gegenwart – jedenfalls bei mir ist das sehr häufig –, die der Gegenwart eine besonders poetische Dimension geben. Eine Schneelandschaft erinnert mich an eine Schneelandschaft, in der ich mit Ihnen Ski gefahren bin, und die Landschaft wird mir dadurch um so lieber. Heugeruch ruft mir sofort die Wiesen des Limousin in Erinnerung.

J.-P. S.: Ja, natürlich. Gerüche können auf andere Gerüche verweisen. Aber die Schneelandschaft, die auf eine Skilandschaft verweist – das heißt auf einen Komplex von Dingen, die in einer anderen Zeit, in einer gleichen Landschaft passiert sind, nein. Mein vergangenes Leben bringt sich mir nur in kontemplativer Form in Erinnerung, überhaupt nicht als Bestandteil gegenwärtiger Erinnerungen. Natürlich habe ich in jedem Augenblick Erinnerungen, die sind da als Momente, die sich in die Gegenwart verirren, und nicht als präzise Dinge, die mich auf die Vergangenheit verweisen würden. Es ist Vergangenheit, aber Vergangenheit, die in die Gegenwart einfließt.

S. de B.: Zum Beispiel, wenn Sie morgens von Ihrer Terrasse auf Rom blicken, ist es das Rom, das Sie unzählige Male gesehen haben, aber Sie erfassen es unmittelbar.

J.-P. S.: Ja, immer. Ich hake meine Vergangenheit nicht an meiner Gegenwart fest. Ohne Zweifel hakt sie sich von selbst daran fest.

S. de B.: Ja, weil die Gegenstände der Welt, wie Sie erklärt haben, von allen Werten, mit denen man sie besetzt hat, konstituiert werden. Aber das ist nicht direkt als etwas in der Zeit Situiertes gegeben.

J.-P. S.: Als ich klein war, hatte ich eine andere Zeit: es war die Zeit meines Lebens bis zu meinem Tod, vom fünfzehnten Lebensjahr an. Aber zu der Zeit, als die Vorstellungen von Ruhm und Genie mich interessierten, bis ins Alter von vierunddreißig Jahren etwa, teilte ich die Zeit in eine Zeit unbegrenzten wirklichen Lebens und in eine andere Zeit ein, die unendlich viel länger war, die Zeit nach meinem Tod, in der meine Werke auf die Menschen wirkten.

S. de B.: Die wirkliche Zeit endete aber doch mit dem Tod?

J.-P. S.: Ja; in gewisser Weise endete sie nicht. Das Leben endete nicht. Man starb mitten in einer Menge Projekte, die man nicht verwirklichte. Aber nach meinem Tod lebte ich in meinen Büchern weiter, man fand mich in meinen Büchern wieder, es war ein unsterbliches Leben. Das wahre Leben, in dem man keinen Körper und kein Bewußtsein mehr zu haben braucht, sondern in dem man Tatsachen, Bedeutungen liefert, die je nach der äußeren Welt variieren.

S. de B.: Waren Ihnen die verschiedenen Stadien ihres Lebens bewußt?

J.-P. S.: Ja und nein. Ich erfaßte sie kaum. Als ich zum Beispiel vierzehn war, hatte ich, sobald ich zehn Zeilen schrieb, den Eindruck, das wäre genial. Es waren wirklich unbedeutende Sätze, die ich aber für genial hielt. Es war gleichzeitig eine Art, mich als Erwachsener zu sehen. Wenn ich schrieb, sah ich mich als Erwachsenen, mit meinem Alter. Ich kam nicht auf die Idee, daß ich zum Beispiel mit sechzehn Skizzen schrieb. Ich meinte jedesmal, etwas Endgültiges zu schreiben, was meinen Lesern gefallen würde.

S. de B.: Haben Sie nie die Vorstellung einer Lehrzeit gehabt?

J.-P. S.: Später dann. Aber am Anfang nicht. Die Lehrzeit machte man im Roman selbst. *Der Ekel* ist eine regelrechte Lehrzeit gewesen. Ich mußte lernen zu erzählen, Ideen in einer Erzählung zu verkörpern. Das war eine Lehrzeit wie jede andere.

S. de B.: Es gibt eine Idee, die sehr wichtig für Sie gewesen ist: die des Fortschritts.

J.-P. S.: Sicher. Ich dachte, daß meine ersten Werke weniger gut sein würden als die, die danach kamen. Ich dachte, daß mein großes Werk etwa mit fünfzig Jahren entstehen würde und daß ich danach sterben würde. Diese Idee des Fortschritts hatte ich natürlich aus der Schule, wo der Fortschritt gelehrt wurde, und von meinem Großvater, der an den Fortschritt glaubte.

S. de B.: Und auch durch Ihre Entscheidung für die Zukunft. Sie denken, daß morgen besser sein wird als heute. Wie vereinbaren Sie diese Idee des Fortschritts, die Sie immer gehabt haben, mit Ihrer Ablehnung der Erfahrung?

J.-P. S.: Ich dachte, der Fortschritt bestünde für mich in der Form. Es ging darum zu lernen, besser zu schreiben, mir einen Stil zu verschaffen, Bücher nach einem bestimmten Programm zu verfassen. Aber es war kein Erkenntnisfortschritt.

S. de B.: Mir scheint jedoch, daß in der Philosophie die Idee des Fortschritts eine immer komplexere Erkenntnis, eine immer tiefergehende Reflexion einschließt.

J.-P. S.: Ja, aber ich dachte es nicht wirklich so.

S. de B.: Sie dachten nicht, daß es die Vergangenheit wäre, die Sie bereichern würde. Dachten Sie, daß es eine Form gäbe, die sich immer mehr behaupten würde, daß allein schon die Bewegung in Richtung Zukunft etwas Gutes wäre?

J.-P. S.: Im Grunde glaubte ich an die Formel von Comte: «Der Fortschritt ist die Entwicklung einer verborgenen Ordnung.» Das erschien mir richtig.

S. de B.: Das war eine sehr optimistische Optik im Vergleich zur Haltung so vieler Leute, die, wie Fitzgerald beispielsweise, denken, daß ein Leben ein Unternehmen des Zerfalls ist, daß jedes Leben eine Niederlage, ein Untergang ist.

J.-P. S.: Das dachte ich auch. Ich dachte es im Leben. Die Dinge, die angefangen waren und verwirklicht werden sollten, brachen ab. Man schloß also mit einem Mißerfolg ab.

S. de B.: Die Idee des Mißerfolgs ist nicht die gleiche wie die eines Zerfalls, einer Auflösung.

J.-P. S.: Das habe ich nie gedacht. Ich habe immer gedacht, daß ein Leben ein Fortschritt bis zum Tod wäre, daß es ein Fortschritt sein müßte.

S. de B.: Wie denken Sie jetzt darüber?

J.-P. S.: Das gleiche. Der Fortschritt hört vor dem Tod, zu einem bestimmten Zeitpunkt auf, weil man müde ist, man wird langsam senil, oder man hat private Sorgen. Aber eigentlich müßte er lange weitergehen. Fünfzig Jahre sind besser als fünfunddreißig. Natürlich kann es Unterbrechungen im Fortschritt geben, man kann der Richtung, die man zuerst eingeschlagen hatte, plötzlich den Rücken zukehren.

S. de B.: Und dann gibt es Werke, die man weder als Fortschritt noch als Rückschritt betrachten kann, weil sie Totalitäten sind. Man kann nicht sagen, daß *Der Ekel* weniger gut ist als *Die Wörter*. Man kann dagegen sagen, daß es in der *Kritik der dialektischen Vernunft* gegenüber *Das Sein und das Nichts* und in gewisser Weise im *Flaubert* gegenüber der *Kritik der dialektischen Vernunft* einen Fortschritt gibt, weil sie in bestimmten Punkten weitergehen. Da kann man von Fortschritt sprechen. Aber bei den sogenannten Kunstwerken ist es unmöglich, denn wenn ein Werk vollendet ist, ist es vollendet.

J.-P. S.: Davon abgesehen sind die Fortschritte zum Beispiel zwischen dem, was van Gogh in Holland malte, und seinen letzten Bildern immens.

S. de B.: Bei den Malern sind sehr häufig ihre letzten Werke bei weitem die besten, weil es eine Beherrschung des Metiers gibt, die viel komplizierter ist als beim Schreiben.

J.-P. S.: Für mich ist der Augenblick selbst schon Fortschritt. Er ist Gegenwart und weitet sich aus in Richtung Zukunft, wobei er die armselige Vergangenheit, die verschmäht, verachtet, verleugnet wird, weit hinter sich läßt. Daher kommt es, daß ich sehr leicht Unrecht oder Irrtümer zugegeben habe, da sie ja von einem anderen herrührten.

S. de B.: Sie sind sehr beständig in Ihrem Leben, sowohl in Ihrer Arbeit als auch in Ihren Zuneigungen, aber gleichzeitig haben Sie keine tiefe Solidarität mit Ihrer Vergangenheit. Und doch ist es genau der zwanzigjährige Sartre, den man heute wiederfindet.

J.-P. S.: Es ist nebensächlich, ob man mit seiner Vergangenheit solidarisch ist oder nicht. Die Arbeit, die getan werden muß, bleibt die gleiche. Die Vergangenheit bereichert in gewisser Weise die Gegenwart und wird auch durch diese verändert. Aber das ist nie mein Problem gewesen.

S. de B.: Ich wüßte gern, wie in Ihren verschiedenen Lebensaltern Ihr Verhältnis zu Ihrem Alter gewesen ist?

J.-P. S.: Ich hatte keins, in keinem Alter.

S. de B.: Nein; als sie ein Kind waren, fühlten Sie doch wohl, daß Sie ein Kind waren?

J.-P. S.: Ja, aber von dem Moment an, als ich dreizehn, vierzehn war, vermied man, mich fühlen zu lassen, daß ich ein Kind war. Ich habe allmählich gedacht, daß ich ein junger Mann wäre, weil es für einen jungen Mann bestimmte Entbehrungen gibt.

S. de B.: Was meinen Sie mit Entbehrungen?

J.-P. S.: Man hat keine völlige Freiheit, man ist von seinen Eltern abhängig, ich bin auf Widerspruch, auf Widerstände getroffen. Ganz und gar frei bin ich geworden, als ich an der École Normale war, und von da an konnte ich in der Tat sagen: ich bin zwanzig, fünfundzwanzig Jahre alt, und das entsprach bestimmten, sehr genauen Befugnissen, die ein Alter verleiht. Aber das Alter an sich fühlte ich nicht.

S. de B.: Fühlten Sie nicht einen gewissen Zusammenhang mit einer unendlich weit offenen Zukunft?

J.-P. S.: Ja, ich fühlte mich in eine Geschichte verstrickt, die ich nicht gut kannte, aber das stellte für mich kein Alter dar: ich mußte mich an die Arbeit machen, ich mußte etwas tun.

S. de B.: Ich meine: alles lag damals noch vor Ihnen.

J.-P. S.: Ja, aber ich dachte es nicht als ein Alter; es war wie der Anfang eines Buches, das einen zwei Jahre, drei Jahre in Anspruch nehmen wird und von dem man die erste Zeile schreibt. Es war ein Unternehmen, das einige Zeit oder sogar immer dauern würde. Die Vorstellung zu altern, das heißt verkalkte Arterien, schlechte Augen etc. zu bekommen, all die Unannehmlichkeiten, die man hat, wenn man alt wird, daran dachte ich nicht im entferntesten.

S. de B.: Das schon. Aber fühlten Sie sich nicht im positiven Sinne jung, sind Sie nicht mit gleichaltrigen Kameraden ausgegangen? Hatten Sie denn keine Beziehung zu Leuten von vierzig, fünfzig, die zu einer anderen Klasse gehörten als Sie?

J.-P. S.: Ja, aber ich glaubte nicht, daß ich je einer von ihnen werden würde.

S. de B.: Sie hatten also nicht den Eindruck: ich bin jung?

J.-P. S.: Nein, das ist eine der Sachen, die ich am wenigsten empfunden habe. Natürlich heißt das nicht, daß ich es überhaupt nicht empfunden hätte, es war vage, wenn Sie so wollen. Ich hatte ein kleines bißchen den Eindruck von Jugendlichkeit, aber es war vage. Ich habe mich nie sehr jung gefühlt.

S. de B.: Gibt es einen Moment, in dem Sie gefühlt haben, daß Sie ein Alter erreicht hatten?

J.-P. S.: Nein, nicht direkt. Die letzten Jahre ...

S. de B.: Nein, vor diesen letzten Jahren? Hat es nicht einen Moment gegeben, in dem Sie fühlten, daß Sie ins Erwachsenenalter kamen?

J.-P. S.: Nein.

S. de B.: Nach meiner Erinnerung aber doch, Sie haben diese Neurose gehabt, diese Langusten, die hinter Ihnen herliefen etc., das kam ein wenig daher, weil Sie sich im Erwachsenenleben einrichten mußten. Auf jeden Fall habe ich es so in meinen Memoiren geschrieben, und Sie haben mir nicht widersprochen: Sie waren sechsundzwanzig, siebenundzwanzig und hatten allmählich den Eindruck, daß Ihr Leben festgelegt war.

J.-P. S.: Ja, aber das war keine Frage des Alters. Ich fühlte mich jung.

S. de B.: Sie waren es in gewisser Weise ja auch.

J.-P. S.: Das machte im übrigen den Kontrast aus zwischen dem Leben, das ich führte, und dem, das mich erwartete, das heißt dem Leben des in der Existenz etablierten Gymnasiallehrers etc. Und das Schreiben schwebte ein wenig über alldem. Aber man kann nicht sagen, daß ich damals ein Empfinden für mein Alter hatte, daß ich es mit einer Menge Dinge in Beziehungen, im Beruf, in der Freundschaft verband, die eine lebendige Realität daraus gemacht hätten. Nein, das ging über meinen Kopf hinweg.

S. de B.: Aber trotzdem, als Sie Beziehungen zu Bost, Palle, zu Olga hatten, fühlten Sie da nicht, daß Sie es mit eindeutig jüngeren Leuten als Sie zu tun hatten?

J.-P. S.: Ja, ein wenig, nicht bei Olga: das ist das Verhältnis zu Frauen, das ist etwas anderes. Aber bei Bost und bei Palle, ja. Doch es gab in der Vertraulichkeit zwischen Bost, Palle und mir etwas, was über das Alter hinausging: das waren auch Kameraden. Sie selbst würden es Ihnen sagen, sie haben mein Alter nie empfunden.

S. de B.: Ja, das Alter, haben Sie selbst gesagt, ist etwas Nicht-

Realisierbares, man kann nie selbst sein Alter realisieren, es ist uns nicht gegenwärtig. Aber schafft es nicht andere Beziehungen zur Zukunft, zur Vergangenheit, zu einer Menge Dinge, entweder dreißig oder vierzig oder fünfzig oder sechzig zu sein? Macht das keinen Unterschied?

J.-P. S.: Solange es eine Zukunft gegeben hat, war das Alter das gleiche. Es gab mit dreißig Jahren eine Zukunft, es gab mit fünfzig Jahren eine Zukunft. Sie war mit fünfzig vielleicht ein wenig verhärteter als mit dreißig, das konnte ich nicht beurteilen. Aber ab fünfundsechzig, sechsundsechzig gibt es keine Zukunft mehr. Natürlich die unmittelbare Zukunft, die fünf kommenden Jahre. Aber ich hatte nahezu alles gesagt, was ich zu sagen hatte: Im großen ganzen wußte ich, daß ich nicht mehr viel schreiben würde, daß es in zehn Jahren aus wäre. Ich erinnerte mich an das Alter meines Großvaters, das traurig war; als er fünfundachtzig war, war er am Ende, er lebte zwar weiter, aber man sah nicht, warum er lebte. Manchmal dachte ich, daß ich ein Alter wie dieses nicht wollte, und dann wieder dachte ich, daß ich bescheiden sein müßte und das Alter, das ich haben würde, bis zum Ende leben und sterben müßte, wenn man es mir sagte.

S. de B.: Sie sprechen bei Ihrem Verhältnis zum Alter nur über das Verhältnis zur Zukunft, hat sich denn Ihr Verhältnis zur Vergangenheit nicht auch verändert? Hat es nicht auch Zeiten gegeben, wo Sie – dadurch, daß Sie schrieben – einen gewissen Erfahrungsschatz gehabt haben, etwa in der Rückhand? Hat es nicht Zeiten gegeben, in denen es Ihnen angenehm war, ein bestimmtes Alter zu haben? Sagen wir fünfunddreißig, vierzig Jahre alt zu sein?

J.-P. S.: Daran erinnere ich mich nicht. Ich habe nie an die Erfahrung geglaubt, ich habe es in *Der Ekel* gesagt. Mit fünfunddreißig Jahren war ich ein Junge, der so tat, als wäre er ein Erwachsener. Ich habe nie Erfahrung gehabt, nie etwas, was sich hinter mir liegend entwickelt hat, was mich angetrieben hätte, nein.

S. de B.: Haben Sie denn mangels Erfahrung Erinnerungen?

J.-P. S.: Sehr, sehr wenig, wie Sie wissen. Jetzt, wo ich mit Ihnen spreche, erinnere ich mich an einige, ich bemühe mich um sie. Aber das liegt daran, daß wir die Vergangenheit aufarbeiten.

S. de B.: Kurz gesagt, Sie sind nie in den Genuß Ihrer Erinnerungen gekommen?

J.-P. S.: Nein. Mir kommen Erinnerungen, wenn von der Vergangenheit gesprochen wird: aber sie sind schon ein bißchen banal geworden, sie sind zu drei Vierteln rekonstruiert. Die Richtung meines Denkens, wenn ich für mich allein denke, ist nicht, mich zu erinnern.

S. de B.: Trotzdem haben Sie einen gewissen Erfahrungsschatz; wenn ich mit Ihnen zum Beispiel über Brasilien oder über Havanna rede, haben Sie eine andere Sicht davon, als wenn sie nicht in Brasilien oder in Havanna gewesen wären.

J.-P. S.: Ja, aber was meine Beziehung zu Brasilien oder Havanna angeht, so kann ich durch gegenwärtige Dinge dazu gebracht werden, daran zu denken.

S. de B.: Wollen Sie sagen, daß Sie in Ihrer Existenz vom dreizehnten Lebensjahr bis heute nie ein anderes Verhältnis zur Zukunft, zur Gegenwart, zur Vergangenheit gehabt haben, daß das immer genau gleich gewesen ist?

J.-P. S.: Ja.

S. de B.: Ich glaube nicht, daß das möglich ist.

J.-P. S.: Nicht genau gleich, aber im großen ganzen ist es schon so.

S. de B.: Worauf führen Sie das, was gänzlich unnormal ist, zurück? Im allgemeinen ist den Leuten bewußt, daß sie zwanzig sind, und sie sind mehr oder weniger froh darüber. Anderen ist bewußt, daß sie fünfzig sind. Es gibt Momente, in denen die Leute denken, daß sie ein gewisses Alter haben. Bei mir zum Beispiel ist es ganz offensichtlich, daß ich verschiedene Alter gehabt habe. Wie erklären Sie, daß Sie keine gehabt haben?

J.-P. S.: Ich weiß nicht. Aber ich weiß, daß es so ist. Ich fühle mich wie ein junger Mann, umgeben von den Möglichkeiten, die sich einem jungen Mann bieten. Ich hasse es, daran zu denken, daß meine Kräfte vermindert sind, was offensichtlich ist, daß ich nicht das bin, was ich mit dreißig war.

S. de B.: Das muß jeder denken, wenn er ein gewisses Alter überschritten hat, und muß es hassen, daran zu denken.

J.-P. S.: Zum Beispiel die Tatsache, daß ich neunundsechzig bin, was für mich so viel wie siebzig ist, ist mir unangenehm. Zum erstenmal denke ich manchmal an mein Alter: ich bin siebzig, das heißt ich bin am Ende, aber das hängt zusammen mit Dingen, die bestimmt von der Verfassung meines Körpers herkommen, folglich von meinem Alter, die ich aber nicht mit dem Alter in Zusammenhang bringe: die Tatsache, daß ich schlecht sehe, daß ich nicht mehr schreibe; ich kann nicht mehr schreiben und nicht mehr lesen, weil ich nicht sehe; all diese Dinge hängen mit dem Alter zusammen ...

S. de B.: Empfinden Sie sie eher wie ein fünfzigjähriger Mann, der einen Unfall hatte, oder wie ein siebzigjähriger, dessen Alter unangenehme Auswirkungen auf den Körper hat?

J.-P. S.: Eher so.

S. de B.: Im Augenblick empfinden Sie also Ihr Alter?

J.-P. S.: Ab und zu. Gestern habe ich daran gedacht, letzte Woche oder vor vierzehn Tagen auch. Es ist eindeutig eine Tatsache, an die ich von Zeit zu Zeit denke, aber insgesamt fühle ich mich trotz allem weiterhin jung.

S. de B.: Gewissermaßen zeitlos?

J.-P. S.: Ja, oder jung. Vielleicht muß man eher sagen, daß ich in meinem Kopf jung bin; ich habe meine Jugend vielleicht gefühlt, auf jeden Fall habe ich sie bewahrt.

S. de B.: Wie erklären Sie dann diese doch immerhin merkwürdige Tatsache, daß Sie nie Ihr Alter gefühlt haben? Liegt es daran, daß Sie immer intensiv in der Gegenwart gelebt haben, einer auf die Zukunft, auf das Handeln gerichteten Gegenwart?

J.-P. S.: Ja, ich habe wahrscheinlich nicht viel Muße gehabt, um mich auf Momente der Vergangenheit zu beziehen, die man um ihrer selbst willen schätzt, um ihres ästhetischen, ihres gefühlsmäßigen Wertes willen. Dafür habe ich nicht viel Zeit gehabt.

S. de B.: Oder liegt es an einem völligen Mangel an Narzißmus? Sie haben nämlich fast kein Verhältnis zu sich selbst, fast kein Verhältnis zu Ihrem Bild.

J.-P. S.: Die Erinnerungen an die Vergangenheit sind sicherlich nicht an mein Bild gebunden. Warten Sie, gerade kommt mir eine Erinnerung, die sehr stark geblieben ist: der Tag, an dem ich Meskalin genommen habe. Ich bin im Zug zurückgefahren. Sie saßen neben mir, und da war ein Affe, der durch das Fenster guckte. Ich sehe Sie, und ich sehe den Affen, der vor dem Fenster mit dem Kopf nach unten hängt.

S. de B.: Sie *haben* Erinnerungen, *Die Wörter* beweisen es. Und als wir hier darüber gesprochen haben, sind sie gekommen. Aber was ich sagen will, ist, daß Sie ein Bewußtsein haben, das im großen ganzen auf die Welt gerichtet ist und nicht auf Ihre Situation, Ihre Position in der Welt, auf ein Bild Ihrer selbst.

J.-P. S.: So ist es.

S. de B.: Vielleicht liegt es daran, daß Sie Ihr Alter weniger empfinden als andere.

J.-P. S.: Das ist natürlich subjektiv. Ich mache die gleichen Perioden durch wie die anderen und passe mich an, ich bin genauso, anders, aber in vorhersehbaren Grenzen. Und außerdem denke ich anders, ich denke, daß ich mich nicht ändere.

S. de B.: Hängt es nicht auch mit Ihrer großen Gleichgültigkeit gegenüber dem Tod zusammen? In *Die Wörter* sagen Sie an einer Stelle, daß Sie in Ihrer Kindheit große Angst vor dem Tod hatten. Aber danach, scheint mir, hat das nie irgendeine Rolle bei dem gespielt, was Sie beschäftigt hat. Sie haben nie gedacht: Jetzt bin ich vierzig ...

J.-P. S.: Nie. Seit zehn Jahren denke ich daran, aber in objektiver Weise, ohne daß es mich irgendwie erschüttert. Noch vor zwei oder drei Tagen habe ich daran gedacht: Ich habe das Alter erreicht, in dem ein Menschenleben heutzutage zu Ende geht. Siebzig Jahre, ich glaube, das ist für die Franzosen ...

S. de B.: Nein, ein Franzose, privilegiert wie Sie, kann achtzig, fünfundachtzig Jahre alt werden. Aber das ist schließlich eine ziemlich begrenzte Zeitspanne, ich fühle es persönlich. Man wagt nicht mehr zu sagen: in zwanzig Jahren mache ich dies, in zwanzig Jahren fahre ich da hin. Ist es Ihnen denn gleichgültig, auf diese Grenze, diese Mauer zu stoßen?

J.-P. S.: Nach und nach entsteht ein Alter, das von dieser Grenze gebildet wird. Aber ich selbst fühle mich, wenn ich gut aufgelegt bin, wie vor dreißig Jahren. Doch ich weiß, daß ich in fünfzehn Jahren fünfundachtzig sein werde. Wenn ich noch lebe.

S. de B.: Aber das ist ein Wissen, das von außen kommt. Das haben Sie hundertmal erklärt; das Ego ist nicht im Bewußtsein, folglich ist das Bewußtsein immer ewig gegenwärtig, frisch, das gleiche. Und in Ihrem Verhältnis zu den anderen? Lassen die anderen Sie nicht fühlen, daß Sie ein gewisses Alter haben?

J.-P. S.: In meinen Augen altern sie auch nicht sehr. Nehmen wir die Leute von *Les Temps Modernes*: an Bost, an Pouillon denke ich so, wie sie immer gewesen sind.

S. de B.: Sehen Sie nicht, daß sie älter werden?

J.-P. S.: Nein, ich sehe junge Männer, die ich in Philosophie unterrichte oder die ich in Philosophie unterrichtet habe.

S. de B.: Und in Ihrem Verhältnis zu den jungen Leuten? Zum Beispiel zu Victor: eines, was Sie dabei berührt, ist die Tatsache, daß Sie ihm manches beibringen können, daß Sie ihm helfen können. In dem Moment ist es doch eine Sache der Erfahrung, zumindest etwas, was mit den wenigen Vorteilen des Alters zusammenhängt.

J.-P. S.: Ja, man muß sehen, was das heißt. Es geht heute mehr darum, Dinge nicht etwa mit Erfahrung, sondern mit dem Alter, das ich habe, zu sehen. Ja, ich bin gern mit Victor zusammen, aber nach einer Weile führen wir ein Gespräch von gleich zu gleich. Es ist nicht so, daß ein junger Mann einen alten besucht. Wir diskutieren, wir haben zwei Standpunkte zu irgendeiner politischen oder anderen Realität, die sich uns zeigt. In dem Moment sind wir gleichaltrig.

S. de B.: Ja, das verstehe ich. Es gibt anderes über das Verhältnis zur Zeit zu sagen, das vielleicht das Fehlen eines Gefühls für das Alter erklärt. Zunächst, daß Sie immer die Gegenwart der Vergangenheit vorgezogen haben. Ich meine damit: wenn Sie ein Glas Whisky trinken, sagen Sie: dieses Glas Whisky schmeckt wunderbar, es schmeckt besser als das von gestern. Insgesamt ziehen Sie immer die Gegenwart vor.

J.-P. S.: Die Gegenwart ist konkret und real. Und das Gestern ist weniger deutlich, und an das Morgen denke ich noch nicht. Es gibt Leute, denen die Vergangenheit lieber ist, weil sie ihr einen ästhetischen oder kulturellen Wert beimessen. Mir nicht. Die Gegenwart stirbt, sobald sie Vergangenheit wird. Sie hat ihren Wert als Zugang zum Leben verloren. Sie gehört dazu, ich kann mich auf sie beziehen, aber sie hat nicht mehr diese Qualität, die jedem Augenblick, solange ich ihn erlebe, gegeben ist und die er verliert, wenn ich ihn nicht mehr erlebe.

S. de B.: Und wahrscheinlich kommt es daher, daß Ihnen die Zerwürfnisse mit Ihren Freunden so wenig schwergefallen sind?

J.-P. S.: Ja, ich fing ein neues Leben an, ohne sie.

S. de B.: Weil etwas, sobald es vorbei ist, für Sie wirklich verschwunden ist?

J.-P. S.: Ja. Und die Freunde, die mir bleiben, die lebendig sind, müssen eine immer neue Gegenwart haben, um nicht immer auf die gleiche Gegenwart zurückzukommen. Sie dürfen sich mir nicht wie am Vortag oder wie am vorgestrigen Tag darstellen, mit denselben Sorgen, denselben Ideen, denselben Redeweisen. Es muß eine Veränderung geben.

S. de B.: Ja, nach diesen Definitionen Ihres Verhältnisses zur Zeit könnte man meinen, Sie wären ein sehr unbeständiger Mensch, der seine Vergangenheit sehr leicht fahren läßt, um sich in neue Erlebnisse zu stürzen. Das ist nun aber gar nicht so. Sie sind jemand sehr Beständiges. Wir haben fünfundvierzig Jahre zusammengelebt, Sie haben Freundschaften, wie die mit Bost, die sehr, sehr lange bestehen, mit anderen Mitgliedern von *Les Temps Modernes* sind Sie auch sehr lange befreundet gewesen. Wie erklären Sie diese Mischung aus Beständigkeit, Treue und Leben in der Gegenwart?

J.-P. S.: Das Leben in der Gegenwart besteht gerade aus diesen Beständigkeiten. Leben in der Gegenwart heißt nicht hinter egal was, egal welchem neuen Menschen herlaufen, es heißt mit den anderen leben und ihnen so etwas wie eine gegenwärtige Dimension geben, die sie tatsächlich haben. Zum Beispiel haben Sie immer in der Gegenwart gedacht; es gelang mir, diese Gegenwart mit früheren Vergangenheiten zu verbinden.

S. de B.: Und in Ihrem Verhältnis zur Arbeit, gilt dafür dasselbe? Dachten Sie immer, daß das jüngste Werk, an dem Sie arbeiteten, das beste wäre? Oder hatten Sie irgendeine Vorliebe für ältere Werke?

J.-P. S.: Ich hatte eine Vorliebe für ältere Werke. Für *Der Ekel* beispielsweise. Ich sah meine Arbeit als zeitgebunden an. Es waren Werke, die zu einer bestimmten Zeit verstanden wurden, nicht vorher, nicht nachher, wegen der Umgebung.

S. de B.: Aber haben Sie den Eindruck, intellektuell weiterzukommen, den Eindruck eines Fortschritts? Oder erscheinen Ihnen bestimmte Werke als so endgültig, daß Sie sie gewissermaßen nicht überschreiten konnten?

J.-P.S.: Ich hatte den Eindruck eines Fortschritts; Sie werden nicht von mir hören, daß *Die Wörter* bedeutender sind als *Der Ekel*, aber trotz allem hieß weiterschreiben etwas machen, was mehr wert war, weil ich von den früheren Werken profitierte.

S.de B.: Müßte man im übrigen nicht – und das führt uns zu Ihren Werken zurück – zwischen den literarischen und den philosophischen Werken unterscheiden? Man wird zwar nicht von Ihnen hören, daß *Die Wörter* bedeutender sind als *Der Ekel*, aber Sie werden gerne zugeben, und es ist offensichtlich, daß die *Kritik der dialektischen Vernunft* bedeutender ist als *Das Sein und das Nichts*.

J.-P.S.: Ich denke, es stimmt, aber ich würde es nicht gerne zugeben, weil meine früheren Werke in gewisser Weise von der Befriedigung geprägt sind, die ich beim Schreiben empfand. Es fällt mir sehr schwer, die *Kritik der dialektischen Vernunft* wirklich für bedeutender als *Das Sein und das Nichts* zu halten.

S.de B.: Meinen Sie nicht, daß sie weiter geht?

J.-P.S.: Doch, sie geht weiter.

S.de B.: Sie löst mehr Probleme, sie gibt eine richtigere Beschreibung der Gesellschaft. Nur wäre sie ohne *Das Sein und das Nichts* nicht möglich gewesen, ich denke, das ist auch eine Tatsache.

J.-P.S.: In der Philosophie und in meinem persönlichen Leben habe ich die Gegenwart – das ist der volle Augenblick – immer in bezug auf die Zukunft definiert und habe ihr die Qualitäten der Zukunft gegeben, während die Vergangenheit – in der Triade: Gegenwart, Zukunft, Vergangenheit – immer ohne tatsächliche Wirkungen auf die Gegenwart gewesen ist. Ich weiß jedoch, daß die Vergangenheit in gewisser Weise wichtiger ist als die Zukunft; sie bringt uns etwas.

S.de B.: Sie definiert die Situation, die man überschreitet, das haben Sie oft gesagt: die Gegenwart ist die Wiederaufnahme der Vergangenheit in Richtung auf eine Zukunft. Aber es ist die Bewegung auf die Zukunft, die Sie mehr interessiert hat – jedenfalls persönlich – als die Wiederaufnahme der Vergangenheit.

J.-P.S.: Wenn man sich den Sinn meines Lebens, das Schreiben, ansieht, so geht er von einer Gegenwart aus, die Vergangenheit wird, in der ich nicht geschrieben habe, und führt in eine Gegenwart, in der ich schreibe und in der ein Werk entsteht, das in der Zukunft beendet sein wird. Der Moment des Schreibens ist ein Moment, der Zukunft und Gegenwart umfaßt, und die Gegenwart ist in bezug auf die Zukunft bestimmt. Man schreibt ein Kapitel eines Romans, man schreibt das Kapitel 12, das nach Kapitel 11 kommt und Kapitel 14 vorangeht, die Zeit erscheint folglich als ein Anspruch der Zukunft an die Gegenwart.

S. de B.: Aber hat es in Ihrem Leben Momente gegeben, gibt es jetzt Momente, in der die Gegenwart wirklich um ihrer selbst willen erlebt wird? Als eine Art Kontemplation, als Genuß, und nicht nur als ein Projekt, eine Praxis, eine Arbeit?

J.-P. S.: Ja, das gibt es noch, zum Beispiel morgens hier[1], wenn ich aufwache, wenn Sie noch nicht wach sind und ich mich auf der Terrasse in den Sessel setze und den Himmel ansehe.

S. de B.: Hat es viele solche Momente in Ihrem Leben gegeben?

J.-P. S.: Eine Menge. Ich habe sie für besser, für interessanter als die anderen gehalten.

S. de B.: Weil Sie ein sehr aktiver Mensch gewesen sind, der viel gearbeitet hat, hat es trotzdem diese Momente des Sichfallenlassens, des Versinkens im Unmittelbaren gegeben?

J.-P. S.: Ja. Es hat viele gegeben.

S. de B.: Und mit welchem Inhalt im einzelnen?

J.-P. S.: Einem angenehmen Inhalt.

S. de B.: Ja, aber ich meine, was versetzt Sie in diese Zustände von Unmittelbarkeit?

J.-P. S.: Irgend etwas. Ein schöner Morgenhimmel: dann sehe ich mir die Dinge unter diesem Himmel an. Es ist ein Moment vollkommener Zufriedenheit: die Dinge sind da, unter diesem Himmel, den ich sehe. Ich bin ausschließlich das, jemand, der den Morgenhimmel ansieht.

S. de B.: Bringt Sie Musik – Sie lieben Musik sehr – manchmal ein wenig in den gleichen Zustand?

J.-P. S.: Ja, wenn ich nicht selbst spiele. In einem Konzert, oder wenn ich eine Platte höre, kann ich derartige Eindrücke haben. Es sind Beziehungen zum Glück, wenn Sie so wollen. Es ist

---

[1] In Rom.

nicht direkt das Glück, denn es sind Augenblicke, die verschwinden werden, aber es sind die Elemente, die das Glück ausmachen.

S. de B.: Sie leben in der Zukunft, insofern die Zukunft Praxis ist. Aber erleben Sie sie auch als so etwas wie eine Vorfreude? Zum Beispiel als Sie nach Amerika fahren wollten?

J.-P. S.: Ja, ich sah mich in Amerika.

S. de B.: Sie dachten sogar sehr intensiv daran.

J.-P. S.: Ja.

S. de B.: Und eine ganze Weile trafen Sie die nötigen Vorbereitungen, aber Sie waren schon in Amerika. Haben Sie oft solche Momente? Gibt es Dinge, die Sie sehr gewünscht haben, die Sie sich sehr intensiv vorgestellt, gewünscht und erwartet haben?

J.-P. S.: Sicherlich.

S. de B.: Und wenn es dann eine Konfrontation zwischen der geträumten, vorgestellten Zukunft und der Gegenwart gibt, empfinden Sie da so etwas, was man Enttäuschung nennen kann? Oder bringt Ihnen im Gegenteil die Realität mehr als das, was Sie sich vorgestellt haben?

J.-P. S.: Sie bringt mir mehr und anderes, im allgemeinen mehr, weil es eine Gegenwart ist, in der jeder Gegenstand unendliche Teile enthält, und man alles in einer neuen Gegenwart finden kann, folglich mehr als das, was man sich vorstellen kann. Was ich mir vorstellen konnte, waren Richtungen, Eigenschaften, Grenzen, aber nicht reale Gegenstände, und die Realität war etwas anderes als die Erwartung, weil man sich trotz allem nicht die Wirklichkeit vorstellt. Das New York Nick Carters ist nicht das, das ich entdeckt habe, als ich in New York angekommen bin.

S. de B.: Sie gehören nicht zu den Leuten, die ständig von der Begegnung mit dem, was sie erwartet haben, enttäuscht sind?

J.-P. S.: Ich bin nicht von New York enttäuscht gewesen, nein, im Gegenteil. Ich weiß, daß das, was ich mir vorstelle, nicht das ist, was sein wird. Darin könnte man tatsächlich eine Enttäuschung sehen. Und es gibt vielleicht kleine, die aber verschwinden.

S. de B.: War Ihre Novelle *Le Soleil de minuit* in gewisser Weise die Geschichte einer Enttäuschung?

J.-P. S.: Ja, das kleine Mädchen stellte sich die Mitternachtssonne in einer magischen Form vor, und als es vor dem wirklichen Gegenstand ankam, war es enttäuscht.

S. de B.: Aber in Ihrem Leben ist das sehr selten vorgekommen?

J.-P. S.: Übrigens vermittelte die Novelle selbst diese Enttäuschung als Irrtum: ich mußte über die Enttäuschung der Kleinen spürbar machen, daß diese helle Nacht etwas Schönes ist.

S. de B.: Haben Sie in Ihrem Leben etwas bereut? Haben Sie sich gesagt: ach, ich hätte das tun sollen, ich habe das verpaßt, ich habe hier meine Zeit verloren?

J.-P. S.: Nicht sehr. Wenn es dringend ist, ja, wenn es eine Entscheidung ist, die einen Teil meines Lebens festlegt, die also dringend ist und die gleich am nächsten Tag getroffen werden muß. Eine Entscheidung ist nicht einfach; wenn ich diese Entscheidung treffen, in allen Einzelheiten überdenken muß, kann ich es bereuen.

S. de B.: Nachdem die Entscheidung getroffen ist?

J.-P. S.: Ja, weil ich nicht alles berücksichtigt habe.

S. de B.: Wollen Sie damit sagen, daß es vorkommt, daß Sie eine falsche Entscheidung treffen, wenn Sie gezwungen sind, zu schnell zu entscheiden?

J.-P. S.: Nein, keine falsche, aber eine unvollkommene Entscheidung.

S. de B.: In welchem Fall ist das zum Beispiel vorgekommen?

J.-P. S.: Ich kann Ihnen kein genaues Beispiel geben.

S. de B.: In den seltenen Fällen, in denen man in seinem Leben Entscheidungen trifft, und so viele trifft man gar nicht, habe ich den Eindruck, daß Sie zufrieden waren. Die Entscheidung, nach Deutschland zu gehen, vom ersten Trimester an nach Le Havre zu gehen, die Entscheidung nicht eine *khâgne* in Lyon zu übernehmen, wie Ihre Familie es wünschte, sondern eine Stelle in Laon anzutreten: sind Sie mit allen diesen Entscheidungen zufrieden gewesen?

J.-P. S.: Ich bin mit ihnen zufrieden gewesen.

S. de B.: Wenn Sie meines Wissens etwas bedauert haben, war es die Welt, die Ihnen etwas verweigert hatte. Haben Sie zum Beispiel bedauert, nicht nach Japan zu gehen?

J.-P. S.: Ja. Ich habe es nicht sehr bedauert. Es gibt Leute, die es viel mehr bedauert hätten als ich. Aber im allgemeinen habe ich in meinem Leben nicht viel bedauert. Einiges; Bücher, die ich angefangen und nie beendet und nie veröffentlicht habe.

S. de B.: Ja, aber das Bedauern dürfte nicht so groß sein, gerade weil Sie sie nicht geschrieben haben und lieber etwas anderes getan haben.

S. de B.: Ich möchte Sie ganz allgemein fragen, wie Sie Ihr Leben insgesamt sehen.

J.-P. S.: Ich habe das Leben eines jeden immer als einen die Person umgrenzenden und umgebenden Gegenstand betrachtet. Ich kann sagen, daß ich allgemein nicht nur mein Leben, sondern das Leben aller etwa so sehe: ein Anfang wie ein sehr dünner Faden – der sich, wenn Kenntnisse und erste Erfahrungen erworben sind, langsam verbreitert; der sich bis zum zwanzigsten, dreißigsten Lebensjahr weiter verbreitert und durch Erfahrungen, Erlebnisse, eine Vielzahl von Gefühlen immer mehr an Umfang zunimmt. Dann, ab einem gewissen, je nach den Leuten verschiedenen Alter neigt das Leben, zum Teil durch sie selbst, zum Teil durch ihren Körper, zum Teil durch die Umstände, zu seinem Abschluß, wobei der Tod der letzte Abschluß ist, so wie die Geburt die Öffnung war. Aber ich bin der Meinung, daß dieser Moment des Abschlusses von einer ständigen Ausweitung in das Allgemeine begleitet ist. Ein Mann von fünfzig, sechzig Jahren, der faktisch auf den Tod zugeht, erfährt und erlebt gleichzeitig eine gewisse Anzahl von Beziehungen zu anderen, zur Gesellschaft, die immer breiter werden. Er lernt das Soziale, er lernt über die Leben der anderen, über sein eigenes Leben nachzudenken. Er bereichert sich, während er von unten her stirbt. Eine bestimmte Form geht ihrer Vollendung entgegen, und gleichzeitig erwirbt das Individuum Erfahrungen oder Schemata, die allgemein sind, die ins Allgemeine gehen. Es handelt für eine bestimmte Gesellschaft, für ihre Erhaltung oder im Gegenteil für die Schaffung einer anderen Gesellschaft. Und das Erscheinen jener Gesellschaft wird vielleicht nach seinem Tod stattfinden; auf jeden Fall wird sich ihre Entwicklung nach seinem Tod vollziehen; ebenso werden übrigens die meisten der Unternehmungen, denen es sich im letzten Teil seines Lebens widmet, erfolgreich sein, wenn sie über seinen Tod hinaus weitergehen, wenn jemand seinen Kindern zum Beispiel das Geschäft vermachen kann, das er aufgebaut hat, und sie werden gescheitert sein, wenn sie vor seinem Tod enden, wenn er zum Beispiel ruiniert ist und ihnen nichts vermachen kann. Anders gesagt, es gibt eine Zukunft, die jenseits des Todes ist und aus dem Tod fast einen Unfall im Leben des Individuums macht, das ohne es weitergeht. Für viele von ihnen trifft das nicht zu: zum Beispiel die alten Leute in den Altersheimen, die Arbeiter gewesen sind oder sehr einfache Berufe gehabt haben, haben keine Zukunft mehr. Sie leben in der Gegenwart, und ihr Leben nähert sich dem Tod, ohne andere Zukunft als für jeden Moment der unmittelbar folgende Moment.

S. de B.: Ich glaube, daß Ihre Beschreibung tatsächlich eine Beschreibung ist, die sicherlich auf Sie zutrifft, auf eine gewisse Zahl von Privilegierten und insbesondere auf die Intellektuellen, wenn sie ein Interesse am Leben bewahren, daß aber, auch abgesehen von den Altersheimen, die überwältigende Mehrheit der alten Leute sich, wenn sie erst im Ruhestand sind, von ihrem Beruf und von der Gesamtheit der Welt abgeschnitten sind; das Alter ist sehr selten eine solche Ausweitung, von der Sie sprechen. Aber da wir von Ihnen sprechen, bleibt das, was Sie gesagt haben, interessant. Ich möchte, daß Sie mir etwas näher erklären, inwiefern Sie persönlich den Eindruck haben, daß das Leben für Sie weiter eine Ausweitung ist. Welche Zeit würden Sie unter diesem Gesichtspunkt als den Höhepunkt Ihres Lebens bezeichnen? Ich meine die Zeit, in der Sie ein Maximum an Beziehungen zur Welt, zu den Menschen, zu Erkenntnissen gehabt haben.

J.-P. S.: Ein Maximum an wirklichen Beziehungen, die nicht in einer Zukunft enden werden, in der ich nicht mehr dasein werde, habe ich, glaube ich, zwischen fünfundvierzig und sechzig Jahren gehabt.

S. de B.: Sie meinen, daß Ihr Leben sich alles in allem bis ins Alter von sechzig immer mehr erweitert und bereichert hat?

J.-P. S.: Ungefähr. Zu der Zeit habe ich philosophische Werke geschrieben. Aber es hatte immer noch eine Zukunft, die nicht von meinem Tod abhängig war. Da war das, woran ich lange geglaubt habe, woran ich dann nicht mehr geglaubt habe, jener Begriff Unsterblichkeit. Auf jeden Fall bleibt für einen Schriftsteller die Vorstellung, daß man ihn weiterhin lesen wird, wenn er nicht mehr existiert. Und das ist seine Zukunft. Wie lange wird man weiter gelesen? Fünfzig Jahre, hundert Jahre, fünfhundert Jahre? Das hängt von den Schriftstellern ab. Auf jeden Fall kann ich mit fünfzig Jahren rechnen. Es kommt nicht darauf an, ob ich selten oder oft gelesen werde, aber fünfzig Jahre lang wird es meine Bücher noch geben, ebenso wie die Bücher von André Gide immer noch für die jungen Leute existieren – im übrigen immer weniger –, das heißt fünfzig Jahre nach seinem Tod oder sogar mehr.

S. de B.: Seit Sie sechzig sind, denken Sie, daß es eine Ausweitung und gleichzeitig eine Verengung gibt? Wie sehen Sie diese beiden Bewegungen im einzelnen?

J.-P. S.: Nehmen wir die Verengung: ich hätte keine Lust mehr, einen Roman zu schreiben, in dem ich ein anderes Leben schildere, das ich hätte führen können. Mathieu, Antoine Roquentin hatten andere Leben als mein eigenes, aber verwandte, die ausdrückten, was für mich das Tiefste in meinem eigenen Leben war. Das könnte ich nicht mehr schreiben. Oft denke ich daran, eine Novelle zu schreiben, und dann tue ich es doch nie. Es gibt also Elemente in meinem Beruf selbst, die unterdrückt, abgebrochen, abgeschnitten sind, eine ganze romantische Seite des Lebens, vergebliche, aber als vergeblich gewertete Hoffnungen. Diese ganze Seite, die Beziehung zur Zukunft, die Beziehung zur Hoffnung, die Beziehung zu einem wirklichen Leben in einer meinen Wünschen entsprechenden, wirklichen Gesellschaft, das alles ist vorbei. Und dann ist da das ganze Allgemeine – der Sinn meines Lebens im 20. Jahrhundert –, ich versuche, es mir vorzustellen; das entfernt mich vom 20. Jahrhundert. Erst im 21. Jahrhundert wird man Leben des 20. Jahrhunderts beurteilen, einordnen können. Ich stelle mir das sicher falsch vor, aber trotzdem versuche ich, meine Sicht meiner selbst vom 21. Jahrhundert her zu entwerfen. Das und tausend andere Dinge: ökonomische, humanwissenschaftliche Erkenntnisse, die gleichzeitig in mein Leben eindringen, es in gewisser Weise modifizieren – und folglich Gefahr laufen, mit ihm zu Ende zu gehen –, die aber auch Gesetze sind, die auf alle Leben einwirken, die von daher das Allgemeine darstellen. Diese Gesetze werden sich mit dem 21. und dem 22. Jahrhundert ändern. Aber sie werden es ermöglichen, uns zu verstehen. Das alles ist etwas Allgemeines, das ich fühle, das ich zum Teil erfasse, das ich mir entweder in der Zukunft oder von meiner Gegenwart aus vorstelle. Dieser Komplex von Erkenntnissen ist konstant, er ist in meinem Kopf, weil ich hier, im 20. Jahrhundert bin, aber in Wirklichkeit ist er auch in meinem Kopf, weil er existiert; es sind Gesetze, die man entdecken muß, wie man nachts einen Felsen entdeckt, indem man sich daran stößt.

S. de B.: Wollen Sie damit sagen, daß Sie, seit Sie sechzig sind, gelernt haben?

J.-P. S.: Seit ich ein Jahr bin.

S. de B.: Ja gut, aber ich habe gefragt, was Sie, seit Sie sechzig sind, als Ausweitung verstehen.

J.-P. S.: Ich gewinne dazu, selbstverständlich. Und die Erkenntnisse, die ich gewinne, sind in den Büchern, aber auch in meinem Kopf, denn ich entwickle sie, ich versuche sie mit anderen Erkenntnissen, die ich habe, zu verbinden. Sie sind allgemein, das heißt, daß sie nicht nur auf unendlich viele Fälle anwendbar sind, sondern sie überschreiten außerdem die Zeit. Sie haben eine Zukunft, man wird sie unter anderen Umständen im folgenden Jahrhundert wiederfinden. Und schon dadurch vermitteln sie mir gewissermaßen ihre Zukunft. Sie vermitteln Sie mir auf jeden Fall formal. Die Erkenntnisse, die ich habe und die mich charakterisieren, sind ebenfalls zukünftig und werden mich charakterisieren. So bin ich, und so werde ich sein, selbst wenn ich kein Bewußtsein mehr haben werde.

S. de B.: Können Sie näher erklären, was diese Erkenntnisse sind?

J.-P. S.: Das ist schwierig, weil es sich um alle Erkenntnisse handelt. Zum Beispiel die letzte kleine Arbeit, die ich zusammen mit Victor und Gavi geschrieben habe, war nur das. Wir sprechen darin von der Gegenwart, aber auch von der Zukunft, von der revolutionären Zukunft, von den Bedingungen, die sie ausmachen werden; diese Zukunft ist mein Gegenstand, und gleichzeitig ist sie ich.

S. de B.: Anders gesagt, Sie haben den Eindruck, eine breitere, richtigere Vorstellung von der Welt, Sicht von der Welt zu haben, als die, die Sie bisher hatten?

J.-P. S.: Ja, aber man darf nicht sagen, daß sie mit sechzig Jahren anfängt. Sie fängt von jeher an, sie weitet sich immer aus.

S. de B.: Die Verengung beträfe dann bestimmte Projekte wie zum Beispiel, keine Romane mehr zu schreiben.

J.-P. S.: Ja, und keine großen Reisen mehr zu machen, weil es mich erschöpft. Es ist die Verengung des eigentlichen Alters und der Krankheit, die jeden trifft. Und dieses langsame Vorrücken auf den Tod zu kann nur als gepunktete Linie unter der Gesamtheit der allgemeinen Erkenntnisse gegeben sein, die mir eine Zukunft jenseits des Todes verschaffen. Ich würde mein Leben zum Ende hin also als eine Reihe von parallelen Linien beschreiben; das wären meine Erkenntnisse, meine Handlungen, meine Zugehörigkeiten, und genau das würde ein Universum darstellen, in dem die Zukunft gegenwärtig ist, in dem sie mich ebenso charakterisiert wie die Gegenwart. Und darunter würde ich in gepunkteter Linie angeben, was sich in jedem Augenblick ereignet und nicht viel Zukunft hat außer mein Ende: dieses reale Leben jedes Augenblicks, die Krankheiten, die meine inneren Organe schädigen können, die Erkenntnislücken, die ich mein Leben lang gehabt habe, die heute aber noch größer werden können, etc. Es ist mein Tod, aber ich zeichne ihn punktiert ein. Und darüber setze ich jene Erkenntnisse und jene Handlungen, die die Zukunft in sich tragen.

S. de B.: Ich verstehe, was Sie sagen wollen. Aber betrachten wir das Leben jetzt unter einem anderen Gesichtspunkt. Ich möchte, daß Sie es so sehen, wie ich versucht habe, meines zu sehen, als ich den Anfang von *Alles in allem* geschrieben habe. Das heißt: was hat es in Ihrem Leben an Chancen, an Zufällen, an Momenten von Freiheit, an Hindernissen für diese Freiheit gegeben? Und zunächst – vorausgesetzt, daß Sie mit Ihrer Existenz insgesamt zufrieden sind, damit, was Sie getan haben, der gewesen zu sein, der Sie sind, was, glaube ich, stimmt –, was können Sie als die Chancen ansehen, die aus Ihnen das gemacht haben, was Sie sind?

J.-P. S.: Mir scheint, die größte Chance war unbestreitbar, in eine Akademikerfamilie hineingeboren zu werden, das heißt in eine Familie von Intellektuellen eines bestimmten Typs, die eine bestimmte Auffassung von der Arbeit, von den Ferien, vom Alltag hatten, die mir einen guten Start zum Schreiben verschaffen konnten. Offensichtlich habe ich, sobald ich meine Umgebung sehen konnte, die Lage meiner Familie und folglich meine eigene nicht als eine soziale Lage unter anderen, sondern als *die* soziale Lage betrachtet. Leben hieß in Gesellschaft leben, und in Gesellschaft leben hieß wie meine Großeltern oder wie meine Mutter leben. Folglich war die Tatsache, daß ich am Anfang, wie ich es in *Die Wörter* beschrieben habe, bei einem Großvater gelebt habe, der hauptsächlich mit Büchern arbeitete, der Schüler hatte, wirklich sehr wichtig. Und die Tatsache, daß ich keinen Vater gehabt habe, war sicher auch sehr wichtig. Wenn ich einen Vater gehabt hätte, hätte er einen viel sichtbareren, viel strengeren Beruf gehabt. Mein Großvater war im Ruhestand, oder beinahe, als ich geboren wurde. Er hatte eine eigene Schule. Er gab einen Deutschkurs an der École des Hautes Études sociales. Er hatte also einen Beruf, aber dieser Beruf war weit weg. Ich kannte seine Schüler von den Festen, die im Institut stattfanden, oder in Meudon, bei meinen Großeltern. Kurz, ich kannte von seinem Arbeitsleben ausschließlich die Momente der Erholung, die Beziehungen seiner Arbeit zu seinen Schülern, wenn er sie zum Abendessen einlud.

S. de B.: Wie wichtig ist es für Sie gewesen, daß Ihnen die Notwendigkeit eines Berufs für den Lebensunterhalt nicht bewußt gewesen ist?

J.-P. S.: Sehr wichtig, weil es den Zusammenhang zwischen der Arbeit, die man tut, und dem Geld, das man dafür bekommt, verschwinden ließ. Ich sah keinen Zusammenhang zwischen diesem Leben von Festen und Beziehungen zu den Schülern, die mein Großvater hatte, die kameradschaftlichen, freundschaftlichen Beziehungen glichen, und dem Geld, das er am Monatsende erhielt. Und später habe ich den Zusammenhang zwischen dem, was ich tat, und dem, was ich verdiente, nie so recht gesehen, sogar als ich Lehrer war. Und ich habe nie so recht den Zusammenhang zwischen den Büchern, die ich schrieb, und dem Geld, das ich an jedem Jahresende von meinem Verleger bekam, gesehen.

S. de B.: Da wir gerade über die Freiheit, die Wahl etc. sprechen: ist der Lehrerberuf eine freie Wahl gewesen, oder ist er von der Familie vorgeschrieben worden?

J.-P. S.: Das ist ziemlich kompliziert. Ich denke, daß es für meinen Großvater selbstverständlich war, daß ich Lehrer werden sollte. Sein ältester Sohn war es nicht geworden, er war Ingenieur geworden. Aber sein jüngster Sohn war Lehrer gewesen, war es noch, und er fand es natürlich, daß ich, der ich so begabt war, wie er meinte, Lehrer würde wie er. Aber wenn ich eine sehr ausgeprägte Berufung für irgendeinen anderen Beruf gehabt hätte – zum Beispiel Diplomingenieur oder Marineingenieur –, hätte er mich gewähren lassen. Aber ich wurde bereitwillig Lehrer, weil ich in dieser Kategorie von Intellektuellen den Ursprung, den Ausgangspunkt der Romanciers, der Schriftsteller sah, von denen ich einer werden wollte. Ich dachte, daß der Lehrerberuf umfangreiche Erkenntnisse über das menschliche Leben vermittelte und daß Bücher, um geschrieben zu werden, umfangreiche Erkenntnisse verlangten. Ich sah einen Zusammenhang zwischen dem Lehrer für Literatur, der einen Stil entwickelte, während er Lehrer war, während er den seiner Schüler korrigierte, und diesem selben Lehrer, der den Stil, den er auf diese Weise studiert hatte, benutzte, um ein Buch zu schreiben, das seine Unsterblichkeit sichern würde.

S. de B.: Es gab also eine Übereinstimmung zwischen den familiären Umständen, die Sie zum Lehrerberuf drängten, und Ihrem eigenen Willen?

J.-P. S.: Ja, wenn man das Übereinstimmung nennen kann, denn man kann Straßenkehrer und Schriftsteller sein. Es gibt nur ganz beiläufig Zusammenhänge zwischen der Tatsache, daß man Lehrer ist, und der Tatsache, daß man schreibt. Aber ich habe diese Übereinstimmung gewählt. Das heißt, ich habe die Welt über die Laufbahn meines Großvaters und über meinen eigenen Wunsch zu schreiben gesehen. Das hat sich verbunden, denn es war ja mein Großvater, der zu mir gesagt hat: du wirst schreiben. Er log übrigens, denn er war überhaupt nicht daran interessiert, er wollte, daß ich Lehrer werde. Aber ich nahm ihn sehr ernst, und folglich war es mein Großvater, der Lehrer, der natürlich allen überlegene Lehrer, der mir das sagte, als hätte er selbst geschrieben.

S. de B.: Man kann den Lehrerberuf demnach als eine freie, aber mit dem, was von Ihnen gewünscht wurde, übereinstimmende Wahl ansehen. Sehen Sie in der Kindheit oder in der Jugend Momente, in der diese Freiheit eigenständiger gewesen ist? Haben Sie den Eindruck gehabt, in diesem ersten Abschnitt Ihres Lebens ganz und gar persönliche Initiativen gehabt zu haben?

J.-P. S.: Das ist schwer zu sagen.

S. de B.: Beim Schreiben zum Beispiel.

J.-P. S.: Das Schreiben war vielleicht nicht ganz und gar persönlich, als ich acht Jahre alt war und, wie ich in *Die Wörter* erzählt habe, bereits geschriebene Texte kopiert, nachgedichtet habe. Es gab jedoch etwas, was von mir stammte. Ich wollte der sein, der diese Bücher schrieb. Nach der Quinta bin ich mit meinem Stiefvater und meiner Mutter nach La Rochelle gezogen, und dort rechtfertigte nichts mehr meine Wahl zu schreiben. In Paris hatte ich kleine Freunde gehabt, die die gleiche Wahl getroffen hatten wie ich; in La Rochelle gab es keinen, der Schriftsteller werden wollte.

S. de B.: Und Sie schrieben dort trotzdem?

J.-P. S.: Ich schrieb trotzdem und hatte kein anderes Publikum für meine Werke als meine kleinen Freunde, denen ich einige Seiten vorlas und die sich ganz schön darüber lustig machten.

S. de B.: Und zu Hause hat man Sie auch nicht ermutigt?

J.-P. S.: Überhaupt nicht.

S. de B.: Das Schreiben war für Sie dann so etwas wie eine Lehre in Einsamkeit und Freiheit.

J.-P. S.: Ich schrieb noch in der Quarta, viel weniger, und in der Tertia und der Sekunda vielleicht gar nicht. Ich sah den Schriftsteller als einen Unglücklichen, der nicht gelesen wurde, der bei seinen Nachbarn nicht bekannt war. Erst nach seinem Tod wurde er berühmt. Beim Schreiben fühlte ich die mögliche oder wirkliche Feindseligkeit meiner Mitschüler. Zu der Zeit sah ich den Schriftsteller folglich als einen verdammten armen Teufel. Ich machte auf Romantik.

S. de B.: Sie haben alles in allem eine sehr gelassene Sicht vom Tod.

J.-P. S.: Das Näherkommen des Todes erscheint trotzdem als eine Reihe von Entbehrungen. Zum Beispiel war ich ein tüchtiger Trinker, wie Sie wissen, und eine der Annehmlichkeiten meines Lebens, selbst wenn ich aus objektiven Gründen verärgert war, bestand darin, den Abend damit zu beschließen, viel zu trinken. Das gibt es nicht mehr, weil die Ärzte es mir verboten haben. Ich ziehe die Ärzte übrigens in Zweifel, aber ich füge mich trotzdem. Es gibt also Entbehrungen, die wie Dinge sind, die man mir nimmt, bevor man mir alles nimmt, das ist dann der Tod. Und es gibt diese Aufsplitterung, die das Alter mit sich bringt. Das heißt, anstatt noch ganz klar die Vorstellung einer Synthese meiner selbst zu haben, die *einen* Menschen ausmachen muß, splittert es sich in eine Menge Tätigkeiten, kleine Sachen auf. Die Synthese ist angefangen, wird aber nie abgeschlossen werden. Das alles fühle ich, folglich bin ich in einer weniger behaglichen Verfassung als vor zehn Jahren. Aber der Tod als solcher, als ernste Sache, die in einem bestimmten Moment erscheint und die ich erwarte, macht mir keine Angst und scheint mir natürlich. «Natürlich» im Gegensatz zur Gesamtheit meines Lebens, das kulturell war. Es ist schließlich die Rückkehr zur Natur und die Bestätigung, daß ich Natur war. Und außerdem bleibt es dabei, daß das, was ich von meinem Leben erinnere, selbst mit dieser neuen Sicht, selbst mit dem Irrtum der Unsterblichkeit, den ich viele Jahre aufrechterhalten habe, mir richtig erscheint. Es ist so etwas wie eine Sicht vor dem Sterben, nicht ganz die Sicht des Todes, sondern eine Sicht vor dem Tod. Ich bereue nichts von dem, was ich getan habe. Sogar meine schwersten Fehler sind mit mir verbunden, legen mich fest, ich bin oft durch andere Kehrtwendungen da herausgekommen.

S. de B.: Das ist ein anderes Thema, aber es würde mich interessieren, was Sie als Ihre größten Fehler ansehen.

J.-P. S.: Ach, im Augenblick nichts Besonderes. Aber ich denke, daß es welche gegeben hat.

S. de B.: Fehler, das ist sicher.

J.-P. S.: Ja, Fehler. Kurz, ich bin der Meinung, daß es ein Leben ist, das sich auflöst. Folglich hat man nie ein Leben, das endet, wie es anfängt, nämlich mit einem Punkt, der der Endpunkt ist. Eher ist es so, daß es sich ...

S. de B.: Es zerfasert sich.

J.-P. S.: Es zerstreut sich, es zerfasert sich. Wenn ich also diese Periode der Zerfaserung herausstelle – über die ich mich nicht beklage, denn sie ist das Schicksal eines jeden –, so meine ich doch, daß ich eine Periode gehabt habe, vom dreißigsten bis zum fünfundsechzigsten Lebensjahr, in der ich mich in der Hand hatte, in der ich von Anfang an nicht sehr verschieden von dem gewesen bin, was ich geworden bin, in der es sogar eine Kontinuität gibt, in der ich meine Freiheit für das, was ich wollte, angemessen genutzt habe, in der ich bestimmten Ideen dienen und ihnen zu ihrer Verbreitung verhelfen konnte, in der ich getan habe, was ich wollte, das heißt: ich habe geschrieben, das ist das Wesentliche in meinem Leben gewesen. Was ich, seit ich sieben war, verlangt habe, ist mir gelungen. In welchem Maße ist es mir gelungen? Ich habe keine Ahnung, aber ich habe getan, was ich wollte, ich habe Werke geschrieben, die gehört, die gelesen worden sind. Wenn ich sterbe, werde ich folglich nicht wie viele Leute sterben, die sagen: «Ach, wenn man das Leben noch einmal leben könnte, würde ich es anders machen, ich habe es verfehlt, ich habe es verpfuscht!» Nein. Ich stehe voll und ganz zu mir, und ich fühle mich genauso, wie ich habe sein wollen. Und wenn ich an die Vergangenheit, an meine Kindheit oder meine Jugend denke, wollte ich sicherlich weniger, als ich getan habe. Ich hatte eine andere Auffassung vom Ruhm, ich stellte ihn mir für ein kleines Publikum, für eine Elite vor, und ich habe so etwa alle erreicht. Wenn ich sterbe, sterbe ich zufrieden. Und nie hat der Tod bisher mein Leben belastet und wird es wahrscheinlich nicht belasten. Damit will ich dieses Kapitel beenden.

S. de B.: Ja, aber ich möchte noch eine Frage stellen: hat Sie nie die Vorstellung des Lebens nach dem Tod, der Seele, eines geistigen Prinzips in uns berührt? Eines Lebens nach dem Tod, woran die Christen zum Beispiel glauben?

J.-P. S.: Mir scheint doch, aber eher als eine natürliche Tatsache. Die Mühe, die ich gerade durch die Struktur des Bewußtseins hatte, mir einen Moment vorzustellen, in dem ich nicht mehr sein würde. Jede Zukunft, die man sich im Bewußtsein vorstellt, verweist wieder auf das Bewußtsein. Man kann sich keinen Moment vorstellen, in dem das Bewußtsein nicht mehr ist. Man kann sich ein Universum vorstellen, in dem der Körper nicht mehr ist, aber die Tatsache des Sich-Vorstellens setzt das Bewußtsein nicht nur in der Gegenwart, sondern in der Zukunft voraus. Folglich ist eine der Schwierigkeiten, den Tod zu denken, gerade die Unmöglichkeit, sich eines Bewußtseins zu entledigen. Wenn ich mir zum Beispiel meine Beerdigung vorstelle, bin ich es, der sich seine Beerdigung vorstellt; ich stehe also an der Straßenecke versteckt und sehe den Zug vorbeiziehen. Ich hatte, als ich jung war, als ich fünfzehn war, so eine vage Tendenz, mir dieses Leben, das immer existieren würde, vorzustellen, weil, wenn ich mir die Zukunft vorstellte, ich mir vorstellte, wie ich mich darin sah, um sie zu sehen, aber das war nichts Besonderes. Tatsächlich habe ich als Atheist immer gedacht, daß es nach dem Tod nichts gibt außer der Unsterblichkeit, die ich als ein Quasi-Überleben nach dem Tode sah.

S. de B.: Ich möchte wissen, wie Ihr Atheismus entstanden ist und sich in Ihnen entwickelt hat.

J.-P. S.: Ich habe in *Die Wörter* erklärt, daß ich bereits mit acht, neun Jahren mit Gott nur gutnachbarliche Beziehungen hatte, nicht wirklich Beziehungen der Unterwürfigkeit, des Verständnisses. Er war da, von Zeit zu Zeit offenbarte er sich, wie an dem Tag, als ich, scheint es, das Haus in Brand gesteckt habe. Es war ein Blick, der von Zeit zu Zeit auf mir ruhte.

S. de B.: Wie meinen Sie das, Sie haben das Haus in Brand gesteckt?

J.-P. S.: Ich habe in *Die Wörter* erzählt, wie ich an Streichholzschachteln geriet, wie ich einen, allerdings bescheidenen, Brand gelegt habe. Er sah mich tatsächlich von Zeit zu Zeit. Ich stellte mir vor, daß ein Blick mich umfing. Aber das alles war sehr vage, ohne großen Zusammenhang mit dem Katechismusunterricht, mit der ganzen schulischen Vermittlung dieser Intuition, die selbst falsch war. Und eines schönen Tages, etwa mit zwölf, in La Rochelle, wo meine Eltern etwas außerhalb der Stadt eine Villa gemietet hatten, nahm ich morgens mit meinen Nachbarinnen, die auf das Mädchengymnasium gingen, die Straßenbahn, drei Brasilianerinnen, die kleinen Machados, und ich ging vor ihrem

Haus auf und ab und wartete, daß sie fertig waren, das heißt ein paar Minuten. Und ich weiß nicht, woher dieser Gedanke gekommen ist, wie er mich überrascht hat, plötzlich habe ich mir gesagt: Gott existiert ja gar nicht! Ganz sicher muß ich vorher neue Ideen über Gott gehabt und angefangen haben, das Problem für mich zu lösen. Aber jedenfalls habe ich an jenem Tag und in Form einer kleinen Intuition, ich erinnere mich sehr genau, zu mir gesagt: Gott existiert nicht. Es ist merkwürdig, daß ich das mit elf Jahren gedacht habe und mir die Frage nie wieder gestellt habe, das heißt sechzig Jahre.

S. de B.: Können Sie nicht etwas genauer herausfinden, welche Arbeit dieser Intuition vorangegangen ist?

J.-P. S.: Ganz und gar nicht. Zumal ich mich sehr genau erinnere, daß ich das mit zwölf Jahren als eine Wahrheit ansah, die mir mit Evidenz erschienen war, ohne jeden vorangehenden Gedanken. Das war offensichtlich falsch, aber so habe ich mir die Dinge immer vorgestellt: ein Gedanke, der plötzlich auftritt, eine Intuition, die aufblitzt und die mein Leben bestimmt. Ich denke, die kleinen Machados sind im gleichen Augenblick erschienen, und der Gedanke ist wieder in mir versunken. Dann habe ich wahrscheinlich am nächsten oder übernächsten Tag wieder daran gedacht und habe weiterhin erklärt, daß Gott nicht existiert.

S. de B.: Und hat diese Offenbarung Folgen für Sie gehabt?

J.-P. S.: Zur damaligen Zeit weder erhebliche noch wirklich sehr bestimmende; mein Verhalten ging von anderen Prinzipien, anderen Wünschen aus; ich wollte vor allem Beziehungen zu meinen Mitschülern haben. Und dann war da auch ein Mädchen am Mädchengymnasium, das ich treffen wollte. Die katholische Religion bedeutete mir überhaupt nichts, ich ging weder vorher noch nachher in die Kirche. Das hat also überhaupt keinen direkten Bezug zu meinem damaligen Leben gehabt. Ich erinnere mich nicht, mich je darüber beklagt oder gewundert zu haben, daß Gott nicht existierte. Ich war der Meinung, daß es ein Schwindel war, den man mir erzählt hatte und von dem die Leute überzeugt waren, und ich hatte begriffen, daß er nicht stimmte. Selbstverständlich wußte ich nichts von Atheisten, denn meine Familie war in anständiger, ehrbarer Weise gläubig.

S. de B.: Und das störte Sie nicht, sich in einem so wichtigen Punkt im Gegensatz zu Ihrer Familie zu befinden, die Sie achteten, die Sie gern hatten?

J.-P. S.: Nein, gar nicht. Ich habe in *Die Wörter* versucht zu erklären, wie ich mir bereits ein ganzes Arsenal kleiner persönlicher Gedanken gebildet habe, die in genauem Gegensatz zu den Gedanken meiner Familie standen. Ich dachte ein wenig für mich allein. Und die Wahrheit war das, was mir als wahr erschien. Ich glaubte nur mäßig an das, was mein Großvater mir als die Gedanken der anderen hinstellte. Ich meinte, man müßte sich selbst, sein eigenes Denken finden. Das sagte er mir übrigens auch, aber er verstand es nicht so radikal, wie ich es verstand.

S. de B.: Und als Sie älter geworden waren, als Sie in Paris waren, hat sich Ihr Atheismus da geändert, ist er je erschüttert worden, hat er sich verstärkt?

J.-P..S.: Er hat sich verstärkt, wenn Sie so wollen. Vor allem, denke ich, ist er von einem idealistischen Atheismus zu einem materialistischen geworden, und das im Laufe meiner Gespräche, vor allem mit Nizan. Der idealistische Atheismus ist schwer zu erklären. Aber als ich sagte: Gott existiert nicht, war es so, als hätte ich mich einer Idee entledigt, die in der Welt war, und hätte an ihre Stelle ein geistiges Nichts gesetzt, eine bestimmte verfehlte Idee im Rahmen aller meiner Ideen. Und das Ergebnis war, daß das nur wenig direkten Bezug zur Straße, zu den Bäumen, den Bänken, auf denen Leute sitzen, hatte. Es war eine große synthetische Idee, die verschwand, ohne ein Stückchen der Welt zu berühren. Und nach und nach haben mich meine Gespräche mit Nizan, meine persönlichen Überlegungen zu etwas anderem geführt, zu einem anderen Denken von der Welt, das nicht etwas war, was verschwinden mußte, was mich mit einem Paradies in Verbindung bringen mußte, wo ich Gott sehen würde, sondern was die einzige Realität war. Die Abwesenheit Gottes mußte überall abzulesen sein. Die Dinge waren allein, und vor allem der Mensch war allein. War allein als etwas Absolutes. Das war eine komische Sache, der Mensch. Das ist mir nach und nach erschienen. Es war zugleich ein in der Welt verlorenes Sein, und folglich von allen Seiten von der Welt umgeben wie in der Welt gefangen. Und gleichzeitig war es ein Sein, das diese Welt zu einer Synthese machen und als seinen Gegenstand sehen konnte, da es der Welt gegenüber und außerhalb war. Es war nicht mehr darin, es war außerhalb. Es ist diese Verbindung von außen und innen, die den Menschen ausmacht. Verstehen Sie, was ich sagen will?

S. de B.: Ja, sehr gut.

J.-P. S.: Und ich habe einige Jahre gebraucht, um mich davon zu überzeugen. Es ist natürlich viel einfacher, ihn nur als ein Innen oder nur als ein Außen zu sehen. Die Schwierigkeit, daß es beides gibt und daß sich das widerspricht, ist sein tiefer und ursprünglicher Widerspruch. Ich war also da, in Tours zum Beispiel, saß an einem Tisch im Café, und gleichzeitig war ich zwar nicht außerhalb von Tours, aber ich war in der Lage, in Tours selbst, ohne mich zu rühren, aber indem ich mich weigerte, ein nur von meinem Da-sein definierter Gegenstand zu sein, also die Welt als eine Synthese zu sehen, das heißt als die Totalität der Gegenstände, die mich umgaben, die ich sah, und jenseits anderer Gegenstände die Horizonte, wie Heidegger sagt. Kurz, die Welt als die Gesamtheit dieser Horizonte zu erfassen, die ebenfalls durch diese Gegenstände konstituiert war.

S. de B.: Als Sie Philosophie studiert habe, in der Philosophieklasse, in der *hypo-khâgne*, der *khâgne* etc., an der École Normale, bis zur Agrégation, hat das irgendeinen Bezug zu Ihrem Atheismus gehabt, hat es ihn verstärkt oder zumindest Argumente geliefert?

J.-P. S.: Ich habe in der *hypo-khâgne*, schon in der *khâgne* beschlossen, Philosophie zu studieren. Und zu der Zeit war ich von der Nichtexistenz Gottes vollkommen überzeugt, und was ich wollte, war eine Philosophie, die meinem Gegenstand Rechnung trug, «meinem» im menschlichen Sinn, das heißt ebensogut Ihrem Gegenstand, dem Gegenstand der Menschen. Das heißt seinem ihm eigenen Sein, in und außerhalb der Welt, und der Welt ohne Gott. Mir schien übrigens, daß das ein neues Unternehmen war, weil ich über die Arbeiten der Atheisten wenig auf dem laufenden war. Sie haben im übrigen wenig Philosophie betrieben, alle großen Philosophen waren mehr oder weniger gläubig. Das bedeutet für die verschiedenen Epochen Verschiedenes. Spinozas Glaube an Gott ist nicht der von Descartes oder Kant. Aber mir schien, daß eine große atheistische Philosophie, wirklich atheistische, in der Philosophie fehlte. Und in dieser Richtung mußte man sich jetzt bemühen zu arbeiten.

S. de B.: Das heißt, daß Sie eine Philosophie des Menschen entwickeln wollten.

J.-P. S.: Ja, eine Philosophie des Menschen in einer materiellen Welt.

S. de B.: Haben Sie Kameraden gehabt – um noch bei Ihrer Jugend zu bleiben –, haben Sie Kameraden gehabt, die keine Atheisten waren? Welches Verhältnis hatten Sie zu ihnen? Störte Sie das, störte sie das?

J.-P. S.: Stören ist nicht das richtige Wort. Ich stand sehr, sehr gut mit Laroutis, der ein reizender Junge war und den ich sehr gern mochte. Ich weiß nicht genau, was aus ihm geworden ist. Aber natürlich entstand dadurch eine Distanz. Man sprach von denselben Dingen, und doch fühlte man, daß man nicht ganz in derselben Weise davon sprach. Laroutis' Art, etwas zu trinken, glich zum Verwechseln meiner Art, etwas zu trinken, und doch war es nicht dasselbe.

S. de B.: Gab es unter Ihren Kameraden welche, die versucht haben, Sie zu überzeugen, ich sage nicht, Sie zu bekehren, sondern Sie von der Existenz Gottes zu überzeugen?

J.-P. S.: Nein, niemals. Jedenfalls von denen, mit denen ich verkehrte, wußte ich entweder nicht, ob sie Atheisten oder Christen waren, oder wenn ich es wußte, waren sie äußerst zurückhaltend, denn sie waren von der École Normale, es waren Intellektuelle. Sie meinten also, daß sie es mit Menschen zu tun hatten, die kaum glaubten, die wenig glaubten, die nicht glaubten, und daß jeder zusehen mußte, wie er zurechtkam, daß sie einfach nur dasein und nichts tun, nichts sagen durften, was ein Bewußtsein schockieren könnte. So hat man mich immer in Frieden gelassen.

S. de B.: Es gab eine Zeit, in der Sie sehr intim mit Christen bekannt waren, nämlich im Gefangenenlager. Ihr bester Freund war sogar Priester.

J.-P. S.: Ja, da verkehrte ich zum großen Teil, hauptsächlich mit Priestern. Aber sie stellten damals im Gefangenenlager die einzigen Intellektuellen dar, die ich traf. Nicht alle, aber jedenfalls mein Freund, der Jesuit Feller, und der Priester, der inzwischen den Orden verlassen und geheiratet hat...

S. de B.: Der Abbé Leroy?

J.-P. S.: Der Abbé Leroy. Sie stellten Intellektuelle dar, Leute, die über die gleichen Dinge nachdachten wie ich, nicht immer das, was ich dachte, aber das war schon eine gemeinsame Verbindung, sich Fragen über die gleichen Dinge zu stellen. So konnte ich mit dem Abbé Leroy oder dem Abbé Perrin oder dem Jesuiten Feller viel besser sprechen als mit gefangenen Bauern.

S. de B.: Und Ihr Atheismus störte sie nicht?

J.-P. S.: Anscheinend nicht. Der Abbé Leroy hat sehr spontan zu mir gesagt, er würde einen Platz im Paradies nicht annehmen, wenn mir ein Platz verweigert würde. Aber er dachte gerade, daß er mir nicht verweigert würde, und daß ich entweder in meinem Leben oder nach meinem Tod Gott erkennen lernen würde. Er betrachtete das also als eine Grenze, die zwischen uns verschwinden würde. Eine Trennung, die sich verlieren würde.

S. de B.: Und als Sie das *Sein und das Nichts* schrieben, haben Sie da versucht oder hat es sich ergeben, daß Sie Ihren Nicht-Glauben an Gott philosophisch begründet haben?

J.-P. S.: Ja, selbstverständlich, er mußte begründet werden; ich habe versucht zu zeigen, daß Gott das «An-sich für sich» hätte sein müssen, das heißt ein unendliches An-sich, bewohnt von einem unendlichen Für-sich, und daß dieser Begriff «An-sich für sich» in sich widersprüchlich war und keinen Beweis für die Existenz Gottes bilden konnte.

S. de B.: Es war im Gegenteil ein Beweis für die Nichtexistenz Gottes.

J.-P. S.: Es lieferte einen Beweis für die Nichtexistenz Gottes.

S. de B.: Ja.

J.-P. S.: Das alles kreiste um den Begriff Gott. In *Das Sein und das Nichts* war es eine Darlegung von Gründen für meine Absage an die Existenz Gottes, die in Wirklichkeit nicht die wahren Gründe waren. Die wahren Gründe waren viel direkter und kindlicher – ich war ja zwölf Jahre alt – als Thesen über die Unmöglichkeit dieses oder jenes Grundes für die Existenz Gottes.

S. de B.: Sie haben irgendwo gesagt, daß der Atheismus eine langwierige Arbeit ist und daß Sie sie zu Ende geführt haben, man könnte sagen mit einiger Mühe. Was wollten Sie eigentlich damit sagen?

J.-P. S.: Eben daß der Übergang vom idealistischen zum materialistischen Atheismus schwierig ist. Er setzt eine lange Arbeit voraus. Ich habe Ihnen gesagt, was ich unter idealistischem Atheismus verstand. Es ist das Fehlen einer Idee, einer Idee, die abgelehnt wird, die versperrt ist, aber einer Idee, der Idee Gottes. Der materialistische Atheismus ist das Universum ohne Gott gesehen, und es ist offensichtlich sehr langwierig, von jenem Fehlen einer Idee zu dieser neuen Auffassung vom Sein zu kommen; vom Sein, das in den Dingen belassen wird und nicht aus den Dingen hinaus in ein göttliches Bewußtsein geworfen wird, das sie betrachtet und existieren läßt.

S. de B.: Sie wollen sagen, daß, selbst wenn man nicht an Gott glaubt, es eine Art und Weise gibt, die Welt zu sehen ...

J.-P. S.: Selbst wenn man nicht an Gott glaubt, gibt es Elemente der Idee Gottes, die in uns bleiben und durch die wir die Welt mit göttlichen Aspekten sehen.

S. de B.: Was zum Beispiel?

J.-P. S.: Das ist je nach den Leuten verschieden.

S. de B.: Und bei Ihnen?

J.-P. S.: Ich fühle mich nicht wie ein in der Welt aufgetauchtes Staubkorn, sondern wie ein erwartetes, hervorgerufenes, präfiguriertes Wesen. Kurz, wie ein Wesen, das nur von einem Schöpfer kommen zu können scheint, und diese Idee einer erschaffenden Hand, die mich erschaffen hat, verweist mich wieder auf Gott. Natürlich ist das keine klare und genaue Idee, die ich jedesmal, wenn ich an mich denke, einbringe; sie widerspricht vielen anderen meiner Ideen; aber sie ist da, vage. Und wenn ich an mich denke, denke ich oft ein wenig so, weil ich nicht anders denken kann. Denn das Bewußtsein in jedem rechtfertigt seine Seinsweise und ist nicht als ein stufenweise entstehendes Gebilde oder als eine Reihe von Zufällen gegenwärtig, sondern im Gegenteil als ein Ding, eine Realität, die ständig da ist, die nicht gebildet, nicht erschaffen ist, sondern die als ständig ganz und gar daseiend erscheint. Das Bewußtsein ist übrigens das Bewußtsein von der Welt, folglich weiß man nicht so recht, ob man Bewußtsein oder Welt meint, und folglich findet man sich in der Realität wieder.

S. de B.: Gibt es, abgesehen von diesem Eindruck, nicht durch

Zufall dazusein, noch andere Gebiete mit Reminiszenzen von Gott? Zum Beispiel im moralischen Bereich?

J.-P. S.: Ja. Im moralischen Bereich habe ich etwas von der Existenz Gottes behalten, nämlich das Gute und das Böse als absolute Werte. Die gewöhnliche Konsequenz des Atheismus ist die Abschaffung von Gut und Böse, ist ein gewisser Relativismus, ist zum Beispiel die wechselnde Betrachtung von Morallehren, je nach den Punkten der Erde, von wo sie betrachtet werden.

S. de B.: Oder folgendes Wort von Dostojewskij: «Wenn Gott nicht existiert, ist alles erlaubt.» *Sie* denken das nicht?

J.-P. S.: In einer Hinsicht sehe ich wohl, was er sagen will, und es ist in abstrakter Weise wahr, aber in einer anderen Hinsicht sehe ich, daß einen Menschen töten böse ist. Direkt, absolut böse, böse für einen anderen Menschen, ohne Zweifel nicht böse für einen Adler oder einen Löwen, aber böse für einen Menschen. Ich bin, wenn Sie so wollen, der Meinung, daß die Moral und das moralische Handeln des Menschen wie etwas Absolutes im Relativen ist. Da ist das Relative, das im übrigen nicht ganz der Mensch ist, sondern der Mensch in der Welt, mit seinen Problemen innerhalb der Welt. Und dann ist da das Absolute, das ist die Entscheidung, die er im Zusammenhang mit seinen Problemen in bezug auf andere Menschen trifft, die demnach etwas Absolutes ist, das aus ihm hervorgeht, insofern die Probleme, die er sich stellt, relativ sind. Ich betrachte das Absolute folglich als ein Produkt des Relativen, im Gegensatz zu dem, was gewöhnlich gesagt wird. Es hängt übrigens mit jenen Begriffen «Innen – Außen» zusammen, von denen ich vorhin sprach.

S. de B.: Wie würden Sie Ihr Gut und Bös, was Sie das Gute, was Sie das Böse nennen, in groben Zügen definieren?

J.-P. S.: Im wesentlichen ist das Gute das, was der menschlichen Freiheit dient, was ihr ermöglicht, Gegenstände, die sie realisiert hat, zu setzen, und das Böse ist das, was der menschlichen Freiheit schadet, was den Menschen als nicht frei hinstellt, was zum Beispiel den Determinismus der Soziologen einer bestimmten Epoche schafft.

S. de B.: Ihre Moral beruht also auf dem Menschen und hat nicht mehr viel mit Gott zu tun.

J.-P. S.: Jetzt gar nichts. Aber es steht fest, daß die Begriffe des absoluten Guten und Bösen bei mir im Katechismusunterricht entstanden sind.

S. de B.: Könnte man nicht sagen, daß eine Moral ohne Gott anspruchsvoller ist, denn wenn man an Gott glaubt, können einem seine Verfehlungen immer verziehen werden, jedenfalls in der katholischen Kirche, während, wenn man nicht an Gott glaubt, das einem Menschen angetane Böse absolut irreparabel ist?

J.-P. S.: Absolut. Ich bin der Meinung, daß jedes Böse an sich irreparabel ist, weil es nicht nur stattfindet und böse ist, sondern auch noch Folgen hat, Folgen des Hasses, der Revolte, die ebenfalls böse sind, selbst wenn es zu etwas führt, was besser ist. Und auf jeden Fall ist das Böse da, tief.

S. de B.: War in Ihrem Glauben an das literarische Schaffen, in Ihrem Willen, dem Kunstwerk alles zu opfern, als Sie jung waren, war da nicht so etwas wie eine Reminiszenz des Glaubens an Gott?

J.-P. S.: Das habe ich auf der letzten Seite von *Die Wörter* gesagt. Ich sagte, daß das Kunstwerk mir wie die christliche Unsterblichkeit erschien, und gleichzeitig bedeutete es, im Absoluten etwas zu schaffen, was sich den Menschen entzog und was vom Blick Gottes gelesen werden mußte. Und es bekam dadurch, daß es im Grunde dem Schöpfer gewidmet war, seinen absoluten und transhumanen Wert. Die ursprüngliche Beziehung zwischen dem Kunstwerk und Gott war also durch meine ursprüngliche Auffassung von der Kunst gegeben. Ich schuf ein Werk, und Gott sah es an, jenseits jeglichen menschlichen Publikums. Das ist verschwunden, obwohl man, wenn man schreibt, dem, was man schreibt, immer wieder einen transhumanen Wert gibt. Das Schöne erscheint als das, was die Menschen an dem loben, was etwas anderes ist als das bloße Lob der Menschen. Das Lob der Menschen ist ein Zeichen dafür, daß der Gegenstand einen transhumanen Wert hat. Selbstverständlich ist das eine Illusion, das enthält nichts Wahres, aber man bewahrt sie, wenn man schreibt. Weil das Werk, das man schafft, wenn es gelingen soll, gleichzeitig das gegenwärtige, lebende, existierende Publikum überschreitet und sich ebensosehr an ein zukünftiges Publikum wendet. Und außerdem enthält es eine von einer oder zwei Generationen gegebene Beurteilung, die von den späteren Generationen weitergegeben und leicht modifiziert, im großen ganzen aber beibehalten wird. So gibt es so etwas wie einen Blick auf das Werk, der im Grunde der Blick der Menschen ist, etwas vermehrt, etwas verändert. Wenn zum Beispiel Voltaire in einem Bewußtsein des 20. Jahrhunderts ankommt, ist es schon ein Voltaire, der von einem Licht beleuchtet wird, das ihn als Voltaire betrachtet und das wir nicht als menschlich empfinden. Das wir als ein Licht empfinden, das von ihm herkommt und das gleichzeitig so etwas wie ein anderes ihn beleuchtendes Bewußtsein sein könnte. Das heißt etwas wie Gott. Zwischen sehr wirren, sehr disparaten, sehr wenig verständlichen Begriffen dieser Art bewegen sich die Elemente, die von einer göttlichen Idee übrig sind, Elemente, die, wie ich denke, mit dem Fortgang der Welt immer mehr ihre Kraft verlieren werden.

S. de B.: Sie haben gesagt, es sei schwierig, sich die Welt ohne Gott in einer materialistischen Weise vorzustellen, sie in den Gegenständen, in den Dingen, in den Leuten zu fühlen. In welcher Weise? Und auf welche Weise sind Sie da hingekommen? Hat es eine Entwicklung gegeben? Wenn Sie wollen, komme ich auf die Frage des Übergangs von Ihrem idealistischen Atheismus zum materialistischen zurück. Was hat das mit sich gebracht?

J.-P. S.: Das bringt zunächst die Idee mit sich, daß die Gegenstände kein Bewußtsein haben, eine wesentliche und von den Leuten oft vernachlässigte Idee. Es ist so, als ob die Leute, die von den Gegenständen sprechen, meinen, diese hätten ein vages Bewußtsein. Und wenn wir in der Welt leben, mitten unter den Leuten, stellt man sich die Gegenstände genau so vor. Und dieses Bewußtsein ist es, das man verschwinden lassen muß. Man muß für sich die Art der Existenz der Dinge erfinden, eine materielle, undurchsichtige Existenz, ohne Beziehung zu einem Bewußtsein, das sie erleuchtet, außer mit unseren Bewußtseinen, und die auf jeden Fall keine Beziehung zu eigenen inneren Bewußtseinen haben.

S. de B.: Meinen Sie, daß man Gegenständen ein Bewußtsein zuschreibt, weil man ihnen das Bewußtsein Gottes, der sie sieht, zuschreibt?

J.-P. S.: Unbedingt. Es ist Gott, der sie sieht, es ist Gott, der ihnen ein Bewußtsein seiner selbst verleiht. Und was wir dagegen erfassen, sind diese Gegenstände, so wie wir sie sehen; das heißt, das Bewußtsein ist in uns, und der Gegenstand ist absolut ohne Bewußtsein. Er ist auf der Ebene des An-sich. Und das ist etwas Komplexes, was man sorgfältig untersuchen muß, bevor man sagt, daß man sicher ist, daß ein Gegenstand kein Bewußtsein hat. Bevor man einen ganzen Bereich von Gegenständen ohne Bewußtsein zu Welt totalisiert, bedarf es großer Anstrengungen, denn das göttliche Bewußtsein in irgendeiner Form neigt dazu, wie ich vor einer Sekunde erklärt habe, immer wieder zu erstehen, sich in sie einzuschleichen. Und genau das muß man vermeiden, weil es nicht stimmt.

S. de B.: Sie sprechen vom An-sich des Gegenstands, aber Sie meinen doch nicht, daß der Gegenstand eine Seinsweise hat, die absolut definiert, bestimmt, vom menschlichen Bewußtsein unabhängig ist. Er ist ein An-sich, er ist kein Für-sich, aber das heißt doch nicht, daß er außerhalb Ihres Bewußtseins eine Realität hat, die sich dem Bewußtsein aufdrängt, die eben die Realität ist, die Gott erschaffen haben soll?

J.-P. S.: Das meine ich. Ich denke, daß die Gegenstände, die ich hier sehe, tatsächlich außerhalb von mir existieren. Es ist nicht mein Bewußtsein, das sie existieren läßt, sie existieren nicht für mein Bewußtsein und gerade für es, sie existieren nicht für das Bewußtsein der Gesamtheit der Menschen und gerade für sie. Sie existieren zunächst ohne Bewußtsein.

S. de B.: Sie existieren in Verbindung mit Ihrem Bewußtsein und nicht in einer Art höchster Objektivität, die daher käme, daß sie von Gott in einer bestimmten Weise gesehen werden.

J.-P. S.: Sie werden von Gott nicht in einer bestimmten Weise gesehen, da Gott nicht existiert. Sie werden von den Bewußtseinen gesehen, aber die Bewußtseine erfinden nicht, was sie sehen, sie erfassen einen realen Gegenstand, der außerhalb ist.

S. de B.: Ja. Ihnen zufolge erfassen sie ihn unter Blickwinkeln, die alle gleichermaßen richtig sind.

J.-P. S.: Ja.

S. de B.: Es gibt nicht so etwas wie einen bevorzugten Blickwinkel, der der wäre, den Gott einnimmt.

J.-P. S.: Keineswegs. Der Gegenstand ist sehr kompliziert, sehr komplex, er zeigt sich den Leuten, die ihn sehen, unter verschiedenen Blickwinkeln. Und dann gibt es andere Bewußtseine als die menschlichen Bewußtseine, es gibt die Bewußtseine der Tiere, der Insekten zum Beispiel. Sie bieten sich also, je nach den Bewußtseinen, von denen sie wahrgenommen werden, in völlig verschiedener Weise dar. Aber der Gegenstand ist außerhalb dieser Bewußtseine; er ist, aber ohne Bewußtsein seiner selbst, er ist an sich. Obwohl natürlich An-sich und Für-sich keineswegs so verbunden sind, wie man es für Gott versteht, sondern beinahe wie zwei Attribute bei Spinoza: das An-sich als das, wovon es ein Bewußtsein gibt, wobei das Bewußtsein nur als Bewußtsein vom An-sich existiert. Zweifellos kann es Bewußtsein des Für-sich sein, das Für-sich zeigt sich an. Aber es gibt nur ein Bewußtsein des Für-sich, insofern es Bewußtsein des An-sich gibt. Folglich ist das als das Sein Gottes erfaßte An-sich Für-sich eine Unmöglichkeit, eine bloße Idee der Vernunft ohne Realität. Und andererseits gibt es die Verbindung An-sich Für-sich zwischen dem Bewußtsein und dem Ding, die eine andere Form des An-sich Für-sich ist und die in jedem Augenblick existiert. In diesem Moment bin ich mir einer Unmenge Dinge bewußt, die da sind, vor mir, die wirklich existieren und die ich in ihrer Existenz selbst erfasse. Ich erfasse das An-sich eines Tisches oder eines Stuhls oder eines Felsens.

S. de B.: Für Sie ist der Atheismus demnach eine Ihrer Evidenzen, eine der Grundlagen Ihres Lebens. Was denken Sie dann von Leuten, die sagen, sie seien gläubig? Es gibt welche, denen Sie begegnet sind, die Sie geschätzt haben, und es gibt sicher andere, die Sie nicht schätzen. Ich denke, es gibt welche, die sagen, sie seien gläubig, und die nicht glauben. Aber was, meinen Sie, stellt die Tatsache zu glauben dar, natürlich wenn man ein bestimmtes Bildungsniveau hat, wenn ein Merleau-Ponty – der übrigens aufgehört hatte zu glauben – sagte, er glaube an Gott, oder wenn Ihre Freunde, die Priester, die Jesuiten, sagten, sie glaubten an Gott? Was denken Sie, stellt das dar, die Tatsache, sich als ein an Gott Glaubender zu setzen, im ganzen, in der Art, wie ein Mensch sein Leben führt?

J.-P. S.: Das scheint mir ein Überbleibsel zu sein. Ich denke, daß es eine Zeit gab, in der es normal war, an Gott zu glauben, im

17. Jahrhundert zum Beispiel. Heutzutage, bei der Art, wie man lebt, wie man sich seines Bewußtseins bewußt wird und feststellt, daß Gott entschwindet, gibt es keine Intuition des Göttlichen. Ich denke, daß der Begriff Gott gegenwärtig schon überholt ist, und ich habe bei Leuten, die mit mir über Gott sprachen und an ihn glaubten, immer etwas Überholtes, Veraltetes gespürt.

S. de B.: Aber warum, meinen Sie, klammern sie sich an diesen überholten und veralteten Begriff?

J.-P. S.: So wie man sich oft an andere überholte und veraltete Begriffe, andere überholte und veraltete Systeme klammert, weil sie aus der Epoche der großen göttlichen Synthese, des 17. Jahrhunderts zum Beispiel, Elemente bewahrt haben, die in einer anderen jetzigen Synthese keinen Platz finden können. Sie können ohne diese bereits tote Synthese der vorangegangenen Jahrhunderte nicht leben und sind überholt, veraltet, außerhalb unserer Zeit, wenn sie erscheinen. Obwohl sie ausgezeichnete Mathematiker oder Physiker sein können. Sie haben eine Weltsicht, die aus einer vergangenen Epoche stammt.

S. de B.: Aber woher, meinen Sie, kommt diese Weltsicht?

J.-P. S.: Aus ihrer Wahl, aus ihnen selbst, aus ihrer Freiheit und dann aus den Einflüssen. Sie sind von Leuten beeinflußt worden, die selbst die Sicht des 17. Jahrhunderts bewahrt haben, von Priestern zum Beispiel, von sehr christlichen Müttern; die Mütter waren der Religion mehr verbunden als die Männer, zumindest in der vorangegangenen Epoche. Diese Männer schienen mir also etwas zu repräsentieren, was für einen jungen Mann, der sich entwickeln muß, der aber schon die Vergangenheit spürt, eine alte Vergangenheit, nicht verlockend ist. Sie müssen Bindungen an die Tradition haben, die jungen Leute, die an Gott glauben ... andere Bindungen als wir.

S. de B.: Sie haben von der Wahl einer bestimmten Weltsicht gesprochen. Meinen Sie, daß diese Wahl ihnen Vorteile bringt, daß sie sie deshalb treffen?

J.-P. S.: Sie bringt ihnen bestimmt Vorteile. Es ist viel angenehmer zu denken, daß die Welt ganz geschlossen ist, mit einer nicht von uns, sondern außerhalb, von einem allmächtigen Wesen hergestellten Synthese, daß diese Welt für jeden von uns gemacht ist und daß jegliches Leiden eine vom höchsten Wesen geduldete oder gewollte Prüfung ist, als die Dinge so zu nehmen, wie sie sind: das heißt Leiden, die unverdient sind, die von niemand gewollt sind und die der Person, die sie durchmacht, nichts einbringen werden. Ebenso Vergünstigungen, die nicht Vergünstigungen durch jemanden sind, die gleichfalls etwas darstellen, was gegeben ist, ohne daß jemand es gegeben hätte. Um den alten Begriff Gott wiederherzustellen, dem alles bewußt ist und der die Beziehungen zwischen allem sieht und diese Beziehungen herstellt, der sie ebenso wie ihre Folgen will, muß man der Wissenschaft, den Humanwissenschaften ebenso wie den Naturwissenschaften den Rücken kehren und auf ein Universum zurückgreifen, das dem, das wir seither errichtet haben, vollkommen entgegengesetzt ist. Das heißt einen Begriff bewahren, zu dessen Ausmerzung die Natur- und Humanwissenschaften, ohne es zu sagen, ohne es absichtlich zu wollen, erheblich beigetragen haben.

S. de B.: Sehen Sie andererseits in der Tatsache, daß man Atheist ist, ich will nicht sagen Vorteile, aber eine gewisse moralische, psychologische Bereicherung für den Menschen?

J.-P. S.: Ja, aber das ist ein langer Weg. Denn man muß sich eben in allem vom Prinzip des Guten und des Bösen, das Gott ist, freimachen und muß versuchen, eine Welt neu zu denken, neu zu errichten, die von allen göttlichen Begriffen, die sich als Unendlichkeit von An-sichs zeigen, befreit ist. Das ist schwierig. Selbst jene, die meinen, bewußte und überlegte Atheisten geworden zu sein, sind bestimmt noch von göttlichen Begriffen, von Elementen der göttlichen Idee durchdrungen und verfehlen folglich ein wenig das, was sie wollen. Sie führen immer mehr Atheismus in ihr Denken ein, aber man kann nicht sagen, daß die Welt atheistisch wäre, daß die menschliche Welt atheistisch wäre. Es gibt noch zu viele Leute, die glauben.

S. de B.: Und für ein einzelnes Individuum, denken wir zum Beispiel einfach an Sie, was ist der ... sozusagen der Gewinn, natürlich außer daß Sie es für die Wahrheit hielten, was ist der Gewinn für Sie gewesen, nicht an Gott zu glauben?

J.-P. S.: Das hat meine Freiheit gesichert, gekräftigt; diese Freiheit ist jetzt nicht dazu da, Gott das zu geben, was er von mir verlangt, sondern sie ist dazu da, selbst zu erfinden und mir selbst zu geben, was ich von mir verlange. Das ist wesentlich. Und außerdem sind meine Beziehungen zu den anderen direkt; sie laufen nicht mehr über den Allmächtigen, ich brauche Gott nicht, um meinen Nächsten zu lieben. Es ist eine direkte Beziehung von Mensch zu Mensch, ich brauche keinen Umweg über die Unendlichkeit zu machen. Und dann haben meine Handlungen ein Leben konstituiert, mein Leben, das zu Ende gehen wird, das nahezu abgeschlossen ist und das ich beurteile, ohne mich allzusehr zu täuschen. Dieses Leben verdankt nichts Gott, es ist selbst so, wie ich es gewollt habe, und zum Teil so, wie ich es machte, ohne es zu wollen. Und wenn ich es jetzt betrachte, befriedigt es mich, und ich brauche dafür nicht im geringsten Gott zu bemühen. Ich brauche nur das Menschliche zu bemühen, das heißt die anderen und mich. Und ich denke, daß wir alle, insofern wir alle mehr oder weniger daran arbeiten, eine Menschheit zu konstituieren, die ihre Prinzipien, ihren Willen, ihre Einheit ohne Gott hat, daß wir alle, wenn nicht in jedem Augenblick, aber wirklich zu jedem Zeitpunkt unseres Lebens Atheisten sind, zumindest Atheisten im Sinne eines Atheismus, der sich entwickelt, der sich immer besser verwirklicht.

S. de B.: Sie meinen, daß es die wichtigste Aufhebung von Entfremdung des Menschen ist, nicht an Gott zu glauben.

J.-P. S.: Unbedingt.

S. de B.: Das heißt, nur den Menschen als Maß und als Zukunft des Menschen zu nehmen.

J.-P. S.: Gott ist ein vorfabriziertes Bild vom Menschen, der Mensch mit dem Unendlichen multipliziert, und vor dem der Mensch arbeiten sollte, um es zu befriedigen. Es handelt sich also immer noch um einen Bezug auf sich selbst, einen absurden, aber unermeßlichen und fordernden Bezug auf sich selbst. Dieser Bezug muß abgeschafft werden, denn es ist nicht der wirkliche Bezug auf sich selbst. Der wirkliche Bezug auf sich selbst bezieht sich auf das, was wir sind, und nicht auf dieses Selbst, das wir in vager Ähnlichkeit mit uns konstruiert haben.

S. de B.: Haben Sie dazu noch etwas zu sagen?

J.-P. S.: Ja und nein. Vor allem die Tatsache, sehr eng mit Menschen zusammenzuleben, die selbst nicht an Gott glauben, hebt zwischen ihnen und einem selbst diesen unendlichen Vermittler Gott auf. Wir, Sie und ich beispielsweise, haben gelebt, ohne uns mit diesem Problem zu beschäftigen. Ich denke nicht, daß sich viele unserer Gespräche damit befaßt haben.

S. de B.: Nein, niemals.

J.-P. S.: Und wir haben trotzdem gelebt, wir haben den Eindruck, daß wir uns für unsere Welt interessiert, daß wir versucht haben, sie zu sehen.

Inhalt

7
Die Zeremonie
des Abschieds

9
Vorwort

11	**22**
1970	1971

35	**55**	**88**
1972	1973	1974

103	**122**
1975	1976

129	**142**	**147**
1977	1978	1979

153
1980

167
Gespräche mit Jean-Paul Sartre
August–September 1974

169
Vorwort zu den
Gesprächen

Simone de Beauvoir
ihre Werke bei Rowohlt

Die Essays

Das andere Geschlecht
Sitte und Sexus der Frau · Deutsch von Eva Rechel-Mertens
und Fritz Montfort · rororo sachbuch 6621

Das Alter
Essay
Deutsch von Anjuta Aigner-Dünnwald und Ruth Henry
rororo sachbuch 7095

Soll man de Sade verbrennen?
Drei Aufsätze · Soll man de Sade verbrennen?
Für eine Moral der Doppelsinnigkeit. Pyrrhus und Cineas
Deutsch von Alfred Zeller · rororo (Mai 1983)

Die Memoiren

Memoiren einer Tochter aus gutem Hause
Deutsch von Eva Rechel-Mertens · rororo 1066

In den besten Jahren
Deutsch von Rolf Soellner · rororo 1112

Der Lauf der Dinge
Deutsch von Paul Baudisch · rororo 1250

Alles in allem
Memoiren · Deutsch von Eva Rechel-Mertens
480 Seiten. Gebunden und als rororo 1976

Die Zeremonie des Abschieds
und Gespräche mit Jean-Paul Sartre
August–September 1974
Deutsch von Uli Aumüller und Eva Moldenhauer
576 Seiten. Gebunden

Rowohlt

Simone de Beauvoir
ihre Werke bei Rowohlt

Die Romane und Erzählungen

Sie kam und blieb
Deutsch von Eva Rechel-Mertens
rororo 1310

Das Blut der anderen
Deutsch von Klaudia Rheinhold
rororo 545

Alle Menschen sind sterblich
Deutsch von Eva Rechel-Mertens
rororo 1302

Die Mandarins von Paris
Deutsch von Ruth Ücker-Lutz und Fritz Montfort
rororo 761

Ein sanfter Tod
Deutsch von Paul Mayer
rororo 1016

Die Welt der schönen Bilder
Deutsch von Hermann Stiehl
rororo 1433

Eine gebrochene Frau
Deutsch von Ulla Hengst
rororo 1489

Marcelle, Chantal, Lisa ...
Ein Roman in Erzählungen
Deutsch von Uli Aumüller
rororo neue frau 4755

Rowohlt

Simone de Beauvoir

Über Simone de Beauvoir

Alice Schwarzer
Simone de Beauvoir heute
Gespräche aus zehn Jahren
128 Seiten. Gebunden

Christiane Zehl Romero
Simone de Beauvoir
rororo bildmonographie 260

Axel Madsen
Jean-Paul Sartre und Simone de Beauvoir
Die Geschichte einer ungewöhnlichen Liebe
Deutsch von Pauline Schulz
rororo 4921

Sartre. Ein Film
Von Alexander Astruc und Michael Contat
unter Mitwirkung von Simone de Beauvoir
und anderen.
Deutsch von Linde Birk
das neue buch 101

Rowohlt

Alice Schwarzer

Simone de Beauvoir heute
Gespräche aus zehn Jahren

Alice Schwarzer, Journalistin und Feministin, Autorin und Zeitungsmacherin, war in Paris Mitinitiatorin der Frauenbewegung. Aus der gemeinsamen politischen Arbeit mit Simone de Beauvoir, die bald Wegbegleiterin der Pariser Frauenbewegung wurde, ergab sich im Laufe der Jahre eine Serie von Gesprächen über Grundfragen des Feminismus wie Sexualität, Ehe, Familie, Mutterschaft, Hausarbeit und Berufsarbeit, über die neue Weiblichkeit, die neue Friedensbewegung und über die Beziehung Simone de Beauvoirs zu Sartre, die für mehrere Generationen das Modell einer Liebesbeziehung in Freiheit war und ist.

Rowohlt